作者簡介

陳冠至，西元一九六九年生，台北市人。一九九六年，獲私立輔仁大學圖書資訊學系文學士學位。一九九九年，續獲私立中國文化大學史學研究所文學碩士學位。二〇〇六年，再獲本所文學博士學位。主修明代史，學術專長為明史、中國藏書史、歷史文獻學、古籍整理學、地域文人集團與私人藏書文化等主題。曾任經國管理暨健康學院共同科兼任講師，現致力於古代生活文化史研究。

陳君碩士、博士階段，十年間專攻明代文人藏書生活文化，對於史料的掌握與應用，頗有心得。除探討傳統圖書文物與中國史部目錄學外，並創新研究取向，結合社會史學，另闢明代文風鼎盛，藏書活動、藏書生活極為多姿多采的江南六府地區（蘇州府、松江府、常州府、杭州府、嘉興府、湖州府）為研究議題。其中涉及文人活動、生活方式、文會結社、藏書專題、圖書流通與文化傳播、圖書鑑賞等等，研究領域至為寬廣。著作有《明代的蘇州藏書—藏書家的藏書活動與藏書生活》，探索明代蘇州文人藏書生活的型態與文化；而《明代的江南藏書—五府藏書家的藏書活動與藏書生活》一書，乃前書之展延，將地域範圍擴充至明代長江下游太湖流域的松江、常州、杭州、嘉興、湖州等五府地區，繼續探究本區的私人藏書事業與文化風尚。此外，尚有〈明代的巡茶御史〉（刊載於《明史研究專刊》，第 14 期，2003 年 8 月）、〈明代江南五府地區藏書家的書畫收藏風尚〉（刊載於《故宮學術季刊》，第 23 卷第 4 期，2006 年夏季號）等學術性論文若干篇。

提　要

中國是世界上的文明古國之一，富含著極其燦爛的古代文明。中國古代典籍之多，也居於世界之首。私人藏書活動正是人類文化經過長期的演進以後，才產生出的一種具有高度文明的文化事業，並且融入社會上的知識階級以及部份工商階層的生活當中，成為一種文化現象。在探究中國文化史時，私家藏書的歷史，自然也是其中一門非常重要的課題。

明代的江南五府地區，包括南直隸的松江府、常州府，以及浙江的杭州府、嘉興府、湖州府等圍繞太湖沿岸的地域範圍。江南五府在明代，由於經濟條件較佳、商業貿易的高度發達，以及學術與文化的勃興等各種因素的交相影響之下，藏書事業呈現空前的熱絡與發展，並進而在文人生活領域當中，成為一種主要的生活文化。此外，藏書家因為志同道合，透過各種社會關係進而織成的集團網絡，更加突顯出明代江南五府藏書事業的時代流行面貌。凡此種種，在中國古代的文化史研究之上，都是一些相當有趣而值得從事研究的命題。

由於對明代私家藏書文化的高度興趣，經過多年的思考與資料的收集，透過一邊整理與一邊閱讀的方式，對於明代江南地區的藏書文化以及文人生活型態有了更為深入的認識，並且興趣又更加的濃厚。遂以《明代的江南藏書：五府藏書家的藏書活動與藏書生活》為題，進行時代性與區域性的文人藏書文化研究。

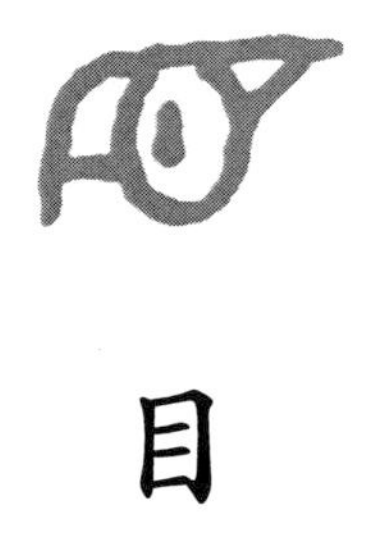

目錄

第一章　緒　論

題旨的緣起

自從西周末期王官之學衰落，士人階層的傳統貴族地位淪喪，他們爲了生存與理想，於是懷著一己之所學，求售於春秋與戰國的諸列侯之間，並以一身的學問傳授生徒，造成學術上諸子百家之學的勃興局面。於此同時，爲了便於知識的累積與管理，私人收藏書籍的風氣也於焉而起。一般而言，藏書是指典籍圖書的收藏活動，然其間亦有區別。在歷史中國，藏書特指皇室、私家、寺觀、書院等的典籍圖書的收藏。其概念往往不僅僅是專指藏書一事而已，還包括與之有關的購置、鑒別、校勘、裝治、典藏、鈔補、傳錄、刊布、題跋、用印、保護等等一系列的活動。〔註1〕由於中華民族是一個熱愛書籍的民族，故歷史上文獻家輩出，代不乏人。因此，士人在聚書、抄書、校書、刻書、輯書、編目、題識等活動，便成爲幾千年來中國文壇上重要歷史活動內容。〔註2〕而與藏書相關的課題研究，也成爲近代以來有志從事中國傳統典籍與文獻之愛好者的主要研究對象，所以，藏書史的研究，遂因而發揚光大。

中國古代藏書活動的發生，自有其特定的歷史環境；而中國古代藏書事業之所以成爲一門專學，也有其一定的歷史進步過程。大致在中國明代以前，藏書之學只有藏書實踐（指藏書活動）和藏書思想（指藏書理論）的發展研究，到了明代以後，才有藏書實踐和藏書思想的理論總結，並且對後來的藏書家，產生了深刻的影響。〔註3〕

〔註1〕王余光，《藏書四記》（武漢：湖北辭書出版社，一九九八年六月第一版），頁三三三。

〔註2〕鄭偉章，《文獻家通考（清——現代）》（北京：中華書局，一九九九年六月第一版），頁一。

〔註3〕徐雁，〈我國古代藏書實踐和藏書思想的歷史總結〉（《四川圖書館學報》，一九八六年第一期），頁五六。

所謂藏書史，是指不同時代的圖書典籍，依照確定的編排體系，從而實施管理、保存與流通的歷史。〔註 4〕這裡面涵蓋的層面很廣，其中包含著許多藏書領域的專門學問，以及歷史上的政治、社會與文化等專題研究等。藏書是爲了閱讀、保存、鑒賞、研究和利用等目的而進行的收集、整理、典藏圖書的活動，包含了私人與公家、寺觀、書院等，都是人類社會文化發展中的一個重要內容。做爲一項文化事業，藏書也是社會文明進步的標誌；而藏書做爲一種文化生活的表現，它也可以是時代精神風尚的反映。至於若以個人行爲的表現上來看，它其實也是人們綜合素質的體現。〔註 5〕而在中國藏書史的研究過程當中，又以私家藏書史是百年來學者們選題的重點所在。〔註 6〕因爲私家藏書是中國古代圖書館事業的主流，不論從藏書家數量、藏書數量，還是從社會作用和影響來看，私家藏書都遠遠超過了公家藏書、書院藏書和寺廟藏書。〔註 7〕私家藏書研究在中國藏書史上，佔有最爲重要的地位，特別是對於明清時代而言，更是如此。

中國是世界上的文明古國之一，富含著極其燦爛的古代文明。中國古代典籍之多，也居於世界之首。而中國古代的藏書，是華夏文化的驕子，也是中華文明賴以存在和流傳的基本因素。與世界上任何一種古代和中世紀文明中的文獻收藏相比，中國古代的藏書均毫不遜色。〔註 8〕至於圖書，它是一種社會文化現象，也是社會、政治、經濟、文化、科學技術的反映和沉澱。〔註 9〕加上書籍的編纂乃是爲一種文化的積累，既是崇儒右文的體現，又能起到宣傳教化的作用。〔註 10〕此外，在文化傳播的範疇之內，書籍不僅對於時代的橫切面起著流通人類知識與文化的作用，在時間的縱剖面上，也是人類知識與文化賴以傳承散播的主要介面。明人有云：「凡古之禮樂制度，後世廢易殆盡，所幸存而未泯者，賴有載集之傳焉。」〔註 11〕也就是

〔註 4〕焦樹安，《中國古代藏書史話》（《中國文化史知識叢書》六〇，台北：台灣商務印書館，一九九五年八月初版二刷），頁一。

〔註 5〕黃顯功等，《現代家庭藏書文化》（上海：上海科學技術文獻出版社，二〇〇二年七月第一版），頁一。

〔註 6〕徐雁，〈八〇年代以來中國歷史藏書的研究成果概述〉（《中國史研究動態》，一九九九年第四期），頁一〇。

〔註 7〕劉意成，〈私人藏書與古籍保存〉（《圖書館雜誌》，一九八三年第三期），頁六〇。

〔註 8〕吳晞，《從藏書樓到圖書館》（北京：書目文獻出版社，一九九六年十一月第一版），頁七。

〔註 9〕石洪運等，《圖書收藏及鑒賞》（武漢：湖北人民出版社，一九九八年十月第一版），頁三五。

〔註 10〕陳寶良，〈明代皇帝與明代文化〉（《史學集刊》，一九九二年第三期），頁二一。

〔註 11〕明・黃瑜，《雙槐歲鈔》（《元明史料筆記叢刊》，北京：中華書局，一九九九年十二月第一版），卷九，〈彭陸論韻〉，頁一七八。

說，中國歷史藏書事業是歷史社會文化產品積累、保藏、整序、傳播和創造的重要系統，對中國文化史有著特殊的貢獻。中國歷史上的藏書事業，是世界史上起源最早，最有系統，並且最爲發達的文化事業之一，而在世界文明史上，也享有崇高的地位。〔註12〕所以，研究中國的藏書史是研究中國文化史的一個重要方面，是打開中國文明寶庫的一把鑰匙，因而有著重要意義。〔註13〕

近年來，從文化學角度考察與研究中國歷史上的藏書活動而形成的藏書文化，已經成爲學術界的熱點。〔註14〕中國的私家藏書爲世界之最，它不僅對中國文化史有其特殊的貢獻，而且也在世界文明史上享有相應的位置。〔註15〕由於藏書是有關圖書收集、保存與典藏、研究、流傳、散佚等活動的總稱。所以，這一活動本身即具有文化性，同時與社會文化發展的關係最爲密切。藏書文化研究的重點便是藏書活動本身、藏書活動有關的各種行爲或現象、它與當時社會環境的關係，以及它對社會文化發展所造成的影響等方面。〔註16〕而私家藏書活動正是人類文化經過長期的演進以後，才產生出的一種具有高度文明的文化事業，並且融入了社會上的知識階級以及部份工商階層的生活當中，成爲一種文化現象。所以在研究中國文化史時，私家藏書的歷史，自然也是其中一門非常重要的課題。此外，藏書學的研究成果，可以爲文化學、文化史的研究所借鑒，甚至具有更直接的意義。簡而言之，研究中國古代藏書歷史發達與地域興盛的事實，將爲文化學的研究提供強而有力的實證。〔註17〕而歷史上的私家藏書事業，是中國民族文化學術事業的重要組成部份，因此對於這方面的研究，無疑在文化學術史上起著重要的意義。〔註18〕所以，要全面而深入地分析中國古代私家藏書現象種種特異之處，以及藏書家們思想行爲的根源，就必須從「文化」這一層面上入手而加以剖析。私家藏書做爲一種文化現象，而藏書家做爲文化圈中的人，也不可避免地受著文化的影響和制約。〔註19〕因此，藏書

〔註12〕王余光等，《中國讀書大辭典》（南京：南京大學出版社，一九九七年九月第一版四刷），頁四四〇～四四一。
〔註13〕《中國古代藏書史話》，頁一。
〔註14〕劉尚恒，〈略論中國藏書文化〉（收入《中國古代藏書樓研究》，北京：中華書局，一九九九年七月第一版），頁二三。
〔註15〕陳曙，〈論私家藏書〉（《四川圖書館學報》，一九九二年第一期），頁六七。
〔註16〕李雪梅，《中國近代藏書文化》（北京：現代出版社，一九九九年一月第一版），頁三。
〔註17〕徐雁，〈我國古代藏書實踐和藏書思想的歷史總結〉，頁六〇。
〔註18〕劉尚恒，〈「以傳布爲藏，眞能藏書者矣」——論我國古代私家藏書的流通〉（《四川圖書館學報》，一九九一年第六期），頁七七。
〔註19〕張列軍，〈中國古代私家藏書現象的文化背景剖析〉（收入《中國古代藏書樓研究》，北京：中華書局，一九九九年七月第一版），頁三九六。

和文化的關係是非常密切的，兩者互爲表裡。

從一九六〇年代開始，文化史的研究先是在歐洲，然後在美國，逐漸蔚然成風。經過了四十多年的發展，一時也成爲史學研究領域中的顯學，不論在理論和實際的研究上，都有豐碩的成果，並且給人耳目一新之感。〔註 20〕但是在中國文化史的發展上，則略顯稍晚。在一九八〇年代，劉子健已提出嚴厲批評，指出明代在文化史上研究上的不足，並且認爲許多通史講到明代，都沒有很高的評價；而今日學人的相關論著，也並不多提明代在中國文化史上的地位。且中國歷史書，從遠古講到近古，似乎一代不如一代，到了明代更加不行了。〔註 21〕近十幾年來，在海內外明代學者與專家們的大力提倡之下，明代文化史才得以迎頭趕上，其空白之處也漸漸被填補了起來。然而，在藏書文化的發展上，卻仍然存在有很大的空間。一九九〇年代初期，曾有學人呼籲學界，對於古代藏書家的研究，前人在史料考訂、輯佚上的確已經下了很大的功夫，也發表了一些精闢獨到的見解。但是，那只是對藏書家研究工作的第一步。並且在以往的研究中還存在許多缺陷和不足，對於前人的研究成果，應吸收其精華，拋棄其舛誤。〔註 22〕也就是說，必須對於以往的藏書研究做一番總檢驗，並且開發新的藏書專題研究領域。例如對於歷史出現的各類藏書家，應從他們的藏書在當時的地位，藏書的實際使用價值，以及對於後世文獻的保存作用等等方面來具體分析，只有這種探討才是有益的、科學的。〔註 23〕當然，中國藏書的研究領域不僅止於此，還亟待各界從各種不同角度的觀點去細心考察，並且對於前人研究上的問題及錯誤，做出解決與改正的處理。

文化的特點便是那個時代的社會特點，任何歷史現象都可以透過文化現象得到反映。從這一個意義上來看，明代的文化史也就正是一部明代史。一般來說，文人又往往代表一個時代的文化主流，他們無法擺脫時代的局限，但同時又對社會的趨向起著引導作用。〔註 24〕特別是明代文人思想之新穎，視野之開闊，興趣之廣泛，都是前古未有的。從他們的思維方式、知識結構以及行爲特徵諸方面來加以探究，

〔註 20〕李孝悌，〈上層文化與民間文化——兼論中國史在這方面的研究〉（《近代中國史研究通訊》，第八期，一九八九年九月），頁九五。

〔註 21〕劉子健，〈明代在文化史上的估價〉（《食貨月刊》，復刊第一五卷第九、一〇期，一九八六年四月），頁三七五。

〔註 22〕楊柏榕等，〈關於中國古代藏書家評價問題〉（《四川圖書館學報》，一九九一年第二期），頁六四。

〔註 23〕謝灼華，〈私藏的功績——中國封建社會藏書制度的歷史特點之二〉（《圖書情報知識》，一九八四年第四期），頁二五。

〔註 24〕商傳，〈晚明文化商品化與社會縱慾思潮〉（《明史研究》，第四輯，一九九四年十二月），頁二〇七。

明代中後期的文化可以概括爲奇、新、博、變四大特質。〔註 25〕他們的這四大特質，往往表現在生活上的諸多癖好之上，形成明代文人生活文化上的諸多特色。然而，明代文人階層這個具體存在的社會群體，往往反而在近代的研究當中消失不見，之前學人雖然在論述士、士族、文官、縉紳、士大夫等社會階級時都會涉及文人階層，但卻從來不曾將之視爲中國社會階層結構當中一個獨立的單位或重要的等級區分。而相關研究之貧瘠，與這個階層的重要性相比，實在也不成比例。〔註 26〕雖說社會史從一九八〇年代中期以來，較之以往，已經獲得了前所未有的發展，並且成爲當前史學的主要潮流之一。〔註 27〕但是，在文人階層的社會生活領域之內，以目前的研究成果來看，的確還有待學人的多加努力。因此，若要鼓勵學人們嘗試從社會學的角度來觀察文人階層，其實在歷史研究的領域內，文人集團生活文化史的研究正可塡補社會學方面研究之不足，而藏書家既爲文人集團中的成員，其研究價値的重要性自不待言。

至於中國古代藏書事業，在中國文化史研究層面上的內涵爲何？其實，中國藏書文化的內容極爲豐富，包括了各種藏書機構和眾多藏書家等藏書活動的主體，以及典冊與圖書本身等藏書活動的客體，還有諸如圖書的收集、購求、鑒別、保藏、研究、散佚等藏書活動，也包含了與藏書活動關係密切的刻書、書肆等社會風尙，以及藏書風尙產生的政治、經濟和社會文化背景等等，〔註 28〕都是中國藏書文化的研究內容。總體而論，中國古代私家藏書是一種內蘊極其豐富的文化現象，從文化形態學的角度來看，它既有汗牛充棟的圖書、巍然矗立的藏書樓等物態文化，又有在長期藏書活動當中形成的專業技術和風尙、習俗等行爲文化，還包括有藏書家主體因素潛層的心態文化。如此豐厚的內容，決定了古代私家藏書必然成爲中國文化史研究的一個重要課題。〔註 29〕誠如今日有些學者提出「中國圖書文化」、「中國近代圖書文化」等專有名詞，這些名稱的提出絕非偶然，它實質上反映了部份有識的專家學者對於國內外長期以來在研究中國圖書，尤其是中國圖書歷史的過程中過份注重對圖書的內在聯繫如文字、載體、製作技術、物質形態等的研究，而忽視對圖

〔註 25〕陳寶良，〈明代文化縱談〉（《光明日報》，一九八七年十一月十一日），第三版。

〔註 26〕龔鵬程，〈中國傳統社會中的文人階層〉（《淡江人文社會學刊》，五十週年校慶特刊，二〇〇〇年十月），頁二七七。

〔註 27〕徐茂明，〈明清江南社會的生動畫卷〉（《蘇州大學學報》哲學社會科學版，二〇〇〇年第三期），頁九六。

〔註 28〕《中國近代藏書文化》，頁五。

〔註 29〕周少川，《藏書與文化——古代私家藏書文化研究》（北京：北京師範大學出版社，一九九九年四月第一版），頁一。

書的外在聯繫如圖書與社會、文化等諸方面的相互聯繫等的研究之不足。〔註30〕

總之，研究中國歷史藏書，對於全面了解歷史社會的生活、完整認識文化學術史面貌、總結愛書讀書治學精神、光大中國文化優秀傳統、編撰中國藏書通史等方面，都具有重要的意義。而其近期的課題，包括有廣泛開展專題性的藏書研究、區域性藏書研究、中國歷史藏書資料索引或匯編的編集、編撰歷史藏書事業大事年表，以及編著中國藏書斷代研究和區域研究專著等目標。〔註31〕所以，研究中國歷史上的私家藏書，對於全面了解中國歷史和社會，發揚和光大中國文化的光榮傳統，提倡愛書、讀書和用書的治學精神，都有其不可估量的意義。〔註32〕

筆者藉著對於明代私家藏書文化的高度興趣，早在碩士班求學時期，便已經萌生對於明代江南地區私家藏書文化的研究企圖。經過了多年的計畫與資料的收集，透過了一邊整理與一邊閱讀，對於明代江南地區的藏書文化以及文人生活方式，有了更為深入的認識，並且興趣又更加的濃厚。遂以《明代的江南藏書——五府藏書家的藏書活動與藏書生活》為題，進行時代性與區域性的文人藏書生活文化的探究。

範圍的界定

首先，對於本文研究主題的地域範圍，必須詳加作一說明。如同題旨所示，本文是以明代的「江南五府」為題。先論「江南」，按照歷史地理的觀點，江南有廣義和狹義的區域差別。廣義的江南，其區域範圍包括長江中下游以南的廣大地區；而狹義的江南，則是指長江下游沿江南岸地區，包括現今的江蘇南部，從南京到蘇州地帶是其主要部份，而這一部份也是歷史上的吳語區，兼及安徽的一部份、江西的一部份和浙江西部的一部份。若是以文化地理的觀點，「江南」往往單指它的狹義區域而言。〔註33〕說得更清楚一點，「江南」的範圍，根據近年來大多數中外學者的一般傾向，大致上是指明代南直隸長江以南的應天、鎮江、常州、蘇州、松江、太倉等府州，加上浙江省的杭州、嘉興、湖州、紹興、寧波等府，以及安徽省的皖南諸府之總合，〔註34〕稱之為「江南」。江南地區，自唐、宋以來一直是中國文化最

〔註30〕程煥文，〈中國圖書文化的演變及其意義〉（收入《中國圖書論集》，北京：商務印書館，一九九四年八月第一版），頁一。

〔註31〕《藏書四記》，頁三三五～三三六。

〔註32〕陳曙，〈論私家藏書〉，頁六八。

〔註33〕費振鍾，《江南士風與江蘇文學》（湖南：湖南教育出版社，一九九五年八月第一版），頁五。

〔註34〕吳仁安，《明清江南望族與社會經濟文化》（上海：上海人民出版社，二〇〇一年十二

發達的地區，它的文獻記載可說是相當的豐富，對於研究所需要的資料來說，它比起中國其他任何地區，也都顯得特別地充足。然就明清時期的情況而言，江南地區的地域範圍，應限定在蘇州、松江、常州、鎮江、應天、杭州、嘉興和湖州八府，以及清代由蘇州府析出的太倉州這八府一州所組成的地區，而這一地區也稱爲長江三角洲或太湖流域。〔註 35〕

至於明代江南地區的界定，還一種說法，對於明代江南地區，描繪的相當清楚，即是明代的「江南」，應包括了南直隸十四府：應天、蘇州、松江、常州、鎮江、廬州、鳳陽、淮安、揚州、徽州、寧國、池州、太平、安慶；四個州：廣德、徐州、滁州、和州；浙江布政使司十一府：杭州、嘉興、湖州、嚴州、金華、衢州、處州、紹興、寧波、台州、溫州；江西布政使司十三府：南昌、瑞州、九江、南康、饒州、廣信、建陽、撫州、臨江、吉安、袁州、贛州、南安，而尤以前六府爲主。整體而言，明代的江南地區，在地理範圍上屬於長江中下游地區、淮海地區和贛江流域。如按現在的省（市）級行政區劃，涉及江蘇、浙江、安徽、江西、上海等四省一市。〔註 36〕

在眾說紛耘的情況下，對於江南地區的地域劃分，從事研究的學人們，從來沒有一個統一的意見。不過，在各家研究者的筆下，仍然可以釐劃出江南地區的大略輪廓，其範圍大致囊括：江蘇南部、安徽南部、浙江甚至江西，小至僅有江蘇南部一隅（蘇、松、常、鎮四府）或太湖東南平原一角（蘇、松、嘉、湖四府）。介乎其中者，則有蘇、松、杭、嘉、湖五府說，蘇、松、常、杭、嘉、湖六府說，蘇、松、常、鎮、杭、嘉、湖七府說，蘇、松、常、鎮、寧、杭、嘉、湖八府說，蘇、松、常、鎮、寧、杭、嘉、湖、甬、紹十府說等等，不一而足。〔註 37〕

其實，蘇、松、常、杭、嘉、湖，是圍繞著太湖沿岸的六個府，也是長江中下游的富庶區域，特別是從南宋以後，在經濟、商業與文化上的發展，都達到空前鼎盛的地步。〔註 38〕元末明初時圍繞太湖沿岸的城市，包括浙西（杭州、嘉興、湖州、

月第一版），頁一。

〔註 35〕李伯重，《江南的早期工業化（一五五〇～一八五〇年）》（北京：社會科學文獻出版社，二〇〇〇年十二月第一版），頁一九。

〔註 36〕錢杭，《十七世紀江南社會生活》（杭州：浙江人民出版社，一九九六年三月第一版），頁一。

〔註 37〕李伯重，《發展與制約：明清江南生產力研究》（台北：聯經出版事業股份有限公司，二〇〇二年十二月初版），頁四一九。

〔註 38〕有關明代江南的社會與經濟之研究論著成果目前頗多，可參見范金民等，〈明清江南社會經濟史研究十年綜述〉（收入《長江三角洲地區社會經濟史研究》，南京：南京大學出版社，一九八九年十月第一版），頁三六六～三九四；以及傅衣凌，《明代江

紹興等地），以及所謂的吳地（吳江、松江、崑山、常熟、無錫等地）。〔註39〕由上看來，入明以後的太湖沿岸城市，應包含蘇州、松江、常州、杭州、嘉興、湖州等六府地區。

正如前文所述，學者對於江南地區的範圍觀點上略有不同，而其不同便在於江南地區包括的府州縣等有所差異。即使抱持中間看法的學者，也有五府、六府、七府、八府、十府等說法。更麻煩的是，即使同稱八府者，〔註40〕對於八府的內涵也有所差別。而它們當中唯一比較沒有爭議者，便是抱持六府說者。〔註41〕有鑑於在古代的官方文書及私人著述中，常常是五府乃至七府連稱，而且遲至明代，蘇、松、常、杭、嘉、湖六府地區，在人們的心目中，已經是一個有著內在經濟聯繫和共同點的區域整體，〔註42〕加上學界對於六府之說看法也較一致，因此，本文便採用六府地區的說法，以做爲觀察江南地區文人藏書生活文化的範圍界限。

關於明代江南六府的藏書研究，筆者於碩士階段業已完成蘇州部份，並已出版。〔註43〕因此，本文雖爲碩士論文之延續與擴大研究，對於蘇州藏書部份將不再贅述，僅專以江南六府之其他地區——松江、常州、杭州、嘉興、湖州等五府地區，做爲研究對象的地域範疇。

至於在斷代的限制上，由於藏書活動乃是文人生活文化的一部份，往往與地域風俗、地域文人習性，以及地域文學傳統等等多方面各種不同的文化現象有所關聯，因此，斷不可能絕對地以改朝換代的政治因素而加以斷定時代界限。中國史上的朝代興亡，其年代易斷，但是歷史上一些跨越兩個朝代的人物，在某些研究領域上，的確是難以歸屬。所以，廣義的明代人，應包含卒於洪武年間的元末人和卒於清康熙年間的明代遺民，甚至是清朝所謂的貳臣，原先本來是明朝的大臣或封疆大吏者，

南市民經濟試探》（台北：谷風出版社，一九八六年九月初版）等專著，此不贅。

〔註39〕施纓姿，《元末明初太湖地區文人畫家群之研究》（台北：中國文化大學藝術研究所碩士論文，一九九六年六月），頁四。

〔註40〕見范金民，〈明代江南進士甲天下及其原因〉（《明史研究》，第五輯，一九九七年五月），頁一六三。范氏文中所稱八府，係指應天、鎮江、常州、蘇州、松江、杭州、嘉興和湖州八府。

〔註41〕見吳智和，〈明代蘇州社區鄉土生活史舉隅——以文人集團爲例〉（收入《方志學與社區鄉土史學術研討會論文集》，台北：臺灣學生書局，一九九八年五月初版），頁二三。係指蘇州、松江、常州、杭州、嘉興、湖州等六府。一般而言，持此六府說法的研究者，都傾向於此六府地區。

〔註42〕王家範，〈明清江南市鎮結構及歷史價值初探〉（《華東師範大學學報》哲學社會科學版，一九八四年第一期），頁七四。

〔註43〕見拙著，《明代的蘇州藏書——藏書家的藏書活動與藏書生活》（宜蘭：明史研究小組，二〇〇二年二月初版）。

其人之言行雖不足取，然於治明史者，則不可不加以探究。〔註 44〕本論文既以文化史的研究角度爲出發點，爲了保留明代江南五府地區藏書文化的因果連續關係，在斷代上的取捨上，乃是以明代爲主，但也包括一小部份與明初有關的元末江南五府藏書家或藏書風氣，以及一小部份明末影響所及的清初江南五府藏書家或藏書風氣，以保持本地藏書文化在研究上的完整性與延承性。

此外，本文在學科範圍上也有所限制。由於歷代藏書文化的內容涵蓋過廣，本文乃是基於明代文人生活方式中的藏書文化史研究爲主，對於其他藏書相關學科上的一些專業領域，如圖書館學、版本學、校讎學、文獻學……等等非關文人社會生活研究之命題，基本上將不列入本文研究的範圍之內，若有涉及之處，則不多作論述，以確立本文在生活史、文化史角度研究的專題性。

資料的處理

本文在資料的參考上，是以正史、明代文集、元明清筆記史料、明清地方志、明清書目與題跋，以及藏書學研究等資料爲主要的蒐集對象；對於近人的論著上，一些有關明代的私人藏書活動、文人集團研究與文人生活文化等領域之成果，筆者皆一一閱讀過濾，並藉以做爲撰文時觀念的啓發與參考的依據。

明人文集，在此是指集部中的別集類而言。明人別集是個人生命史的紀錄，也是同時代人物往來的生活史記載；當代人物活動的紀錄，本是歷史研究的範疇，也是社會生活中的重要史源之一。〔註 45〕在研究明代江南五府的藏書家時，往往可以藉由藏書家或其友人的文集，來發掘他們的藏書事蹟、心態觀念，以及藏書活動、藏書生活等等記載，文集在本研究上，對於資料的取得，的確頗有助益。

其次，明清地方志對於明代江南地區藏書家在人數的掌握上貢獻匪淺，許多藏書家的藏書事蹟，往往見之於方志。此外，一些已經亡佚的古籍，在方志上有時也能找到蛛絲馬跡，對於藏書家身份的證實，起著很大的作用，在風俗文化地域視野的敘述當中，地方志的作用絕不可忽視。地方志與正史不同之處，在於更多方面地反映社會生活，突出的記敘地域性的社會現象和自然現象，〔註 46〕而這些正是地方

〔註 44〕王德毅，《明人別名字號索引》（台北：新文豐出版股份有限公司，二〇〇〇年三月台一版），〈敘例〉，頁三。

〔註 45〕吳智和，《明人文集中的生活史料——以居家休閒生活爲例》（收入《明人文集與明代研究》，台北：中國明代研究學會，二〇〇一年十二月初版），頁一三五。

〔註 46〕韓養民，〈中國風俗文化與地域視野〉（《歷史研究》，一九九一年第五期），頁九三。

志在社會生活史與文化史上的珍貴之處。

一般而言，所謂歷史藏書學，是研究歷史上中國藏書現象、藏書事業以及與之有關的學術活動的學問，它發端於十九世紀後期葉昌熾的《藏書紀事詩》編集之時，並且它是在前人長期的史實紀錄、史料編集和藏書經驗總結的基礎上發展而來的。以明代的藏書研究而論，元、明、清的筆記雜著、文集、方志、藝文志、經籍志、序跋、書目、藏書志與藏書記，以及明清以來學者編集的藏書史料等等，都是研究中國歷史藏書學的珍貴史料，〔註47〕也都分別有其研究上的參考價值。

此外，藏書學的研究，自然還得吸取多方面如中國書史、目錄學史、古代版本、分類、科學技術乃至思想史、文化史的研究成果。〔註48〕而近人相關領域的研究成果，在專書部份，主要有：吳晗《江浙藏書家史略》〔註49〕、汪誾《明清蟫林輯傳》〔註50〕、顧志興《浙江藏書家藏書樓》〔註51〕、楊立誠與金步瀛合著的《中國藏書家考略》〔註52〕、李玉安與陳傳藝合著的《中國藏書家辭典》〔註53〕、梁戰與郭群一合著的《歷代藏書家辭典》〔註54〕、任繼愈《中國藏書樓》〔註55〕、范鳳書《中國私家藏書史》〔註56〕、傅璇琮與謝灼華合著的《中國藏書通史》〔註57〕等等。至於期刊論文部份，主要有：袁同禮〈明代私家藏書概略〉〔註58〕、項士元〈浙江藏書家考略〉〔註59〕、蔣復璁〈兩浙藏書家印章考〉〔註60〕、日人宮內美智子〈明代私家藏書考〉〔註61〕、許媛婷《明代藏書文化研究》〔註62〕等等。凡此種種，都是

〔註47〕《藏書四記》，頁三三五。

〔註48〕徐雁，〈我國古代藏書實踐和藏書思想的歷史總結〉，頁六○。

〔註49〕吳晗，《江浙藏書家史略》（台北：文史哲出版社，一九八二年五月初版）。

〔註50〕汪誾，《明清蟫林輯傳》（九龍：中山圖書公司，一九七二年十二月港初版）。

〔註51〕顧志興，《浙江藏書家藏書樓》（杭州：浙江人民出版社，一九八七年十一月第一版）。

〔註52〕楊立誠等，《中國藏書家考略》（台北：文海出版社，一九七一年十月初版）。

〔註53〕李玉安等，《中國藏書家辭典》（武漢：湖北教育出版社，一九八九年九月第一版）。

〔註54〕梁戰等，《歷代藏書家辭典》（西安：陝西人民出版社，一九九一年十月第一版）。

〔註55〕任繼愈，《中國藏書樓》（沈陽：遼寧人民出版社，二○○一年一月第一版）。

〔註56〕范鳳書，《中國私家藏書史》（鄭州：大象出版社，二○○一年七月第一版）。

〔註57〕傅璇琮等，《中國藏書通史》（寧波：寧波出版社，二○○一年二月第一版）。

〔註58〕袁同禮，〈明代私家藏書概略〉（收入《清代藏書家考》，九龍：中山圖書公司，一九七三年一月初版），頁七三～八○。

〔註59〕項士元，〈浙江藏書家攷略〉（《文瀾學報》，第三卷第一期，一九三七年三月），頁一六八九～一七二○。

〔註60〕蔣復璁，〈兩浙藏書家印章考〉（《文瀾學報》，第三卷第一期，一九三七年三月），頁一七二一～一七四五。

〔註61〕日・宮内美智子，〈明代私家藏書考〉（《青葉学園短期大学紀要》，第四號，一九七九年十一月），頁一二一～一二六。

〔註62〕許媛婷，《明代藏書文化研究》（台北：中國文化大學中國文學研究所博士論文，二○

研究明代江南五府地區藏書家的藏書活動與藏書生活所必須參考的重要資料。

方法與目標

本文採用一般的歷史研究法，藉由史料的蒐集加以舉證，再利用歸納法推衍出合理的結論。誠如唐逸所言，如果將人的行爲視爲一系列語言陳述所表達的取捨抉擇，並視此爲文本，則已設定一種可觀察、可驗證的文化研究之對象。而觀察、研究之方法，便是分析與詮釋。分析詮釋的方法，並非唯一，亦不必爲最佳之研究文化的方法，但卻不失爲一種可行的方式。其邏輯之自律，方法之嚴縝，並不逮於自然科學，但並不以預測、控制對象爲目的。〔註63〕所以，於研究主題之時，筆者也搭配使用一些統計的方法，並依照抽樣調查的原則，對於江南五府藏書家的社會文化現象，做一些觀察、分析、總結與推論，再以這些方式得出的結果，做爲本文研究當中解釋歷史現象的依據。

至於研究的目標，大致上是藉由本文的研究，能夠清楚地瞭解明代江南五府地區藏書家的生活文化。包含對於本地區藏書家的認識、藏書家的性質、藏書集團的分析調查、藏書活動的進行方式，以及藏書生活的內容等等文化現象與活動，期望能得到一些具體的成果，以便能讓明代江南五府地區藏書家生活文化的眞實面向，公諸於世。

○三年六月）。

〔註63〕唐逸，〈文化研究方法論〉（《學術月刊》，一九九八年第二期），頁八○。

圖一：明代江南五府轄境圖

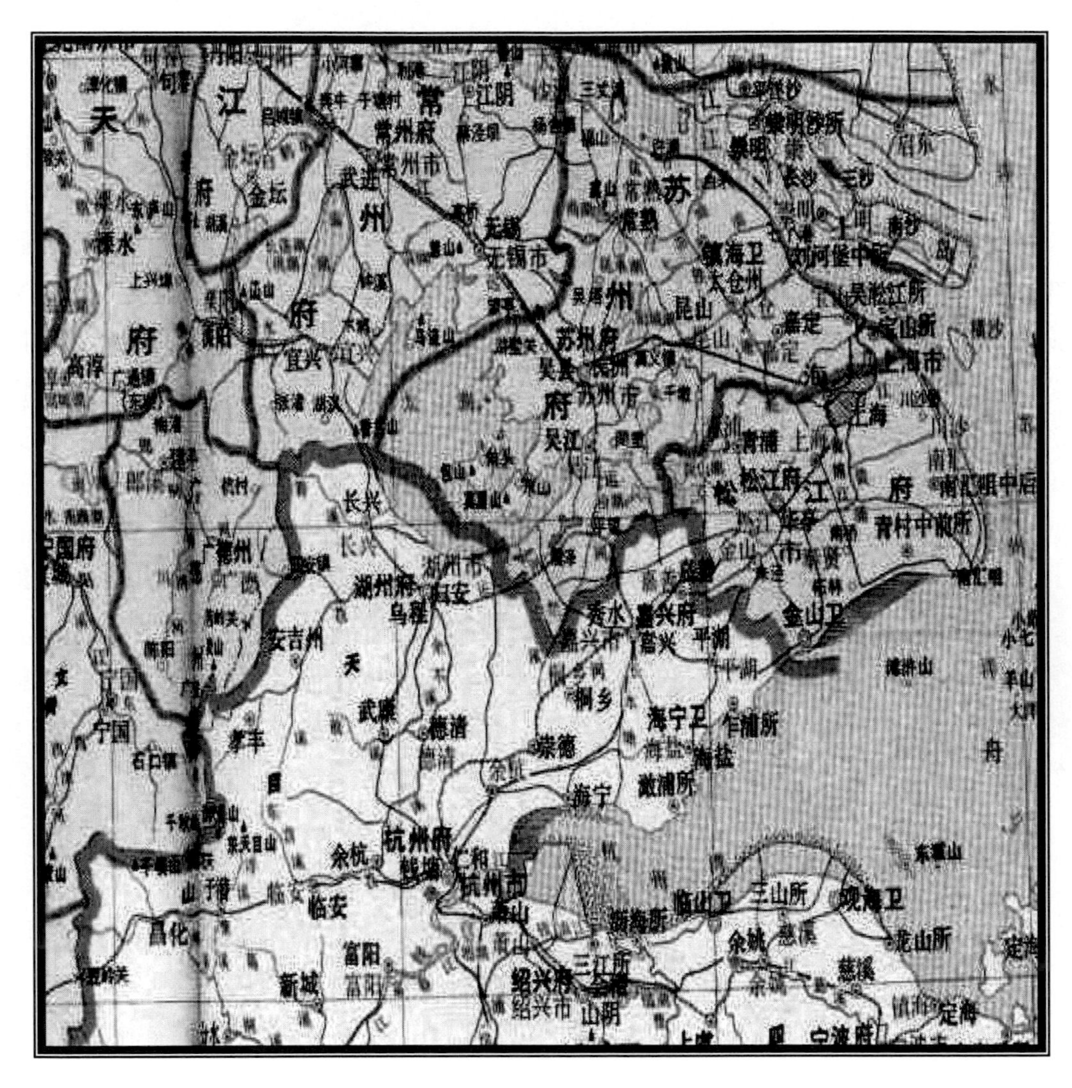

資料出處：譚其驤，《中國歷史地圖集・元明時期》，〈南直隸〉，頁四八。

第二章　江南五府的藏書家

元末世亂，群雄並起，天下兵馬倥傯，燄塵飛揚，唯獨江南五府地區較少被兵，於是太祖定鼎天下以後，在經濟、生產與文化事業等方面，都能夠迅速地復興起來。而本地區的私家藏書事業，也在政治安定與經濟發達的兩大社會背景的支持下，藏書家輩出，人數較之前代，激增頗多。

由於明代的藏書界有個值得注意的時代現象，幾乎所有知名的藏書家都酷嗜收藏書畫器物，因此，在這樣濃郁的文化氛圍當中，典籍與書畫古器的一併收藏，已經成爲明代藏書界的一時風尚，也是明代私家藏書事業的一大特色。〔註 1〕正因爲如此，使得從事明代私家藏書研究者容易將藏書家與喜好書畫的收藏者混爲一談。爲了避免爭議，本章姑且不論書畫在文獻類型上的定位以及它們與中國藏書事業的關係，僅從元明清史料當中，蒐羅確有藏書事蹟之記載者，加以錄之；至於那些喜好收藏書畫卻查無藏書事實記錄者，即使以前的藏書家研究論著曾經收編，本章仍摒棄而不以列入。

此外，爲了表明藏書家藏書活動進行的時代性質以及在文化傳續意義的層面上有所兼顧，並且方便後文有關藏書家集團性的研究，本章於藏書家的排列上採取以卒年爲先後標準的方式，由遠至近，涵蓋元末至清初，再按五府及其轄下所屬之州縣加以區分羅列。至於卒年不詳者，則按其生年區分先後；而生卒年皆不詳，則依其科舉年代（以進士優先，而後舉人、監生、貢生、生員、薦舉等）由遠至近排列。若生卒年、科舉年代皆無考，則依其人活動之年代，或其親友、或其同時代人之生卒年代，約略加以判定先後次序，由遠至近排列。若藏書家屬於同一家族者，則依輩份彙而列之，不受生卒年代之限。至於一些生卒年以及生存年代全然無法判定者，則列於各州縣的最後。

〔註 1〕《中國藏書通史》，頁六六九。

再者關於藏書家的區域劃分，原則上是按藏書家的籍貫或僑寓州縣而加以區分，同一州縣者再依卒年由遠至近排列。但若藏書家的籍貫或僑寓州縣與藏書事實發生所在地不同的時候，則以藏書事實發生之所在地爲區別標準，並不以藏書家的籍貫或僑寓州縣爲限。而一些無法判定屬於何縣的藏書家，則列於各府之下、各州縣之前。

第一節　松江府

1. **夏庭芝**（生卒年不詳）

元末明初松江府人，所居縣份不詳。夏庭芝字伯和，一作伯初，嘗跋《學津討原・刻封氏聞見記》，自稱：「予素有藏書之癖，凡親友見借者，暇日多手鈔之。此書乃十五年前所鈔者，至正丙申歲（十六年，1356），不幸遭時艱難，烽火四起，煨燼之餘，尙存殘書數百卷。今僻居深村，賴以自適，亦不負愛書之癖矣。」〔註2〕

2. **任豫齋**（生存年代無法確定）

豫齋應爲其號，佚其名，字不詳，明代松江府人，所居縣份亦不詳。其家有「素節亭」，其中所藏「圖書文獻，抗于封君。」〔註3〕

3. **張夢臣**（生存年代無法確定）

夢臣或爲其字號，明代人，籍貫不詳，僑寓松江府，所居縣份亦無考。建「讀書莊，在郡西郭外，張夢臣僑松日，作以藏書。」〔註4〕

一、華亭縣

1. **章弼**（生卒年不詳）

字拱辰，元末明初華亭人。好讀書，「聚古經史書，潛心篤志，亹亹忘倦。」〔註5〕

2. **戴光遠**（生卒年不詳）

〔註 2〕清・葉昌熾，《藏書紀事詩》（《中國目錄學名著》第一集，台北：世界書局，一九八〇年十月四版），卷二，〈夏庭芝伯和〉，頁六七。

〔註 3〕明・方岳貢等，《崇禎・松江府志》（《日本藏中國罕見地方志叢刊》，北京：書目文獻出版社，一九九一年十月第一版，據日本藏明崇禎三年刻本影印），卷四六，〈第宅園林〉，頁二七上。

〔註 4〕《崇禎・松江府志》，卷四六，〈第宅園林〉，頁三九下。

〔註 5〕《崇禎・松江府志》，卷四二，〈文學〉，頁六下。

字君實，元末明初華亭人。營建義學以淑里人，「作堂室四十五間，貯圖史。」〔註6〕

3. **夏士文**（生卒年不詳）

字號不詳，元末明初華亭人。所藏「六籍子史，下及百氏之書，凡數千卷，皆架插。」〔註7〕

4. **孫道明**（1297～約1376）

字明叔，自號停雲子，又號清隱居士，別號在家道人，清隱處士，元末明初華亭人。「博疋好古，藏書萬卷，遇祕本輒手自抄錄，皆小楷齊截。」〔註8〕

5. **張源**（生卒年不詳）

字復木，號丹崖，明初華亭人。官至太醫院院判，「景泰間，乞骸骨歸。置第城西南隅，樂園池花竹之勝，時出賜金以會賓友，贍貧乏。置書以教諸孫。」〔註9〕

6. **邵文博**（生卒年不詳）

字號不詳，明初華亭人。就其家東野治地爲堂，「所藏經史子集及古琴、鼎彝、法書名畫，列庋其中。」〔註10〕

7. **徐觀**（生卒年不詳）

字尚賓，明代華亭人。官至兵部武選司主事，致仕後「益購文籍、法書名畫及鼎彝古器，自娛而已。」〔註11〕

8. **顧清**（1460～1528）

字士廉，號東江，松江華亭人。嘗自稱：「某不佞少嘗好學，而陋於見聞。聞人有古書，必百方求之不少置，人見其然也，亦多應之。」〔註12〕

〔註6〕清・宋如林等，《嘉慶・松江府志》（《續修四庫全書》史部・六八八冊，上海：上海古籍出版社，二〇〇二年三月第一版，據華東師範大學圖書館藏清嘉慶二十三年松江府學刻本影印），卷五〇，〈古今人傳二〉，頁四七上。

〔註7〕《崇禎・松江府志》，卷四六，〈第宅園林〉，頁三二上～下。

〔註8〕李放，《皇清書史》（《清代傳記叢刊》八四冊，台北：明文書局，一九八五年五月初版），附錄，〈孫道明〉，頁二上。

〔註9〕《崇禎・松江府志》，卷四二，〈藝術〉，頁一〇上～下。

〔註10〕明・貝瓊，《清江貝先生集》（《四庫叢刊初編》集部・八一冊，台北：台灣商務印書館，一九六五年八月台一版，上海商務印書館據烏程許氏藏明洪武本縮印），卷四，〈拱翠堂記〉，頁二七。

〔註11〕《嘉慶・松江府志》，卷五一，〈古今人傳三〉，頁三〇下。

〔註12〕明・顧清，《東江家藏集》（台北：中央研究院藏明嘉靖間華亭顧氏家刊本），卷二五，〈與友人借書書〉，頁二下。

9. 朱恩（1452～1536）

字汝承，號旅溪翁，華亭烏溪里人。官至禮部尚書，致仕家居幾三十年，「多蓄法書圖畫，……易簀之日，惟存圖書數千卷，無他盈也。」〔註 13〕

10. 顧中立（1495～1562）

字伯挺，一字伯從，號左山，華亭人。以刑部員外郎致仕，「歸搆熙園於東郊，廣貯書籍，讎校甚多。」〔註 14〕

11. 徐獻忠（1493～1569）

字伯臣，一作伯宗，號長谷，華亭人。以奉化知縣致仕，歸家後，「愛其山水清遠，搆丙舍爲終老計。五柳雙桐，偃蹇支門，疏櫺淨几，奇書古文，間以金石三代之器，葛巾羽氅，徜徉其間。」〔註 15〕

12. 袁福徵（生卒年不詳）

字履善，華亭人。官唐府長史，「釋褐六十年，家徒四壁，殘書萬卷而已。」〔註 16〕

13. 何良俊（1506～1573）

字元朗，號柘湖，華亭人。官南翰林院孔目，意不自樂，未幾謝歸。何良俊出仕之前，藏書於「清森閣」。赴任南京翰林院孔目以後，雖與掌院相得甚歡，然「良俊居久之，意不樂，慨然歎曰：『吾有清森閣在海上，藏書四萬卷，名畫百籤，古法帖、鼎彝數十種，棄此不居，而僕僕牛馬走乎！』遂移疾歸。」〔註 17〕謝歸後，「清森閣」燬於兵火，別構「四友齋」以藏書，自謂：「買得楊氏園，去府治南僅百武許，在委巷中。舊有通梁小堂三間，無別室，因築丙舍以處妻孥，架小樓儲書。」〔註 18〕

〔註 13〕明・徐獻忠，《長谷集》（《四庫全書存目叢書》集部・八六冊，台南：莊嚴文化事業有限公司，一九九七年六月初版，據北京大學圖書館藏明嘉靖刻本影印），卷一三，〈禮部尚書朱公行狀〉，頁一八下～一九上。

〔註 14〕清・楊開第等，《光緒・重修華亭縣志》（《中國方志叢書》華中・四五號，台北：成文出版社有限公司，一九七〇年台一版，據清光緒四年刻本影印），卷一四，〈人物三・列傳上〉，頁三四上。

〔註 15〕清・宗源瀚等，《同治・湖州府志》（《中國方志叢書》華中・五四號，台北：成文出版社有限公司，一九七〇年十一月台一版，據清同治十三年刻本影印），卷九〇，〈人物・寓賢〉，頁三〇下。

〔註 16〕《嘉慶・松江府志》，卷五三，〈古今人傳五〉，頁下～上。

〔註 17〕清・王鴻緒等，《明史稿列傳》（《明代傳記叢刊》九七冊，台北：明文書局，一九九一年十月初版），卷一三六，〈何良俊〉，頁一八下～一九上。

〔註 18〕明・何良俊，《何翰林集》（《四庫全書存目叢書》集部・一四二冊，台南：莊嚴文化事業有限公司，一九九七年六月初版，據中國社會科學院文學研究所藏明嘉靖四十

14. 沈耀（生卒年不詳）

字徵德，明代華亭人。「少為諸生，好古文詞，博綜群籍，日購月求，手抄靡間寒暑。家素貧薄，大半為收書費。」〔註19〕

15. 朱大韶（1517～1577）

字象玄，一作象元，號文石，華亭人。以南京國子司業致仕，「歸則構樓於城東北隅，置圖史，朝夕觀覽，左右遠眺自適，取名快閣。」〔註20〕又「性好藏書，尤愛宋時鏤版。訪得吳門舊姓，有宋槧袁宏《後漢紀》，係陸放翁、劉須溪、謝疊山三君手評，飾以古錦玉籤，遂以一美婢易之，蓋非此不能得也。婢臨行題詩於壁，大韶見詩，為惋惜者久之。」〔註21〕

16. 莫是龍（？～1587）

字雲卿，後以字行，更字廷韓，號秋水，又號後朋、碧山樵、貞一道人、畏壘居士，雲龍山人，玉關山人等，華亭人。父「莫如忠（1509～1589），字子良。嘉靖十七年（1538）進士，累官浙江布政使。」〔註22〕莫是龍「少育於常熟外翁楊公五川（楊儀，1488～？）家，稍長，始歸於莫方伯，以其聰慧甚，特憐愛之。」〔註23〕楊儀「構萬卷樓，聚書其中，率多宋元舊本及名人墨蹟，鼎彝古器之屬，固不可勝數。繕寫人間遺書尤祕惜，每紙識數語，以散軼為戒。」〔註24〕然而楊儀「性高亢，為時所嫉，一朝搆禍，而同縣縉紳某為下石，所蓄蕩然，儀亦尋卒。……雲卿多攜儀藏書去。」〔註25〕莫是龍的藏書雖然主要來自外家，但是個性卻也相當好事，時「四方之客，持清玩綺幣來售，或挾一藝一技求見者，必令飽所欲而去。」〔註26〕

17. 張之象（1507～1587）

四年何氏香嚴精舍刻本影印），卷一五，〈四友齋記〉，頁七上。

〔註19〕《崇禎・松江府志》，卷四二，〈隱逸〉，頁二一上。

〔註20〕明・過庭訓，《明分省人物考》（《明代傳記叢刊》一三一冊，台北：明文書局，一九九一年十月初版），卷二六，〈朱大韶〉，頁四一上。

〔註21〕清・潘介祉，《明詩人小傳稿》（台北：國家圖書館，一九八六年版），卷六，頁二一三。

〔註22〕清・張廷玉等，《新校本明史》（《中國學術類編》，台北：鼎文書局，一九九八年八月九版），卷二八八，〈列傳一七六・文苑四・莫如忠〉，頁七三九七。

〔註23〕明・何三畏，《雲間志略》（《明代傳記叢刊》一四七冊，台北：明文書局，一九九一年十月初版），卷一九，〈莫太學廷韓公傳〉，頁三二上。

〔註24〕明・馮復京，《明常熟先賢事略》（《明代傳記叢刊》一五〇冊，台北：明文書局，一九九一年十月初版），卷一三，〈文苑〉，頁一五一～一五二。

〔註25〕明・姚宗儀，《常熟縣志》（台北：中央研究院藏明萬曆間刊本），卷一五，頁一五上。

〔註26〕明・姜紹書，《無聲詩史》（《明代傳記叢刊》七二冊，台北：明文書局，一九九一年十月初版），卷三，〈莫是龍〉，頁四七上。

字月麓，一字玄超，號王屋，華亭人。嘉靖中官浙江按察司知事，投劾歸。「性恬澹，而淫於書。家藏萬卷，而粟無擔石。」〔註 27〕

18. **陸樹聲**（1509～1605）

字與吉，號平泉，華亭人。仕至禮部尚書，自謂：「陸子自丙寅歲（嘉靖四十五年，1566）謝病歸，束書不展置閣者五年矣！是歲夏暑溽，出所藏書暴之，則鼠曹其中，檢之殘囓者，蓋十之五六，苴藉浥腐敗脫者過半焉，無完帙矣。」〔註 28〕

19. **孫克宏**（1533～1611）

字允執，號雪居，華亭人，爲禮部尚書孫承恩（1481～1561）之子。以蔭，官至漢陽知府，被劾免歸。「自此無復仕進意，遂于東郊故居修築精舍，輦奇石，賓庭除，環列鼎彝金石、法書名畫，摩娑其中，滌除洒掃，屏榻如鑒。」〔註 29〕

20. **宋懋澄**（生卒年不詳）

字幼清，華亭人。「萬歷間，郡中藏書之富者，王洪州圻、施石屏大經、宋幼清懋澄、俞仲濟汝楫四先生家爲最。幼清先生尤多祕本及名人手鈔、舊榻碑刻。」〔註 30〕

21. **董其昌**（1555～1636）

字玄宰，號思白，別號香光居士，華亭人。官至南京禮部尚書，「性清敏，好汲引。家藏古圖籍甚備。」〔註 31〕

22. **陳繼儒**（1558～1639）

字仲醇，號眉公，華亭人。陳繼儒「披韋帶索，自放草澤，方將糠粃天地芻狗萬象，一切世榮物尚排蕩殆盡，而獨留嗜書之癖，以故畸流英衲所與往來，得一隱書，必以歸先生；先生耳目所逮與手所羅致，必獲而後已，於是先生之笈日滿，而

〔註 27〕明・張鼐，《寶日堂初集》（《四庫禁燬書叢刊》集部・七六冊，北京：北京出版社，二〇〇〇年一月第一版，據中國科學院圖書館藏明崇禎二年刻本影印），卷二三，頁二九上。

〔註 28〕明・陸樹聲，《陸文定公集》（台北：中央研究院藏明萬曆四十四年華亭陸氏家刊本），卷一二，〈逸鼠記〉，頁二四下。

〔註 29〕明・陳繼儒，《晚香堂集》（《四庫禁燬書叢刊》集部・六六冊，北京：北京出版社，二〇〇〇年一月第一版，據北京大學圖書館藏明崇禎刻本影印），卷九，〈孫漢陽太守傳〉，頁五下。

〔註 30〕清・應寶時等，《同治・上海縣志》（《中國方志叢書》華中・一六九號，台北：成文出版社有限公司，一九七五年台一版，據清同治十一年刻本影印），卷三二，〈雜記三・遺事〉，頁一五下。

〔註 31〕清・查繼佐，《罪惟錄列傳》（《明代傳記叢刊》八六冊，台北：明文書局，一九九一年十月初版），卷一八，〈董其昌〉，頁二三四二。

四方稱多異書者，必日：『眉公先生』云。」〔註32〕

23. **吳中秀**（？～1645）

字端所，華亭人。「性復孝友，生平貯書萬卷，築天香閣藏之。乙酉（1645），中秀年八十餘，城破死之。」〔註33〕

24. **張恆**（生卒年不詳）

字北山，明末清初華亭人，復「移家林屋，儲書萬卷，不汲汲于榮利，蓋學焉而有守者。」〔註34〕

25. **章仁正**（生存年代無法確定）

字號不詳，明代華亭人。其家在雲間漁溪南，乃「構樓溪濱以藏群書，……樓距雲間城郭一舍有半。」〔註35〕

二、上海縣

1. **杜元芳**（生卒年不詳）

字玉泉，元末明初上海人。「性醇厚，官德清主簿。晚隱杜村，構翡翠碧雲樓，貯書萬卷。」〔註36〕

2. **陶中**（生卒年不詳）

字號不詳，元末明初上海縣人。藏書處名「榆溪草堂」，其中「藏書充屋棟，茶竈筆牀環左右。」〔註37〕

3. **釋慧**（生卒年不詳）

僧人，元末明初上海籍。「居之在介鬫室，蓄古今書數千百卷，貽其嗣達、妙，襲名日：『讀書堆』。」〔註38〕

4. **顧友實**（生卒年不詳）

〔註32〕明・李日華，《恬致堂集》（《明代藝術家集彙刊續集》，台北：國立中央圖書館，一九七一年十月初版，據國家圖書館藏明末刻本影印），卷一一，〈陳眉公先生續祕笈序〉，頁二一下～二二上。

〔註33〕《光緒・重修華亭縣志》，卷一五，〈人物四・列傳中〉，頁三六上。

〔註34〕清・朱彝尊，《曝書亭集》（台北：世界書局，一九八九年四月再版），卷三五，〈道傳錄序〉，頁四三五。

〔註35〕《崇禎・松江府志》，卷四六，〈第宅園林〉，頁三四上。

〔註36〕《嘉慶・松江府志》，卷五〇，〈古今人傳二〉，頁三三上。

〔註37〕《同治・上海縣志》，卷二八，〈名蹟・第宅園林〉，頁一二上。

〔註38〕元・楊維楨，《東維子集》（《景印文淵閣四庫全書》集部・一六〇冊，台北：台灣商務印書館，一九八六年三月初版），卷二一，〈讀書堆記〉，頁七上。

字號不詳，元末明初上海人。藏書處名「芸閣」，「藏書數千卷，倪瓚爲之圖。」〔註39〕

5. **郁文博**（生卒年不詳）

原名不詳，以字行，明初上海人。郁文博「以進士擢御史，有直聲。歷陞湖廣按察副使。」〔註40〕「致仕後，歸居萬卷樓，年七十九，丹鉛校核不去手云。」〔註41〕

6. **陸深**（1477～1544）

初名榮，字子淵，號儼山，上海人。「舉弘治乙丑（十八年，1505）進士，歷官至詹事府詹事兼翰林院學士，文裕者其諡也。」〔註42〕家學時即喜聚書，其後官京師，於所居闢書室，「中霤榜曰：『書窟』，廣可五尺，長丈，有㞐穴北壁以取明，雜藏書三千卷。」〔註43〕又嘗於奏疏中宣稱：「臣本農家，僻居江海之上，兼有藏書可資考索；衣食所餘，足備筆札之費。」〔註44〕可見其於藏書生活之中，頗自得其樂。

7. **陸楫**（1515～1552）

字思豫，上海人，爲陸深之子。自云：「每見館閣諸先達，對後學縷縷道國朝典故。先文裕公（陸深）出入館閣，前後幾四十年，每見國朝前輩，抄錄得一二事，便命不肖熟讀而藏之。」〔註45〕

8. **顧定芳**（1489～1554）

字世安，號東川，上海人，官太醫院御醫。爲陸深之表弟，陸深曰：「表弟顧世安氏，素修醫業，收蓄古書甚富。」〔註46〕

〔註39〕《同治・上海縣志》，卷二八，〈古蹟・第宅園林〉，頁二五上。

〔註40〕明・顏洪範等，《萬曆・上海縣志》（台北：中央研究院藏明萬曆十六年刻本），卷九，〈人物・賢達〉，頁一〇下。

〔註41〕《同治・上海縣志》，卷一八，〈人物一〉，頁二九上。

〔註42〕明・陸深，《陸文裕公行遠集》（《四庫全書存目叢書》集部・五九冊，台南：莊嚴文化事業有限公司，一九九七年六月初版，據復旦大學圖書館藏明陸起龍刻清康熙六十一年陸瀛齡補修本影印），書前，文徵明〈陸文裕公全集原序〉，頁一上。

〔註43〕《陸文裕公行遠集》，卷四，〈綠雨樓記〉，頁八下。

〔註44〕明・陸深，《儼山外集》（《景印文淵閣四庫全書》子部・八八五冊，台北：台灣商務印書館，一九八六年三月初版），卷二八，〈進同異錄序〉，頁二上。

〔註45〕明・陸楫，《蒹葭堂雜著摘抄》（《叢書集成初編》二九二〇，上海：商務印書館，一九三六年六月初版），頁一二。

〔註46〕明・陸深，《儼山集・續集》（《景印文淵閣四庫全書》集部・二〇七冊，台北：台灣商務印書館，一九八六年三月初版），卷四八，〈重刊豆疹論序〉，頁一下。

9. **黃標**（生卒年不詳）

字良玉，上海人。貢生，爲「陸文裕深之甥也。」〔註 47〕黃標「藏書甚富，日繙閱不休，叩之如指掌。」〔註 48〕

10. **朱察卿**（生卒年不詳）

字邦憲，號象岡、黃浦，復自號醉石，上海人。藏書處名「舊雨軒」，「乃若六籍咸萃，百代靡遺。丘索墳典之編，虞夏商周之書，諸子百家之言，稗官野史之記，羅列在茲。睹科斗於壁藏，雜魯魚於漆簡，騈古色而霞軒，炳遺文而玉韞。」〔註 49〕

11. **李煥然**（生卒年不詳）

字子文，上海人。其家「富藏書，靡不淹貫，……時號爲書麓。」〔註 50〕

12. **李可教**（生卒年不詳）

字受甫，上海人。諸生，爲李煥然之從子。「其先世儲書萬餘卷，遭倭寇，悉散佚。可教多方訪購，風鈔雪寫，得還十五六，校讎點勘，丹黃爛然。」〔註 51〕

13. **吳稷**（生卒年不詳）

字不詳，號石湖，明末松江府人，所居縣份無考，爲李煥然之甥。《崇禎・松江府志》載：「養浩樓，吳石湖稷讀書之所，王陽明守仁（1472～1528）題贈。倭亂，賊眾登樓，見書史滿架，舉火燃不能焚，若有神鬼呵護。因賦詩云：『養浩樓軒敞，歸登小坐餘，入窗天地景，萬卷聖賢書，幸免遭回祿，還教倚太虛，多時城寓窄，還復此寬舒。』又有石湖精舍、自得園，俱在俞塘。」〔註 52〕

14. **董綸**（生卒年不詳）

字號不詳，上海人。官監察御史，爲董宜陽之祖父。家有書室，名「西齋」，「西齋者，董氏藏書所也。世居上海之沙岡，自御史公（董綸）起家，繼大理公（董恬），咸嗜學修文，購古書籍至千餘卷。生子宜陽。」〔註 53〕

〔註 47〕清・陳方瀛等，《光緒・川沙廳志》（《中國方志叢書》華中・一七四號，台北：成文出版社有限公司，一九七五年台一版，據清光緒五年刻本影印），卷一〇，〈人物・統傳〉，頁八上。

〔註 48〕《萬曆・上海縣志》，卷九，〈人物・文學〉，頁三〇下。

〔註 49〕明・潘恩，《潘笠江先生集》（《四庫全書存目叢書》集部・八一冊，台南：莊嚴文化事業有限公司，一九九七年六月初版，據蘇州市圖書館南京圖書館藏明嘉靖至萬曆刻本影印），近稿卷九，〈舊雨軒銘〉，頁二一上。

〔註 50〕《崇禎・松江府志》，卷四二，〈隱逸〉，頁二四上。

〔註 51〕《嘉慶・松江府志》，卷五四，〈古今人傳六〉，頁三六下～三七上。

〔註 52〕《崇禎・松江府志》，卷四六，〈第宅園林〉，頁四九上。

〔註 53〕明・皇甫汸，《皇甫司勳集》（《景印文淵閣四庫全書》集部・二一四冊，台北：台灣

15. 董恬（生卒年不詳）

字號不詳，上海人。官大理寺少卿，爲董宜陽之父。家有書室，「名西齋」，自其父董綸以御史起家，父子咸嗜學修文，購古書籍至千餘卷，見董綸條。

16. 董宜陽（1510～1572）

字子元，號紫岡、紫岡山樵，復號七休居士，上海人。董宜陽爲董綸之孫，董恬之子，其家藏書處名爲「西齋」。董綸與董恬二公卒後，董宜陽「非獨能守其業，又能盡讀其書，搜奇括秘，所藏倍其先人。」〔註 54〕又有「詠風堂」，用以貯書及會客之所，「崇基敞朗，迎乎太陽，既順時而燕處來賓，從以徜徉；肆圖書之在御，縹緗秩其煇煌。爰考猷於前典，昭在我之行藏。」〔註 55〕後家燬於寇兵，乃遷華亭，仍好藏書。上海藏書家朱察卿曰：「董先生子元僑華亭里中，遭兵火、婚嫁、喪葬多故矣。家故罄懸，迺其藏書餘五車，悉架之樓上，日環書讀之。」〔註 56〕

17. 潘恩（1496～1582）

字子仁，號湛川，更號笠江，上海人。「嘉靖癸未（二年，1523）進士，歷官左都御史。」〔註 57〕致仕後「既歸，闔門養威重。晚更嗜書，自六經子史以及國家典故，毋論金匱石室，即虞初小黃衣所纂，靡不手錄而彙之，一室蕭然，唯圖書自環而已。」〔註 58〕

18. 顧斗英（生卒年不詳）

字仲韓，上海人。「所居有園林之勝，能鑒別古器，圖書罍洗，畢具左右。與華亭莫廷韓（莫是龍）風流文采相頡頏，人稱雲間二韓。」〔註 59〕

19. 秦嘉楫（生卒年不詳）

字少說，號鳳樓，上海人。「嘉靖三十八年（1559）進士，授行人，使周藩。……拜侍御，出爲浙江僉事，左遷光州判官，量移至南京工部主事致仕。家居校輯群書，

商務印書館，一九八六年三月初版），卷四九，〈董氏西齋藏書記〉，頁一五下。

〔註 54〕《皇甫司勳集》，卷四九，〈董氏西齋藏書記〉，頁一五下。

〔註 55〕明．袁尊尼，《袁魯望集》（《四庫全書存目叢書》集部．一三七冊，台南：莊嚴文化事業有限公司，一九九七年六月初版，據中國社會科學院文學研究所藏明萬曆十二年袁年刻本影印），卷七，〈詠風堂賦〉，頁三上。

〔註 56〕明．朱察卿，《朱邦憲集》（《四庫全書存目叢書》集部．一四五冊，台南：莊嚴文化事業有限公司，一九九七年六月初版，據北京大學圖書館藏明萬曆六年朱家法刻增修本影印），卷六，〈提鼠記〉，頁一五上。

〔註 57〕明．張萱，《西園聞見錄》（《明代傳記叢刊》一一八冊，台北：明文書局，一九九一年十月初版），卷二一，〈投閒．潘恩〉，頁二九上。

〔註 58〕《明分省人物考》，卷二六，〈潘恩〉，頁二九下。

〔註 59〕《嘉慶．松江府志》，卷五四，〈古今人傳六〉，頁三四上～下。

手自抄錄。」〔註60〕

20. 俞汝楫（生卒年不詳）

字仲濟，上海人。爲諸生，「少時名噪學宮，晚乃究心聖學，旁綜經濟，究時之務。」〔註61〕當萬曆時，上海藏書之富者，以王洪州圻、施石屏大經、宋幼清懋澄、俞仲濟汝楫等四家爲最，見宋懋澄條。

21. 施大經（生卒年不詳）

字天卿，號石屏，上海人。「萬歷十三年（1585）舉人，署丹徒教諭，遷江西瑞州府通判，……尋以疾歸。再起惠州通判，轉崇府審理，告歸。」〔註62〕當萬曆時，上海藏書之富者，以王洪州圻、施石屏大經、宋幼清懋澄、俞仲濟汝楫等四家爲最，見宋懋澄條。

22. 施沛（生卒年不詳）

字沛然，上海人，爲施大經之子。「天啓初，以貢除河南廉州通判，調署欽州。……轉南康同知，歸，……尋卒。沛素知醫，既罷官，益精其術，活人甚眾。」〔註63〕《同治・上海縣志》載：「石屏先生（施大經）歿後，子沛然復購益之，其書目四冊，高五寸許。石屏有收藏印章曰：『施氏獲閣藏書』、『古人以借鬻爲不孝』、『手澤猶存，子孫其永寶之』。沛然置書，亦以此印於卷首，今散佚矣！」〔註64〕

23. 王熠（生卒年不詳）

字靜之，號怡樸、海槎，上海人。初仕「爲醫學正」，〔註65〕其後復「以子圻貴，累封按察司僉事。」〔註66〕王熠任醫學正時，「家雖食貧，而四方之士有挾古冊籍來者，無不厚價購之，傾囊稱貸靡所靳。即不可得，必借以歸，口誦手抄，孳孳若不及，故公生五十有九年，以子教廷評公貴，封如其官，僅田百畝，屋數椽，而其藏書乃至萬七千卷。」〔註67〕

24. 王圻（生卒年不詳）

〔註60〕《光緒・川沙廳志》，卷一〇，〈人物・統傳〉，頁四上。
〔註61〕《崇禎・松江府志》，卷四一，〈篤行〉，頁五四下。
〔註62〕《同治・上海縣志》，卷一九，〈人物二〉，頁二三下～二四上。
〔註63〕《同治・上海縣志》，卷一九，〈人物二〉，頁二三下～二四上。
〔註64〕《同治・上海縣志》，卷三二，〈雜記三・遺事〉，頁一五下～一六上。
〔註65〕《同治・上海縣志》，卷一九，〈人物二〉，頁一一上。
〔註66〕清・李延昰，《南湖舊話錄》（《筆記小說大觀》四三編六冊，台北：新興書局，一九八六年九月版），卷下，〈人物考〉，頁二四上。
〔註67〕明・何三畏，《雲間志略》（《明代傳記叢刊》一四六冊，台北：明文書局，一九九一年十月初版），卷一二，〈王封公海槎公傳〉，頁三四上。

字元翰，號洪洲，上海人。「嘉靖四十四年（1565）進士，除清江知縣，……歷官陝西布政參議，乞養歸。」〔註68〕「方先生承命分陝，春秋甫艾耳！念尊人奉政分年且老，遂乞終老，自定省外，日惟究心竹素，上下千百家，窮寒暑不少倦，識者羡先生擁書萬卷。」〔註69〕

25. 徐光啟（1562～1633）

字子先，號玄扈，上海人。「萬曆二十五年（1597）舉鄉試第一，又七年成進士。由庶吉士歷贊善，」〔註70〕官終禮部尚書兼文淵閣大學士，入參機務。《同治・上海縣志》載：「桃園在北門外，東北近吳松江，光啓子龍與所闢。多植桃，疊石鑿池。其勝處，有曰：『平江一笠亭』，曰：『翼然洞』，曰：『徐文定公藏書處』。後燬，國朝改爲演武之地，後爲軍工廠。」〔註71〕

26. 王昌會（生卒年不詳）

字嘉侯，上海人。「圻孫。萬歷四十三年（1615）舉人，屢試不第，遂絕意進取，杜門讀書。……晚年築室松原，門無雜賓，廣堂宏敞，前列圖書，後陳女樂，每花晨月夕，即開樽宴賞，翛然物外，時論賢之。……弟昌紀，字永侯，……時稱王氏二龍。年八十六卒。」〔註72〕

27. 王昌紀（生卒年不詳）

字永侯，上海人。爲王圻之孫，王昌會之弟。「明諸生。手輯藏書萬餘卷，蠅頭細書，至老不衰。」〔註73〕生逢鼎革之際，「亂後避地呂港，博學多藏書，二十年坐臥一小閣，著述甚富。」〔註74〕

28. 徐誠（生存年代無法確定）

字信之，明代上海人。篤嗜佛法，「年四十六，即屏妻妾斷葷肉，以內外事屬二子，日轉法華經，積至萬卷。」〔註75〕

〔註68〕《新校本明史》，卷二八六，〈列傳一七四・文苑二・王圻〉，頁七三五八。

〔註69〕明・王圻，《王侍御類稿》(《四庫全書存目叢書》集部・一四〇冊，台南：莊嚴文化事業有限公司，一九九七年六月初版，據原北平圖書館藏明萬曆四十八年王思義刻本影印)，書前，陸應陽〈續刻王侍御先生類稿序〉，頁二下～三上。

〔註70〕《新校本明史》，卷二五一，〈列傳一三九・徐光啓〉，頁六四九三。

〔註71〕《同治・上海縣志》，卷二八，〈古蹟・第宅園林〉，頁二一下。

〔註72〕《嘉慶・松江府志》，卷五五，〈古今人傳七〉，頁一〇上。

〔註73〕李放，《皇清書史》(《清代傳記叢刊》八三冊，台北：明文書局，一九八五年五月初版)，卷一六，〈王昌紀〉，頁一下。

〔註74〕張其淦，《明代千遺民詩詠》(《清代傳記叢刊》六七冊，台北：明文書局，一九八五年五月初版)，三編卷八，〈王永侯〉，頁五上。

〔註75〕《崇禎・松江府志》，卷四一，〈篤行〉，頁一五下。

29. **黃銘書**（生存年代無法確定）

字號不詳，明代上海人。《同治・上海縣志》載明代上海有「酬志堂，在高家行，黃雲師故居。有墨華樓，集文士觴詠之地。從孫銘書，藏書萬卷於中。」〔註 76〕

三、青浦縣

1. **曹志尹**（生卒年不詳）

字重甫，青浦人。父名曹世龍，「嘉靖二十八年（1549）舉於鄉。世龍家有腴田在澱山湖旁，頗饒沃，故爲縣中富姓，其後稍稍衰落。世龍既得舉，舉餘業而振之。」〔註 77〕曹志尹爲「太學生，多四方賢豪長者交。……晚年好收金石、鼎彝、圖書，邑中推博雅家第一。」〔註 78〕

2. **田茂遇**（生卒年不詳）

字楫公，號鬆淵，清初青浦人。「順治丁酉（十三年，1657）舉人，授山東新城知縣，不赴。」〔註 79〕復「薦試鴻博，歸築水西草堂，藏書萬卷，日事觴詠。」〔註 80〕

第二節　常州府

一、武進縣

1. **陳濟**（1364～1424）

字伯載，武進人。「嘗以父命游錢唐、會稽，從縉紳先生學，從者載泉貨隨之貿遷，比還，先生以其貲之半購書。父奇之，笑曰：『汝能盡讀耶？吾弗汝恡。』先生自是益肆力其間，日夜務記覽。聞人有異書，輒假手錄成帙，至於胼指無憚勞�，如是者十餘年。」〔註 81〕業大進，名益起，遂於「永樂初，以布衣赴召，任總裁，

〔註 76〕《同治・上海縣志》，卷二八，〈古蹟・第宅園林〉，頁二七下。
〔註 77〕《嘉慶・松江府志》，卷五三，〈古今人傳五〉，頁三〇上。
〔註 78〕《嘉慶・松江府志》，卷五三，〈古今人傳五〉，頁三〇上。
〔註 79〕清・李集等，《鶴徵前錄》（《清代傳記叢刊》一三冊，台北：明文書局，一九八五年五月初版），頁四九下。
〔註 80〕清・吳修，《昭代名人尺牘小傳》（《清代傳記叢刊》三〇冊，台北：明文書局，一九八五年五月初版），卷一〇，〈田茂遇〉，頁四下。
〔註 81〕明・徐紘，《皇明名臣琬琰錄》（《明代傳記叢刊》四三冊，台北：明文書局，一九九一年十月初版），卷二一，金長史〈春坊贊善陳先生行狀〉，頁一上。

修《永樂大典》，書成，授右春坊右贊善。」〔註 82〕

2. 鄒柷（1432～1514）

字永章，別號松石，武進人。「先世圖書器物，或遺落於人，雖重價必求復焉，曰：『是忍棄之，將無不忍者。』……君忠厚謙遜而勤，終其身手鈔名人詩文，雖隆冬不輟。」〔註 83〕

3. 唐順之（1507～1560）

字應德，一字義修，號荊川，武進人。少有夙慧，嘉靖「己丑（八年，1529），會試第一名，廷試二甲第一名。」〔註 84〕仕至右僉都御史，巡撫淮揚。好藏書，其友宜興藏書家萬士和述曰：「其家之書無所不有，先生無所不讀。余從之游，竊怪浩漫無極，汗牛而充棟也。」〔註 85〕又清人吳偉業〈汲古閣歌〉云：「嘉隆以後藏書家，天下毘陵（唐順之）與琅邪（王世貞，1526～1590），整齊舊聞汲放失，後來好事知誰及？」〔註 86〕

4. 薛應旂（1500～約 1576）

字仲常，號方山，武進人。「嘉靖乙未（十四年，1535）進士，除慈溪知縣，轉南吏部主事，歷浙江提學副使，改陝西。」〔註 87〕自稱：「自鼓篋以致入仕，凡我昭代之成憲典章，或紀載於館閣，或傳報於邸舍，見輒手錄，歷有歲年，幾於充棟，妄意當可為之際，或可以備參考，竟以迂愚牴牾當路，歸臥窮山。」〔註 88〕

〔註 82〕明・聞人詮等，《嘉靖・南畿志》（《四庫全書存目叢書》史部・一九〇冊，台南：莊嚴文化事業有限公司，一九九六年八月初版，據天津圖書館藏明嘉靖刻本影印），卷二二，〈人物〉，頁二四下。

〔註 83〕明・邵寶，《容春堂集》（《景印文淵閣四庫全書》集部・一九七冊，台北：台灣商務印書館，一九八六年三月初版），卷四，〈明故承事郎鄒君墓誌銘〉，頁二一下～二二上。

〔註 84〕明・李開先，《李中麓閒居集》（《四庫全書存目叢書》集部・九三冊，台南：莊嚴文化事業有限公司，一九九七年六月初版，據南京圖書館藏明嘉靖至隆慶刻本影印），卷一〇，〈荊川唐都御史傳〉，頁七九上。

〔註 85〕明・萬士和，《萬文恭公摘集》（《四庫全書存目叢書》集部・一〇九冊，台南：莊嚴文化事業有限公司，一九九七年六月初版，據中央民族大學圖書館藏明萬曆二十年萬氏素履齋刻本影印），卷一〇，〈分諸子書目〉，頁四八上。

〔註 86〕《藏書紀事詩》，卷二，〈唐順之應德〉，頁一一二。

〔註 87〕清・朱彝尊，《靜志居詩話》（《明代傳記叢刊》九冊，台北：明文書局，一九九一年十月初版），卷一二，〈薛應旂〉，頁二七下～二八上。

〔註 88〕明・薛應旂，《憲章錄》（《四庫全書存目叢書》史部・一一冊，台南：莊嚴文化事業有限公司，一九九六年八月初版，據陝西省圖書館藏明萬曆二年陸光宅刻本影印），書前，〈憲章錄序〉，頁一下～二上。

藏書後遭寇劫，毀滅殆盡，薛應旂乃告訴友人說：「寒家所積，別無長物，唯書千卷。五月三日，已盡爲寇毀。荃蹄糟粕，固宜其罹此變矣！畏塗坐懶，不能東歸一視。」〔註 89〕

5. **徐常吉**（生卒年不詳）

字士彰，號儆紘，武進人。「癸未（萬曆十一年，1583）成進士，授中書舍人，選南戶科給事，管湖冊」，〔註 90〕官終浙江僉事。好藏書，自謂：「余生而顓蒙無他好，獨嗜文典，十五、六即手錄經史，晨夕不輟，兀兀窮季，日無虛晷，宵則篝燈誦讀，或漏下四十刻不寢。」〔註 91〕

6. **蔣一葵**（生卒年不詳）

字仲舒，號石原居士，萬曆時武進人。自述幼年時其「家無書，得諸尾生什九有蓄異書，乃徒步數十里外，求必得之，然善愛護書，人不靳與。每乞一編歸，窮日之力閱之，夜則就佛前長明燈，閱畢乃已。……年十五即挾一經餬口四方，交道日廣，見聞日益博，而童時之癖滋甚。」〔註 92〕

7. **江惟清**（生卒年不詳）

字仲濂，武進人。萬曆間舉明經，終身不仕。「家藏書至萬卷，嗜法書名畫，終日臨摹不輟，其文筆人咸寶之。年八十五卒。」〔註 93〕

8. **惲日初**（生卒年不詳）

字遜菴，明末武進人。「崇禎六年（1633）副榜，十六年（1643）應詔，上備邊五策，不報。攜書三千卷，隱天台山中。福州、廣州迭破，祝髮爲浮圖。」〔註 94〕

〔註 89〕明・薛應旂，《方山薛先生全集》（《續修四庫全書》集部・一三四三冊，上海：上海古籍出版社，二〇〇二年三月第一版，據上海圖書館藏明嘉靖刻本影印），卷七，〈答張水南光祿〉，頁一五下。

〔註 90〕明・毛憲，《毘陵人品記》（《四庫全書存目叢書》史部・一一〇冊，台南：莊嚴文化事業有限公司，一九九六年八月初版，據常州市圖書館藏明萬曆刻本影印），卷一〇，頁八下。

〔註 91〕明・徐常吉，《新纂事詞類奇》（《四庫全書存目叢書》子部・一九八冊，台南：莊嚴文化事業有限公司，一九九五年九月初版，據北京大學圖書館藏明萬曆周曰校刻本影印），書前，〈事詞類奇敘語〉，頁八上。

〔註 92〕明・蔣一葵，《堯山堂外紀》（《四庫全書存目叢書》子部・一四七冊，台南：莊嚴文化事業有限公司，一九九五年九月初版，據北京大學圖書館藏明萬曆刻本影印），書前，〈堯山堂外紀顛末〉，頁一下～二下。

〔註 93〕清・董似穀等，《光緒・武進陽湖縣志》（《新修方志叢刊》江蘇・五，台北：台灣學生書局，一九六八年五月初版，據清光緒五年重修清光緒三十二年重印本影印），卷二三，〈人物・文學〉，頁二〇下。

〔註 94〕張其淦，《明代千遺民詩詠》（《清代傳記叢刊》六六冊，台北：明文書局，一九八五

9. 唐宇昭（生卒年不詳）

字孔明，號半園、雪穀、「雲客，又號半園隤叟。」〔註 95〕復自號半園居士，亦號半園外史，明末武進人。「明崇禎九年（1636）舉人，荊川（唐順之）玄孫。」〔註 96〕生逢鼎革之際，「國變不出。」〔註 97〕「家富藏書。毛斧季（毛扆，1640～？）嘗聞其有宋槧趙孟奎《分類唐詩》一百卷，輾轉借之而未得。」〔註 98〕

二、無錫縣

1. 倪瓚（1301～1374）

「字元鎮，號雲林，無錫人。」〔註 99〕其號甚多，除雲林外，「自署名曰懶瓚，又嘗號幼霞，變姓名曰奚元朗，或曰元瑛，亦稱荊蠻民、淨名居士、朱陽館主、蕭閒卿，而雲林最著。」〔註 100〕倪瓚好隱而不仕，其「家故饒於資，至先生始輕財好學。嘗築清閟閣，蓄古書畫於中，人罕跡。」〔註 101〕閣中又「藏書萬卷，充彝鼎名琴於左右。」〔註 102〕

2. 楊謨（1448～1475）

字孟賢，號秋林，無錫人。家富而習隱，「惟博購古書史圖畫，庋閣一堂，日坐其中，披誦如諸生。」〔註 103〕

3. 張復（1434～1510）

字善初，明代無錫人。世隱於醫，「家藏書畫最多，醫方倍焉！觀其志，即重貨不願易也。」〔註 104〕

年五月初版），初編卷一，〈惲遜菴〉，頁一三下。

〔註 95〕李放，《畫家知希錄》（《清代傳記叢刊》八一冊，台北：明文書局，一九八五年五月初版），卷四，〈唐宇昭〉，頁九下。

〔註 96〕張惟驤等，《清代毗陵名人小傳》（《清代傳記叢刊》一九七冊，台北：明文書局，一九八五年五月初版），卷一，〈唐宇昭〉，頁七上。

〔註 97〕《皇清書史》，卷一八，〈唐宇昭〉，頁一九上。

〔註 98〕《藏書紀事詩》，卷二，〈唐宇昭孔明〉，頁一一二。

〔註 99〕《明分省人物考》，卷二七，〈倪瓚〉，頁七上。

〔註 100〕清・裴大中等，《光緒・無錫金匱縣志》（台北：台北市無錫同鄉會，一九六八年二月台一版，據中央研究院藏清光緒七年刻本影印），卷二六，〈隱逸〉，頁二下。

〔註 101〕元・倪瓚，《倪雲林先生詩集》（《四庫全書存目叢書》集部・二三冊，台南：莊嚴文化事業有限公司，一九九七年六月初版，據天津圖書館藏明萬曆十九年倪理刻本影印），書前，錢溥〈雲林詩集前序〉，頁一下。

〔註 102〕《罪惟錄列傳》，卷二七，〈倪瓚〉，頁二五三〇。

〔註 103〕《容春堂集》，卷六，〈故楊秋林配陳氏墓前石表銘有序〉，頁五上～下。

〔註 104〕《容春堂集》，卷七，〈玉亭處士張公墓誌銘〉，頁二一上～下。

4. 華燧（1439～1513）

字文輝，人稱會通君，無錫人。其友錢福（1461～1504）爲壽序言：「予嘗與先生同寢處，見其味爽而興操觚揮翰，環列四庫書，童子分執，有所採掇，各簡所執以獻，至晚不輟，知其學之博而力之勤也如此。」〔註 105〕

5. 華珵（1438～1514）

字汝德，號尙古生，別號夢萱，無錫人。「以貢授大官署丞，稱疾歸。亦善生殖，好爲德。」〔註 106〕華珵富於收藏，又「善鑒別古奇器、法書名畫，築尙古齋，實諸玩好其中。又多聚書，所製活板甚精密，每得祕書，不數日而印本出矣！」〔註 107〕購置甚勤且力，「尙古所藏古名人文集，若古人理言遺事；古法帖總數十，費皆數百千，不惜。」〔註 108〕

6. 邵寶（1460～1527）

字國賢，號泉齋、二泉，無錫人。「成化甲辰（二十年，1484）進士，仕至南京禮部尚書。卒贈太子少保，謚文莊。」〔註 109〕居官清廉自持，「篋無長物，惟圖書、金石遺文，畜之甚富。」〔註 110〕又「文莊第有容春精舍，庋藏書萬卷其中。」〔註 111〕

7. 安國（1481～1534）

字民泰，號桂坡，無錫人。「富幾敵國。居膠山，因山治圃，植叢桂於後岡，延袤二里餘，因自號桂坡。好古書畫鼎彝，購異書。」〔註 112〕

8. 華夏（1490～1563）

字中甫，號補庵，別號東沙子、東沙居士，無錫人。文徵明（1470～1559）曰：「眞賞齋者，吾友華中甫氏藏圖書之室也。」〔註 113〕

〔註 105〕清・葉德輝，《書林清話》（台北：文史哲出版社，一九七三年十二月初版），卷八，〈明華堅之世家〉，頁九上。

〔註 106〕《光緒・無錫金匱縣志》，卷二五，〈行義〉，頁七上。

〔註 107〕《書林清話》，卷八，〈明華堅之世家〉，頁一〇上。

〔註 108〕明・文徵明，《甫田集》（《景印摛藻堂四庫全書薈要》集部・七二冊，台北：世界書局，一九八八年二月初版），卷二七，〈華尚古小傳〉，頁五上。

〔註 109〕明・汪國楠，《皇明名臣言行錄新編》（《明代傳記叢刊》四七冊，台北：明文書局，一九九一年十月初版），卷二四，〈邵寶〉，頁一上。

〔註 110〕明・鄧球，《皇明泳化類編列傳》（《明代傳記叢刊》八〇冊，台北：明文書局，一九九一年十月初版），卷四四，〈邵二泉先生謚文莊〉，頁二六上。

〔註 111〕《藏書紀事詩》，卷二，〈邵文莊寶〉，頁九〇。

〔註 112〕《藏書紀事詩》，卷三，〈安國民泰〉，頁一一八。

〔註 113〕明・郁逢慶，《書畫題跋記》（《景印文淵閣四庫全書》子部・八一六冊，台北：台灣

9. 姚咨（1495～？）

字舜咨，號茶夢主人，亦號皇象山人，無錫人。「隱居錫山，教授鄉里。」〔註114〕姚咨「喜藏書，値善本，手自繕寫，古雅可愛。」〔註115〕人稱：「皇山姚隱君（姚咨）者，身甘短褐，志鬱緹緗，儲無儋石，架富五車。」〔註116〕

10. 談愷（1503～1568）

字守教，號十山，無錫人。「登嘉靖丙戌（五年，1526）進士，授戶部主事」，〔註117〕歷官兵部右侍郎兼都御史致仕。「自致政歸，築圃九龍山麓，多積圖書其中。」〔註118〕

11. 顧起經（1521～1575）

字長濟，更字玄緯，號九霞山人、羅浮外史，無錫人。國子生，試吏部選人，得廣東鹽課副提舉，後遷大寧都指揮使司都事，謝弗往。「居恒鮮他好，益好書，出必五車自隨，而范欽司馬、姚咨逸人、秦柱太學故多藏書，悉出所有以貽君，校讎編識不倦，一切身外悉置之矣！」〔註119〕

12. 秦汴（1511～1581）

字思宋，號次山，無錫人。受蔭卒業太學，謁選銓曹，初受南京後府都事，「頃之，陞姚安知府」，〔註120〕終其身仕僅及此。罷官後，「既歸，遂絕意仕進，即所居爲萬卷樓，聚書其中。」〔註121〕生「二子柄、柱，世具推其學有高行。」〔註122〕

商務印書館，一九八六年三月初版），卷五，〈眞賞齋銘〉，頁一上。

〔註114〕清・錢謙益，《列朝詩集小傳》（《中國文學名著》三，台北：世界書局，一九八五年二月三版），丁集上，〈王山人懋明〉，頁四〇〇。

〔註115〕清・瞿鏞，《鐵琴銅劍樓藏書目錄》（《書目叢編》，台北：廣文書局有限公司，一九八九年七月再版，據清原刻本影印），卷一〇，〈南唐書三十卷〉，頁二〇下。

〔註116〕明・邵寶等，《春秋諸名臣傳》（《四庫全書存目叢書》史部・九八冊，台南：莊嚴文化事業有限公司，一九九六年八月初版，據北京圖書館藏明隆慶五年安紹芳刻本影印），書前，皇甫汸〈姚氏春秋諸名臣傳補序〉，頁三上。

〔註117〕《明分省人物考》，卷二八，〈談愷〉，頁二四下。

〔註118〕明・李春芳，《李文定公貽安堂集》（《四庫全書存目叢書》集部・一一三冊，台南：莊嚴文化事業有限公司，一九九七年六月初版，據北京大學圖書館藏明萬曆十七年李戴刻本影印），卷七，〈都察院右都御史十山談公墓誌銘〉，頁二四下。

〔註119〕明・王世貞，《弇州山人續稿碑傳》（《明代傳記叢刊》一五三冊，台北：明文書局，一九九一年十月初版），卷一一六，〈大寧都指揮使司都事九霞顧君暨配盛孺人合葬誌銘〉，頁二一上。

〔註120〕明・吳中行，《賜餘堂集》（《四庫全書存目叢書》集部・一五七冊，台南：莊嚴文化事業有限公司，一九九七年六月初版，據陝西省圖書館藏明萬曆二十八年吳亮吳奕等刻本影印），卷一一，〈中憲大夫雲南姚安軍民府知府次山秦公墓表〉，頁一一下。

〔註121〕明・趙用賢，《松石齋集》（《四庫禁燬書叢刊》集部・四一冊，北京：北京出版社，

13. **秦柄**（1528～1583）

字汝操，號邗塘，無錫人。爲秦汴長子，諸生。清人葉昌熾曰：「余所見秦氏藏書，又有雁里子柄（秦柄）一印，以是知雁里草堂爲秦氏藏書處也。」〔註 123〕

14. **秦柱**（1536～1585）

字汝立，號餘山，無錫人。「爲太守次山公（秦汴）之季子。」〔註 124〕「爲諸生有聲，詔選中書」，〔註 125〕然終其身官僅止於此。秦柱雖身處名宦之家，卻絕無紈綺之態，「生平好惟古金石圖書、秦碑漢碣，積至充棟，酬價皆不貲。」〔註 126〕

15. **周子義**（1529～1586）

字以方，號儆庵，無錫人。「以嘉靖乙丑（四十四年，1565）成進士，選庶吉士」，〔註 127〕官終吏部左侍郎，掌詹事府，教習庶吉士。周子義宦業雖隆，然「性澹薄，生平無鼎彝圖畫珍奇之好，顧獨嗜書，書積萬餘卷，多公手蹟。」〔註 128〕

16. **安紹芳**（生卒年不詳）

字茂卿，號硯亭居士，後更名泰來，更字未央，無錫人。爲「國子生，累試不利，棄去，一意爲詩歌、古文。於所居西林，羅置圖書、彝鼎，每四方名流過從，置酒刻燭，歌吹間起，至忘日夜。」〔註 129〕

17. **顧宸**（生卒年不詳）

字修遠，無錫人。崇禎十二年（1639）舉人，「有文名，蓄書尤富。」〔註 130〕其「藏書之富，與虞山絳雲樓並稱。」〔註 131〕

18. **安璿**（生卒年不詳）

二〇〇〇年一月第一版，據北京大學圖書館藏明萬曆刻本影印），卷一二，〈秦太守墓碑〉，頁一八上。

〔註 122〕《松石齋集》，卷一二，〈秦太守墓碑〉，頁一九下。

〔註 123〕《藏書紀事詩》，卷三，〈秦柄汝操〉，頁一一七。

〔註 124〕《賜餘堂集》，卷一二，〈徵仕郎中書舍人餘山秦君墓志銘〉，頁三一上。

〔註 125〕《毘陵人品記》，卷一〇，頁一三下。

〔註 126〕《松石齋集》，卷一二，〈中書舍人秦君汝立墓表〉，頁二二下～二三上。

〔註 127〕《明分省人物考》，卷二八，〈周子義〉，頁四三下。

〔註 128〕明・張萱，《西園聞見錄》（《明代傳記叢刊》一一六冊，台北：明文書局，一九九一年十月初版），卷八，〈著述・周子義〉，頁六五下。

〔註 129〕《光緒・無錫金匱縣志》，卷二二，〈文苑〉，頁一三下。

〔註 130〕清・顏光敏，《顏氏家藏尺牘》（《清代傳記叢刊》二九冊，台北：明文書局，一九八五年五月初版），附錄，〈姓氏考〉，頁二九一。

〔註 131〕清・吳德旋，《初月樓續聞見錄》（《清代傳記叢刊》一九冊，台北：明文書局，一九八五年五月初版），卷九，頁一下。

字孟公，無錫人。其家世爲名宦，號稱無錫理學世族。爲明末「諸生」，〔註 132〕「入清後，隱居罨畫樓，藏書萬卷，以高士稱。」〔註 133〕

19. **秦寅保**（生卒年不詳）

字樂天，號石漆山農，明末清初無錫人。秦寅保「中歲棄諸生，能醫，偶爲人處方輒效。」〔註 134〕其「家饒于貲，藏書萬卷。」〔註 135〕

三、宜興縣

1. **萬士和**（1516～1586）

字思節，號履菴，宜興人。嘉靖二十年（1541）進士，仕至禮部尚書，卒謚文恭。萬士和自稱：「萬曆乙亥（三年，1575）冬，由宗伯致仕家居，檢點平生所積而編次之，僅有一二千卷，每部一套，無有重複。」〔註 136〕

四、江陰縣

1. **孫作**（？～1375）

字大雅，一字次知，號東家子，「門人弟子以清尙先生稱之而不名」，〔註 137〕江陰人。「至正兵起，挈家三吳間，敝簏中，唯載先世藏書數百卷。」〔註 138〕入明後，於「洪武癸丑（六年，1373）以徵授編修，乞外改教授，歷官國子司業。」〔註 139〕

2. **李詡**（1505～1593）

字原德，號戒庵老人，江陰人。爲諸生，「晚謝應舉，發藏書手披口誦，目數行

〔註 132〕李濬之，《清畫家詩史》（《清代傳記叢刊》七五冊，台北：明文書局，一九八五年五月初版），卷甲下，〈安璿〉，頁四九下。

〔註 133〕鄧之誠，《清詩紀事初編》（《清代傳記叢刊》二〇冊，台北：明文書局，一九八五年五月初版），卷一，〈安璿〉，頁三七。

〔註 134〕《光緒・無錫金匱縣志》，卷二二，〈文苑〉，頁二〇下。

〔註 135〕清・吳德旋，《初月樓聞見錄》（《清代傳記叢刊》一九冊，台北：明文書局，一九八五年五月初版），卷一〇，頁四下。

〔註 136〕《萬文恭公摘集》，卷一〇，〈分諸子書目〉，頁四八上～下。

〔註 137〕明・孫作，《滄螺集》（《常州先哲遺書》一四，台北：藝文印書館，一九七一年十月初版，據光緒盛氏刻本影印），附錄，頁二上。

〔註 138〕明・趙錦等，《嘉靖・江陰縣志》（《天一閣藏明代方志選刊》五冊，台北：新文豐出版股份有限公司，一九八五年七月初版，據明嘉靖刻本影印），卷一七，〈列傳十二・鄉賢・國朝〉，頁二三下。

〔註 139〕《西園聞見錄》，卷八，〈好學・孫作〉，頁一一下。

下無停晷；評隲古今，高言斐亹。」〔註 140〕

3. 李如一（1557～1630）

本名鶚翀，後以字行，更字貫之，江陰人。「如一少爲邑諸生，多識古文奇字。早謝舉業，沈深讀書」，〔註 141〕爲李詡之孫。其家「自大父詡（1505～1593）以來，積書日多，如一既能讀復能行。」〔註 142〕受到祖父的影響，李如一也雅好藏書，「藏書萬卷」，〔註 143〕對於「殘編蠹翰，寤寐訪求，橫經籍書，朱黃錯互。虞監之親鈔，杜侯之手跋，充棟宇而溢機杼，江以南豔稱之。」〔註 144〕李如一藏書既富，發爲撰作，「其著述累千萬言，合古今藏書，疊窗堆置，不見天日。乙酉（1645）以土兵之亂，書倉灰燼，令人撫髀增慨。」〔註 145〕

4. 李孫之（1618～？）

字靧公，明末清初江陰人。爲李應昇（1593～1626）之子，李如一之從孫。「靧公當國變棄諸生，性疏懶不治事，而獨好學，以詩文自娛。入其齋，書帙縱橫，凝塵滿席，靧公方吟哦不輟。」〔註 146〕明末清初浙東藏書家黃宗羲（1610～1695）曾訪李孫之家，曰：「錢東澗（錢謙益，1582～1664）嘗謂江陰李氏家多殘本，甲申（崇禎十七年，1644）秋，余見之於南都。甲辰（1664）至其家，訪之不遇。靧公無子，然所著《三朝野記》足以傳矣。」〔註 147〕

5. 徐尚德（生存年代無法確定）

字若容，晚自號衲齋，明代江陰人。爲諸生，「已而折節好學，聚書萬卷，凡唐

〔註 140〕清・盧思誠等，《光緒・江陰縣志》（《中國方志叢書》華中・四五七號，台北：成文出版社有限公司，一九八三年三月台一版，據清光緒四年刻本影印），卷一七，〈人物・文苑〉，頁一一下。

〔註 141〕明・李鶚翀，《江陰李氏得月樓書目摘錄》（《明代書目題跋叢刊》下冊，北京：書目文獻出版社，一九九四年元月第一版），書前，繆荃孫〈李如一傳〉，頁一下。

〔註 142〕《光緒・江陰縣志》，卷一七，〈人物・儒林〉，頁三上。

〔註 143〕清・錢謙益，《牧齋有學集》（《錢牧齋全集》，上海：上海古籍出版社，二〇〇三年八月初版），卷一八，〈李貫之先生存餘稿序〉，頁七八五。

〔註 144〕清・錢謙益，《牧齋初學集》（《錢牧齋全集》，上海：上海古籍出版社，二〇〇三年八月初版），卷三七，〈江陰李貫之七十序〉，頁一〇二六。

〔註 145〕明・李詡，《戒庵老人漫筆》（《元明史料筆記叢刊》，北京：中華書局，一九九七年十二月第一版第二刷），卷尾，〈錢裔美跋〉，頁三五六。

〔註 146〕明・魏禧，《魏叔子文集》（《中國古典文學基本叢書》，北京：中華書局，二〇〇三年六月初版），外篇卷一六，〈落落齋記〉，頁七四三。

〔註 147〕明・黃宗羲，《思舊錄》（《梨洲遺著彙刊》，台北：隆言出版社，一九六九年十月台一版），頁四上。

宋前異本，傾貲購致之。冥搜遬覽，所作跌宕豪邁。」〔註 148〕

五、靖江縣

1. 朱大中（生卒年不詳）

字時甫，正德、嘉靖時期靖江人。爲「邑諸生，性拓落，不事生產。讀書多獨見，爲制義常出創解。喜藏書，鬻產數百金，至金閶購異書數千卷，無不披閱。……晚從陽明（王守仁）高足講良知之學。」〔註 149〕

2. 朱家楫（生卒年不詳）

字仲濟，明末靖江縣人。爲朱大中之子。萬曆三十七年（1609）舉人，仕至永封知縣。因事不濟，「遂投劾歸。歸裝惟敝篋，貯殘書數千卷而已。」〔註 150〕

3. 朱家模（生卒年不詳）

字端叔，明末靖江縣人。爲朱大中之子，朱家楫之弟。庠生，省試落乙榜。朱家模「幼讀書不善記誦，父大中，使持門戶以激之，乃憤志取藏書晝夜讀之一年。」〔註 151〕

4. 朱家栻（生卒年不詳）

號玄圃，明末靖江縣人。爲朱大中之子，朱家楫之弟。邑增生，「家藏書數千卷，雖耄年，日披閱不倦，邑仰爲更老焉。」〔註 152〕

第三節　杭州府

1. 馮夢禎（1548～1605）

字開之，號眞實居士，「秀水人，萬曆丁丑（五年，1577）會試第一人。移居杭城，築快雪堂，孤山上讀書其中，曠達眞率，精人倫鑒，海內名士，無不望門投贄。」〔註 153〕仕至南京國子監祭酒。致仕後，嘗謂友人曰：「得罪以來，業已半歲，杜門

〔註 148〕《光緒・江陰縣志》，卷一七，〈人物・文苑〉，頁一〇上。

〔註 149〕清・鄭重等，《康熙・靖江縣志》（《稀見中國地方志匯刊》一四冊，北京：中國書店，一九九二年十二月初版，據日本內閣文庫藏清康熙刻本影印），卷一四，〈理學〉，頁二四上。

〔註 150〕《康熙・靖江縣志》，卷一四，〈名臣〉，頁七上。

〔註 151〕《康熙・靖江縣志》，卷一四，〈儒林〉，頁一六下。

〔註 152〕《康熙・靖江縣志》，卷一四，〈儒林〉，頁一八下。

〔註 153〕明・聶心湯，《錢塘縣志》（《叢書集成續編》史部・四八冊，台北：新文豐出版公司，一九八九年七月台一版，據武林叢書本影印），〈流寓〉，頁三三下。

焚香，擁萬卷爲樂，不減南面王。」〔註 154〕曾「置得梵書一大藏，積書亦不下萬卷。」〔註 155〕

2. **張岱**（1597～1689）

字宗子，一字石公，號陶庵，自號蝶安居士，本籍會稽，〔註 156〕僑寓杭州。張岱「長於史學，丙戌（1646）後，屏居臥龍山之仙室，短簷頹壁，終日兀坐。」〔註 157〕先世已積書充棟，祖父卒後散佚無存。據張岱自稱：「余家三世積書三萬餘卷。大父（祖父張汝霖，？～1625）詔余曰：『諸孫中惟爾好書，爾要看者，隨意攜去。』余簡太僕（高祖張天復，1513～1573）、文恭（曾祖張元忭，1538～1588）、大父丹鉛所及，有手澤者存焉，匯以請。大父喜，命舁去，約二千餘卷。天啓乙丑（五年，1625），大父去世，余適往武林，父叔及諸弟、門客、匠指、臧獲、巢婢亂取之，三代遺書一日盡失。」〔註 158〕其後，岱復聚書，遭亂又散。張岱又曰：「余自垂髫聚書四十年，不下三萬卷。乙酉（1645）避兵入剡，略攜數簏隨行，而所存者，爲方兵所據，日裂以吹烟，并舁至江干，籍甲內，擋箭彈，四十年所積，亦一日盡失。此吾家書運，亦復誰尤？」〔註 159〕

一、錢塘縣

1. **阿魯翬公**（生卒年不詳）

字號不詳，元末明初錢塘人。爲元室文獻之老，累遷翰林侍講學士，退居郡城之東。「其家多藏書，可資記覽。」〔註 160〕

2. **胡禎**（生卒年不詳）

字號不詳，錢塘人。「洪武八年（1375），由御史臺吏授陝西按察司經歷，十二

〔註 154〕明・馮夢禎，《快雪堂集》（《四庫全書存目叢書》集部・一六四冊，台南：莊嚴文化事業有限公司，一九九七年六月初版，據北京大學圖書館藏明萬曆四十四年黃汝亨朱之蕃等刻本影印），卷三八，〈答徐孺東先生〉，頁二九下。

〔註 155〕《快雪堂集》，卷三八，〈報甘子開年兄〉，頁一四下。

〔註 156〕張岱的籍貫一說爲山陰，根據何冠彪之考證，張岱之籍貫應是會稽，詳見何冠彪，〈張岱別名、字號與籍貫新考〉（《書目季刊》，第二三卷第一期，一九八九年六月），頁四八～五三。

〔註 157〕《明代千遺民詩詠》，三編卷一〇，〈張宗子〉，頁二八下。

〔註 158〕明・張岱，《陶庵夢憶》（上海：上海古籍出版社，二〇〇一年五月第一版），卷二，〈三世藏書〉，頁三七。

〔註 159〕《陶庵夢憶》，卷二，〈三世藏書〉，頁三七。

〔註 160〕清・丁申，《武林藏書錄》（《中國目錄學名著》第一集，台北：世界書局，一九八〇年十月四版），卷末，〈阿魯翬公〉，頁八九。

年(1379),陞江西僉事。涖政嚴明,獄無留滯,本年入爲刑部郎中。十四年(1381),陞刑部尚書,本年免。」〔註 161〕胡禎爲官廉平簡重,「沒之日,家無餘貲,惟藏書數千卷。」〔註 162〕

3. 賀榮(生卒年不詳)

字師桓,或作世桓,明初錢塘人。「世以醫名,至榮,博綜經史百家言,喜論當世之務,娓娓可聽;詩文古澹有理趣。家藏古書畫彝器甚多,因精鑒賞。」〔註 163〕

4. 洪鍾(1443～1523)

字宣之,自號兩峰居士,錢塘人。「成化十一年(1475)進士,爲刑部主事,遷郎中,奉命安輯江西、福建流民。」〔註 164〕正德時,官至刑部尚書兼左都御史,掌院事,並總制湖廣、陝西、河南、四川軍務。洪鍾「生平好積書,其命子作有:『汝父慕清白,遺無金滿籯,望汝成大賢,惟教以一經。經書宜博學,無憚歷艱辛,才以博而艱,業由勤而精。』之句,可以覘其家學矣!」〔註 165〕

5. 洪楩(生卒年不詳)

字子美,號方泉山人,錢塘人。洪楩爲洪鍾之孫,「蔭詹事府主簿。承先世之遺,縹緗積益,餘事校刊,既精且多。迄今流傳者,如《路史》見於《天祿琳瑯》,稱其校印頗佳,深於嗜古;《文選》見於《平津館鑒賞記》,田叔禾(田汝成)序稱其得宋本重刊,校讐精緻,適於他刻,且文雅有足稱者。」〔註 166〕

6. 方九敘(?～1540)

字禹蹟,一字承天,錢塘人。「嘉靖甲辰(二十三年,1544)進士,除兵部主事,守山海關,知承天府。」〔註 167〕方九敘「天性毅直,屢忤鉅璫。罷歸,益討故業,聚書至數萬卷。」〔註 168〕

〔註 161〕明・雷禮,《國朝列卿紀》(《明代傳記叢刊》三六冊,台北:明文書局,一九九一年十月初版),卷五五,〈胡禎〉,頁一六上～下。

〔註 162〕明・不詳,《萬曆・錢塘縣志》(《中國方志叢書》華中・一九二號,台北:成文出版社有限公司,一九七五年台一版,據明萬曆三十七年修清光緒十九年刻本影印),紀獻,〈名臣〉,頁一二上。

〔註 163〕清・龔嘉儁等,《杭州府志》(《中國方志叢書》華中・一九九號,台北:成文出版社有限公司,一九七四年十二月台一版,據民國十一年鉛印本影印),卷一四四,〈人物・文苑一〉,頁二二下。

〔註 164〕《新校本明史》,卷一八七,〈列傳七五・洪鍾〉,頁四九五七。

〔註 165〕《武林藏書錄》,卷中,〈洪氏列代藏書〉,頁四四。

〔註 166〕《武林藏書錄》,卷中,〈洪氏列代藏書〉,頁四四。

〔註 167〕《列朝詩集小傳》,丁集上,〈方承天九敘〉,頁三九四。

〔註 168〕《武林藏書錄》,卷中,〈方承天〉,頁四八。

7. 田汝成（1530～？）

字叔禾，錢塘人。「嘉靖五年（1526）進士，授南京刑部主事」，〔註169〕仕至福建提學副使。好藏書，嘗得宋羅泌《路史》，曰：「蓋泌之著書當宋之季葉，雖嘗鋟行，而流布人間者不廣，至今好古之家鮮有全袠。頃歲得是書于晉江楊士中所，而缺其前紀二卷，予購完之。藝蘅（汝成子田藝蘅）請家塾重鋟焉，予因以屬之，而爲之敘其首簡也。」〔註170〕

8. 虞淳熙（？～1621）

字長孺，號德園，錢塘人。萬曆十一年（1583）進士，仕至吏部稽勳郎中。「以耿介見嫉，削職歸隱回峰別業，曰：『讀書林』。力不能購異書，與弟閉門鈔書，晝夜不止，有武庫行祕書之目。……弟僧孺名淳貞，終身不娶，結廬靈隱寺側，曰：『猿狖居』，役使僅一老僕。又建八角團瓢，於每角藏書，上有樓可眺遠。」〔註171〕

9. 虞淳貞（生卒年不詳）

字僧儒，錢塘人。其兄虞淳熙，亦喜藏書。虞淳貞「終身不娶，結廬靈隱寺側，曰：『猿狖居』，役使僅一老僕。又建『八角團瓢』，於每角藏書，上有樓可眺遠。」〔註172〕

10. 江元祚（生卒年不詳）

字邦玉，明末錢塘人。曾爲諸生，遭明季之亂，棄去，遂「隱居不仕，築草堂於西溪之橫山堂之上，爲擁書樓，廣儲圖史，邦玉嘯傲其中，讀書自得。崇禎十五年（1642）夏五，嘉定馬巽甫元調（？～1645）訪之，爲作〈橫山擁書樓記〉。」〔註173〕

11. 吳繼志（生卒年不詳）

字惺陽，錢塘人。「官雲南越州衛經歷。好聚書，且勤掌錄，祕閣之鈔逾萬卷。及子宮允（吳太沖）鼎貴，則家益有賜書，軸帶帙籤，至與山陰祁氏、海虞錢氏埒。」〔註174〕

〔註169〕《新校本明史》，卷二八七，〈列傳一七五・文苑三・田汝成〉，頁七三七二。

〔註170〕明・田汝成，《田叔禾小集》（《四庫全書存目叢書》集部・八八冊，台南：莊嚴文化事業有限公司，一九九七年六月初版，據吉林省圖書館藏明嘉靖四十二年田藝蘅刻本影印），卷一，〈路史序〉，頁六下～七上。

〔註171〕《武林藏書錄》，卷中，〈虞長孺僧孺兩先生〉，頁四九。

〔註172〕《武林藏書錄》，卷中，〈虞長孺僧孺兩先生〉，頁四九。

〔註173〕《武林藏書錄》，卷中，〈江邦玉〉，頁五三。

〔註174〕《武林藏書錄》，卷中，〈寶名樓〉，頁五〇。

12. 吳太沖（生卒年不詳）

字墨賓，明末錢塘人。為吳繼志之子。「崇禎辛未（四年，1631）成進士，選翰林院庶吉士，授檢討，改編修，量移南國以監司業，轉右春坊右中允。」〔註 175〕其父吳繼志本好聚書，吳太沖鼎貴之後，其家益有賜書，軸帶帙籤，藏書之富媲美山陰祁氏與海虞錢氏，見吳繼志條。

二、仁和縣

1. 凌雲翰（1323～？）

字彥翀，號柘軒，仁和人。「領至正十九年（1359）鄉薦，除平江路學正，不赴。」〔註 176〕「洪武初，為成都府學教授，後謫死南荒。」〔註 177〕凌雲翰所蓄前代典籍甚富，又「好學，博通經文，潛心周孔之書。處一室，左圖右書，講習其間，研幾極深，嚴寒盛暑不輟。」〔註 178〕

2. 王羽（生卒年不詳）

字儀之，仁和人。「舉鄉試第一，登洪武二十四年（1391）進士。」〔註 179〕「歷禮部儀制郎中，陞太常少卿，上疏乞歸，改餘杭教諭，卒。」〔註 180〕王羽「為人端重簡靜，文章悉根義理。家富藏書，鑒別最精。」〔註 181〕

3. 凌鴰（生卒年不詳）

字正齋，仁和人。舉通經人才，以母老乞歸。為凌雲翰之子。凌氏自凌雲翰而下，累世藏書不輟，歷其子凌鴰，孫凌文顯；凌文顯子凌昱，凌昱子凌暹，皆能世守藏書，不墜家風。據《武林藏書錄》載：「（凌雲翰）先生在日前所蓄前代典籍甚富，暹父敬輿（凌昱）收藏無遺，於所居作堂崇奉之，可謂知所尊者矣。……凌氏當有明盛時，收藏圖籍自經史及諸子百家以至稗官小說，靡不兼收並蓄，又有賢孫

〔註 175〕《武林藏書錄》，卷中，〈寶名樓〉，頁五〇。

〔註 176〕明・過庭訓，《明分省人物考》（《明代傳記叢刊》一三三冊，台北：明文書局，一九九一年十月初版），卷四二，〈凌雲翰〉，頁二下。

〔註 177〕明・曹溶，《靜惕堂宋元人集書目》（《觀古堂彙刻書》，台北：文海出版社，一九七一年七月初版），卷二，〈凌雲翰柘軒集〉，頁一五下。

〔註 178〕《武林藏書錄》，卷中，〈尊德堂〉，頁四一。

〔註 179〕《明分省人物考》，卷四二，〈王羽〉，頁一下。

〔註 180〕明・沈朝宣，《嘉靖・仁和縣志》（《四庫全書存目叢書》史部・一九四冊，台南：莊嚴文化事業有限公司，一九九六年八月初版，據清華大學圖書館藏清光緒錢塘丁氏嘉惠堂刻武林掌故叢編本影印），卷九，〈人物・宦蹟〉，頁五下。

〔註 181〕《武林藏書錄》，卷中，〈王儀之〉，頁四二。

曾寶惜而珍藏之，以貽後世，足徵詩書之流澤長矣。」〔註 182〕

4. **凌文顯**（生卒年不詳）

字號不詳，仁和人。爲凌雲翰之孫。凌氏自凌雲翰而下，累世藏書不輟，歷凌鵠、凌文顯、凌昱，凌暹，皆能世守藏書，不墜家風，見凌鵠條。

5. **凌昱**（生卒年不詳）

字敬輿，仁和人。景泰元年（1450）舉人，爲凌文顯之子。凌氏自凌雲翰而下，累世藏書不輟，歷凌鵠、凌文顯、凌昱，凌暹，皆能世守藏書，不墜家風，見凌鵠條。

6. **凌暹**（生卒年不詳）

字號不詳，仁和人。爲凌昱之子。凌氏自凌雲翰而下，累世藏書不輟，歷凌鵠、凌文顯、凌昱，凌暹，皆能世守藏書，不墜家風，見凌鵠條。

7. **郎瑛**（1487～1566）

字仁寶，號藻泉，別號草橋，仁和人。諸生，「家所藏經籍諸史、文章、雜家言甚盛，日危坐諷讀其中，攬要躐華，刺暇指類，辯同異得失。」〔註 183〕

8. **張瀚**（1511～1593）

字子文，號元洲，仁和人。嘉靖十四（1535）年進士，官至吏部尚書。仁和張氏自張瀚以下，科甲連綿，藏書不輟。據清末藏書家丁申之考察，曰：「自明迄今，幾四百年，歷數武林閥閱之家，必以張氏爲巨擘，而儲藏之富，日積月累，遂爲武林諸藏書家之冠。」〔註 184〕

9. **高應鵬**（生卒年不詳）

字雲卿，明中葉仁和人。本業賈，業既成而恥不得與士大夫齒，乃輸粟爲官，仕至忻州判官。爲高濂之父，「及深甫（高濂）生，蓋夙昔才之矣！既就舍旁築藏書室貯古圖書，其上爲樓居，貯古尊彝鍾鼎。雅言：『世俗務厚遺而疏擇術，厚將安之，即多蓄以侂子孫，直爲邯鄲虜耳！吾顧以此居子，使之與古爲徒，即不必刑，視彼邯鄲爲猶賢矣！』」〔註 185〕

〔註 182〕《武林藏書錄》，卷中，〈尊德堂〉，頁四一。

〔註 183〕明・陳善等，《萬曆・杭州府志》（《中國方志叢書》華中・五二四號，台北：成文出版社有限公司，一九八三年三月台一版，據明萬曆七年刻本影印），卷八九，〈人物・義行〉，頁二二上～下。

〔註 184〕《武林藏書錄》，卷中，〈張氏藏書〉，頁四三。

〔註 185〕明・汪道昆，《太函集》（《四庫全書存目叢書》集部・一一七冊，台南：莊嚴文化事業有限公司，一九九七年六月初版，據北京大學圖書館藏明萬曆刻本影印），卷四

10. 高濂（生卒年不詳）

字深甫，號瑞南，嘉、隆、萬時期仁和人。爲諸生，屢試不利，久困太學，其父高應鵬命以貲爲郎，「深甫唯唯，貲入，得隸鴻臚。」〔註 186〕高濂「嘗築山滿樓於跨虹橋，收藏古今書籍。」〔註 187〕清人葉昌熾說：「余見高氏（高濂）藏書甚多。」〔註 188〕

11. 翁汝遇（生卒年不詳）

字子先，仁和人。萬曆戊戌（1598）進士，官至衛輝府知府。「翁氏書閣在安樂山下，永興寺前，臨永興湖。崇禎初，翁氏兄弟構書閣於此。陳頤道〈文述詩〉云：『錢氏有書藏，翁氏有書閣，可惜所藏書，今日已零落，樵人識遺址，一峰指安樂。』……閣建於崇禎初，正當兩先生歸田後也。」〔註 189〕

12. 翁汝進（生卒年不詳）

字獻甫，仁和人。爲翁汝遇之弟，萬曆乙未（1595）進士，仕至山東參議。歸田後，於崇禎初與其兄合建藏書閣於安樂山下之永興寺前，臨永興湖，見翁汝遇條。

13. 胡文煥（生卒年不詳）

字德甫，號全庵，一號抱琴居士，萬曆、天啓時仁和人。「嘗於萬曆、天啓間，構文會堂藏書，設肆流通古籍。刊《格致叢書》至三四百種，名人賢達多爲序跋。」〔註 190〕

14. 徐孝直（1566～1638）

字孝先，後易名介，自號狷庵，仁和人。諸生，「積書千卷，教授童子五六人，各授小學。盛暑必衣，步趨翼如，生平不妄交一人。」〔註 191〕

15. 呂坤（生卒年不詳）

字不詳，號北野，明末仁和縣塘棲鎮人。《武林藏書錄》載：「呂園在塘棲鎮，呂都事北野（呂坤）與弟鴻臚寺丞水山（呂需）別墅也。積石累山，規模宏敞。其藏書之所，曰：『樾館』，王伯穀（王穉登，1535～1612）篆額；曰：『喜聲館』，陳眉公（陳繼儒）題額；曰：『緜慶樓』，文衡山（文徵明）書額；曰：『一本堂』，周

七，〈明故徵仕郎判忻州事高季公墓志銘〉，頁一六下～一七上。

〔註 186〕《太函集》，卷四七，〈明故徵仕郎判忻州事高季公墓志銘〉，頁一五下。

〔註 187〕《武林藏書錄》，卷中，〈高瑞南〉，頁四五。

〔註 188〕《藏書紀事詩》，卷三，〈高濂深父〉，頁一三四。

〔註 189〕《武林藏書錄》，卷中，〈翁氏書閣〉，頁四九～五〇。

〔註 190〕《武林藏書錄》，卷中，〈文會堂〉，頁四九。

〔註 191〕《武林藏書錄》，卷下，〈徐孝先先生〉，頁五五。

天球（1514～1595）書額。……棲鎮藏書之富，推呂氏北野、卓氏入齋（卓攄），呂氏即所謂樾館也，可想見當時之盛矣！」〔註 192〕

16. 卓攄（生卒年不詳）

初名顯卿，字襄野，號寓庸，別號入齋，明末仁和人。卓攄好藏書，其曾孫卓天寅，復「構家祠於塘栖長橋之西，有傳經堂，奉祖考之遺書，教授子弟。旁為月波樓、芳杜洲，亦藏書數萬卷，徧徵名宿題詠。」〔註 193〕

17. 卓發之（生卒年不詳）

字左車，號蓮旬，明末仁和人。為卓攄之子，舉明崇禎癸酉（六年，1633）鄉薦副車。卓發之好藏書，其孫卓天寅，復構家祠於塘栖長橋之西，其中有「傳經堂」，奉祖考所藏之遺書，見卓攄條。

18. 卓人月（生卒年不詳）

字珂月，號蕊淵，明末仁和人。諸生，為卓發之之子。卓人月好藏書，其子卓天寅，復構家祠於塘栖長橋之西，其中有「傳經堂」，奉祖考所藏之遺書，見卓攄條。

19. 卓天寅（生卒年不詳）

初名大丙，字火傳，一作火萬，號亮庵，明末清初仁和人。仁和諸生，順治十一年（1654）副貢，為卓人月之子。卓天寅「家有傳經堂、月波樓、杜若舟，藏書數萬卷，四方士至皆館穀，讀書其中。領袖風雅，詩宗盛唐，著述等身，名滿天下。」〔註 194〕

20. 張芬（生卒年不詳）

字子漸，明末清初仁和人。性好藏書，「晚愛西溪之勝，時握一卷，吟哦其中，立石拒門，編荊作戶，不涉城市。兵後，藏書盡亡，老年默記，猶從空指點甲乙，雖貧且病，不廢學。」〔註 195〕

21. 王晫（1637～？）

初名棐，字丹麓，又字木菴，自號松溪子，明末清初仁和人。為明季「諸生，性好博覽，聚所藏經史子集數萬卷於霞舉堂，縱觀之。」〔註 196〕

〔註 192〕《武林藏書錄》，卷中，〈呂氏樾館〉，頁四八。
〔註 193〕《武林藏書錄》，卷中，〈卓氏傳經堂〉，頁五一。
〔註 194〕《杭州府志》，卷一四五，〈人物・文苑二〉，頁六下。
〔註 195〕《杭州府志》，卷一四五，〈人物・文苑二〉，頁二上。
〔註 196〕清國史館，《清史列傳》（《清代傳記叢刊》一〇四冊，台北：明文書局，一九八五年五月初版），卷七〇，〈文苑傳一・王晫〉，頁一一上。

22. 吳任臣（生卒年不詳）

字志伊，一字爾器；初字征鳴，號託園，明末清初仁和人。為「諸生，康熙十八年（1679），召試博學鴻詞，授翰林院檢討。」〔註 197〕吳任臣「為諸生時，以經史教授鄉里，束修所入，就市閱書，出善價購而藏之。」〔註 198〕

23. 龔佳育（1622～1685）

初名佳胤，字祖錫，晚又字介岑，明末清初仁和人。初「以幕僚起家，知縣事洊，歷戶、兵兩曹，而為戶部最久，後由山東僉憲分巡通永道，陟江南、安徽布政，內遷太常卿，改光祿卿。」〔註 199〕龔佳育「歷中外數十年，以清介著。生平無他好，惟收藏圖史，課子誦讀，以毋墮家聲為戒。」〔註 200〕

三、海寧縣

1. 馬宣教（生卒年不詳）

字號不詳，以行稱萬十一，元末明初海寧人。家世業賈，以煮鹽致富，其貲甲一郡。馬宣教「起樓聚書萬卷，延徐一夔（1318～約 1400）、貝瓊（？～1379）諸名儒教其子弟。」〔註 201〕

2. 祝以豳（生卒年不詳）

字耳劉，海寧人。登萬曆十四年（1586）進士，歷官工部左侍郎致仕。《人海記》載：「藏書之厄，如吾鄉祝侍郎耳劉（祝以豳）之萬古樓、武原駱侍郎駸曾，非流散則灰燼。」〔註 202〕

四、富陽縣

1. 王之獻（生卒年不詳）

字伯珍，崇禎時富陽縣人。監生，「家藏書卷甚富，喜讀古史，好詩賦，頗厭舉

〔註 197〕清・諸可寶，《清代疇人傳》（《清代傳記叢刊》三四冊，台北：明文書局，一九八五年五月初版），三編卷一，〈吳任臣〉，頁二七三。

〔註 198〕《己未詞科錄》，卷三，頁二五上。

〔註 199〕清・李桓，《國朝耆獻類徵初編》（《清代傳記叢刊》一四〇冊，台北：明文書局，一九八五年五月初版），卷四三，〈卿貳三・龔佳育〉，頁三九下。

〔註 200〕《武林藏書錄》，卷下，〈玉玲瓏閣〉，頁五七。

〔註 201〕許傅霈等，《海寧州志稿》（《中國方志叢書》華中・五六二號，台北：成文出版社有限公司，一九八三年三月台一版，據民國十一年排印本影印），卷三一，〈人物・義行〉，頁一下。

〔註 202〕《藏書紀事詩》，卷三，〈祝以豳耳劉〉，頁一五七。

子業。」〔註 203〕

五、餘杭縣

1. 鄒濟（1358～1425）

字汝舟，明初餘杭人。「洪武十五年（1382）舉通經儒士，授餘杭訓導」，〔註 204〕累陞少詹事而卒。「卒之日，家無餘貲，惟藏書數千卷而已。贈太子少保，謚文敏。」〔註 205〕

2. 徐桂（？～1605）

字茂吳，餘杭人。登隆慶五年（1571）進士，官至袁州推官。罷歸後，「居杭城東隅，有亭池竹木之勝，亭中列圖史、金石遺文與彝鼎諸法書名畫，日婆娑其中。」〔註 206〕

3. 嚴沆（1617～1678）

字子餐，號顥亭，餘杭人。登「順治十二年（1655）進士，官至戶部侍郎。」〔註 207〕嚴沆事母至孝，「築室武林東城以奉母，謂之『皐園』。中有『清較樓』，藏書萬卷。又有丁公池，先賢故址也。諸子分居省城，康熙中，同日被火，先生文集，遂無孑遺。」〔註 208〕嚴沆之後人「有句云：『清校樓遺書，散失不可復，僅存目十二，棖觸酸心腹。』可以知當日之所藏矣！」〔註 209〕

4. 趙昕（生卒年不詳）

字雍客，餘杭人。順治十七年（1661）成進士，授嘉定知縣，卒於任。「家有永和樓，藏書甚富，遭洪水漂沒。」〔註 210〕

〔註 203〕清・李衛等，《浙江通志》（上海：商務印書館，一九三四年十月再版，據清光緒二十五年重刻本影印），卷一七八，〈人物六・文苑一〉，頁三一〇六。

〔註 204〕《明分省人物考》，卷四二，〈鄒濟〉，頁二上。

〔註 205〕明・薛應旂等，《嘉靖・浙江通志》（《天一閣藏明代方志選刊續編》二六冊，上海：上海書店，一九九〇年十二月第一版，據明嘉靖刻本影印），卷四六，〈人物志六之十一・皇明〉，頁二一下。

〔註 206〕《浙江通志》，卷一七八，〈人物六・文苑一〉，頁三一〇五。

〔註 207〕清・張維屏，《國朝詩人徵略》（《清代傳記叢刊》二一冊，台北：明文書局，一九八五年五月初版），卷四，〈嚴沆〉，頁六下～七上。

〔註 208〕《顏氏家藏尺牘》，附錄，〈姓氏考〉，頁二六四。

〔註 209〕《武林藏書錄》，卷下，〈皋園清校閣〉，頁五六。

〔註 210〕清・張吉安等，《餘杭縣志》（《中國方志叢書》華中・五六號，台北：成文出版社有限公司，一九七〇年十月台一版，據民國八年重刻本影印），卷二七，〈文藝傳〉，頁一九下。

5. 俞玨（生卒年不詳）

字吉人，餘杭人。中順治十七年（1661）進士，官長沙知縣，罷歸。家居「鍵戶謝客，築小樓，多蓄書史以爲樂。後所藏書燬於火，鬱鬱不得志而卒。」〔註 211〕

第四節　嘉興府

一、嘉興縣

1. 吳惟貞（生卒年不詳）

字伯度，嘉興人。諸生，雅好藏書。杭州藏書家馮夢禎曾告訴友人曰：「僕少時所蓄先輩舉業甚少，儌倖後亦遂爲人持去。我檇李惟吳君名惟貞者，搆蓄極廣，足下如未識其人，當爲紹介。」〔註 212〕足見吳惟貞所藏科舉時文之富。

2. 包檉芳（1534～1596）

字子柳，號瑞溪，嘉興人。嘉靖「丙辰（三十五年，1556）成進士，授魏縣令」，〔註 213〕終以貴州按察司副使致仕。檉芳好聚書，「垂老手不釋卷，聞有異書，即僻巷環堵，必徒步相訪。」〔註 214〕

3. 周履靖（1542～1632）

字逸之，初號梅墟，改號螺冠子，晚號梅顛道人，嘉興人。本爲諸生，以體羸棄去，遂專攻古文詞。周履靖非常喜好藏書，「廢箸千金庋古今典籍，編茆引流，雜植梅竹，讀書其中，自號梅癲居士。」〔註 215〕

4. 李日華（1565～1635）

字君實，號竹懶，又號九疑、冏卿，嘉興人。登「萬曆二十年（1592）進士，

〔註 211〕《餘杭縣志》，卷二七，〈文藝傳〉，頁二〇上。

〔註 212〕《快雪堂集》，卷三九，〈答王逸李〉，頁二七下。

〔註 213〕明・馮夢禎，《快雪堂集》（《四庫全書存目叢書》集部・一六四冊，台南：莊嚴文化事業有限公司，一九九七年六月初版，據北京大學圖書館藏明萬曆四十四年黃汝亨朱之蕃等刻本影印），卷一八，〈貴州按察司副使提督學校包瑞溪先生洎配曹宜人行狀〉，頁二八上。

〔註 214〕《快雪堂集》，卷一八，〈貴州按察司副使提督學校包瑞溪先生洎配曹宜人行狀〉，頁三三下。

〔註 215〕明・李培等，《萬曆・秀水縣志》（《中國方志叢書》華中・五七號，台北：成文出版社有限公司，一九七〇年八月台一版，據明萬曆二十四年修民國十四年鉛字重刻本影印），卷六，〈人物・隱逸〉，頁三五上。

官至太僕少卿。」〔註 216〕自稱：「不佞自幸得一第以後，繆有嗜書之癖。結轍里居者三十年餘，辱鄉閭秀穎執藝就問者一二百餘人。」〔註 217〕李日華「生平無他嗜，惟有書淫，凡所讀書，必手丹鉛，句比字櫛，即音釋中語，無漫置者。蓋於書無所不窺，故所爲詩文奇古奧博，駸駸直追秦漢，文章家推爲主盟，一時莫及。」〔註 218〕

5. **陸元厚**（生卒年不詳）

字號不詳，嘉興人。其生卒年代約略與李日華同時，應「次於萬曆之末。」〔註 219〕陸元厚「家貧，爲童子師。性方嚴，行止踽踽，里中屠沽兒不敢狎。視公卿折節交之者，僅一報謁，不數往也。喜蓄異書，學俸多爲書盡。」〔註 220〕

6. **陳良卿**（生卒年不詳）

字號不詳，嘉興人。其生卒年代約略與李日華同時，亦應「次於萬曆之末。」〔註 221〕爲諸生，「性嗜異書，年踰立，即釋儒服謝學使者，隱沙水竹榭之間，與吟翁野衲相往還。遇有奇書隱牒，不惜破產購之，江南故家，遺帙搜抉殆徧。」〔註 222〕

7. **陳宏策**（生卒年不詳）

字白石，嘉興人。李日華云：「余友陳白石（陳宏策）生平無他嗜，嗜書，少與余同研席，即有窮盡天下隱文祕籙之意，遇即抄撮，無間寒暑。余時亦縱心跳踉於百家蕩潏中，務各出其精騎，而於本業僅如漢設戊巳校尉，羈縻而已。無何，余以短羽輕飛，挂弋人之網，而白石謝縫掖，益敦夙尚，搜抉擿摘，聞有隱伏，雖千里必赴，意良快也。」〔註 223〕

8. **李于然**（生卒年不詳）

字號不詳，明末嘉興人。爲李日華的學生，幼失怙恃，年甫弱冠即自理家業，且讀且支其門戶。「營聚異書以自排蕩，中多借帙，遇新異即爲撮抄，迨脫，歸盈簏矣！復漫漶散落。」〔註 224〕

〔註 216〕《新校本明史》，卷二八八，〈列傳一七六・文苑四・李日華〉，頁七四○○。
〔註 217〕《恬致堂集》，卷三二，〈答年家俞企延茂才〉，頁四四上。
〔註 218〕明・羅炌等，《崇禎・嘉興縣志》（《日本藏中國罕見地方志叢刊》，北京：書目文獻出版社，一九九一年十月第一版，據日本宮內省圖書寮藏明崇禎十年刻本影印），卷一四，〈文苑〉，頁一○上。
〔註 219〕《藏書紀事詩》，卷三，〈陸元厚〉，頁一七○。
〔註 220〕《無聲詩史》，卷六，〈陸元厚〉，頁一○七上。
〔註 221〕《藏書紀事詩》，卷三，〈陳良卿〉，頁一七○。
〔註 222〕《藏書紀事詩》，卷三，〈陳良卿〉，頁一六九～一七○。
〔註 223〕《恬致堂集》，卷一三，〈陳四可非業序〉，頁三四上。
〔註 224〕《恬致堂集》，卷一八，〈李于然辨鳥餘摭題辭〉，頁二六上。

9. 郁伯承（生卒年不詳）

字號不詳，明末嘉興人。姚士粦曰：「少君（吳孺）客吾郡，他姓不過旬月而已，惟錢懋穀、郁伯承家饒藏書，久益愛敬，故必淹改節序。」〔註 225〕

10. 錢懋穀（生卒年不詳）

字號不詳，明末嘉興人。家富藏書，見郁伯承條。

11. 高承埏（1602～1647）

字寓公，一字澤外，嘉興人。「少好讀書，有文名，舉崇禎庚辰（十三年，1640）進士，授遷安知縣」，〔註 226〕福王立，官至工部虞衡司主事。清兵南下，兵馬倥傯，「亂後，閉戶讀書。」〔註 227〕高承埏性喜聚書，「家藏書八十櫝，與項氏萬卷樓爭富。雖干戈俶擾，不輟吟哦。」〔註 228〕

12. 周篔（1623～1687）

初名周筠，字青士，別字篔谷，嘉興人。爲明諸生，「遭亂棄舉子業，受廛賣米。有括故家遺書連船鬻於市者，買得一船，積樓下，每日中交易，筐筥、斗斛、權衡當滿肆，讀之糠秕中。」〔註 229〕

二、秀水縣

1. 戴經（生卒年不詳）

字孟常，嘉興縣籍秀水人。「成化丙午（二十二年，1486）舉人，歷延平、九江二府推官。居官執法甘澹泊，歷任六載，獨處官署，未嘗以家自隨。陞泰安知州，致仕。」〔註 230〕外孫張桐，「號鳳岡，少好讀書，外祖戴經無子，鍾愛桐，藏書千餘卷授之，晝夜攻苦，益淹貫。」〔註 231〕

〔註 225〕明・姚士粦，《吳少君遺事》（《叢書集成新編》一〇三，台北：新文豐出版股份有限公司，一九八五年元月初版），頁六上。

〔註 226〕清・陳鼎，《留溪外傳》（《明代傳記叢刊》一二八冊，台北：明文書局，一九九一年十月初版），卷六，〈高主事傳〉，頁一八上。

〔註 227〕孫靜菴，《明遺民錄》（《清代傳記叢刊》六八冊，台北：明文書局，一九八五年五月初版），卷三八，〈高承埏〉，頁三下～四上。

〔註 228〕清・陳田，《明詩紀事》（《明代傳記叢刊》一五冊，台北：明文書局，一九九一年十月初版），卷二一，〈辛籤・高承埏〉，頁八七一。

〔註 229〕清・杜蔭棠，《明人詩品》（《明代傳記叢刊》一六冊，台北：明文書局，一九九一年十月初版），卷二，頁三三上。

〔註 230〕《萬曆・秀水縣志》，卷六，〈人物・文苑〉，頁二二下。

〔註 231〕清・許瑤光等，《光緒・嘉興府志》（《中國方志叢書》華中・五三號，台北：成文出版社有限公司，一九七〇年八月台一版，據清光緒五年刻本影印），卷五三，〈秀水

2. 沈謐（1501～1553）

字靖夫，號石雲，秀水人。「舉嘉靖己丑（八年，1529）進士，由行人授給事中，仕終湖廣參議。」〔註 232〕其家「有萬卷書樓三楹，爲石雲公藏書處。」〔註 233〕

3. 沈啟原（1526～1591）

字道卿，一字道初，或字道原，號霓川，一號存石，秀水人。爲沈謐之子。沈啓原登「嘉靖己未（三十八年，1559）進士」，〔註 234〕仕終陝西按察司副使。性好藏書，「上自金匱石室之藏，以至古今集，悉購無遺，或少缺略，借之儲書家，務繕寫完好乃已。」〔註 235〕「酷嗜墳籍，若古法書名畫及先代金石之遺，不惜重資畢購之，日事披閱，以此忘老。」〔註 236〕

4. 沈自邠（1554～1589）

字茂仁，號几軒，秀水人。爲沈啓原之子。「登萬曆丁丑（五年，1577）進士，選庶吉士，纂修《大明會典》成，陞修撰。」〔註 237〕李日華記云：「沈甥大詹以舟迎余，往長溪祖宅，檢先世遺書。自觀察石雲公（沈謐）、大參霓川公（沈啓原）、編修几軒公（沈自邠）所積，與太學超宗君（沈鳳）所續得，不下八萬餘卷。散落浥爛十之四五。若金石繪事秘玩種種，悉入胠篋手無孑遺矣。爲之三嘆。」〔註 238〕

5. 沈鳳（生卒年不詳）

字超宗，秀水人。爲沈自邠之子，監生。其家累世藏書，所蓄不下八萬餘卷。其後不幸散落浥爛，見沈自邠條。

6. 沈大詹（生卒年不詳）

字號不詳，明末清初秀水人。爲沈啓原曾孫，李日華之外甥。其家累世藏書，

文苑〉，頁三三下～三四上。

〔註 232〕明・焦竑，《澹園集》（《理學叢書》，北京：中華書局，一九九九年五月第一版），卷三三，〈陝西按察司副使霓川沈先生行狀〉，頁五三五。

〔註 233〕《西園聞見錄》，卷八，〈好學・沈啓原〉，頁二四下。

〔註 234〕明・劉應鈳等，《萬曆・嘉興府志》（《中國方志叢書》華中・五〇五號，台北：成文出版社有限公司，一九八三年三月台一版，據明萬曆二十八年刻本影印），卷一八，〈鄉賢・秀水縣〉，頁三〇上。

〔註 235〕《澹園集》，卷三三，〈陝西按察司副使霓川沈先生行狀〉，頁五四〇。

〔註 236〕明・陸可教，《陸學士先生遺稿》（《四庫禁燬書叢刊》集部・一六〇冊，北京：北京出版社，二〇〇〇年一月第一版，據上海圖書館藏明萬曆刻本影印），卷一二，〈明故中憲大夫陝西按察司副使霓川沈公墓誌銘〉，頁一五下。

〔註 237〕《萬曆・嘉興府志》，卷一八，〈鄉賢・秀水縣〉，頁三〇上。

〔註 238〕明・李日華，《味水軒日記》（上海：上海遠東出版社，一九九六年十二月第一版），卷一，頁四〇。

所蓄不下八萬餘卷。其後不幸散落浥爛，見沈自邠條。

7. **項篤壽**（1521～1586）

字子長，號少谿，秀水人。登「嘉靖壬戌（四十一年，1562）進士，授刑部主事」，〔註 239〕仕至廣東參議，不赴。項篤壽「性好藏書，見祕冊輒令小胥傳抄，儲之舍北萬卷樓。」〔註 240〕

8. **項元汴**（1525～1590）

字子京，號墨林、墨林子，別號墨林居士，「又號香嚴居士、退密齋主人」，〔註 241〕秀水人。兄二人，「長上林丞元淇（1500～1572），次東粵少參篤壽，公其季也。」〔註 242〕「初爲國子生，雅擅賞鑒，收藏名蹟甲于江左。」〔註 243〕項元汴「所藏多圖書、鼎彝。」〔註 244〕

9. **項德棻**（生卒年不詳）

字號不詳，明末嘉興人。「德棻藏書處曰：『宛委堂』。」〔註 245〕

10. **沈德先**（生卒年不詳）

字天生，萬曆時秀水人。沈德先任職於工部，與其弟沈孚先嘗校刻《尚白齋祕笈》，姚士粦序曰：「此刻爲友人沈天生（沈德先）及其弟水部白生（沈孚先）手校剞劂，可謂以傳布爲藏，眞能藏書者矣！」〔註 246〕

11. **沈孚先**（1579～？）

字白生，萬曆時秀水人。爲沈德先之弟。沈孚先「聯捷萬曆丁酉（二十五年，1597）、戊戌（二十六年，1598），年纔弱冠，告改京學，晉北雍，汲汲以扶進人材爲任，屢空晏如也。」〔註 247〕嘗與兄沈德先校刻《尚白齋祕笈》，姚士粦稱其以傳布爲藏，爲眞能藏書者，見沈德先條。

〔註 239〕《明分省人物考》，卷四五，〈項篤壽〉，頁五〇上。

〔註 240〕《曝書亭集》，卷五三，〈書萬歲通天帖舊事〉，頁六二五。

〔註 241〕《藏書紀事詩》，卷三，〈項元汴子京〉，頁一四七。

〔註 242〕明・董其昌，《容臺集》（《明代藝術家集彙刊》，台北：國立中央圖書館，一九六八年六月初版），卷八，〈墨林項公墓誌銘〉，頁又三〇上。

〔註 243〕清・徐沁，《明畫錄》（《明代傳記叢刊》七二冊，台北：明文書局，一九九一年十月初版），卷四，〈項元汴〉，頁五一上

〔註 244〕明・項元汴，《蕉窗九錄》（《四庫全書存目叢書》子部・一一八冊，台南：莊嚴文化事業有限公司，一九九五年九月初版，據江西省圖書館藏涵芬樓影印清道光十一年六安晁氏木活字學海類編本影印），〈本傳略〉，頁七七上。

〔註 245〕《藏書紀事詩》，卷三，〈項德棻〉，頁一四八～一四九。

〔註 246〕《藏書紀事詩》，卷三，〈姚士粦叔祥〉，頁一六一。

〔註 247〕《崇禎・嘉興縣志》，卷一三，〈鄉賢〉，頁六二下。

12. **鍾心隱**（生卒年不詳）

佚其名，字亦不詳，心隱爲其號，明代中後期秀水人。「翁布衣任俠，家多藏書，所常與往來俱名士。……翁意殊不休，益聚書延名士訓率子姓，……稱吳文獻著族矣！」〔註 248〕

13. **鍾鶴齡**（生卒年不詳）

字羽修，號奇山，明代秀水人。鶴齡爲萬曆間太學生，其祖父鍾心隱好藏書，鍾鶴齡受而讀之。嘗自謂：「余束髮受藏書而讀之，攬往古之清芬，搴先藻之盛麗，朝夕不勝擷而鬱浡乎！」〔註 249〕

14. **汪繼美**（？～約 1626）〔註 250〕

字世賢，號愛荊，秀水人。汪繼美「性喜披覽傳記，遇異書精刻輒厚直購之，與古名賢書畫奇蹟，雜置滿樓。風雨閒暇，即登樓，手摭卷帙，咿哦自快。」〔註 251〕

15. **沈師昌**（生卒年不詳）

字仲貞，明末秀水人。沈師昌「閎覽博雅，其家多藏眉公抄書。」〔註 252〕

16. **殷仲春**（生卒年不詳）

字方叔，自號東皐子，明末秀水人。本業儒，後棄去。其友同里藏書家陳懿典說：「方叔少與余同學，以貧病改業，迄無所就，仍伊吾故篋。爲童子師，饘粥之餘，聊以市書，句讀稍暇，屈首披誦，積有年歲，胸中所得甚富。……予與交久，而益就似有道者，其學淹通，百家九流無不究心，而于醫聊見其一斑，丹鉛之力，收藏之盛，金石縹緗甚具。」〔註 253〕

17. **陳懿典**（生卒年不詳）

字孟常，號如岡，明末秀水縣人。登萬曆二十年（1592）進士，累陞至詹事府少詹事，不赴。「里居三十餘年，擁書萬卷，卒年八十五。」〔註 254〕

〔註 248〕《恬致堂集》，卷一四，〈鍾羽修寄雲堂詩稿序〉，頁三九下。

〔註 249〕《恬致堂集》，卷一四，〈鍾羽修寄雲堂詩稿序〉，頁四〇上。

〔註 250〕鄭銀淑，《項元汴之書畫收藏與藝術》（台北：文史哲出版社，一九八四年十月初版），頁五八。總頁三〇〇。

〔註 251〕《恬致堂集》，卷二五，〈汪愛荊居士傳〉，頁一八下～一九上。

〔註 252〕明・陳繼儒，《讀書鏡》（《四庫全書存目叢書》史部・二八八冊，台南：莊嚴文化事業有限公司，一九九六年八月初版，據山西省祁縣圖書館藏明萬曆繡水沈氏刻寶顏堂祕笈本影印），書前，張眪〈讀書鏡小引〉，頁三上～下。

〔註 253〕明・殷仲春，《醫藏書目》（《明代書目題跋叢刊》下冊，北京：書目文獻出版社，一九九四年元月第一版，據舊鈔本影印），書前，陳懿典〈醫藏書目序〉，頁一九六一。

〔註 254〕《浙江通志》，卷一七九，〈人物六・文苑二〉，頁三一一七。

18. **姚澣**（生卒年不詳）

字公滌，明末秀水人。以廕入太學，「三試不第，遂隱居著述，積書四十櫝，部分類聚。」〔註 255〕

19. **沈嗣選**（生卒年不詳）

字仁舉，號果庵，秀水人。「好學能文，爲諸生有盛名，需次歲薦，以親老不赴。」〔註 256〕沈嗣選生逢明清鼎革，「當兵燹之際，破產聚書，有《法宋樓書目》四卷。」〔註 257〕

20. **蔣之翹**（生卒年不詳）

字楚穉，號石林，明末清初秀水人。以布衣隱於市，「家貧，好藏書。明末避盜村居，收羅名人遺集數十種。」〔註 258〕

21. **曹溶**（1613～1685）

字潔躬，號秋嶽，或作秋岳，一號倦圃，別號金陀老圃，「晚號金陀老人，又號鉏菜翁」，〔註 259〕秀水人。「明崇禎丁丑（十年，1637）進士，入清歷官戶部侍郎，左遷山西按察副使，裁缺歸。康熙己未（十八年，1679）薦舉博學鴻詞，又薦修《明史》，皆未就。家多藏書，愛才若渴，四方之士，倚爲風雅宗主。」〔註 260〕嘗自稱：「余家所藏唐、宋人經解最多，大半爲崑山徐氏所刻。」〔註 261〕

三、嘉善縣

1. **姚綬**（1423～1495）

字公綬，「初號穀菴，居大雲寺之東，亦號雲東逸史，又自稱蘭臺逸史、天田老農、上清仙吏、嬾仙、仙癡、紫霞碧月翁」，〔註 262〕嘉善人。「天順甲申（八年，1464）進士，授監察御史，謫永寧知縣」，〔註 263〕以母老辭不赴。歸里後，姚綬「放情丘

〔註 255〕《光緒・嘉興府志》，卷五三，〈秀水文苑〉，頁三六下。

〔註 256〕《光緒・嘉興府志》，卷五一，〈嘉興文苑〉，頁四四上。

〔註 257〕《藏書紀事詩》，卷三，〈沈嗣選仁舉〉，頁一七四。

〔註 258〕《光緒・嘉興府志》，卷五三，〈秀水文苑〉，頁四○上～下。

〔註 259〕《己未詞科錄》，卷四，頁九上。

〔註 260〕徐世昌，《清儒學案小傳》（《清代傳記叢刊》五冊，台北：明文書局，一九八五年五月初版），卷四，〈曹先生溶〉，頁五三七。

〔註 261〕清・曹溶，《學海類編》，第一冊，（台北：文海出版社，不注出版年），書前，〈輯書大意〉，頁一上。

〔註 262〕清・朱彝尊，《靜志居詩話》（《明代傳記叢刊》八冊，台北：明文書局，一九九一年十月初版），卷八，〈姚綬〉，頁二上～下。

〔註 263〕清・陳田，《明詩紀事》（《明代傳記叢刊》一三冊，台北：明文書局，一九九一年十

졸，修辭染翰，人爭重之。積書萬卷，曰：『吾願以是遺子孫也。』」〔註 264〕

2. **袁黃**（生卒年不詳）

字坤儀，一字了凡，嘉善人。萬曆十四年（1586）進士，知寶坻縣，官終兵部主事。〔註 265〕同縣陳山毓曰：「吾邑陋，文獻故罕，以故藏書家無聞云，獨坤儀袁先生耽精典籍，爰自蚤歲，迄乎曳杖之年，卷弗去手，故所得書稱富。」〔註 266〕

3. **陳于王**（1554～1615）

字伯襄，號穎亭，嘉善人。「成丙戌（萬曆十四年，1586）進士，戊子（萬曆十六年，1588）爲魏令」，〔註 267〕官終四川按察使。其子陳山毓曰：「吾邑陋，文獻故罕，以故藏書家無聞云，獨坤儀袁先生（袁黃）耽精典籍，爰自蚤歲，迄乎曳杖之年，卷弗去手，故所得書稱富。而吾先君（陳于王）雅同斯好，裒聚萬卷，然以視藏書家，無俟望洋向若，而始旋其面目矣！」〔註 268〕

4. **陳山毓**（1584～1621）

字賁聞，嘉善人。「戊午（萬曆四十六年，1618），舉浙江鄉試第一」，〔註 269〕爲陳于王之子。陳山毓「敦倫好善，所居左右圖書數千卷，掃室焚香，穆然有深沈之思。」〔註 270〕

5. **陳龍正**（1585～1645）

字惕龍，別號幾亭，嘉善人。天啓時試北雍，「舉京闈第三人。」〔註 271〕爲陳

月初版），卷一〇，〈丙籤・姚綬〉，頁五二七。

〔註 264〕明・姚惟芹，《東齋稿略》（台北：中央研究院藏明嘉靖三十六年嘉興姚氏家刊本），附錄，范言〈家傳〉，頁五下。

〔註 265〕清・朱鶴齡，《愚菴小集》（台北：中央研究院藏民國二十九年燕京大學圖書館排印本），卷一五，〈贈尚寶少卿袁公傳〉，頁一三下。

〔註 266〕明・陳山毓，《陳靖質居士文集》（《四庫禁燬書叢刊》集部・一四冊，北京：北京出版社，二〇〇〇年一月第一版，據北京大學圖書館藏明天啓刻本影印），卷五，〈陳氏藏書總序〉，頁九上。

〔註 267〕《陳靖質居士文集》，卷六，〈廉憲公家傳〉，頁一三上。

〔註 268〕《陳靖質居士文集》，卷五，〈陳氏藏書總序〉，頁九上。

〔註 269〕明・陳龍正，《幾亭外書》（《續修四庫全書》子部・一一三三冊，上海：上海古籍出版社，二〇〇二年三月第一版，據北京大學圖書館藏明崇禎刻本影印），卷三，〈家載・父兄實錄〉，頁四上。

〔註 270〕清・江峰青等，《光緒・嘉善縣志》（《中國方志叢書》華中・五九號，台北：成文出版社有限公司，一九七〇年十一月台一版，據清光緒十八年刻本影印），卷二四，〈人物六・文苑〉，頁六下。

〔註 271〕明・陳龍正，《幾亭全書》（《四庫禁燬書叢刊》集部・一二冊，北京：北京出版社，二〇〇〇年一月第一版，據中國社會科學院文學研究所圖書館藏清康熙雲書閣刻本

于王之子，陳山毓之弟。陳龍正曾作〈評家藏書總序〉以訓誡其子孫，其中云：「可得善藏者之苦心，可砭漫藏者之錮疾。近世多笑棄書爲俗，不知收書庸遂免俗乎？目不識丁，身不行道，出金帛易載籍，自謂清流。載籍蠹於笥，與金帛死於橐，果當何異？」〔註 272〕

6. **支如玉**（生卒年不詳）

字號不詳，明末嘉善人。自謂：「予幼有士安之癖，所至走肆中，見奇帙輒不惜杖頭貿之，蓋挾冊幾千卷。」〔註 273〕

7. **孫終和**（生卒年不詳）

字號不詳，明末嘉善人。自謂：「吾國家最號文明之盛，而吳會尤稱彬彬，乃當吾世而猶然𨼆於鴂形鳥語之民，予非夫哉！且北地瑯琊二先生崛起兩朝，跡其所產，亦蕞薾邑也，人寧以地限乎？予即椎不文，無足供大雅下駟，而令予目不窺古今之全書，私心憾之。乃檢諸家，購諸市，經史百家若干卷，墨跡名畫稱是，庋而鑰之，縱不獲方諸宛委、二酉之藏，寧無覩千伯於十一以自愉快乎！」〔註 274〕

8. **潘炳孚**（生卒年不詳）

字大文，明末嘉善人。爲諸生，久試不第，復因奪餼而罷。潘炳孚「家多藏書，三年卒讀，雄于文。」〔註 275〕

四、崇德縣

1. **吳爾篪**（生卒年不詳）

字子虎，明末清初崇德人。「家有藏書，喜博覽，間與同學鈎考古人逸事，某事出第幾葉第幾行，射覆輒中，細及音聲字畫，俱能訂其譌舛。」〔註 276〕

2. **陸雯若**（生卒年不詳）

字號不詳，明末清初崇德人。早年曾加入澄社，享有盛名，因受盛名累，遭同社嫉而攻之，遂厭於社事而矢志藏書，以逃鬥爭。「雯若晚益厭苦，乃北抵燕南，泝

影印），附錄卷一，〈陳祠部公家傳〉，頁二上。

〔註 272〕《幾亭外書》，卷三，〈家載・評家藏書總序〉，頁四三上。

〔註 273〕明・支如玉，《半衲庵筆語》（台北：國家圖書館藏明崇禎間刻本），文集卷三，〈題孫終和藏書記〉，頁一八上。

〔註 274〕《半衲庵筆語》，文集卷三，〈題孫終和藏書記〉，頁一八下～一九上。

〔註 275〕《光緒・嘉善縣志》，卷二四，〈人物六・文苑〉，頁一〇下。

〔註 276〕《浙江通志》，卷一七九，〈人物六・文苑二〉，頁三一一八。

襄海，思一豁其湮塞磊塊之氣。歸而架精舍于東皐，積書其中。」〔註277〕

3. **呂留良**（1629～1683）

「字用晦，別號晚村，原名光輪，生於其鄉南陽村東莊，故亦字莊生，初號東莊，又自署恥翁，學者稱恥齋先生。」〔註278〕後削髮爲僧，法名耐可，字不昧，號何求老人，崇德人。呂留良於「順治十年（1654）始出就試，爲邑諸生。康熙五年（1666）不入試，以學法除名。」〔註279〕嘗自謂：「自來喜讀宋人書，爬羅繕買，積有卷帙；又得同志吳孟舉（吳之振，1640～1717），互相收拾，目前略備。」〔註280〕

五、平湖縣

1. **趙彰**（生卒年不詳）

字用常，號梧岡，平湖人。趙彰爲「宏治辛酉（十四年，1501）貢士，負奇嗜古，藏書萬卷。」〔註281〕

2. **趙漢**（生卒年不詳）

字鴻逵，號漸齋，平湖人。正德六年（1511）進士，官終山西右參政。趙漢性好隱居，樂山水園林。家有「序芳亭，亭中有書萬卷。」〔註282〕

3. **沈維鏡**（生卒年不詳）

字西野，平湖人。嘉靖間諸生，「鬻產積書十餘楝，手自評隲。」〔註283〕

4. **沈懋孝**（生卒年不詳）

「字幼眞，號晴峰」，〔註284〕平湖人。登「嘉靖壬戌（四十一年，1562）進士，

〔註277〕明・呂留良，《呂晚邨文集》（台北：台灣商務印書館，一九七七年三月初版），卷五，〈東皐遺選序〉，頁一八下。

〔註278〕黃嗣艾，《南雷學案》（《清代傳記叢刊》二六冊，台北：明文書局，一九八五年五月初版），卷六，〈同調下・呂晚村先生〉，頁四三六～四三七。

〔註279〕《清詩紀事初編》，卷二，〈呂留良〉，頁二四二。

〔註280〕《呂晚邨文集》，卷一，〈答張菊人書〉，頁三一上～下。

〔註281〕清・彭潤章等，《光緒・平湖縣志》（《中國方志叢書》華中・一八九號，台北：成文出版社有限公司，一九七五年台一版，據清光緒十二年刻本影印），卷一八，〈人物四・行誼〉，頁一六下～一七上。

〔註282〕明・鄭曉，《端簡鄭公文集》（《四庫全書存目叢書》集部・八五冊，台南：莊嚴文化事業有限公司，一九九七年六月初版，據北京大學圖書館藏明萬曆二十八年鄭心材刻本影印），卷七，〈當湖里居記〉，頁一三下。

〔註283〕清・彭潤章等，《光緒・平湖縣志》（《中國方志叢書》華中・一八九號，台北：成文出版社有限公司，一九七五年台一版，據清光緒十二年刻本影印），卷一八，〈人物四・行誼〉，頁二一下。

隆慶戊辰（二年，1568）改庶吉士，授編修。」〔註 285〕「尋陞南京國子監司業，以科傷事謫判兩淮，遂拂衣歸。」〔註 286〕罷官歸里後，惟「擁書萬卷，日丹黃其間，寒暑不輟，故博洽近代無比。」〔註 287〕

5. 李延昰（1628～1697）

初名彥貞，字我生，一字期叔，後改延昰，字辰山，號寒邨。上海人，僑寓平湖。李延昰「自上海來平湖，割西宮道士之樓居焉，以醫藥自給。」〔註 288〕「有延之治疾者，數百里必往視疾，愈不責報。或酬以金，即買書，積至四五十櫃。」〔註 289〕

六、海鹽縣

1. 鄭澤（生卒年不詳）

字士洪，號信菴，洪武初海鹽人。世爲宦族，洪武初大治江南閭右富室，鄭澤亦在戍籍，謫宣德府。然鄭澤「淳謹愿恪脩行義，鄉人又復信嚮士洪，士洪稍輯遺業，累資數萬金，城中邸租歲數百金，積書萬卷。」〔註 290〕

2. 胡誠齋（生卒年不詳）

其名無考，字不詳，誠齋爲其號，明初海鹽人。爲胡憲仲之曾祖父，而胡憲仲之子胡彭述嘗云：「晉張華雅好書籍，多至三十乘，天下奇秘，盡在華所，由是稱爲博洽君子，信乎書之有益于人也。予家世爲塾師，自誠齋府君迄仰匡府君（胡憲仲）凡四世，雖隱顯不同，而其雅好均類于華，以故藏書幾至萬卷，亦云盛矣！」〔註 291〕

3. 朱祚（生卒年不詳）

字天錫，號雲谷，海鹽人。成化二十二年（1486）舉人，仕終靖安知縣，卒於官。朱祚「神宇沖融，喜獎掖後進。其學本於五經，而獨嗜聚書，縹緗至於萬軸。」〔註 292〕

〔註 284〕《光緒・平湖縣志》，卷一五，〈人物一〉，頁三七下。
〔註 285〕《浙江通志》，卷一七九，〈人物六・文苑二〉，頁三一一六。
〔註 286〕《明分省人物考》，卷四五，〈沈懋孝〉，頁三二上。
〔註 287〕《光緒・平湖縣志》，卷一五，〈人物一〉，頁三八上。
〔註 288〕清・李桓，《國朝耆獻類徵初編》（《清代傳記叢刊》一九〇冊，台北：明文書局，一九八五年五月初版），卷四七九，〈隱逸一九・李延昰〉，頁三上。
〔註 289〕《光緒・平湖縣志》，卷一八，〈人物四・僑寓〉，頁七八上。
〔註 290〕《端簡鄭公文集》，卷四，〈虹橋鄭氏譜略〉，頁五〇下。
〔註 291〕清・王彬等，《光緒・海鹽縣志》（《中國方志叢書》華中・二〇七號，台北：成文出版社有限公司，一九七五年台一版，據清光緒二年刻本影印），卷一八，〈人物四・孝義〉，頁七上。
〔註 292〕《光緒・海鹽縣志》，卷一五，〈人物一〉，頁五九下。

4. 朱同生（生卒年不詳）

字號不詳，海鹽人。爲朱祚之孫，其「家多書，即祚所世積也。」〔註 293〕

5. 吳昂（1470～？）

字德翼，號南溪，海鹽人。「弘治乙丑（十八年，1505）舉進士，年三十六矣。歷官福建右布政司。」〔註 294〕家居「積書萬卷，徧讀之。」〔註 295〕

6. 胡憲仲（1514～1553）

字文澄，更字文徵，號仰崖，海鹽人，爲胡誠齋之曾孫。胡憲仲登嘉靖二十九年（1550）進士，仕終工部主事，卒於官。胡氏世代藏書，自胡誠齋至胡憲仲凡歷四世，雖隱顯不同，均雅好聚書，以至其家所藏幾至萬卷，見胡誠齋條。

7. 胡彭述（生卒年不詳）

字信甫，海鹽人。爲胡憲仲之子，先世藏書已富，幾至萬卷，胡彭述沾染家風，也「好藏書，有《好古堂書目》。」〔註 296〕

8. 鄭曉（1499～1566）

字窒甫，號淡泉，海鹽人。「嘉靖初元（1522）發解，明年登第，主政兵部」，〔註 297〕官終刑部尚書。清人張宗枏（1704～1765）曰：「吾鄉前輩，在明神廟時推孝轅先生（胡震亨）爲博雅第一，儲藏古籍，與鄭端簡公（鄭曉）埒，遺編流轉，印記宛然。愚少時尚及覩其一二，今盡散入雲煙過眼錄中矣！」〔註 298〕

9. 王文祿（生卒年不詳）

字世廉，海鹽人。「舉嘉靖辛卯（十年，1531）鄉試，博學好名，屢上春官不第，刻厲愈銳，以天下文章節義自命。」〔註 299〕「性嗜書，遇有異書，輒傾囊購之，得必手校，縹緗萬軸，貯一樓。俄失火，大呼曰：『但力救書者賞，他不必也。』」〔註 300〕

10. 呂兆禧（1573～1590）

〔註 293〕《光緒・海鹽縣志》，卷末，〈雜記〉，頁二一下。
〔註 294〕《西園聞見錄》，卷六，〈師弟・吳昂〉，頁七上。
〔註 295〕明・樊維城等，《天啓・海鹽縣圖經》（《四庫全書存目叢書》史部・二〇八冊，台南：莊嚴文化事業有限公司，一九九六年八月初版，據復旦大學圖書館藏明天啓刻本影印），卷一三，〈人物〉，頁七下。
〔註 296〕《光緒・嘉興府志》，卷五七，〈海鹽孝義〉，頁六下。
〔註 297〕《天啓・海鹽縣圖經》，卷一三，〈人物〉，頁一二下。
〔註 298〕《藏書紀事詩》，卷三，〈胡震亨孝轅〉，頁一六一。
〔註 299〕《明分省人物考》，卷四四，〈王文祿〉，頁四六下。
〔註 300〕《光緒・嘉興府志》，卷五七，〈海鹽文苑〉，頁四八上。

字錫侯，海鹽人。爲諸生，「意樂千古，買書萬餘卷，與友人姚叔祥（姚士粦）繙誦兀兀，丙夜不休。年十八，以溺苦文翰死。」〔註 301〕

11. **胡震亨**（生卒年不詳）

字孝轅，晚自號遯叟，一號赤誠山人，海鹽人。「萬歷丁酉（二十五年，1597）舉人，除固城教諭，歷合肥知縣，遷德州知州，不赴，改定州，擢兵部員外」，〔註 302〕旋乞歸。致仕家居，「藏書萬卷，日夕搜討，凡祕冊僻本，舊典佚事，遺誤魚魯，漫漶不可句讀者，無不補綴揚榷，稱博物君子。」〔註 303〕

12. **胡夏客**（生卒年不詳）

字宣子，一字鮮知，號令修，明末海鹽人。胡夏客爲「震亨子，諸生。」〔註 304〕其「家多異書，其夙所洽聞，不啻蓬萊藏室之秘，以是懷鉛握槧，殫力著作者數十稔。」〔註 305〕

13. **劉世教**（生卒年不詳）

字少彝，明末海鹽人。萬曆二十八年（1600）舉人，授閩清知縣。劉世教「爲人伉爽豪豁，性絕穎，於書無所不窺。每落筆奇漫，繽紛可愛。自以門地高，才情軼世不屑屑。豁刻自苦，飾容止服御，斥買書籍、古鼎彝。」〔註 306〕

14. **劉憬**（生卒年不詳）

字仲開，明末海鹽人。諸生，慷慨敢言，勇於赴義，爲劉世教之子。其「家多藏書，飲酒論文，灌木菴中，名流滿座。」〔註 307〕

15. **鄭端允**（生卒年不詳）

字思孟，明末海鹽人。「天啓丁卯（七年，1627）歲貢，家傳藏書甚富。」〔註 308〕

16. **湯紹祖**（生存年代無法確定）

字公孟，明代海鹽人。性嗜書，「讀書恐爲人溷，嘗置一舫，聚書其中，泊于寂

〔註 301〕《天啓・海鹽縣圖經》，卷一四，〈文苑〉，頁一五上。

〔註 302〕《明詩紀事》，卷一八，〈庚籤・胡震亨〉，頁一五八。

〔註 303〕《浙江通志》，卷一七九，〈人物六・文苑二〉，頁三一一七。

〔註 304〕《光緒・嘉興府志》，卷五七，〈海鹽文苑〉，頁五二上。

〔註 305〕清・胡夏客，《谷水集》（《四庫全書存目叢書》集部・二三四冊，台南：莊嚴文化事業有限公司，一九九七年六月初版，據上海圖書館藏清康熙刻本影印），書前，陳光綽〈序〉，頁二上。

〔註 306〕《天啓・海鹽縣圖經》，卷一三，〈人物〉，頁四〇上～下。

〔註 307〕《光緒・海鹽縣志》，卷一七，〈人物三・文苑〉，頁一三下。

〔註 308〕《光緒・海鹽縣志》，卷一八，〈人物四・孝義〉，頁一九上。

寞處讀之，薄暮鼓棹歸以爲常。」〔註 309〕

17. 徐廷泰（生存年代無法確定）

字宙知，明代海鹽人。爲諸生，「家貧，好購書。」〔註 310〕

18. 朱觀（生存年代無法確定）

字國賓，明代海鹽人。爲「選貢生。性好學，藏書數千卷，皆手校讐無訛，論說古今事若目見。」〔註 311〕

19. 陸鯤（生存年代無法確定）

字斯溟，號敏齋，明代海鹽人。爲「諸生。家貧，好購異書，入其室繞榻皆書。」〔註 312〕

第五節　湖州府

一、烏程縣

1. 王濟（？～1540）

字伯雨，號雨舟，自稱紫髯仙客，晚號白鐵道人，烏程人。王濟「少穎敏好學，補太學生，授廣西橫州判官」，〔註 313〕旋因母老，疏請終養。「所居有長吟閣、寶峴樓，圖史鼎彝，奪目充棟。」〔註 314〕

2. 沈節甫（1532～1601）

「初名之鑾，以字行，更字以安，鏡宇其號也」，〔註 315〕別號太僕主人，烏程人。登「嘉靖三十八年（1559）進士，授禮部儀制主事」，〔註 316〕仕至工部左侍郎，攝部事。自謂：「余性迂拙無他嗜好，獨甚愛書。每遇貨書者，惟恐不余售；既售且去，惟恐其不復來也。顧力不足，不能多致，又不能得善本，往往取其直之廉者而

〔註 309〕《光緒・嘉興府志》，卷五七，〈海鹽文苑〉，頁四七下。
〔註 310〕《光緒・嘉興府志》，卷五七，〈海鹽孝義〉，頁一三下。
〔註 311〕《天啓・海鹽縣圖經》，卷一三，〈人物・文苑〉，頁四八下～四九上。
〔註 312〕《光緒・海鹽縣志》，卷一七，〈人物三・文苑〉，頁四上。
〔註 313〕《同治・湖州府志》，卷七二，〈人物・政蹟二〉，頁二六下。
〔註 314〕《浙江通志》，卷一七九，〈人物六・文苑二〉，頁三一二六。
〔註 315〕明・焦竑，《國朝獻徵錄》（《中國史學叢書》，台北：台灣學生書局，一九八四年十二月再版，據國家圖書館藏善本影印），卷五一，曾朝節〈嘉議大夫工部左侍郎贈都察院右都御史沈公節甫神道碑〉，頁七三下。
〔註 316〕《新校本明史》，卷二一八，〈列傳一〇六・沈節甫〉，頁五七六六。

已。即有殘簡，必手自訂補以成完帙。」〔註 317〕

3. 潘曾紘（1589～1637）

字昭度，烏程人。登「萬曆丙辰（四十四年，1616）進士」，〔註 318〕崇禎時，仕至僉都御史，巡撫南贛，卒於官。「曾紘有意汲古，廣儲縹緗，視學中州，羅致更夥。鼎革時遭劫，土兵至以書于溪中疊橋爲渡，以搬運什物。書之受厄至此，書目已不復存。」〔註 319〕

4. 董說（1620～1686）

字若雨，號俟庵，一作西菴。明亡後，改姓林，名蹇，字遠游，號南村，亦稱林胡子。旋遁於僧門，法名南潛，字月函，一字寶雲，自號補樵，「又自號漏霜，湖州烏程人。」〔註 320〕「明亡，棄諸生。」〔註 321〕有詩述其藏書云：「白蘋洲裏思漁艇，蟋蟀聲中話戰場。死去梅花須繞墓，生前萬卷託高樓。但遣異書供硯北，不妨野語聽齊東。」〔註 322〕

二、歸安縣

1. 施峻（1505～1561）

字平叔，歸安人。嘉靖「乙未（十四年，1535）成進士，授南京刑部廣西司主事，遷至郎中」，〔註 323〕旋「陞知山東青州府。瀕行，適遇考察，爲人所惎忌，去其官。」〔註 324〕歸里後「城居樓如斗，典籍敦彝甚具，署之曰：『甲秀』，非莫逆不與登。」〔註 325〕

〔註 317〕清・鄭元慶，《湖錄經籍考》（《書目三編》，台北：廣文書局，一九六九年二月初版），卷六，〈玩易樓藏書目錄〉，頁二七上。

〔註 318〕清・鄭元慶，《吳興藏書錄》（《書目三編》，台北：廣文書局，一九六九年二月初版），頁二〇。

〔註 319〕《湖錄經籍考》，卷六，〈後林潘氏書目〉，頁二八下。

〔註 320〕清・李桓，《國朝耆獻類徵初編》（《清代傳記叢刊》一八九冊，台北：明文書局，一九八五年五月初版），卷四七一，〈隱逸一一・董說〉，頁一五上。

〔註 321〕《清詩紀事初編》，卷二，〈董說〉，頁二六六。

〔註 322〕清・張維屏，《國朝詩人徵略二編》（《清代傳記叢刊》二三冊，台北：明文書局，一九八五年五月初版），卷四，〈董說〉，頁八上。

〔註 323〕《明分省人物考》，卷四六，〈施峻〉，頁二一上。

〔註 324〕《長谷集》，卷一三，〈青州府知府施公配沈安人行狀〉，頁三〇下。

〔註 325〕明・徐中行，《天目先生集》（《續修四庫全書》集部・一三四九冊，上海：上海古籍出版社，二〇〇二年三月第一版，據明刻本影印），卷一六，〈明故中順大夫青州府知府璉川施公暨配安人沈氏合葬墓志銘〉，頁一七下。

2. **唐白野**（生卒年不詳）

佚其名與字，白野似爲其號，歸安人。諸生，久試不第，由貢爲丹徒縣學司訓，徙青陽縣學諭，以耳聾罷。唐白野「仕位不及再命，祿不滿百石，然無他嗜好，惟三代以來圖書典籍之僻，與夫古今稗官家及一切博塞詼諧之譚。」〔註 326〕

3. **茅坤**（1512～1601）

字順甫，號鹿門，歸安人。登「嘉靖十七年（1538）進士，歷知青陽、丹徒二縣」，〔註 327〕官至大名兵備副使。茅坤「藏書甲海內陳氏，新購書樓凡數十間，至於充棟不能容。」〔註 328〕明人歌云：「東壁星辰寫絳河，藏書二酉詎云多。蟲魚正滿烏皮几，金石饒傳白雪歌。」〔註 329〕

4. **姚翼**（生卒年不詳）

「故名應爵，已而改名翼，字翔卿」，〔註 330〕初號北溟，一號孺參，晚年自號海屋子，明末歸安人。嘉靖中諸生，「年四十九，以貢受新淦訓導，徙黃州府教授，遷廣濟知縣。」〔註 331〕「已告歸，傍南城構屋數楹，貯圖書萬卷。」〔註 332〕

三、長興縣

1. **許德彰**（1316～1395）

號潛齋，長興人。身遭元末世亂，「少篤志於學，嘗置別業於弁山，藏書數百卷，自號潛齋。州郡累辟不起。洪武二十八年（1395）卒，年八十。」〔註 333〕

2. **吳琉**（生卒年不詳）

字汝秀，號甘泉，別號甘泉子，又號太古居，約爲弘治、正德間長興人。恬於仕進，不喜爲舉子業，「素與伯氏共炊，饒於貲，逮析箸盡剖膏腴與伯兄，僅取其磽瘠者。獨請父藏書數屋，建環山樓於董塢先墓側，鍵戶二十年不下，博通典籍，尤

〔註 326〕明・茅坤，《玉芝山房稿》（《四庫全書存目叢書》集部・一〇六冊，台南：莊嚴文化事業有限公司，一九九七年六月初版，據華東師範大學圖書館藏明萬曆十六年刻本影印），卷一二，〈祭姑夫唐白野先生文〉，頁三下。

〔註 327〕《新校本明史》，卷二八七，〈列傳一七五・文苑三・茅坤〉，頁七三七四。

〔註 328〕《吳興藏書錄》，〈茅坤白華樓書目〉，頁一二。

〔註 329〕明・朱賡，《朱文懿公文集》（《四庫全書存目叢書》集部・一四九冊，台南：莊嚴文化事業有限公司，一九九七年六月初版，據湖北省圖書館藏明天啓刻本影印），卷七，〈鹿門歌爲茅憲副九十賦〉，頁七下。

〔註 330〕《國朝獻徵錄》，卷八九，茅坤〈廣濟令海屋姚君翼傳〉，頁一〇四上～一〇五下。

〔註 331〕《同治・湖州府志》，卷七五，〈人物・文學二〉，頁一六下。

〔註 332〕《吳興藏書錄》，頁二〇。

〔註 333〕《同治・湖州府志》，卷八〇，〈人物・隱逸〉，頁一三上。

精皇極經世之學，名動公卿。」〔註 334〕

3. **姚紹科**（生卒年不詳）

字伯道，約爲隆慶、萬曆間長興人。「嘗構白雲齋、凌雲閣，購漢唐以來敦彝圖史書畫實其中，三吳名士，過從踵相接。」〔註 335〕

4. **臧懋循**（？～1621）

字晉叔，號顧渚，長興人。登「萬歷八年（1580）進士，授荊州府教授，擢南國子監博士」，〔註 336〕被劾罷歸。好藏戲曲，自稱：「予家藏雜劇，多秘本。」〔註 337〕

四、德清縣

1. **車昭**（生卒年不詳）

字叔明，明初德清人。「洪武十五年（1382），辟爲本縣訓導。有至行，不事產業，惟嗜學，結樓置書數百卷，檢閱其中，無間寒暑。」〔註 338〕

2. **姚士粦**（1561～？）

字叔祥，海鹽人，寓居德清。諸生。其友海鹽藏書家呂兆禧，「買書萬餘卷，與士粦繙誦，矻矻丙夜不休。」〔註 339〕呂兆禧曾經說道：「禧以佔俾之暇，與友人姚叔祥博搜載籍，共相抄緝。」〔註 340〕

3. **卓爾康**（1570～1644）

字去病，號農山，仁和人，寓居德清。「萬曆壬子（四十年，1612）舉鄉書」，〔註 341〕歷「官南京兵部主事，工部郎中。在司廳危言覈論，左遷推官，移兩淮分司運判」，〔註 342〕「語切直多忌，坐是罷。歸，空囊壁立，日擁萬卷，進麥糜一盂而

〔註 334〕《同治・湖州府志》，卷七五，〈人物・文學二〉，頁一〇上。

〔註 335〕《同治・湖州府志》，卷七五，〈人物・文學二〉，頁二一下。

〔註 336〕清・趙定邦等，《光緒・長興縣志》（《中國方志叢書》華中・五八六號，台北：成文出版社有限公司，一九八三年三月台一版，據清光緒十八年增補刻本影印），卷二三上，〈人物〉，頁四九上。

〔註 337〕明・臧懋循，《負苞堂詩選文選》（《四庫全書存目叢書》集部・一六八冊，台南：莊嚴文化事業有限公司，一九九七年六月初版，據北京大學圖書館藏明天啓元年刻本影印），文選卷三，〈元曲選序〉，頁四二上。

〔註 338〕《同治・湖州府志》，卷七五，〈人物・文學二〉，頁五下。

〔註 339〕《光緒・嘉興府志》，卷五七，〈海鹽文苑〉，頁五〇上。

〔註 340〕明・姚士粦，《見只編》（《叢書集成新編》一一九，台北：新文豐出版股份有限公司，一九八五年元月初版），卷上，頁六八。

〔註 341〕《牧齋有學集》，卷三二，〈卓去病先生墓誌銘〉，頁一一五〇。

〔註 342〕《明代千遺民詩詠》，三編卷五，〈卓去病〉，頁一〇下。

已。」〔註343〕

4. **陳元埅**（生卒年不詳）

字玉仍，號念菴，明末清初德清人。「順治八年（1652）拔貢，廷對謁選當得令，因病歸。遂絕意舉業，購書盈架，沈酣經史。」〔註344〕

五、武康縣

1. **駱駸曾**（生卒年不詳）

字象先，明中後期武康人。爲萬曆進士。好藏書，以藏書名其鄉。後遭書厄，全數流散灰燼，見祝以豳條。

2. **唐堯臣**（生存年代無法確定）

字號不詳，明代武康人。唐堯臣仕「爲開建尹，有別業爲萬竹山房，搆樓五間，藏書萬卷。書上有印曰：『借書不孝』，自鈔書目以貽子孫。中葉式微，悉付于火。」〔註345〕

六、安吉州

1. **唐廣**（？～1481）

字惟勤，自號半隱，安吉州人。唐廣爲安吉縣醫官，好藏書，「手抄奇書異傳，不惜示人。」〔註346〕

以上收錄明代江南五府地區的藏書家，確有藏書事蹟者一共有229位，〔註347〕涵蓋了元末至清初江南五府地區一州三十縣的面積。若以州縣爲基準來看，藏書家人數在地域上的差異頗大，分布不均的情況相當明顯。其中杭州府的臨安、於潛、新城、昌化等四縣，以及嘉興府的桐鄉縣、湖州府的孝豐縣等地，甚至沒有藏書家的發現。於此，將於後文再做量性分析的研究。

〔註343〕清・侯元棐等，《康熙・德清縣志》（《中國方志叢書》華中・四九一號，台北：成文出版社有限公司，一九八三年三月台一版，據清康熙十二年鈔本影印），卷七，〈人物・儒行〉，頁二〇下～二一上。

〔註344〕《同治・湖州府志》，卷七六，〈人物・文學三〉，頁四下。

〔註345〕《湖錄經籍考》，卷六，〈萬卷樓書目〉，頁二八下。

〔註346〕《列朝詩集小傳》，乙集，〈唐廣〉，頁一九四。

〔註347〕詳參本文之附錄一：江南五府藏書家知見表。

第三章　江南五府藏書家的特質

明代江南五府的藏書家在從事圖書收藏活動的同時，散發出一些共同的特質。例如在圖書的收藏內容上崇尚宋元版刻與古抄秘本的時代風尚，以及一些特殊的個人收藏偏好等。而藏書家們本身的勤勉好學，以及他們大多數卻在仕途與考場上懷才不遇；加上因爲時代背景與文學復古的影響，使得明代江南五府地區藏書家們普遍崇尚隱居式的藏書生活，其中還包括支持這種生活方式所必備的經濟條件，都是在研究明代江南五府地區藏書家的藏書生活時必須注意的一些通性。其實，江南五府地區藏書家的這些通性，也正是明代全國的藏書家，甚至是自古以來藏書家們都普遍具備的一些共同特質。透過明代江南五府地區藏書家共同特質的研究，亦可做爲探索中國古代藏書家們在從事藏書活動時所具備的一些特殊性格的典範。以下，筆者將其分爲六個小節，並分別加以詳細地論述與探究。

第一節　收藏內容

一、尚「博」與好「奇」

明代文壇承襲宋元遺緒，歷經了元末明初戰亂的洗禮，從明初伊始，文人便以「博雅」、「好事」爲精神標幟，其典型代表人物，乃以崑山顧阿瑛（1310～1369）等人爲首的文人集團爲濫觴。阿瑛爲元末明初崑山富室，亦爲明初蘇州首屈一指的大藏書家。其家有「玉山草堂」，園池亭榭，閣臺樂妓、經籍圖史盛充其中，「日夜與高人俊流，置酒賦詩，觴詠倡和」，〔註 1〕並將其酬倡之詩，編輯成冊，名爲《玉山名勝》、《草堂雅集》等。一時名流，讌聚其家，如文學之士張

〔註 1〕《列朝詩集小傳》，甲前集，〈顧錢塘德輝〉，頁二六。

翥（1430～1506）、楊維楨（1296～1370）、柯九思（1312～1365）、李孝光（1297～1348）等人；方外之士如張雨（1277～1348）、于彥成、琦元璞等人。阿瑛家藏圖籍甚富，而又精鑒。當時吳地商人多以贗本欺矇顧客，阿瑛雖然善於鑒別眞僞，但是吳地書商更善於作僞，以故阿瑛仍然需要與文人商討，來增加自己在鑒賞上的資訊與判斷力。這點展現在他的文會生活中，除了吟詩唱和外，文會就逐漸轉變爲典籍書畫賞鑒。後來的文人繼其後，品鑑圖籍慢慢地成爲文會的內容裡不可或缺的一部份，甚至成爲主要內容。這種文會生活方式，包含了「博雅」與「好事」兩大精髓，爲當時文人理想中的生活典範吹起了一股「玉山風」，並間接引導了東南文士間文會的形成模式，以是人稱顧阿瑛以「風流文雅著稱東南」，可說爲三吳地區〔註 2〕士人文會生活的啓蒙前輩，〔註 3〕其流風所及，使得吳地的文會過從成爲明代文人生活裡的一種特殊流行風尙，從蘇州到江南五府，並且擴張到全國。

不論崇尙「博雅」或者是「好事」，似乎都顯示出文人對於自身所知所見的不滿足感，但不見得全都是爲了追求知識，其實多數的明代文人之所以熱衷於追逐「博雅」與廣行「好事」，大都只是爲了在文壇上增加自己的聲望，往往「好奇」與「炫耀」才是文人的主要目的。在明代，特別是所謂的「好事家」，專指那些不以學術爲業但又熱心於收藏、傾慕於書香的人，其中又不僅限於文人，還包括社會上一些附庸風雅的農工商階級，他們藏書大都是爲了佈置自己的書齋，並抬高自己的身價。〔註 4〕而明代文人之崇尙博雅，早在明初便已爲文人進學立名的基本要素，丘濬（1418～1495）曾鼓吹說道：「學不可以不博，博而雅焉，斯爲可尙。」〔註 5〕其學欲博，其人欲雅，欲博則廣事收藏，欲雅則勤學致知，與前代的文士有所不同，他們一反以往獨尊儒家經典的歷史成訓，認爲研習經史之餘，閱讀小說、詞曲、寓言、雜家等書，也是一位博學多識的君子所必要之讀書修養。〔註 6〕是故文人將「博雅」與「好事」精神用在藏書生活上，便又衍生出另一種特立

〔註 2〕一般而言，三吳爲東吳、中吳與西吳之總稱。而東吳指蘇州、中吳指潤州、西吳指湖州。

〔註 3〕顧阿瑛的「玉山風」生活方式，爲明代江南文人所傳承延續並加以拓進，見嚴迪昌，〈文化氏族與吳中文苑〉（《文史知識》，一九九〇年第十一期），頁一四～一七。

〔註 4〕錢杭等，《十七世紀江南社會生活》（杭州：浙江人民出版社，一九九六年三月第一版），頁一六八。

〔註 5〕明・丘濬，《瓊台詩文會稿》（《叢書集成三編》三九，台北：新文豐出版公司，一九九七年三月台一版），卷一八，〈博雅軒記〉，頁一八下。

〔註 6〕毛文芳，《晚明閒賞美學》（台北：台灣學生書局，二〇〇〇年四月初版），頁九四。

的時代生活文化，表現在對藏書內容的要求，包括了「博」與「奇」兩個方面。

先從「博」這個方面來看。藏書家因富於典籍，給人的印象，一般都是經綸滿腹、與世不俗，尤其是藏書越多者，越顯其博。而明代江南五府的藏書家也往往都能以博學聞名於世，如武進藏書家唐順之，相當博學，「於學無所不窺，自天文、樂律、地理、兵法、弧矢、勾股、壬奇、禽乙，莫不究極原委。盡取古今載籍，剖裂補綴，區分部居，爲左、右、文、武、儒、稗六編傳於世，學者不能測其奧也。」〔註7〕而「萬曆、天啓間，世所稱博物君子，惟儉（王惟儉）與董其昌並，而嘉興李日華亞之。」〔註8〕董其昌爲華亭著名的藏書家，而李日華是嘉興著名的藏書家，兩人皆以富於藏書而並稱博雅之林。然藏書既富，數量必多，明代文人對於藏書數量的要求，也正如其對博學之要求。明人云：

> 書貴於多乎哉？曰：「不貴多也。有一言而終身可行者矣！有半部《論語》而足以治天下者矣！奚以多爲？」書不貴於多乎哉？曰：「多書所以博聞也。《易》大畜之象，曰：『君子多識前言往行，以畜其德。』夫前言往行載諸書，君子欲大其蘊蓄以成其學，舍多書奚以哉？」是故六籍之堂，萬卷之樓，尊經之閣，古之名卿鉅公咸屬意焉！〔註9〕

然而數量雖多，卻必須包含種類多樣，才足稱爲博。此處所謂之種類，包括書籍的名稱、版本、部類（經、史、子、集與九流十家等）、文獻的類型（如書、畫、碑刻、搨帖）等等，能夠綜括所有，才算眞得其藏。因此明代藏書家之尚博，也就是講究所藏內容的「齊」與「全」，除了要求書籍多種、卷冊齊全、版本多樣以外，並且要求經、史、子、集各部皆齊，九流十家一應俱全，甚至書畫碑刻、鼎彝古器也必須具備，多多益善，方可稱博。如元末明初無錫藏書家倪瓚，所藏除書籍外，也包括法書名畫、鼎彝名琴等古董。據《明史・倪瓚傳》載：

> 倪瓚，字元鎮，無錫人也。家雄於貲，工詩，善書畫，四方名士日至其門。所居有閣曰：「清閟」，幽迥絕塵。藏書數千卷，皆手自勘定。古鼎法書，名琴奇畫，陳列左右。四時卉木，縈繞其外，高木修篁，蔚然深秀，故自號雲林居士，時與客觴咏其中。〔註10〕

倪瓚之風流好事，頗類崑山顧阿瑛，其收藏之富，圖籍與書畫鼎彝俱備，時稱博雅。

〔註7〕《新校本明史》，卷二〇五，〈列傳九三・唐順之〉，頁五四二四。

〔註8〕《新校本明史》，卷二八八，〈列傳一七六・文苑四・李日華〉，頁七四〇〇。

〔註9〕明・李濂，《李氏居室記》（《四庫全書存目叢書補編》九五冊，濟南：齊魯書社，二〇〇一年九月第一版，據漢學研究中心藏明嘉靖十二年李氏家刻本影印），卷一，〈藏書閣記〉，頁七上。

〔註10〕《新校本明史》，卷二九八，〈列傳一八六・隱逸・倪瓚〉，頁七六二四。

又如明初華亭藏書家孫道明，據《松江府志》載：

所蓄書經幾千卷，若註、若疏、若解義，諸氏之說備焉！史幾千卷，若記傳、若書志，歷代紀載萃焉！子、集又幾千卷，筮史、醫師、方技之精者，古今名賢墨跡之眞者，聚以類焉！闢一室，序此甲乙而尊藏之。〔註11〕

孫道明所藏涵蓋四部，網羅碑刻法帖與稗家九流，因此孫道明在明代前期，也可說是一位博雅的藏書家。又如無錫藏書家華理，「家有尙古樓，凡冠屨盤盂几榻，悉擬制古人。尤好法書名畫鼎彝之屬，每併金懸購，不厭而益勤。……尙古所藏古名人文集，若古人理言遺事；古法帖總數十，費皆數百千，不惜。」〔註12〕凡此數家，明代江南五府不乏其類，足見其地藏書家「尙博」之風，儼然成爲時代之一面向。這種風氣與崇尙沿至明代中後期仍持續不墜，著名的華亭藏書家何良俊，藏書處名「青森閣，在東海上，中有藏書四萬卷，名畫百籤，古今名人墨帖數十本，三代鼎彝二十餘種。」〔註13〕何良俊之以博雅見稱，亦復如是。總而言之，明代收藏家已具有較強烈的藏品收集意識，對其所好之物費盡心力以蒐羅。一般而言，明代江浙地區藏書家收藏的興趣都較爲廣泛，他們不像一般人僅僅收藏少量自己所感興趣的書，或一些專爲獵取功名富貴的科舉用書，而是以古爲主，兼及當世，不僅收經史方面的書，而且收集不爲當世所重視的各種文學體裁的圖書，而這就使得一些不爲時人所重視然於實際上又具有一定價值的圖書得以保存下來。〔註14〕值得注意的是，有明一代，收藏家收集藏品已講究「齊」與「全」，〔註15〕特別是對於藏書家而言，崇尙博雅是當代藏書界的一種特色。直到明朝末年，這種尙博的風尙才稍微收斂，在晚明的文士當中，有些人開始認爲藏書必須有所選擇，不可濫藏，主張「積書當積有益之書。」〔註16〕

次論「好奇」，由於明代文人的興趣廣泛，因此閱讀的範圍也擴大了，讀書已經不限於經史子集，也泛覽各種奇書、閒書、雜書，乃至所謂「誨淫」、「誨盜」之書。

〔註11〕《崇禎・松江府志》，卷四六，〈第宅園林〉，頁二一上。
〔註12〕《甫田集》，卷二七，〈華尚古小傳〉，頁四下～五上。
〔註13〕《崇禎・松江府志》，卷四六，〈第宅園林〉，頁五四上。
〔註14〕韓文寧，〈明清江浙藏書家的主要功績和歷史局限〉(《東南文化》，一九九七年第二期)，頁一四三。
〔註15〕沈振輝，〈明人的收藏活動〉(《文博》，一九九八年第一期)，頁八七。
〔註16〕明・陸紹珩，《醉古堂劍掃》(台北：老古文化事業股份有限公司，一九九五年五月台一版三刷)，卷一一，頁三〇九。

這對活躍思想，擴大知識面，頗爲有益，〔註 17〕而「好奇」的崇尚，亦於此間興焉。不過，這種崇尚主要是在明代中後期才開始流行，「好奇」之風在明代初期尚未呈現，明初的藏書家在收藏內容上，主要仍以傳統的經史爲主。如浙江金華的宋濂（1310～1381），便是抱持這種看法，他曾說：「積書之多，其無出於隋之嘉則殿乎！書凡三十七萬有餘卷。未幾，多散亡不存，悲夫！雖然，皐、夔、稷、契，其所讀者，果何書哉？淵、蹇、游、夏，其所習者，果何書哉？脫有之，未必若是之多也。後世百倍於古，而立德造行反或不如，豈非心散於博聞，技貪乎廣蓄，而弗能一乎？夫然，故雖甚散亡，奚必深悲哉？但得六籍存，亦足矣。」〔註 18〕

到了明代中後期，文人的好奇思想表現在書籍的收藏上，最爲引人注意的便是對於稗官小說的重視，時人有云：

> 夫書有所不傳者，則所謂八索也，九丘也，舍之可也。書有所秘而不發者，則所謂綠笥丹筒也，金板玉箱也，錦文緹帙也，逸之可也。書有所不必知者，則所謂怪牒神經也，鳥策篆素也，以至齊之諧、汲之塚也，置之可也。書有所充汗而不能備者，則所謂經而十三也，史而二十一也，諸子之家而百也，採之可也。若乃稗官小乘，片玉碎珠，抽秘思而賦物情，書天葩而緯人理，韞之足以秘帳中，發之足以驚座上者，雖聖賢所不道，典墳所不編，而亦天地之間所不盡廢，存之可也。〔註 19〕

明人在圖書的收藏上，較之前代，於觀念上有很大的改變。他們認爲八索九丘、鳥策汲塚等古文獻，非平常所能得，而經史類書籍又充斥市場，不足爲奇，惟有近世之稗官小說，足以驚座客、秘帳中，這是有史以來藏書界對收藏稗官小說類書籍觀念上的一大轉變。明代自弘治（1488～1505）以後，由文人改編、修訂、增刪、整理、出版先前民間流傳的平話、演義等所謂稗官小說的活動漸趨活躍，特別是在嘉靖與萬曆兩朝，這種文學活動達到了歷史上空前繁榮的程度。〔註 20〕由於明代通俗小說在民間的繁興，反過來又引起了文人的注意。〔註 21〕所以，在社會各階層的普

〔註 17〕夏咸淳，《晚明士風與文學》（北京：中國社會科學出版社，一九九四年七月第一版），頁八七。

〔註 18〕明・宋濂，《龍門子凝道記》（《宋濂全集》，杭州：杭州古籍出版社，一九九九年十二月第一版），卷下，〈積書微第十〉，頁一八〇八。

〔註 19〕明・周履靖，《明刊本夷門廣牘》（台北：台灣商務印書館，一九六九年四月台一版），卷一，何三畏〈刻夷門廣牘序〉，頁二〇下～二一下。

〔註 20〕林崗，《明清之際小說評點學之研究》（北京：北京大學出版社，一九九九年十一月第一版），頁一。

〔註 21〕李舜華，〈明代書賈與通俗小說的繁興〉（《中國典籍與文化》，一九九九年第四期），頁二八。

遍趨尙之下，小說類書籍的喜好頓時成爲當代的一種收藏風氣。

到了晚明，文人對小說之重視，評價更是不同於往昔。晚明文人對於小說性質的認識，有兩種不同的看法：一種是承續了傳統史志的觀點，以小說爲「史」之支流；另一種，則是超脫出傳統的態度，或以小說爲「戲」，或以小說爲「文」。〔註22〕不論其抱持何種看法，皆可見得晚明文人對小說的參與感與積極肯定的態度，使得小說突破以往的傳統歧視，甚至一躍而與經史子集並重。誠如明末謝肇淛（1567～1624）所云：「故讀書者，不博覽稗官諸家，如啖粱肉而棄海錯，坐堂皇而廢臺沼也，俗亦甚矣。」〔註23〕前此以讀稗官小說者爲人所不齒，於今則不讀稗官小說者爲世俗所輕，轉變之大，差之千里。

這股「好奇」之風，於明代中後期，在社會經濟與人文素養並盛的江南地區也甚爲流行。當地的許多藏書家對於僅僅從事收藏經史子集諸書的傳統觀念早已厭倦，不斷尋找新奇之物，而矛頭也指向了時下漸趨盛行的稗官小說類等書籍。此時在收藏觀念的轉變上，嘉興藏書家周履靖認爲時下稗官小說的重要性，並不下於古之八索九丘、諸子百氏。他指出：

> 古之立言以垂不朽者，丘索邈矣！其上原本六籍，次則石渠紀載及諸子百氏，皆列若眉目，用同菽帛。故赫蹏之編，泉布宇內，至諸稗官小說、非凡所見，寠腹之士，一切厭棄如土苴瓦礫，有暗途委璧之陋，無《谷風》采菲之意，不知理不必載於經而可窮幽事，不必證於史而可補闕者，或未可盡捐也。〔註24〕

按照周履靖的說法，則稗官小說可補諸經史子集之不足，其地位較之以往的棄如草芥，不啻大幅提升。其實爲了提高小說的地位，明人常常將它與經史相提並論，以強調它的社會教育作用。而小說在明代，雖然也爲一些衛道士人所鄙視，不過讀小說者卻大有人在，並且包括那些所謂鄙視小說的人。〔註25〕當時五府地區許多叱咤文壇的人物與知名藏書家，也開始對稗官小說另眼看待。如華亭藏書家陳繼儒認爲：

〔註22〕何秀娟，《晚明文人對小說性質的認識》（高雄：國立高雄師範大學國文研究所碩士論文，一九九〇年五月），頁一三二。

〔註23〕明・謝肇淛，《五雜俎》（上海：上海書店出版社，二〇〇一年八月第一版），卷一三，〈事部一〉，頁二六四。

〔註24〕明・周履靖，《梅顛稿選》（《四庫全書存目叢書》集部・一八七冊，台南：莊嚴文化事業有限公司，一九九七年六月初版，據北京大學圖書館藏明刻本影印），卷一八，〈夷門廣牘序〉，頁一上～下。

〔註25〕傅承洲，〈明代話本小說的勃興及其原因〉（《中國文學研究》，一九九六年第一期），頁六〇。

> 余惟海內聚書之家，百不得一，即有之，非卷帙浩大，則多收宋刻以角墨楮之精好而已，其實皆耳目所恒習也。書之難，難在說部。余猶記吾鄉陸學士儼山（陸深）、何待詔柘湖（何良俊）、徐明府長谷（徐獻忠）、張憲幕王屋（張之象）皆富于著述，而又好藏稗官小說，與吳門文、沈、都、祝數先生往來。〔註26〕每相見，首問近得何書，各出笥秘互相傳寫，丹鉛塗乙，矻矻不去手。其架上芸裹緗襲，幾及萬籤，而經史子集不與焉！〔註27〕

足見當時稗官小說在江南地區的風行程度，相對於追求宋元刻本之風尚，已然蔚成藏書界的另一個大趨勢，陸深、何良俊、徐獻忠、張之象、陳繼儒、文徵明、沈周、都穆、祝允明等人皆爲江南六府地區風雲一時的文人兼藏書家，而多數的知名文人與藏書家既然崇尚，自然引領風潮，上行下效，成爲當地時代文化的又一種特色。由於這種特色，使得藏書家因爲好奇而對古籍眞僞的鑒賞上放寬了標準，認爲說部之書，不可輕言其僞。如浙東大藏書家胡應麟（1551～1602）說：「南渡以還書，多端臨《通考》所未載者，余所見小說家，如《西溪叢語》、《癸辛雜識》等，不下數十種。蓋馬氏所據，大率本晁、陳二家，自餘宋末諸人所著，或未及行世。《通考》雖成於元世，其時兵革劻勷，無緣掇拾。今承平日久，故漸出人間，不得以爲僞也。」〔註28〕由於這類的說法也頗爲文人所認同，加上藏書家們因爲被尚古與好奇的風氣所染，使得市場上眞贋雜陳，並且增加了書籍在鑑定上的許多困難，而市場上那些作僞的奸商，也變得更爲囂張，不少藏書家因而受騙上當。時人謂：

> 姑蘇諸技藝皆精致甲天下，又善爲僞古器，如畫絹之新寫者，而能使之即舊；銅鼎之乍鑄者，而能使之即陳。繫以秦漢之款，摽以唐宋之記。觀者爲其所眩，輒出數百金售之，欣然自謂獲古物，而不知其贋。故吳中有「宋板《大明律》」之謠，蓋以譏夫假古器耳。有一胥史而騃，聞人稱宋板《大明律》，謂果有之，遍覓諸書肆。書肆知其騃史，遂取今刻誑之曰：「宋板也。」乃倍償値焉，而持之以去。近世好古之士見欺于姑蘇之人，皆若此，此猶其小者也。〔註29〕

這一則故事非常幽默，可以很清楚地從當中得知當時好奇之風所引起的社會負面效

〔註26〕指文徵明、沈周、都穆、祝允明四人。
〔註27〕《晚香堂集》，卷二，〈藏說小萃序〉，頁四七上～下。
〔註28〕明・胡應麟，《少室山房筆叢》（《讀書箚記叢刊》第二集，台北：世界書局，一九八○年五月再版），卷三，〈甲部・經籍會通三〉，頁五一。
〔註29〕明・江盈科，《江盈科集》（長沙：岳麓書社，一九九七年四月第一版），卷一四，〈僞古書〉，頁六八一。

果，藏書家因而受騙上當的例子已經是時有所聞，而那些附庸風雅卻無眞才實學的收藏者，被奸商所欺的情形恐怕就更爲嚴重。

江南五府地區藏書界崇尚稗官小說的熱潮，到了明末清初才漸漸冷却下來，並且又爲崇尚收藏宋元版刻與精鈔祕本的風氣所取代。如秀水藏書家曹溶便喜歡收藏宋元祕本，卻絕不收藏說部之書，因爲他認爲該等書籍「恐有干礙，無妨缺略，此先生嗜書若渴，所蓄所購，從未之聞也。」〔註30〕雖說此時藏書家對稗官小說的熱衷已經冷却，但「好奇」之風卻沒有稍減，明中葉以後藏書界吹起的這股佞宋與好奇之風，至清初仍未止息。「是時世貴宋詩，曹溶爲之倡，藏宋人集部一百八十家，元集一百十五家，黃宗羲、呂留良及之振（吳之振）亦競求之。之振家富，所得最多。」〔註31〕清人王士禎（1634～1711）提及：「近時石門吳孟舉之振刻《宋詩鈔》，亦至百數十家，多祕本，蓋吳與其縣人呂莊生留良兩家所藏本；而穎濱、南豐尚不及載，則未刻尚多也。吳曾爲予言：『唐樊宗師、宋二劉公是、公非集，其家皆有之。』」〔註32〕

總而言之，在收集範圍上，明代藏書家收藏的標準豐富而多樣，許多爲官方所不願收藏的野史筆記、戲曲變文以及一些朝廷的禁書，都被他們廣泛藏納。特別在江南五府地區，「尚博」與「好奇」的趨向更是風行長久，使得有些藏書家在收藏的內容上略有偏重，帶有今天專業圖書館的味道。〔註33〕

二、個人偏好

明代江南五府地區的藏書家在個人的收藏偏好上，從明初到明末，都呈現出許多特色。有些藏書家因仰慕某位文人而偏嗜收藏該人的著作，如嘉善藏書家姚綬，「平生慕張貞居（張雨）之爲人，所見片紙隻字，無不收藏。」〔註34〕又如前文曾經提及之秀水藏書家沈師昌，他生平非常仰慕陳繼儒的文雅風韻，以故其家收藏很多陳繼儒所抄之書，時人因而目爲閎覽博雅之流。

有的藏書家喜好收藏醫學方面的書籍。如前文所述之無錫藏書家張復，世代業醫，故好藏醫書，其家所藏以書畫爲最多，而醫方又倍之。又有如仁和藏書家高濂，也喜歡收藏醫學方面的書籍，自稱：「余少志博習，得古今書爲最多，更喜集醫家書。」

〔註30〕《學海類編》，書前，〈輯書大意〉，頁六上。

〔註31〕《清詩紀事初編》，卷七，〈吳之振〉，頁七六八。

〔註32〕清・王士禎，《池北偶談》（《清代史料筆記叢刊》，北京：中華書局，一九九七年十二月第一版第三刷），卷一六，〈談藝六・宋元人集目〉，頁三八六。

〔註33〕楊柏榕等，〈關於中國古代藏書家評價問題〉，頁六二。

〔註34〕《明詩紀事》，卷一〇，〈丙籤・姚綬〉，頁五二七。

〔註35〕有些藏書家則喜好收藏當朝典故，如上海藏書家陸深任官翰林，出入館閣幾四十餘年，所抄明朝典故最富，並命令其子陸楫聚而藏之。陸楫曾敘述其父喜好收藏當朝典故的原因，說道：

> 蓋士君子有志用事，非兼通今古，何得言經濟？……今世學者儘有務爲博洽，不究心當代事故，一問及朝廷典故，及一代之經制沿革，恍如隔世，縱才華邁眾，恐其見諸施爲，自多窒礙，宜識者目爲俗學，無足怪者。〔註36〕

和陸深父子一樣喜歡收藏當朝典故的還有同縣的藏書家董宜陽，「于書無所不窺，獨究心當代典故、郡文獻。」〔註37〕

前文已言，在明代文人「尙博」與「好奇」的風尙驅使下，小說成爲藏書界的新寵兒，而喜好收藏稗官小說與戲曲，也成爲江南五府地區藏書家的特色之一。如仁和藏書家郎瑛，便是如此。郎瑛「賦性淡于進取，藏書富于雜家，攬要咀華，刺瑕指纇，辨論同異，述作等身。」〔註38〕雖然傳統衛道的士人對於雜家與說部之書甚爲歧視，而明代中央政府與地方衙門雖偶有關於禁止演出和收藏戲曲的法令，但也多爲具文，以故沒有誰犯禁，更扼阻不了當時稗官小說與戲曲雜文如日中天的趨勢，因此不少藏書家都收藏有數量不等的小說，何況還有以此名家者。〔註39〕其中最爲典型的代表人物，便爲長興藏書家臧懋循。前文曾經述及臧懋循非常喜好收藏戲曲，其家所藏雜劇，多爲秘本。除了臧懋循以外，華亭藏書家何良俊也喜歡收藏戲曲，嘗自謂：「余家所藏雜劇本，幾三百種。」〔註40〕又云：「余家《小鬟記五十餘曲》，而散套不過四、五段，其餘皆金、元人雜劇詞也，南京教坊人所不能知。」〔註41〕這種收藏上的偏好在「好奇」之風的影響下，越演越烈，有些藏書家甚至開始崇尙小說雜劇中之祕本，以炫耀於同好之間。如德清藏書家姚士粦便曾指出：「湯

〔註35〕清・黃丕烈，《黃丕烈書目題跋・蕘圃藏書題識》（《清人書目題跋叢刊》六，北京：中華書局，一九九三年元月第一版），卷四，〈子類一・玄珠密語〉，頁二六下。

〔註36〕《蒹葭堂雜著摘抄》，頁一二。

〔註37〕明・王兆雲，《皇明詞林人物考》（《明代傳記叢刊》一七冊，台北：明文書局，一九九一年十月初版），卷一一，〈董子元〉，頁五三上。

〔註38〕明・郎瑛，《七脩類稿》（北京：文化藝術出版社，一九九八年八月第一版），書前，周棨〈重刊七脩類稿序〉，頁一六。

〔註39〕王國強，〈明代藏書事業歷史背景探討〉（《山東圖書館季刊》，一九九三年第三期），頁一四。

〔註40〕明・何良俊，《四友齋叢說》（《元明史料筆記叢刊》，北京：中華書局，一九九七年十一月第一版第三刷），卷三七，〈詞曲〉，頁三三六。

〔註41〕《四友齋叢說》，卷三七，〈詞曲〉，頁三四〇。

若海先生（湯顯祖，1550～1617）妙于音律，酷嗜元人院本，自言篋中收藏，多世不常有，已至千種，有《太和正韵》所不載者。」〔註42〕湯氏雖非五府地區之人，但其行已引起了姚士粦的注意。

藏書本來就是一般文人爲了應付科舉而所爲之生活習慣與方式，因此，明代江南五府地區有些文人特別喜好收藏一些科舉時文，以備進學應舉之用。如嘉興藏書家吳惟貞，所藏舉業時文範本甚富，其友杭州藏書家馮夢禎並曾對此加以讚揚，此於前文已述。值得注意的是，在明代文風熾盛、人材輩出的江南五府地區，科舉對文風的影響的確不容忽視，因爲考試內容遷涉到文人對文章喜好的方向，甚至間接影響到藏書家收藏書籍的偏好。海鹽藏書家王文祿認爲：「科舉自恃好學之篤，卒成忠節之名也。蓋前元取士，中場用古賦，以故多博雅之士。今舉業盛行，視古學爲棄物矣！此世道之一變也。」〔註43〕王文祿之言，似乎爲往後明代文學復古運動與藏書界佞宋元、珍祕本的收藏嗜好提出先見。

有人癖好收藏科舉時文，有些人則視之如糞溲土苴，意甚不屑，這在明代江南五府地區的藏書界是一個有趣的現象，更加顯示出此處藏書家在收藏偏好上的多樣化。無錫藏書家周子義，「初爲博士弟子，已厭薄俗士顓顓章句爲榮進嚆矢者，日夜湛思乎六經名儒論說之府，而飫其精言隱義。」〔註44〕此外，萬曆時武進藏書家蔣一葵，於「舉子書不喜，喜齊諧諸書，見輒津津有味乎其言之惟恐易盡，蓋年十一、二時，而所覽睹多矣！」〔註45〕

明代後期開始，江南地區的藏書界籠罩在一片追逐宋元舊刻與古版精鈔祕本的氛圍當中，當時是從蘇州開始流行的，藏書界之中主張珍視宋元舊槧精鈔的被稱爲「常熟派」，以蘇州府常熟縣的錢謙益等人爲主，並漫延到整個江南的收藏界。〔註46〕錢謙益「喜聚書，往往不惜重資購求古本，書友之捆載而至，幾無虛日，所積充牣，足與內府埒。惟其性有偏嗜，苟非宋元佳刻則不之取，又好自矜嗇，傲人以不

〔註42〕《見只編》，卷中，頁八一

〔註43〕明・王文祿，《文脈》(《四庫全書存目叢書》集部・四一七冊，台南：莊嚴文化事業有限公司，一九九七年六月初版，據涵芬樓影印明萬曆刻百陵學山本影印)，卷二，〈文脈雜論〉，頁八上。有關科舉時文，可參考錢茂偉，《國家、科舉與社會——以明代爲中心的考察》(北京：北京圖書館出版社，二〇〇四年十一月第一版)。

〔註44〕明・王錫爵，《王文肅公全集》(《四庫全書存目叢書》集部・一三六冊，台南：莊嚴文化事業有限公司，一九九七年六月初版，據首都圖書館藏明萬曆王時敏刻本影印)，卷七，〈周文恪公墓表〉，頁二八下。

〔註45〕《堯山堂外紀》，書前，〈堯山堂外紀顛末〉，頁一下。

〔註46〕見《明代的蘇州藏書——藏書家的藏書活動與藏書生活》，頁二三五～二三八，總頁二九四。

及，片楮不借與人。」〔註47〕講究「所收必宋元板，不取近人所刻及抄本，雖蘇子美、葉石林、三沈集等，以非舊刻，不入目錄中。」〔註48〕當時在江南的藏書界，這股收藏偏好「宋元」與「古祕」的熱潮相當熾盛，時人甚至認爲：

得史十者，不如得一遺經；得今集百者，不如得一周、秦以上子；得百千小說者，不如得漢、唐實錄一，此其書之不相及也。購國朝之書十，不能當宋之五也；宋之書十，不能當唐之三也；唐之書十，不能當漢與六朝之二也；漢與六朝之書十，不能當三代之一也，此其時之不相及也。〔註49〕

而這股佞宋崇祕的熱潮在五府地區也頓時成爲藏書界的主流，文人名士，莫不競相炫求。秀水藏書家曹溶，雖爲錢謙益之友，卻對常熟派的作法深表不滿，認爲此法大爲偏頗，未爲深愛古人。乍聽之下，曹溶似乎一反常熟派的所作所爲，但實際上也並非如此，相反地，如同時下文人流行的收藏偏好一般，曹溶也很喜歡收藏宋元版刻。據說他：

好收宋元人文集，嘗見其《靜惕堂書目》所載宋集，自柳開《河東集》已下凡一百八十家，元集自耶律楚材《湛然集》已下凡一百十有五家，可謂富矣！〔註50〕

曹溶並非反對收藏宋元舊刻與舊鈔本，他只是呼籲藏書界莫一意僅以佞宋佞元爲務，必須兼重時下之佳版以及今人之著作，才不至顧此失彼，使得今日之著述亡逸於來日，造成後世之遺憾。以故曹溶的主張，重點在於藏書的流通，強調各個藏書家必須放開心胸，書不惜借，特別是那些藏有宋元珍祕的藏書家，更應以保存文獻的心態來從事藏書，祕不示人者並非眞愛其書。除了曹溶之外，還有崇德藏書家呂留良，也是偏好收藏宋元秘本之人，此於前文已述。雖然當時五府地區崇尚宋元與舊刻祕本的藏書家大有人在，不過在藏書界一片佞宋元、崇古祕的聲浪初起之時，五府地區卻也有一些藏書家不樂隨波逐流，堅持回歸本性而獨樹一格。如秀水藏書家沈啓原，「雖樂收藏，不拘拘宋、元舊刻，惟求紙版精明，足供披覽。人有惠先生書者，啓封忻然，即百朋不啻也。」〔註51〕又如嘉善藏書家陳于王所藏之書，「所

〔註47〕明・毛晉，《增補津逮秘書》，第一集，（京都：中文出版社，一九八〇年二月初版），書前，劉承幹〈重印津逮秘書序〉，頁二上～下。

〔註48〕清・曹溶，《絳雲樓書目題詞》（台北：國家圖書館藏清咸豐三年刻本），頁二上～下。

〔註49〕明・祁承㸁，《澹生堂藏書約》（收入《知不足齋叢書》二冊，台北：興中書局，不注出版年），〈藏書訓略・鑒書〉，頁二二下。

〔註50〕《池北偶談》，卷一六，〈談藝六・宋元人集目〉，頁三八六。

〔註51〕《澹園集》，卷三三，〈陝西按察司副使霓川沈先生行狀〉，頁五四〇。

裒率世多有，無他異本。」〔註 52〕沈啓元之堅持己性與陳于王之不尚奇祕，更加可以看出五府地區藏書家藏書內容偏好的另一個多樣性。

此外，五府地區的藏書家在藏書內容上還有一些特殊的個人偏嗜，如歸安藏書家姚翼，「好讀易，手腕間恆懸以象齒，畫損頤二卦于其上，雖寢食不忘左盼也。」〔註 53〕此爲喜好《易經》的藏書家，由其篤癖之程度看來，可以想見在其收藏內容當中，與《易經》相關的論著必定不少。又華亭藏書家何良俊，「家多藏書，於書無所不窺，尤雅意本朝。」〔註 54〕何良俊之喜好明人著作，亦爲其個人之收藏特色。

江南五府地區的藏書家在個人的收藏內容上有所偏好，其實有利亦有弊。明人江盈科曾與友人論及藏書偏好的問題，據《江盈科集》載：

> 或曰：「書貴有益，濫藏無擇，不如無書。」余曰：「人之于書，各自有嗜。譬諸飲酒，濃淡苦辣，其好異焉。從其所好，隨取隨足，奈何言濫？且也開卷有益，縱大小殊方，不猶愈于戲謔與手談耶？」〔註 55〕

藏書雖有偏嗜，總是讀書向學之事，較諸其他遊樂逸玩之事，藏書之偏好實在無傷大雅。另一方面，明代的私人藏書家各有自己的藏書重點，他們往往就自己感興趣的圖書進行收藏，於是在客觀上，起到了保存文化的作用。〔註 56〕例如有些藏書家對某方面的圖書如戲劇、小說特別感興趣的話，那在他感興趣方面的書籍就收得特別齊全，這對圖書文獻的保存也是不無好處的。〔註 57〕由此看來，藏書有所偏好的益處頗大。不過，我們也必須注意到由於藏書家的收藏偏好而產生競相追求的情形，卻造成某類書價的高漲。如上述的宋元祕本，在當時價值不菲，甚至按頁計錢，「有以宋槧本至者，門內主人計葉酬錢，每葉出二佰；有以舊抄本至者，每葉出四十；有以時下善本至者，別家出一千，主人出一千二佰。」〔註 58〕價格水漲船高，便有商人從中謀取奸利，最爲人詬病的就是古籍作僞的問題。大抵書價愈高，愈有人想在裡面圖利，而偏嗜本來就是一種弱點，往往授人以可趁之機。我們固然不能說藏書家的書庫裡頭沒有好書，但愈是大藏書家，他的書庫

〔註 52〕《陳靖質居士文集》，卷五，〈陳氏藏書總序〉，頁一〇上。
〔註 53〕《吳興藏書錄》，頁二〇。
〔註 54〕《四友齋叢說》，書前，〈初刻本序〉，頁七。
〔註 55〕《江盈科集》，卷七，〈棘寺藏書記〉，頁三七〇。
〔註 56〕《中國藏書樓》，頁九〇七。總頁二二二五。
〔註 57〕劉意成，〈私人藏書與古籍保存〉，頁六〇～六一。
〔註 58〕清．鄭德懋，〈汲古閣主人小傳〉，(《明代書目題跋叢刊》下冊，北京：書目文獻出版社，一九九四年元月第一版)，〈汲古閣校刻書目〉，頁八六七。

裡肯定愈多贋本，這一點絕不誇張。〔註 59〕

第二節　收藏心態

一、不吝示人

自古以來，中國藏書家的胸襟約略有五種類型：一是寧存書種，不苟富貴；一是祕藏深鎖，誓不借人；一是互通有無，求借必資；一是公開印行，傳存文化香火；一是佐資校勘，豐富藏書。〔註 60〕而藏書家自古以來最爲引人注意的一種性格特徵，便是對於自己的收藏祕不示人，對於這個顯明的人格色彩，其實若從「藏書」這一個名稱的傳統意義來看，便不難了解古代藏書家爲何會具有祕不示人的性格特徵。就明代文人對「藏書」的見解而言，如一時頗具盛名的李贄（1527～1602），相信今人對其膾炙人口之作《藏書》並不陌生，而書名之意，根據李贄本人的解釋，說道：「藏書者何言？此書但可自怡，不可示人，故名曰：『藏書』也。」〔註 61〕因此在明代一般的文人觀念裡，藏書是「但可自怡，不可示人」的，因此明代藏書家之所以吝惜其書，其道理自不難明白。

此外，若以藏書家於收藏時所付出之勤力，以及書籍獲得之不易來看，藏書的祕不示人似乎也是情有可原的個性。有明一代，雖說印刷術的大幅進步，社會與商品經濟的高度發展，大量書籍充斥於坊間市場，不過直到明季，藏書仍然有其困難之處，謝肇淛提及：

> 近代異書輩出，剞劂無遺，或故家之壁藏，或好事之帳中，或東觀之秘，或昭陵之殉，或傳記之裒集，或鈔錄之殘賸，其間不準之誣、阮逸之贋，豈能保其必無？而毛聚爲裘，環斷成玦，亦足寶矣。但子集之遺，業已不乏；而經史之翼，終泯無傳，一也。漢、唐世遠既云無稽，而宋、元名家尚未表章，二也。好事之珍藏，靳而不宣，卒歸蕩子之魚肉；天府之秘冊，嚴而難出，足飽鼠蠹之饔餐，三也。具識鑒者，厄於財力，一失而不復得；當機遇者，失於因循，坐視而不留心，四也。同

〔註 59〕唐弢，《唐弢書話》（北京：北京出版社，一九九六年十月第一版），頁二九五。

〔註 60〕吳哲夫，〈古代藏書家的胸襟〉（《故宮文物月刊》，第六卷第一期，一九八八年四月），頁三八～四五。

〔註 61〕明・李贄，《李溫陵集》（《四庫全書存目叢書》集部・一二六冊，台南：莊嚴文化事業有限公司，一九九七年六月初版，據北京大學圖書館藏明刻本影印），卷一四，〈藏書紀傳總論〉，頁一下～二上。

> 心而不同調者，多享敝帚而盼夜光；同調而不同心者，或厭家雞而重野鶩，五也。故善藏書者，代不數人，人不數世，至於子孫，善鬻者亦不可得，何論讀哉。〔註62〕

善本之難得、流通之滯礙難行、財力之限制、自身的識見與機運、子孫之善守與否等等，都是藏書家所當面臨的現實問題，必須讓種種條件都能相互配合，並且一一克服各種障礙，才能進行，足見藏書之難。而藏書家們歷盡艱辛，通過各種方式、各種途徑，把書籍聚集起來，這是件十分興奮和愉快的事情，〔註63〕一旦要將其辛勤所得與人分享，的確很不容易。另一方面，若就整個時代的大環境而言，藏書的興盛與否，還屢屢受到政治、經濟、戰爭等因素的影響，使得書籍的典藏潛伏著一些危機。所以，不論是官府或私人藏書家，對於書籍流通的態度，大都較爲保守。〔註64〕一般說來，戰爭較少的地方易於發展文化事業，如明代的松江府，元末因免於戰火的洗禮，文化發展則較旁郡爲速。據何良俊所指：

> 吾松文物之盛亦有自也。蓋由蘇州爲張士誠（？～1367）所據，浙西諸郡皆爲戰場，而吾松稍僻，峰泖之間以及海上皆可避兵，故四方名流彙萃於此，薰陶漸染之功爲多也。〔註65〕

藏書也是文化事業中的一項，在理論上，戰火較少的地方藏書事業自然比較興盛；反之若在戰亂頻仍的地區，藏書事業的推展也就非常困難。種種不便的因素加在一起，藏書家對於自己的藏書自然扃鑰緊鎖，祕不示人。明代私人之間的圖書借閱不甚容易，有時想從藏書人家借到書籍是很困難的。〔註66〕而藏書家把藏書視爲私有，並且秘不示人，於是就限制了藏書的流通與使用，一旦歷經千辛萬苦才收集到的書籍毀於水災、火災或兵燹，將造成永世的遺憾。〔註67〕

當然，在明代江南五府的藏書家裡頭，抱持「祕不示人」作法的藏書家也有。如元末明初無錫藏書家倪瓚，家有「清閟閣」，管理嚴謹，「蓄古法書名畫其中，客非佳流不得入」，〔註68〕一般人想要見其藏書，根本毫無可能。而平湖藏書家李延

〔註62〕《五雜俎》，卷一三，〈事部一〉，頁二六四～二六五。

〔註63〕劉尚恒，〈「以傳布爲藏，眞能藏書者矣」——論我國古代私家藏書的流通〉，頁七七。

〔註64〕葉乃靜，〈我國古今圖書流通思想演變之研究〉（《大學圖書館》，第四卷第一期，二〇〇〇年三月），頁三〇。

〔註65〕《四友齋叢說》，卷一六，〈史十二〉，頁一三六。

〔註66〕王偉凱，〈明代圖書的國內流通〉（《社會科學輯刊》，一九九六年第二期），頁一〇七。

〔註67〕王美英，〈試論明代的私人藏書〉（《武漢大學學報》哲學社會科學版，一九九四年第四期），頁一一七～一一八。

〔註68〕明・張岱，《史闕》（台北：華世出版社，一九七七年九月台一版），卷一四，〈元史〉，頁一九上。

昰，藏書更是神祕。他一共藏有書籍三十櫝，祕不示人，甚至「與君游者，相對樓下，不知其儲書之富。」〔註69〕李延昰藏書深怕爲人所知，連終日相處的好友都不知其家富有藏書，足見其行事之低調，可謂到了極點。

雖說明代江南五府的藏書家當中有少數「祕不示人」的類型，但卻有爲數更多的藏書家對藏書的流通抱持著極爲樂觀開放的態度，並且鼓勵藏書家之間書籍的相互傳寫閱覽，而其中最爲典型的代表人物，就是明末清初的秀水藏書家曹溶。他提倡藏書家之間相互訂定《流通古書約》，各藏書家可站在保護古籍的立場，又能夠不吝於彼此互通有無。他曾批評當時藏書家狹隘的心胸：

> 不善藏者，護惜所有，以獨得爲可矜，以公諸世爲失策也。故入常人手，猶有傳觀之望，一歸藏書家，無不綈錦爲衣，旃檀作室，扃鑰以爲常。有問焉，則答無，有舉世曾不得寓目，雖使人致疑于散佚，不足怪矣！〔註70〕

除了曹溶以外，江南五府地區還有很多的藏書家也主張藏書的開放與流通，將於下文專論之。總之，儘管「秘而不宣」的心態並不是與私人藏書家同日俱生的，但它卻是中國封建社會獨特的、一脈相承的文化心理現象，也是中國古代私人藏書家最爲突出的文化心理特徵。〔註71〕

二、不以炫耀

隨著歷史巨輪的推動，江南地區在進入明代中葉以後，由於前代各方面能量的積累，不論在社會、經濟與文化上都已呈現出空前的繁榮。特別是城市與商業的發達，也使得社會文化的發展更爲多姿多采，商品經濟的盛行，加上社會與文化各種條件的配合，也使得市民的文化消費需求大爲提昇。以藏書而言，不但所藏的種類變多，各方面的條件較之以往也更爲優渥，甚至藏書家的身份也由以往的文人階層擴展到農工商各行各業的人們，這在江南地區的社會上興起了一股藏書的風潮，其熱絡之景象，也是盛況空前。

藏書蔚爲風潮之餘，藏書的心態也在轉變。以往文人藏書，是爲了應付科舉，或者爲了修養進學，甚至是爲了家庭教育，或者其他的用途，種種原因，都與學習

〔註69〕清・李桓，《國朝耆獻類徵初編》（《清代傳記叢刊》一八七冊，台北：明文書局，一九八五年五月初版），卷四七九，〈隱逸一九・李延昰〉，頁三下。

〔註70〕清・曹溶，《流通古書約》（收入《知不足齋叢書》二冊，台北：興中書局，不注出版年），頁一上。

〔註71〕李婷，〈評析中國古代私人藏書家的文化心理特徵——「秘而不宣」〉（《圖書情報知識》，一九八八年第一期），頁二四。

有關。然而不同於以往，明代的文人雖都普遍喜歡藏書，更重要的卻是以此爲資本炫耀於同志之間。〔註72〕藏書活動於明代文人之間已然蔚爲時尚，而時人也以讀書、著書、藏書等來衡量士人的文化素養與社會地位，因此文人之間，大多藉由廣蓄圖籍來互相標榜。〔註73〕如華亭藏書家陳繼儒嘗因藏書規模不如鉛山的藏書家費元祿，而頓然怨嘆道：

> 吾愧君！君家自文憲公遞至太僕，琅函錦帙，不下幾萬餘籤。君括囊大典，網羅百氏，幾于三教總持矣！〔註74〕

文人階層既然都已如此，更遑論農工與商業階層的藏書者。他們收集圖書，主觀上固然是爲了便於自己利用，其實有些人只是借此來炫耀、標榜和附庸風雅而已。〔註75〕人們往往習慣將農工商階層的藏書愛好者歸爲附庸風雅，即使其中有些人是眞的篤好藏書。但事實上，這類人物在附庸風雅之餘還有一個眞正的目的，那就是以藏書來爲自己的社會地位與文化形象加分。仁和藏書家郎瑛曾舉一則笑話，便將當時社會上那種附庸風雅的時代面向眞實地呈現出來。據《七脩類稿》載：

> 宜興吳尚書儼（1457～1519），家巨富，至尚書益甚。其子滄州，酷好書畫，購藏名筆頗多。一友家有宋宮所藏《唐人十八學士袖軸》一卷，每欲得之，其家非千金不售。吳之弟富亦匹兄，惟粟帛是積，清士常鄙之。其弟一日語畫主曰：「《十八學士》果欲千金耶？」主曰：「然。」遂如數易之。而後置酒宴兄與其素鄙己者，酒半，故意談畫，眾復嗤焉，然後出所易以玩。其兄驚且嘆曰：「今日方可與素之鄙俗扯平。」吳下至今傳爲笑柄。〔註76〕

約自明代開始，收藏已不僅僅是爲了附庸風雅，甚至也被用來做爲一種積聚財產和誇示財富的方式。〔註77〕其實，明代書籍的售價在當時物價消費水平中，可以說是

〔註72〕陳力，《中國圖書史》（《中國文化史叢書》四一，台北：文津出版社，一九九六年四月初版），頁二七一。

〔註73〕《明人文集中的生活史料——以居家休閒生活爲例》，頁一五三。總頁一三五～一六六。

〔註74〕明·費元祿，《甲秀園集》（《四庫禁燬書叢刊》集部·六二冊，北京：北京出版社，二〇〇〇年一月第一版，據北京大學圖書館藏明萬曆刻本影印），書前，陳繼儒〈甲秀園集序〉，頁三上～三下。

〔註75〕劉意成，〈古代私人藏書家對保存圖書文獻的貢獻〉（《贛圖通訊》，一九八三年第四期），頁三二。

〔註76〕《七脩類稿》，卷四四，〈十八學士卷〉，頁五三六。

〔註77〕羅筠筠，〈明人審美風尚概觀〉（《明史研究》，第四輯，一九九四年十二月），頁一七八。

相當昂貴的奢侈品。雖然書籍的價格昂貴，但卻並沒有因此而滯銷，反而在明代中葉以後，由書坊的帶動下遍及海內外。顯示出當時整個社會上尤其是江南地區的民眾，其消費能力已大爲提升。對他們而言，書籍的意義不單只是奢侈品而已，更是一種身份與文化的表徵，具有購買與收藏的價值。〔註78〕他們只是把藏書視爲一種玩好，並非爲了應用，而是一種裝飾、一種炫耀的資本。〔註79〕

至於藏書如何向人炫耀？到底炫耀些什麼？這是我們在研究明代江南藏書家的收藏心態時必須探究的命題。明代江南藏書家以藏書向人炫耀時，大抵有兩種方式：一是藏書的數量，一是藏書的內容，也就是如前所述「尙博」與「好奇」的兩大風尙使然的。先論藏書的數量，前文已論明代江南地區的藏書家大都「尙博」，最明顯的表現便是在藏書的數量上遠遠超越其他的藏書家，這樣便可向世人炫耀其博學。如前述華亭藏書家陳繼儒喟歎自己藏書的數量不如鉛山藏書家費元祿，便是如此。藏書家在藏書的數量上只要一比較多寡，高下立分，這種炫耀方式容易瞭解，於此不贅。而另一種炫耀的方式，便是藏書的內容，簡言之，就是在「好奇」之風的吹襲之下互相比「奇」，越「奇」則越能向人炫耀。特別是在明代中期國內形成一種尙古、仿古之風，這也是追求奇異的一種表現。〔註80〕若想要瞭解江南地區藏書家炫人以奇的作風，必須先從文壇上的兩次復古運動著手，因爲明代中後期文學上的復古運動，曾經掀起當時的私人刻書業界中一股翻宋與仿宋刻本的高潮。〔註81〕尤其是江南的蘇常地區，自明代正德、嘉靖年間開始，出現了由私人出版家集資覆刻、翻刻宋元舊本的熱潮，而這股熱潮是與當地的文學傳統與兩次文學復古運動，以及時人珍視宋版書籍的風氣有關。〔註82〕

明代弘治、正德年間，李東陽（1447～1516）以輔相而主持文壇，其詩文風格追溯唐宋，開啓了李夢陽（1472～1529）、何景明（1483～1521）等所謂「前七子」之復古運動，他們主張「文必秦漢，詩必盛唐」，致使文風爲之一變，這是第一次的文學復古運動。到了嘉靖初年，王愼中（1509～1559）與唐順之等人則主張「文宗北宋，詩倣初唐」，文風又再稍變，但此輩仍爲復古運動之提倡者。由於兩次復古運

〔註78〕郭姿吟，《明代書籍出版研究》（台南：國立成功大學歷史研究所碩士論文，二〇〇二年六月），頁一〇四。

〔註79〕謝灼華，〈私藏的功績——中國封建社會藏書制度的歷史特點之二〉，頁二七。

〔註80〕陳茂山，〈試論明代中後期的社會風氣〉（《史學集刊》，一九八九年第四期），頁三二。

〔註81〕李咏梅，〈試論明代私人刻書業與思想文化的關係〉（《四川圖書館學報》，一九九七年第二期），頁七八。

〔註82〕麥杰安，《明代蘇常地區出版事業之研究》（台北：國立台灣大學圖書館學研究所碩士論文，一九九六年五月），〈摘要〉，不注頁數。

動與當時坊間出版量之激增這兩大主因的影響，使得明代中葉以後，在版刻書籍的制度與風格上，也產生了一些鉅大的變化。這個熱潮，首先在當時文化最爲發達的蘇州地區發生，由文人倡導，家刻發起，延及官刻、坊刻，並且很快的擴展到全國各地。〔註 83〕就當時書籍的裝訂形式而言，從明初的包背裝逐步改成線裝；而印刷版式與字體亦在復古潮流的影響之下，爭相倣照宋版，並逐漸演變，終致形成與明初截然不同的風格。明初刻版字體猶承襲元風，尤其是建陽刻本，幾乎與元代建刊難予區別。但是從正德、嘉靖年間開始，刻書的字體突然做出極爲明顯的改變，皆因受到復古運動的影響，使得翻刻宋版書籍的風氣大興。〔註 84〕凡此種種書籍製作上之變化，皆因復古運動之影響，就是在復古思潮的盛行之下，文人開始以收藏唐宋人遺留下來的古籍墨寶與古董器具，彼此競相誇尚。於是一時之間，異書倍出，而收藏者既多，藏書家便又以奇祕相尙，正所謂物以稀爲貴。可見明代士人之好奇炫博，實導因於前七子之復古，又繼之以第二次的復古運動，愈發擅揚。而這種「好奇」之風，用於聚書，則專蒐秘笈異書，用之於文字，則以古文古篆刻書，奇形怪狀，不一而足。〔註 85〕由於當時古籍市場上供不應求，於是出版商鑑於商品經濟的市場取向原則，有良心者便翻刻古籍，趁時出售；而奸商便以製造僞書流通於市面，以投合藏書家對古籍與祕本的需求，並且滿足時下那些追求奇祕者渴望向他人炫耀的虛榮心。

這股佞宋與追逐奇祕的時尙在明代江南的五府地區當然也造成了一股旋風，一時之間該地區的藏書界裡，特別喜歡收藏宋元版刻與古籍祕本者也不乏其人。如仁和藏書家高濂，便曾大肆歌頌宋元版刻的優點與確實能滿足當時藏書界裡復古與好奇的收藏心態。他說：

> 又如宋元刻書，雕鏤不苟，校閱不訛，書寫肥細有則，印刷清朗。況多奇書，未經后人重刻，惜不多見。佛氏、醫家二類更富，然醫方一字差誤，其害匪輕，故以宋刻爲善。海内名家，評書次第，爲價之輕重。若墳典、六經、《騷》、《國》、《史記》、《漢書》、《文選》爲最，以詩集、百家次之，文集、道釋二書，又其次也。宋人之書，紙堅刻軟，字畫如寫，格

〔註 83〕李慶濤，〈關於明代中葉的翻宋仿宋刻書——兼談我省有關藏本及其著錄問題〉（《青海圖書館》，一九八一年第一期），頁二一。

〔註 84〕李清志，〈明代中葉以後版刻特徵〉（收入《古籍鑑定與維護研習會專集》，台北：中國圖書館學會，一九八五年九月初版），頁九六。另有關明代兩次的文學復古運動，因與本文主旨無關，故不贅。且坊間論著頗多，今僅舉其一，可參見廖可斌，《明代文學復古運動研究》（上海：上海古籍出版社，一九九四年十二月第一版）。

〔註 85〕林慶彰，《明代考據學研究》（台北：台灣學生書局，一九八六年十月再版），頁三三。

用單邊，間多諱字，用墨稀薄，雖著水濕，燥無湮迹，開卷一種書香，自生異味。元刻仿宋單邊，字畫不分粗細，較宋邊條闊多一線，紙鬆刻硬，用墨穢濁，中無諱字，開卷了無臭味。有種官券殘紙背印更惡。宋板書刻，以活襯竹紙爲佳，而蠶繭紙、鵠白紙、藤紙固美，而存遺不廣。若糊褙，宋書則不佳矣！余見宋刻大板《漢書》，不惟內紙堅白，每本用「澄心堂」紙數幅爲副，今歸吳中，眞不可得。又若宋板遺在元印，或元補欠缺，時人執爲宋刻元板；遺至國初，或國初補欠，人亦執爲元刻。然而以元補宋，其去猶未易辯，以國初補元，內有單邊雙邊之異，且字刻迥然別矣，何必辯論。若國初「愼獨齋」刻書，似亦精美。〔註 86〕

高濂似乎對自己的喜好宋元版刻找到了正當藉口，其理由是因宋元古籍版刻精良、近古無誤。其實若以當時流行的風氣來看，說穿了，高濂只是怕人說他同於流俗，如此則又不夠「尙奇」而已，而高濂的這種藉口，在明代中後期藏書界的一片佞宋元與好奇祕風氣中，也屢屢爲藏書家拿來掩飾自己的追逐流俗作風。另外，無錫藏書家顧宸，也喜歡蒐集宋板書，其家所藏以「宋板頗著聞一時，然不免歸於豪家。」〔註 87〕海鹽藏書家湯紹祖，也感染了這股「好奇」之風，「聞有異書，必百計購求，以故藏帙獨富。」〔註 88〕而嘉興藏書家周履靖，崇古尙祕，「手所標勒古今蟲書鳥跡、漢隸章草行楷纍百千種，山經水品、草譜禽言百千篇。」〔註 89〕秀水藏書家曹溶也以佞宋尙奇著稱，他曾因感嘆當時奇書之難得而指出：

近來雕板盛行，煙煤塞眼，挾貲入賈肆，可立致數萬卷，於中求未見籍，如采玉深厓，旦夕莫覯。〔註 90〕

由於好古與好奇之風的影響，甚至使得五府地區也出現一些藏書家利用本身的專業知識而假造僞書，以炫惑世人的情形。時人指稱：

萬曆間學士多撰僞書以欺世，今類書中所刻唐韓鄂《歲華紀麗》，乃海鹽胡孝轅（胡震亨）所造；《於陵子》，其友姚士粦所作也。〔註 91〕

大凡藏書家之有類似這樣的行徑者，其心態正如時人所云：「讀未曾見之書，歷未曾

〔註 86〕明・高濂，《遵生八牋校注》（北京：人民衛生出版社，一九九四年六月第一版），卷一四，〈燕閑清賞牋・論藏書〉，頁五三六。

〔註 87〕《藏書紀事詩》，卷三，〈顧宸修遠〉，頁一四一。

〔註 88〕《天啓・海鹽縣圖經》，卷一四，〈文苑〉，頁一三下。

〔註 89〕《萬曆・嘉興府志》，卷二二，〈隱逸〉，頁七上。

〔註 90〕《流通古書約》，頁一上。

〔註 91〕《藏書紀事詩》，卷三，〈姚士粦叔祥〉，頁一六一。

到之山水，如獲至寶、嘗異味，一段奇快難以語人也。」〔註92〕而這樣的心態也出自於藏書家本身對自己的所藏之不滿足感，會讓藏書家變得有些貪得無厭。即便如此，也有人認爲貪心雖然不好，但對一個藏書家而言，卻是不可缺少的條件。〔註93〕而那些所謂附庸風雅的人，也混雜在藏書家的叢林裡，隨著世俗的流行而盲目地追逐著。我們必須對這一時期的藏書家有所區別，雖然他們當中不乏考據家和校讐家，但他們也許並非都是眞正的學者。有些人是爲了收藏而收藏；有些人則是爲了「時髦」，藉藏書以炫耀自己；而有些人則被人稱之爲「掠販家」，通常是指一些特別的書商。〔註94〕

總之，這類以藏書來做爲誇耀資本的風氣，盛行於明清兩代的藏書家之間。大凡其家有珍善之本、罕奇之本，或人無我有、人少我多、人劣我精，都是足資炫誇的。這種以對方缺失爲自己歡愉所寄的異樣心態，正說明藏書的種種特異性均足以帶給藏書家莫大的自豪與成就感。〔註95〕

然而時尚雖然如此，江南五府地區的藏書家目睹社會上這種附庸風雅的現象，有些人也表示甚爲不屑。他們反對時尚潮流所帶來的弊害，勇於摒棄這類歪風，並屢屢發聲駁斥。譬如嘉善藏書家陳山毓便認爲藏書若僅爲附庸風雅，不如不藏。他說：

> 近世多笑棄書爲俗，不知收書未免俗也。□（原文闕）目不識丁，身不行道，但以阿堵稍易載籍，便自謂清流乎？〔註96〕

陳山毓一語道出了當時社會上各階層但肯花錢買書，卻又不學無術的附庸風雅行徑，對於這些人，即使藏書再富，陳山毓仍然瞧不起他們。又如杭州藏書家馮夢禎有鑑於時下藏書之家多以美富相誇示，而不甚閱讀，覺得相當可惜。他認爲不論藏書多麼精好，藏書者必須對其藏書加以閱讀，才有意義。他曾以《傳燈錄》一書爲例，說了一段故事：

> 宗門不立文字，乃有文字《景德傳燈錄》，余所畜舊本甚佳，竊寶惜之，未暇探索。今春過苕，姻家凌玄房（凌濛初，1580～1645）誇示余此本，與余藏本無異，而裝潢有加焉。檢卷末知其爲勝國至元間板，元板之精，幾亂宋板，又爲傳燈，可寶也。……雖然，能加探索一則兩則，便可

〔註92〕《五雜俎》，卷一三，〈事部一〉，頁二五九。
〔註93〕殷登國，〈藏書癖〉（《新書月刊》，第三期，一九八三年十二月），頁二六。
〔註94〕陳曙，〈論私家藏書〉，頁六九。
〔註95〕《中國藏書樓》，頁一一〇。
〔註96〕《陳靖質居士文集》，卷五，〈陳氏藏書總序〉，頁一〇上～下。

穿佛祖鼻孔。不然，徒寶惜之以供蠹魚，無爲也。余老矣！願以勉玄房。〔註 97〕

於馮夢禎之言中，可以得知他對當時文人間好以藏書相尙的作風不以爲然。而華亭藏書家陳繼儒也對社會上附庸風雅的風尙提出嚴正批判，他認爲藏書必須勤加閱讀，不可僅爲架上觀美，他說：「雖然書不厭多，亦不厭少，若欲誇籤軸之浩繁，裝裹之華煥，雖嘉則、麗正、崇文所藏，亦復何益？」〔註 98〕而嘉興藏書家李日華更是針對當時的「好奇」之風做出嚴厲的批評，他說：「近日士大夫類多嗜奇，不甚原理。市井魁猾又百端炫飾之，使墟墓間細碎琭珞之物皆享上價，可嘆也。」〔註 99〕綜上所述，足見江南五府的藏書家對於當時社會上競以藏書相尙，卻是浪得虛名的附庸風雅作風深表不滿，而他們提出的共同聲明，便是藏書家要勤於利用自己的藏書，做一個眞正的藏書家，千萬不要僅爲書架上的美觀而惺惺作態。

第三節　勤勉好學

除了上節所述的那些只知附庸風雅的人，明代的藏書家大都勤於利用自己的藏書，尤其是那些學者型的藏書家在收藏圖書的同時，往往還注意校勘、整理、抄寫與刊刻圖書等工作。〔註 100〕這個特點在明代的江南五府地區的藏書家當中，表現的十分鮮明清晰，勤勉好學的藏書家，比比皆是，成爲這一地區藏書家的一種特色。

明興天下初定，兵煙稍熄，詎料明太祖以空前的專制手段控制臣民，並箝制天下的讀書人，於是文人與士夫大多篤志尙隱，以退耕讀書做爲處世的方法。元末明初的無錫藏書家倪瓚，「清姿玉立，性好潔，多讀書，禮樂制度，罔不究索。日宴坐清閟閣，於世泊如也。」〔註 101〕江陰藏書家孫作，「性方介，博極群書，尤邃性理之學，爲文辭贍理勝。」〔註 102〕武進藏書家陳濟，「穎悟異常，總角讀書，過目輒成誦。比長，勵志弗解。」〔註 103〕上海藏書家郁文博致仕歸家後，年七十九，丹鉛校核猶不去手。據《上海縣志》載：

文博家居，校刊陶九成《説郛》一百二十卷，自賦詩云：「白頭林下

〔註 97〕《快雪堂集》，卷三〇，〈元板傳燈錄跋〉，頁一七上～下。

〔註 98〕《晚香堂集》，卷四，〈聚書樓記〉，頁一八下。

〔註 99〕《味水軒日記》，卷四，頁二五七。

〔註 100〕王美英，〈試論明代的私人藏書〉，頁一一八。

〔註 101〕《嘉靖・南畿志》，卷二二，〈人物〉，頁二三下。

〔註 102〕《嘉靖・南畿志》，卷二二，〈人物〉，頁二四下。

〔註 103〕《皇明名臣琬琰錄》，卷二一，金長史〈春坊贊善陳先生行狀〉，頁一上。

一耆儒，終歲樓閒校《說郛》；目力心思具竭盡，不知有益後人無？」其風趣如此。〔註 104〕

無錫藏書家楊謨藏書於書閣內，「日坐其中，披誦如諸生。時從鄉先生長者請益焉，諸老顧曰：『君吾友也。』皆忘其年而與之交。」〔註 105〕同縣的藏書家張復，也是「終日手一編不釋，人以爲有公輔器。」〔註 106〕海鹽藏書家吳昂，性端穎而嗜讀書，「日夜誦不輟，其精悍深造，蓋紈綺群弟所不及也。」〔註 107〕吳昂從仕之後，官至福建右布政使致仕，「及歸如未仕，儲書滿架，覽究不廢。」〔註 108〕

上海藏書家陸深不但家藏多書，也酷嗜讀書，「於書無所不讀，非疾病甚憊，未嘗手釋卷。」〔註 109〕致仕後，「抵家恬素自適，不涉世慮，應酬詩文外，日讀諸子不輟。」〔註 110〕武進藏書家唐順之喜歡讀書，對宦業處之澹如，罷官歸後，「公論咸爲不平，而唐子則以爲固所當然。今次抵家及再罷宮僚也，或居宜興，或居陳渡庄，僻遠城市，一意沉酣六經，誦讀諸子，尤留意國朝典故律例之書，旁及天文地理、兵戰射法，一時技術文學之士，踵至於其門。」〔註 111〕靖江藏書家朱家栻，「少有雋才，博學嗜古，經史之餘，凡諸子百家，無不淹貫；爲古今文辭，援筆立就。」〔註 112〕仁和藏書家郎瑛，終身不仕而好學至老不輟，至「嘉靖丙寅（四十五年，1566），先生春秋八十，猶日綜群籍，參互考訂。」〔註 113〕海鹽藏書家鄭曉，「性簡淡，雅好讀書，每公餘輒著述，尤博通國朝典故，崛然爲兩浙人望。」〔註 114〕武進藏書家薛應旂，「沉毅暢達，績學好問，務求其至。聞陝之涇野呂先生（呂柟，1479

〔註 104〕《同治・上海縣志》，卷一八，〈人物一〉，頁二九上。

〔註 105〕《容春堂集》，卷六，〈故楊秋林配陳氏墓前石表銘有序〉，頁五下。

〔註 106〕《容春堂集》，卷七，〈玉亭處士張公墓誌銘〉，頁二一上。

〔註 107〕《西園聞見錄》，卷六，〈師弟・吳昂〉，頁六下。

〔註 108〕《萬曆・嘉興府志》，卷一九，〈鄉賢二・海鹽縣〉，頁一二上。

〔註 109〕明・夏言，《夏桂洲先生文集》（《四庫全書存目叢書》集部・七五冊，台南：莊嚴文化事業有限公司，一九九七年六月初版，據北京大學圖書館藏明崇禎十一年吳一璘刻本影印），卷一六，〈通議大夫詹事府事兼翰林院學士贈禮部右侍郎謚文裕陸公墓誌銘〉，頁八九上。

〔註 110〕《國朝獻徵錄》，卷一八，許讚〈通議大夫詹事府詹事兼翰林院學士贈禮部右侍郎謚文裕陸公深墓表〉，頁四四上。

〔註 111〕《李中麓閒居集》，卷一〇，〈康王王唐四子補傳〉，頁一一〇上。

〔註 112〕《康熙・靖江縣志》，卷一四，〈儒林〉，頁一八下。

〔註 113〕《七脩類稿》，續稿書前，陳善〈原序〉，頁六三三。

〔註 114〕明・唐誥等，《萬曆・和州志》（《中國方志叢書》華中・六四一號，台北：成文出版社有限公司，一九八五年三月台一版，據明萬曆三年刻本影印），卷三，〈名宦列傳〉，頁九二下～九三上。

～1542）篤信好古，從而請益，以故造詣日進，聞譽日茂。」〔註 115〕

華亭藏書家徐獻忠自幼即非常喜好讀書，「當爲舉子時，所讀書日且盈寸，素稱該博，士大夫皆注意高仰之。」〔註 116〕上海藏書家董宜陽，「屏紛謝垢，日操鉛槧，簡帙溢於几案，晏如也。蓋以涉其流、探其源，採掇其華而咀茹其膏矣！」〔註 117〕華亭何良俊「少而篤學，二十年不下樓，或挾筴行游，忘墮坑岸，其專勤如此。」〔註 118〕何良俊家富藏書，無所不窺，據《四友齋叢說》載：

> 每大眾廣坐中，區畫天下事當否成敗，懸河注辨，聞者生氣，意者所激，無嚴貴達。然語非鑿空，多本之經史而約之以時制。〔註 119〕

無錫藏書家秦汴，其父秦金（1467～1544）官拜刑部尚書，秦汴雖生在權勢之家，「生甫齠，即端雅不妄戲語。稍長，則益刮磨豪習，嗜學不倦。」〔註 120〕上海藏書家潘恩，歷官都察院左都御史，致仕後「家居杜門養重，而益嗜書，未嘗一日釋卷。」〔註 121〕而秦汴長子秦柄，受其家風之薰陶，自幼即喜讀書。據《賜餘堂集》載：

> 補邑博士弟子員，既冠，患脾疾，不就試者數年，而公不以疾廢學，學益閎肆，左國馬班諸書，矢口誦者，寓目涉歷者，既博綜而後約取之。疾良已，益奮于學，日鍵户讀書，自問寢外，人罕見其面，每試輒甲諸博士弟子。〔註 122〕

在家風的影響下，秦柄的季弟秦柱，讀書也甚勤力。秦柱「夙稟甚慧，嗜學問，雖生于殷盛乎，絕無紈綺習。」〔註 123〕又「博學精記頌，自經史百家傳註、雜家小說，能具涉其要。」〔註 124〕

錢塘藏書家田汝成，「喜讀書，垂老病廢，兩手捧卷不忍釋。」〔註 125〕無錫藏書家周子義，「幼即穎敏嗜學，年十八試儒士高等，應畿試歸益銳志，發篋取五經及宋儒、國朝先輩諸書，切磋究之，輯爲《諸書彀語》凡廿卷，而復有《日錄見聞》

〔註 115〕《方山薛先生全集》，書前，〈方山先生文錄序〉，頁五上。
〔註 116〕《雲間志略》，卷一四，〈徐奉化長谷公傳〉，頁一上。
〔註 117〕《皇甫司勳集》，卷四九，〈董氏西齋藏書記〉，頁一五下～一六上。
〔註 118〕《列朝詩集小傳》，丁集上，〈何孔目良俊〉，頁四五〇。
〔註 119〕《四友齋叢說》，書前，〈初刻本序〉，頁七。
〔註 120〕《松石齋集》，卷一二，〈秦太守墓碑〉，頁一五下。
〔註 121〕《潘笠江先生集》，附集，申時行〈墓志銘〉，頁三下。
〔註 122〕《賜餘堂集》，卷一二，〈貢士邗塘秦公墓誌銘〉，頁二七上。
〔註 123〕《賜餘堂集》，卷一二，〈徵仕郎中書舍人餘山秦君墓志銘〉，頁三一上。
〔註 124〕《松石齋集》，卷一二，〈中書舍人秦君汝立墓表〉，頁二一下。
〔註 125〕《田叔禾小集》，書前，田藝蘅〈家大夫小集引〉，頁三上。

十卷，蓋錄所自得者。」〔註 126〕平湖藏書家沈懋孝，一生勤於向學，嘗自稱：

> 自二十五歲脫科舉，習侍養七年，無一日不探群籍，故入館時已洞知作者門路。在館二十五年，朝講修史之暇，亦無一日不誦覽。而力常分，五十挂冠，始壹意勒一家之言，而今且忘其衰老矣！〔註 127〕

沈懋孝言下之意，脫離舉業與官場，才能讓他專力讀書，得肆其志。秀水藏書家沈啓原，「林居嘗手一編，雖醫藥卜筮之書，靡不探討。」〔註 128〕沈啓原之好學，自幼即然，傳聞沈啓原「生而奇偉，疹發劇，爲小兒醫者皆愕視，猶然持一編朗誦，眾甚奇之。」〔註 129〕沈啓原雖好讀醫書，但仍不失爲五府地區藏書家勤勉好讀之典型。

杭州藏書家馮夢禎，「祖、父皆不知書，憐公少惠，試遣就塾，暮歸吟諷不輟，王母惜膏火，呵止之，引被障窗疏，帷燈至旦，其專勤如此。」〔註 130〕上海藏書家王熠，少時「嘗治毛氏詩，會得羸疾棄去學醫，然非其志也。思多讀經史百家之言，以自表見。」〔註 131〕無錫藏書家安紹芳，也是勤於向學。他十歲便工於辭翰，稍長讀書，動輒每日以寸計算該讀之書的厚度，「暇即枕漱百家，六籍中過目成誦。」〔註 132〕華亭藏書家張之象少負奇穎，然屢試不第，「於是下惟憤發讀，室中藏書萬卷，囊括而精研之，勒成一家言，與海內名士建旗鼓相向。」〔註 133〕晚年更是以讀書習靜爲日課，據《雲間志略》載：

> 晚歲卜築秀林山之麓，踞其怪石、清泉、烟扉、月榭而欣然托處焉！自是益謝絕人事，屏跡城市中。有司以鄉飲強之，纔一往不再赴，人稱其高。蓋公體貌傴僂，如不勝衣，形同土木，而日惟以詩書爲枕席，著述爲生涯。〔註 134〕

嘉興藏書家包檉芳，「既爲諸生，讀書東墖僧舍，虀鹽自怡。一鐙丙夜，誦讀不休。」〔註 135〕歸安藏書家茅坤，藏書之名甲東南，「幼有大志，欲盡讀古人書，夏月納雙

〔註 126〕明・李廷機，《李文節集》（台北：文海出版社，一九七〇年三月初版），卷二二，〈文恪儆菴周公墓志銘〉，頁三七上。
〔註 127〕《光緒・平湖縣志》，卷一五，〈人物一〉，頁三八上～下。
〔註 128〕《光緒・嘉興府志》，卷五二，〈秀水列傳〉，頁二〇上。
〔註 129〕《明分省人物考》，卷四五，〈沈啓原〉，頁二三上。
〔註 130〕《牧齋初學集》，卷五一，〈南京國子監祭酒馮公墓誌銘〉，頁一三〇〇。
〔註 131〕《南湖舊話錄》，卷下，〈人物考〉，頁二四上。
〔註 132〕《無聲詩史》，卷四，〈安紹芳〉，頁六三上。
〔註 133〕《雲間志略》，卷一九，〈張憲幕王屋公傳〉，頁一上。
〔註 134〕《雲間志略》，卷一九，〈張憲幕王屋公傳〉，頁二上。
〔註 135〕《快雪堂集》，卷一八，〈貴州按察司副使提督學校包瑞溪先生洎配曹宜人行狀〉，頁

足甕中，冬擁敗絮讀，率夜漏至五鼓。隣媪失蔬，疑焉，呼公名而詈，公方把卷吾伊，弗聞也，其厲志如此。」〔註 136〕華亭藏書家陸樹聲，「少力田，暇即讀書。」〔註 137〕上海藏書家王圻，「年已望九，猶丹鉛滿案，有諷以嗇養者，少參作白眼，應曰：『使飽食無事，狼籍歲月，倘見一老蠹魚，誰爲我施十重步障。』」〔註 138〕嘉善藏書家陳山毓，勤勉好讀書，初「罷南宮試歸，益發所藏書讀之，於騷賦益工。」〔註 139〕至「中歲有咯血疾，讀書不輟，作自祭文，極曠達之概。年三十八卒，門人私謚靖質。」〔註 140〕陳山毓之好學，可謂至死方休。嘉興藏書家周履靖，也是篤好讀書。據《嘉興府志》載：

> 生有異徵，長而異嗜，矻矻好學，寒暑無間，穎悟絕人，博通經史諸子百家之言，專力爲古文詞。廢箸千金，編茅引流，雜植梅竹，讀書其中，自號梅顛道人，家殖益落，意泊如也。〔註 141〕

秀水藏書家殷仲春，好讀書，「能讀三墳五典、八索九丘矣，于岐黃家言，尤繭抽獄究。」〔註 142〕華亭藏書家董其昌，喜藏書，也好讀書，「崇禎間晉禮部尚書，年近大耋，猶手不釋卷，燈下讀蠅頭書，寫蠅頭字，蓋化工在守，烟雲供養，故神明不衰乃爾。」〔註 143〕江陰藏書家李如一，藏書之名甚著，更是喜好讀書。據錢謙益所撰〈李貫之先生墓誌銘〉載：

> 其讀書也，闕必補，譌必正，同異必讎勘。疾不輟業，衰不息勞。仿宋晁氏、元氏書目，自爲詮次，發凡起例，井如也。故曰讀之力。〔註 144〕

嘉善藏書家陳龍正，喜好讀書，「讀書必數過乃成誦，既成誦，則終身不忘。旅次解裝，扁舟小憩，不廢研尋，遂於書無所不讀。」〔註 145〕海鹽藏書家鄭端允，家富藏書，「好學，老而不倦。」〔註 146〕

二八上。

〔註 136〕明・茅坤，《茅鹿門先生文集》（《續修四庫全書》集部・一三四五冊，上海：上海古籍出版社，二〇〇二年三月第一版，據中國科學院圖書館藏明萬曆刻本影印），卷三五，屠隆〈明河南按察司副使奉勑備兵大名道鹿門茅公行狀〉，頁二下～三上。

〔註 137〕《光緒・重修華亭縣志》，卷一四，〈人物三・列傳上〉，頁三九上。

〔註 138〕《南湖舊話錄》，卷下，〈人物考〉，頁五六下。

〔註 139〕《陳靖質居士文集》，書前，高攀龍〈明孝廉貴聞陳公墓誌銘〉，頁一下。

〔註 140〕《光緒・嘉善縣志》，卷二四，〈人物六・文苑〉，頁六下。

〔註 141〕《萬曆・嘉興府志》，卷二二，〈隱逸〉，頁七上。

〔註 142〕《醫藏書目》，書前，洪邦基〈醫藏書目序〉，頁一九六三。

〔註 143〕《無聲詩史》，卷四，〈董其昌〉，頁五九上。

〔註 144〕《牧齋有學集》，卷三二，〈李貫之先生墓誌銘〉，頁一一五七。

〔註 145〕《幾亭全書》，附錄卷一，〈陳祠部公家傳〉，頁一八下。

〔註 146〕《光緒・海鹽縣志》，卷一八，〈人物四・孝義〉，頁一九上。

明清鼎革之際，直至清初，天下兵馬倥偬，烽煙四起，江南五府地區的藏書家，更是一意以讀書爲生活主要日課，以避世道之亂。崇德藏書家呂留良，好讀書，「博學多材，凡天文、讖緯、樂律、兵法、星卜、算術、靈蘭、青鳥、丹經、梵志之書，莫不洞曉。」〔註 147〕秀水藏書家蔣之翹，「家多藏書，博古自好，杜門讀書，通五經之學。」〔註 148〕上海藏書家王昌紀，「幼穎敏，讀書數行俱下，手輯十七史，四十餘年，足迹不履城市。」〔註 149〕餘杭藏書家嚴沆，「家故多藏書，凡左、國、管、韓、莊、騷，與史、漢、文選、八大家及浮屠、老子之書，無不貫穿。」〔註 150〕此外，海鹽藏書家徐廷泰，也好讀書。其家甚貧，然好購書，而所購「諸書，老不釋手。」〔註 151〕

綜上所述，明代江南五府地區的藏書家裡，絕對不乏讀書種子。其中有貧而好學者，有富而好學者；有隱而好學者，有仕而好學者；有天生好學者，有自老至少皆好學者，眞可謂無所不有的好學者。其間各種典型俱在，而好學之個性則爲一致，更足以佐證勤勉好學確實爲明代江南五府地區藏書家的特質之一。

第四節　仕途多舛

明代江南五府地區的藏書家還有一個非常普遍的共性，那就是仕宦之路多半不很順遂，不論是從入門的科舉考試，或者是釋褐後的官場之路，類多如此。也正因爲如此，使得這個地區的藏書家多半淪爲在野的文人，甚至在心理上產生了一些諸如懷才不遇、憤世嫉俗等等諸多的極端思想，進而不屑意於塵世，成爲超然的隱士。但我們必須徹底地認知一點，明代隱士的痛苦之由來是因爲失意，明白地說，就是爲了官位。尤其是古代的士子在家庭和社會的教育薰陶下，從小想的就是將來長大要當官。如海鹽藏書家朱觀，無緣宦業，爲選貢生，「嘗思沾一命委身，殉職不辭，蓋慷慨有志士，惜未遂而卒。」〔註 152〕而那些自幼年便篤志不願作官的文人，間或

〔註 147〕《明遺民錄》，卷七，〈呂留良〉，頁四下。
〔註 148〕《明遺民錄》，卷一八，〈蔣之翹〉，頁七上。
〔註 149〕《嘉慶・松江府志》，卷五五，〈古今人傳七〉，頁一〇上。
〔註 150〕清・李桓，《國朝耆獻類徵初編》（《清代傳記叢刊》一四一冊，台北：明文書局，一九八五年五月初版），卷四九，〈補錄・卿貳九・嚴沆〉，頁五上。
〔註 151〕《光緒・海鹽縣志》，卷一七，〈人物三・文苑〉，頁一四上。
〔註 152〕明・樊維城等，《天啓・海鹽縣圖經》（《中國方志叢書》華中・五八九號，台北：成文出版社有限公司，一九八三年三月台一版，據明天啓四年刻本影印），卷一三，〈人物・文苑〉，頁四九上。

有之，也是因爲目睹當時官場和城市的污穢，進而萌發不仕的思想的。此外，又有更多的文人都是一次一次地落第，又一次一次地鼓起勇氣去應考，有的甚至一直考到七、八十歲，臨終之前仍不肯罷休。而每落第一次，心靈就遭受一次沉重的打擊，幾經落第，心靈上就已經是傷痕累累，有的則是完全心碎了。而那些無法通過科舉而想透過舉薦得官的士人，遭遇也是如此。〔註153〕所以我們在注意到此地區藏書家普遍尙隱的趨向之前，必須先瞭解此地區藏書家的懷才不遇、仕途多舛。

首先，我們可從江南五府地區的藏書家對進士功名的重視程度，來看明代文人相對地對於非正統科舉考試出身的監生、貢生、薦舉之輕視的這一個特色。無錫藏書家華理，少爲諸生，考舉人時運氣即不佳。他曾經報考七次皆落榜，最後不得已，便循資貢上禮部，就讀於國子監。卒業後，選授光祿寺大官署丞，好不容易當上個官員，華理卻總覺得自己不是科舉出身而憂讒畏譏，意不自得，於是退隱之意頓生。終於考滿，「訖其去無有過舉，一時卿僚共相騰譽，而理已致仕歸矣！其後有司復援恩例起之，卒辭不就。」〔註154〕稍後的烏程藏書家王濟，「少穎敏好學，弱冠補郡學生，例補太學生，試秋闈屢蹶，年踰壯，謁銓曹，授廣西橫州判官」，〔註155〕意甚不樂，旋「因母老，疏請終養。」〔註156〕而靖江藏書家朱家楫則渺視舉人出身，據《靖江縣志》所載：

> 中萬曆己酉（三十七年，1609）科鄉試。初仕黟縣教諭，丁內艱，服闋，補浦江教諭。陞永豐知縣，多惠政。……會憲檄責逋甚急，不忍以小民身命博膴仕，即欲解組去，以大計不獲請，仍因廚傳得過貴人論調，遂投劾歸。〔註157〕

朱家輯出身舉人，位至知縣，卻仍拗於自己非由進士出身的情結，而顯得很不重視目前所任的官位。朱家輯的兩個弟弟也好藏書，考運更差。朱家模僅「遊庠，省試落乙榜。」〔註158〕朱家栻，爲縣學增廣生，性「澹于仕進，屢困場屋，處之怡然。」〔註159〕

華亭藏書家徐獻忠於科舉方面也不順遂，爲諸生「久之，舉於鄉，凡六上禮部

〔註153〕劉文剛，〈隱士的心態〉（《中國典籍與文化》，一九九五年第一期），頁一一〇～一一一。

〔註154〕《明分省人物考》，卷二八，〈華理〉，頁五一下。

〔註155〕《國朝獻徵錄》，卷一〇一，劉麟〈廣西橫州判官王君濟墓志銘〉，頁一一六上。

〔註156〕《同治・湖州府志》，卷七二，〈人物・政蹟二〉，頁二六下。

〔註157〕《康熙・靖江縣志》，卷一四，〈名臣〉，頁六下～七上。

〔註158〕《康熙・靖江縣志》，卷一四，〈儒林〉，頁一六下。

〔註159〕《康熙・靖江縣志》，卷一四，〈儒林〉，頁一八下。

不利，君既不獲逞於時義，乃益務爲搜獵稗官蕩者外家之語，逸璧斷戟，摩削亡昏旦，農圃醫卜、支離覆逆、音聲人伎，往往精探其所由造，雖專門名家，無以難之。」〔註160〕雖然如此，從仕之志無法攖懷，「乃喟然歎曰：『吾其如命何？』因自決請選于銓司，銓司授浙之奉化令」，〔註161〕旋即謝政歸，滿足一下文人的從仕之夢，其間之無奈，不言可喻。無錫藏書家顧起經，爲國子生，「凡七試於鄉，皆不偶，歸而益湛滔於墳典，以博雅袪聲。暇則放游山水間，有終焉之志。」〔註162〕然亦無法忘情於仕，遂試吏部選人，得廣東鹽課副提舉，後遷大寧都指揮使司都事，又因自愧而謝弗往。又有華亭藏書家張之象，少負穎異，「固曠覽，不群於一切世榮，意殊易之，而竟諸生及卒。業國子，屢試弗第，乃慨然嘆曰：『命也！夫天遂不與張子，能終窖張子不朽業，不以勢而彰者乎！』」〔註163〕後授幕職，任浙江布政司經歷，旋與上官不合，掛冠而歸。而海鹽藏書家胡震亨，算是其中仕業稍顯者，然亦不甚得其志：

> 才識通敏，爲諸生即以經濟自負。萬歷丁酉（二十五年，1597）舉於鄉，數上公車不遇，知合肥縣。……崇禎季年，薦補定州知州，以城守功，擢兵部職方司員外郎，乞歸。〔註164〕

胡震亨官路雖說稍顯，但與進士出身者，仍相差一大截，他若爲進士出身，官位絕不僅止於此。

明代文人之所以如此看重進士科名而對他途如此輕視，是因文人本身自我之期許以及當時社會輿論對甲科進士之重視。歸安藏書家姚翼，爲諸生時，「一試不利，則嘆曰：『凡吾共學者，高者多紆青紫，次者猶不失一鄉薦，而吾竟如此！且世所謂自見者，獨功名乎哉？』遂放棄舉子業而肆志於經史百家之言。其後益衰落，而先生益自信不顧。」〔註165〕後以貢生入仕，遷官廣濟知縣，然性已恬於仕進，旋「去官歸苕上，南城屋數楹，圖書數卷，蕭然四壁。」〔註166〕此外，即便能藉由他途進

〔註160〕清・傅維鱗，《明書列傳》（《明代傳記叢刊》八八冊，台北：明文書局，一九九一年十月初版），卷一四八，〈徐獻忠〉，頁四四七。

〔註161〕《雲間志略》，卷一四，〈徐奉化長谷公傳〉，頁一下。

〔註162〕《弇州山人續稿碑傳》，卷一一六，〈大寧都指揮使司都事九霞顧君暨配盛孺人合葬誌銘〉，頁一八下。

〔註163〕《國朝獻徵錄》，卷八四，莫如忠〈浙江按察司知事張公之象墓志銘〉，頁一〇四下。

〔註164〕《浙江通志》，卷一七九，〈人物六・文苑二〉，頁三一一七。

〔註165〕明・姚翼，《玩畫齋雜著編》（《四庫全書存目叢書》集部・一八八冊，台南：莊嚴文化事業有限公司，一九九七年六月初版，據北京圖書館藏明隆慶萬曆間自刻本影印），書前，沈位〈姚海屋先生文集序〉，頁一上～下。

〔註166〕《同治・湖州府志》，卷七五，〈人物・文學二〉，頁一七上。

入仕籍，大半官也做不大。如無錫藏書家秦汴，雖然與其他非由科舉入官的藏書家比較起來，宦業顯然較好，但是若比起其進士出身的父親，仕途則實在是大大地不順。秦汴爲秦金仲子，「金字國聲，弘治進士，官刑部尚書，謚端敏。」〔註 167〕秦汴之宦業，據《賜餘堂集》載：

以次得受蔭卒業太學，……凡六上有司，名不售而志則愈益勵。蓋能讀父書而欲以才諝自見，及謁選銓曹，以父任爲郎，非其意也。初受南京後府都事，……凡泮蚤世。……尋補右府都事，陞左府經歷，府所轄浙江都司。……頃之，陞姚安知府。〔註 168〕

秦汴雖因其父之庇蔭而得官，終其一生，未曾有科舉功名，而宦業也僅止於知府，較之其父的尙書高位，差別有如天壤。而秦汴之子秦柱，仕業亦不振，十七歲以明經補爲本縣儒學生員，文章日益有聲。然而體弱善病，無法就有司應考，遂入貲而升爲南京國子監生，舉業亦無起色，而秦柱也漸感無奈，身懼從此與官位絕緣。「會詔選中書，業以君名上，忽馳檄召拜官，而君猶未知也。」〔註 169〕這個好消息雖然一圓秦柱入仕之夢想，但終其身官位僅此而沒有升遷。另外，還有歸安藏書家唐白野，舉業也不順利，據《玉芝山房稿》載：

公繇束髮補博士弟子員，操觚爲文章輒試高等，幾五十年於茲。……而公獨晚歲僅由貢爲丹徒縣學司訓，未幾，徙青陽縣學諭。公且以耳聾罷，攜妻子以歸，不四三年，尋復以盲廢。〔註 170〕

唐白野應考五十年而未能如意，至老終於以貢入官，位卻僅至教諭而罷，仕路之難，竟至如此！又海鹽藏書家劉世教，考運不濟，「庚子（萬曆二十八年，1600）舉北闈，數下第，家益貧，不得已謁選，授閩清令。」〔註 171〕藉由乙科而下入仕的諸多藏書家當中，除了海鹽胡震亨與無錫秦汴官位稍顯以外，其他諸人，大多躋身於低層的官僚當中，職位不高。但若再與其他未能透過薦舉入仕的藏書家做比較，則不啻又爲幸運的一族。

由於乙科舉人以及監生、貢生爲社會所輕，加上文人本身對自我的期許，抑且經由此途從仕之後官位也多不致顯，所以明代江南五府地區的藏書家大多數對於此途深以爲恥，也正因爲如此，有些科場失意的藏書家寧願終身應考至白首而無悔，

〔註 167〕《藏書紀事詩》，卷三，〈秦汴思宋〉，頁一一七。
〔註 168〕《賜餘堂集》，卷一一，〈中憲大夫雲南姚安軍民府知府次山秦公墓表〉，頁一一上～下。
〔註 169〕《賜餘堂集》，卷一二，〈徵仕郎中書舍人餘山秦君墓志銘〉，頁三一下。
〔註 170〕《玉芝山房稿》，卷一二，〈祭姑夫唐白野先生文〉，頁三上～下。
〔註 171〕《天啓・海鹽縣圖經》，卷一三，〈人物〉，頁四〇下。

卻不屑側就乙科以下出仕爲官。如海鹽藏書家王文祿，正是如此。他一生考運不濟，雖「少舉鄉薦，屢上春官不第。」〔註 172〕至「年八十餘，猶計偕北上，不屑就乙科秩。」〔註 173〕姑且不論王文祿讓人敬佩的耐力與恆心，他對舉人的輕視，實在是令人嘖舌。又如前述之秦汴，雖以監生之途而側班中書舍人，官列禁御，且時「人豔羨以爲遇合，而君實不願也。君雖列侍從，而耻以他途小就，更耻隨諸曹偶爲囁嚅傴僂狀，故公卿之賢者折節焉，而貴游班行中多側目矣。」〔註 174〕

由於上述的種種因素，於是有些藏書家在累試不中的情況下，寧可終身甘爲布衣，卻也不肯應乙科就選，而這種類型的藏書家在明代的江南五府地區爲數甚多，堪稱特色。如靖江藏書家朱大中，爲諸生事舉子業，「以不得志於有司，去爲迂漫遊」，〔註 175〕頗有所謂來去皆瀟灑的文人性格。而上海藏書家朱察卿雖早有夙慧，名譽當時，然舉業不順，「補邑諸生高第，爲太學生，一再試不利，輒束所售業而謝之曰：『歲月吾自曉，不以擲汝。』益讀先秦古文家言，旁及百氏，詩書之業燦然矣！」〔註 176〕朱察卿已經入國子監，雖屢試不利，卻從未想要透過監生來入仕，足見他對乙科以下科名的不屑。如同朱察卿，無錫藏書家安紹芳，也是如此。他十七歲爲諸生，攻舉子業，最初汲汲於仕進，然並不順利，最後「裹篋北雍，辛卯（嘉靖十年，1531）幾入格，會房考爭甲乙名，兩報罷，自此半耗雄心」，〔註 177〕放棄了科場的生涯。雖說如此，終其一生，安紹芳都沒有藉由他途當官。平湖藏書家沈維鏡，爲嘉靖年間諸生，性好隱，「暮年辭貢不往。」〔註 178〕而上海藏書家董宜陽，「游太學，名動都下，屢試弗第，遂棄去制舉業」，〔註 179〕從此無意於仕途，寧可回家讀書終生。又有無錫藏書家秦柄，屢困場屋，雖業已入國子監讀書，但他在仍然歷經數次失敗的情形下，寧可歸鄉退隱讀書，卻也不肯就選爲官，據《賜餘堂集》載：

> 既試應天，不捷。……又七年，始貢上春官。……名籍籍京師，既游太學，試順天復不捷，輒欲歸。……八試兩京，數奇卒不售，乃曰：「士君子不能離疏釋蹻，乘風雲之會，豈靡所託不朽哉？」蓋有意于著書矣！南歸，盡舉其書爲經生學者，付諸子，益發家藏經史古金石言徧讀之，旁

〔註 172〕《浙江通志》，卷一七九，〈人物六・文苑二〉，頁三一一六。
〔註 173〕《光緒・海鹽縣志》，卷一七，〈人物三・文苑〉，頁三下。
〔註 174〕《賜餘堂集》，卷一二，〈徵仕郎中書舍人餘山秦君墓志銘〉，頁三一下。
〔註 175〕《康熙・靖江縣志》，卷一四，〈理學〉，頁二四上。
〔註 176〕《皇明詞林人物考》，卷一一，〈朱邦憲〉，頁四六上。
〔註 177〕《無聲詩史》，卷四，〈安紹芳〉，頁六三上。
〔註 178〕《光緒・平湖縣志》，卷一八，〈人物四・行誼〉，頁二一下。
〔註 179〕《皇明詞林人物考》，卷一一，〈董子元〉，頁五三上。

及天官、地志、稗雜、醫卜、讖緯，尤精于國朝掌故，期盡究數千載聖賢旨髓，自成一家言，藏之名山，以示來世。……署其讀書處曰：「不愧屋漏」，又榜其齋云：「學豈爲人」，而禽犢明志也。〔註 180〕

細觀秦柄所說的「不愧屋漏」，除了說明他對科考的盡心盡力以外，也顯示出他對監生入仕的不屑。而他的「學豈爲人」，是指他在屢試屢敗的情況下已經心灰意冷，也正說明他對整個科舉制度的失望與無奈。又如華亭藏書家莫是龍，也以監、貢入仕爲恥，久試不利，「時相君太宰欲以翰林孔目待詔處廷韓，如文徵仲（文徵明）、何元朗（何良俊）故事，而廷韓意不屑就也，於是又復試，試復一再不利，而竟坐此鬱鬱，得幽疾以死，享年不滿五袟。」〔註 181〕莫是龍堅持甲科，可謂至死不悔。海鹽藏書家呂兆禧，也是如此，年「十六爲諸生，十七應鄉試下第，鬱鬱不得志，明年七月死。」〔註 182〕而大名鼎鼎的江陰藏書家李如一，「少應進士舉，多識古文奇字，不中程，再自罷去」，〔註 183〕寧可退隱，也堅持不由他途入仕。明末富陽藏書家王之獻，「入南雍，見以太學仕郡縣，倅者類掣肘，遂不就選。」〔註 184〕而海鹽藏書家鄭端允，也是屢試不售，終以「考授幕職，不樂就。」〔註 185〕上述種種，都可看出明代江南五府藏書家對乙榜的不屑與漠視。

明代的文人多半以側身監、貢爲恥，他們認爲出仕應當從正統科舉考試入門，才是光榮之路。諸生出身者如此，甚至擁有舉人頭銜的更是如此，若非出身進士，他們寧可終身布衣而不肯屈就乙科；即使已經入仕者，也漠視自己的官職，動不動就產生退隱歸田的心理傾向。而那些有幸登進士第的文人，就明代江南五府地區的藏書家來看，仕路也多半不遂，或迫於時勢，或因爲自己本身的個性，總之，沒有幾個能順利仕宦久任，或者官位做到很高的。如錢塘藏書家方九敘，進士出身，「官至承天太守，天性毅直，屢忤鉅璫，罷歸，益討故業。易綺麗人，沖雅爲人，高朗善論事。才不究用，咸惜之。」〔註 186〕武進藏書家唐順之，爲明代大名鼎鼎的文豪，官運亦甚不濟，仕途頗爲稱難。甫入仕，未及通顯，即「削籍歸，卜築陽羨山中，

〔註 180〕《賜餘堂集》，卷一二，〈貢士邗塘秦公墓誌銘〉，頁二七上～二八下。
〔註 181〕《無聲詩史》，卷三，〈莫是龍〉，頁四七上。
〔註 182〕《見只編》，卷上，頁五四。
〔註 183〕《牧齋有學集》，卷三二，〈李貫之先生墓誌銘〉，頁一一五六。
〔註 184〕清・李衛等，《浙江通志》（上海：商務印書館，一九三四年十月再版，據清光緒二十五年重刻本影印），卷一七八，〈人物六・文苑一〉，頁三一〇六。
〔註 185〕《光緒・海鹽縣志》，卷一八，〈人物四・孝義〉，頁一九上。
〔註 186〕《錢塘縣志》，〈紀獻〉，頁二二上。

讀書十餘年。」〔註 187〕歸安藏書家施峻，仕途不順。登「嘉靖乙未（十四年，1535）進士，授南京刑部主事，歷郎中，出知青州府，以內計罷官」，〔註 188〕卻從此未再起復，宦業至此告終。而武進藏書家徐常吉，歷經長期的奮戰，好不容易才登進士第，然卻於仕路頗不如意，據《松江府志》載：

舉嘉靖甲子（四十三年，1564），文章制義，冠冕三吳。久困公車，老而益勵。署上海縣學事，以師道自任，訓課士子，身爲操觚。……登萬曆癸未（十一年，1583）進士，逾鄉舉已二十年矣！上海署教事，亦自常吉始。授中書舍人，擢南户科給事中，終僉事。〔註 189〕

又如上海藏書家秦嘉楫，登第以後，初授行人，其後於宦途亦不順利。後於嘉靖「壬戌（四十一年，1562）春，考行人績，得告身，引故典，乞貤封其父。是歲秋，擢江西道監察御史」，〔註 190〕然至此即爲秦嘉輯所歷之最高官，是故秦嘉楫之宦途，較之其他出身進士的明代文人，不可稱爲顯宦。又華亭藏書家袁福徵，起家進士，歷官僅至唐府長史，又「以發僞疏忤中貴，復羅織下獄，事白獲歸。遂縱情棊酒，釋褐六十年，殘書萬卷之外，室無長物。」〔註 191〕而上海藏書家王圻，也榮登進士，卻僅「歷官少參，最爲偃蹇，然公不以得失經懷，著述甚富。」〔註 192〕歸安大藏書家茅坤，仕途更爲不順，釋褐不久，便以大名兵備副使致仕歸里，其「林居五十餘載，至萬曆中，年九十乃卒。」〔註 193〕茅坤家居竟達五十年之久，其懷才不遇之感，不言而喻。餘杭藏書家徐桂，「登隆慶辛未（五年，1571）進士，授袁州推官。堅正不阿，失上官指，遂投劾歸。」〔註 194〕其後即不復出，日惟以藏書、吟咏爲樂，聊以慰藉其仕路之失意。嘉興藏書家李日華，仕途也很不順。登「萬歷壬辰（二十年，1592）進士，除九江推官，累官太僕寺少卿，告歸。日華和易安雅，恬於仕進，後先家食二十餘年。」〔註 195〕李日華之罷官，一罷便是二十年，仕途之難，於此可見。

〔註 187〕清·王鴻緒等，《明史稿列傳》（《明代傳記叢刊》九六冊，台北：明文書局，一九九一年十月初版），卷八一，〈唐順之〉，頁一九下。
〔註 188〕《列朝詩集小傳》，丁集上，〈施青州峻〉，頁四二〇。
〔註 189〕《崇禎·松江府志》，卷三三，〈宦蹟三〉，頁二〇下～二一上。
〔註 190〕明·黃體仁，《四然齋藏稿》（《四庫全書存目叢書》集部·一八二冊，台南：莊嚴文化事業有限公司，一九九七年六月初版，據湖北省圖書館藏明萬曆刻本影印），卷六，〈秦侍御先生傳〉，頁九下。
〔註 191〕《南湖舊話錄》，卷上，〈人物考〉，頁一三上。
〔註 192〕《南湖舊話錄》，卷下，〈人物考〉，頁五六下。
〔註 193〕《列朝詩集小傳》，丁集上，〈茅副使坤〉，頁四〇四。
〔註 194〕《浙江通志》，卷一七八，〈人物六·文苑一〉，頁三一〇五。
〔註 195〕《浙江通志》，卷一七九，〈人物六·文苑二〉，頁三一一六。

餘杭藏書家趙昕，雖第進士，然居官僅至長沙知縣，便「以骯髒解綬歸」，〔註196〕此後則未再復出。趙昕宦業之不順，乃因其性格使然。

綜上所述，足見仕途多舛為明代江南五府地區藏書家的共同特徵之一。為了清楚地表達這種趨向，筆者製作「江南五府藏書家功名與仕途表」，列於本書附錄二，俾供讀者參考。由本表所收羅的 229 位藏書家當中，若以科舉功名來看，出身進士者僅有 62 位，僅約占總數的 27.07%而已。而在仕途當中，曾經出仕為官者也僅有 104 人，連一半都還不到，姑且不論宦途不濟或提前告歸退隱的官員，大多數的藏書家都是不肯當官的隱士。但是我們必須瞭解，由於五府地區藏書家的懷才不遇，正好促使這裡的文人發展生活文化，藉由嗜好的培養來昇華心中的憤世嫉俗，填補心靈的空虛與生活上的百無聊賴。他們排遣發泄心中鬱悶與痛苦的方法，大致有自我安慰、玩世不恭、沉緬酒中、視生如死等方法。〔註197〕藏書事業也正是在這個環境之下，大力拓展開來的。正因為文人喜好讀書，藏書自屬必備，較之其他的嗜好，更加容易為文人所感染。以故不論是進士出身、舉人、監生、貢生入仕，或者是因考場失意而終生退隱的藏書家，對於藏書這個嗜好的喜愛則如出一轍。如進士出身的上海藏書家陸深，官場沉浮不定，宦途並不順遂。從第進士以後，自侍講下放到延平府同知，此間即一意讀書與著述，而陸深也樂此不疲。稍後朝廷稍陞其職為山西提學副使，而陸深卻已無意仕進，反而上疏明志：

> 臣在郡中，水土相宜，職務易稱，頗得讀書。……頗恨時日有限，文籍少隨，然□（原文闕）多益寡之志終存，而萬折必東之性難改。竊復自念臣僻居海上，家有藏書可資考索，衣食所餘足備筆札，儻蒙賜骸骨，少假歲時，當部分首尾，兼總條貫，勒成一家之言，庸為萬幾之助。書奏，上納之！〔註198〕

又同為進士出身的歸安藏書家施峻，也以藏書為心靈之託。他於仕路既不自得，歸里後，「城居樓如斗，典籍甚具，署之曰『甲秀』。」〔註199〕而以監生入仕的華亭藏書家何良俊，也用藏書以及其他諸多的休閒癖好來彌補本身對於宦業的不滿足感。他久困場屋，因薦而授南京翰林院孔目一職。官沒做多久，便因自己不是進士出身

〔註196〕《餘杭縣志》，卷二七，〈文藝傳〉，頁二〇上。

〔註197〕劉文剛，〈隱士的心態〉，頁一一三。

〔註198〕明・何喬遠，《名山藏》（《福建叢書》一，揚州：江蘇廣陵古籍刻印社，一九九三年十一月第一版，據明崇禎十三年福建刻本影印），無卷數，〈臣林記・嘉靖臣四〉，頁一〇下。

〔註199〕《明分省人物考》，卷四六，〈施峻〉，頁二一下。

而心生自卑，意不自得，開始輕視所居之官，並萌生退隱之志，而不願於官場效牛馬僕僕之走，遂即稱病告歸。歸家後，「日惟嘯傲泉石，放浪烟霞。而晚歲有以聲伎為娛，常張設筵席，烹肥擊鮮，與賓客故人，為杯酌歡輒至達旦，非公自奉過奢，第負許大才而不得致位通顯，亦多牢騷不平，聊用遣適耳！」〔註200〕何良俊之懷才不遇，正足以縱其表現為自我生活品質的享樂，也是成就其藏書大業的原動力。

此外，因科場失意而心灰意冷，抱持退隱心態，轉而藉由藏書聊以自慰的文人也不乏其例，如嘉興藏書家陳良卿，便因仕路不遇而篤嗜藏書，友人稱云：「嗜之篤故不能折，而之今遊學宮連不售，因自謝免，日浮湛里閈間，光塵渾同而以密，意為鉗取，江南多書之家，無不經其漁畋者。」〔註201〕而明末清初青浦縣的藏書家田茂遇，不但考運不如意，甚至連薦舉都沒舉成。初以舉人選授新城知縣，然田茂遇不願赴任。無何又薦試鴻博，卻又報罷。他在失望之餘，只好「罷歸，築水西草堂，藏書萬卷，觴詠以老。」〔註202〕

第五節　尚古隱逸

明代江南五府地區的藏書家除尚博、好奇外，還有兩種性格上的共同特質，那就是尚古與隱逸。而這兩種特質也分別從元末一直到清初，都因時代氛圍的影響以及文人性格的關係而延續不絕。對於藏書家而言，由於尚古與隱逸普遍為本地區藏書家共同的崇尚之一，加上明代文人往往將隱逸的行為看成尚古的作風，所以在本節裡歸為同一種人格上的性格特質，但由於這兩種時尚在流行時間的先後上稍有差別，所以在下面的論述當中，我們仍將其分別做一探究，較為清楚。

一、尚　古

明代文人好古之風堪稱時代的特色，特別是在文壇上所發起的兩次文學復古運動，更是有明一代好古的風尚裡最為醒目的代表。以文學史研究的角度來看，明代文學之所以會走上復古之路，乃是因為政治環境的影響，包含政治風氣與科舉文化，以及文人對於宋元以來文學的反省等原因。〔註203〕尤其是明代市鎮文化環境對於新

〔註200〕《雲間志略》，卷一三，〈何翰林兄弟傳〉，頁二六下。
〔註201〕《恬致堂集》，卷一二，〈陳良卿廣諧史序〉，頁一五下～一六上。
〔註202〕《鶴徵前錄》，頁五〇上。
〔註203〕簡恩定，〈明代文學何以走上復古之路？〉（《古典文學》，第十集，一九八八年十二月），頁一六九～一八七。

一代士子成長的影響十分顯著，城鎮裡工商階層熙熙攘攘，春和景明時的綠意山水，肆鋪中商品的琳瑯滿目，買賣過程中的討價還價，人際交往中的利益中介，各種現象紛呈雜陳，不但開闊了他們的視野，也觸發了無限的聯想，久而久之，便培養出一種無拘無束的性情和奔放灑脫的性格，以及廣闊而散泛的興趣。他們在某些方面追逐新異，敢於突破。譬如，僵死枯燥的八股文以其呆板乏味的形式，長期束縛著讀書人，使得他們無法施展蘊蓄已久的宏大抱負，於是，在弘治年間遂掀起了一股「復古」的文學思潮，把心思轉移到對古文的崇尚上面。〔註204〕

由於這種在文學上追求古典意境的風尚影響所及，文人進而也在休閒與生活的領域當中，處處標榜著復古，並且蔚成一股熱潮。於是在明代中後期江南地區的社會上與文人間，也產生了一股尚古之風，開始是以吳中爲最，很快地便瀰漫於整個江南地區，進而影響全國，顯然此類風氣亦與該地豐厚的地區經濟及文化力量有關。在這個地區裡，「古」不僅成爲一種價値的追求，也是一種身份的標示。而蒐羅古籍、鑑賞古玩、發現古物的價値和美感，這種精神意趣，自然也將充溢於一切學術與生活的領域當中。〔註205〕

文壇上首次的復古運動雖然起於弘治年間，但事實上，好古之風早在元末明初便已爲江南文人所推崇，只是早期鼓吹的範疇較小。楊維楨論好古有云：

> 古之不諧於今者久矣！孰以古爲好耶？三代下嗜好百出，好酒而鍤以隨，好傳簺而牧以亡，好勇而舉鼎以說臏，好獵而隊車以隕首，好游而賈害以利，好詼諧而售辱以戲，好書而污髮以爲顛，好畫而竊封以爲神，好鍛而倨以取禍，好石而拜以取喪，好鶴而乘軒以取滅國，所好不同，而所失亦隨以異。惟好古爲聖賢之學，愈好愈高而入於聖人之域。而凡世之所好者不一，足以動其志，此好古効也。今之人不古好，覆以好古爲也謑髁，無任慆淫不道，逮至毀綱裂常，自謂行於今者横如也，不知步跲者在户限外，吁！亦足省矣！〔註206〕

這一番言論顯示出元末明初時人對好古崇尚的看法，他們認爲在做學問上，好古是迫切需要的；但是在生活上的休閒活動領域裡，好古的風尚卻是不値得鼓勵。然而，這種看法終究持續不久，特別是在明代江南五府藏書家的心裡，於休閒與生活上崇

〔註204〕牛建強，〈明代江南地區的早期社會變遷〉（《東北師大學報》哲學社會科學版，一九九六年第三期），頁一八。

〔註205〕龔鵬程，《晚明思潮》（宜蘭：佛光人文社會學院編譯出版中心，二○○一年十月初版），頁三三五～三三六。

〔註206〕《東維子集》，卷一五，〈好古齋記〉，頁一二上～一三上。

尙古樸是一種令人嚮往的意境，它有助於文人跳脫世俗眼光的束縛進而步入理想中完美崇高的夢幻世界，它是一種不俗的生活品味。明初江陰藏書家孫作便對當時休閒生活上的好古之風提出新的看法，他說：

> 士之好古雖近於癖，然不失爲君子，若小人則甯有是哉？始吾鄉之士有以三千緡易一古罍者，或笑之曰：「吾有三千緡，易一銀甕矣！」士曰：「吾與子二銀甕，而取一罍有諸？」笑者不能答。二人之言皆有理，而好貨之言，正爲小人。嗟夫！以一言而君子、小人於是乎辨若是，則士之好惡，可不謹哉！〔註207〕

根據孫作所言，時下好古之風不但已經吹向整個江南五府地區的收藏界，同時也是文人所共同嚮往的一種脫俗品味的象徵。他大力鼓吹這種收藏領域裡的好古之風，並肯定它是導正文人善良癖好的完美習氣。由於此風的影響，明代江南五府地區的出版界也從正德、嘉靖年間開始流行翻刻古籍的風潮。至於正德、嘉靖年間爲何在書籍的刻印上會興起一股翻刻、仿刻宋本的熱潮，其主要成因不外有二，即是受到當時文學上復古運動的影響，以及官定版式客觀上的推波助瀾作用。〔註208〕因爲復古的先決條件，爲讀古人之書。唐代以前之書，流傳至明代者已不多見，而時人又不知復古之眞義爲何？遂由復古轉而爲好古，然所謂古者必較罕見，罕見則奇，由好古而好奇，其間僅爲一念之延伸而已。〔註209〕「好奇」之風於前文已經詳述，在此不贅。

好古之風於當時的流行，造成異常轟動，致使藏書家也常常以古非今。如仁和藏書家郎瑛指出：「世重宋板詩文，以其字不差謬，今刻不特謬，而且遺落多矣。」〔註210〕這種好古的崇尚，一直到明末仍未衰減，甚至在休閒生活上更加廣泛地被人應用。晚明文人普遍寓有濃厚的古典情懷，舉凡古籍珍版、鐘鼎卣彝、書畫法帖、窯玉古玩、文房器具等器物，均爲閒賞生活裡，極重要的一環。這些古物，不止是用來做爲賞心閱目的憑藉而已，他們還進一步地被用來提點裝飾著文人的居家休閒生活。三代酒器觚、尊、觶可以拿來插花，瓠壺被用來注水澆花，而提卣可當做文房糊斗，小杯小盤可充當筆洗，古穴中注油點燈的銅缸可用來養魚等。倒不是這些

〔註207〕明・孫作，《滄螺集》（《叢書集成續編》集部・一三七冊，台北：新文豐出版公司，一九八九年七月台一版，據清光緒十五年江陰金武祥重刻本影印），卷六，〈錢譜序〉，頁九下～一〇上。

〔註208〕李慶濤，〈關於明代中葉的翻宋仿宋刻書——兼談我省有關藏本及其著錄問題〉，頁二二。

〔註209〕《明代考據學研究》，頁二五。

〔註210〕《七脩類稿》，卷四三，〈和靖詩刻〉，頁五二一。

古物能有多大利用，而是在文人的居家生活當中，有了這些古物的存在，便能喚起文化歷史的悠遠情感，與俗世現實的生活做一種巧妙的隔離，且經此一隔，俗世現實的生活便能拉開一段美感的距離，〔註 211〕使得文人能夠盡情悠遊於理想中的夢幻國度裡，得到一些精神上的安慰與調適。而在宋元舊刻的愛好上，如同明代中期的郎瑛，晚明文人也認為「今書貴宋本，以無譌字故。」〔註 212〕據《五雜俎》載：

> 書所以貴宋板者，不惟點畫無訛，亦且箋刻精好，若法帖然。凡宋刻有肥瘦二種，肥者學顏（顏眞卿），瘦者學歐（歐陽詢），行款疏密任意不一，而字勢皆生動，箋古色而極薄，不蛀。元刻字稍帶行，而箋時用竹，視宋紙稍黑矣。國初用薄綿紙，若楚、滇所造者，用氣色超元匹宋。成、弘以來，漸就苟簡，至今日而醜惡極矣。〔註 213〕

由於此風的影響，使得出版業界在翻刻古籍的熱浪侵襲之下，大量的宋元古籍日復一日地被翻印出來，數目之龐大難以估算。刻印數量既多，品質便難以控制，以是錯誤百出，甚至任意刪改。據《湧幢小品》載：

> 刻書以宋板為據，無可議矣。俞羨長（俞安期）云：「宋板亦有誤者。」余問故，曰：「以古書證之，如引五經、諸子，字眼不對，即其誤也。今以經、子宋板改定，則全美。」余曰：「古人引經、子，原不求字字相對，恐未可遂坐以誤。」俞嘿然。余謂刻書最害事。仍訛習舛，猶可言也；以意更改，害將何極？〔註 214〕

時人之佞宋，已臻其極，但也不難看出其中有人認為宋版書籍並非如此完美。雖然如此，江南五府地區的藏書家對於好古之取尚仍未稍減，明亡以後，仍然影響此地藏書家的收藏偏好。如崇德藏書家呂留良曰：「言不難擇，而理未易明，必於古人之書反覆玩味，寬心游意，使其所說如出於吾之所為，無復纖芥之疑而後發言立論，辨其可否，不則理有未明，於人之言有未能盡其意者，豈可遽絀古人而直任胸臆之所裁乎？」〔註 215〕一切以古人為準，向古人看齊，就是明代江南五府地區藏書家理想中的完美意境。

值得注意的是，尚古與隱逸在明代文人的精神層面裡，往往是合而為一、互為

〔註 211〕毛文芳，〈花、美女、癖人與遊舫——晚明文人之美感境界與美感經營〉（《中國學術年刊》，第一九期，一九九八年三月），頁四一四。

〔註 212〕《少室山房筆叢》，卷四，〈甲部．經籍會通四〉，頁五九。

〔註 213〕《五雜俎》，卷一三，〈事部一〉，頁二六五～二六六。

〔註 214〕明．朱國禎，《湧幢小品》（北京：文化藝術出版社，一九九八年八月第一版），卷一八，〈古板不可改〉，頁四二三。

〔註 215〕《呂晚邨文集》，卷一，〈答潘用微書〉，頁一四上。

表裡的一種完美表現。如仁和藏書家郎瑛，「少有俊才，充郡庠諸生，以親老歸侍，遂不營當世，好古樂道，大為時賢所重。」〔註 216〕又郎瑛「素有疾，於進取泊如也。有愛之者曰：『如後時何？』瑛曰：『吾已委身載籍矣！當復與少年競筆札邪？』」〔註 217〕郎瑛可謂尚古隱逸，一意以藏書為志。又如秀水藏書家項元汴，雅尚隱居，「博雅好古，不習舉業。萬歷間，被徵不起。」〔註 218〕如同郎瑛、項元汴亦一身兼有尚古與隱逸兩種風格。而無錫藏書家華珵，也是既尚古又隱逸，兩種特徵他都兼備。在尚古方面，他表現在生活的休閒品味當中，凡「所御几杖盤盂之類，皆倣諸古。居官時，公退輒自玩。及歸，而益遂焉！更自號曰：『尚古』。」〔註 219〕其「家有尚古樓，凡冠履盤盂几榻，悉擬制古人。尤好古法書名畫鼎彝之屬，每併金懸購，不厭而益勤。」〔註 220〕其所標榜的好古之風，於生活上處處講究，甚至影響他的收藏內容，性又好隱。據《甫田集》載：

> 嘗仕有官稱，以其仕不久，又性好古，故遺其官不稱，稱尚古生。……尚古七試輒斥，循資貢禮部，卒業太學，選授光祿寺太官署署丞。……訖其去，無有過舉。一時卿僚方重得尚古，而尚古歸矣！其後有司復援恩例起之，卒辭不就。蓋尚古仕雖晚，而輒知止足，又樂閒曠。〔註 221〕

從華珵的行為分析，他將好古的精神徹底體現在生活的內容當中，甚至自號為「尚古」，可說已到了「佞古」的境界。至於在隱逸方面，他的好隱之性表現為居官不久、來去瀟灑的態度，而時人也認為這種行為近於古人，甚至遺其官不稱而稱之為「尚古生」，可見在明人的思想領域裡，「尚古」與「隱逸」是文人必須同時兼有的一種完美人格，尚古者必須具有好隱性格，而隱逸之人也是一種推崇古人的行為表現。

二、隱　逸

明代江南五府地區藏書家的隱逸時尚與傳統中國士大夫的人格特性有關，隱逸的習性是以往讀書人對於時代環境一種抗議的表示。所謂隱，指不願做官的行為，也就是韜晦。推而廣之，一切沒有做官的士皆可稱為隱士，還包括那些丟官落職的

〔註 216〕明・朱曰藩，《山帶閣集》（《四庫全書存目叢書》集部・一一〇冊，台南：莊嚴文化事業有限公司，一九九七年六月初版，據中國社會科學院文學研究所藏明萬曆刻本影印），卷二八，〈七脩類稿後序〉，頁一六上。
〔註 217〕《萬曆・杭州府志》，卷八九，〈人物・義行〉，頁二二上。
〔註 218〕《光緒・嘉興府志》，卷五三，〈秀水文苑〉，頁三五上。
〔註 219〕《容春堂集》，卷四，〈明故光祿寺署丞進階文林郎華君墓誌銘〉，頁一二下～一三上。
〔註 220〕《明分省人物考》，卷二八，〈華珵〉，頁五二上。
〔註 221〕《甫田集》，卷二七，〈華尚古小傳〉，頁三下～四下。

士大夫，而一切類似隱士生活的行爲皆可稱爲隱。〔註 222〕至於隱士爲何不願意做官？主要是他們認爲做官危險，或者認爲做官有悖於他們的生活志趣和爲人道德，甚至有些是因爲久困科場而牢騷滿腹，藉隱居來抗議當權者對自身的不夠禮遇。

此外，還有一種隱逸的重要原因，特別是在明代社會裡頭，成爲士人爲何隱逸的特色，且不同於以往的新的因素。明代江南地區文人好隱，蔚爲風尙，與中後期商品經濟的發展以及資本主義的勃興交互影響關係密切，身處當時的文人士大夫，由於傳統士商關係的轉變，文士重商而棄儒的觀念逐漸抬頭。迨至明季，江南地區裡「棄本逐末」或「棄儒經商」者已經相當普遍，「工商皆本」，趨利從商，在當時社會已經蔚然成風。〔註 223〕在中國古代的社會裡，科舉制度是通向躋身上層社會的一條主要途徑，多少學人士子，十年寒窗，夢寐以求一舉成名天下聞，並且得到封官、食祿與恩蔭等種種的好處。但是到了商品經濟發達的時候，人們看重的是經濟利益，商賈得利遠比功名要實惠得多，於是許多人的眼光看到了實際面，不務虛名，從而棄儒從賈，以是功名觀念爲眼前的經濟利益所沖淡，〔註 224〕讀書人的出路將不再只是應舉。當時的士儒根據這種認識，在賈者業儒的同時，放棄舉業轉而從商者也日益增多。尤其是那些對科第名額有限，入仕途徑狹窄視爲畏途的士人，更相率地放下清高的架子，轉而進入商界。〔註 225〕這種現象是明代士人隱逸原因上的一個特殊點。但是朝廷和官府往往爲了自己的利益，有時卻偏要隱士出來做官，於是隱士只好躲避，所以隱又叫逃。隱士不僅不願做官，也逃避社會，所以隱也叫「遁世」。〔註 226〕雖然如此，在仕與隱的十字路口上，明代的文人卻又充滿著矛盾性。他們一方面醉心科舉，另一方面又對官位看得很輕，動不動就辭官歸里，〔註 227〕過著自己理想中的退隱生活。

元末明初士人興起一股隱逸之風，就江南地區的經濟背景而言，在元代鬆弛的法令下，江南地區的富庶之家比比皆是，他們在累積相當的財富之後，面對紊亂紛擾的世局，轉而競相追求古典詩文的藝術境界，以蒐集名士的詩、畫、翰墨爲提昇

〔註 222〕劉文剛，〈隱就是逃〉（《中國典籍與文化》，一九九四年第一期），頁四七。
〔註 223〕吳仁安，〈明代江南地區的商人和社會風尚〉（《歷史教學問題》，一九八八年第五期），頁二〇。
〔註 224〕陳學文，〈明代中葉民情風尚習俗及一些社會意識的變化〉（收入《山根幸夫教授退休記念明代史論叢》下冊，京都：汲古書院，一九九〇年三月初版），頁一二一三。
〔註 225〕謝景芳，〈明人士、商互識論〉（《明史研究專刊》，第十一期，一九九四年十二月），頁一九八。
〔註 226〕劉文剛，〈隱就是逃〉，頁四七。
〔註 227〕王建光，〈明代學子的心態及其價值取向的歸宿〉（《史學月刊》，一九九四年第二期），頁三七。

自身名望的途徑，使得這個時代充滿富而好文的藝文創作活動。此外，許多富家本身即爲著名的文士，並且利用自己的豐厚財力爲後盾，極力營造適合士人文藝活動的環境，提供隱逸士人發揮才能的優良環境，更助長了這一時期的不仕之風。〔註 228〕這股隱逸的不仕之風，在當時江南五府地區也爲藏書家所崇尚，如元末明初上海藏書家顧友實，藏書處名「芸閣」，而「芸閣，在崧宅，處士顧友實隱居。」〔註 229〕顧友實隱居以避亂，藏書以適其志。無錫的藏書家倪瓚，生逢元季亂世，也好隱而不喜爲官。據《明書列傳》載：

> 張士誠欲鈞致之，逃漁舟以免，邏者遇之，微聞飄香，曰：「此必倪處士也。」跡得之，將縛以獻，以計紿逸去。……晚益務恬退，棄散無所積，屏慮釋累，黃冠野服，浮游湖山間，丰采愈高。足跡不涉貴人之門，與世浮沈，恥於衒暴，清而不迂，混迹編氓，沈晦免禍，介特之超，皦然不渝。〔註 230〕

如同顧友實，倪瓚亦隱於藏書。倪瓚「平生無他好翫，唯嗜畜古法書名畫，持以售者，酬之百金無所靳。高勝之韻，每發揮於縑素，蒼勁妍潤，尤得清致。晚益務情，退棄散無所積，屏慮釋累，黃冠野服，浮遊湖山之間，以遂其志。」〔註 231〕

明朝肇建之初，由於明太祖的高壓與專制政策，使得當時出現了文人普遍不肯出仕的狀況。太祖大興文字獄，起因於他對讀書人的不放心，所以採取高壓政策，藉口文字禁忌，隨意殺人，以儆效尤。使得明初的文人、地方官吏、當朝大臣等，屢因所爲詩文、策問、講學、試題、進書、上表等一切文字，稍有不愼，便招來殺身之禍。這樣一來，就使得當時的文人多視做官爲畏途而不肯出仕。〔註 232〕自元末至明初，由於當時社會的複雜，加上明太祖殘酷的統治手段，以故一般自由成性的知識份子，寧可隱居而多不願入仕。〔註 233〕當時江南文人的這股不仕之風，也在江南五府地區造成迴響。松江府的藏書家夏庭芝，迫於世局嚴厲，遂「優遊衡茅，教

〔註 228〕汪栢年，《元明之際江南的隱逸士人》（台北：國立台灣師範大學歷史研究所碩士論文，一九九八年六月），頁一二九。

〔註 229〕《同治・上海縣志》，卷二八，〈古蹟・第宅園林〉，頁二五上。

〔註 230〕《明書列傳》，卷一四二，〈倪瓚〉，頁三五〇。

〔註 231〕明・何良俊，《何氏語林》（《筆記小說大觀》三七編二冊，台北：新興書局，一九八四年六月版），卷一一，〈言志第五・下〉，頁二八下。

〔註 232〕夏金華，〈明末封建士大夫逃禪原因初探〉（《學術月刊》，一九九八年第二期），頁七三。

〔註 233〕趙令揚，〈論明太祖政權下之知識份子〉（收入《壽羅香林教授論文集》，香港：萬有圖書公司，一九七〇年版），頁一九九。

子讀書，幅巾笻杖，逍遙乎林麓之間，泊如也。」〔註 234〕而華亭藏書家孫道明，也屬意隱居的藏書生活，他選擇家居「焚香論古，蕭然自得，不復問人間利鈍也。」〔註 235〕並且「自以爲無所用於世，視田野闃寂，若將終其身於是。」〔註 236〕以上這幾位藏書家，皆在明初的高壓統治下，選擇隱居的藏書生活而自適其中，他們逃離當時充滿肅殺氣氛的廟堂，回歸田野，並且都以藏書活動做爲精神慰藉。由此可見，明初在政治上從造士、選士到養士方面，都採取對知識份子徹頭徹尾、徹裏徹外的管制手段。這是一個無志氣、無銳氣、無朝氣且無生氣的王朝。〔註 237〕

進入明代中後期，由於政壇上君昏臣懦、宦官的柄政，以及官場上權力的鬥爭等等，種種的黑暗與腐敗，更加使得江南五府的藏書家望而卻步，寧可家居藏書而不肯入朝爲官。特別是在嘉靖、萬曆年間，政治黑暗，文人們或被罪而放歸，或厭倦而辭官，或者屢試不第，或是不屑仕進以爲畏途者，都已然形成一種在野的放達不羈的氣氛。〔註 238〕而明代中後期城市經濟的繁榮也給文人們帶來了一系列不可避免的痼疾，如噪音、污染、喧鬧、嘈雜、勾心鬥角、爾虞我詐、人情冷漠、世態炎涼等等社會現實，使得文人們又開始嚮往鄉村，回歸自然，並追求桃花源式的恬淡寧靜的生活。〔註 239〕如長興藏書家吳琉，目睹朝政之亂，自幼即適性好隱，視當官爲畏途。據《湖州府志》載：

> 琉少孤，穎異絕倫，而不習舉子業。……御史巡浙，……見琉方舞勺異恆兒，詰所以廢業，琉他辭對，……欲玉成琉，而琉志固已薄科名，不爲矣！〔註 240〕

後來，由於吳琉好隱之性而聲名大譟，四方交相以高士薦，遂引起朝廷的注意，後「武宗詔徵，至中途遄歸，卒。」〔註 241〕歸安藏書家施峻，不樂仕進，爲官「凡議有不合，即欲投劾去，上官第陽聽之，而峻已浩然長往。」〔註 242〕無錫藏書家楊謨，

〔註 234〕元・夏庭芝，《青樓集》（《增補筆記小說名著》第一集，台北：世界書局，一九六二年二月初版），書前，張鳴善〈青樓集序〉，頁三。

〔註 235〕《崇禎・松江府志》，卷四二，〈隱逸〉，頁八下。

〔註 236〕《藏書紀事詩》，卷二，〈孫道明明叔〉，頁六七。

〔註 237〕謝景芳，〈理論的崩潰與理想的幻滅——明代中後期的仕風與士風〉（《學習與探索》，一九九八年第一期），頁一二四～一二五。

〔註 238〕謝景芳，〈理論的崩潰與理想的幻滅——明代中後期的仕風與士風〉，頁一三〇。

〔註 239〕滕新才等，〈明朝中後期居室文化初識〉（《西南民族學院學報》哲學社會科學版，一九九九年第一期），頁一五七。

〔註 240〕《同治・湖州府志》，卷七五，〈人物・文學二〉，頁九下～一〇上。

〔註 241〕《浙江通志》，卷一七九，〈人物六・文苑二〉，頁三一二五。

〔註 242〕《明分省人物考》，卷四六，〈施峻〉，頁二一上。

終身不仕，「資富而務學，居囂而習隱，既冠有室，猶劬書無倦充其志，蓋將以詩自名。時諸閭右方孜孜營利，奢麗同流，君獨退然布素。」〔註 243〕而華亭藏書家顧中立，有鑑於朝政之腐敗，堅持以刑部員外郎致仕。據《長谷集》載：

雖仕路方達，欣然棄官歸，人咸重之。……宅之西偏有地數畮，闢爲園池，花竹蔚然可賞，因以「洪厓」名其堂。花辰雪夕，與三、四良朋舉酒賦詩，不復料理人間事。諸所酬應悉出自内，因得暢然適其情。〔註 244〕

明代文人之崇好林下清風，往往視官場如棄土。華亭藏書家徐獻忠，「嘉靖乙酉（四年，1525）舉於鄉，再試不第，授奉化知縣。約己惠民，殊有民譽。故人爲寧波守，用手版相臨，伯臣笑曰：『若以我不能爲陶彭澤耶？』即日棄官歸。」〔註 245〕所謂士可殺，不可辱，何況就具有隱逸性格的文士而言，一身錦袍與烏紗帽不啻爲錦上添花，何足掛齒。又上海藏書家李煥然，喜好藏書，終其一生，「絕意進取，教授里中兒。」〔註 246〕李煥然淡泊仕進，一以藏書爲志，足稱典型。平湖藏書家趙漢，雖在朝爲官，然其性好隱。「已仕給省，請告歸，益徙近湖舍，東闢隙地疊石栽花，構數椽，游息其中，名其石窗曰：『吾將于茲老焉！』比再起，再歸，益闢後圃湖上，雜植竹樹花草無慮百種。川湖奇石不問巨細、闤徑、溏隍，高下羅列。」〔註 247〕從此趙漢悠揚林下，享盡園居生活之快意清風。而上海藏書家董宜陽，好隱出於天性使然，且不爲貧困所迫，以及金錢利祿所誘惑。據《朱邦憲集》載：

家故不饒，先生持門户四十年，婚嫁日繁，又不善治生產，家日貧。旋遭兵燹，室廬被災，奔迸遷徙無寧日，家益貧，賣文以給。惟書若干卷及先世遺像、故人所寓竿牘，謹楮無恙，日携置僑所以自娛。人或嘲之曰：「先生良自苦，不記憶揮金時耶？」先生笑曰：「金固散去，故吾存耳。」或勸之仕，答曰：「子期往矣！乃今寧爲白頭丞簿，踞蹐效轅下駒哉？」因自號七休居士。〔註 248〕

人稱董宜陽之處世，負氣守節，生平不妄取，「以故家世雖膴仕，而落落如寒素。蓋

〔註 243〕《容春堂集》，卷六，〈故楊秋林配陳氏墓前石表銘有序〉，頁五上。

〔註 244〕《長谷集》，卷一三，〈左山先生傳〉，頁五上～下。

〔註 245〕《列朝詩集小傳》，丁集上，〈徐奉化獻忠〉，頁四〇五。

〔註 246〕《崇禎・松江府志》，卷四二，〈隱逸〉，頁二四上。

〔註 247〕《端簡鄭公文集》，卷七，〈當湖里居記〉，頁一三下。

〔註 248〕明・朱察卿，《朱邦憲集》（《四庫全書存目叢書》集部・一四五冊，台南：莊嚴文化事業有限公司，一九九七年六月初版，據北京大學圖書館藏明萬曆六年朱家法刻增修本影印），卷一〇，〈董子元先生行狀〉，頁一一上。

先生操行端方，乃其天性，豈以貧故輒希膏潤。」〔註 249〕

到了明末，由於時局的天崩地裂，政治越趨黑暗。君主的不理朝政，內憂外患接連而起，朝士的黨伐異同，更加使得這段時期江南五府地區的藏書家不願出仕爲官，甚至寧可褐衣終身。如無錫藏書家秦柱，礙於時政，好隱而不喜爲官。時相「江陵（張居正，1525～1582）銜之，斥爲王官，復中以考功法，柱欣然棄官歸。家日貧，終其身無抑鬱之意。」〔註 250〕平湖藏書家沈懋孝對官場也毫不戀棧，仕至國子監司業，罷官歸里後，不似其他居鄉待職的士人一般汲汲營營，以託貴人之門而復起，反而是「終歲重門反鎖，朝夕啓居母太夫人外，焚香書舍，尋繹舊業，蓬蒿滿徑，澹如也。」〔註 251〕這種安於貧淡，居官知止的作風，不讓古人。華亭藏書家張之象試輒不利，以太學生遊南都，「久之，入貲爲郎，授浙江布政司經歷。性故倜儻，不能爲小吏俯仰，遽投劾而歸。閉門却掃，横經藉書，分披几案間，客至不能布席。」〔註 252〕張之象雖以貲釋褐，卻「以吏隱自命，歸益務譔著。晚居秀林山，罕入城市。」〔註 253〕張之象之所以入貲爲官，乃迫於生計，其實非其所願。秀水藏書家沈啓原，性不喜官場，淡泊名利。罷陝西按察副使歸家後，即不願接受朝廷起復之令，立志不再出來當官。據《澹園集》所載：

> 比抵家，奉旨調用，當事以先生清望久著，輒議補先生。先生徐念曰：「夫人生之樂，在曠然全其天眞。吾自登第抑首者二十年，茲得寬假，又何能以七尺軀，僕僕爲人頫仰耶？且機穽已蹈，尚不覺悟，將令溪上之鷗笑人也。」遂絕口不談世事，亦不復通謁貴顯，惟日相羊長溪之上，芟先人林園，誅茅治屋，爲偃息計。爲堂有「與閒」、「存石」，爲閣有「紫芝」、「閬風」，爲齋有「止觀」、「徐于」，爲臺有「紫雲」、「香雪」，爲亭有「蒼玉」、「點易」。栽花種竹，野服葛巾，親朋來往，如山人而已。〔註 254〕

武進藏書家江惟清，絕意宦途，於「萬歷間舉明經，或勸之仕，不仕。」〔註 255〕錢塘藏書家虞淳熙官至吏部稽勳郎中，致仕後，「歸而偕弟僧孺（虞淳貞）隱南山回

〔註 249〕《雲間志略》，卷一九，〈董太學紫岡先生傳〉，頁二六下。

〔註 250〕《毘陵人品記》，卷一〇，頁一四上。

〔註 251〕明・李維楨，《大泌山房集》（《四庫全書存目叢書》集部・一五〇冊，台南：莊嚴文化事業有限公司，一九九七年六月初版，據北京師範大學圖書館藏明萬曆三十九年刻本影印），卷一二，〈沈司成集序〉，頁一〇上。

〔註 252〕《列朝詩集小傳》，丁集上，〈張經歷之象〉，頁四五一。

〔註 253〕《明史稿列傳》，卷一六三，〈張之象〉，頁一九上。

〔註 254〕《澹園集》，卷三三，〈陝西按察司副使霓川沈先生行狀〉，頁五三九。

〔註 255〕《光緒・武進陽湖縣志》，卷二三，〈人物・文學〉，頁二〇下。

峰下，採蓴行樂，嘯咏惟適，棲寂課玄，六時不輟，足跡不窺官府，雖臺府大吏及四方遊客，欲一識面不可得。」〔註 256〕罷歸而不事干謁，甚至足不出戶，皆可見到此間藏書家尙隱之篤。秀水藏書家汪繼美，也是不願見到權相的紊亂朝綱，乃憤而求去。他「生而淳篤，內涵敏藻，業制舉藝，隆然有聲。時江陵相（張居正）初政嚴急，無待士禮，居士遂堅意謝去。」〔註 257〕嘉興藏書家李日華雖在朝爲官，性亦好隱，「素性恬退，不樂仕進，曾遇異人指玄功秘訣，業有所得，視功名猶腐鼠也。時亨途正啓，竟借差歸矣！不復出。」〔註 258〕秀水藏書家陳懿典，於萬曆年間舉進士，從此官運亨通。但是他目睹明末時局之漸不可爲，雖然朝廷屢酬之以高位，對他恩遇有加，但是他仍對宦業處之漠然。據《浙江通志》載：

> 壬辰（萬曆二十年，1592）成進士，選庶常，授編修，與修實錄，分撰同姓諸王傳。……尋轉中允諭德，冊封魯藩，以目眚假歸。葉向高（1559～1627）薦之起南翰林學士，不赴。天啓初，採輯肅顯兩朝有關修齊之要者，類成聖政、聖學四卷上之。……崇禎初晉少詹，益堅初志。〔註 259〕

陳懿典之不仕，正是江南五府藏書家之間所崇尙的隱逸風氣使然。

值得我們注意的是，晚明文人的堅持不仕，往往還有一個意外的效果，便是隱居有時可使其聲名日益高昇，越隱反而越孚眾望。如華亭藏書家董其昌不樂爲官，入翰林後，「視一切功名文字，黃鵠之笑壤蟲而已。時貴側目，出補外藩，視學楚中，旋反初服。高臥十八年，而名日益重。」〔註 260〕而明末的文人的確有不少因隱居而享高名者，這與當時「山人」的流行有關，而所謂的「山人」，也是在好隱之風相當盛行下的產物，其中以華亭藏書家陳繼儒最稱典型。陳繼儒生値明季無力回天的亂世，以致天性好隱，絕意仕進，年甫二十九，目睹時局之不可爲，便焚棄儒服，隱居崑山之陽，雖「屢奉詔徵用，皆以疾辭。」〔註 261〕陳繼儒隱居方式，時人稱之爲「通隱」，所謂「以仲醇（陳繼儒）之才器，早自摧息，時命折除，聲華浮動，享高名，食清福，古稱『通隱』。」〔註 262〕而陳繼儒雖隱居不仕，其片言卻又足以影響世道之所向，他

〔註 256〕清・鄒漪，《啓禎野乘》（《明代傳記叢刊》一二七冊，台北：明文書局，一九九一年十月初版），一集卷三，〈虞稽勳傳〉，頁一一上。

〔註 257〕《恬致堂集》，卷二五，〈汪愛荊居士傳〉，頁一八下。

〔註 258〕《崇禎・嘉興縣志》，卷一四，〈文苑〉，頁一〇上。

〔註 259〕《浙江通志》，卷一七九，〈人物六・文苑二〉，頁三一一七。

〔註 260〕《無聲詩史》，卷四，〈董其昌〉，頁五九上。

〔註 261〕《新校本明史》，卷二九八，〈列傳一八六・隱逸・陳繼儒〉，頁七六三二。

〔註 262〕清・陳田，《明詩紀事》（《明代傳記叢刊》一四冊，台北：明文書局，一九九一年十月初版），卷七，〈庚籤・陳繼儒〉，頁九二七。

在社會上的影響力，當時反而高過一些達官貴人。據《明詩紀事》載：

仲醇（陳繼儒）以處士虛聲，傾動朝野。守令之臧否，由夫片言；詩文之佳惡，冀其一顧；市骨董者，如赴畢良史推場；品書畫者，必求張懷瓘估價。肘有兔園之冊，門闐鶩羽之車。〔註263〕

如此則陳繼儒雖爲隱士，反而更勝於從仕之人，視其所爲雖無當官者之權力，卻隱然成爲在野之領袖，這也是江南五府藏書家在隱逸風氣上的一個特點。這種現象一直持續到清初，仍是如此。例如清初秀水藏書家朱彝尊（1629～1709），幼逢國變，以明遺民自處而篤好隱居，然「以布衣自尊，十餘年間，遂負重名，姓字達于禁中。舉康熙十八年（1679）鴻博之試，授職檢討，入值南書房，賜第黃化門。」〔註264〕拜隱居聲名所賜，朱彝尊之得官完全不必通過科舉的重重考驗。

明亡迄清初，深受儒、道互補意識影響的中國士大夫，時常徬徨於隱與仕兩者的交叉路口之上，而隱居成了一部份失意士大夫逃避現實的共同之路。晚明文化的劇變，市民文化的萌芽，給晚明時期的文士帶來了很大影響，使他們的息隱意識與前代迥然相異，隱居生活獨具一格。〔註265〕仁和藏書家卓人月，亦爲諸生，夙負時名。「北都既覆，鄉居教授以終。」〔註266〕武進藏書家唐宇昭，「鼎革後，不復問世，及弟宇量偕隱。有司迫上公車，中途遁歸，逍遙翰墨，人稱『唐氏二難』。」〔註267〕如同稍早的藏書家一般，唐宇昭高隱之名反而更加引起滿清新政權的注意。嘉興藏書家高承埏，起家進士，仕至工部虞衡司主事。乞歸後，時遭明季世亂，滿清入關，高承埏目睹此間天崩地裂之景象，徒增無力回天之慨，惟「侍母屠太宜人，盡潔白之養。嘉興城破，誓墓不出，隱居竹林村窩，聚書八十櫝，多至七萬餘卷。」〔註268〕高承埏生不偶時，選擇藏書以避世，遠遠逃離那令人不忍卒睹的悲慘時代。崇德藏書家呂留良，對於故國思念不已，但又無力反清復明，在志不得申的情況下，也只好隱居自清。他曾經告訴朋友說：

某足跡不越江南，交游不及名位，荷鋤村畦，穿穴故紙，頹然乾坤一棄物，持此終老而已。〔註269〕

〔註263〕《明詩紀事》，卷七，〈庚籤・陳繼儒〉，頁九二八。
〔註264〕《清詩紀事初編》，卷七，〈朱彝尊〉，頁七四七。
〔註265〕陳寶良，〈論晚明的士大夫〉（《齊魯學刊》，一九九一年第二期），頁五八。
〔註266〕《南雷學案》，卷六，〈同調下・卓珂月先生〉，頁三六〇。
〔註267〕《清代毗陵名人小傳》，卷一，〈唐宇昭〉，頁七上。
〔註268〕《國朝耆獻類徵初編》，卷四六一，〈隱逸一・高承埏〉，頁二一下～二二上。
〔註269〕《呂晚邨文集》，卷一，〈答戴楓仲書〉，頁三四上。

秀水藏書家蔣之翹，爲「秀水布衣，甲申後，隱於市。」〔註 270〕同縣的藏書家曹溶，早年頗有一搏清雲之壯志，汲汲仕祿之途。然時不我與，居官僅至御史，而明室旋即告終。入清以後，他仍想當官，遂投降於清，復仕至戶部侍郎，其後卻不獲重用，再幾經遷轉，乃以丁憂不復出，此時的他，已經是無意仕進、看破宦途了。然家居以後卻聲名日起，愈隱而名愈著，其後又於「康熙十七年（1678）舉博學鴻儒，以病辭；薦修《明史》，不赴。」〔註 271〕曹溶身陷末代世亂，仕與不仕，舉步維艱。又身覆貳臣之名，清廷對之又冷漠輕視，他身居廟堂，自愧不可終日，終於等到罷官歸里後，得以放浪煙霞，「晚年自號鉏菜翁，築室范蠡湖，顏曰：『倦圃』，蒔花種竹，置酒唱和無虛日。愛才若渴，四方之士倚爲雅宗者四十年。」〔註 272〕這樣的生活層次，才是明代文士所普遍嚮往的意境。

烏程藏書家董說，本爲「明諸生，國變後祝髮爲僧，顧雖遁於僧，仍癖嗜文字，老益篤。」〔註 273〕仁和藏書家王晫，爲明季「諸生。國變後，謝黌籍，杜門聚所藏書縱觀之。晚闢牆東草堂，雜植花木，架重屋曰：『丹樓』，吟嘯其中。戊午（康熙十七年，1678），京師貴人欲舉晫應，隱逸辟召，知其志不可奪，太息而罷。晫好聽溪上松，自號松溪子。」〔註 274〕嘉興藏書家周篔，在明時爲諸生，業舉子。生而「少孤，事母以孝聞。遭亂，棄舉子業，受廛賣米。嘗購故家遺書一船，筐筥、斗斛、權衡與卷軸錯陳之，咿唔自若也。」〔註 275〕如此淡泊官位，正如同此時江南地區的其他藏書家一樣，都是生在明末而無意爲新朝服務的文人，也正如古人所謂的「天地閉、賢人隱」的古意作風，正是此間藏書家的特色之一。

綜上所述，可見隱逸之風在明代的江南五府地區是相當風行的，有些藏書家甚至以隱居讀書誡誨子孫，並蔚成家風。如海鹽藏書家鄭曉，官至刑部尚書，足稱位高權重。然而他卻在寄給友人的信中曾經說道：

> 每憶先君治命官至四品，亟求歸田，毋貪利祿，官高難稱塞又難解脱，

〔註 270〕清・徐鼒，《小腆紀傳》（《清代傳記叢刊》六九冊，台北：明文書局，一九八五年五月初版），卷五八，〈列傳五一・逸民・蔣之翹〉，頁六五五。

〔註 271〕清・錢林等，《文獻徵存錄》（《清代傳記叢刊》一一冊，台北：明文書局，一九八五年五月初版），卷一〇，〈曹溶〉，頁九上。

〔註 272〕《顏氏家藏尺牘》，附錄，〈姓氏考〉，頁二四八。

〔註 273〕清・竇鎮，《國朝書畫家筆錄》（《清代傳記叢刊》八二冊，台北：明文書局，一九八五年五月初版），卷一，〈董説〉，頁二下。

〔註 274〕《明代千遺民詩詠》，初編卷九，〈王丹麓〉，頁五上。

〔註 275〕《小腆紀傳》，補遺卷四，〈列傳・文苑・周篔〉，頁七九九。

慎無忘余言。弟不孝，不能敬聽，乃今進退維谷，奈何！奈何！〔註276〕

可見鄭曉之父所立的家法，是子孫若做官絕不能高過四品，毋貪利祿而速禍敗家。無錫藏書家張復，其父名用謙，號止庵，隱於醫。張復幼能讀書，「或勸業進士，止庵曰：『隱吾世德也。』遂以所著《醫書要指》遺之，曰：『汝第事此。』公受而攻焉！學大進，求者沓至。」〔註277〕與鄭曉之父有所不同，張用謙所立之家法，是要求子孫不可出仕，必須業醫治生，以隱跡累積世德。是故好隱與積書，亦當爲無錫張氏家傳之世訓。

既然隱居爲明代江南五府藏書家的普遍好尚，那麼他們的隱居生活內容又將如何安排？隱士若無法讓自己的隱居生活快意適性，打造一個符合個人無限憧憬的理想生活方式，人生苦長，又何苦讓自己受罪？因此，隱士通常有很多抒發山中寂聊歲月的休閒活動。而明代中期是中國歷史上政治滯悶的時期之一，從明代中期開始，政治也步入更加黑暗的時期，其官場複雜，權術翻覆，而有志者卻用世無門，有思想者也只能橫決斜出，這也是一段中國傳統知識份子的挫折期。然而，在大一統的政治局勢下，文人的仕與隱，官場與民間，其矛盾並不容易消解。文人「正統」的道路還是出仕，但一部份文人卻不得不在「仕路」之外，另外尋求別的人生道路，開闢新的價値領域。因此對文藝的追求，或者將與「仕路」的追求平行，也許可以代替之，甚至也能夠超越之，對於當時的文人來說，儼然文藝有其本身自足的價値存在。〔註278〕當然，江南五府地區的藏書家共同的文藝嗜好便是藏書與校讀，舉凡與書籍有關之事，他們都感興趣。同時，他們還有一些其他的休閒活動，足以讓他們的退隱生活增添更多色彩，而每一位藏書家退隱後所建構的理想生活環境也都會有些許不同。

第六節　經濟無虞

上一節提到明代江南五府地區的藏書家普遍存在尚古隱逸的特徵，成爲文化上的特質之一，不過，在瞭解這種風氣的形成以後，有一個問題尚未解決，那就是藏書家既然是身退心也退，不從仕又不逐人間之利，那麼他們藏書退隱的安逸生活在現實上又將如何維持？站在文學與藝術的立場，雖說討論這個問題顯得有些俗氣，但是若以科學研究的觀點來看，探討藏書家的經濟來源與思想傾向，可以幫助瞭解

〔註276〕《端簡鄭公文集》，卷三，〈答黃海野〉，頁七三下。
〔註277〕《容春堂集》，卷七，〈玉亭處士張公墓誌銘〉，頁二一上。
〔註278〕黃繼持，〈明代中葉文人型態〉（《明清史集刊》，第一期，一九八五年），頁五八。

藏書數量的增長與內容擴大的有關背景，〔註279〕是一個相當實際而且生動的課題。尤其中國的隱士在外人看似平淡，其實內裡卻充滿著多采多姿的生活情趣之下，我們的確必須注意到做爲隱士的一些條件，這也是引起人們感到有趣的地方之一。一般而言，要從事隱逸行爲的條件有三：一是必須能夠安於貧賤，二要耐得住寂寞，三是本身必須有一定的經濟與謀生能力。〔註280〕前兩個條件可藉由前文所述藏書家退隱生活的豐富內容找到答案；接著，本節將探討明代江南五府藏書家崇尚隱逸的第三個條件，也就是江南五府藏書家的經濟條件。

藏書活動與其他一切精神文化的活動一樣，必須是人們具備了一定的生活保障的前提下而出現的產物，〔註281〕也就是說，藏書必須有足夠的經濟條件加以支持。一旦經濟環境改變，藏書活動便難以繼續進行下去。如華亭藏書家徐獻忠好隱居，不惜辭官歸隱，然卻自此淡泊，僮僕視其家前景無所寄託，遂相率逃去。時人云：「一老孝廉作山僻縣，長勢必量柴數米。買臣有薄婦，翟公無善交，此輩安能與伯臣（徐獻忠）作耐久面目？」〔註282〕文人欲過隱居生活，事前必須有經濟上的計畫，若非衣食安穩無虞，實在無法安逸自適，如此則隱居生活不但無法達到理想的完美境界，反而因此受苦、掃興。歸安藏書家茅坤也曾舉出一個眞實的故事，他說同縣有位周姓藏書家，曾與他有過來往，而其藏書生活，便在其家經濟狀況轉劣的情形下宣告終止。他指出：

> 邑有友人周生某者，少孤而力學。……其解母之囊裝也近千金，然不治產，獨好古鼎彝及法書名畫，而於畫事尤甚。間睹吳下公卿家所散唐、宋來趙伯駒、米南宮及范寬、王大癡諸舊縑所遺，輒傾母氏橐貯以求之。故其家無半畝之宮，往往借廬以貯圖書。予數過之，家特四壁立，而所共賓朋徜徉其間者，香一柱、茗一甌，則出所貯圖書相品畫而已。甚矣，其癖且迂也！數年來，歲既侵，米價日翔貴，而午炊或不繼，故不得不移故所貯以鬻之士大夫家。而世之士大夫，未必知且好；即知且好，抑未必其力之給否也。〔註283〕

明代江南五府之藏書家，其藏書志向往往源於癖好，不惜敗橐以蓄之，並非以商業

〔註279〕謝灼華，〈私藏的功績——中國封建社會藏書制度的歷史特點之二〉，頁二五。

〔註280〕趙映林，〈中國古代的隱士與隱逸文化〉（《歷史月刊》，第九九期，一九九六年四月），頁三五～三六。

〔註281〕王增清，〈湖州藏書的聚散及其史鑒意義〉（收入《中國古代藏書樓研究》，北京：中華書局，一九九九年七月第一版），頁一五七。

〔註282〕《南湖舊話錄》，卷上，〈人物考〉，頁二九下。

〔註283〕《茅鹿門先生文集》，卷八，〈與張澄齋憲副書・又副言〉，頁二八下～二九上。

投資之眼光著手。其實，藏書事業不同於一般的商業投資行爲，因爲書籍的價格很不穩定，往往是視其賣主或買主的需求程度而定，所以藏書家在蒐羅之時雖投以鉅金，出賣之時卻不易脫手，甚至必須降價求售，其報酬率在短期內顯得過低，並不是良好的投資標的物。因此，藏書僅能當成一種嗜好，並且必須是在自己的經濟能力之內而行，方可持久。否則，過之則易陷入困境，甚至傾家蕩產，好書者應引以爲誡！又如無錫藏書家秦柱，雖曾任職中書舍人這樣的小官員，但是罷官歸里以後，因爲喜好藏書，又不善於治生，以故家境漸感貧困。然「君故公卿子，產頗饒厚。及君之歿，有債累千，貧不能具殮，延蒸（秦柱長子）至盡鬻其遺書謀葬，嗟！此可觀君矣。」〔註284〕秦柱輕財而聚書，敗家不悔，其器度頗爲人所敬佩。然藏書必須具備足夠的經濟能力，否則如同秦柱一樣，卒後無以爲殮，竟至必須變賣所藏方足以營葬，可見經濟條件對藏書生活，具有絕對的影響力。

一般而言，中國隱士的經濟來源大致有三種渠道：一是先輩留下的財產；一是職業收入；一是俸祿和官私贈與。〔註285〕而明代山居澤處的隱士，一般也都有較爲固定的經濟來源以應付他們隱居生活的各項支出，所以他們的生活有保障，可以不必仰仗於人。〔註286〕不難想像隱士在規劃自己的隱居生活的各項活動之前，經濟問題必須先克服，才能實現他們心中的理想人生。

爲探討江南五府地區藏書家賴以爲生的經濟來源，筆者針對本文所收羅的 229 位藏書家的家庭經濟狀況與本身的職業，製作「江南五府藏書家家世與職業表」，列於書後之附錄三，以供參考。藉由本表，不難瞭解到喜好藏書的藏書家，不論其隱居與否，他們之所以能夠專心於藏書生活，不是家庭經濟狀況本來就足以支持，就是自己本身有職業收入，或者是兩者兼具。家境可考本來就尙稱富足者有 107 位，將近佔了藏書家總數的一半，其他則以本身的職業爲主要收入來源，佔大多數。他們的職業士農工商皆有，而以從仕及講學者居多。得知這些統計資料以後，再由史料所記載的此地部份藏書家之經濟狀況，來瞭解江南五府地區藏書家在克服藏書所需之經濟方面的一些情形。

一、賴家業以爲生

元末明初海寧藏書家馬宣教，家世業賈，以煮海致富，「已而家益饒，與黃岡覃

〔註284〕《松石齋集》，卷一二，〈中書舍人秦君汝立墓表〉，頁二三上。
〔註285〕劉文剛，〈隱士的生活〉（《中國典籍與文化》，一九九四年第三期），頁一一二。
〔註286〕周明初，《晚明士人心態及文學個案》（北京：東方出版社，一九九七年八月第一版），頁一四二。

氏，並以貲甲一郡。起樓聚書萬卷。」〔註287〕馬宣教出身商人巨賈，富埒封君，他的經濟狀況自然足以供應藏書生活之所需。無錫藏書家倪瓚，家業雄厚，「其先以貲雄一郡，元鎮不事生產，強學好修。」〔註288〕「所居有清閟閣、雲林堂，多蓄古書畫奇玩，家亦富焉。」〔註289〕入明後，財產盡散，家道中落，藏書也散遺人間。海鹽藏書家鄭澤，前文曾述其先人遺產數萬金，而城中邸租每歲又數百金。鄭澤在家業的基礎上力圖振作，其累積的財富以及租金的收入，皆足爲藏書生活的經濟支持。江陰藏書家孫作，也是依靠先人所遺而從事藏書活動。他曾說：「僕也生於閭巷，長於一州，幸賴先世餘業，讀書爲事，矗不墜其家聲。」〔註290〕無錫藏書家張復，世隱於醫，「家故有田，僅足歲用，無他經紀，蓋廉德與醫名並傳。」〔註291〕

無錫藏書家華燧，人稱會通君，以活字版刻書著名蟫林。「初君有世業田若干頃，鄉稱本富，後以劬書故，不復以經紀爲務，家故少落，而君漠如也。」〔註292〕華燧藉著豐厚的家產，從事藏書與刻書活動，滿足自己的嗜好，絕對不以錢財爲意。而長興藏書家吳琉，「世以貲雄于里，琉獨退約不近聲利，隱蒙山五十餘年，窮獵經史百家，自號甘泉子。」〔註293〕吳琉不事生產，藏書全賴家產支持。平湖藏書家趙彰，性趨古好隱。據《平湖縣志》所載：

> 及入太學，薛吏部故與彰善，曰：「以盍俛就廣文，我爲子地，三年可得令。」彰謝曰：「敝廬薄田，足供伏臘；奇書野乘，不乏披吟。安能爲五斗，折腰向白眼少年耶？」不試而歸。〔註294〕

趙彰也是因爲家有田產，足以供應藏書生活之經濟需求，才能灑脫地離開科場，維護自己的尊嚴。無錫藏書家安國，「爲毘陵富室也，未嘗規規然計贏縮之謀，而高貲雄于吳中。」〔註295〕安國憑藉萬貫家財，不用刻意謀生也足以過著藏書生活，更何況他又喜好刻書、印書，足見其家境之富有。烏程藏書家王濟，其父王英，官拜蘇

〔註287〕《海寧州志稿》，卷三一，〈人物・義行〉，頁一下。

〔註288〕《列朝詩集小傳》，甲前集，〈雲林先生倪瓚〉，頁二八。

〔註289〕《七脩類稿》，卷四〇，〈寫字誦經〉，頁四九〇。

〔註290〕《滄螺集》，卷四，〈謝蔡推官書〉，頁三下。

〔註291〕《容春堂集》，卷七，〈玉亭處士張公墓誌銘〉，頁二一上。

〔註292〕《容春堂集》，卷七，〈會通君傳〉，頁四一上～下。

〔註293〕明・何喬遠，《名山藏列傳》（《明代傳記叢刊》七八冊，台北：明文書局，一九九一年十月初版），〈本士記・吳琉〉，頁七上。

〔註294〕《光緒・平湖縣志》，卷一八，〈人物四・行誼〉，頁一七上。

〔註295〕明・呂柟，《涇野先生文集》（《續修四庫全書》集部・一三三八冊，上海：上海古籍出版社，二〇〇二年三月第一版，據華東師範大學圖書館藏明萬曆二十年刻本影印），卷二八，〈安民泰傳〉，頁一〇上。

州衛指揮使，以是王濟出身官宦之家，其家「故富饒，有歲蓄」，〔註 296〕加上王濟本身也從仕爲官，因而得以肆志藏書而不愁經濟來源。無錫藏書家華夏，喜好藏書。據《書畫題跋記》載：

> 家本溫厚，菑畬所入，足以裕欲。……每併金懸購，故所蓄咸不下乙品。自弱歲抵今，垂四十年，志不少怠。坐是家稍落，勿恤而彌勤。〔註 297〕

華夏賴先人遺業以從事藏書，減產購書而不悔，正是此處藏書家篤好藏書的代表。如同華夏，仁和藏書家郎瑛也賴先人遺產以渡其隱居之藏書生活。其「家故餘財，自奉親外，一以購書，所藏經籍、諸子史、文章、雜家言甚盛，至他人所無奇記逸篇、古圖畫、金石之刻，寖以益富，所資日以貧，瑛無所顧，獨敞大屋，樹高廈，列置書几，危坐諷讀其中。」〔註 298〕海鹽藏書家鄭曉，官至刑部尚書，而其先世亦有遺留財產，足以供其隱居生活。他曾告訴友人說：「弟藉先世遺貲，勤生儉用亦足自贍。」〔註 299〕可見鄭曉除了本身爲高官，有豐厚的官俸收入以外，並有先人資產的幫助，藏書自然不成問題。

無錫藏書家安紹芳，「家席厚貲，闢園池，有西林諸勝。」〔註 300〕安紹芳爲出身地主階級，家境富裕，正足爲其隱居的藏書生活所用之資。秀水藏書家項元汴，「家固饒資，幾與陶白方駕，出其緒餘以購法書名畫，牙籤之富，埒於清閟。」〔註 301〕項元汴憑藉豐厚的家貲，廣事收藏，其藏品數量之多，種類之繁，也一如其家產之富厚。而秀水藏書家沈啓原，官終陝西按察司副使，仕宦收入之外，其家又素以貲雄其鄉里，以是在經濟相當寬裕的情況下，用以藏書，自然是所「藏經籍甚富。」〔註 302〕錢塘藏書家虞淳貞，字僧孺，終身不仕，崇尚高隱。「僧孺結菴靈鷲之傍，役使僅一老。新建『八角團瓢』，每角可以藏書；又有一樓，可以眺望。衣食足給，於陵仲子猶餘辟纑之妻，足稱今之逸士矣！」〔註 303〕虞淳貞爲地主階級，家境自給自足，藏書生活非常愜意。江陰藏書家李如一，家有美田良宅，因務農收佃租爲業，亦足供其藏書所需之資。據〈李貫之先生墓誌銘〉載：

〔註 296〕《國朝獻徵錄》，卷一〇一，張寰〈廣西橫州別駕王君濟行狀〉，頁一一九上。
〔註 297〕《書畫題跋記》，卷五，〈眞賞齋銘〉，頁一上～下。
〔註 298〕《西園聞見錄》，卷二二，〈畸人・郎瑛〉，頁三四下。
〔註 299〕《端簡鄭公文集》，卷三，〈答黃海野〉，頁七三下。
〔註 300〕《明詩紀事》，卷二七，〈庚籤・安紹芳〉，頁三二四。
〔註 301〕《無聲詩史》，卷三，〈項元汴〉，頁五一上。
〔註 302〕《光緒・嘉興府志》，卷五二，〈秀水列傳〉，頁二〇上。
〔註 303〕《快雪堂集》，卷五六，〈戊戌〉，頁一九上。

家世力耕給，公上供伏臘，其餘悉以購書。搜閣本，訪逸典，藏弆刓編�翰，老而食貧，指其藏書曰：『富猗、鄭矣！』故曰聚之勤。〔註 304〕

李如一將收入扣除生活所需之外，全用以購書，觀其所藏書籍充棟連櫝，亦足見其家貲之富厚，是故時人以藏書爲一種家境富有的表徵，實在很有道理。而嘉興藏書家周履靖的藏書生活，不論在內容與經濟條件上，都正是江南五府地區藏書家的理想目標。據〈梅顛稿選敘〉載：

先生家固素封，而日爲購書勒石之所費，性又慷慨好施，不屑屑計家人產，產益落而神情益豪。終其身沈酣于梅花墟落間，耕烟鋤雪、種魚課鶴、茹草采榮、臨池染翰、賦詩飲酒以爲常。〔註 305〕

同縣的藏書家李日華爲周履靖的外孫，曾經目睹其外祖父藏書生活，他回憶兒時在其外家之情景：「先生既日坐一小閣中，惟焚香跏趺，左右圖書及古蹟數十卷、秦漢鼎彝、晉梁隱君子像而已。僕輩輒以營生爲事，一日，詢所以販鬻者，先生曰：『咄！予幸有先人敝廬足以蔽形，薄田足以糊口，奈何從里中兒爭錐刀之末哉？』卒不肯事家人產業，唯日躭吟咏云。」〔註 306〕周履靖令人嚮往的收藏生活，其所需費用完全是由祖產供應的。另外，海鹽藏書家劉世教，家故素封，好購書，「又慕義聲，急人難，遇所愜意知交，輒傾橐金不問，坐此故業漸削。」〔註 307〕又如無錫藏書家秦寅保，終其一生僅爲儒學生員，鑽研舉業。然其「家本饒富，藏書萬卷」，〔註 308〕更是倚賴家貲雄厚而從事藏書生活的明證。

以上諸家，都是在家業尚足支撐的情況下進行藏書生活。而藏書生活通常具有優美的高雅的形象，藏書家必須有錢有閒，正所謂經濟生活上的自足，是文人情趣的基石；不爲口腹所累，方有餘興消遣；而自由支配自己，才能直抒個人性靈。儘管文人的天地狹小，但園宅、書齋畢竟是古代社會茫茫大地上一塊塊自由的孤島。〔註 309〕爲了要有錢有閒，必須放棄治生之業，一心一意將自己封閉起來，以專心致力於藏書活動，所以古代的地主或富人階級，很多人都因爲從事藏書而荒廢了本業，

〔註 304〕《牧齋有學集》，卷三二，〈李貫之先生墓誌銘〉，頁一一五六～一一五七。

〔註 305〕《梅顛稿選》，書前，錢應金〈梅顛稿選敘〉，頁三上。

〔註 306〕明・李日華等，《梅墟先生別錄》（《四庫全書存目叢書》史部・八五冊，台南：莊嚴文化事業有限公司，一九九六年八月初版，據涵芬樓影印明萬曆刻夷門廣牘本影印），卷上，〈梅墟先生別錄有序〉，頁四四下。

〔註 307〕《天啓・海鹽縣圖經》，卷一三，〈人物〉，頁四〇下。

〔註 308〕清・王士禎等，《漁洋山人感舊錄》（《清代傳記叢刊》二七冊，台北：明文書局，一九八五年五月初版），卷一六，〈秦寅保〉，頁一九上。

〔註 309〕張懋鎔，《書畫與文人風尚》（台北：文津出版社，一九八九年八月台一版），頁八。

或者花光了家產，造成家庭經濟的困頓。雖然如此，他們卻幾乎沒有一個人因此而後悔從事藏書的，當為倚賴祖業為生的藏書家之間的一個共同特徵。

二、靠本身的職業收入

古代能過著隱居生活的文人，一般說來，他的家中多少總會有些財產。當然，其中也不乏以一技之長隱於市的。〔註310〕而明代隱士的職業收入，名目很多，大致上可藉授徒、詩文、繪畫、農耕、樵木、打魚、行醫、賣藥、卜筮……等方式來維持生計，以不同的面貌生存於山野之間，呈現隱逸士人多采多姿的生活面向。〔註311〕江南五府地區的藏書家也是如此，他們藉由各行各業來維持藏書生活的一切開銷，而他們的職業涵蓋了士農工商各種社會階級，當中又以從仕及講學者居多，是他們最主要的職業。

海鹽藏書家吳昂，本來以從仕為業，官福建右布政使。因雅慕退休後之文人藏書生活，於是三上疏請老始得致仕。致仕後，轉業農，「歸溪上，居故廬，力耕數年稍積田穀，搆萬卷樓積古今書。」〔註312〕吳昂以農耕稍有積蓄之後，便開始藏書。歸安藏書家茅坤，曾繼承了一些先人產業，但其家業之大起，在於里居時的勤於治生。他自稱：

> 不佞幸先人所遺宅一區，近水田數頃。他日，又嘗破內子璣縞之飾，買書數千卷，篋貯其中，甚可饒吾歲時賓客伏臘之費，而與諸弟子誦說為樂也。〔註313〕

茅坤雖曾任官職，但於宦途不利，僅止於北直隸大名府兵備副使，而里居竟達五十年之久。然致仕以後，「家居多暇，用其心計，修業治生，不以寂寞自廢。」〔註314〕家業遂因而大起，對其藏書所需之經濟條件，提供了相當大的幫助。德清藏書家姚士粦，家無恆產，曾以替人畫像為生，他說：「余年二十猶目不識丁，以寫照自給，寓居德清。」〔註315〕後來姚士粦刻苦為學，成為儒學生員，然終其生未有功名，以講學為生。而前文所述之秀水藏書家殷仲春，乃以教授童子為業，其束脩所入，饘粥之餘，聊以市書，竟至縹緗甚具，足見當時僅以塾師之收入，也可從事藏書活動。平湖藏書家李延昰，不仕而隱於醫，「有延之治疾者，數百里必往視，疾愈不責報，

〔註310〕趙映林，〈中國古代的隱士與隱逸文化〉，頁三五～三六。
〔註311〕《元明之際江南的隱逸士人》，頁一三三。總頁一七五。
〔註312〕《端簡鄭公文集》，卷五，〈南溪先生傳〉，頁八下。
〔註313〕《茅鹿門先生文集》，卷一，〈與董潯陽內翰書〉，頁一一下。
〔註314〕《列朝詩集小傳》，丁集上，〈茅副使坤〉，頁四〇四。
〔註315〕《見只編》，卷上，頁三八。

或酬以金，輒從西吳書估舟中買書，不論美好，由是積書三十櫝，繞臥榻折旋，皆書也。」〔註316〕可見李延昰藏書的費用，來自於本身業醫之收入爲主。

有些藏書家則是在其家業的基礎之下，勤於治生，才能將已經逐漸散盡的家產繼續保持著。嘉興藏書家周履靖，家本富足，然性好藏書，又不喜從事生業，因此家道日落。周履靖迫於現實，遂「稍用計然之策畫，則椎髻課諸僮，夜則篝火苦唫達旦，不數年致千金，然非其好也。」〔註317〕若非其家業根基深厚，或資本有餘，周履靖是無法復興家產的。

還有一些藏書家，因本身的藏書嗜好，又限於經濟問題，便以賣書爲業，如此既可藏書，又可生活，不失爲兩全之法。如嘉興藏書家陳良卿便是如此，他篤好藏書，然力不能支，於是一邊藏書，一邊賣書。他的同學李日華曾在信中稱許他說：「僮來知良卿集古書列肆而鬻之，甚足資助膏火，又能廣我見聞，實一佳事也。」〔註318〕藏書家淪爲書賈，有時也是佳話，必須因人而定，切不可等同論之。

以上諸家，都是在家業不足或者沒有的情況下，藉由本身的職業收入以進行藏書活動的藏書家，由於當官者的人數眾多，無法一一列舉，所以對於藏書家本身的職業類別，讀者可參考書後附錄三「江南五府藏書家家世與職業表」，便可一目瞭然，此不贅述。

三、藏書家對於「貧」與自身經濟狀況的看法

中國古代的文人都喜歡給自己或替別人刻意地營造一種「清貧」的形象，即使他們是大家鉅族或田連阡陌的地主階級，也是如此。特別是一些官宦之家，或者曾經當官的人，總是要給人清廉的形象，有些甚至過份矯情地說自己是如何地窮困已極，事實上卻身居高官要職，實在令人難以置信他們會有多窮。例如在明末，當時貪污成風，中級以上的官吏致仕或乞退回來，他們用約定俗成的方式獵取了足以保證隱逸的資財，幾乎是司空見慣的事。〔註319〕這些人更是要在社會上掩飾自己的貪婪，以博取清白名聲，並保持自己的崇高地位，以及保證自己的隱居生活能夠安逸祥寧。而文人階級則更是要別人相信他們在經濟上的貧困，擺脫那俗不可耐的阿堵

〔註316〕《國朝耆獻類徵初編》，卷四七九，〈隱逸一九・李延昰〉，頁三上～下。

〔註317〕明・李日華等，《梅墟別錄》(《夷門廣牘》下冊，北京：書目文獻出版社，一九九〇年四月第一版，據明萬曆刻本影印)，卷下，劉鳳〈螺冠子傳〉，頁一〇五上。

〔註318〕《恬致堂集》，卷三一，〈與陳良卿〉，頁四一上。

〔註319〕吳調公，〈晚明文人的「自娛」心態與其時代折光〉(《社會科學戰線》，一九九一年第二期)，頁二五五。

銅臭，以博取別人的支持與同情，進而提高自己的名聲。而事實上，他們以高隱為尚，卻終日不事生產，或修建園林，或奴婢成群，或終日宴會，或消費藝文，種種生活與休閒藝文活動，他們都力足以支應，而社會上眞正的貧民階級，衣食皆成問題，又何能崇尚藝文與休閒？不知此輩貧困標準為何。由此可以清楚地認知，中國的隱士都喜歡說自己窮，而別人也喜歡說他們窮。其實這和事實是有一段距離的，這僅是一種文學標榜，如果只看表面現象，就會被蒙騙。〔註 320〕

明代江南五府的藏書家也是如此，他們崇尚隱居，講究藏書生活品味，造園林、建書樓、宴賓朋、侈燕遊，其中最不濟者也能購書畫、求版刻，衣食無虞，卻仍然堅稱自己是如何地貧困，而富者則宣告因喜好藏書與藝文活動以至用盡家產，喪業敗家。在研究藏書家的經濟狀況時，最好能在文人以文學手法塑造清貧形象的文字記載背後，尋找眞正切合實際並且較為客觀的歷史解釋。如前文所述之錢塘藏書家洪鍾，官拜刑部尚書兼左都御史，位高權重，為當世顯宦與重祿之家。然而，他卻向人宣稱自己生平雅好藏書，崇尚清白，所積金不滿籯。如此看來，洪鍾的經濟狀況應不富裕，然而事實並非如此。洪鍾權傾一時，致仕後「第家居盛營臺館，作法於奢，子孫效尤滋甚，不再傳而陵夷盡矣！」〔註 321〕杭州藏書家馮夢禎家世富商，累貲鉅萬，本身又仕至南京國子監祭酒，然致仕後，卻說：

> 退之患惟貧耳！然以今日視三十年前諸生時，不啻數十倍，省冗事，汰冗僕，數十口衣食當自有餘。他則書卷山川，縱橫上下，皆是樂境，僕歸恨晚矣！〔註 322〕

馮夢禎因出身商人家族，本身又為高官，為了擺脫商人的銅臭味，維護自身的文人清譽以及居官的清廉形象，只好堅稱自己的家境因退休後而自此告貧，然其對於貧困的標準，卻頗耐人玩味，並且讓人難以相信其家眞貧。海鹽藏書家胡夏客，其父為胡震亨，在朝為官，仕至兵部職方司員外郎。胡夏客出身官宦之家，又為地主階級，家庭經濟狀況非常良好。然而他卻曾經作了一首詩，來敘述本身的貧而好藏書，詩云：「笑吾生計是何如？屋破無門剩有書；餰鬻薄田三十畝，踐更卻費百金餘。」〔註 323〕胡夏客言下之意，乃在標榜自己因為藏書而將富厚家貲散盡，以致於貧，然觀其貧而未減風流文雅，似乎又違背常理。而仁和藏書家王晫，好

〔註 320〕劉文剛，〈隱士的生活〉，頁一一三。

〔註 321〕明・蕭良幹等，《萬曆・紹興府志》（《中國方志叢書》華中・五二〇號，台北：成文出版社有限公司，一九八三年三月台一版，據明萬曆十五年刻本影印），卷四一，〈人物七・鄉賢二・列傳後〉，頁三八下。

〔註 322〕《快雪堂集》，卷四四，〈與黃貞甫〉，頁八上。

〔註 323〕《谷水集》，卷二〇，〈貧居自述〉，頁二下。

藏書，據《今世說》載：

> 家既落，顧時喜刻書。客至，質衣命酒。其詩曰：「平生好賓客，資用苦不周；有懷莫可告，室人且見尤。」〔註 324〕

若非王晫經濟條件許可，生活溫飽無虞，如何還能夠在家道中落的情況之下進行藏書、刻書活動，甚至還可以高宴賓朋？這些都是江南五府藏書家非常矛盾的地方。

再以當時書籍的價格，來看藏書生活的開支在購書成本上的消耗。其實明代文人對於書籍價格的昂貴與否，往往每個人的感覺不一，甚至同一個人不同時期的感覺也不同，這得視其經濟狀況而定。如楊士奇（1365～1444）未遇之時，「坐貧無以爲奉養計，不得已出爲村落童子師，而急欲《史畧釋文》及《十書直音》。時二書市值百錢，然不能得。家獨畜一牝鷄，其母命以易之。」〔註 325〕當時的書價，至令楊士奇必須變賣家中的母雞才足以支付，想必他一定認爲是昂貴的。然一旦當官以後，士奇家境頓時獲得相當大的改善，他卻開始覺得書價過份便宜。他說：

> 《廣韻》一冊，洪武庚午（二十三年，1390）余市之，其直五百文。既爲友人持去，後十年復市之，其直亦然。凡今生民日用之物，歷十年之久，率增直十數倍，獨書無所增，豈售書者其操心獨廉哉？抑好而求之者寡，雖欲增而不能耶？〔註 326〕

每個明代文人的價值標準，多少會因其經濟條件而有所同異，也正因爲如此，他們對於「貧窮」的定義，自然也是見仁見智的。其實，若透過歷代書籍兌米的方式來呈現書價的高昂，從宋代雕版印刷術的普及以後，書籍價格的確漸趨穩定，較之宋代以前也便宜許多。但是，若與當時的物價相比，書籍則顯得相當昂貴，絕非一般社會上的中下階層所能負擔。如明代買一部《孔子家語雋》，約可買白米三石；買一部《事文類聚翰墨大全》，約可買得五十斤肉；而買一部《春秋列國志傳》，也可買得五十刀一共三千七百五十張的連史紙。以現在的書價看起來，當時的書價實在一點都不便宜。〔註 327〕再以書籍被大量刻印而充斥於市面的萬曆年間爲例，當時的書

〔註 324〕清・王晫，《今世說》（《清代傳記叢刊》一八冊，台北：明文書局，一九八五年五月初版），卷八，頁一〇九。

〔註 325〕明・羅鶴，《應菴隨錄》（《四庫全書存目叢書》子部・一〇四冊，台南：莊嚴文化事業有限公司，一九九五年九月初版，據中山大學圖書館藏明萬曆刻本影印），卷七，〈賣雞買書〉，頁八下。

〔註 326〕明・楊士奇，《東里續集》（《景印文淵閣四庫全書》集部・一七七冊，台北：台灣商務印書館，一九八六年三月初版），卷二〇，〈廣韻〉，頁一〇上。

〔註 327〕陳昭珍，《明代書坊之研究》（台北：國立台灣大學圖書館學研究所碩士論文，一九八四年七月），頁六四。

價平均每冊約〇・二八兩銀左右，略等於大米三十六斤的價格。而《封神演義》一部二兩銀，《月露音》一部〇・八兩銀，《精騎集》一部一兩銀……等等。當時北京的豬肉和鮮魚的價格均爲每斤〇・〇二兩銀，相比之下，書價是相當昂貴的，一部《封神演義》的書價可買二百二十斤大米，或一百斤魚肉。而當時一個刻書工人一個月的工資僅一・五兩銀，約可買一百六十五斤大米，養家糊口尚覺困難，根本沒有辦法奢望買書或讀書。而明代一個七品知縣的月俸是一千一百二十五斤米，一個中央政府管理圖書的工作人員月俸是七百五十斤米，買書大概只能是這一階層的人。〔註 328〕至於諸如經過名家收藏的宋版書籍之古董，其價值更是不菲，如宋版《兩漢書》，華亭藏書家陳繼儒言：

> 元美公（王世貞）有宋刻《兩漢書》，皆大官板，長尺五許；後有題文敏小像，蓋趙魏公物也。元美五百金買之，亦畫一小像在其後。〔註 329〕

《兩漢書》的價格如此高昂，令人咋舌，若非巨富，又將何以購藏之？況且明代江南地區的書價高於他處，特別是在嘉靖以後，更爲其他地區望塵莫及，因此對於買書來說，就是做官人家，也要量力而爲之，一位七品芝麻官的每月薪俸，也僅能購買幾部平常之書而已。所以，要想成爲一位藏書家，是相當不容易的事情。〔註 330〕明代江南五府的藏書家在購書成本上的開銷如此之大，若非家貲稍稱富裕，或者固定有某種程度以上的收入者，想要購買書籍，談何容易。

雖然如此，明代江南五府的藏書家卻非常喜歡給自己營造出一種因爲藏書之篤好而使得家產頓減，甚至因此告罄，而文人們也喜歡藏書家們樹立這樣的典範，往往也會對這些藏書家們的「德行」歌功頌德一番。如前述的嘉興藏書家周履靖因篤好藏書而用盡家財，他的破產聚書，屢屢獲得時人的稱讚。有人說：「然它人好名以起家，而先生破家以成名，則人品固大有分矣！」〔註 331〕是故明代江南五府的藏書家喜歡說自己貧窮以博得時名，特別是爲了嗜好或理想而敗家破產的行爲，更是當時文士們心中普遍推崇的一種時代文人性格特徵，可以獲得很高的評價、名聲與社會地位。而周履靖爲藏書而散盡家財的行爲，正是當時文人心中脫俗品味的崇拜偶像，以故時人又有詩讚美云：「自信道從垂釣貴，何妨家以積書貧」；「家爲藏書薄，

〔註 328〕袁逸，〈中國古代的書價〉（《圖書館雜誌》，一九九一年第四期），頁五三。

〔註 329〕明・陳繼儒，《筆記》（《四庫全書存目叢書》集部・一四八冊，台南：莊嚴文化事業有限公司，一九九五年九月初版，據復旦大學圖書館藏明萬曆繡水沈氏刻寶顏堂祕笈本影印），卷一，頁九上～下。

〔註 330〕沈津，〈明代坊刻圖書之流通與價格〉（《國家圖書館館刊》，第一期，一九九六年六月），頁一一七。

〔註 331〕《梅顛稿選》，書前，錢應金〈梅顛稿選敘〉，頁二下～三上。

名因賣賦成。」〔註 332〕這些都是時人仰慕周履靖愛書而不愛財的高士行徑，有感而發的作品。

明代江南五府地區的藏書家雖然強調自己並不富有，即使事實上並非如此，但是只要生活方式得遂其意，要他們想辦法再多聚一點錢，他們也不會願意。如華亭藏書家朱恩官至禮部尚書，位高祿厚，雖然致仕家居幾達三十年，但其家境仍屬高貲。據《長谷集》載：

> 或勸多植貴善業或子貸金谷，可以不訾，輒笑曰：「小夫穰田得甌窶污邪之利，尚足伏臘。今憑藉福德，使子孫能世守，幸矣！又安取多取，犯道家忌耶？」〔註 333〕

文人本來就給人清貧的印象，而出仕的文人更應該具備清廉的操守，若是因當官而致富者將會讓人產生貪污的聯想，所以絕對要避免。故朱恩所說的「尚足伏臘」，並不是一般人認爲的剛剛好能夠應付日常生活的一切開銷，而是剛剛好足以支撐上流階層奢華生活所謂的必要開支。

總之，明代江南五府藏書家對於貧富的概念，通常具有相當主觀性的認知，特別是在自家經濟情況上的刻意貶低財產，往往是與實際狀況不符合的。他們相信只要能夠讓別人知道自己因爲篤於藏書而散盡家財，自然能夠讓自己在文壇與社會上的聲名遠播，他們越是貶低自我的財富，就越能提高自己的廉潔清白，符合明代文人對於當時所崇拜的古人形象。因此，他們對於貧窮與自身經濟狀況的看法，充滿著文藝的抽象性質，這個特點，在研究江南五府藏書家經濟狀況的同時，不得不多加留意。

〔註 332〕見《梅顛稿選》，卷一九，〈螺冠子自敘〉，頁三上～下。
〔註 333〕《長谷集》，卷一三，〈禮部尚書朱公行狀〉，頁一九上。

第四章　江南五府藏書家的集團性分析

明代文人的集團性相當發達，可從明代文人標榜風氣的發展來看出端倪。標榜之風，固然古已有之，然而於明爲烈。明代的文人只須稍有一些表現，就可以加以品題，而且樹立門戶，形成一個集團。明代爲數至多不勝數的詩社、文社、酒會……等等，以及其他因爲各種不同文化目的而組成的文人會社，都是在明代文人間盛行的標榜之風背景下的產物。同時，明代的文人大都風流自賞，重在文藝切磋而不重在學術研究。換言之，即大都是具備著「清客相」〔註 1〕而不是「學者相」。因此，有時借著以文會友的題目，而集團生活卻只是文酒之宴、聲伎之好，相與品書評畫，此唱彼酬，成爲一時的風尚。〔註 2〕一般而言，明代藏書家雖也有「清客相」的習尚，但卻有更多「學者相」的典範。

文人集團在廣大的社會群體當中有著某些特殊的共通性，而相同的社會集團、階層、派別，他們的審美趣味，也都有比較一致的共同性。〔註 3〕明代江南五府的藏書家正屬於文人集團中的一支，有些雖然沒有正式組成集團，打出社團的名號，但是他們總是定期或不定期的舉辦文會，或在家中，或在郊外，或以通郵的方式，各自出視所攜帶的書籍或書畫彝器，相與品隲，或品題觀摩，或討論版刻與品味書籍的形式、源流，以及其他種種與書籍有關的問題等。而有些藏書家則正式提出藏

〔註 1〕「清客」，世稱門下客爲清客，蓋以主人重其清高，羅致門下，故曰：「清客」。然清客每不事事而寄食於人，故世俗用此稱之，輒含鄙夷之意。參見中文大辭典編纂委員會，《中文大辭典》（台北：中國文化大學出版部，一九八五年五月七版），頁八二四四。而「清客相」在此是指「山人」而言，可參考張德建，《明代山人文學研究》（長沙：湖南人民出版社，二〇〇五年一月第一版）。

〔註 2〕郭紹虞，〈明代的文人集團〉（收入《照隅室古典文學論集・上編》，上海：上海古籍出版社，一九八三年九月第一版），頁五一八～五二六。

〔註 3〕朱義祿，《逝去的啓蒙——明清之際啓蒙學者的文化心態》（鄭州：河南人民出版社，一九九五年四月第一版），頁二五八。

書家集團的名號，組成社團，有宗旨，有社約，如明末的鈔書社，便是藏書家之間爲尋求書籍流通，互易有無的一種專爲抄書而組成的社團。凡此種種，都是符合明代文人集團的形成特點，是一個值得研究的課題，可爲明代文人集團與文人關係研究打開另外一扇視窗，由不同的角度做切入。因此，我們不妨以「藏書家集團」來做爲明代文人集團的一部份，藉由藏書家集團的研究，來瞭解明代文人集團中的另一個時代文化面向。

明代的文人集團裡，每一位成員都有許多共同點，並且具有很深的集團性，重視自己本身所屬的社團，如此才足以合成一個具有某種特色的集團。一般說來，文人集團無疑是一種文化職能集團，它是由知識階層通過一定的社會關係，爲了一定的目的組織起來進行文化活動的社會團體。〔註 4〕據郭英德研究指出，集團構成的基本條件有三個：一是集團中的每個成員都有共同的社會活動的目標；二是集團在實體上必須構成一種現實存在的組織，在這一組織中的人們之間有一種十分確定的因緣關係，如血緣、地緣、業緣等社會關係；三是集團中的人們在精神上必須有一種十分鮮明的集團意識。而以上三點中，又以第二個條件最爲重要。〔註 5〕中國歷史上的文化主導階層就是包括士大夫在內廣義的文人階層，而時代文化精神也正可以說是一定時代文人們的主導精神傾向，這種精神的聚焦點便是一個時代文人階層於有意無意之間爲自身樹立起來的社會形象。〔註 6〕以下，我們便由江南五府藏書家之間的地緣、家族、姻親、師承與友朋等五大文人關係紐帶，來觀察此地藏書家之間的關係與集團的文化屬性。

第一節　地緣關係

相信從事區域藏書文化的研究者都會遭遇到一個根本的問題，就是在藏書家的人數上無法確實掌握，而要收集到某時代與某個區域內全部的藏書家，也著實不可能。因此，本文在藏書家的收集上，僅能由所參閱的史籍當中盡力去求齊全，當然，小學而大遺，在所難免。本文從明人文集、地方志、雜記以及其他的史料當中，蒐集到明代江南五府地區的藏書家且確有藏書事蹟可考者總共爲 229 位，雖然無法眞實反映明代江南五府地區眞正的藏書家人數，但卻也符合隨機抽樣的精神，可以略

〔註 4〕郭英德，〈中國古代文人集團論綱〉（《中國文化研究》，一九九六年夏之卷），頁九。
〔註 5〕郭英德，〈中國古代文人集團論綱〉，頁九。
〔註 6〕高小康，〈精神分裂的時代——明代文人社會形象分析〉（《天津社會科學》，一九九二年第三期），頁五九。

窺藏書家在地域的分佈上有何特色。必須強調的是，本文對於明代江南五府藏書家的分佈，爲了眞實地看出藏書家的分佈特色以及藏書文化的地域性，所以在歸納藏書家所屬的府州縣時，並不以藏書家的籍貫爲限，而是以其居住地爲準。

首先，先估算各府藏書家的人數多寡。有明一代，居住在松江府的藏書家一共有 59 位，除了 3 位不詳所屬縣份以外，其中華亭縣有 25 位，上海縣有 29 位，青浦縣有 2 位。常州府一共有 38 位，其中武進縣有 9 位，無錫縣有 19 位，宜興縣僅有 1 位，江陰縣有 5 位，靖江縣有 4 位。杭州府一共有 45 位，除了 2 位僑寓杭州府之外，錢塘縣有 12 位，仁和縣有 23 位，海寧縣有 2 位，富陽縣僅 1 位，餘杭縣有 5 位。嘉興府一共有 68 位，其中嘉興縣有 12 位，秀水縣有 21 位，嘉善縣有 8 位，崇德縣有 3 位，平湖縣有 5 位，海鹽縣有 19 位。湖州府一共有 19 位，其中烏程縣有 4 位，歸安縣有 4 位，長興縣有 4 位，德清縣有 4 位，武康縣有 2 位，而安吉州僅有 1 位。而五府地區的藏書家人數總共有 229 位。爲方便查考，製作「江南五府藏書家地域分布狀況表」，列於書後的附錄四，可供參照比較。接下來，對於以上的數字做一判讀，先將各府內所屬州縣做一比較。

明代的松江府領縣有三個，包括華亭縣、上海縣與青浦縣三個縣。而當中有 3 位藏書家不詳其縣份，僅可考得他們都居住在松江府境內，所以姑且不論這三人。而在這三個縣當中，以上海縣居第一位，一共有 29 位藏書家；華亭縣居次，有 25 位藏書家，人數也不算少；而最少者爲青浦縣，僅有 2 位藏書家。

常州府的領縣有五個，包括武進縣、無錫縣、宜興縣、江陰縣與靖江縣。其中以無錫縣爲最多，一共有 19 位；其次爲武進縣，有 9 位藏書家；第三爲江陰縣，有 5 位藏書家；靖江縣有 4 位藏書家，居第四；最少的是宜興縣，僅有 1 位藏書家。

杭州府的領縣有九，包括錢塘縣、仁和縣、海寧縣、富陽縣、餘杭縣、臨安縣、於潛縣、新城縣、昌化縣等九個。當中有兩位藏書家僑寓杭州府，姑且不論以外，其中以仁和縣最多，有 23 位藏書家；其次爲錢塘縣，有 12 位藏書家；第三爲餘杭縣，有 5 位藏書家；第四爲海寧縣，有 2 位藏書家；第五爲富陽縣，僅有一位藏書家；而臨安縣、於潛縣、新城縣、昌化縣等四個縣，竟然沒有發現藏書家的資料。

嘉興府的領縣有七個，包括嘉興縣、秀水縣、嘉善縣、崇德縣、桐鄉縣、平湖縣以及海鹽縣等。當中以秀水縣藏書家的人數最多，有 21 位。第二名是海鹽縣，有 19 位藏書家；第三名是嘉興縣，有 12 位藏書家；第四名是嘉善縣，有 8 位藏書家；第五名是平湖縣，共有 5 位藏書家；第六名是崇德縣，有 3 位藏書家；桐鄉縣則沒有發現任何藏書家的事蹟。

湖州府所屬有領州一，縣六，包括安吉州一個州，以及烏程縣、歸安縣、長興縣、德清縣、武康縣與孝豐縣等六個縣。其中烏程縣、歸安縣、長興縣與德清縣同居第一，各有 4 位藏書家；其次則爲武康縣，有 2 位藏書家；再其次爲安吉州，僅有 1 位藏書家；而孝豐縣則查無藏書家的資料記載，所以沒有藏書家。

若以府與府間的藏書家人數來做比較，藉由藏書家人數的多寡以觀察各地藏書風氣的興盛程度，則嘉興府居首，一共有 68 位藏書家，藏書風氣最爲興盛；其次爲松江府，共有 59 位藏書家；第三爲杭州府，有 45 位藏書家；第四爲常州府，有 38 位藏書家；而湖州府的藏書家人數最少，僅有 19 位，所以在江南五府地區當中，藏書風氣可謂較不興盛。再以更廣泛的區域角度來看，位於蘇南的松江府與常州府，其藏書家人數一共有 97 人；而位在浙西的杭、嘉、湖三府，其藏書家人數總共有 132 位，足見明代江南五府當中，浙西三府的藏書風氣盛於蘇南兩府。若再以整個江南六府地區來看，松江府與常州府的 97 位藏書家，加上蘇州府的 185 位藏書家，〔註 7〕總共有 282 位藏書家，是浙西的兩倍多，其中蘇州一府的藏書家，便已經遠遠地超過浙西三府之總合。雖然關於「藏書家」的標準或定義，學者們有些不同的看法，但江浙兩省是中國歷代藏書最盛的地方，這大概是沒有太大問題的。〔註 8〕

最後，再打破各府地界上的限制，將明代江南五府地區內所有的州與縣的藏書家人數綜合起來做一個總排名，製作「江南五府所屬州縣藏書家人數排名表」，以便在州縣的比較上，可以用來觀察藏書文化最爲發達的州縣分佈傾向。

表一：江南五府所屬州縣藏書家人數排名表

排名	州或縣	所屬府治	藏書家人數
1	上海縣	松江府	29
2	華亭縣	松江府	25
3	仁和縣	杭州府	23
4	秀水縣	嘉興府	21
5	無錫縣	常州府	19
	海鹽縣	嘉興府	19
6	錢塘縣	杭州府	12
	嘉興縣	嘉興府	12

〔註 7〕見《明代的蘇州藏書——藏書家的藏書活動與藏書生活》，頁二五五。

〔註 8〕毛昭晰，〈浙江藏書家之精神〉（收入《中國古代藏書樓研究》，北京：中華書局，一九九九年七月第一版），頁一。

7	武進縣	常州府	9
8	嘉善縣	嘉興府	8
9	餘杭縣	杭州府	5
	江陰縣	常州府	5
	平湖縣	嘉興府	5
10	靖江縣	常州府	4
	烏程縣	湖州府	4
	歸安縣	湖州府	4
	長興縣	湖州府	4
	德清縣	湖州府	4
11	崇德縣	嘉興府	3
12	海寧縣	杭州府	2
	青浦縣	松江府	2
	武康縣	湖州府	2
13	富陽縣	杭州府	1
	宜興縣	常州府	1
	安吉州	湖州府	1
14	臨安縣	杭州府	0
	於潛縣	杭州府	0
	新城縣	杭州府	0
	昌化縣	杭州府	0
	桐鄉縣	嘉興府	0
	孝豐縣	湖州府	0

胡先媛以文化地理學的角度來觀察藏書家的地域分布狀況，將中國私人藏書區域分爲單一中心型與多中心型二種。所謂多中心型，即一個區域內有多個中心城市，這些城市相互聯繫較緊，交織成網，藏書分布密集。〔註 9〕而明代江南五府地區的藏書狀況，正屬此種類型之典範。而由上表亦可得知，明代江南五府當中州縣的藏

〔註 9〕胡先媛，〈中國古代私人藏書的文化地理狀況研究〉(《圖書情報知識》，一九九七年第二期)，頁二九。

書風氣以上海縣拔得頭籌，引領風氣最盛。然明代上海縣的藏書風氣在史料上的記載本來就頗爲興盛，藏書前輩不乏其人，風流遺韻流被有明一代，未曾稍減。據《上海縣志》所載：

> 我鄉自陶南村（陶宗儀，1316～？）撰《輟耕錄》及《說郛》，嗣後陸祭酒儼山（陸深）最稱博雅。徐長谷（徐獻忠）、何柘湖（何良俊）、張王屋（張之象）、朱邦憲（朱察卿）、董紫岡（董宜陽），繼之又與吳門文徵仲（文徵明）、王履吉（王寵，1494～1533）交，故皆能泛濫恣討。而莫廷韓（莫是龍）又游於四公間，復得其外祖常熟楊夢羽（楊儀）藏書。朱太史文石（朱大韶）廣蓄宋版，而抄本書，亦不下數十種。諸君捐館之後，散落人間。孫漢陽（孫克宏）復得之，至今借讀，多朱氏收藏印記者。〔註 10〕

明代上海縣的藏書風氣，獨佔江南五府之鰲頭，這與此地悠久的人文素質與文化涵養，持續的歷久不衰，相輔相成，互爲因果。而上海縣的藏書風氣，也正是受到蘇州藏書風氣的引領，所以才能有如此豐碩的成果。而以整個江南五府地區來說，藏書家亦至少在 229 位以上，究其藏書風氣之盛與當地的政治、人文與經濟因素也大有關係。

根據陳力的研究指出，明代的私家藏書風氣很盛，藏書家之多，以及收書之富，都超過了前代。〔註 11〕明代江浙地區藏書風氣的盛行，乃肇因於明初太祖、成祖採取的一系列文化政策，間接促進了文化與藝術的發展。而江浙地區位於東南沿海，到了明代中葉，城市經濟發展興盛，對外貿易也相當發達，當時也產生了多樣的文學與藝術的著作。加上市民階級對於日常用書的需要增加，又使得各類著作大量地出現。印刷術的不斷改進提高與書坊的盛行，更是形成了明代圖書出版事業的空前繁榮局面，也爲私家藏書的積累和傳播提供了足夠的物質條件。而商業的盈餘，也讓這一帶的士紳大都較爲富有，並具備充裕的購書財力。此外，江浙地區地靈人傑，歷來就已是人文薈萃之地，處在這種較之其他地方富裕的地區，使得他們能夠接受到良好的教育，愛讀書也識書。他們繼承宋元以來藏書家的傳統，透過讀書從事一定的研究活動，使這裡成爲當時國內的學術中心。〔註 12〕凡此種種，都是構成明代江南五府地區藏書家人數眾多的原因。

〔註 10〕《同治・上海縣志》，卷三二，〈雜記三・遺事〉，頁三〇下～三一上。
〔註 11〕《中國圖書史》，頁二七〇。
〔註 12〕韓文寧，〈明清江浙藏書家的主要功績和歷史局限〉，頁一四一。

第二節　家族關係

淵源於血統關係，明代江南五府地區也產生了一些藏書家族，他們或以藏書遺子孫，盼望子孫能多讀而不敗其家；或是子孫世守父祖之藏書，以維護先世藏書傳統爲榮。經過筆者從史料當中的蒐羅整理，明代江南五府地區的藏書家族，其藏書經傳二世以上者，至少有 23 家。依時代先後排列，包括：海鹽鄭氏、海鹽胡氏（明初）、仁和淩氏、錢塘洪氏、海鹽朱氏、上海陸氏、秀水項氏、秀水沈氏、靖江朱氏、上海李氏、上海董氏、仁和高氏、海鹽胡氏（明末）、嘉善陳氏、錢塘虞氏、秀水沈氏、仁和翁氏、秀水鍾氏、江陰李氏、海鹽劉氏、仁和卓氏、錢塘吳氏、桐鄉汪氏等等。今按地區，依時代先後，分述如下。

明初，江南五府地區歷經元末戰火洗禮，有的文化家族因以藏書避世，一以教子讀書爲務，以致未遭兵燹荼毒。以海鹽縣來看，元末明初海鹽的鄭氏便是其中一例。海鹽藏書家鄭澤，其生存年代約於元末明初之世，爲鄭曉的曾祖父，時逢世亂，以藏書隱世教子。據《世經堂集》載：

> 公諱曉，字窒甫，別號澹泉。其先開封人，遠祖某，從宋高宗南渡，始家鹽官。幾傳至信菴公（鄭澤），積書萬卷，以訓其子廣東提舉東谷公某（鄭延）、孫遵化訓導吾核公某（鄭儒泰），世以《尚書》教授里中，弟子各數百人。訓導娶於費，生公。〔註 13〕

鄭澤的藏書多達萬卷，以當時的時代背景看來，藏書能夠有此數目已經是相當驚人，足見鄭澤藏書癖嗜之篤。他的藏書目的，避亂以外，主要在於教訓子孫，而他的子孫也不悖所望，其家藏書傳至曾孫鄭曉手上時，益加光大，正可謂孝子賢孫，能世守其父祖遺書者。

約同鄭澤之世，海鹽縣還有胡氏藏書的興起。明初海鹽藏書家胡誠齋，佚其名，誠齋應爲其號，爲胡憲仲的曾祖父，而胡彭述又爲胡「憲仲子」，〔註 14〕以是胡彭述爲胡誠齋之玄孫，其家藏書傳至此已歷五世，所藏幾至萬卷，此於前文已言。而海鹽胡氏家藏書籍之總數，雖說不如當時的海鹽鄭氏，但於其時亦可云頗爲可觀；況且歷經五傳，累代又加以發揚光大，也是善守父祖藏書之家。稍後又有海鹽藏書家朱祚，好積書，爲同縣藏書家朱同生的祖父，「朱祚有孫同生，家多書，即祚所世

〔註 13〕明・徐階，《世經堂集》（《四庫全書存目叢書》集部・七九冊，台南：莊嚴文化事業有限公司，一九九七年六月初版，據北京大學圖書館藏明萬曆徐氏刻本影印），卷一八，〈明故刑部尚書贈太子少保諡端簡鄭公墓誌銘〉，頁二一下。

〔註 14〕《光緒・海鹽縣志》，卷一八，〈人物四・孝義〉，頁六下。

積也。」〔註 15〕海鹽朱氏的藏書，至同生之時已傳三世而未衰。

到了明末，海鹽縣的藏書家胡震亨喜好藏書，蒐羅甚富，並傳其子胡夏客。胡夏客「少開敏好書，日誦千言。父職方公震亨」，〔註 16〕以藏書知名當世，胡夏客受其感召，也相當喜好藏書，以故父子倆人，日以擁書爲樂。同時尚有海鹽藏書家劉世教，雅好書籍，不惜揮金置買以聚之，並傳其子劉憬藏焉。劉憬，爲「閩清知縣世教子」，〔註 17〕受其父所藏書籍而讀之，妥善庋藏而不使散逸，兩世藏書，蔚成家庭風習。

再以秀水縣來看，其藏書家族的形成稍晚，至明代中葉才有發現。雖然如此，其藏書家族卻後來居上，間也不乏其例。最早爲明代中期的秀水沈氏，以藏書著稱。其始爲藏書家沈謐，好藏書，至有「萬卷書樓」三楹。沈謐卒後，藏書傳「沈啓原，字道初，謐子」，〔註 18〕因受其父感染，對於藏書活動也相當熱衷，以是其父所傳之藏書事業，至沈啓原更爲勃興。稍後有秀水項氏，乃秀水藏書家項篤壽，喜好藏書，其弟又爲大名鼎鼎的藏書家項元汴。項篤壽「與季子太學生元汴，顏出」，〔註 19〕所以兩人是同母之親兄弟。秀水項氏的藏書在兄弟倆人的努力經營下，馳名天下，頓時成爲秀水縣文化事業的標竿，也是家族的光榮。在藏書家風的渲染之下，項元汴之子姪輩如項德棻等，〔註 20〕也以藏書知名於世。稍後又有秀水沈氏，秀水藏書家沈孚先，爲「比部德先之弟」，〔註 21〕兄弟兩人，同好藏書，兩人又同喜刻書，時人至稱兄弟二人皆爲眞能藏書者。到了明代後期，則有秀水鍾氏。鍾氏藏書始於鍾心隱，其名已不可考，而心隱爲其號。他喜好聚書，並延請名士訓課子孫，因此其家至稱三吳文獻著族。鍾心隱之藏書，再傳至其「孫羽修氏（鍾鶴齡）」，〔註 22〕未曾衰減。鍾鶴齡受先世遺書而讀之，文采越加煥發。

仁和縣藏書家族的數量並不亞於秀水縣，形成時間則更早，最初者爲元末明初的凌氏藏書。凌氏藏書之始，起源於元末明初的仁和藏書家凌雲翰；生逢元末亂世，一意以藏書逃避世亂，遂擗室藏書，講學其間。卒後，藏書傳子孫，而其子孫都能

〔註 15〕《光緒・海鹽縣志》，卷末，〈雜記〉，頁二一下。

〔註 16〕《谷水集》，書前，陳光綷〈胡宣子先生傳〉，頁一上。

〔註 17〕《光緒・海鹽縣志》，卷一七，〈人物三・文苑〉，頁一三下。

〔註 18〕《光緒・嘉興府志》，卷五二，〈秀水列傳〉，頁一九下。

〔註 19〕《國朝獻徵錄》，卷九九，董份〈廣東布政使司左參議少谿項公篤壽墓志〉，頁六〇下。

〔註 20〕《藏書紀事詩》，卷三，〈項德棻〉，頁一四八。

〔註 21〕《崇禎・嘉興縣志》，卷一三，〈鄉賢〉，頁六二下。

〔註 22〕《恬致堂集》，卷一四，〈鍾羽修寄雲堂詩稿序〉，頁四〇上。

善守，歷五世而代代以藏書知名。據《武林藏書錄》載：

> 子鵠，字正齋，舉通經人才，以母老乞歸。其孫文顯能不墜其業。文顯子昱，字敬輿，景泰庚午（元年，1450）舉人，輯先生詩文若干卷，命子暹繕寫成帙，名《柘軒集》。〔註23〕

凌氏藏書自凌雲翰而下，子凌鵠、孫凌文顯、曾孫凌昱、玄孫凌暹，皆爲知名的藏書家。仁和凌氏，其家藏書歷五世而未曾衰敗，堪稱明代秀水地方上的盛事。

繼凌氏稍後而出者，有仁和高氏藏書，肇始於仁和藏書家高應鵬。高應鵬以經商致富，雖爲賈人，然夙慕風雅，因此入貲爲仕。他深知欲光大家業，非讀書無以致之，於是相當留心家庭教育。高應鵬爲高濂之父，及高濂出生之後，爲了培養與啓發高濂的才華，於是就舍旁築藏書室貯藏圖書，以俟高濂縱情恣讀。而高濂俯仰其間，受其父之書而讀之，對於藏書活動也頗爲鍾情，以是高氏藏書，至高濂而越加著稱。高氏之後，又有仁和翁氏，以家族藏書知名當地。據《武林藏書錄》載：

> 翁汝遇，字子先，仁和人，萬曆戊戌（1598）進士，授東筦令，榷蕪湖關，最後守朝歌，俱有惠政，所在尸祝。弟汝進，字獻甫，萬曆乙未（1595）進士，授興化令，疏河四百餘丈，東入海，建四門石關，以爲水防。歷官至山東參議，以忤逆璫罷歸。〔註24〕

翁汝遇與其弟翁汝進，兄弟俱以藏書知名仁和縣，由於兩人藏書事業之輝煌，使得翁氏藏書在仁和地方上，又多了一宗文獻典型。

到了明末，世局漸亂，仁和縣的世家大族以藏書稱不衰者，有仁和卓氏。卓氏藏書，源於仁和藏書家卓擄。據《武林藏書錄》載：

> 仁和卓擄，初名顯卿，字襄野，號寓庸，別號入齋。倡明經學，士林嚮風。長子發之，字左車，號蓮旬，天資高邁，有將相才。崇禎癸酉（六年，1633）鄉薦副車，有《漉籬堂集》。孫人月，字珂月，別號蕊淵，拔貢生，才情橫溢，以未遇早逝，有蕊淵、蟾臺兩集。家學相傳，並以明經聞。曾孫天寅，初名大丙，字火傳，號亮庵，中順治甲午（十年，1654）副榜，著有《靜鏡齋集》。〔註25〕

仁和卓氏，自卓擄而下，自明末延至清初，共傳四世，皆以藏書知名。

明代錢塘縣的藏書家族，始於明代中期的洪氏藏書。錢塘洪氏藏書，起源於洪鍾的藏書事業。錢塘藏書家洪鍾，藏書以訓其子，傳至其孫洪楩，越加光大。據清

〔註23〕《武林藏書錄》，卷中，〈尊德堂〉，頁四一。
〔註24〕《武林藏書錄》，卷中，〈翁氏書閣〉，頁五〇。
〔註25〕《武林藏書錄》，卷中，〈卓氏傳經堂〉，頁五一。

末藏書家丁申之考察，錢塘藏書家洪楩爲洪鍾之孫，〔註26〕一如祖父，喜好藏書活動。洪楩承其祖父之遺書，復以益之，又喜刻書，風流博雅不亞於其祖父，以是洪氏藏書，三傳而越發蓬勃。

到了明末，錢塘縣的藏書家族則有錢塘虞氏，始於錢塘藏書家虞淳熙與虞淳貞兩兄弟。虞淳熙本家貧無書，因好聚書，遂「與其弟淳貞，字僧孺，搜奇獵祕，閉門鈔寫，方術陰符靡不通曉。已而偕隱南山回峰下，採蕁行藥以終老焉。」〔註27〕錢塘虞氏藏書便在虞淳熙與虞淳貞兄弟兩人的不斷努力下，規模漸具。虞氏之後，又有錢塘吳氏，也以藏書世家著稱當地。吳氏藏書起源於錢塘藏書家吳繼志，喜藏書，其子吳太沖，也好藏書。據《國朝耆獻類徵初編》載吳氏藏書云：

> 祖繼志，始仕雲南越州衛經歷。父太沖，明崇禎辛未（四年，1631）進士，由翰林累官右春坊右中允。〔註28〕

蓋錢塘吳氏自吳繼志始，祕閣之藏已經超過萬卷；傳至其子吳太沖，更加增益，以至轟動蟫林，所藏竟足以與山陰祁氏、海虞錢氏相抗衡。以是錢塘吳氏所藏，歷經二世，其藏書事業之宏遠，十足令人稱美。

明代上海縣的家族藏書事業起始稍晚，最早爲明代中後期的上海陸氏。陸氏藏書起始於上海藏書家陸深，篤嗜聚書，收藏甚富。傳至陸楫，爲「詹事文裕公（陸深）子也」，〔註 29〕承其父的遺書與藏書志向，恪守惟謹，以是陸氏藏書之名，爲鄉人所重。稍後有李氏藏書，也頗爲著稱，肇興於上海藏書家李煥然。李煥然藏書甚富，逾越萬卷，本身又勤於聚讀。在家風的薰染下，李煥然的「從子可教，字受甫，年十二能屬文」，〔註 30〕也喜歡收藏圖書。李可教承接先世萬卷遺書，卻不幸遭寇盜而散盡。但是李可教以世守先人藏書爲己志，多方購求，復得十之五六，誠可謂善於守藏先人圖籍的孝子賢孫。

上海縣自李氏藏書之後，還有董氏藏書，起始者爲上海藏書家董綸。董綸起家御史，好藏書。生子董恬，與其父之嗜癖略同，父子兩人所購古書，達千餘卷。三傳至其孫董宜陽，據〈董子元先生行狀〉載：

> 先生姓董，諱宜陽，字子元。先世汴人，宋南渡，徙居上海吳會里，爲上海人。曾大父以和，有隱操獨行。大父綸，監察御史。父恬，大理寺

〔註26〕見《武林藏書錄》，卷中，〈洪氏列代藏書〉，頁四四。

〔註27〕《浙江通志》，卷一七八，〈人物六・文苑一〉，頁三一〇五。

〔註28〕清・李桓，《國朝耆獻類徵初編》（《清代傳記叢刊》一八二冊，台北：明文書局，一九八五年五月初版），卷四三一，〈文藝九・吳農祥〉，頁一上。

〔註29〕《蒹葭堂雜著摘抄》，頁一。

〔註30〕《嘉慶・松江府志》，卷五四，〈古今人傳六〉，頁三六下。

少卿。〔註 31〕

董氏藏書傳至董宜陽而極盛，董宜陽承其家藏書遺風，嗜書之癖更勝其祖與父，力守先世遺書之外，更另建新書樓，廣事蒐羅。董宜陽非但能守其家之藏書事業，又能盡讀其父祖所藏之書，加之以搜奇括秘，以是所藏又倍其先人，董氏藏書在董宜陽的大肆擴充之下，遠近馳名。

除上述諸縣外，明代江南五府地區的藏書家族，寥若晨星。嘉善縣的藏書世族，僅有一家，爲嘉善陳氏，起源於嘉善藏書家陳于王。他篤好藏書，裒聚至萬卷之多。陳于王「生二子，賁聞（陳山毓）其伯也」，〔註 32〕與其弟陳龍正，盡收其父之書，日居左右而謹愼守之。陳山毓之弟陳龍正，也喜藏書。據〈陳祠部公家傳〉載：

> 祠部公諱龍正，字惕龍，別號幾亭，世居嘉善之胥山鄉。……父廉憲公諱于王，號穎亭，爲萬曆中循卓名臣。……生二子，長諱山毓，字賁聞，私謚靖質先生，次即公。〔註 33〕

嘉善陳氏藏書，自陳于王以下，傳其二子陳山毓與陳龍正，兄弟二人，扃鑰惟謹，管理有度，陳氏一門父子三人，眞可謂癖嗜藏書之族。

江陰縣的藏書家族，到了明末僅有一家，即在中國藏書歷史上大名鼎鼎的江陰李氏。李氏藏書起自江陰藏書家李詡，爲李如一的祖父。據〈李貫之先生墓誌銘〉載：

> 戒菴府君諱翊（即李詡），以儒有聞。翊生復菴府君，諱果，用孫應昇死忠，贈太僕卿，君（李如一）之父也。〔註 34〕

李詡藏書，傳至其孫分爲二支，一爲其孫李如一，一爲李如一的從孫李孫之。「李孫之，字膚公，江陰忠毅公（李應昇）之子。」〔註 35〕就李如一而言，「御史應昇，弟子也。」〔註 36〕以是李孫之爲李如一之從孫，而李詡之藏書至李孫之也已歷傳四世，由明末而邁入清初。

靖江縣的藏書家族也僅有一家，即明代中後期的靖江朱氏，藏書始於靖江藏書家朱大中。他篤嗜藏書，鬻產以購異書，達數千卷之多。有子四人，除長子朱家楝無藏書事蹟可考外，次子朱家楫，與「弟家模、家栻兄弟相師友，各以清節砥礪。」〔註 37〕兄弟三人，承其父遺書，皆篤守藏書之庭訓。

〔註 31〕《朱邦憲集》，卷一〇，〈董子元先生行狀〉，頁七上。
〔註 32〕《陳靖質居士文集》，書前，高攀龍〈明孝廉賁聞陳公墓誌銘〉，頁五下。
〔註 33〕《幾亭全書》，附錄卷一，〈陳祠部公家傳〉，頁一上～下。
〔註 34〕《牧齋有學集》，卷三二，〈李貫之先生墓誌銘〉，頁一一五八。
〔註 35〕《思舊錄》，頁四上。
〔註 36〕《江陰李氏得月樓書目摘錄》，書前，繆荃孫〈李如一傳〉，頁一下。
〔註 37〕《康熙・靖江縣志》，卷一四，〈名臣〉，頁七上。

綜括而論，明代江南五府地區，除了以上所舉州縣之外，並無藏書家族的事蹟可考。爲方便比較參考，筆者做一「江南五府藏書家族分佈狀況表」於下：

表二：江南五府藏書家族分佈狀況表

州或縣	所屬府治	藏書家族數量
海鹽縣	嘉興府	5
秀水縣	嘉興府	4
仁和縣	杭州府	4
錢塘縣	杭州府	3
上海縣	松江府	3
嘉善縣	嘉興府	1
桐鄉縣	嘉興府	1
江陰縣	常州府	1
靖江縣	常州府	1

由上表所列可以看出，明代江南五府地區的藏書家族以海鹽縣最多，至少在五家以上。若以府爲單位來看，則嘉興府有十一家之多，爲江南五府中藏書家族最多者；其次則爲杭州府，有七家之多；再其次則爲松江府，有三個藏書家族；第四則爲常州府，共有兩個藏書家族；其餘的府州縣等，則沒有發現藏書家族之紀錄。明代江南五府當中，藏書家族主要分布在嘉興府一地；其中又以海鹽縣數量最多，家族藏書風氣最盛。

第三節　姻親關係

以姻親做爲文人關係連結的紐帶，也是研究文人集團形成的一種切入方式，因爲具有某種相同目的而結合的文人集團，往往也會透過姻親的方式來傳播文化與思想。而明代江南五府地區的藏書家集團之間，藉由姻親的關係，也往往會散發藏書的影響力以及流通書籍；加上文人之間的文會過從，也極有可能藉著姻親關係而促成其事，甚至因而聯絡其他的人脈關係。所以，在研究江南五府地區藏書家的集團性時，也必須考慮藏書家之間的姻親關係，進而瞭解明代江南五府地區的藏書家透過姻親關係，對其集團性的影響爲何？

明代上海藏書家陸深，與同縣的藏書家顧定芳、黃標等，三人之間，存在有姻親關係。陸深曾說：「適有山陵扈從之行，表弟顧世安（顧定芳）、黃甥標從旁贊賞。」〔註38〕蓋顧定芳爲陸深的表弟，而黃標則爲陸深的外甥，以是顧定芳與黃標，分別都與陸深爲姻親。

上海藏書家朱察卿【1】與華亭藏書家董宜陽【2】爲姻親，據《長谷集》載：「今家賓聘大理少卿中岡董公子子元（董宜陽）女。」〔註39〕按朱家賓爲朱察卿之子，所以朱察卿與董宜陽兩人爲親家翁，份屬姻親。而董宜陽，又爲華亭藏書家顧清【3】之孫女婿。《何翰林集》載：「子元（董宜陽）內子是先生（顧清）女孫。」〔註40〕所以華亭藏書家董宜陽，又與同縣的藏書家顧清爲姻親。另外，華亭藏書家顧清又與同縣的藏書家何良俊【4】爲姻親，因何良俊之妹，「適顧應籙，禮部尚書清之孫」，〔註41〕所以何良俊與顧清兩家，也份屬姻親關係。而透過姻親關係的牽連，有時也能促成藏書家之間書籍的流通。因爲明人的婚禮當中，書籍有時也會被用來當做嫁妝的一部份，透過姻親嫁娶，藏書家也能夠獲得書籍。上海藏書家董宜陽娶華亭藏書家顧清的孫女時，便曾因此而得到顧清的詩文集。董宜陽之友何良俊，在跋董宜陽所藏《顧東江詩文雜草》時云：

> 子元（董宜陽）内子是先生（顧清）女孫，此則其初歸子元時，奩篚中以裹致粉澤者。子元得之，裝池寶藏，如獲大貝。……子元好古篤學，得前人片縑寸楮即加珍愛，況此是其內家遺文，中間又有與其先大理公（董恬）同車北上詩，子元珍愛倍於尋常，固宜余獨惜。先生此稿應有數帙，恐其散逸盡如此數紙，使得之者盡如子元尚可，不然，其不於漫滅幾希矣！〔註42〕

姻親關係對於藏書家與藏書家之間的連接方面，也起著相當的作用，對於促進藏書家與藏書家之間書籍和專業知識與資訊的流通，功不可沒，所以在研究明代江南五府地區的藏書家集團上，絕不可以忽視姻親關係在藏書家集團性上的功能。

〔註38〕《儼山集・續集》，卷八八，〈跋李嵩西湖圖〉，頁二上。
〔註39〕《長谷集》，卷一五，〈朱邦憲妻唐氏墓志銘〉，頁三四上。
〔註40〕《何翰林集》，卷二八，〈跋董子元所藏顧東江詩文雜草後〉，頁七下。
〔註41〕《何翰林集》，卷二四，〈先府君訥軒先生行狀〉，頁八下。
〔註42〕《何翰林集》，卷二八，〈跋董子元所藏顧東江詩文雜草後〉，頁七下。

圖二：朱察卿等四家姻親關係示意圖

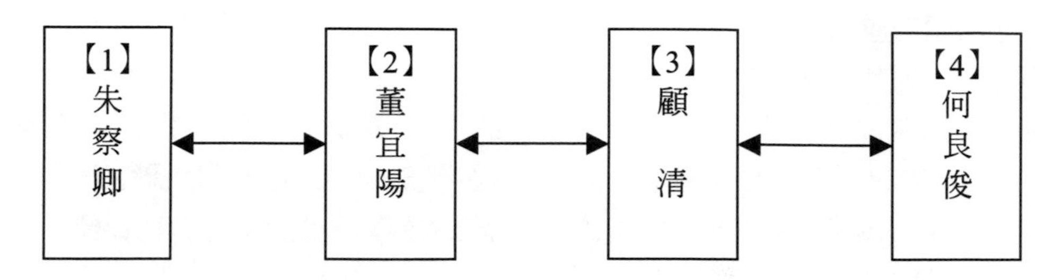

海鹽藏書家鄭曉，爲秀水藏書家項篤壽的岳父，兩人之間，份屬姻親關係。鄭曉「其婿項篤壽，同履淳舉進士，前後告歸，恆過從門牆論文道舊，公愈益喜。」〔註43〕鄭履淳爲鄭曉之子，透過姻親關係，兩家之間互爲文會過從，促成藏書家集團之成形，並加強藏書家之間資訊的流通。又上海藏書家李煥然爲松江地區藏書家吳稷的舅父，兩人業屬姻親關係。吳稷曾經誇獎其舅父的藏書規模：「吾于書不及子文舅（李煥然）十一。」〔註44〕透過姻親關係，藏書家之間可互相媲美，以藏書多寡相尚，進而鼓舞藏書風氣的興盛。

華亭藏書家顧中立與上海藏書家潘恩爲同事，亦爲好友，兩人又爲親家翁。潘恩曾說：「余與先生居同郡，仕兩京同官，重以葭莩之親，蘭金之誼，知先生者久矣！」〔註45〕因顧中立的長女，「適右都御史上海潘公（潘恩）之子，今南京工部主事允端（1526～1601）。」〔註46〕所以，顧中立與潘恩，兩家之間存有姻親關係。而德清藏書家姚士粦，與海鹽藏書家呂兆禧爲姻親，亦是文友，兩人過從甚密，姚士粦提及：

> 余年二十有四，以書削自給于同縣姻家呂氏。呂氏子兆禧，字錫侯，少余十二歲，時已通一經，善屬文。志復慕古，冀探千秋，遂與余結契觚翰，肆募篇籍。乃以晝供帖括，夜博子史，非丙夜不休。兩人每讀一書，必乙其處以自程。〔註47〕

透過姻親關係的牽引，德清藏書家姚士粦與海鹽藏書家呂兆禧兩人勵志藏書事業，相互高會，討論藝文，則藏書家間透過姻親而流通資訊與知識者，又增加一個佐證。

〔註43〕《西園聞見錄》，卷八，〈好學・鄭曉〉，頁三一上。
〔註44〕《崇禎・松江府志》，卷四二，〈隱逸〉，頁二四上。
〔註45〕明・潘恩，《潘笠江先生集》（《四庫全書存目叢書》集部・八一冊，台南：莊嚴文化事業有限公司，一九九七年六月初版，據蘇州市圖書館南京圖書館藏明嘉靖至萬曆刻本影印），卷八，〈賀顧左山參伯六袠序〉，頁四一上。
〔註46〕《世經堂集》，卷一七，〈明故廣西參議左山顧公墓誌銘〉，頁四四下。
〔註47〕《見只編》，卷上，頁五四。

秀水藏書家沈啓原【1】，與兩位藏書家存在姻親關係。乃沈啓原之孫子輩中，「次鳳禎，聘翰林院編修馮公夢禎女。孫女二，一許掌院事少詹事黃公洪憲（1451～1600）子承昊，一許都水司主事項公德禎子洪謨。」〔註 48〕按項德禎爲同縣藏書家項篤壽【2】之子，秀水藏書家沈啓原不但與杭州藏書家馮夢禎【3】爲姻親，且又與同縣的藏書家項篤壽有姻親關係。而嘉興藏書家包檉芳【4】，又與杭州藏書家馮夢禎爲親家，馮夢禎曾云包檉芳長子包世熙之「女二，長字余幼子辟邪，次未字。」〔註 49〕則包檉芳與馮夢禎，兩家之間又存有姻親關係。又秀水藏書家項德棻【5】，爲嘉興藏書家包檉芳之女婿。乃包檉芳有一女，「適諸生項德棻」，〔註 50〕所以嘉興藏書家包檉芳又與秀水藏書家項德棻爲姻親。

圖三：沈啟原等五家姻親關係示意圖

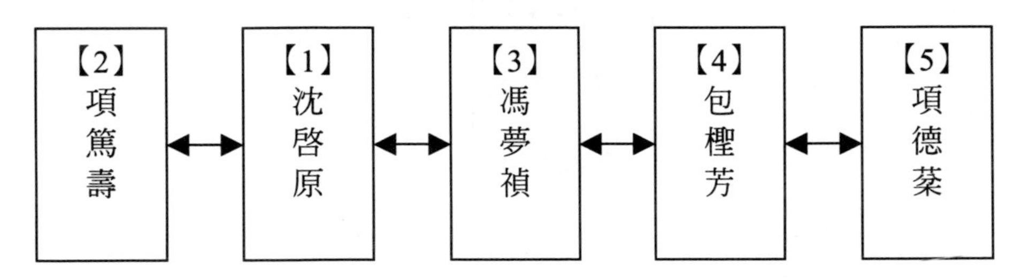

歸安藏書家唐白野爲同縣藏書家茅坤的姑丈，唐白野卒後，茅坤爲其祭文，其中云：「吾姑已沒，所遺諸子間頗知讀父書，或補博士弟子，或歷太學，然並貧且窶，於今猶爲及爲祿養，嗟乎！抑亦可謂坎廩之甚者已。」〔註 51〕足見唐白野與茅坤，兩家之間存在著姻親關係。同時，同縣的藏書家姚翼，也與茅坤爲姻親。茅坤曾經指稱姚翼乃「予婦之弟也。」〔註 52〕茅坤爲姚翼的姐夫，姚、茅兩家之間，存有姻親關係。

嘉興藏書家周履靖【2】爲同縣藏書家李日華【1】的外從父，李日華說：「先生余外從父也，家君子少孤，先生爲晚年子，而俱寡兄弟，以故相倚爲同家驩，蓋無減一氣云。」〔註 53〕可見兩人之間，存在著一層姻親關係。而平湖藏書家沈懋孝【3】，

〔註 48〕《澹園集》，卷三三，〈陝西按察司副使霓川沈先生行狀〉，頁五四一。
〔註 49〕《快雪堂集》，卷一八，〈貴州按察司副使提督學校包瑞溪先生洎配曹宜人行狀〉，頁三六下。
〔註 50〕《快雪堂集》，卷一八，〈貴州按察司副使提督學校包瑞溪先生洎配曹宜人行狀〉，頁三六下。
〔註 51〕《玉芝山房稿》，卷一二，〈祭姑夫唐白野先生文〉，頁四上。
〔註 52〕《國朝獻徵錄》，卷八九，茅坤〈廣濟令海屋姚君翼傳〉，頁八七上。
〔註 53〕《梅墟先生別錄》，卷上，〈梅墟先生別錄有序〉，頁四二上。

與嘉興藏書家李日華也有姻親關係，兩人且爲忘年之交。李日華論及兩人之關係云：

> 維不佞華，迨小子亨，仰奉徽懿師資之尊，滲以道義，膠以姻婚，忘年予友，撫亨若孫。〔註54〕

所以李日華除了與周履靖份屬姻親外，與沈懋孝也有姻親關係。此外，李日華亦爲秀水藏書家沈大詹【4】的舅父，李日華聲稱曾往其甥沈大詹之長溪祖宅，檢其先世遺書，此已見於前文。按沈大詹爲沈啓原的曾孫，則李日華又爲沈啓原孫媳婦之兄弟，兩家之間，存在著深厚的姻親關係。

圖四：李日華等四家姻親關係示意圖

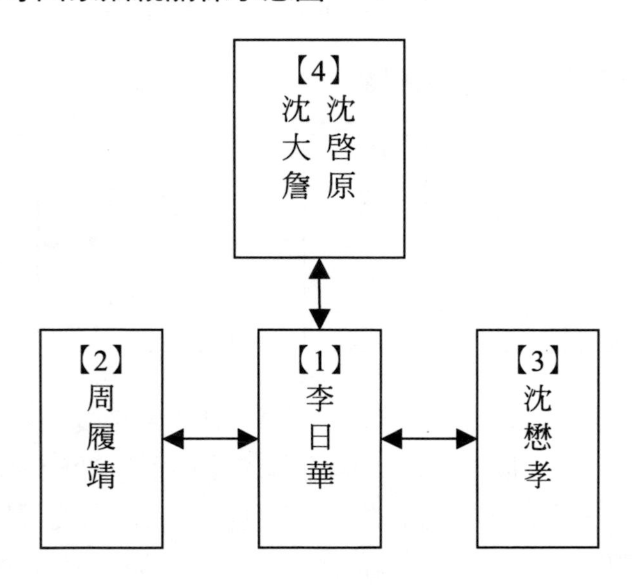

第四節　師承關係

明代江南五府地區藏書家之間，透過師生之間的關係，不但可以交流與散播藏書知識、資訊與思想文化，也使得藏書家與藏書家之間的關係更爲縝密，藏書家的集團基礎更爲紮實。其實，明代的文人社團當中，文人之間的相互關係，正是以師生、師友爲紐帶而連結起來的。〔註55〕透過對藏書家之間師承關係的研究，可以瞭解明代江南五府地區的藏書家之間藏書理論傳承的關聯性，以及在藏書風氣的鼓舞

〔註54〕《恬致堂集》，卷三三，〈祭沈太史晴峰太翁文〉，頁一〇上。

〔註55〕郭英德，〈明代文人結社說略〉（《北京師範大學學報》社會科學版，一九九二年第四期），頁三一。

上透過師承關係的影響，並且對於此地的學術傳遞與文人關係，都可以獲得更進一步的認知。

一、邵寶之門

無錫藏書家邵寶為武進藏書家薛應旂的老師，薛應旂「自為諸生時，從無錫邵文莊公（邵寶）游，其勵志即尚友千古，不與世狎。」〔註56〕邵寶一門，學生為武進藏書家薛應旂。

二、朱祚之門

海鹽藏書家朱祚，其弟子為同縣藏書家「吳昂，人皆推儒譽也。」〔註57〕朱祚為吳昂的老師。而海鹽藏書家鄭曉，又為吳昂的弟子，鄭曉曾說道：

> 先大父東谷先生（鄭延）以蔡氏書教授門人，登科貢者百餘人，雲谷朱先生（朱祚）名最著。雲谷之門人，南溪先生（吳昂）名最著。先生之門人類多文行著名，惟余不敏，學殖日落。〔註58〕

此外，鄭曉又稱讚其師吳昂曰：「嗟余小子，學於先生，年幾弱冠，寔荷陶甄，修辭砥節，善誘循循，經師人師，時孰與倫。」〔註59〕鄭曉對於他的老師海鹽藏書家吳昂，推崇異常，顯得十分恭敬。又秀水藏書家項篤壽，為海鹽藏書家鄭曉的女婿，也是鄭曉的學生。據《國朝獻徵錄》載項篤壽：

> 生而穎異，鄭端簡公（鄭曉）一見奇之，授所著書十餘萬言俾誦習，四浹辰而河懸矣！乃驚曰：「何其蚤慧也！」因以女許聘焉，而收為帷中弟子。〔註60〕

蓋項篤壽「為鄭端簡婿，受其學，博綜通達，不究其用而卒。」〔註61〕鄭曉與項篤壽，兩人份屬師徒，又為姻親。朱祚一門的師承關係，讀者請參照圖五，便可一目瞭然。

〔註56〕《方山薛先生全集》，書前，〈方山先生文錄序〉，頁四下。
〔註57〕《光緒・海鹽縣志》，卷一五，〈人物一〉，頁五九下。
〔註58〕《端簡鄭公文集》，卷五，〈南溪先生傳〉，頁六上。
〔註59〕《端簡鄭公文集》，卷五，〈祭南溪先生〉，頁三〇上～下。
〔註60〕《國朝獻徵錄》，卷九九，董份〈廣東布政使司左參議少谿項公篤壽墓志〉，頁六〇下。
〔註61〕《明分省人物考》，卷四五，〈項篤壽〉，頁五〇下。

圖五：朱祚等四人師承關係示意圖

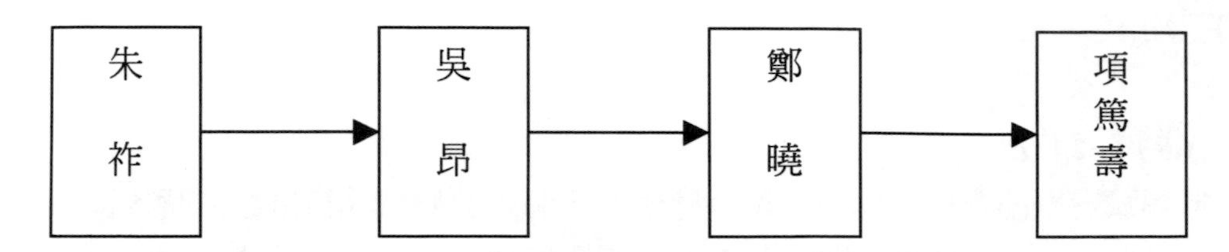

三、徐獻忠之門

華亭藏書家徐獻忠爲同縣藏書家董宜陽的老師，董宜陽曾說：「《長谷集》十五卷，吾師長谷先生（徐獻忠）所著。」〔註62〕因董宜陽年少時，曾「執經於徐奉化獻忠先生，時奉化名震蕩諸生間，等先生爲高弟。」〔註63〕徐獻忠與董宜陽，兩人之間存在著師徒關係。

四、姚咨之門

無錫藏書家姚咨，爲同縣藏書家秦柱的老師。姚咨跋《續談助》曾經提及：「汝立（秦柱）乃余門人，汝操（秦柄）之弟，儲書甚富。」〔註64〕兩人之間，也存有師生關係。

五、唐順之之門

歸安藏書家茅坤，爲武進藏書家唐順之的學生，且與其妻弟歸安藏書家姚翼師出同門。茅坤指出：

> 予與君少共師事唐一菴（唐樞，1497～1574）先生，已而予釋褐後，力攻古文辭，間嘗從武進唐荊川（唐順之）公遊，君亦復改事武進公。〔註65〕

茅坤與其內弟姚翼，兩人皆是「少從一庵（唐樞）、荊川（唐順之）兩唐先生游，許爲入室弟子。」〔註66〕又無錫藏書家周子義，其學亦出唐順之之門。乃周子義「之師殷先生者，荊川先生（唐順之）高第弟子也。」〔註67〕周子義雖出於間接師承，

〔註62〕《長谷集》，書前，董宜陽〈刻集記〉，頁二上。
〔註63〕《朱邦憲集》，卷一〇，〈董子元先生行狀〉，頁七下。
〔註64〕《藏書紀事詩》，卷三，〈秦柱汝立〉，頁一一七。
〔註65〕《國朝獻徵錄》，卷八九，茅坤〈廣濟令海屋姚君翼傳〉，頁八七上。
〔註66〕《同治・湖州府志》，卷七五，〈人物・文學二〉，頁一六下。
〔註67〕明・徐顯卿，《天遠樓集》（《四庫全書存目叢書補編》九八冊，濟南：齊魯書社，二〇〇一年九月第一版，據漢學研究中心藏明萬曆刻本影印），卷一八，〈周文恪公傳〉，

然也屬於唐順之的派下弟子。四人之關係，請參見圖六。

圖六：唐順之等四人師承關係示意圖

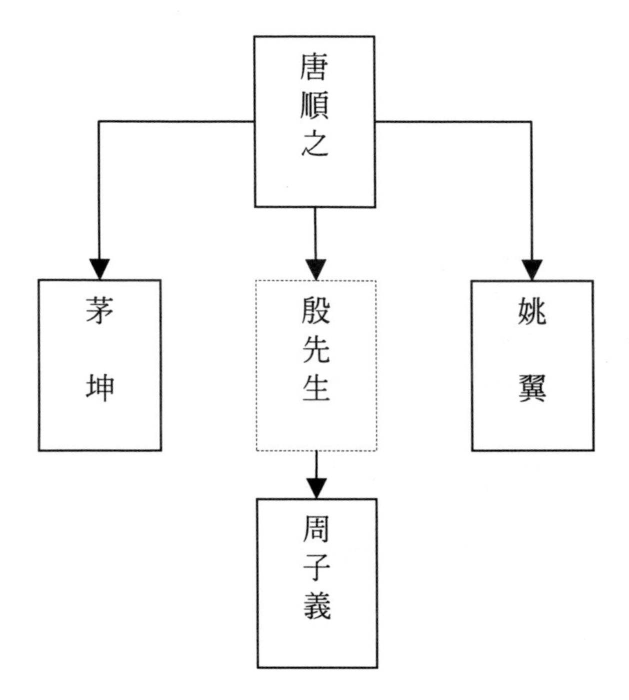

六、馮夢禎之門與陳繼儒之門

明季，江南五府的藏書家多從名師講學，一人或拜數師，以致師承關係較前期爲複雜。如嘉興藏書家李日華，便是如此。他曾經拜在杭州藏書家馮夢禎門下爲徒，馮夢禎曾說：「眞實居士（馮夢禎）之門人曰李日華者，奇才也，從遊五年矣。」〔註68〕而李日華也曾讚美其師馮夢禎，曰：「隆、萬間，余師具區先生（馮夢禎）鎔煉超脫，不破拘格而自標神駿，天下翕然宗之。」〔註69〕除馮夢禎爲李日華的老師外，李日華又曾經拜華亭藏書家陳繼儒爲師，李日華說：「余結髮游松，從陳眉公（陳繼儒）授《毛詩》。」〔註70〕他也誇獎其師陳繼儒：「吾師眉公先生靈心妙韞，卓蹈遐蹤，於學靡所不窺。」〔註71〕所以，李日華也爲陳繼儒的門下弟子。於是在師承關係上，李日華便同屬馮夢禎與陳繼儒之門。而嘉興藏書家李于然，又爲李日華的學

頁一下。

〔註68〕《快雪堂集》，卷三，〈題門人稿〉，頁五上。

〔註69〕《恬致堂集》，卷一二，〈曹太史允大江雲集序〉，頁三七上。

〔註70〕《味水軒日記》，卷四，頁二二八。

〔註71〕《恬致堂集》，卷一一，〈陳眉公先生祕笈序〉，頁一九下～二〇上。

生，李日華說：「竹嬾（李日華）弟子李于然，有雋材，讀書一覽輒記。」〔註 72〕李日華與李于然，兩人爲師生關係。四人之關係，請參見圖七。

圖七：馮夢禎等四人師承關係示意圖

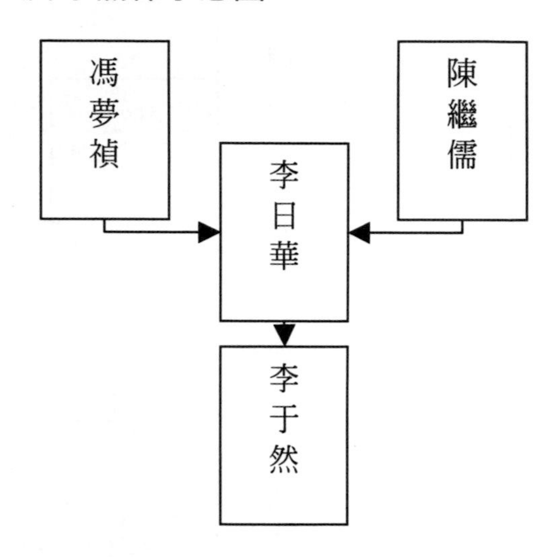

第五節　友朋關係

明代江南五府的藏書家集團裡，透過各種不同的社會關係而使得集團顯得紮實而緊密，除上述的地緣、家族、姻親與師承以外，友朋關係，可說是眾多文人社會關係當中最爲重要的連結紐帶。舉凡明代江南地區所有的文人集團或會社當中，絕大部份都是藉由友朋關係而將整個集團擴展開來的，是最爲普遍的社會關係。在研究明代江南五府地區的藏書家集團時，必須將友朋關係列爲重點，並且對於藏書家之間的友朋關係切實掌握，如此才能在瞭解藏書家之間的友朋關係以後，得知明代的江南五府地區的藏書家集團爲何？主要的成員又有那些藏書家？以及文人們如何利用彼此之間的友朋關係來擴張集團，更進而認識文人會社形成的主要原因和內容。

一、唐順之集團

首先，先從史料的記載，來架構唐順之等人透過朋友關係所組成的藏書家集團，爲方便起見，本文姑且稱之爲「唐順之集團」。

武進藏書家唐順之，「窗友則方山薛應旂也」，〔註 73〕兩人既爲同窗兼好友，則

〔註 72〕《恬致堂集》，卷一八，〈李于然辨烏餘摭題辭〉，頁二六上。
〔註 73〕《李中麓閒居集》，卷一〇，〈荊川唐都御史傳〉，頁七九上。

武進藏書家薛應旂當為唐順之集團的一員。而江陰藏書家李詡，與唐順之為文友。李詡「性耽文史，更潛心性命之學，與唐順之輩互為砥礪。」〔註 74〕兩人透過朋友關係，相與論文，故李詡也是唐順之集團的成員。此外，唐順之尚與宜興藏書家萬士和為友，萬士和並曾道出自己之所以篤志於藏書活動，便是受到唐順之藏書的影響。他說：

> 荊川唐先生（唐順之）者，博物君子也。其家之書無所不有，先生無所不讀。余從之游，竊怪浩漫無極，汗牛而充棟也。久而聽其言論，時至夜分，或舉經冊典要，或討三教異同，或尚論古人，徧及二十一史而上下其人物，先生誦說如流，余對之無以應也，嘆曰：「此非韓愈氏所謂馬牛而襟裾者？」於是始有蓄書之志。〔註 75〕

萬士和的喜好藏書，正是藏書家透過友朋關係而鼓舞藏書事業的一個最為有力的證據。

綜上所述，明代江南五府地區屬於唐順之集團的藏書家一共有四位，包括：唐順之、薛應旂、李詡、萬士和等人。而其成員的交往情形，請參閱圖八。

圖八：唐順之集團成員交往示意圖

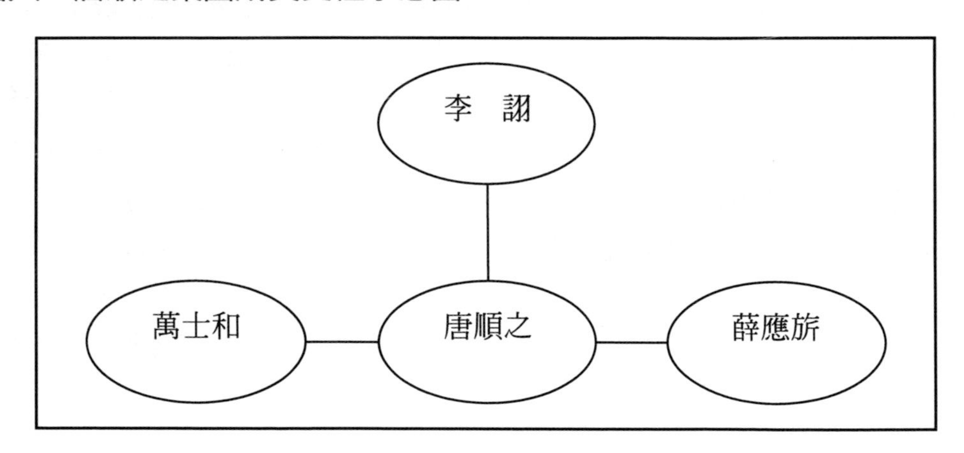

二、徐獻忠集團

明代中葉以後，由華亭藏書家徐獻忠等為數眾多的藏書家，透過朋友之間的關係交結而成的藏書家集團，開啓了明代江南五府地區藏書家人脈複雜的序曲。其實，明代江南五府地區的藏書家集團在藏書家們漫如蛛網的人際關係上，往往是某個集

〔註 74〕《光緒・江陰縣志》，卷一七，〈人物・文苑〉，頁一一下。
〔註 75〕《萬文恭公摘集》，卷一〇，〈分諸子書目〉，頁四八上。

團的成員也會和其他的集團有密切關聯，若是要將每個集團及其成員劃分出來，實屬困難。因此，筆者先將此一時期的藏書家當中人際關係最廣的前三人：徐獻忠、馮夢禎與李日華等三位藏書家代表，分成三個代表三段不同時期的陣營，再依三人的時代先後，分別將其成員加以羅列敘述，以求簡單明確之效果。而當中最早與最具時代意義者，便是以徐獻忠爲首的藏書家集團。如同唐順之集團，也暫且稱爲「徐獻忠集團」，而自此以下，筆者都將以這個方式來命名該藏書家集團，這些代表者，可說都是當時串聯了藏書家集團與集團之間的靈魂人物。

江南五府地區自徐獻忠集團開始，藏書家與藏書家之間的友朋交往越來越複雜，集團性也愈加趨向緊密。以時間的橫切面來看，同時代的藏書家之間交往顯得相當熱絡，因爲當時所有知名的藏書家彼此之間幾乎都認識，所以集團較之前期，可說已經推展得相當大。此外，明代江南五府地區的藏書家從徐獻忠集團開始，出現了較爲大型的藏書家集團，也逐漸步入集團的大型化趨勢，即使同一個大型集團之內其實充滿了數個小型的藏書家集團，也因爲透過了藏書家之間的朋友關係而將這些小集團串聯起來，成爲一個地區性大型的藏書家集團。再以時代的縱剖面來看，隨著時間的推移，明代江南五府地區的藏書家自徐獻忠集團開始，不同時期的大型藏書家集團之間也都有了關聯，並且可以將其視爲不同時期集團之間的延續。如李日華集團便是直接或間接地承受了不少徐獻忠集團的成員，並且加以拓展；而馮夢禎集團更是李日華集團的再持續擴張，兩大集團之間交集甚密。爲了顯示這三大集團之間在時間的橫切面與縱剖面上的脈絡與聯結網，請參閱圖九，便可一目瞭然。

華亭藏書家徐獻忠與上海藏書家陸深爲忘年之交，常常一起品騭今古，時「華亭固推陸文裕深博精於古，視獻忠爲父行，其揚扢風雅，下上今昔，耳語膝坐，忘其爲吾汝也。」〔註76〕兩大知名藏書家，透過友誼關係而相與品鑑文會，對於藏書專門知識的交流，的確獲益匪淺。徐獻忠又與同縣的藏書家顧中立爲摯友，顧中立死，徐獻忠爲其寫傳：「予與先生締交久，一旦萎謝，悵望靡及。」〔註77〕兩人之交情深厚，所以顧中立亦爲徐獻忠集團的成員之一。

徐獻忠與同縣藏書家張之象兩人亦是書友，而與歸安藏書家施峻也是如此，相與論書。徐獻忠曾寫信給施峻，信中道：

> 久臥山齋，不復與門外事。前玄超（張之象）來，不得不報謝。暑中被衣作坐客，想非高雅所便，遂歸不上謁。玄超持佳刻，讀之，正欲馳索，

〔註76〕《明書列傳》，卷一四八，〈徐獻忠〉，頁四四八。
〔註77〕《長谷集》，卷一三，〈左山先生傳〉，頁六上。

適承寄至，甚感！〔註 78〕

如此看來，則張之象與施峻都是徐獻忠的朋友，同爲本集團的成員，但兩人之間似乎並不認識。而集團內成員書籍的流通，透過友情的牽連而達成，在集團之內更是司空見慣的事，如張之象將所刻新書贈與徐獻忠閱讀，正是如此。

而徐獻忠與同縣的藏書家何良俊也很熟，兩人亦爲好友，何良俊並且和徐獻忠集團內的成員大多認識。據《明史稿列傳》載：

獻忠（徐獻忠），字伯臣。……宜陽（董宜陽），字子元。……之象（張之象），字月麓。……三人者，皆良俊所與友也。〔註 79〕

當時何良俊「與上海張之象、同里徐獻忠、董宜陽友善，並有聲」，〔註 80〕大家都是徐獻忠集團內的一份子。而張之象也好交游，除了「其鄉徐伯臣獻忠、何元朗良俊、董子元宜陽，皆與公爲莫逆交。」〔註 81〕此外，何良俊與集團內的上海藏書家朱察卿也是好友，何良俊曾說：

余友上海朱邦憲（朱察卿），出其先公《福州集》六卷見示，命某書一言於末簡。〔註 82〕

這樣以藏書出示而相與品題的藝文交流，正是藏書家之間透過友情關係而進行的文會過從的一個最佳例證，也是在研究藏書家朋友關係時的一個大收獲。透過這種關係，明代江南五府地區的藏書家與藏書家之間的專業知識與資訊得以交換，大大地鼓舞著地方藏書事業的飛揚發展。

另外，徐獻忠集團的成員還有華亭藏書家沈耀。沈耀的交遊單純，「性簡伉寡諧，獨與張世美、徐獻忠、何良俊、良傅（何良傅，1509～1562）交歡。」〔註 83〕可以認定，沈耀也是徐獻忠集團的一份子。

値得注意的是，徐獻忠集團內的成員，有些人在集團內不但人緣廣厚，甚至在集團與集團之間也相當活躍。如何良俊，除與上述同一集團內的許多藏書家爲好友以外，也與屬於李日華集團的朱大韶爲友。何良俊曾在一封寫給朱大韶的信中述及二人之交情。良俊云：

某南北游走，四五年間，蒙公獎訓吹噓，有骨肉所不能者，公皆先意爲之，其感德當何如耶？自公行後，益落落無徒，日唯浮湛里巷，遇

〔註 78〕《長谷集》，卷一一，〈復施璉川〉，頁一六下。
〔註 79〕《明史稿列傳》，卷一六三，〈何良俊〉，頁一九上。
〔註 80〕《新校本明史》，卷二八七，〈列傳一七五・文苑三・何良俊〉，頁七三六四。
〔註 81〕《皇明詞林人物考》，卷一一，〈張玄超〉，頁五二上。
〔註 82〕《何翰林集》，卷二八，〈書朱福州集後〉，頁五下。
〔註 83〕《崇禎・松江府志》，卷四二，〈隱逸〉，頁二一上。

酒輒飲，飲輒醉，非欲爾耳，亦自不得不爾。……公横被浮議，南都士大夫大爲不平，公但讀書養高，公論久當自定。……頃拜公遠教，久乏便不獲裁謝，兹謹專力一候動靜，并致區區。著述有何新篇？不靳示教爲幸！〔註84〕

何良俊與朱大韶雖爲筆者畫分爲不同的兩個集團，但以兩人交情之深厚，實不可因集團而限之。又如華亭藏書家張之象，與當時同屬於徐獻忠集團的上海藏書家朱察卿，以及另屬於馮夢禎集團的歸安藏書家茅坤，〔註85〕都分別是好友。如此一來，透過何良俊與張之象，徐獻忠集團與馮夢禎集團，便有了交集，二者雖爲不同時期的藏書家集團，卻因此串聯起來。

這類的例子還有很多，如徐獻忠集團的成員董宜陽，他除了與徐獻忠、何良俊爲好友之外，並且從上海藏書家陸深游。何良俊曾說：「良俊有友董宜陽，蓋雅從陸文裕公儼山先生（陸深）游。」〔註86〕而董宜陽在集團內的人脈基礎也相當深厚，與嘉興藏書家李日華亦爲好友。在一封李日華寄給其集團成員華亭藏書家朱大韶的信中，還可以看出李日華與徐獻忠集團的關係甚爲親密。信中日華告訴大韶：

郡中諸友，小山（馮敏功，1526～1585）多才識，王屋（張之象）長於鑒裁，紫岡（董宜陽）習於典故。惜西谷、長谷（徐獻忠）不在耳！公如有意，當以片言相示，僕亦爲公効一臂之力也。〔註87〕

蓋李日華言下之意，則張之象、董宜陽、徐獻忠等藏書家皆爲其友，若朱大韶有需要認識他們，更可幫他介紹。必須解釋的是，朱大韶與藏書家的交往較爲簡單，考之史料，僅知他的藏書家朋友僅有二人，他與李日華爲友，也與屬於徐獻忠集團的何良俊爲友。再依上述李日華所言，可見朱大韶與徐獻忠集團成員的交往關係，反而不如與李日華來得深厚，所以，將朱大韶歸爲李日華集團的成員，顯得較爲恰當。而徐獻忠、張之象與董宜陽，三人雖同爲徐獻忠集團的成員，但是董宜陽與李日華集團也有關聯，甚至徐獻忠本人與李日華也是好友；而張之象則更與馮夢禎集團、李日華集團都關係匪淺，如此則透過這三人，便可將三大集團連結在一起。

〔註84〕《何翰林集》，卷二二，〈與朱文石書〉，頁一上～下。

〔註85〕參見《國朝獻徵錄》，卷八四，莫如忠〈浙江按察司知事張公之象墓志銘〉，頁一〇五下～一〇六上。

〔註86〕《陸文裕公行遠集》，書前，何良俊〈陸文裕公全集原序〉，頁一一上。

〔註87〕《何翰林集》，卷二一，〈與朱文石書〉，頁一三上～下。

圖九：徐獻忠等集團成員交往示意圖

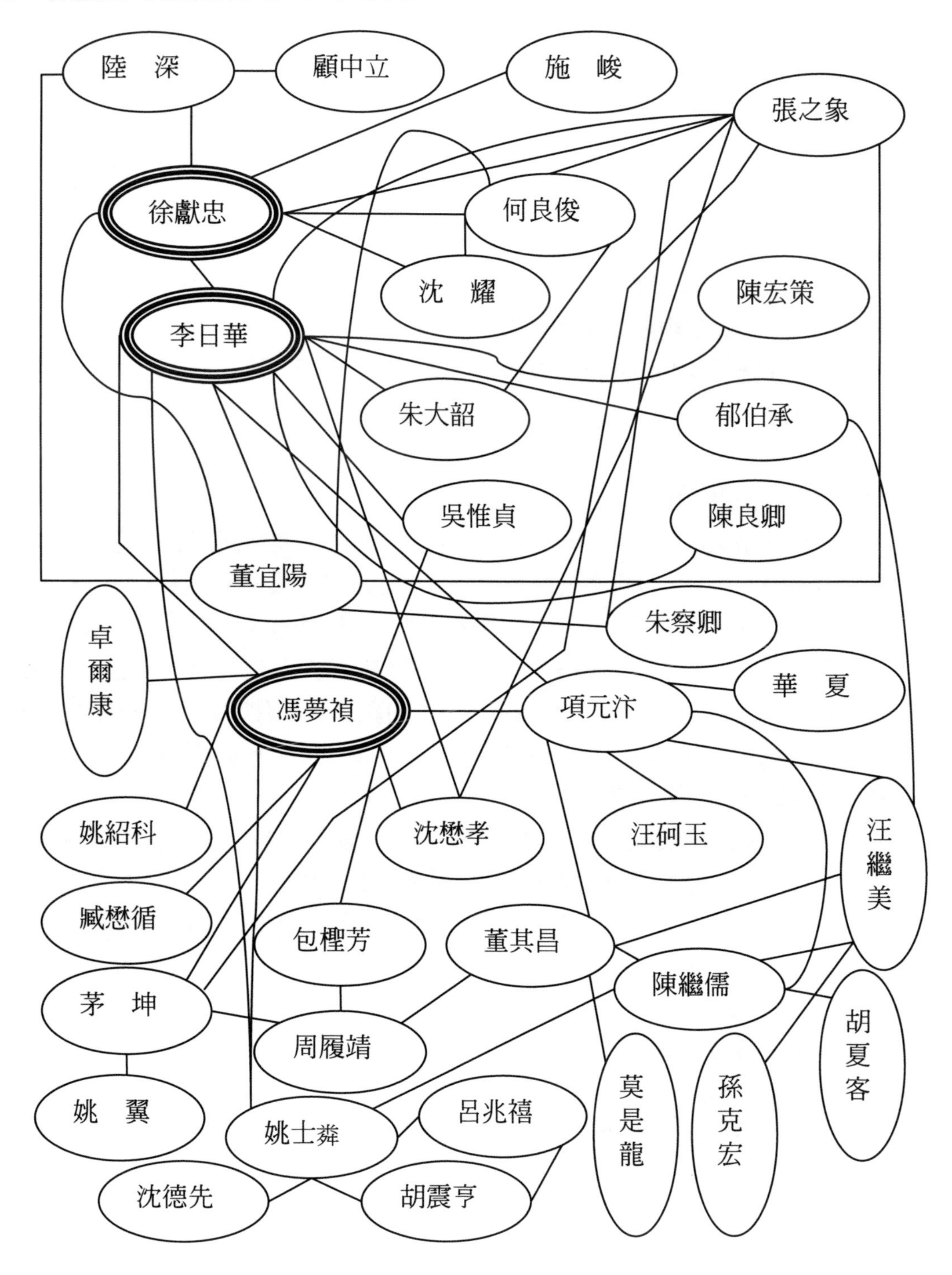

另外，徐獻忠集團還有兩位藏書家與徐獻忠沒有直接的關係，卻是間接透過徐獻忠集團的成員而成爲該集團的一份子。上海藏書家朱察卿，本身與徐獻忠並無直接的交情，但是他和華亭藏書家張之象爲好友，又與華亭藏書家董宜陽爲姻親兼好友，朱察卿曾說：「先生（董宜陽）於察卿有久要誼，又婿察卿子。」〔註 88〕朱察卿與其他的集團成員並無交往，雖與徐獻忠本人並不認識，但是卻間接透過了張之象與董宜陽，成爲徐獻忠集團的一員。此外，從朱察卿與董宜陽兩人間的關係來看，他們二人自成文會，更是同樣地又間接地透過董宜陽的牽連而從屬於徐獻忠集團，變成附屬於徐獻忠集團下的另一個小型藏書家集團，這種情形在明代江南五府地區所有藏書家集團當中是相當常見的，也是組成大型區域性藏書家集團的主要方式。

綜上所述，徐獻忠集團的成員主要有九位，包括：徐獻忠、陸深、顧中立、張之象、施峻、何良俊、董宜陽、朱察卿、沈耀等人。

三、馮夢禎集團

杭州藏書家馮夢禎，譽滿東南，交遊甚廣。他與當時江南五府的藏書家之間多有交情，因此透過友朋關係的脈絡，以馮夢禎爲首的藏書家集團人數最爲眾多，涵蓋階層也最廣。他集團的成員不乏許多當地知名的藏書家，在他的集團裡頭，包含的小型藏書家集團數量也最多。馮夢禎集團可以說是明代江南五府地區藏書家集團當中最大的集團。以下，接著來看這個最大的藏書家集團當中，主要的成員有哪些。

長興藏書家姚紹科與杭州藏書家馮夢禎爲友，馮夢禎曾寫信給姚紹科：「比淫雨彌月，今始晴，園齋倮課，繙閱千古，不減登仙。」〔註 89〕兩人頗有交情，姚紹科當是馮夢禎集團的成員之一。而長興縣的另一位藏書家臧懋循，也和馮夢禎是書友，臧懋循曾數次拜訪馮夢禎，談論書事。臧懋循提及：

> 往予遊白下，偕客過開之（馮夢禎）署中，於時梧陰滿席，涼颸徐引，展几上《文選》諷誦數篇以爲適，蓋開之平日所秘珍宋板書也。……迨庚子（萬曆二十八年，1600）秋，訪開之於湖上，方校刻李注《文選》甚工，因索觀前書。開之手取示余曰：「獨此亡恙，比雖貧，猶幸不爲王元美（王世貞）《漢書》也。」〔註 90〕

蓋王世貞爲蘇州著名藏書家，曾因賣掉一座莊園以購買一套宋板兩漢書而聲震蟬林，後以貧故，復鬻之新安商人。而馮夢禎與臧懋循兩大藏書家之間，透過朋友關

〔註 88〕《朱邦憲集》，卷一〇，〈董子元先生行狀〉，頁一二上。
〔註 89〕《快雪堂集》，卷四三，〈答姚伯道〉，頁一二上。
〔註 90〕《負苞堂詩選文選》，文選卷三，〈題六臣文選跋〉，頁五六上～下。

係而進行文會，交流所藏圖書與資訊，更是藏書家的文會過從當中最爲引人入勝的情節。

馮夢禎集團的成員還有平湖藏書家沈懋孝，然而沈懋孝的集團歸屬令人頗有異論，他雖份屬馮夢禎集團之內，卻與李日華也關係匪淺。在一封馮夢禎寫給沈懋孝的信中，可以看出馮夢禎、沈懋孝與嘉興藏書家李日華三人的交往情形，特別是沈懋孝與馮夢禎兩人曾有書籍流通的情形，正是典型的同一藏書家集團成員之間所爲的書事過從。馮夢禎在信中說：

> 武林得門下書，索季彭山先生（季本，1485～1563）《易說》，且欲爲令嗣求通於李君實（李日華）、戴升之。頃還郡，得數面兩生，業告之矣！令嗣高才，兩生故欣爲把臂，況令嗣能折節耶！彭山所著曰：《易學四同》，今送覽，不煩見返。彭山兩子俱善僕，求之亦非難耳！〔註91〕

由信中可見沈懋孝透過其友馮夢禎訪求書籍，並且因爲馮夢禎之力而獲得該書。又經過馮夢禎的介紹，沈懋孝與嘉興藏書家李日華日後不但結爲忘年之交，且促成兩家的姻親關係。誠如前述，李日華師事沈懋孝，兩家又爲姻親，兩人又爲好友。而沈懋孝雖與李日華集團以及馮夢禎集團都關係深厚，但從馮夢禎寫與沈懋孝的信中，以沈懋孝是藉由馮夢禎的紹介而與李日華結緣的情形來看，將沈懋孝歸入馮夢禎陣營內，顯得較爲合理。而馮夢禎與李日華，兩人本來就爲舊識，使得這兩個大型的藏書家集團因而得以聯結起來。

馮夢禎集團的成員還包括了一位大名鼎鼎的歸安藏書家茅坤，馮夢禎與茅坤爲好友，並且曾經做過茅坤次子茅國縉（1555～1607）的老師。馮夢禎說：

> 鹿門先生（茅坤），生前余幾四十年，所余垂齠時，先生業以才名籍甚宇內，即執鞭願之。比壯，以翰林吉士予告，始識先生於湖上，時先生解大名備兵使者，歸已二十五、六年矣！先生狀貌奇偉，神氣燁燁，爲人樸直通敏，洞見底裡，喜談文藝，亹亹不休。余亦自喜得當先生，恨相見晚。已余補編修，分考癸未（萬曆十一年，1583）禮闈，而先生之仲子水部君國縉出余門，蓋自是先生與余稱通家，往來無間矣！〔註92〕

足見兩人交情之篤實與關係之深厚，兩人之文會過從相當頻繁。茅坤雖爲馮夢禎集團的一份子，但是他本身也是一個小型的藏書家集團的靈魂人物，而他的小型集團的成員，本身並不直接與馮夢禎有交情，而是透過茅坤，而併入馮夢禎集團的。如歸安藏書家姚翼，本身與馮夢禎沒有交情，但是他與茅坤爲姻親，兩人亦爲好友，

〔註91〕《快雪堂集》，卷三九，〈與沈晴峰太史〉，頁五上。
〔註92〕《快雪堂集》，卷六，〈壽鹿門先生九十序〉，頁五上～下。

私交甚篤，茅坤且曾說：「予兩人爲兄弟交。」〔註93〕蓋姚翼「師唐荊川（唐順之）先生，而與茅鹿門（茅坤）相善。」〔註94〕所以，透過茅坤，將姚翼歸入馮夢禎集團。茅坤還有一個朋友嘉興藏書家周履靖，也是如此。周履靖與茅坤爲好友，但是與馮夢禎卻無往來。周履靖曾致贈圖籍給茅坤，做爲茅坤八十大壽的禮物，而茅坤也相當高興的說：

> 當是時，予適避客過西湖上久且歸，而得秀州周逸之（周履靖）所貽卷，蓋屬他客繪《老氏騎牛入關圖》而贊之，又附之以手書《黃庭內外二景經》。……予竊愛茲卷，不知其後之子若孫其能什襲而藏之，於歲時蒸嘗抑亦間出而陳之，若兌之弋、和之弓，以示無忘否？〔註95〕

這種藏書家之間透過朋友關係而做出的圖籍流通，正是我們研究藏書家關係的主要成果之一。茅坤與姚翼、周履靖之間的過從關係自成一個小型集團，但是透過茅坤與馮夢禎的交情，也將兩個集團串連在一起，成爲一個大型的藏書家集團。

馮夢禎集團當中還有一個赫赫有名的大藏書家，就是秀水藏書家項元汴。項元汴與馮夢禎爲好友，兩人多有過從之跡，據馮夢禎《日記》載，萬曆十七年（1589）十月二十八日：

> 項墨林（項元汴）招，陪屠長卿（屠隆，1542～1605），坐客葉日葵、鍾西星、沈純甫（沈錬，1507～1557），得觀褚河南手摹《蘭亭》米元章跋、東坡《九辯》墨迹。〔註96〕

兩人在友朋關係的介面之下，出所藏相與品鑒，進行一些書事過從等文會社集活動，而項元汴爲馮夢禎集團的一員，更是於此得證。一如茅坤，項元汴雖爲馮夢禎集團的成員，但也身兼一個小型集團的靈魂人物。他的一些朋友本身與馮夢禎並無交往情形，卻因項元汴而成爲馮夢禎集團的一份子。如華亭藏書家董其昌，他與馮夢禎沒有直接交往，因爲透過項元汴而歸屬於馮夢禎集團。董其昌與項元汴爲好友，他曾至項元汴書樓盡覽其家所藏。他說：「余受交公（項元汴）父子間，不可不謂知公者。」〔註97〕因項元汴的關係，董其昌也是馮夢禎集團的一份子。除董其昌外，根據鄭銀淑的研究指出，與項元汴有交往的江南五府內的藏書家還有華夏、陳繼儒、

〔註93〕《國朝獻徵錄》，卷八九，茅坤〈廣濟令海屋姚君翼傳〉，頁八七上。

〔註94〕《玩畫齋雜著編》，書前，沈位〈姚海屋先生文集序〉，頁一上。

〔註95〕明．周履靖，《梅塢貽瓊》（《夷門廣牘》下冊，北京：書目文獻出版社，一九九〇年四月第一版，據明萬曆刻本影印），卷六，茅坤〈茅鹿門〉，頁五七上～下。

〔註96〕《快雪堂集》，卷四九，〈己丑〉，頁二三下～二四上。

〔註97〕《容臺集》，卷八，〈墨林項公墓誌銘〉，頁三一下。

李日華、汪繼美與汪砢玉父子等人。〔註 98〕除李日華外，這些人如同董其昌一樣，都與馮夢禎沒有直接的交情。他們自成一個藏書家集團，而透過項元汴與馮夢禎的交往，也都可將他們視為馮夢禎集團的成員。其中尤以汪繼美，除了為馮夢禎集團的一份子外，他與徐獻忠集團的成員也多有過從情形。文獻資料顯示，汪繼美與項元汴、華亭藏書家孫克宏、董其昌、陳繼儒，以及嘉興藏書家郁伯承等人均為朋友，皆有文會過從。據〈汪愛荊居士傳〉載：

> 居士前所交遊：項子京（項元汴）、錢滄洲、周服卿、張伯起（張鳳翼，1527～1613）、王百穀（王穉登）、孫雪居（孫克宏）、項貞玄、郁伯承、朱君升，近則董玄宰（董其昌）、陳仲醇（陳繼儒）、俞羨長（俞安期）、高元雅、萬蓋卿、釋舷公（釋智舷），皆得其圖詠品題，盈箱溢肆。〔註 99〕

上述諸人當中，郁伯承為徐獻忠集團的一份子，透過汪繼美與郁伯承，便可將徐獻忠集團與馮夢禎集團加以聯結。而孫克宏與項元汴、馮夢禎皆無交往情形，透過汪繼美與項元汴的朋友關係，便可上達馮夢禎，故也可將其視為馮夢禎集團的成員。值得注意的是，汪繼美與孫克宏兩人又自行成為一個隸屬於項元汴小集團之下一個更小的藏書家集團。

類似孫克宏這樣的例子還有很多，如董其昌與陳繼儒，在項元汴小集團之下，又分別與一些藏書家形成更為小型的集團。如華亭藏書家莫是龍與董其昌為友，董其昌「師事莫中江方伯（莫如忠），兄事廷韓（莫是龍）」，〔註 100〕兩人的私交匪淺。但莫是龍既與項元汴沒有往來，且與馮夢禎更無交情，然而透過董其昌，再由董其昌透過項元汴，也可將莫是龍視為馮夢禎集團的一員。而莫是龍與董其昌，也是項元汴小集團之下的一個更小的集團。又如海鹽藏書家胡夏客，文名甚盛，時華亭藏書家陳繼儒，「以小友目之。」〔註 101〕胡夏客雖與陳繼儒為友，但與項元汴、馮夢禎等人都沒有直接交往，但是因為陳繼儒與項元汴的朋友關係，再藉由項元汴與馮夢禎的交情，也間接再間接地屬於馮夢禎集團下的成員。至於董其昌與陳繼儒兩人之間，交情更是深厚，董其昌「搆樓在南城林樾間，陳徵君仲醇（陳繼儒）數相過從，乃題其樓曰：『來仲』」，〔註 102〕由是可見兩人篤厚的友誼。

德清藏書家卓爾康也是馮夢禎集團的成員之一，卓爾康為馮夢禎的朋友，兩人

〔註 98〕《項元汴之書畫收藏與藝術》，頁五六～五八。

〔註 99〕《恬致堂集》，卷二五，〈汪愛荊居士傳〉，頁一九下。

〔註 100〕《容臺集》，書前，陳繼儒〈太子太保禮部尚書思白董公暨元配誥封一品夫人龔氏合葬行狀〉，頁一下。

〔註 101〕《谷水集》，書前，陳光綷〈胡宣子先生傳〉，頁一上。

〔註 102〕《南湖舊話錄》，卷下，〈人物考〉，頁三四下。

有過從之跡。卓爾康曾至馮夢禎家拜訪，據馮夢禎《日記》載，萬曆三十二年（1604）十月二十三日：「晴。卓去病（卓爾康）來，留飲，是日歸。」〔註 103〕可見卓爾康也歸屬於馮夢禎集團。

嘉興藏書家包檉芳亦爲馮夢禎的好友，兩人交情頗深。馮夢禎曾說：「余得交先生最晚，最爲先生所知。」〔註 104〕可見包檉芳與馮夢禎的交情，而包檉芳也是馮夢禎集團的一份子。與包檉芳同縣的藏書家周履靖，雖然和馮夢禎沒有直接的交情，但是與包檉芳爲摯友。包檉芳曾道出兩人的交情，他說：

> 予得覯顏色者已有年，後相得益驩，乃始櫛沐偕矣。予苦謂三日不見周君，肺腑中不覺文塵氣所障，對鏡面目亦可憎也。〔註 105〕

兩人藉友情爲媒介，相與過從，而透過包檉芳，周履靖也成爲馮夢禎集團的成員之一。其實，周履靖與馮夢禎集團的其他成員交往甚密，他和「茅坤、屠隆、董其昌，皆爲莫逆交。」〔註 106〕馮夢禎集團之下，成員之間透過朋友關係，脈絡顯得相當複雜且縝密。

綜上所述，馮夢禎集團的成員共有十八位，主要包括：馮夢禎、姚紹科、臧懋循、沈懋孝、茅坤、姚翼、周履靖、項元汴、董其昌、華夏、陳繼儒、李日華、汪繼美、汪砢玉、卓爾康、胡夏客、莫是龍、孫克宏等藏書家。

四、李日華集團

嘉興藏書家李日華在明末江南五府地區的藏書家集團之間相當活躍，如同稍早的徐獻忠與馮夢禎等人，他的交遊圈複雜而廣闊，也形成了一個大型的藏書家集團。同時，由於成員間人脈的拓展，李日華集團與徐獻忠、馮夢禎兩大集團，其間也有聯繫。三大集團的相互連結，如此則建構出整個明代江南五府地區藏書家集團的規模。接著我們便來探究李日華集團的成員內容與交往網絡。

德清藏書家姚士粦與嘉興藏書家李日華爲友，李日華曾說：「歲丁卯（天啓七年，1627），余以使事淹，里中呂太學聖符介余友姚叔祥（姚士粦）手一編示余，則其尊

〔註 103〕明・馮夢禎，《快雪堂集》（《四庫全書存目叢書》集部・一六五冊，台南：莊嚴文化事業有限公司，一九九七年六月初版，據北京大學圖書館藏明萬曆四十四年黃汝亨朱之蕃等刻本影印），卷六一，〈甲辰〉，頁一五下。

〔註 104〕《快雪堂集》，卷一八，〈貴州按察司副使提督學校包瑞溪先生洎配曹宜人行狀〉，頁二七下。

〔註 105〕《梅塢貽瓊》，卷五，包檉芳〈梅顛道人小傳〉，頁一八上～下。

〔註 106〕《萬曆・嘉興府志》，卷二二，〈隱逸〉，頁七下。

公冠洋先生所著《三遷志》也。」〔註107〕姚士粦與李日華兩大藏書家之間，透過朋友這一層關係，而進行書事過從。

正如馮夢禎集團，李日華集團的成員當中也有人與李日華並無直接的交情，而是透過其他藏書家與李日華的朋友關係，才歸入李日華集團的。如前文所述，秀水藏書家沈德先，與其弟沈孚先嘗校刻《尚白齋祕笈》，姚士粦於序中自稱爲二人之友。沈德先雖然是李日華的朋友，但是和李日華並沒有直接的交往情形，而是透過姚士粦的關係才間接成爲李日華集團的一份子。姚士粦與沈德先，也是附屬在李日華之下的一個小型文人集團，而這個集團的成員也還有另外兩位藏書家，一是海鹽藏書家呂兆禧，他與德清藏書家姚士粦爲文友，兩人並同以復興日漸亡佚之古代典籍爲志向。呂兆禧提及：

> 夫要說五家，空聞定于漢殿，典論七篇，不復傳于魏石。……讀書萬卷，不救鷄鳴之歎，有集盈軸，幸藉麟趾之藏。顧時代禪更，兵燹銷盡，既淪全璧，猶見碎金。禧以佔俾之暇，與友人姚叔祥（姚士粦）博搜載籍，共相抄緝，都爲若干卷，以謂翠華不見，賴遺翰之尚存芳藻。〔註108〕

呂兆禧與姚士粦二人的交情，是建立在共同的興趣之上，而他們的共同興趣是藏書，因爲志同道合而結爲同志與好朋友。另外一位是海鹽藏書家胡震亨，他與姚士粦、呂兆禧皆爲志同道合的好友，彼此間且常有書事過從。胡震亨曾說：「戊子歲（萬曆十六年，1588），余就試臨安，同友人姚叔祥（姚士粦）、呂錫侯（呂兆禧）詣徐賈檢書。」〔註109〕姚士粦、沈德先、胡震亨與呂兆禧四人自相文會，透過姚士粦與李日華兩人之間的朋友關係，他們也歸屬於李日華集團之內，成爲附屬於李日華集團之下的一個小型藏書家集團。我們從他們之間的相處，也可以看到明代江南五府地區藏書家之間文會過從的典型，而這種建立在志同道合的朋友關係，正是研究藏書家有趣的生活方式的主要管道之一。

李日華集團的成員還有嘉興藏書家陳良卿，李日華提及：「余昔與良卿同學。」〔註110〕兩人不但爲友，且相與文會過從，陳良卿也是李日華集團的一份子。還有嘉興藏書家陳宏策，亦與李日華爲同窗，也是好友，李日華曾說：「余友陳白石（陳宏策）生平無他嗜，嗜書，少與余同研席。」兩人因志同道合而結爲至交。又嘉興藏書家郁伯承，也與李日華爲友，李日華曾說：「余友郁伯承，勇者也。於世所欣艷角

〔註107〕《恬致堂集》，卷一二，〈三遷志序〉，頁九上～下。
〔註108〕《見只編》，卷上，頁六八。
〔註109〕《見只編》，卷中，頁一三二。
〔註110〕《恬致堂集》，卷一二，〈陳良卿廣諧史序〉，頁一五下。

逐之場，力鋤治之，以一其好於文史翰墨。」〔註 111〕

此外，嘉興藏書家吳惟貞，與馮夢禎、李日華二人皆爲友，但他的集團歸屬問題則令人爲難。他與馮夢禎爲同窗好友，馮夢禎曾說：「伯度（吳惟貞）與余同治尚書，且同師」，〔註 112〕兩人並有書事過從，則吳惟貞似當爲馮夢禎集團的一員。然而他與李日華也是好友，李日華曾說：「伯度（吳惟貞）交余實由嗣君公甫，公甫之交余以文字，而伯度之重余以氣誼。」〔註 113〕並且在地緣上，吳惟貞與李日華爲同縣的藏書家，因此在歸屬上，應當是李日華集團的成員之一。然因吳惟貞的關係，李日華與馮夢禎兩大集團之間也有牽連。這種打破集團範圍限制，而與其他集團的成員發生朋友關係的情形，在李日華集團的成員當中還有很多。如隸屬於李日華集團的姚士粦，與馮夢禎也是好友，馮夢禎曾說：「友人布衣姚叔祥（姚士粦）自檇李見訪，叔祥故博雅。」〔註 114〕故知姚士粦與馮夢禎之間，有朋友關係存在。而馮夢禎集團內的成員陳繼儒，也和姚士粦爲文友，兩人並且曾經一起品騭書畫。陳繼儒跋姚士粦所藏《唐文德皇后履》一圖，曰：「余讀書秀州項穉玉閣中，友人姚叔祥（姚士粦）出視唐文德皇厚遺履，爲米元章寫。」〔註 115〕姚士粦與陳繼儒的文友關係，也相當深厚。透過姚士粦、馮夢禎、陳繼儒三人，使得李、馮兩大藏書家集團的關係更爲緊密，有助於明代江南五府地區大型藏書家集團的區域整合。

綜上所述，李日華集團的成員共有九位，其中主要包括：李日華、姚士粦、沈德先、呂兆禧、胡震亨、陳良卿、陳宏策、郁伯承、吳惟貞等藏書家。

五、曹溶集團

到了明亡前夕至清初時期，江南五府地區藏書家的集團性顯得較爲零散，藏書家與藏書家之間的交往脈絡，也顯得特別單純，而不像稍早之前的藏書家集團內的成員與成員之間，或者是集團與集團之間的交往情形之錯綜複雜。而此時最大的藏書家集團，當以曹溶爲首的藏書家集團聲勢最爲浩大，人數也最多，其成員涵蓋明末到清初的藏書家。宥於斷代之限，一些雖於此處提及的清初藏書家，本文並不將彼等列爲明代江南五府地區的藏書家。並且在圖十「曹溶集團成員交往示意圖」當中，以虛線橢圓形框框標示之。

〔註 111〕《恬致堂集》，卷二三，〈先懶庵記〉，頁一一上。
〔註 112〕《快雪堂集》，卷三，〈序吳伯度刻尚書程文〉，頁一上。
〔註 113〕《恬致堂集》，卷三三，〈祭吳伯度文〉，頁二一上。
〔註 114〕《快雪堂集》，卷三一，〈重校宋書跋〉，頁一上。
〔註 115〕《見只編》，卷中，頁一一一。

其實，曹溶集團當中最爲重要的人物，本來應當是秀水藏書家朱彝尊（1629～1709），然今日學界一般多將朱彝尊歸爲清人，所以這個集團，本文便以曹溶爲首，較爲恰當，只是在探究這個集團的時候，由於朱彝尊與明末清初江南五府地區的一些藏書家多有牽涉，地位相當重要，因此也必須稍加提及，才能更爲清楚地呈現出這個集團的網絡狀況。朱彝尊生於明末，幼年因遭明清鼎革之變，因此自幼即篤好藏書，蒐羅購訪，家藏書籍竟達八萬卷之多，以是「曝書亭」名滿天下，而朱彝尊姓字也達於清廷禁中。朱彝尊因訪書之便，得以數度拜訪東南的藏書樓，因此也結識了不少藏書家。而曹溶透過朱彝尊，便結成了一個大型藏書家集團。朱彝尊杖履遍東南，交遊滿天下，時譽籍甚，誠爲曹溶集團的靈魂核心。以下，接著探索曹溶集團的藏書家陣容。

朱彝尊與清代的桐鄉藏書家汪文桂過從甚密，交情頗深。汪文桂好交遊，呂留良與清代藏書家吳之振等小型集團便是透過汪文桂與朱彝尊而納入曹溶集團的。據《光緒・桐鄉縣志》載：

> 與海內名流訂縞紵之交，如黃梨洲（黃宗義）、……朱竹垞（朱彝尊）、……西溟吳孟舉（吳之振）……，皆詩札往復，歲無曠郵。其過從尤數者，有……嘉興周篔谷（周篔），……直可至追元顧氏「玉山草堂」之盛。〔註 116〕

汪文桂生逢明清鼎革之際，大亂之後，一如元末明初崑山名流顧阿瑛，延襲顧氏「玉山風」的遺韻流澤，喜過從、好藝文，一時在地方上也傳爲風流盛事。而周篔爲嘉興縣的藏書家，與朱彝尊早先即爲舊識，並介紹桐鄉汪文桂給朱彝尊，所以周篔也是朱彝尊集團的成員之一。上述的另一位清代藏書家吳之振，則與朱彝尊沒有直接的交情，他是汪文桂的文友，乃是透過汪文桂與朱彝尊而納入曹溶集團；而吳之振的背後，也可以看出還有一個小型的藏書家集團，因此他雖不在本文所列藏書家之中，但也必須加以提及。

清代的崇德藏書家吳之振，「與留良交厚，酬贈之作甚多。」〔註 117〕留良姓呂，爲明末著名的藏書家。他相當喜好藏書，與吳之振兩人志同道合，日以鈔訪購藏爲事。前文曾述，呂留良嘗自稱喜歡購讀宋人書，透過與吳之振的相互合作，於是積有卷帙，所藏宋人之書乃略爲完備。兩人在友情關係的連結之下，對於藏書活動的進行，更爲熱衷，且更加如火如荼，收獲也往往出乎意外。而呂留良也另有一個藏書家朋友，即崇德藏書家陸雯若。他與呂留良私交甚篤，呂留良曾說：「吾友陸雯若

〔註 116〕《光緒・桐鄉縣志》，卷一五，〈人物下・文苑〉，頁一一上～下。
〔註 117〕《清詩紀事初編》，卷七，〈吳之振〉，頁七六八。

既沒四年，其家于故簏得其評選歷科程墨稿一卷，授呂子補緝成集。」〔註 118〕呂留良為好友緝補遺著，也算是盡了朋友之間的一份心力；而在藏書家結成集團的功能上，更是一種集團對於成員產生益處的明證，也是成員間書事過從的內容之一。綜上所述，陸雯若與呂留良自成一個小集會；透過呂留良，又加入吳之振；再由吳之振，又連上了汪文桂；再藉由汪文桂而連結了朱彝尊，進而併入曹溶集團，這些人都算是曹溶集團的成員。

其實曹溶本身也有一個小型的藏書家社交圈。曹溶與朱彝尊居於同縣而互為文友，兩人之間時相過從，朱彝尊曰：

> 「倦圃」距嘉興府治西南一里，在范蠡湖之濱，宋管內勸農使岳珂倦翁嘗留此著書，所謂金陀坊是已！地故有廢園，戶部侍郎曹先生潔躬（曹溶）治之以為別業，聚文史其中，暇則與賓客浮觴樂飲。其以「倦圃」名者，蓋取倦翁之字以自寄。予嘗數游焉！樂之而不能去于懷也。〔註 119〕

可見藏書家與藏書家之間能夠透過彼此之間的友情關係而互觀所藏書籍，於曹溶與朱彝尊之間也得到印證，而其流通書籍的功效，自然不在話下。而當中朱彝尊因與曹溶為熟識的好友，能夠得知曹溶藏書樓的命名來由，並且加以記錄下來，更為日後研究有關曹氏藏書的學人留下了重要的線索。

此外，與曹溶同居秀水縣的藏書家蔣之翹，雅尚藏書隱居，一時聲聞頗著，而「曹秋嶽（曹溶）夙慕隱德，與之翹交，言論相洽」，〔註 120〕以是兩人交情日厚。所以，蔣之翹也是曹溶集團的一份子。

與朱彝尊之間具友情關係者還有平湖藏書家李延昰，他喜好藏書，積書頗多，但是沒有子嗣，因「與朱檢討彝尊善，舉所著及藏書二千五百卷畀焉。」〔註 121〕由李延昰之贈書來看，此乃藏書家與藏書家間，因透過友誼關係而為的大筆藏書流通行為，於此則又將是研究藏書家集團性質的另一種收獲。

朱彝尊還有一個書友，就是仁和藏書家吳任臣。他相當篤好藏書，朱彝尊對他的藏書嗜好相當欣賞，還曾經稱讚他說：

> 亡友仁和吳志伊（吳任臣），以經史教授鄉里，束修所入，就市閱書，善價購而藏之。〔註 122〕

〔註 118〕《呂晚邨文集》，卷五，〈東皐遺選序〉，頁一七上。
〔註 119〕《曝書亭集》，卷六六，〈倦圃圖記〉，頁七七五。
〔註 120〕《明遺民錄》，卷一八，〈蔣之翹〉，頁七上～下。
〔註 121〕《同治・上海縣志》，卷二二，〈藝術〉，頁九下。
〔註 122〕《曝書亭集》，卷四四，〈宋本輿地廣記跋〉，頁五三一。

藏書家因志同道合而結成好友，往往還互相期勉藏書事業，因此，藉由朋友關係的牽引，對於藏書活動的推展，起了相當大的作用。

此外，朱彝尊與仁和藏書家龔佳育也是好友。龔佳育與朱彝尊爲舊識，龔佳育之墓碑有載：「友人朱檢討彝尊與公舊，爲余言公當明崇禎末流寓昌平時，……。」〔註 123〕可見兩人具有很久的交情。而龔佳育之子龔翔麟（1658～1733），「生而穎悟，弱冠，即工詩、古文辭，曹秋嶽（曹溶）、朱竹垞（朱彝尊）俱器重之，與爲忘年交。」〔註 124〕所以，龔佳育透過朱彝尊與其子龔翔麟，也成爲曹溶集團的一份子。

綜上所述，曹溶集團的成員一共有八位，包括：曹溶、周篔、呂留良、陸雯若、蔣之翹、李延昰、吳任臣、龔佳育等藏書家。關於曹溶集團成員的交往脈絡情形，請讀者參閱圖十，便可一目瞭然。應當注意的是，圖十中以虛線橢圓框框標注之藏書家屬於清代，並非本文所論列的藏書家。

圖十：曹溶集團成員交往示意圖

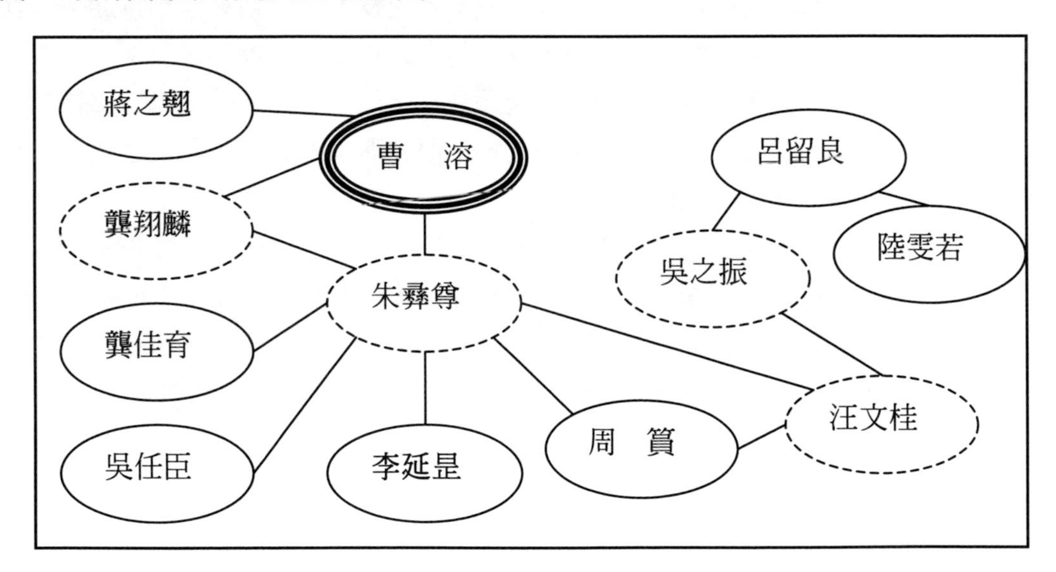

六、其　他

明代後期一直到清初，還有一些零散的小型藏書家集團，他們都是兩個藏書家而形成的小小集會，並且與其他藏書家或藏書家集團沒有聯絡，而各自獨立於大型藏書家集團之外。他們還有一個特點，便是具有濃厚的地方色彩，全都是由兩個同

〔註 123〕《國朝耆獻類徵初編》，卷四三，〈卿貳三・龔佳育〉，頁四〇上。

〔註 124〕清・錢儀吉，《碑傳集》（《清代傳記叢刊》一〇九冊，台北：明文書局，一九八五年五月初版），卷五五，顧楝高〈御史龔公翔麟傳〉，頁一下。

縣的藏書家所組成的小交遊圈。特別是在清初時期，從這些小集團的存在看來，更加驗證清初江南五府地區的藏書家與藏書家之間的交往，較之稍早之前的明代後期江南五府藏書家的社交圈，已經逐漸顯得單純、縮小許多。

隆慶、萬曆時期，無錫藏書家安紹芳，與同縣的藏書家秦杜爲友，相與文會，且常有書信之往來。安紹芳曾致書云：

> 金陵爲別，忽忽三載矣！中間兩承翰教，……足下致僕，豈敢自外於左右者。……僕謂金馬陸沉，故無足爲秦先生重，又何有於王門之裾乎！碧山之岑，泉石無恙，讀書談道，足自千古。而又二三兄弟時時載梔酒，問奇字玄亭，歡然樂也。〔註125〕

兩人之篤於交誼，自爲文會，與當時的馮夢禎集團沒有接觸，並且與其他的藏書家也都沒有交情，是屬於獨立的小型的藏書家社交圈。稍後又有秀水藏書家殷仲春，交遊零落，與同縣的藏書家陳懿典年少時爲同學，兩人都喜好藏書，志趣契合，因此成爲好友，此於前文已述。兩人同樣都是不善交友，以是兩人自相過從，與其他藏書家或當時的李日華集團沒有交集，成爲獨立的小型社交模式。

到了明亡前夕與清初時期，還有嘉善藏書家支如玉與同縣的藏書家孫終和兩人組成的小型集團。支如玉與孫終和爲好友，不但相與談藝論文，兩人之間，並且以藏書事業振興鄉里文化彼此相勗。支如玉曾說：

> 憶甲午（萬曆二十二年，1594）之春，與終和談千秋之業，娓娓至丙夜不休。是時終和好在少文之技，乃義娥轉轂，倏三閱歲，終和袖一幅示我，則儼乎巨然子久，以幼輿我於丘壑也。而復紬繹今古，置席於楊馬間，技與文一一與吾言券合，而予則有所撰述而未竣也。昔蔡中郎得《論衡》，秘而日取之以自益，終和其遲之，遲予久而成一家言，試引之帳中，以俟觀風者不敢揶揄吾邑也。吾與終和，亦共毋忘初言而已。〔註126〕

兩人互以藏書事業相標榜，同志之情，頗具深遠的意義。不過，他們卻未能加以突破，進而與其他的藏書家或藏書家集團連線，以至於只能成爲地方上的一個獨立的小型藏書家社交圈而已。

藏書家與藏書家之間因志同道合而組成的社交圈，正是他們透過友情關係而進行藏書文化活動與交流的場合和時機。如安紹芳與秦杜、殷仲春與陳懿典、支如玉與孫終和這樣各自獨立的小集團，雖然他們都只有兩位成員，但是他們的交往模式

〔註125〕明・安紹芳，《西林全集》（台北：中央研究院藏明萬曆四十七年句吳安氏墨顛齋刊清康熙十一年補刊序文本），卷一六，〈與秦汝立〉，頁一六上～下。

〔註126〕《半衲庵筆語》，文集卷三，〈題孫終和藏書記〉，頁一九下～二〇上。

與過從內容，全部都是典型的江南五府地區藏書家之間的文會社集。而且，此間許多大型的藏書家集團，也都是吸收許多這樣的小集團才足以匯成洪流的。在探究江南五府地區藏書家的集團性時，切不可因其集團小、交遊寡，而輕易忽視他們所產生的文化作用。

第五章　江南五府藏書家的藏書活動

有明一代的收藏活動，不論是古董鼎彝、書畫法帖、圖書文物，或者是錢幣印章等等不同性質的物品的收藏嗜好，在其專門的領域上，都必須針對收藏內容的屬性，從事一些日常上必要的特殊活動。明代收藏家的活動主要可歸納為收集、觀賞、鑒識、實用、買賣、交友、複製七個方面。〔註 1〕以藏書活動而言，也是如此，與它有關的每一項專業活動，都有值得探究之處。而私家藏書文化首先要研究藏書的主體，即是藏書家們在歷代藏書事業中的實踐活動。〔註 2〕這些實踐活動的主要內容，就是在典籍的收藏活動當中，訪求、編目、庋藏、保管，乃至刊刻流傳、借鈔圖書等等具體實踐。〔註 3〕然而藏書活動的內容，隨著時代的演進也多少有些不同。因此，本章的研究重點，在於探索明代江南五府地區的藏書家在日常生活中針對藏書事業而進行的各項主要的專業性活動，其內容大致包含藏書的徵集、藏書的管理、藏書的整治、藏書的賞鑒、藏書的流通，以及藏書的散佚等六個主題。

第一節　藏書徵集

一、訪　書

（一）訪書的目的

訪書，是指藏書家為了增加自己的藏書，或是為了完成某些特定的收藏目標而進行的典籍訪求活動。中國歷代藏書家都把訪書當做是自己藏書事業的重要環節之

〔註 1〕沈振輝，〈明人的收藏活動〉，頁八七。
〔註 2〕周少川，《藏書與文化——古代私家藏書文化研究》，頁六。
〔註 3〕徐雁，〈我國古代藏書實踐和藏書思想的歷史總結〉，頁五五。

一，〔註 4〕而明代江南五府的藏書家更是如此。他們在圖書的徵集上，抄書與購書往往不能滿足自己的藏書欲望，尤其是明代中後期開始，江南五府地區的藏書家身處於一個普遍崇尚奇書祕典以及宋元古刻精鈔的時代性收藏氛圍裡頭，由於一般書籍大量充斥於市面上，透過購買與抄寫即可獲得大量的一般圖書，然而奇書祕籍與宋元精刻精鈔，若非透過一些特別的探訪程序，難以獲致。所以，訪書活動在明代江南五府地區顯得格外的重要，並且頗具特色。當時的情形，正如明代浙江大藏書家胡應麟所言：

> 山巖屋壁之藏，牧豎之所間值；丹鉛星曆之譜，方技之所共珍；晉、梁隱怪之譚，好事之所掇拾；唐、宋浮沉之業，遺裔之所世藏，往往鈔錄傳摹，人所吝惜，間有刻本，率寡完篇，摧殘市肆，蠹嚙民家，展轉流亡，什九煨燼。又如朝署典章、都邑簿記，地多遐僻，用絕迂繁，仕宦僅攜，商賈希鬻，諸家悉備，此可缺如？又如畸流洽客，領異拔新，時出一編，人所未覩，非其知暱，倘遺何繇？凡此數端，皆極難致，必多方篤好，庶幾逢之。不然，貲鉅程、陶，權壓梁、竇，他可力強，此未易云。〔註 5〕

藏書家在崇尚奇祕的前題之下，想要收藏一些奇文祕冊，只好勤於求訪。而為了選購圖書，許多藏書家搜古訪奇，走巷串戶，訪親問友，遍及市肆。〔註 6〕他們歷盡千辛萬苦，承受生活上的種種壓力，都是為了滿足自己的藏書興趣，享受那費盡心血而後獲得的成就感。因此，藏書家的訪書活動在圖書的徵集上，就變得更加有研究與探討的價值。

藏書家的訪書行為，除了為增加自己的收藏量以外，有時候還包括某些特別的目的。有些人是為了著書，如歸安藏書家茅坤曾因有志著史而苦於所藏文獻之不足，適逢其仲子起復入朝為官，便以家書囑其代為尋覓，信中載：

> 間覽前輩所著《國史名臣錄》，亦止弘治，而正德以後寥寥矣。……我以此欲為別秉鉛槧，然恨不能遍讀正德、嘉、隆以來《實錄》，併兩直隸十三省之郡縣誌與世之名公文集而參互之，如何！如何！孔子不云乎：「文獻不足故也，足則吾能徵之矣！」不知爾入朝後，其能為我留情否？〔註 7〕

茅坤為了著述，索求正德、嘉靖、隆慶以來歷朝實錄，以及一些方志、文集，透過

〔註 4〕《藏書四記》，頁三三六。

〔註 5〕《少室山房筆叢》，卷四，〈甲部・經籍會通四〉，頁五四。

〔註 6〕楊柏榕等，〈關於中國古代藏書家評價問題〉，頁六二。

〔註 7〕明・茅坤，《耄年錄》（《四庫全書存目叢書》集部・一〇六冊，台南：莊嚴文化事業有限公司，一九九七年六月初版，據上海圖書館藏明萬曆刻本影印），卷八，〈諭仲兒約〉，頁二〇上。

其子入京訪求，正是藏書家爲了著述而訪求圖書的最佳例證，而這類型的訪書，往往並不以增加所藏爲主要目的。這類型的訪書活動，在江南五府地區還不乏其例。崇德藏書家呂留良，爲了編書，也曾寫信託友人代爲尋覓某些特定的書籍。他在信中說道：「比欲蒐尋三百年八股文字成《知言集》一書，凡經生社稿，無不入選。貴郡爲聲氣淵源，遺文必多，望爲某一訪購羅致。」〔註8〕

藏書家的訪書行爲，有時則是爲了刻書。崇德藏書家呂留良爲了刊刻《小學》一書，便曾經委託友人代爲借書以便轉錄，他告訴友人：

> 某近正思刻《小學》，曩晤施虹玉（施璜）兄，云書鋪廊鄭店有高足以欽兄藏熊勿軒（熊禾，宋人）注甚佳，不審可惠借一錄否？幸足下爲我一訪請之。〔註9〕

呂留良爲了刻書，託其友代借，以便轉錄後刻之，也是託人訪書的一種行爲。因爲他並不確定他所云之處有無該書，也是經人指點而已，所以，須先託其友人代爲尋訪，若有其書，再行代借。

有些藏書家的訪求目的，是爲了某些特定的收藏目標。長興藏書家臧懋循，喜好收藏小說與戲曲，尋訪蒐集，至老不輟。曾經敘述他訪求一些特定小說的歷程：

> 余少時見盧松菊老人，云楊廉夫（楊維楨）有仙遊、夢遊、俠遊、冥遊錄各四種，實足爲元人彈詞之祖，每恨無門物色之。後四十年而得仙遊、夢遊二錄於里中蠶嫗家，校刻行世矣。又十年歲壬子（萬曆四十年，1612），以採茶過壽聖寺，此創自吳赤烏，而重修於元之至正，巨麗甲吾邑。今皆爲茂林修竹，獨「毘陵閣」猶巋然青葱峭蒨間，蓋佛力也。余登眺良久，忽豎子墜閣下，云承塵中多藏書，盡爲蟲鼠囓蠹如敗絮。余念寺之廢久矣，而閣獨存是書，何遽不如閣耶？亟命檢之，則所謂俠遊者在焉！讀其書，校前二錄小異，而豪爽激烈大過之，摹寫當時劍仙諸狀，若抵諸掌，誠千古快事。〔註10〕

臧懋循爲了訪求這幾本心怡已久的小說祕笈，前後歷時五十年之久，過程一如小說情節，充滿了故事性與趣味性，並且包含一些運氣與機會在其間。他的訪書行爲，爲古代藏書家的訪求圖書活動，增添了一段傳奇。

（二）訪書的方法

藏書家往往是利用各藏書家的書目，做爲圖書尋訪的指引參考工具，這是自古

〔註 8〕《呂晚邨文集》，卷一，〈與施愚山書〉，頁一六上。
〔註 9〕《呂晚邨文集》，卷三，〈與徐子貴〉，頁一一上。
〔註10〕《負苞堂詩選文選》，文選卷三，〈俠遊錄小引〉，頁五四上～下。

以來藏書家訪書之一種最爲普遍的方法。明代江南五府地區的藏書家，當然也多加利用各家書目以尋書，並且在使用之餘，對於各家書目多方比較，發爲評判，以釐清訛誤。德清藏書家姚士粦曾經指出：

> 江南藏書，胡元瑞（胡應麟）號爲最富。余嘗見其書目，較之館閣藏本目有加益，然經學訓註稍有不及。有《搜神記》，余欣然索看，胡云不敢以詒知者，率從《法苑珠林》及諸類書抄出者。又《夷堅志》有五十卷，今刻特其五分之一耳！其他稗部如歌曲山謠、陰陽小曆、民間俗本，無不畢載。雖四部秩然，難爲品賞也。頃見元瑞《甲乙剩言》，云有盧思道《知己傳》二卷，則又前目之所不載者。〔註 11〕

另外，上海藏書家陸深的求書之法，也是如此。他與同縣的藏書家董宜陽爲好友，陸深曾經寫信要求董宜陽出其所藏書目，相互比對有無，以爲訪書之參考。陸深在信中寫道：

> 聞收蓄本朝先達紀載甚多，乞一一目出寫至，與寒家所有者比勘之，如何？如何？〔註 12〕

陸深這樣的做法，可以和董宜陽的藏書在質與量上都相互平衡，互補有無。江南五府地區藏書家在圖書蒐訪上的通力合作，對於各家書目的比較利用，正是一種最爲基本的作法。而在各家書目的相互比較參考當中，不但增加藏書家個人的知識與資訊，對於書籍的流通，比如說借閱與傳抄方面，也將大有助益。

而藏書家與藏書家之間的交遊與文會過從，更是圖書資訊於集團間流通的主要管道，許多藏書家的圖書訪求行動，都是藉由其他藏書家在文會時所傳遞的資訊按圖索驥的。例如上文所述的陸深，便曾因爲其他藏書家的指引，而去訪求書籍。他說：「南濠都太僕（都穆，1459～1525）好古書籍，在京嘗爲言《水經》，予因借出抄行。近刻之吳中，予覽之有三疑。」〔註 13〕由於都穆的引導，陸深篋底得以增添《水經》一書，並且在閱讀之後發現了疑問。

藏書家的訪書行動，除自行尋訪外，有時必須委託一些中間者代爲訪求，而透過其他藏書家的幫忙是相當常見的情形。錢塘藏書家田汝成之子田藝蘅，便曾倩請杭州藏書家馮夢禎代爲尋書，時夢禎於信中云：

> 所托書二函，俱未曾致，當覓便寄去。……《路史》得足下校定付刻，使羅長源伸眉于九地，此大快事，敢不盡力以助盛舉？其二冊奉歸，俟足

〔註 11〕《見只編》，卷中，頁九六。

〔註 12〕《儼山集・續集》，續集卷一〇，〈與董子元二首〉，頁一六上。

〔註 13〕《儼山外集》，卷一，〈傳疑錄上〉，頁一一上。

下校完索觀耳！〔註14〕

田藝蘅與馮夢禎兩人之間，頗有書事過從，也因為平日積累很多諸如此類的交情，在委託尋訪書籍上，彼此都很願意為對方效勞。又如江陰藏書家李如一，「晚與虞山錢受之（錢謙益）定交，受之譔《明史》，嘗貽書姚叔祥（姚士粦），訪求鄭端簡（鄭曉）〈后妃〉、〈權倖〉等十二傳以助之。」〔註15〕錢謙益為明末常熟著名的大藏書家，與江陰藏書李如一為友，如一受其友之託而代為尋訪，再透過德清藏書家姚士粦的大力鼎助而進行訪求，過程真可謂曲折而艱辛。又如杭州藏書家馮夢禎，曾委託歸安藏書家茅坤的次子茅國縉（1555～1607）代為覓書，雖說不是透過茅坤本人代為尋訪，但是也利用茅坤家的藏書資源。馮夢禎於信中說：

> 山東有王氏《農書》，并李中麓先生（李開先）所刻金、元人雜劇數十種，惟擣寄各一帙，為感！〔註16〕

這是藏書家透過友朋關係，委託代為尋找書籍的一種方式。其實，藏書家與藏書家之間為了書事而相互代為尋訪，也是鼓舞藏書風氣的一種方式，對於文化事業的推動，起了相當大的作用。

當所欲訪求的書籍具有某方面的專業性時，藏書家所託之人，除本身也是藏書家外，通常具有該方面學術背景者，是最佳的人選。上海藏書家陸深，急欲訪求某類醫書，他的表弟顧定芳，本身也篤好藏書，又官任太醫院御醫，有如此合適的人選，當然就是陸深所欲託者的不二選擇。於是陸深便委託他代為尋找該類醫學書籍，陸深提及：

> 嘗聞宋有聞人規者，著書專論痘疹，具有條理。往在館閣，多方尋訪而未獲。表弟顧世安（顧定芳）氏，素修醫業，收蓄古書甚富，每與論此而託焉。〔註17〕

陸深藉由姻親這一層關係，央請熟稔醫學的藏書家顧世安代為找尋醫學書籍，可謂適才適任，如此一來，陸深對於醫書方面的蒐羅，自然比其他藏書家來得事半功倍。

藏書家有時也會因地制宜，委託位於目的地或正要去目地的友人代為尋訪，而此人則不限於藏書家，反而是居官在位者，顯得更加適合。如杭州藏書家馮夢禎，曾經委託福建地區的友人，藉友人居官的身份，代為尋訪藏書之家，甚至代為抄錄後寄返。馮夢禎在給福建友人的信中說道：

〔註14〕《快雪堂集》，卷四一，〈報田子藝〉，頁一九上～下。

〔註15〕《江陰李氏得月樓書目摘錄》，書前，繆荃孫〈李如一傳〉，頁三上。

〔註16〕《快雪堂集》，卷三八，〈答茅薦卿〉，頁三一下。

〔註17〕《儼山集．續集》，卷四八，〈重刊豆疹論序〉，頁一下。

聞熊陸海尊公有《周易象指訣》一書甚佳，足下儻索得，不妨速寄。弟近頗留意經術，閩中士大夫家多藏書，官中抄錄稍易，覓寄一二尤感，諸惟珍重。〔註 18〕

這種利用特權的方式，在明代的社會裡，往往也能夠收到奇效。而夢禎本身也在公門，利用職務之便，委託同僚代爲訪書，雖說濫用公器，但站在藏書家的立場來看，此應爲風流文雅之舉動，時人自當不以爲意。若不計較其正當性，此法倒也不失爲「適人適任」的一種訪書方式。而明代江南五府藏書家，爲了訪求書籍而不惜干犯例禁者，也是所在多有。如無錫藏書家秦汴，爲了求得所好之書，也是如此。據《松石齋集》載：

性無所嗜，獨嗜書，聞人有秘籍，數旁婉請求，必得乃已。鄉人唐、姚二先生，皆貧士，有書數千卷，公悉欵致爲上客。在留都時，嘗從神樂觀得道藏書，令數吏繕寫。太常卿某微聞之，繫治主者，謂道藏爲禁書，法不當傳布，將移劾公，尚書奉新宋公爲居間乃免。〔註 19〕

明代江南五府地區藏書家之篤於訪書，雖至身陷囹圄，終不悔悟，其沉迷的程度，實在令人同情。此外，崇德藏書家呂留良，也曾委託將赴目的地的友人代爲覓書。他在給該位友人之信中道：

壬辰科張君名永祺，余極喜其文細實有本領，聞其宦在燕中，幸爲我一訪之，得其全稿爲妙。……凡明文不論房行社稿，皆爲我留神訪之。又湯若望有《天文實用》一書，幸爲多方購求一部，感甚！〔註 20〕

委託友人代爲訪書，也是流行於明代江南五府地區，藏書家們常常使用的一種方式。

朋友之於藏書家的訪書行動上，不啻爲最重要的資源，一般說來，朋友越多的藏書家，往往在進行訪書的活動時，越能夠左右逢源，對於藏書的助益，的確相當的大。如仁和藏書家高濂好訪書，也好結交朋友，他「交游湖海，咨訪道術，多綜霞編雲笈，秘典禁方。」〔註 21〕朋友對於高濂在道家圖籍的徵集上，做出了很大的貢獻。又嘉興藏書家周履靖，也是篤好交遊，朋徒往來，日無虛席。他曾自述其求書之法，云：

僕誅茅多暇，性有索隱之癖，而家苦貧悴不能儲書，間從博雅諸公遊，多發枕秘；好事者雅相慕，亦時時不遠千里郵致焉。繇是日積月累，几閣

〔註 18〕《快雪堂集》，卷四三，〈報楊公亮〉，頁一七上～下。

〔註 19〕《松石齋集》，卷一二，〈秦太守墓碑〉，頁一八下。

〔註 20〕《呂晚邨文集》，卷四，〈與董方白書〉，頁一三上。

〔註 21〕《遵生八牋校注》，書前，屠隆〈遵生八牋序〉，頁六。

間緗帙恒滿。每晨露宵膏，披襟解帶，未嘗不逌然自適也。〔註22〕

朋友是藏書家所不可或缺的資源，對於藏書家的圖書徵集，功能頗具。特別是在文人圈內的文會社集上，往往在品隲書籍的同時，也是藏書家訪求圖書的大好時機。而朋友當中，若能多得好事之人，則於藏書事業的幫助，將有更大更多的好處。

藏書家在委託友人查訪的背後，往往與該名友人之間，早已進行頻繁的書事過從，兩人以藏書相互流通爲先天條件與立場，交情夠深，才因而互相幫助，皆以藏書事業爲主要目的。崇德藏書家呂留良曾託友人爲查訪關於《袁清容集》一書的資訊，他在給所託之友的信中道：

《袁清容集》，弟所有者較來目僅十之一二，相去甚遠，得錄惠爲佳，但卷帙浩繁，重累靜課，爲不安也。戴集舊刻止四本，昨見《天一閣書目》有十本，豈字大本薄故耶？乞老兄爲我一查對果與刻本無異否，若其中有一二不同者，亦望鈔賜。外，唐荊川、歸震川、錢吉士、陳大樽稿各一冊附上，江西五家稿已盡發金陵，俟合印寄奉也。〔註23〕

由兩人之間的互動來看，此人當爲呂留良過從甚密的一位書友。他代呂留良訪書，甚至抄書；而呂留良則酬之以自己所刻印的書籍，用爲互惠。這種書事過從對於兩人的藏書事業，都有相當份量的助益，也正是明代江南五府地區藏書家之間最爲重要的文會過從內容與方式之一。

另外，書商也是藏書家訪求圖書時的一個重要介面。特別是明代一些流動式的書賈，由於流動性強，往返於不同區域之間，加上本身的專業能力，因此對於藏書家的訪書活動上，產生了相當大的助力。其實，明代游賈和收藏家之間的關係是雙向的，游賈向收藏家推薦藏品，收藏家有時也向游賈提出要求，請游賈代爲搜尋藏品。〔註24〕這是一個很突顯的時代特色，而藏書活動也是如此，特別是在藏書家的訪書活動上，這些流動式的書賈起過很大的作用。這些商人遊走四方，他們令藏書家最爲佩服之處，便是他們對於書籍各個方面的專業，功力往往不在藏書家之下。嘉興藏書家李日華曾經讚美該郡的一位遊賈：

郡人徐海門者有巧思，往來湖海間覓殘碑斷碣，裝潢成帖，鬻好事者以爲常。因精研拓搨楮墨之訣，鐫成《寶晉齋法帖》十卷，幾于奪眞。余購得一部。〔註25〕

〔註22〕《梅顛稿選》，卷一八，〈夷門廣牘序〉，頁一下。

〔註23〕《呂晚邨文集》，卷二，〈答萬祖繩書〉，頁一九下。

〔註24〕沈振輝，〈明代藏品市場略論〉（《文博》，一九九八年第六期），頁八五。

〔註25〕《味水軒日記》，卷三，頁一六七。

由李日華對徐氏的稱讚，我們可以看出藏書家對於這類充滿專業的遊賈是相當信任的，特別是在書籍的訪求上，更是倚賴有加。

（三）訪書的地點

藏書家訪書的目的地，一般都是其他的藏書之家。如嘉興藏書家李日華，曾經在同縣藏書家陸元厚家中獲得書籍，李日華說：「余嘗得其《周禮》、《國策》、《離騷》、《王子年拾遺記》諸書，皆精本。」〔註26〕足見前往藏書之家訪書，實爲良策。而華亭藏書家何良俊，更是以不得其門以入河南章邱著名的藏書家李開先（1501～1568）的家裡頭訪書，而深自引以爲恨。他說：

> 聞李中麓（李開先）家藏書甚多，亦有意搜訪諸經各家傳註，想亦有世所不傳本，恨無從一訪求之耳。〔註27〕

又如長興藏書家臧懋循，與福建的藏書家爲了訪書之事，多有聯繫。他在一封向福建地區頗具盛名的藏書家曹學佺（1574～1647）求訪書籍的信中，透露出他不但與曹學佺爲朋友關係，兩人並相互談論書事；此外，還曾經拜訪過徐𤊹（1570～1645），詢問有關訪書的意見。信中云：

> 辱諭修蜀志事，宦途中弁髦此久矣！得丈任之，誠爲千秋盛舉。愧僕無他聞見可裨管蠡，所願效執事者，惟二十一史及《華陽國志》等書，不可不研閱耳！聞趙玄度（趙琦美，1563～1624）所輯中晚唐詩，丈悉抄錄於蜀中，續梓《詩紀》，不審果否便間幸示之？僕兩年間亦頗有所蒐羅。向見徐興公（徐𤊹），云建寧楊氏有諸寫本，未盡散失，擬於明歲過貴省訪之，兼了荔枝夙願，亦未知筋力能遂此否。〔註28〕

往藏書之家訪求書籍，在明代江南五府地區裡，是藏書家們慣用的一種訪書之法。

必須注意的是，欲往藏書之家訪書的前夕，在禮貌上必先投書訊問對方意見，在獲得藏書家的許可以後，才可成行。譬如崇德藏書家呂留良，他想要前往某位藏書之家拜訪，求借書籍，因爲兩家並無私交，於是他先透過友人代爲紹介，得到善意的回應以後，再正式以書信表明來意，並附上自家所藏書目，呈獻自己願意以書籍相互流通的最大誠意。信中云：

> 前夢舉（吳之振）云見足下考索詳核而好奇，恨其時外走，不得親叩。又聞許示茶山、紫薇、斜川諸集，夢中時樂道之，今讀手教，更知其詳。如《江西詩派》一書，某求之十餘年而未得者也，承許秋後盡簡所蓄惠教，

〔註26〕《藏書紀事詩》，卷三，〈陸元厚〉，頁一七〇。

〔註27〕《四友齋叢說》，卷三，〈經三〉，頁二五。

〔註28〕《負芭堂詩選文選》，文選卷四，〈答曹能始書〉，頁二八上～下。

某何幸得此於執事哉！謹以所有書目呈記室，外此倘有所遇，知弗惜搜致之力也。〔註29〕

因爲呂留良處理得法，於信中的字裡行間，又處處流露著誠懇至性，終於，呂留良獲准至其家借閱及借抄所欲訪求的書籍。當中呂留良願以自家書目供對方參考，表明了若對方有需要，他也將提供自家藏書給對方借抄，以互通有無，如此一來，他是用大公無私的藏書流通精神打動了對方，並且讓對方於實質上也不吃虧，訪書技巧的確相當高明。最後，從呂留良的信中所言，也可以看出他的書友同縣的藏書家吳之振居中牽引協調之力，對於呂留良此次訪書之行，貢獻可謂最多。

有時，藏書家也會以某書的作者做爲訪書的目的地。如華亭藏家書張恆「壯歲好游，歷蘇門求孫徵君鍾元遺書。」〔註30〕這樣的訪書方式，頗爲普遍。杭州藏書家馮夢禎，也曾寫信直接向某書籍作者求索書籍，並且要求作者盡量保持原典，不必加以刪削爲佳。他在信中曰：「前輩文刻有數十篇，即望陸續見寄，且瑕瑜並存，愈見古色，不煩刪潤爲佳耳！」〔註31〕他又曾耳聞南京著名的藏書家焦竑撰有《焦氏筆乘》一書，對於其中所論古字音義頗爲拜服，因此便直接寫信向作者焦竑索書，他在信中道：

昨從楊止菴（楊時喬）論議，渠甚留心經學及六書，因知門下筆乘中所論轉注義，又在升菴太史（楊愼，1488～1559）之上，如架頭有副本，敢乞一部。昨荷枉教，并謝。〔註32〕

這種因爲閱讀過某書以後，按照書中所附的引用書目或是傳達的圖書訊息，而直接向作者查訪的求書方法，在明代江南五府地區，也常常爲藏書家所使用。

藏書家訪書的目的地，除了藏書之家以及作者以外，主要是以書肆爲重點。書肆往往是藏書家終日匯集且留連不去的地方，在那裡只要用心比較，持之以恆，有時也能獲得一些奇書祕本。如仁和藏書家郎瑛，便曾經在舊書店當中找到一本元人的秘典，於是他便得意地在筆記中記載：「昨于舊書肆中得抄本《錄鬼簿》，乃元大梁鍾繼先作。」〔註33〕書肆是藏書家訪書活動當中，最時常去的地方。而明代杭州的書肆頗多，一度且成爲藏書家訪書的重地。山陰藏書家祁承㸁（1563～1628）便經常到杭州訪書，並且收穫頗多。他說：

〔註29〕《呂晚邨文集》，卷一，〈答張菊人書〉，頁三二上。
〔註30〕《曝書亭集》，卷三五，〈道傳錄序〉，頁四三五。
〔註31〕《快雪堂集》，卷四三，〈與項庭堅〉，頁三〇下。
〔註32〕《快雪堂集》，卷三七，〈與焦弱侯太史〉，頁一六下。
〔註33〕《七脩類稿》，卷二二，〈三國宋江演義〉，頁二八五。

凡試事過武林，徧問坊肆所刻，便向委巷深衢。覓有異本，即鼠餘蠹剩，無不珍重市歸，手爲補綴。十餘年來，館穀之所得，饘粥之所餘，無不歸之書者，合之先世，頗踰萬卷，藏「載羽堂」中。〔註34〕

明代於杭州訪書收獲很大。而藏書家於訪書之地區，即便是所謂文獻故邦，或是自古即爲藝文重鎭，若非親自走訪，便會爲其聲名所蔽，往往是經過藏書家實際上的親臨探訪，才知傳言之誇大，面見反而不如聞名。如上海藏書家陸深，曾經風聞山西自古以來文風興盛、人才濟濟，既爲藝文之鄉，想必異書自然倍出。禁不起仰慕之意，遂起程專爲訪書之行。但是經過實地探訪以後，陸深卻失望的說：

今江西在江南號稱文獻故邦，予來訪之，藏書甚少，間有一二，往往新自北方載至，亦無甚奇書，而浙中猶爲彼善，若吾吳中，則有群襲有精美者矣！〔註35〕

自古以來號稱文獻淵藪之地，未必盡如其名，尤其在藏書的訪求上，有時更是如此。陸深曾糾正前人的錯誤，他說：「楊文貞公（楊士奇）跋《玉海》，云松江府學有刻板，蓋得之傳聞，其實無之。」〔註36〕楊士奇雖爲明初名臣，也難免以訛傳訛。此外，藏書家在訪書的時候賴以爲指引的書目，有時因爲文人尙奇與誇大的習性，也會與事實大相徑庭，往往令藏書家徒勞而返，大失所望。長興藏書家臧懋循，在圖書的訪求上就曾經遭遇過這樣的事情。有一次循著某書上所引用的書目，興致勃勃的親臨作者家裡訪求書籍，不料卻是空手而回。他不高興的向友人抱怨說：

去冬挈幼孫就婚於汝寧守，因過朗陵，訪陳誨伯家遺書，乃知《天中記》及《學圃萱蘇》所引用書目，皆非其家實有也。〔註37〕

凡此種種於圖書訪求上之謬傳，正賴藏書家的實地走訪，才足以端正事實，以爲後來訪書者的指引。

此外，針對欲訪書籍的類別不同，藏書家訪書的目的地也會因書而異，隨時調整。例如藏書家想要訪求佛經，只要遍訪名刹古寺，往往也會有出人意料的收獲。嘉興藏書家李日華便是如此，他曾親「至漏澤寺，晤典藏僧省宗，購得萬松老人《從容錄》、林泉老人《空谷集》、《虛堂集》、圜悟禪師《碧岩集》、萬松老人《請益錄》，

〔註34〕《澹生堂藏書約》，頁一下～二上。

〔註35〕《儼山外集》，卷二一，〈豫章漫抄四〉，頁二上～下。

〔註36〕明・陸深，《玉堂漫筆摘抄》（《明刊本紀錄彙編》四二冊，台北：台灣商務印書館，一九六九年五月台一版，據上海涵芬樓影印明萬曆刻本影印），卷一三一，頁三上～下。

〔註37〕《負苞堂詩選文選》，文選卷四，〈答曹能始書〉，頁三六上～下。

五家綱宗盡在是矣。」〔註38〕如果藏書家想要查訪道教的經典，只要親至道觀中求書，往往也有意外收獲。日華又記云：

> 往太古西院禮文昌。道者王至元茶話，出觀姚雲東（姚綬）《柳汀漁艇》。……將別，道者又出丹書三種，曰：《冲虛至道錄》、《冲玄至道傳》，乃長春眞人劉玉元著。又《靈寶畢法》，鍾離雲房著。余假之歸覽，俱有味。〔註39〕

其實，明代藏書家想要收集佛道經典，只要有錢，並不困難，時人至稱「橐金而求之南北都，立辦矣！」〔註40〕但若爲訪求醫書秘笈，就顯得較爲不易。藏書家想要訪求此類書籍，有時必須訪求醫家所藏，或是篤好收藏醫書的藏書之家，方爲正途。如李日華便曾在任職太醫院的友人家中，睹見內府所藏的醫學珍祕典籍。他記云：

> 至新橋，訪沈恒川國醫。出觀弘治年內府《圖繪本草》四套，計四十本，自玉石部至草木禽獸介鱗蟲豸，皆畢肖其形，而傅彩暈色，有天然之趣。每種列地、名、質、味、性、合、治、反、忌等目，辨析甚精。先朝留意方術，不苟如此，眞盛時文物也。恒川云得之吳江林廷用，廷用得之一內侍，固知金匱石室之藏，其漏逸於外者多矣。〔註41〕

而秀水藏書家殷仲春，也喜好收藏醫書，他曾利用任教之便，盡覽江西藏書家所藏醫學書籍。他說：

> 平生嗜醫家書，恨不多見。僕在寧國日暇無事，而江西朱純宇先生處久，識寧國諸醫家并仕宦家，以饒道尊命，挾一刺借觀，然後知醫書之浩汗也。……饒道尊爲浙省提學，酷愛醫家之籍，所收甚富寧國，日出所藏考訂校正。〔註42〕

饒道尊所收醫書既富，又爲殷仲春書友，自然也是殷仲春訪求醫書的對象之一。所以，藏書家在進行訪書之前，必須先針對所求書籍的屬性加以判斷，然後再決定目標位置。

（四）訪書的辛勞

訪書活動，常常是必須耗盡藏書家們的心血。我們姑且不論訪得以後購求或抄

〔註38〕《味水軒日記》，卷六，頁三六三。

〔註39〕《味水軒日記》，卷七，頁四七五。

〔註40〕明・陳繼儒，《陳眉公先生全集》（台北：中央研究院藏明崇禎間華亭陳氏家刊本），卷二三，〈韓氏三十乘藏書樓記〉，頁二一上～下。

〔註41〕《味水軒日記》，卷七，頁四五四～四五五。

〔註42〕《醫藏書目》，書前，〈醫藏書目序〉，頁一九六一。

錄的花費，在訪求之時，藏書家往往跋山涉水，不遠千里的到達目的地；其後一路諮詢探訪，又不知踏過多少窮鄉僻壤，通衢大街。他們整日與書坊、書攤爲伍，流連於藏書之家的書架而不知歸返，心中深恐稍一不慎，從此將與心儀尤物無緣再見於人間。於是在這種心境之下，藏書家在訪書活動上面所耗費的光陰、勞力與金錢，都是無法計算的。在時間上，藏書家往往會有過人的恆心，有時爲了訪得一書，前後花費的時間竟達數十年之久。如前述的長興藏書家臧懋循，訪求仙遊、夢遊、俠遊、冥遊錄四種小說，前後即達五十年之久。又如無錫藏書家姚咨，爲了訪得宋刻《南唐書》，以便借錄，前後也耗費了二十年。他曾經記錄下訪得此書的經過情形，據《鐵琴銅劍樓藏書目錄》載：

> 正德辛巳（十六年，1521），余聞江陰葉潛夫云靖江朱先生藏有宋刻馬令《南唐書》，許借未往，迄今二十餘年，恆往來於懷。今年春得主洛川張君家塾，暇日乃出馬令《南唐書》觀之，云是從先公官閩時所錄，余曰：「此余二十年前求之未獲者也。」遂抱疾錄一過，藏諸篋笥。嘉靖辛丑（二十年，1541）夏四月。〔註43〕

另外，嘉興藏書家李日華爲了訪求《楊南峰逸稿十種》一書，前後也費時三十年。他說：

> 購得《楊南峰逸稿十種》。內金、遼二小史，余十五六時見之吳閶一友家，覓之三十年，今始得之，甚快。〔註44〕

訪書在時間上的耗費，實在令人嘖舌。至於在勞力成本上，藏書家更是屢屢突破了地域上的限制，爲了訪得愛書，不限僻壤。如嘉興藏書家包檉芳，「喜書，聞有異本，即僻巷環堵，必徒步相訪。」〔註45〕又如前述萬曆時的武進藏書家蔣一葵，於訪書之事甚勤，得知有蓄異書者，即使徒步數十里外，也以必得爲意。而前述之嘉興藏書家陳宏策，對於圖書也求訪甚勤，聞有隱伏之書，雖遠在千里之外，也必親身往赴，而快意自若。爲了得到所愛之書，再惡劣的環境都甘心一涉，他們付出的辛勞，自不在話下，而這還不算訪得以後親自抄錄的勞力。此外，在金錢的花費上，藏書家更是不計其值，只要能得到欲求之書，再多的金錢，他們都願意付出。如杭州藏書家馮夢禎，曾委託友人代爲覓書，他在信中特別叮嚀這位朋友說：「陸放翁舊志，想見甚切，足下爲我訪得，不敢惜良價，惟弗忘！」〔註46〕而崇德藏書家呂留良，

〔註43〕《鐵琴銅劍樓藏書目錄》，卷一〇，〈南唐書三十卷〉，頁二〇下～二一上。
〔註44〕《味水軒日記》，卷一，頁三三。
〔註45〕《藏書紀事詩》，卷三，〈包檉芳子柳〉，頁一七六。
〔註46〕《快雪堂集》，卷三五，〈與王叔駿名驥德〉，頁九下～一〇上。

也曾要求其書友代爲尋訪並抄錄其家所無之書，其信中載：

「天一閣」中聞有袁清容桷、戴剡源表《元表集》，爲刻本所無者，并望爲弟全抄見寄。其謄寫資值兄酌命之，或以拙刻相抵，或竟奉金，無不可者。〔註 47〕

藏書家在時間、勞力與金錢上所費不貲，而他們似乎也都甘之如飴，只要能夠獲得欲訪之書籍，滿足這一份遲來的成就感，再多的付出對他們來說，都是值得的。

藏書家一旦訪求到朝思暮想、夢寐以求的書籍時，其內心之欣喜愉悅以及滿滿欲溢的成就感，遠遠地勝過獲得金銀祿位，而遇到挫折時的不如意，更是早就拋諸九霄雲外。上海藏書家陸深，曾經因爲訪得一書，欣喜滿溢而忘卻貶官之憂。他寫信告訴友人說：

深今老矣，不自量力，輕犯世故，憂患頻仍，心志衰耗，賴先人之業，足以自適。近築一隱居，當三江之合流，頗有竹樹泉石之勝。又累土作三山，遇清霽景候，可以望海。其下葺退居之室，榜曰：「靜勝」。今年四十有九矣！……是中藏書滿架，所欠者《白齋集》耳！往歲在京，嘗決券買一部，念白齋當自寄到，遂輟。又往往於友人家見《白齋集》，輒復垂涎。不意於今日併與續集得之，快事！快事！向晚到手，自有滋味。〔註 48〕

而崇德藏書家呂留良，視書更重於性命。他曾經想要求訪《劉改之集》等二書，甚爲急迫，然因病不克前往，乃委託友人代爲尋覓。當他於病中獲得友人尋獲寄達該等書，喜出望外，病情且因之一振。他說：

弟病日加劇，根山鬱拂，親知勸以游戲解之。仲春過湖上欲看西溪河渚梅花，而雨雪爲虐，竟阻勝事。悶坐魏舍親齋中，忽接尊札，惠以手錄公是、改之二集，不禁眼爲明而膈爲爽，忘沉痼之在體與陰霾之在庭也。〔註 49〕

書籍之如此勾人神魄，蕩人心弦，使得藏書家們往往爲之魂牽夢縈，朝夕顧盼於茲，若非嗜癖之篤，何以至此？求之不得，寢食難以得安；而一朝得之，則舞蹈雀躍，奉之若爲神物。在藏書家的心中，若能有幸獲得心儀已久的書籍，勝過官場的升遷，或是珠玉田宅的積累。訪書活動導致心力交瘁，至此始得以釋放。而這也正是江南五府藏書家訪得書籍以後的最佳寫照。此外，經過藏書家的苦心訪查以後，有些失傳已久的書，將可重見天日；而那些斷簡殘編，殘卷佚文，也稍稍得以復原。中國

〔註 47〕《呂晚邨文集》，卷二，〈與萬祖繩書〉，頁一八上。
〔註 48〕《儼山集・續集》，卷九三，〈答張君玉〉，頁三上～四上。
〔註 49〕《呂晚邨文集》，卷二，〈答萬祖繩書〉，頁一九上。

歷史上很多的古籍，都是在藏書家持之以恆的的細心訪求之下，才得以蔚成完書。在保存文化的功績上，藏書家們的訪書活動，實在具有非常重大的意義。

二、購　書

在古代，私人收藏典籍最困難的是典籍的收集，由於當時的科學技術比較落後，印刷與造紙都不普遍，以是典籍的生產困難，產量相當有限。而歷代的政府以一國之力，獲取典籍尚且不易，個人要獲得典籍，也就更加困難。〔註 50〕所以，經濟條件較差的藏書家，大都以借抄借錄為書籍的主要來源。直到宋代以後，隨著全國性的書籍貿易日趨普遍與發達，以購買的方式而獲得的圖書，在絕大多數藏書家的庫藏中，所佔的比例也越來越大。〔註 51〕當時雕板書不僅顯示出其旺盛的生命力，而且在使用上也日趨普及。加之書坊刻書又以盈利為目的，有利可圖。有些書坊是在宋代發展起來，元代仍然繼續經營的，其中不少書坊還甚至一直經營到明代。〔註 52〕

到了明代，由於官私刻書數量之大、品類之多，已經超越宋元時期。當時新興的書籍販賣中心則有：南京、北京、蘇州、徽州與湖州等地。〔註 53〕而明代刻書地區遍及全國，且以江浙地區為最。凡經史子集，通俗小說戲曲，各種叢書、類書、佛藏、道藏，屢有刊刻。當時購書是非常方便的事情，反而抄寫成為藏書來源的次要手段。〔註 54〕如杭州藏書家馮夢禎，經常與友人結件前往書肆買書，而收獲也相當豐碩可觀。據馮夢禎《日記》所載，萬曆十六年（1588）七月二十四日：

> 晴，同子晉至來九山寓。同行市肆買書，得宋陳子兼《捫蝨新話》十五卷共四帙、抄本宋汪彥章《浮溪文粹》十五卷二帙、《古今逸史》二十六種二套、《孔叢子》二帙、何元朗《四友齋叢説》八帙、《事物紀原》十卷、《菊坡叢話》二帙、宋《李泰伯集》五帙、宋陳瑩中《尊堯集》一帙、宋楊誠齋《易傳》四帙、《唐一菴語錄》一帙、舊板《莊子》三帙。〔註 55〕

又載萬曆十七年（1589）三月十五日：

> 午後，同子晉遊書肆覓書，得抄本《壁壘元戎》、《傷寒寶鑑》、《唐韻》、

〔註 50〕張木早，〈中國古代私藏典籍的收集〉（《中國圖書館學報》，一九九六年第四期），頁四三。

〔註 51〕《中國藏書樓》，頁七九～八〇。

〔註 52〕莎日娜，〈元代圖書出版事業述略〉（《內蒙古大學學報》哲學社會科學版，一九九五年第二期），頁四七。

〔註 53〕張秀民，〈明代南京的印書〉（《文物》，一九八〇年第一一期），頁七八。

〔註 54〕王國強，〈明代藏書事業歷史背景探討〉，頁一六。

〔註 55〕《快雪堂集》，卷四八，〈戊子〉，頁二四上～下。

《繪事指蒙》、《考古圖》共五種。〔註56〕

的確，特別是在明代中後期，當時只要有錢，透過到書肆的購書行為，想要立刻變成一個藏書萬卷的藏書家是非常容易的事。明末時人曾經論及當時得書之易於前代云：

今欲購書，又差易於宋，何也？經則一十三家注疏，史則二十一代，類頒於太學，合之便可三千餘卷。宋初諸大類書，合之又可三千餘卷。南渡類書十餘，合之又可三千餘卷，不啻萬卷矣。釋藏金陵，道藏句曲，捐數百金，即吾家物。稍益神仙小說諸家，合之又不下萬卷矣！然猶非今所急也，今文人所急者，先秦諸書；詩流所急者，盛唐諸書；舉子所急者，宋世諸書，大約數百家。弘雅之流，稍加博焉，錄經之閏者，史之支者，子之胠者，集之副者，又無慮數百家，悉世所恆有，好而且力，則無弗至也。〔註57〕

正因為書肆的林立，進而產生商業競爭，使得明代圖書的發行渠道也越來越加多種多樣，類型變得十分複雜。有固定在某一地點的，如固定店鋪、書攤、集市、草市等等。也有流動於某一地區的，如負販、貨擔郎、書船等等。此外，還有利用其他現有關係做為發行渠道的，如利用政府行政系統，或是利用親友關係等等。〔註58〕如明代杭州販賣書籍者，有些即並非專門的書店。據《六研齋三筆》所載：

項寵叔，新安人，名承恩。杭州府學生也，屢上不第，遂隱西湖岳墳，攜一女奴供爨，奇醜。開小肆，雜置書籍畫卷，併盆花竹石，索價頗貴。〔註59〕

雖然印刷術發明以後，典籍的生產技術大幅改進，大量的典籍透過官私刊刻通行於世，使典籍的社會擁有量增加很多，而個人獲得典籍也相對較易。不過當時由於交通閉塞，購求困難。〔註60〕直到明代，由於江南地區的開發已經趨向成熟，交通也日漸發達，於是克服了書籍在運銷方面的問題。如明代的販書船，他們載著書籍，利用江南水鄉的方便條件，販銷於大江南北，直接送貨到藏書家和一般讀者的手中，它們不受時空的限制而開拓了圖書市場，表明著江南經濟文化的繁榮。例如在湖州

〔註56〕《快雪堂集》，卷四九，〈己丑〉，頁九下。

〔註57〕《少室山房筆叢》，卷四，〈甲部・經籍會通四〉，頁五三～五四。

〔註58〕劉大軍等，〈明清時期的圖書發行概覽〉（《中國典籍與文化》，一九九六年第一期），頁一一五。

〔註59〕明・李日華，《六研齋筆記・二筆・三筆》（《景印文淵閣四庫全書》子部・一七三冊，台北：台灣商務印書館，一九八六年三月初版），三筆卷三，頁一九上。

〔註60〕張木早，〈中國古代私藏典籍的收集〉，頁四五。

府烏程縣的織里書商，就是駕著一葉書舟，連結了大江南北的圖書市場。這些販書客往來於江南各地，在嘉興就可以看到販書船沿著河道巡迴販書。它們深受藏書家和讀者的歡迎，或待之如上賓。〔註61〕而明代江南五府地區的藏書家，對於書船的銷售方式也頗表歡迎，他們非常樂於從書船裡購買圖書。如平湖藏書家李延昰，「善醫，不責報，或酬以金，輒從書估舟中買書，積書三十櫝。」〔註62〕此外，明代江南地區還有移動式的書賈，他們主動登臨收藏者家門，或攜物求售，或通報貨源行情，使得書籍買賣的形式又變得十分靈活與方便。〔註63〕如嘉興藏書家李日華記云：

客以戴文進仿夏圭小景一軸，宋板《李翰林分類詩》十本，初拓《眞賞齋帖》一部，質錢去。〔註64〕

又載：

方丈室以宋拓《九成宮》、……又吳匏庵（吳寬，1435～1504）楷書書目一本……，質錢去。〔註65〕

又載：「書賈載新鐫諸書來求售。」〔註66〕綜觀李日華所記，便是這種移動式的書賈，他們不需藏書家親往書肆購書，而是攜書登門到府服務。直到清初，這類移動式的書商還是相當地盛行，如秀水藏書家朱彝尊曰：

康熙辛酉（二十年，1681）冬予留吳下，有持吳文定公（吳寬）手抄本告售，書法精楷，卷首識以私印，書肆索直三十金。〔註67〕

諸如此類的移動式書賈，在明代的江南五府地區非常流行，爲藏書家在圖書的徵集上，提供了非常便利的服務。由此可見，當時的書肆已經滲入到社會上各個公共場所，如驛道、園林、碼頭、茶館，凡是一切人員聚散的地方，都會有圖書出售。而書業經紀人，不會死死地守在一個固定的書店推銷圖書，不是讓人隨書轉，而是使書以人聚，人聚在哪裡，書就會到那裡去，主動銷售，利用一切的機會以擴大圖書的銷路。〔註68〕

於此，我們必須特別討論一下明代的書商與藏書家的關係，因爲書肆、書估的存在，與藏書事業發展緊密聯繫，而私家藏書又常常依靠著書估、書肆搜羅異本，採購

〔註61〕陳學文，〈論明清江南流動圖書市場〉（《浙江學刊》，一九九八年第六期），頁一一〇。
〔註62〕《文獻徵存錄》，卷一〇，〈李延昰〉，頁一一下。
〔註63〕沈振輝，〈明代藏品市場略論〉，頁八三。
〔註64〕《味水軒日記》，卷三，頁一七一。
〔註65〕《味水軒日記》，卷三，頁一七五。
〔註66〕《味水軒日記》，卷三，頁一九〇。
〔註67〕《曝書亭集》，卷四三，〈書尊前集後〉，頁五二一。
〔註68〕梁知，〈古人書業經營之道〉（《世界圖書》，一九八八年第二期），頁三八。

圖書，所以在論述私家藏書時，不可不提及販書。〔註 69〕中國古代的書商，其良好的經商作風正是表現在迎合藏書家之所需，不遠千里，收購善本以供應市場。由於這類服務恰好解決藏書家在圖書徵集上的不少問題，所以在明代，書坊主人往往被藏書家尊稱爲「書友」，奉若上賓，不敢怠慢。而書店也必須將善本書送上門，〔註 70〕以滿足藏書家對於書籍的渴望。特別是在士商觀念薄弱的明代中後期江南社會裡，藏書家們都能拋棄中國傳統社會當中鄙視商賈的舊傳統，並且對書商另眼看待，視之若客若友。當時書商們利用自己交遊廣泛、信息靈便、專業知識嫻熟等優勢，針對藏書家事業發展的種種需求，分別發揮著耳目、中介與助手的作用。〔註 71〕書商既能滿足藏書家的求書心態，並且在藏書的專業領域上，對於書籍的版刻以及種種學問，都讓藏書家們覺得他們不同於其他商人，他們是談吐不俗而又具有高度文化素養的專業商人，自然對於他們的態度，也就與一般追逐末利的商人大有不同。

由於明代江南五府地區的藏書家熱愛書籍，以致往往對書賈也都能多加禮遇，並主動表示友善。如海鹽藏書家胡彭述，「性好書，見異冊至典質買之不靳。吳興書賈每一來，欣然予之飲食。有一賈病疫舟中不能歸，命老蒼頭搖櫓送歸去，人以爲咲，弗顧也。」〔註 72〕其實明代文人與書商關係良好，自明初開始，即已不乏其例。如明初文人貝瓊，曾說他與書商的關係相當不錯：

> 金陵王舉直氏粥書于市，復顏其堂曰：「勤有」，取昌黎韓子詩語也。余嘗過而異之。蓋一時善賈，視時廢居，惟珠玉錦繡爲上。而舉直以經史子集益於人者，大多畜善本，不翅珠玉錦繡，非特徼十一之利，旦示人必盡其力，又可知其賢也。〔註 73〕

貝瓊對於王舉直這個「善賈」的專業服務，讚賞有加，可見兩人的關係一定不錯。而江南五府地區的藏書家，對於書商的敬愛，也是如此，他們對於書賈都視之爲亦師亦友，絕不會有半點鄙視之意。如無錫藏書家秦柱，與書賈的關係至佳，有「浙人童某鬻書，顧善詩。母死，家貧不能葬，君出室中釧易二十金貽之，以襄其事。」〔註 74〕杭州藏書家馮夢禎，也是如此。他於《日記》上記載：萬曆二十三年（1595）二月初

〔註 69〕周少川，〈論古代私家藏書的類型〉（《文獻》，一九九八年第四期），頁一五八。

〔註 70〕吳平，〈古代書商的經營作風——宋明清諸朝代淺析〉（《圖書情報知識》，一九八四年第四期），頁七〇～七一。

〔註 71〕蕭東發等，〈中國古代書商與藏書家〉（《圖書與資訊學刊》，第三七期，二〇〇一年五月），頁二八～二九。

〔註 72〕《天啓・海鹽縣圖經》，卷一四，〈人物・文苑〉，頁二〇上。

〔註 73〕《清江貝先生集》，卷一八，〈勤有堂記〉，頁七八。

〔註 74〕《賜餘堂集》，卷一二，〈徵仕郎中書舍人餘山秦君墓志銘〉，頁三三上。

十日：「復雨，遂大雪，將午止。書賈夏四來，餉福橘四十枚。」〔註 75〕明代江南五府地區的愛書人，往往因購書而結識書賈，並成爲好友，而不以賈人待之。由於書店主人的文化程度，大都有一定的水準，甚至有很多人本身即是學者、詩人或藏書家等。他們當中不乏對於古書版本和內容異同都很熟悉，以善於鑒書而名著於世者。〔註 76〕在瀰漫著根深蒂固之賤商觀念的中國傳統社會裡，書商做爲一個群體，之所以能夠得到藏書家們普遍而較高程度的信賴與禮遇，與其自身的高度文化素質以及付出的努力密不可分。明代書賈的經營之道，確有不少可圈可點之處。概括而言，大略包含：信息靈通、服務周全、專業熟練、公關出色與贏利合理等優點。〔註 77〕

明代圖書銷售的管道很多，當時的藏書家即使沒有專程到書肆，往往在一般的地方上也能隨處購得書籍。如杭州藏書家馮夢禎，便曾於歸途中買到書，據其《日記》載，萬曆十六年（1588）三月二十七日：

> 午至松毛場，盤桓周氏墓。自錢唐門至家途中，買得《禮經會元》、《都元敬詩話》、《王常宗集》，即率兩兒至書舍。〔註 78〕

同年，馮夢禎又在武康縣境內購買了大批的圖書，四月初九日：

> 霧起。……俄而大晴，梅谷師來，欲要余至武康，定一道場爲棲隱計。薄暮雲遂翳。空夜微雨，有無之間，買《宋史新編》、《通鑑續編》、《朱晦菴全集》、《宋名臣琬琰集》、《醫說》、《東坡地理指掌》、《救荒本草》、《梅苑陵詩集》、《二程集》、《全唐詩話》、《王十朋註東坡律詩》、《陳簡齋詩》、《金陵古今圖》、《劉靜修集》、《程雪樓集》、《李古廉集》、《愚菴集》、《林公輔集》、《蘇平仲集》、《程梅屋集》、《鄭麟溪家集》、《祝枝山集》，共二十二集。〔註 79〕

武康縣在明代並不是書籍的集散中心，可見當時藏書家在購書上的便利性。而這種非專程爲買書而意外購得的情況也不乏史例，往往也是藏書家購書的主要方式。

至於在購書的技巧上，明代的藏書家們講究「夫購書無他術，眼界欲寬，精神欲注，而心思欲巧。」〔註 80〕所謂眼界欲寬，即要求將經、史、子、集等各類書籍一概全收，不可跼限於某類，如此方爲博雅。而精神欲注，乃指藏書者必須執著於

〔註 75〕《快雪堂集》，卷五三，〈乙未〉，頁四下。
〔註 76〕韓淑舉，〈古代書坊的經營銷售〉（《圖書館研究與工作》，一九九七年第一期），頁五九。
〔註 77〕《中國藏書樓》，頁二四六。
〔註 78〕《快雪堂集》，卷四八，〈戊子〉，頁一二下。
〔註 79〕《快雪堂集》，卷四八，〈戊子〉，頁一四上～下。
〔註 80〕《澹生堂藏書約》，〈藏書訓略・購書〉，頁一七上。

藏書之癖，不可爲其他嗜好所惑而持之以恆，堅持不懈，即集中一切精神與財力全神投入，方得眞藏。至於心思欲巧，乃強調必須細心於各種求書之線索，利用一些專業或特殊的經驗與方法來尋覓書籍。

明代江南五府地區的藏書家，即使節衣縮食，甚至變賣家產，大多數的人對於書籍的購買都顯得非常熱衷。他們往往奔命於通都大邑、深山僻壤與荒攤冷肆，耗去畢生的精力和財富，甚至因此破產潦倒，也不以爲悔，心中只求能夠達到四壁圖書、家藏萬卷的境地，然後引以爲快。〔註 81〕這種輕財重書的藏書精神，以江南五府地區的藏書家來看，從元末明初開始便已是如此。無錫藏書家倪瓚，家饒於貲，然「平生無他好翫，惟嗜蓄古法書名畫，持以售者，歸其直累百金無所靳。」〔註 82〕揮金似土，並非爲了衣食玩好，而是藉著與古人終日爲伴，以擺脫那一身俗不可耐的阿堵銅臭。武進藏書家陳濟，也是如此。購書從不惜橐金，「嘗以父命如錢塘，家人齎貨以從。比還，以其貲之半市書，口誦手鈔十餘年，盡通經史百家之言。」〔註 83〕正所謂傳子一經，勝過黃金一籯，藏書家之所以如此輕財而重書，正是瞭解書籍對於子孫未來前途發展的重要性，給予了無窮的機會與希望。

前文已言，無錫藏書家華珵，所藏古代名人文集以及古法帖甚多，其花費皆不下數百金，而不覺可惜。藏書家想要藏書，付出的金錢往往危及家業。海鹽藏書家胡憲仲，「嘗貸子錢，買古載籍，購得學士家奇文祕錄、六曹士馬錢穀、比法章憲，搜覽欲悉概於中。」〔註 84〕胡憲仲之好購書，不惜舉債以償書貲，精神令人佩服。而前述之靖江藏書家朱大中，也是爲了買書而不惜變賣家產，得數百金，往金閶購異書數千卷。以數百金換數千卷，在藏書家的眼中，書籍的價值更勝珠玉。又如仁和藏書家郎瑛，也是花在買書的錢超過了家庭經濟的能力範圍，以致家道中落。據〈七修類稿序〉載：

> 篤志好古，遇奇書異帙，輒購求之，至傾貲罔恡。故學富而家日貧，幽憂抑郁，惟典籍是適，雖至屢空，而搜誦不輟，其種積之富有自哉！〔註 85〕

時人對於郎瑛這種近似敗家的行爲不但不加譴責，反倒是讚譽有佳，這正是因爲郎瑛乃效法江南五府地區藏書前輩的流風遺韻，其行爲與當時的文人價值觀並行而不

〔註 81〕劉尚恒，〈略論中國藏書文化〉，頁二五。
〔註 82〕《倪雲林先生詩集》，附錄，周南老〈故元處士雲林先生墓誌銘〉，頁二下。
〔註 83〕《新校本明史》，卷一五二，〈列傳四〇・陳濟〉，頁四一九三。
〔註 84〕《國朝獻徵錄》，卷四七，馮皐謨〈胡主事憲仲傳〉，頁八九上。
〔註 85〕《七脩類稿》，書前，陳仕賢〈原序一〉，頁一四。

悖。華亭藏書家何良俊，也因購書而阮囊羞澀。自稱：

> 何子少好讀書，遇有異書，必厚貲購之，撤衣食爲費，雖饑凍不顧也。每巡行田陌，必挾策以隨。或如廁，亦必手一編。所藏書四萬卷，涉獵殆遍。〔註 86〕

又如無錫藏書家秦杜，因篤「好古金石圖史及法書名蹟，購藏百千卷。」〔註 87〕，秦杜如此豪舉，所費也是不貲。同縣的藏書家周子義，對於書籍也具此狂癖，「於物無所嗜好，所嗜好獨書，祿賜購積餘萬卷。」〔註 88〕

又如秀水藏書家沈啓原，也喜好買書，上自金匱石室之藏，以至古今人文集，他都悉購無遺，此已見於前述。可見藏書家對於買書，都是不惜囊金的。平常捨不得吃、捨不得穿，有一點錢就拿去買自己心愛的書，到頭來不但自己挨餓受凍，還拖累妻子，可是愛書人依舊樂此不疲。〔註 89〕如歸安藏書家茅坤，因篤好藏書而幾乎用盡家產，然其妻姚氏不但對此毫無怨語，且「慧而知書，念公好古，盡脫簪珥衣襦，益市墳典丘索，而身不難椎縞，以成公淹博。」〔註 90〕姚氏之賢，表現在以夫志爲己志，誠可謂夫唱婦隨，爲明代江南五府地區的藏書家庭裡，夫妻之間琴瑟合鳴的一段佳話。

又如烏程藏書家沈節甫，購藏甚力，然限於財力，往往因而不能多得，引以爲憾。前文有云他曾自嘆財力之不足，不但不能多方羅致，更無力購買善本，所以往往只能買一些便宜的書籍來滿足自己的藏書癖好。雖然如此，他仍然朝夕盼望書賈之到來，即使買不起，只要能夠看一看心儀之書，也就感到心滿意足。沈節甫之篤好購書，觀其對於書賈的期盼，近似癡呆，如此愛書之人，也正是其可愛之處，至情至性，令人同情。上海藏書家王熠，也是喜好購書，並且不計其價，凡「四方之士有挾古冊籍者，無不厚價購之，語合，雖傾囊無所靳。」〔註 91〕江陰藏書家李如一，其家「自詡以來，所積書日益。如一好書尤專，見圖籍則破產以收，獲異書則焚香肅拜。」〔註 92〕藏書家輕視財帛，棄若土苴，而對於其所好的書籍則敬若神祇，頂禮膜拜，這個現象可謂

〔註 86〕《四友齋叢說》，書前，〈初刻本自序〉，頁五。

〔註 87〕《賜餘堂集》，卷一二，〈徵仕郎中書舍人餘山秦君墓志銘〉，頁三三下。

〔註 88〕明・王世貞，《弇州山人續稿碑傳》（《明代傳記叢刊》一五〇冊，台北：明文書局，一九九一年十月初版），卷六七，〈周文恪公傳〉，頁二〇上。

〔註 89〕殷登國，〈藏書癖〉，頁二七。

〔註 90〕《茅鹿門先生文集》，卷三五，屠隆〈明河南按察司副使奉勅備兵大名道鹿門茅公行狀〉，頁三上～下。

〔註 91〕《南湖舊話錄》，卷下，〈人物考〉，頁二四上～下。

〔註 92〕《江陰李氏得月樓書目摘錄》，書前，繆荃孫〈李如一傳〉，頁二上。

十分有趣。又如嘉興藏書家周履靖，喜歡買書的作風也是如此，生「性好讀書，嘗散貲購書，披帙滿架。」〔註93〕同縣的藏書家陸元厚，爲里中童子師，仰賴一份微薄的束脩之入爲生。其家雖貧，然元厚「喜蓄異書，學奉多爲盡。」〔註94〕秀水藏書家沈嗣選，篤好藏書，且「生平破產聚書」，〔註95〕喪盡家財也不會後悔。江陰藏書家徐尙德，也是如此，聚書萬卷，凡唐宋前異本，遇則傾貲購致之，從不論其家經濟狀況如何。這些藏書家們，多數不會爲了自己將來的生活問題以及子孫們的家業做打算，他們只知道買書、讀書，並且計畫以書籍來傳給子孫，許多人往往是弄得兩袖清風，衣食堪憂。然而，這也正是明代江南五府地區藏書家們的特殊典範。

這樣篤好購書，且以必得爲志，卻完全不考慮所費不貲的情形，正是明代江南五府地區間藏書家的一種本色，也正是這一段時期內江南五府地區的藏書家崇尚以藏書競相誇尚，並且以藏書爲一種財富表徵以炫耀於世人的心態表現。然而，這樣的行爲，也是有其文化上的正面意義。因爲耗費巨資，選購善本，是許多藏書家的嗜好，而透過這樣的行爲，使得許多閒置在沒落人家而不被珍視的書籍，在藏書家那裡又被重新匯聚了起來，並且得到精心的保存，這樣無疑是對民族文化的積累和提高，起了正面而有利的作用。〔註96〕

然而，並非每一位藏書家於購書都是不計其値的，有時候一些書的價值也確實高到藏書家們無力負擔，只好作罷。如嘉興藏書家李日華，便曾因「有人以宋板《石徂徠集》來售，以價昂未就。」〔註97〕此爲經濟條件之不允許，非藏書家之罪，値得他人同情。

除了正常的購買行爲之外，還有一種類似撿拾的購買行爲，一般都是出現在兵荒馬亂的地區，屬於比較不正常的購書方式。如仁和藏書家吳任臣，任官翰林之前，據《武林藏書錄》載：

> 好讀奇書，家貧，教授里中。會兵亂，江南大姓皆竄匿，里中少年載其書入市，以一錢易一帙，託園（吳任臣）罄修脯以爲市，於是吳中書悉歸之。併晝夜讀之，久益淹貫。〔註98〕

這種類似劫掠的書籍銷售方式，並不常見，只有在兵荒馬亂或是易代之際，藏書大

〔註93〕《梅墟先生別錄》，卷上，〈梅墟先生別錄有序〉，頁四四上。
〔註94〕《藏書紀事詩》，卷三，〈陸元厚〉，頁一七〇。
〔註95〕清・吳山嘉，《復社姓氏傳略》（《明代傳記叢刊》七冊，台北：明文書局，一九九一年十月初版），卷五，〈浙江・嘉興府・沈嗣選〉，頁一六下。
〔註96〕楊柏榕等，〈關於中國古代藏書家評價問題〉，頁六二。
〔註97〕《味水軒日記》，卷七，頁四四四。
〔註98〕《武林藏書錄》，卷下，〈吳託園先生〉，頁五六。

家紛紛避難於外，因爲書籍笨重而來不及遷離時，才能夠碰到這樣的購書機會。若能抓住這樣的大好時機，不但可以用最小的成本購得極品善本，甚至可以一夜暴富，驟然變成連牘充棟，兼多奇祕的知名藏書家。吳任臣以微薄束脩，至吳中之書悉歸之，便是利用這種方式，而突然增加自己藏書的質與量的。

當藏書家遇到類似這樣的機會時，若出售書籍的數量過多或金額過高，有些藏書家則會邀請其他的藏書家一同購買。如崇德藏書家吳之振，便曾邀請同縣的藏書家呂留良，以及浙東藏書家黃宗羲等人，一同收購祁氏藏書。據《南雷學案》載：

> 聞祁氏「曠園」之書，亂後遷至化鹿寺，先生（吳之振）尚富於貲，南雷公（黃宗羲）勸以五千金收而有之，先生不從，旋亦自挈三千金，與南雷公所罄之薪資，偕呂晚村（呂留良）分取其書。先生則以之託南雷公，凡繙閱三晝夜，在書賈手載得十綑以出山，此永歷二十年（康熙五年，1666）丙午五月事也。至於檇李高氏書，則先生皆買入，馳告南雷公，詫爲奇福。南雷公在語溪三載，閱之殆徧。〔註99〕

經過這一次的大肆採購，吳之振、呂留良、黃宗羲等三大藏書家的家藏頓增不少。特別是吳之振，他又購買了嘉興的高氏藏書，同志至稱爲奇福，則吳之振藏書的暴增，較之一般藏書家之辛勤訪求、日積月累的苦幹工夫，不啻霄壤之別。

如同訪書一樣，藏書家對於遠在外地又無法親赴購買的書籍，也會請人代購，其人或爲親朋好友，或是書賈。杭州藏書家馮夢禎，因不克前往吳門購書，便委託當地友人代爲購書，信中道：「聞婁有《醫學綱目》板，乞爲購一部。」〔註100〕他又曾委託別人代爲購書，甚至代爲刻印書籍。信中載：

> 月餘不得奉教，歉然！狗馬病，至今未有間日下，正圖予告言別有期矣！《玄珠》四十冊領悉，工價即日奉上。弟所須者不欲裝釘，惟散篇成卷者爲佳，謹二十冊，乞市之。俟新正或天氣稍溫時，爲弟另印二十冊，甚善！〔註101〕

馮夢禎信中的這位程姓友人，依馮夢禎所託付之事包含了代買與代爲刻印書籍，此人應爲馮夢禎熟識的書賈，或爲書友。也正如訪書一般，由於當時崇尚奇祕的風氣影響，藏書家喜好以奇書祕本炫人，一旦購得異書，便會立刻炫耀於同志之間，即使沒有如此，也會難掩愉悅興奮之情，在自己的日記上大書特書。如嘉興藏書家李日華，便曾得意的在他的《日記》中寫下：

〔註99〕《南雷學案》，卷六，〈同調下・吳孟舉先生〉，頁四四五。
〔註100〕《快雪堂集》，卷四〇，〈答陸少白〉，頁三下。
〔註101〕《快雪堂集》，卷三三，〈與程年兄〉，頁五下～六上。

購得宋板《大戴禮》一帙四本，有楊君謙（楊循吉）、都玄敬（都穆）、文壽承（文彭，1489～1573）收藏印記。〔註 102〕

李日華所購得的這套《大戴禮》，除了是宋板以外，又經三大名家之手，當世喜好藏書的人皆趨之若鶩，可謂珍貴異常，也難怪李日華會如此得意。

江南五府藏書家的購書行動，經常是三五同志相約一同前往購買，或於書肆閒逛，或者拜訪藏書之家。如武進藏書家徐常吉與金陵藏書家焦竑爲書友，兩人曾經結伴一起買書。焦竑提及：

萬曆己卯（七年，1579）秋，同毘陵徐士彰（徐常吉）尋買舊書，得十數種。〔註 103〕

有時藏書家並非事前相約，而是踵遇於途中，然後一同前往書肆購書的。嘉興藏書家李日華便曾有這樣的經驗，他記云：

俄遇陳良卿，相與閱市，購得羅長源《路史》全帙十六本，汪然巨觀。較《歷代小史》所刻者，刪削不啻十之七矣。〔註 104〕

同志之間，因藏書嗜好相同而結成好友，若能互助合作，對於兩人的藏書事業都大有助益。以購書而言，如李日華這次與同縣藏書家陳良卿同往購書，收獲讓李日華相當滿意。他們兩人的同志感情非常篤厚，並且成爲書事過從甚密的書友。相反地，有些藏書家卻因一同購書而導致彼此失和，如前述吳之振與黃宗羲、呂留良三人合買祁氏曠園藏書，卻因而導致黃、呂二人日後的失和。據《南雷學案》載：

先是，祁氏「澹生堂」藏書出售，先生（呂留良）持吳孟舉（吳之振）三千金以往，南雷公（黃宗羲）亦以束脩之入參焉。交易畢，各載書歸，先生門人某中途破緘篋竊南雷公所得衛湜《禮記集說》、王偁《東都事略》去，南雷公責之門人，竟反覆爲譖，致先生雖無事，亦皆以攻擊南雷公爲口實，進且攻擊王文成（王陽明）之學矣！先生之於南雷公也，其搆釁一自其門人，先生沒後，其門人寫注遺詩，尚架虛造事以誣南雷公洩所積恨，世每爲先生太息云。〔註 105〕

同志之間不但不能誠心鼎力合作，卻因一時的私心作祟而露出貪婪本性，且日後竟然不知改過，反而因此事而互相韃伐，越演越烈，如此斯文掃地，將使江南五府的

〔註 102〕《味水軒日記》，卷五，頁三五四。

〔註 103〕明・焦竑，《焦氏筆乘正續》（《人人文庫》特一二〇，台北：台灣商務印書館，一九八三年六月台二版），卷三，〈酒經〉，頁八二。

〔註 104〕《味水軒日記》，卷一，頁二一。

〔註 105〕《南雷學案》，卷六，〈同調下・呂晚村先生〉，頁四三八。

藏書界留下了一段千古的大憾事。

總之，江南五府的藏書家們收集圖書的途徑很多，一般而言，購買及抄寫是其中最爲主要的途徑，而訪書則是獲得奇書祕本或滿足藏書家特殊目的的最佳辦法。此外，還有賜予、贈送、交換，乃至撿拾、乞討、繳獲、竊奪等等，種種方式，都是獲得圖書的門徑。〔註 106〕

三、鈔　錄

藏書家在圖書徵集上的另一個重要的方式，就是抄錄書籍。抄書是古代藏書家收集圖書一個最常用的方法，即便是在雕版印刷普遍流行的宋、元、明、清等朝代，也是如此。因爲手工抄寫的辦法簡單易行，只要有筆墨紙硯，即可操作，在一般的狀況之下，並不需要他人的協助。另外，歷代藏書家還把抄書當作讀書時幫助記憶的有效辦法，只要手抄一遍就可以印象深刻，如此更加能夠達到事半功倍的效果。〔註 107〕所以，手工抄寫並不會因爲雕版印刷的發明與普遍使用而遭廢止，抄寫既是求知自學、積累知識的基本手段，又是書籍製作和文獻整理的基本工作，也是書籍傳播和流通的主要方式。而明代的圖書印刷事業雖然已經相當流行，但是許多書籍仍然得之不易，因而藏書家仍然非常重視抄書，並且以抄書做爲充實藏書的重要手段。〔註 108〕

「抄書」或作「鈔書」，這個「鈔」字並非筆誤，反而是「鈔」爲本字，「抄」爲俗字。〔註 109〕根據明人解釋「鈔」字，云：「又如鈔，畧取也，而寫書曰：『鈔書』，官曰：『鈔案』，造紙曰：『鈔紙』。」〔註 110〕而不論「鈔」或「抄」，皆指把別人的東西變成自己的東西，抄書便是如此。特別是在印刷術發明以後，抄書仍然是藏書家們補充藏書的重要手段，其原因大致有三：一、有些書雖已雕板印刷，但由於空間的限制，交通不發達，因此無法買到；二、有些書雖可買到，但是質量低劣，錯誤百出，只好借版本較佳者抄寫；三、有些書在市面上買不到，只好向擁有者借抄。〔註 111〕而明代藏書家崇尚抄書的原因有二：一爲書籍流通地區相對集中，交通不

〔註 106〕《中國藏書樓》，頁七九。

〔註 107〕周少川，〈元代的私家藏書〉（《中國典籍與文化》，一九九六年第二期），頁六六。

〔註 108〕李瑞良，《中國古代圖書流通史》（上海：上海人民出版社，二〇〇〇年五月第一版），頁三六三。

〔註 109〕「鈔」字本義指以手指突入其間而取之，後乃謂竊取人文字爲「鈔」，而俗作「抄」。請詳參清・段玉裁，《說文解字注》（《增補樸學叢書》一，台北：世界書局，一九八九年十一月四版），一四篇上，〈鈔〉，頁七上。

〔註 110〕明・顧起元，《客座贅語》（《元明史料筆記叢刊》，北京：中華書局，一九九七年十一月第一版第二刷），卷一，〈辨訛〉，頁三。

〔註 111〕劉意成，〈古代私人藏書家對保存圖書文獻的貢獻〉，頁三三。

便，購書困難，是藏書家重視抄書的一個主要原因；一是珍本、異本、罕見之本，既無刊本，購置不易，只有抄而藏之，是藏書家重抄本的又一原因。〔註112〕藏書家在圖書的徵集上之所以會採用抄錄方式的原因，除了經濟條件無法支應以外，主要就是買不到書與版本考量等原因促使下而進行的活動，也就是說，儘管印刷術發明和推廣爲圖書生產帶來了巨大的進步，但是許多的孤本、珍籍，以及一些無法購得的書籍，仍然需要靠抄錄的方式才得以收藏。〔註113〕另外，由於明朝政府在政治上的高壓統治，爲了箝制士人的思想，有些書籍，諸如官府文書以及朝廷禁書等等，更不是一般人所能收集的。如杭州藏書家馮夢禎曾供職翰林，「初入館，從相知家乞得舊館課本二百餘帋，繕寫珍藏以爲式，請告後輒遺棄之。」〔註114〕通常說來，這類圖書是官府所特有的，而市面上並沒有出版販售，一般人或許能藉從仕入館之便而抄得之，但朝有例禁，官中文書不可任意洩露，所以，陸深下野以後，爲了明哲保身，便宣告「遺棄」了，屬實與否不得而知。又如上海藏書家王圻，也曾經藉由居官之便，「從臺臣之後，凡六曹文牒暨諸先賢奏牘，咸口誦手錄，得什一于千百。」〔註115〕王圻不敢直接抄錄官府的文書，而是表明乃聞自院內諸老所言，口授而手錄以得之。所以，對於這類的書籍，藏書家若想獲得擁有，更是惟有仰賴抄錄的手段祕密進行，才能得之。

以經濟上的因素來看，中國古代的書價，較之一般人日常生活上柴米油鹽、布帛柴炭等開銷，一直是比較昂貴的。在宋、明、清各朝代裡，每冊書價均值米價三十斤以上。所以，一部五、六冊的書，其書價幾乎等於一個手工勞動者或是基層文職人員的一個月收入。因此，歷代的貧寒之士，只能通過借書與抄書的途徑，來解決讀書求知的需求。〔註116〕而書籍在明代，仍然是一種昂貴的商品。雖說較之宋元時期，明代書籍價格已經趨向比較穩定與低廉，但是若與當時的物價比較，書籍仍然是屬於高消費的奢侈品，並不是一般百姓或者是低層官吏的微薄收入所能負擔的。特別是江南地區，書價又高於他處，使得江南的藏書家在購書上的花費更加龐大。正由於書價的昂貴，不是一般市民階層的人們所能承受，所以抄書不僅是藏書家們聚書的重要手段，也讓一般的知識份子在無力購求圖書的情況下，千方百計地借書抄錄。而在這個時候，抄書也變成爲一些窮愁潦倒的書生謀生的手段之一，稱

〔註112〕《中國藏書通史》，頁六七三。
〔註113〕楊柏榕等，〈關於中國古代藏書家評價問題〉，頁六二。
〔註114〕《快雪堂集》，卷二，〈刻歷代詞林館課序〉，頁四下。
〔註115〕明・王圻，《續文獻通考》（北京：現代出版社，一九八六年十一月第一版，據北京師範大學圖書館藏明萬曆年間刻本影印），書前，〈續文獻通考凡例〉，頁一下。
〔註116〕袁逸，〈中國古代的書價〉，頁五三。

爲「傭書」或「書傭」。〔註 117〕

在這裡必須要特別說明一點，古代藏書家抄書的方式大致有三種：一爲親自抄錄；二爲花錢雇人代抄；三爲委託親朋好友或是家中僮僕代抄，這些方法都因人因書而異。〔註 118〕到了明代以後，還出現一批專門以抄書爲業的人。當時學者們也喜歡抄書，他們互相借閱傳抄，成爲學習上的一種樂趣，〔註 119〕進而變成藏書家在蒐集圖書時的一種方式。如明代著名文人袁中道（1570～1624）曾記云：

> 閉門閱《稗海》，命小童及一傭書者隨閱隨抄。可效法者爲一集，事關因果助發道心者爲一集，救妄者爲一集，可懲戒者爲一集。〔註 120〕

袁中道文中的小僮及傭書者，就是替中道抄書的兩種人，經過他們的重新整理以後，中道再行閱讀，以此法自得其樂。除此以外，文人又喜歡一邊讀書，一邊抄錄，又順便寫下心得，這種方法，漸漸變成一種文人的著作方式，稱爲「抄撰」。抄撰是古代的重要著作方式之一，也就是邊抄邊撰，抄撰一體，抄中有撰，撰在其中，簡言之，抄書就是著書。〔註 121〕譬如上海藏書家陸深，便以抄撰的方式，寫下了《金臺紀聞》一書，而當中就有寫著：

> 古書多重手抄，東坡於〈李氏山房記〉記之甚辨。比見石林一說，云：「唐以前凡書籍皆寫本，未有模印之法，人不多有，而藏者精於讎對，故往往有善本。學者以傳錄之艱，故其誦讀亦精詳。五代時，馮道始奏請官鏤板印行。國朝淳化中，復以《史記》、前後漢付有司摹印，自是書籍刊鏤者亦多，士大夫不復以藏書爲意，學者易於得書，其誦讀亦因滅裂。然板本初不是正，不無訛謬，世既一以板本爲正，而藏本日亡，其訛謬者遂不可正，甚可惜也。」其說殆可與坡並傳。〔註 122〕

以上引號之內，便是陸深抄自宋人葉夢得的作品，而引號之外，則爲陸深自己的心得，而類似這樣的作法，匯集起來，便成了一本書，這就是抄撰，爲明代文人著書時所慣用的一種作法。另外，抄書又是考證的一種基本功夫，文人作文既要言必有

〔註 117〕沈津，〈明代坊刻圖書之流通與價格〉，頁一一七。

〔註 118〕《中國藏書樓》，頁八六。

〔註 119〕陳宏天，《古籍版本概要》（台北：洪葉文化事業有限公司，一九九二年十月初版），頁一一五～一一六。

〔註 120〕明・袁中道，《游居柿錄》（上海：上海遠東出版社，一九九六年十二月第一版），卷七，頁一五一。

〔註 121〕曹之，〈古代抄撰著作小考〉（《河南圖書館學報》，第一九卷第二期，一九九九年六月），頁二五。

〔註 122〕《儼山外集》，卷八，〈金臺紀聞下〉，頁六上～六下。

徵，就不能不博覽，不能不抄書。〔註 123〕所以，明代文人讀書時，也喜歡抄書，並且以抄書做爲一種讀書的方法。又如秀水藏書家陳懿典，喜好藏書，家風影響所及，其子陳泰甯也好抄書，自「少博學，遇異書，輒手自鈔寫，積數十冊。先懿典卒。」〔註 124〕這也是家人代抄的一種方式。

雖然抄錄可以說是歷代典籍收藏家，特別是宋以前的典籍收藏家，獲得典籍的主要方式，但是到了明代，即便是當時刻印的典籍已經流布天下，但以抄錄的方式來收集圖書者並不遜於他朝。〔註 125〕更何況中國自古以來的典籍，流傳到明代已經所剩不多，於是隨著古版書籍日漸流失，明代許多的藏書家，都已經把借閱抄錄、複製，做爲豐富知識，擴大收藏的一種方法。〔註 126〕再加上明代中後期江南瀰漫著好古、好奇與博古的文化氛圍，古籍的價值自然跟著水漲船高，成爲藏書家之間互相競尙而大肆標榜的收藏品。當時市面上的古代文集數量之稀少，正如德清藏書家姚士粦所言：

> 漢魏六朝文集，靖康間悉爲金虜輦去，今按通考所載，自宋玉至顏之推，僅三十種耳！今所見惟董仲舒、蔡中郎、陳思王、嵇康、陸機、陸雲、陶靖節、鮑參軍、謝宣城、江淹、庾開府十餘集。〔註 127〕

而當時古籍價格之高，也正如嘉興藏書家李日華所云：「鄰人持示宋板《太平御覽》一百本，余亡友吳公甫物也，其値百金」，〔註 128〕以平均値而言，一冊則値錢一兩銀子，這個數字在當時的確相當昂貴。由於當時古籍在物以稀爲貴的原則之下，藏書家想要購買，必須付出相當大的代價，這對藏書家的經濟狀況來說，不啻爲一種相當沉重的負擔，並且幾乎是無力承載的。正因如此，有些藏書家其實是家貧無力購書，主要是倚賴借抄他人的藏書而成「家」的。〔註 129〕而明代江南五府地區的藏書家，在圖書的徵集上，採用抄錄的辦法更爲普遍。他們一般都認爲，抄錄的確是大量增加圖書的有效辦法。嘉興藏書家李日華也曾說過：

> 鏤板書始於楊行密、孟昶，而南唐爲盛。蘇子瞻手抄漢書，自謂貧兒

〔註 123〕嵇文甫，〈晚明考證學風的興起〉（《鄭州大學學報》人文科學版，一九六三年第三期），頁二。

〔註 124〕《光緒・嘉興府志》，卷五三，〈秀水文苑〉，頁三九上。

〔註 125〕張木早，〈中國古代私藏典籍的收集〉，頁四五。

〔註 126〕陳益君，〈淺論中國藏書樓的歷史變遷與文化價值〉（收入《中國古代藏書樓研究》，北京：中華書局，一九九九年七月第一版），頁三九一。

〔註 127〕《見只編》，卷上，頁六七。

〔註 128〕《味水軒日記》，卷二，頁一〇五。

〔註 129〕劉尚恒，〈樂宜偕眾，書不藏家——再論我國古代私家藏書的流通〉（《四川圖書館學報》，一九九二年第四期），頁七三。

暴富。〔註 130〕

他們是以前輩抄書的典型，做爲自己大量增加藏書數量的崇拜偶像。既然承認抄書可以「貧兒暴富」，也就是認爲抄書在經濟條件比較拮据的狀況下，的確是獲得大量藏書的唯一辦法。所以，明代江南五府地區的藏書家，都普遍崇尚以抄錄的方式，來做爲藏書徵集的主要辦法之一。

藏書家對於抄書時書法的講究，也是盡量要求字體工整清晰，避免跳行、跳頁、錯字與訛誤等。「洪武中，松江孫道明，屠兒也。每借人書坐肆中，且閱且寫，密行楷字，積寫千餘本也。」〔註 131〕孫道明是明初華亭縣的藏書家，喜好抄書，以此法所積累的書籍，數量頗爲可觀，他的「手鈔書數百卷，皆小楷齊截。」〔註 132〕其實，藏書家於抄書之時，對於字體的美惡，也是相當注重的。秀水藏書家曹溶認爲：

> 抄本之書，訛以傳訛，至有不可模寫字句，此全仗抄手之淹通，一一改正，而較勘良朋，幸無靳濡筆焉。〔註 133〕

名家鈔本，通常在字體的工整或美觀上，都具有一定的水準，這或許是許多藏書家同時也是書法家的原因之一。而有些明代的藏書家，亦因其所抄之書精審美觀而爲人寶愛，成爲頗負盛名的抄書家。他們的抄書活動，爲明代圖書的流通和保存，做出了相當的貢獻。〔註 134〕如上述孫道明的抄本，因字跡娟秀，爲後世所重，乃至到了明代中期，開始見重於世。華亭藏書家何良俊提及：

> 孫道明家於泖涇，乃一市井人也。在勝國時，日唯以抄書爲樂。其手抄書幾千卷，今尚有流傳者，好事者以重價購之。〔註 135〕

可見藏書家在抄書時，對於書法講求字體工整美觀，也是有其實質上的利益存在。除了孫道明以外，根據清人葉德輝的總結指出，明代江南五府地區的諸家鈔本書當中，最爲後世藏書家所寶愛者，還包括了無錫藏書家姚咨的「茶夢齋」，以及秀水藏書家曹溶的「倦圃」等諸家，「皆竭一生之力，交換互借，手校眉批，不獨其鈔本可珍，其手蹟尤足貴。」〔註 136〕清人孫從添也指出明代江南五府地區的鈔本之精者，如稱美秀水藏書家項元汴之「俱好而多」，以及華亭藏書家陳繼儒與嘉興藏書家李日

〔註 130〕《恬致堂集》，卷三六，〈書後漢書後〉，頁五下～六上。
〔註 131〕《七脩類稿》，卷四〇，〈寫字誦經〉，頁四八九。
〔註 132〕《藏書紀事詩》，卷二，〈孫道明明叔〉，頁六七。
〔註 133〕《學海類編》，書前，〈輯書大意〉，頁七下。
〔註 134〕王偉凱，〈明代圖書的國內流通〉，頁一〇八。
〔註 135〕《四友齋叢說》，卷一六，〈史十二〉，頁一三六。
〔註 136〕《書林清話》，卷一〇，〈明以來之鈔本〉，頁一三上～一四上。

華等，「皆有鈔本甚精」。〔註 137〕以上諸人，都是明代江南五府地區的抄書名家。

另外，明代中期開始重視手鈔本，其原因除了因爲當時的藏書界普遍崇尚奇祕的風氣以外，於實際上，也有具體的生成因素。由於當時刻印書籍過於盛行，特別是活字印刷技術的改良運用，使得書籍的刻印速度加快了許多，大量印刷書籍雖然應付了市場的需求量，但是在質量的控制上，卻讓藏書家們大爲詬病，不是訛誤濫改，便是字跡模糊難讀；間又以劣墨惡紙充作原料，開卷異臭撲鼻，斷頁又多，使人難以忍受。上海藏書家陸深指出當時抄本重於印本，便是起因於時下坊刻本之謬誤濫惡。他認爲古書多重手抄本：

> 近日毘陵人用銅、鉛爲活字，視板印尤巧便，而布置間訛謬尤易。夫印已不如錄，猶有一定之義，移易分合，又何取焉？茲雖小故，可以觀變矣！〔註 138〕

由於時下書籍印本日多，版刻良莠不齊。而手抄本，特別是名家的抄本，必是罕見的書或是傳錄好的版本，皆爲善本，〔註 139〕足以正本清源，改正時下刻本的謬誤之處，使學人不致誤墮劣本之害，所以手抄本之價值，自當爲喜好從事校勘的藏書家們所重視。由於抄本是藏書家殫精竭慮的辛勤之跡，今日學者對現存抄本多半也抱持較佳的評價，認爲抄書多有孤本、善本，歷來爲藏書家和學者所重視。〔註 140〕

在明代中期藏書家開始尚古好奇的同時，對於精校精抄，也是競相追逐的對象。華亭藏書家陳繼儒認爲：「抄本書如古帖，不必全帙，皆是斷壁殘珪。」〔註 141〕而抄本、寫本之所以會如此受到歷來藏書家的青睞，究其原因，乃是具有如下之價值：一、抄本中存有孤本、珍本、秘本；二、寫本中存有名家手澤；三、抄本中存有影宋本（或傳錄宋本）；四、抄本中存有祖本（或傳寫初印本）；五、寫本中若干並無刻本（只有鈔本流傳，刻則有失舊觀）；六、抄本中有些不知原本（或眞本、舊刊）

〔註 137〕清・孫從添，《藏書紀要》（台北：新文豐出版股份有限公司，一九八四年六月初版），第三則，〈鈔錄〉，頁一四下。

〔註 138〕明・陸深，《金臺紀聞》（《筆記小說大觀》四編五冊，台北：新興書局，一九七四年七月版），頁四下。

〔註 139〕昌彼得，〈談善本書〉（收入《版本目錄學論叢》一，台北：學海出版社，一九七七年八月初版），頁一九。

〔註 140〕肖東發，〈印刷術發明後的抄寫本書〉（《贛圖通訊》，一九八三年第三期），頁五二～五三。

〔註 141〕明・陳繼儒，《岩棲幽事》（《四庫全書存目叢書》子部・一一八冊，台南：莊嚴文化事業有限公司，一九九五年九月初版，據清華大學圖書館藏明萬曆繡水沈氏刻寶顏堂祕笈本影印），頁一四下。

之所在；七、寫本中有些則傳本甚少；八、抄本中有些比校刻本內容爲多，〔註 142〕如秀水藏書家曹溶的「靜惕堂」，於嘉靖年間抄的《皇華集》五卷，其內容甚至比當時流通於市面上的刻本多了四分之一，的確有一定的價値存在。〔註 143〕凡此種種，都是抄本受到藏書家重視的主要原因。而明代江浙地區的藏書家，喜好抄書的人爲數甚多，並且仍然是藏書的重要手段。且藏書家抄書，都是爲了方便自己的利用，以及豐富自己的藏書，因此，抄書自然要尋找好的底本，而抄的時候也要非常認眞，並且在抄完以後還要再三核對，故質量很高，許多抄本都爲後人所寶愛。〔註 144〕總之，明代私人抄書的特點有三：一是抄本內容以「秘本」、「異本」、「善本」爲主，且多半是指宋元刻本與鈔本；二是明代抄本的書法水準較高；三是明代出現影抄。而明代抄本對於古代文化的流傳，確實發揮了重要的作用。〔註 145〕

有的藏書家篤好抄書，自少至老，不改其嗜。且因時而異，對於所抄書籍的內容，在選擇上隨著年齡的增長，喜好的內容也因之不同。上海藏書家陸深，自幼即特別興趣抄書，至老而不廢。他曾說：

> 予喜手抄書，方時少壯，夜寒罏炙，不廢泓穎，今五十有六年矣！衰病垂及，乃喜抄藥方。予外病，病齒最先最甚，故抄方自治牙始。其次病目，而扶衰之方兼抄。〔註 146〕

藏書家於抄書內容的喜好上，是會隨時而變的。稍後，與陸深同縣的藏書家秦嘉楫，也有此癖。他自幼即頗爲喜好抄書，而居官亦然，以故其家藏書多爲自己的手抄本。據《上海縣志》載：

> 秦鳳樓嘉楫，手鈔書甚多，常見《吳冢志》三卷，楷法學吳興，卷尾八分小字，二行尤工。宋幼清懋澄題其後曰：「此秦侍御手書，蓋先輩之惓惓於文獻者。」按所書年月隆慶壬申（六年，1572），是入御史臺後筆。〔註 147〕

又如崇德藏書家呂留良，也喜好以抄書來充實自己的藏書。他自稱：

〔註 142〕封思毅，〈歷代寫本概述〉（收入《古籍鑑定與維護研習會專集》，台北：中國圖書館學會，一九八五年九月初版），頁二九一～二九三。

〔註 143〕葉樹聲等，《明清江南私人刻書史略》（合肥：安徽大學出版社，二〇〇〇年五月第一版），頁九五。

〔註 144〕韓文寧，〈明清江浙藏書家的主要功績和歷史局限〉，頁一四四。

〔註 145〕曹之，《中國古籍版本學》（台北：洪葉文化事業有限公司，一九九四年十一月初版），頁一四五。

〔註 146〕《儼山集・續集》，卷五一，〈爲己方序〉，頁五上。

〔註 147〕《同治・上海縣志》，卷三二，〈雜記三・遺事〉，頁一五下。

室中所藏，多所未盡，孟浪泛游，實爲斯事。至金陵見黃俞邰（黃虞稷，1629～1691）、周雪客（周在浚）二兄藏書，欣然借抄，得未曾有者幾二十家，行吟坐校，遂至忘歸。憶出門時柳始作綿，今又衰黃矣！〔註148〕

江南五府的藏書家，往往是以抄書的方式來增加自己的藏書數量，甚至是圖書徵集的主要方法。誠如前述，秀水藏書家沈啓原，更是以抄書爲收集圖書的主要手段，尤其是針對家中所藏的一些斷簡殘編，凡有缺略者，乃多方借得，必繕寫完好後方肯罷休。於此更可見江南五府地區的藏書家，因爲抄書而對於保存中國古典文獻完整所做的功蹟，在沈啓原的身上，得到了最佳的印證。而藏書家的抄書嗜好，的確也是相當辛苦的一項工作。明代的藏書家篤好鈔書，又頗重手鈔本，而藏書家均手自繕錄，至老不厭，每以身心性命，托於殘編斷簡之中，〔註149〕這正是明代江南五府地區喜好抄書的藏書家之最佳寫照。

以抄書做爲圖書徵集的主要方式，對於明代江南五府地區經濟上較爲困乏的藏書家而言，的確是既流行又有效的唯一方式。如前所述，錢塘藏書家虞淳熙，因家貧無書，乃與其弟淳貞，兄弟兩人搜奇獵祕，閉門鈔寫，以至方術陰符等靡不通曉。因家貧而以抄錄爲收藏圖書的方式，爲明代江南五府地區的藏書家所慣用。又華亭藏書家陳繼儒，也因爲經濟上的窘困，以抄錄做爲聚集圖書的主要方法。他曾經告訴友人說：「某山澤無所嗜好，好林澗之游。家貧不能買書，往往手日抄寫。」〔註150〕

明代中期以後，由於江南五府的藏書家沉浸在一片尚奇好古的收藏風氣當中，若能抄得異書，更是喜不自勝地炫耀於同志之間。華亭藏書家陳繼儒便曾經因爲抄得奇祕之書，乃向人炫耀云：

宛丘趙期頤以書名世，得之吾衍者爲多。吾衍所著書有《尚書要略》、《聽玄造化集》、《九歌譜》、《十二月樂辭譜》、《重正卦氣》、《楚史檮杌》、《晉文春秋》、《通書》、《授神契》、《說文續解》、《石鼓咀》、《楚文音釋》、《閒中編》、《竹素山房詩》。余又抄得《閒居錄》一卷。〔註151〕

〔註148〕《呂晚邨文集》，卷一，〈答張菊人書〉，頁三二上。

〔註149〕袁同禮，〈明代私家藏書概略〉，頁八〇。總頁九一。

〔註150〕明．陳繼儒，《白石樵眞稿》（《四庫禁燬書叢刊》集部．六六冊，北京：北京出版社，二〇〇〇年一月第一版，據北京大學圖書館藏明崇禎刻本影印），卷一，〈答費無學〉，頁三三下。

〔註151〕明．陳繼儒，《妮古錄》（《筆記小說大觀》一四編四冊，台北：新興書局，一九七六年八月版），卷三，頁七上。

陳繼儒的學生嘉興藏書家李日華，也以抄得奇書炫人，自稱：「錄得楊君謙（楊循吉，1458～1546）逸詩數首，乃《南峰稿》所無者。」〔註152〕而嘉興藏書家陳宏策，更是崇尚抄錄秘典，心懷窮盡天下隱文祕籙之念，凡遇之即抄撮不輟，寒暑無間，此於前文已述。又如嘉興藏書家李于然，也是如此。他喜好抄書，崇尚奇祕，凡遇新異之書，即爲撮抄，至盈其簏，此亦已見於前文。

而明代江南五府地區的藏書家，有時在抄書時，會使用屬於個人化格式的紙。名家鈔書，多半先刻印匡欄行格，並且在版心處或格欄外，標記其齋室名稱，然後再自鈔，或是倩人代鈔。有匡欄則有一定之範圍，便於鈔寫及校勘。〔註153〕如無錫藏書家姚咨，喜好手抄古籍善本，清人瞿鏞跋《南唐書》云：「此嘉靖辛丑（二十年，1541）茶夢主人姚咨，從洛川張氏鈔本手錄，蓋出自宋本也，葉心有『茶夢齋鈔』四字。」〔註154〕這也是江南五府地區藏書家在抄書上的一個特殊景像。

由於明代江南五府地區的藏書家普遍崇尚抄書，風氣所及，蔚成藏書家之間相互傳抄的方式，以爲藏書家在收集圖書時候的主要辦法。無可諱言，傳抄對於藏書家收集圖書的工作，的確有很大的貢獻。但是，傳抄也有其限制與困難之處。譬如書的部帙過大，傳抄便成一大問題。如《餘冬序錄》一書，「此書凡十三集，始終數千，條卷浩瀚，艱於流傳。……《宋史》〈儒林〉、〈文苑〉諸傳，其間名人鉅公所著書目，動以千百卷，今皆無傳，豈不以簡編重大之累乎？著述之家，可爲殷鑒。」〔註155〕而清代秀水藏書家朱彝尊也曾經遇過這樣的情形，他想要鈔宋本《易經傳集解》三十六卷，然而該書部帙過於龐大，於是他無奈的說道：

> 其備繹始終，兼該表裏，會粹編圖之富，包羅象數之全，觀其書，卷帙繁重，傳抄者難。〔註156〕

能夠流通於藏書家之間用以傳抄的書籍，首先在部頭上必須合適，否則空有寶山，卻無法供人開採。另外，傳抄還有一個令人頭痛的問題，那就是有時必須等待一段相當長的時間，才能輪到自己。無錫藏書家姚咨，曾向同縣藏書家顧起經借《蜀鑑》一書鈔錄，然其時該書正在別的藏書家之處，所以無法借得。姚咨云：

〔註152〕《味水軒日記》，卷二，頁八一。

〔註153〕李清志，《古書版本鑑定研究》（台北：文史哲出版社，一九八六年九月初版），頁二六三～二六四。

〔註154〕《鐵琴銅劍樓藏書目錄》，卷一〇，〈南唐書三十卷〉，頁二〇下。

〔註155〕清・盧世㴶，《尊水園集略》（《續修四庫全書》集部・一三九二冊，上海：上海古籍出版社，二〇〇二年三月第一版，據復旦大學圖書館藏清順治刻十七年盧孝餘增修本影印），卷七，〈餘冬序錄摘要〉，頁一九下。

〔註156〕《曝書亭集》，卷四二，〈書林氏周易經傳集解後〉，頁五〇九～五一〇。

是編予得之羅浮外史顧玄緯（顧起經），玄緯得之兵侍鄞范東明（范欽，1506～1585）翁，翁又得之章丘李中麓（李開先）吏部。輾轉假錄，越二十餘年，予始得手鈔，凡六踰月乃畢。夙興夜寐，無論寒暑，蓋不知老之將至。〔註 157〕

傳抄於時間上，比較無法正確管制。一般而言，傳抄書籍的流通之法有兩種：一種是當一個藏書家抄完以後，將原本再傳給下一個，但是此法利弊參半，其利在於可以分散抄寫時錯誤的風險，但其弊在於曠日費時，抄書者必須等待很久的時間。還有一種流通之法，也是利弊參半，便是當第一個藏書家抄完以後，原本則歸還主人，或再借別人，主要則以所抄之本借給下一個傳抄者，而下一個抄好的人又如法泡製，且上一位的抄本也可再借給其他的抄書者抄錄，如此廣泛流傳下去，其利則在於時間較爲快速，不用等太久的時間；其弊則在於若有錯誤，容易以訛傳訛。如嘉興藏書家李日華云：「陳白石（陳宏策）抄寄余陳眉公（陳繼儒）《求忠祠記》。」〔註 158〕這樣的傳抄方式，便是第二種流通之法。到了明末，江南五府地區的藏書家之間的抄書模式，開始出現了有組織，有社約的「鈔書社」。在秀水藏書家曹溶等人的倡導之下，很快便獲得整個江南地區藏書家的熱烈響應。曹溶倡曰：

予今酌一簡便法。彼此藏書家各就觀目錄，標出所缺者，先經註，次史逸，次文集，次雜説。視所著門類同，時代先後同，卷帙多寡同，約定有無。相易則主人自命門下之役精工繕寫，較對無誤，一兩月閒，各齎所鈔互換。此法有數善，好書不出户庭也，有功于古人也，己所藏日以富也，楚南燕北皆可行也。〔註 159〕

曹溶的這種傳抄辦法，是中國自古以來藏書界的一種革新與創舉，利用這樣的方式，每位藏書家徵集圖書的途徑變寬且變多，對於江南五府地區藏書的流通，貢獻可謂最多，而在古代文獻的保存上，更有著特殊的重要意義。

此外，抄書往往也是藏書家儲存副本的方法之一。明代江南五府地區，有一些藏書家是將抄書當成是保存古代典籍的方法，爲了防止書籍因久藏浥爛而導致古籍失傳，他們利用抄書的方式，針對自家所藏的珍貴古籍加以複製，以防萬一於未來。有些藏書家還把抄書當作一種樂趣，一種消遣方法，甚至是日常生活的一部份，把抄書當作自己每天必做的功課。而抄書也確實爲一些還來不及付梓的圖書，提供了千百份副本，這些副本分散在萬戶千家，這樣即使遭到戰亂兵火，它也絕不可能一

〔註 157〕《池北偶談》，卷一六，〈談藝六・蜀鑑〉，頁三九五。

〔註 158〕《味水軒日記》，卷三，頁一八六。

〔註 159〕《流通古書約》，頁二上。

散而俱散。〔註160〕如仁和藏書家郎瑛，他擔心自家所藏的珍貴古籍宋濂詩四冊年久不傳，於是抄錄了備份，他說道：

> 苟或敗壞，千古埋沒。今特錄置于稿，則又傳遞一番，彰者眾矣，亦慊收藏者之情。〔註161〕

又如無錫藏書家秦柱，也是如此，凡「秘書奇策，購得輒加繕寫，侍史常數十人。」〔註162〕他們都為了保存家中的珍貴古籍，付出不少心血，只為完成藏書家與天俱來的一個歷史責任，也就是善加保護書籍，以保存古人的智慧結晶。而這樣的例子，在明代江南五府地區的藏書家之間，還所在多有。又如嘉興藏書家包檉芳，好聚書，「得之，則分命左右傳寫，手自摘錄，垂丙夜不休。客至，散帙縱橫，几案間幾無所布席，而了不為異。」〔註163〕在包檉芳的藏書生活當中，抄錄複本佔了相當重要的部份。而無錫藏書家顧宸，也是如此，「好博覽，務著述。蒐輯宋、元、明人遺文，凡金石秘本，靡不鈔纂。」〔註164〕明代江南五府地區的藏書家，喜好抄錄家藏或別人所藏的珍貴古籍以做為複本而加以收藏，這種複本的功用不但可以分散古籍散佚的風險，想必還可以用來流通書籍，當做傳抄時的底本。總之，在古代通訊、交通俱不發達的條件下，透過許多人的輾轉傳抄，一本書不但可以化作千百本，還可以跨越時空的阻隔而四處傳播。從借抄方面來看，歷代幾乎所有的藏書家都借抄過書籍，許多人借抄的書數以千計。他們或抄自官藏，或源從私家，或親自動手，或僱人代勞，千方百計，孜孜以求。借抄的目的或許僅是為了增加自己的藏書，但成百上千的藏書家經年累月的抄寫，無數雙抄書的手匯合起來，正有如開動了一架永不停歇的印刷機，源源不斷地為中國古代的典籍生產出無數的副本。〔註165〕

第二節　藏書管理

一、營建書樓

中國自古以來，藏書家都喜歡營建書樓，以為貯書之所，如此一來不僅便於貯

〔註160〕劉意成，〈私人藏書與古籍保存〉，頁六一。
〔註161〕《七脩類稿》，卷三五，〈宋戴遺詩〉，頁四三七～四三八。
〔註162〕《松石齋集》，卷一二，〈中書舍人秦君汝立墓表〉，頁二三上。
〔註163〕《藏書紀事詩》，卷三，〈包檉芳子柳〉，頁一七六。
〔註164〕《初月樓續聞見錄》，卷九，頁一下。
〔註165〕蕭東發等，〈中國古代的官府藏書與私家藏書〉（《圖書與資訊學刊》，第三二期，二〇〇〇年二月），頁五〇～五一。

藏與管理，也是藏書家專業身份的表徵。而明代藏書家們之所以喜歡營建書樓以藏書，與當代文人的讀書、居室與書齋生活休閒文化大有關係。首先，我們從文人階層來看，明代的文士不論在野或仕宦，皆重視讀書的環境，只要能力所及，營構書屋、舍、齋、軒、菴成爲時尚。〔註166〕特別是從明代中葉以後，由於圖書出版的與日俱增，當時官私之家稍富資財，便建書屋、書樓，以貯典籍。而江南諸郡更是名家薈萃，名樓雲集，〔註167〕營建書樓成爲一時文士們的社會風尙。既爲時代風氣，藏書家們自然也以營建書樓爲崇尙的目標。

再以藏書的專業領域來看，私人藏書累積了相當的數量以後，就應該有便於庋藏和保管圖書的處所，於是出現了藏書樓的營建。所以，藏書樓的出現，是私家藏書發展到一定階段的產物。〔註168〕所謂便於庋藏和保管，主要的目的，便是要保護藏書不受損害，且利於讓人使用。歷代的私家藏書處所雖有館、閣、樓等種種不同名稱，但整理保存書籍的目標則一致。藏書的處所，有的時候稱樓，或叫做齋、閣、軒、居、山房、堂、廬、室、館、精舍、庵、園、屋、廛、亭、福地、巢、圃等等，稱謂往往有所不同。而這一方面要看建築物的形式，有時候要看藏書家的身份，譬如有樓房的，通常稱某某樓；如果是信佛的居士，可能用某某精舍爲藏書處名。〔註169〕凡此種種，且不論藏書之處所稱之爲亭、台、樓、閣、館，還是齋、室、房、園，只要是以保存古籍爲主，古籍數量可觀，並且僅供內部少數人利用的藏書處所，便可視爲傳統意義上的藏書樓。〔註170〕而藏書樓的設置既然有其特定目的，就要考慮其地點的適中和建築設計的合用，尤其要避免各種會損及所藏的書害。〔註171〕自古以來，藏書既有由於政治的原因而遭禁毀，又有由於兵燹的原因而致散佚，這些是屬於人爲的破壞，藏書家通常是無法事先避免的。但是除了人爲的破壞以外，書籍毀於自然因素的情況也是不少，要言之，自然因素的破壞有水、火、蟲三大害。

〔註166〕吳智和，〈明人居室生活流變〉（《華岡文科學報》，第二四期，二〇〇一年三月），頁二二九。

〔註167〕黃燕生，《天祿琳瑯——古代藏書和藏書樓》（《中華文化寶庫·學術思想類》三二，台北：萬卷樓圖書有限公司，二〇〇〇年六月初版），頁九九。

〔註168〕周少川等，〈古代私家藏書樓的構建與命名〉（《中國典籍與文化》，二〇〇〇年第一期），頁三七。

〔註169〕劉兆祐，〈藏書章的故事〉（《國文天地》，第二卷第一〇期，一九八七年三月），頁五三。

〔註170〕陸宗城等，〈傳統藏書樓及其虛擬再現〉（收入《中國古代藏書樓研究》，北京：中華書局，一九九九年七月初版），頁三四三。

〔註171〕李家駒，〈我國古代藏書樓的典藏管理與利用（上）〉（《教育資料與圖書館學》，第二五卷第一期，一九八七年），頁一〇〇。

〔註172〕而營建書樓，正足以將水、火、蟲三大害所造成的損失減到最低。書樓通常選擇高燥通風之處，可以避免水災和潮濕，而明代藏書樓的宏大敞麗，非常有利於通風和採光，尤其是藏書家集中的江南，防潮與防蠹的設計上都顯得更爲考究。只要是經濟上稍有條件的藏書之家，在營建藏書樓的時候，莫不予以多方考量。〔註173〕此外，書樓通常也與住家區隔開來，如此則可以避免火災和蟲鼠的囓食，再配合一些防災措施如書樓前後開鑿水池，或是依水或環水建築，〔註174〕以及在架上放置防蠹藥品、養貓捕鼠……等方式，凡此種種，都是可以有效地防止火災和蟲害的。

不論從哪一個角度來看，營建書樓終究是保護藏書且便於管理的主要方式。明代江南五府地區的藏書家，也是這樣認爲。如宜興藏書家萬士和，便曾經指出營建書樓是藏書活動裡非常重要的步驟，他的理由是建有書樓，可以方便管理藏書。他說：

> 聚于一處，足備查考；散在各室，則彼有此無，此盈彼缺，猝然取究，其何便乎？故余昔年蓋一小樓，悉貯其中，遇有疑難，則命諸子按號繙閱，向來無異。〔註175〕

明代江南五府地區的藏書家，只要稍微有經濟能力者，一定會開闢書室或是營建書樓，用以貯藏其寶貴的圖書。因此，明代江南五府地區的藏書名樓羅布雲集，蔚爲地域性的人文景觀之一。以下，我們便來探究這個地區裡的藏書家在營建書樓方面的情況爲何。

明代江南五府地區的藏書家所營建的書樓，以總體環境來看，通常是非常注重書樓周圍環境的營造，以便讓藏書家們能夠賞心悅目、平心靜氣地在裡面坐擁書城、讀書習靜。他們多數把藏書處建立在經過精心設計而充滿江南文化特色的園林當中，當然其中也不乏喜好山居或傍水的文人雅士，因爲喜歡隱居式的寧靜氣氛，而另築別業以藏書者。他們的庭院花木扶疏，書房圖書滿架，這是充滿江南士大夫氣質的生活環境和讀書環境。他們特別強調安靜、優雅的場所，將更有利於他們日常的讀書與思索。〔註176〕另外，他們通常也將自然的景觀融入人文的造景當中，讓書樓充滿著中國古代建築藝術之美，不但可以用來保護圖書、校讐評點，甚至還可以用來做爲會見文友墨客、鑒書賞玩、學藝品茗、把酒論文的地方，近可以讀、遠可

〔註172〕周少川，〈古代私家藏書措理之術管窺〉（《中國典籍與文化》，一九九八年第三期），頁二二。

〔註173〕王國強，〈明代藏書事業歷史背景探討〉，頁一六。

〔註174〕王美英，〈試論明代的私人藏書〉，頁一一八。

〔註175〕《萬文恭公摘集》，卷一〇，〈分諸子書目〉，頁四八下。

〔註176〕江慶柏，〈圖書與明清蘇南社會〉（《中國典籍與文化》，一九九九年第三期），頁四五～四六。

以眺，把當時文人的居室、書齋生活與其他的文人休閒活動結合起來。如秀水藏書家項元汴建有書樓，取名「天籟閣」，遍藏古今圖書、法書名畫及其他文物，其友長洲著名收藏家文彭曾去拜訪，歸而讚嘆說：

> 「天籟閣」中多植芭蕉，予嘗過其居，綠陰清晝，觴詠流連，出其所藏一一質證，恍置我于米顛書畫舫中，與趙承旨之「松雪齋」也。〔註177〕

項氏之收藏不僅精博，其鑑賞功力，更是令人佩服激賞。其「天籟閣」也成爲江南風雲一時的知名藏書樓，令多少藏書家與文人終日品題留連而不知歸返。嘉興藏書家周履靖的藏書處，也是經過精心佈置，環境相當優雅的。當時文友屢相過從，歸而敘述履靖之高尚品味，云：

> 廣藝花卉，土宜梅而種梅三之一，逸之搆數椽爲書屋，列槿爲墉，編竹爲屏，繞垣皆梅，軒榭茈其所縈，啓窗睡矚，湖峽之勝雖不盡歸之周然，亦得之過半矣！屋中之藏，緗帙滿架百千卷，晉唐宋元法帖墨跡參之，左圖右琴。逸之稍業儒，不喜章句促娲棄去，而居常以吟哦摹寫繪畫自娛；時時蕩小舠或憩書屋中，舉大白獨飲酣歌，人且目之爲狂生，弗顧也。方雪晴月白，梅始著花，有客乘興至者，于時東風駘蕩，清晝遲遲，散趾晤言，花氣襲袂，撫柯盤桓流光，常在香雪之上。逸之乃命酒，奏高山之調，倣雲林之筆，助發其趣，駢暢歡洽，不知斜陽在樹、壁月當户也。客善詩者，匡坐氍瑜，分韻刻燭，或拔簣燃爐，或瀹雪烹茗，未有不得意去也。〔註178〕

周履靖的書屋，充滿著當代的人文氣氛，不但可以藏書，還可以居住，可以讀書，可以賞玩，可以文會，可以習靜，確實兼具了多樣的文人休閒功能，最爲此地藏書樓之典型。

又如仁和卓氏的藏書之處，如同項氏與周氏，也是非常講究整體環境的閒賞美感，除了園林之內採用人工造景以外，周圍更配合上天然的風光，讓主人及其家人生活在如詩如畫的理想環境當中。據《武林藏書錄》載：

> 後乃渚泉爲池，插竹爲籬，松柏花石旋拱其際。堂之傍更爲三楹，曰：「只是讀書」。池之中有亭，曰：「水心雲影」。循池而南，方闌爲廊如帶，曰：「且喫茶」，昔董宗伯公思白（董其昌）所題也。廊之前有亭，曰：「泠泠來風」。更轉而陟數級以上，曰：「相於閣」。……南可眺皋亭黄鶴，西則武康、封禺諸峰，皆在目焉。閣之下，小構數椽，樹以桐陰，曰：「無

〔註177〕《蕉窗九錄》，〈序〉，不注頁數。
〔註178〕《梅塢貽瓊》，卷五，嚴從簡〈梅墟書屋記〉，頁二一下～二二下。

事此靜坐」，入齋先生舊額，欲其燕居默處，端坐凝思。遶廊數武，界以短垣，曰：「橋西草堂」，其上貯三世遺書，下以俟子孫讀書其中。〔註179〕

卓氏的藏書樓，兼具休閒與教育的功能。明代江南五府地區這類與園林結合的藏書樓，比比皆是，並蔚成地方的重要人文景觀，且往往見載於各個地方志裡，成爲地方上的一個重要的特點。書樓與園林的結合，爲藏書家們量身打造了一個理想的藏書生活天地，具有生活起居、讀書養性與遊覽觀賞的功用。〔註180〕然而建造園林式的藏書樓所費不貲，若非達官貴人或是富商鉅賈之家，以一般藏書家之財力，實不足以爲之。

錢塘藏書家江元祚，藏書於「擁書樓」，據某位曾經造訪其家的友人所言，江元祚的書樓，雖然沒有園林臺榭，但也是結合了周遭的天然美景。朋友說：

自「橫山草堂」盤曲而上，即堂爲樓，眉題「擁書」果睹萬卷，或傳前朝，或頒內府。髹榻再尋，棐几稱是，左史右經，殆將連屋。發爲文章，宜有此構。推窗遠眺，眼界全碧，千峰若圍，隱見樹杪。〔註181〕

「擁書樓」雖不若前面幾位藏書家的書樓一樣，充滿著許多亭臺造景的描繪，不過藏書與讀書的功能也不在他們之下，是一個充滿文學氣習的書樓。而明代江南五府地區的藏書家，大都類此，即使沒有很充足的財力，他們也會盡量地布置一處藏書的場所，讓自己能夠庋藏圖書，除了方便管理以外，又可終日俯仰其間，培養生活上的趣味。一如江元祚，仁和藏書家王晫也是沒有雄厚的財力，但只要經濟稍微寬裕的時候，便會想辦法建造一所屬於個人的藏書樓。他說：

予素無書屋，庚申（康熙十九年，1680）之秋，春售產取值，始得闢地牆東，小搆數椽，落成，顏曰：「牆東草堂」。〔註182〕

能夠建造一所專門用以藏書的書室或書樓，是江南五府藏書家心中念念不忘的要緊事。時人也認爲，建書樓以藏書傳子，更高於添置其他物業以營生，可免子孫因沉緬於奢靡享樂而敗壞家風。據〈廉江書室記〉載：

爲臺榭以備謌舞，可謂樂矣！非其道也。爲庫藏以貯貨財，可謂富矣！非其教也。爲庖廚以治膳羞，可謂適矣！非其禮也。爲池館以結交遊，可謂壯矣！非其恒也。合於道，可以教，中於禮，可以恒，其唯爲屋宇以事

〔註179〕《武林藏書錄》，卷中，〈卓氏傳經堂〉，頁五一。
〔註180〕滕新才等，〈明朝中後期居室文化初識〉，頁一五八。
〔註181〕《武林藏書錄》，卷中，〈江邦玉〉，頁五三～五四。
〔註182〕清・王晫，《紀草堂十六宜》（《古今說部叢書》一，上海：上海文藝出版社，一九九一年五月第一版，據中國圖書公司和記一九一五年再版本影印），頁一上。

> 經籍者歟！夫經以明理，籍以記事，總謂之書也。士君子窮理則心志正，性情和；記事則識見明，思慮遠。雖無歌舞之美，其道可樂也。雖無財貨之積，其教可富也。雖若無膳羞之味、交遊之快，其禮可適，其恒可壯也。此爲屋宇以事經籍，其與爲池館、臺榭、庫藏、庖廚，以居交遊、歌舞、貨財、膳羞，相去奚翅千百。……予惟藏書之室，與書之有益於人者舊矣！而世之樂聲色者，樂極則哀。富貨財者，財匱則貧者。嗜滋味者，味厚則毒。廣交游者，勢落則去，必然之理也。惟能讀書數卷，可以立身，窮經一帙，可以成名，則書室之澤，可謂弘且遠矣！〔註 183〕

即使沒有園林陪襯，只要氣氛營造適合主人之意，又能管理圖書，讓主人悠遊於藏書生活當中，便足以符合主人營建書樓的目的，也並不是一定得投入鉅資，來迎合社會上以藏書炫耀於世的心態。

而在書樓的內部格局上，江南五府地區的藏書家當然也會加以規畫整理。如無錫藏書家邵寶，因其舊居而割別室以藏書，而對於藏書處所的內部隔局，他也頗有規畫。據《藏書紀事詩》載：

> 精舍在無錫城東隅冉涇之上，即吾七世祖元處士容春府君舊居也，扁曰：「容春精舍」。未幾，別建於西門之□（原文闕），扁曰：「二泉精舍」。中堂三間，仍扁曰：「容春」。前堂五間，中爲廚二十，度古今書籍萬餘卷，扁曰：「泉齋」。〔註 184〕

邵寶沒有別建新的書樓，僅從舊居「二泉精舍」當中分五間堂室以爲藏書之所，其中再置二十個書櫥，規畫頗有條理。又如杭州藏書家馮夢禎，對於其書樓內貯書的規畫，更顯得井然有序。他將書樓的內部區隔成幾個部份，再分別用以藏書，自稱：「樓右中閣板成，共閣書十三撞，撞約三十餘冊。通一邊可容二十五撞，八百冊矣！」〔註 185〕馮夢禎如此佈置，可以節省很多的空間，並且在索書之時，可以更有效率。又如錢塘藏書家虞淳貞，他的書樓內部隔局，也是經過設計的。據《快雪堂集》載：

> 僧孺（虞淳貞）隱居名曰：「猿狖居」，下爲「團瓢」，作八觚形，觚處藏書，上有樓，後爲臥起。〔註 186〕

虞淳貞將書籍盡量放置於牆壁與角落，中間空出之處，在視野上也讓室內的空間沒

〔註 183〕明・王褒，《三山王養靜先生集》（《續修四庫全書》集部・一三二六冊，上海：上海古籍出版社，二〇〇二年三月第一版，據北京圖書館藏明成化十年謝光刻本影印），卷一〇，〈廉江書室記〉，頁七上～八上。

〔註 184〕《藏書紀事詩》，卷二，〈邵文莊寶〉，頁九〇。

〔註 185〕《快雪堂集》，卷五六，〈戊戌〉，頁一八下。

〔註 186〕《快雪堂集》，卷五六，〈戊戌〉，頁二〇上。

有一般書樓的壓迫感，而樓後又可供生活起居，所以虞淳貞的八角團瓢，除了外型上充滿了趣味，在實際的功能上，也充滿了實用性。

一般說來，私人藏書樓的建造是爲了因應藏書主人以及其家人使用的，間或有親朋好友前往，但是必須獲得主人的同意。至於陌生訪客，想要進入書樓內參觀的機會就更加渺茫。所以，在書樓的出入管理上，江南五府地區有些藏書家便對訪客的身份多所限制。如無錫藏書家倪瓚，本身以潔癖聞名於時，其「所居清閟閣，藏書及古鼎彝書畫甚富。」〔註 187〕他對於「清閟閣」的管理甚爲嚴格，而對拜訪「清閟閣」的客人大加設限，若非一時名流，造訪者往往不得其門而入。據《史闕》載：

> 客非佳流不得入。嘗有夷人入貢，道經無錫，聞元鎮名，欲見之，以沉香百觔爲質。元鎮令人紿云適往錫山飲泉，翌日再至，又辭以出探梅花，夷人以不得一見，徘徊其家，元鎮密令開「雲林堂」使登焉。堂東設古玉器，西設古鼎彝尊罍，夷人方驚，顧問其家人曰：「聞有清秘閣，可一觀否？」家人曰：「此閣非人所易入，且吾主已出，不可得也。」其人望閣再拜而去。〔註 188〕

當時得以進入「清閟閣」中之人，一定是風流文雅皆足稱一時的俊秀碩彥，若「非楊維楨、張雨諸人，不得至焉。」〔註 189〕一如倪瓚的「清閟閣」，歸安藏書家施峻，其藏書樓「甲秀閣」的出入管理也頗爲嚴格，對於可以進入閣中的訪客大加篩選。自稱：「予城居，小搆藏書之所在縣治東隅，蒼弁諸峰，端入窗戶，苕霅勝覽，頗當其會。雲間徐長谷（徐獻忠）題爲甲秀閣，群公時集其中。」〔註 190〕然「非莫逆不與登。」〔註 191〕能夠獲准進入「甲秀閣」的訪客，一定是與施峻交情很深的好友，一般人是無法進入的。其實，若細審「藏書」二字的意義，既然稱之爲「藏」，自然是祕之不以示人，因此倪瓚與施峻的作法，頗爲符合古代藏書者的精神。

我們再來看看明代江南五府地區的藏書樓，在命名上有那些特別的意義。一般說來，書齋名稱反映的形式和內容也是多方面的，有以齋中所藏珍品而名其齋者，有以齋主之崇尚而名其齋者，有以齋主之志向而名其齋者，還有更多的藏書家是以

〔註 187〕《光緒・無錫金匱縣志》，卷二六，〈隱逸〉，頁二上。

〔註 188〕《史闕》，卷一四，〈元史〉，頁一九上～下。

〔註 189〕《藏書紀事詩》，卷二，〈倪瓚元鎮〉，頁六六。

〔註 190〕明・施峻，《璉川詩集》（《四庫全書存目叢書》集部・一〇一冊，台南：莊嚴文化事業有限公司，一九九七年六月初版，據杭州大學圖書館藏明嘉靖三十八年刻本影印），卷八，〈予城居小搆藏書之所在縣治東隅蒼弁諸峰端入窗户苕霅勝覽頗當其會雲間徐長谷題爲甲秀閣群公時集其中予亦漫賦見意〉，頁二六上～下。

〔註 191〕《明分省人物考》，卷四六，〈施峻〉，頁二一下。

儒家的信念和追求而名其齋的。而某些齋名，幾乎與主人以及他的著作一起流芳千古。〔註192〕所以，藏書家對於自家藏書樓的命名，大致上也都頗費巧思。關於藏書樓的命名，明代江南五府的藏書家大部份也都有其特別的原由，約略有以下數種。

一、有些藏書家，是以書樓本身的特色或者是書樓附近的特殊景觀爲命名的來由。如上述虞淳貞的「八角團瓢」，便是以其特殊的外觀與造型爲名。上海藏書家杜元芳，爲了貯藏萬卷書籍，於是建造了「翡翠碧雲樓」以爲庋藏之所，而書樓的命名，也是以書樓的特殊景觀爲來由。據《松江府志》載：

> 「翡翠碧雲樓」，在杜村，宋杜祁國公九世孫元芳建，以其高出林杪，故名。樓中貯書萬卷，下有蒼厓碧灣，竹深荷淨，晴好雨奇。諸軒齋凡七十二所，別業在東南，雲林池島尤勝。〔註193〕

杜元芳所建的「翡翠碧雲樓」，結合了中國古代園林藝術之美，配合自然景觀，讓杜氏家人能夠在賞心悅目的情境之下，安心讀書。而其取名爲「翡翠碧雲樓」，正是因爲它的地勢高出林梢，所以以此爲名。華亭藏書家夏士文，藏書處名「書聲齋」，因爲他藏書乃是爲了教育族中子弟，以是書樓之下爲廡，其中「童子雁次，蚤夜諷誦，聲徹行路，因名其厽曰：『書聲』。」〔註194〕「書聲齋」的由來，便是因爲童子讀書的琅琅之聲，成爲書樓的特色，遂啓發了夏士文的靈感，就以「書聲齋」爲藏書樓之名。

二、有些藏書樓的命名是爲了紀念先人，而屬於這類型的藏書家在明代的江南五府地區爲數甚多，佔了很大的比例。如上海藏書家釋慧，其藏書處名爲「讀書堆」，其命名由來，便是以先人書室之名爲藏書室名的。楊維楨記云：

> 予入淞，首慕顧野王「讀書堆」者，在亭林蒼翠間，未果往也。上海釋慧自稱野王氏後，……居之在介闢室，蓄古今書數千百卷，……襲名曰：「讀書堆」。〔註195〕

釋慧雖爲僧人，卻不忘塵世間飲水思源之義，爲了紀念顧野王的藝文功蹟，也以其書室之名爲名，以表繼承先祖的文學家風。華亭藏書家孫道明藏書處的命名，也是爲了紀念先人勤苦向學的精神。其家「雖甚貧，用前人苦志篤學，名其齋曰：『映雪』。」〔註196〕據《松江府志》載：

〔註192〕暴鴻昌，〈明清時代書齋文化散論〉（《齊魯學刊》，一九九二年第二期），頁一〇二。
〔註193〕《崇禎・松江府志》，卷四六，〈第宅園林〉，頁二三上。
〔註194〕《崇禎・松江府志》，卷四六，〈第宅園林〉，頁三二下。
〔註195〕《東維子集》，卷二一，〈讀書堆記〉，頁七上。
〔註196〕《藏書紀事詩》，卷二，〈孫道明明叔〉，頁六七。

題曰：「映雪」，蓋希其先世之勤於學也，而或者疑焉，解之者曰坐之中素壁四環，紙窗潔幽，籤牙之垂垂，軸玉之踈踈，其境皆雪也。皓兔欲沉，晴烏未翔，曉色漾乎書幌，寒光耀乎虛楹，又無時而非雪也。指迷瑤琴之彈，手映玉麈之揮，譚清而屑霏，唾咳而珠玉，則雪在乎！其人濯宿汙於蟬蛻，來新見於融木，湛然虛白，皎然靈瑩，則雪又在乎！其人之心是，則雪雖不常有，而吾雪則常有也。雖焚膏而讀，而吾之志則常若映雪而讀也。明叔（孫道明）其賢矣哉！〔註 197〕

孫道明以先人的勤苦用功，期勉自己以及子孫們能夠效法先祖克苦讀書的事蹟，因以映雪爲名，實在很有意義。邵文博藏書處之命名，乃因感念其先祖翠巖邵先生之道德文章，於是「顏曰：『拱翠』，以示其尊也。……登降出入，恒若先生之存，而一笑一談接乎耳目也。」〔註 198〕以先人的文學功業以自勉，並懸之匾額，每日見之正足以自省。上海藏書家朱察卿，也是如此。他的藏書處名爲「舊雨軒」，而「君名之曰：『舊雨』，以爲怙冒先澤而繹思不忘者也。」〔註 199〕歸安藏書家茅坤，也以先人德業甚偉，恩澤長存於膺，不敢忘懷，遂「署其樓曰：『白華』，曰：『吾庶幾志其孝之大者。』」〔註 200〕而餘杭藏書家嚴沆，事母至孝，「築別業曰：『皋園』，藏書萬卷。」〔註 201〕蓋嚴沆所「築別業會城東，奉太夫人居之。太夫人卒，徘徊哀慕，名所居曰：『皋園』，取皋魚風樹之意。」〔註 202〕以上這些藏書家，都是以先人德業爲念，因取爲每日必赴的藏書樓之名，除了用來自勉以外，並且訓誡後人必須善守而勤讀。

三、有些藏書樓的命名，則是藏書家取來用以自勉的。無錫藏書家華燧，藏書於「會通館」。因爲他特別喜歡校閱經史，辨證同異，「既而爲銅字板以繼之，曰：『吾能會而通之矣！』乃名其所曰：『會通館』。」〔註 203〕因華燧之好校書與刻書，而以會通二字期勉自己一心向學，繼續以校書和刻書爲職志。上海藏書家董宜陽之藏書處有名爲「詠風堂」者，也是以爲自勵者。據〈詠風堂賦〉載：

上海董子元（董宜陽）先生，築堂於所居之偏，名之曰：「詠風堂」，蓋以自託其志也。昔子夏之言曰：「居蓬户之中，彈琴以詠先王之風，有

〔註 197〕《崇禎・松江府志》，卷四六，〈第宅園林〉，頁二一上～下。
〔註 198〕《清江貝先生集》，卷四，〈拱翠堂記〉，頁二七。
〔註 199〕《潘笠江先生集》，近稿卷九，〈舊雨軒銘〉，頁二〇下。
〔註 200〕《茅鹿門先生文集》，卷三五，吳夢暘〈鹿門茅公傳〉，頁一〇下～一一上。
〔註 201〕《國朝詩人徵略》，卷四，〈嚴沆〉，頁七上。
〔註 202〕《國朝耆獻類徵初編》，卷四九，〈補錄・卿貳九・嚴沆〉，頁四上。
〔註 203〕《容春堂集》，卷七，〈會通君傳〉，頁四〇下～四一上。

人亦樂之，無人亦樂之。」董先生之志，蓋庶幾於是焉！〔註 204〕

董宜陽科舉不利，久困場屋，因以隱居藏書爲託，而取古人詠風安貧之樂以自勉。一如董宜陽，華亭藏書家何良俊也是如此。他的藏書處名爲「四友齋」，自記云：「四友齋者，何子宴息處也。四友云者，維摩詰、莊子、白樂天與何子而四也，蓋何子之與此三人者友也。」〔註 205〕何良俊也是在舉業上屢試不第，終以尙友古人爲志，其四友之意，也將自己擬爲古人，以古人的高尙志節以及藝文風流來安慰自己的懷才不遇。而上海藏書家秦嘉楫，則是久滯宦途，歷官僅至監察御史。他感慨自己不得鳶非唳天，有志難伸，遂將藏書處命名爲「鷃適園」。據說：「是時海上之名園無數，侍御君顧以鷃適名其園，識其小也，蓋若僅取於槍榆之逍遙，而不欲與摶扶九萬爭雄概者。嗟夫！此侍御君之所以爲適哉，而世之知適者難矣！」〔註 206〕上述的幾位藏書家，不是在科場屢遭躓踣，便是在宦途壅滯不進，同樣是在不得志的情況下，退隱藏書。而他們也只好在藏書樓的命名上，取用可以讓自己釋懷，且無入而不自得的名稱。

四、有些藏書樓的命名，是爲了標榜藏書家的特殊收藏或一些風雅事件的。華亭藏書家章仁正，於溪濱建書樓以藏群書，「樓成之明年，得一古琴，其陰有澄懷字，迺置諸樓中而取以名其樓。」〔註 207〕章仁正將藏書樓取名爲「澄懷樓」，便是爲標榜這把古琴，以襯託主人的好古之心。秀水藏書家項元汴，與章仁正的情形一模一樣，他的藏書樓名爲「天籟閣」，因「獲古琴，有天籟字，遂以顏其儲藏之閣。」〔註 208〕而歸安藏書家姚翼，藏書樓名爲「玩畫齋」，正是爲了標榜他的一些特殊收藏的。因爲他「晩尤好易，故題其讀書處曰：『玩畫齋』。」〔註 209〕自謂：「余所學問雖稍稍旁及百家，然私心所耽好而癖焉者，乃獨在羲文之畫，因以玩畫名其齋。」〔註 210〕姚翼將藏書樓取名爲「玩畫齋」，正是爲了突顯主人的高雅風尙。而杭州藏書家馮夢禎，「築室孤山之麓，家藏《快雪時晴帖》，名其堂曰：『快雪』。」〔註 211〕《快雪時晴帖》在當時是令藏書家們眼睛會爲之一亮的神品，又屢經歷代名家收藏，足可稱

〔註 204〕《袁魯望集》，卷七，〈詠風堂賦〉，頁二上。

〔註 205〕《何翰林集》，卷一五，〈四友齋記〉，頁六下。

〔註 206〕明・徐學謨，《歸有園稿》（《四庫全書存目叢書》集部・一二五冊，台南：莊嚴文化事業有限公司，一九九七年六月初版，據天津圖書館藏明萬曆二十一年張汝濟刻四十年徐元嘏重修本影印），卷五，〈鷃適園記〉，頁七上。

〔註 207〕《崇禎・松江府志》，卷四六，〈第宅園林〉，頁三四上。

〔註 208〕《光緒・嘉興府志》，卷五三，〈秀水文苑〉，頁三五上。

〔註 209〕《國朝獻徵錄》，卷八九，茅坤〈廣濟令海屋姚君翼傳〉，頁九〇上。

〔註 210〕《玩畫齋雜著編》，卷一，〈玩畫齋記〉，頁一八下。

〔註 211〕《光緒・嘉興府志》，卷八七，〈叢談〉，頁三一上。

爲奇祕當中的奇祕。馮夢禎有幸得此名蹟，自當向同好們炫耀一番。爲了讓人們永遠記得他這個得來不易的「豐功偉業」，最好的作法便是以快雪來名其藏書之室，這樣便可將主人的博雅標榜到了極致。而華亭藏書家董其昌，也因爲得到一面漢紺碧玉珪，上有雕文載元鼎年得寶鼎而刻此玉以紀瑞，故名其藏書之室爲「寶鼎齋」。其昌云：「甲辰秋（萬曆三十二年，1604），余得此于西湖，因以名藏書之室。」〔註212〕此外，還有標榜自己的志向者。秀水藏書家曹溶，「晚築室范蠡湖，名曰：『倦圃』，多藏書，勤於誦覽。」〔註213〕曹溶之所以取「倦圃」爲藏書室名，乃因：

> 禾之西南隅名范蠡湖者，宋勸農岳珂著書其所，迄今金陀遺蹟猶可考。少司農曹秋岳先生（曹溶）於此濬流壘園，珂號倦翁，先生因以顏其園曰：「倦圃」。〔註214〕

曹溶因獲先賢故地，得以闢爲藏書之所，便以前輩風流爲靈感，將藏書處所取名爲倦圃，除了懷念故國，自嘆生逢鼎革亂世，不得已爲貳臣之外，並且將自己列入古代藝文風流之林，將以著書終身表明其志向。由上述書樓的命名可以看出，這類型的書樓都是以標榜某物或某事爲主，向人炫耀或強調的意味頗爲濃厚。

總之，有了書以後，藏書家們便針對破損之處加以修補整飾，並鈐上自己的印章，甚至配以書匣，進而選址造樓，立櫥上架。他們的室名齋號名稱和蓋上的閒章文字，的確充份地反映了藏書家的艱辛、志趣與收藏。〔註215〕也就是說，藏書樓名的命名取義，包含著豐富的文化內蘊，它反映出藏書家不同的志向、情趣、修養、操行以至收藏的狀況。一般而言，藏書樓名稱取義之由來，主要有借典故佳義、表藏書志向、誇收藏之富、念先世遺澤、取字號地居、標珍本寶物等六種。〔註216〕而我們透過對明代江南五府藏書樓名稱的研究，也可以從書樓名稱的特殊意義上看出藏書主人眞實的收藏心態。此外，經過藏書家對於營建書樓的規畫布置以及設計巧思，使得江南五府地區的私家藏書樓往往既是藏書中心，又是當地的文化學術活動中心，〔註217〕文士名流匯集於此，知識與智慧也在此交流。而明代藏書家在建築藏書樓以及在防火、防潮、防蠹等方面，確是也創造了不少寶貴的經驗。這既是前代經驗的總結，也有明代藏書家的創造，給予了清代的藏書家相當積極的啓發，這

〔註212〕《味水軒日記》，卷二，頁一三九。
〔註213〕《己未詞科錄》，卷四，頁九下。
〔註214〕《漁洋山人感舊錄》，小傳拾遺卷一，〈曹溶〉，頁二上。
〔註215〕劉尚恒，〈略論中國藏書文化〉，頁二五。
〔註216〕周少川等，〈古代私家藏書樓的構建與命名〉，頁四〇～四三。
〔註217〕劉尚恒，〈樂宜偕眾，書不藏家——再論我國古代私家藏書的流通〉，頁七五～七六。

同樣也是中國藏書文化的重要財富。〔註 218〕最後，爲了對於明代江南五府地區的藏書樓能夠通盤掌握，筆者從史料當中將此地的藏書樓與主人整理出來，並加以羅列，做一「江南五府地區藏書樓表」於附錄五，請讀者自行參考。

二、典藏與管理

有了藏書樓以後，對於藏書的管理也就更加方便了許多。由於聚書之不易，加上藏書每因政治、經濟、戰爭或天災人禍等因素，而毀於一旦。因此，藏書家們不僅著重典藏，也囿於典籍收藏之不易，對圖書流傳大都抱持審愼的態度，〔註 219〕絕不輕言讓藏書離開書樓。其實，歷來藏書之厄，除了戰爭等非人力所能挽回的因素以外，其餘則通過努力是可以避免的。〔註 220〕至於在書齋或書樓內的藏書，藏書家們當然都會加以管理愛護。

聚書固然不易，而聚得之後若不加以整理編帙，庋架列藏，以供隨時取閱，則無異廢紙一堆。且入藏以後不能善加管理，至任令毀散，則書越聚越少，反而累及珍善秘本，不如不聚。而良好的藏書管理，則有賴於完善的制度和確實的執行。書籍入藏後，舉凡編目、校勘、庋架、閱覽，以至防蟲除黴、曝曬修補，都是繁瑣且具持續性的工作，需要詳密的規則和持之以恆的精神。〔註 221〕當然，明代江南五府的藏書家們對於藏書的管理以及愛護上，也是相當重視的，他們往往勸人對於藏書必須多加愛惜。如華亭藏書家陳繼儒，他認爲藏書必須得其法，特別是對於書籍的愛護，要學習一些宋代的著名藏書家，必須講求技巧。他說：

> 子孫有賢而文者，追維手澤，不忍付之碩鼠蠹魚饞腹中。會萃增補，當學鄭漁仲求書法。出入嚴可以保存，曝涼時可以持久，當如黃魯直珍書法。銓次精審，當學宋宣獻校讐法。老年窮經，當學劉貢甫夾袋法。快讀，當學蘇子美下酒法。〔註 222〕

綜括陳繼儒之所言，藏書的保護必須要講究避蠹、修訂補綴、流通管理、曝書、校讐與勤讀等方法。此外，江南五府的藏書家也認爲書籍乃人間圭寶，處處皆有神物護持，不可等閒而褻玩焉。如佛經，藏書家對其更是敬重愛護。如嘉興藏書家李日華便曾經舉馮夢禎長子馮權奇的眞實例子，說明佛經的神聖性。他說：

〔註 218〕《中國藏書通史》，頁七〇三。

〔註 219〕葉乃靜，〈我國古今圖書流通思想演變之研究〉，頁二九。

〔註 220〕顧志興等，〈宋代以來浙江藏書史管窺〉（《浙江學刊》，一九八三年第一期），頁一六。

〔註 221〕李家駒，〈我國古代藏書樓的典藏管理與利用（上）〉，頁一〇四。

〔註 222〕《晚香堂集》，卷四，〈聚書樓記〉，頁一八上。

> 余以春波舊第假馮權奇居住。……權奇又以佛藏經十餘箱置樓上，而樓下即其妾所居，家人婢子溷褻狼藉，竟招烈焰。烟燒蓬勃，眾人見空中如曳帛，東西散去者數十。三、四日間，野人率于田間獲經卷，或在十八里橋，或在朱家樓，或在石佛寺、章家橋等處，鑿鑿有據，皆完好，各收置所在庵觀。是必護法諸神怒其褻而毀之，又留散其餘，以儆世耳。可不敬懼歟！〔註 223〕

江南五府地區的藏書家便是在如此敬畏書籍的心態下，對於藏書的保護顯得相當用心。他們認爲惟有眞心護書，才算眞的藏書。如無錫藏書家華夏非常善於典藏與保護圖書，其友人稱許說：「若夫綈緗拾襲，護惜如頭目，知所好矣！」〔註 224〕而對於那些勇於捨命護書的藏家，則又給予高度的讚揚。如上海藏書家董宜陽藏書處名「西齋」，據〈董氏西齋藏書記〉所載：

> 寇起海上，廬毀於烈焰，書亡於餘燼。董子不避鋒刃，夜半身犯賊中，取其先世恩誥遺像及書數篋馳出，賊壯而釋之。亂定，稍稍理其殘缺，每從友人處借而手錄之，乃刊定舛誤，然較昔十僅得其二三耳！并新其齋。〔註 225〕

這類視書更甚於性命的藏書家，正是明代江南五府地區護書心態的極致表現，往往被此地的文人讚不絕口，奉爲文獻典型。

一般而言，藏書保護包括圖書裝訂、書架排放、防火、防蟲以及曝書等方面的管理方法。〔註 226〕先以曝書來看，所謂曝書，即在每年適當的季節裡，〔註 227〕通常是選在夏天或秋天乾燥爽朗的節氣下，將藏書從室內取出排列曝曬，以此驅殺書蠹，〔註 228〕並保持書籍不受潮損發霉。而明人對於曝書的重視，甚至列爲諸護書法之上。時人有云：「昔人謂積書遺子孫，子孫未必能讀，我不望其能讀，但望其能曬耳！」〔註 229〕當然，明代江南五府的藏書家在護書的方法上，也是非常重視曝書對

〔註 223〕《味水軒日記》，卷二，頁一五三。

〔註 224〕《書畫題跋記》，卷五，〈眞賞齋銘〉，頁二上。

〔註 225〕《皇甫司勳集》，卷四九，〈董氏西齋藏書記〉，頁一六上。

〔註 226〕張樹華，〈中國古代藏書的管理制度和管理方法〉（《圖書館雜誌》，一九九一年第五期），頁一九。

〔註 227〕古人曝書，通常選在「伏日」曝書，一年中有三次「伏日」：農曆夏至後第三庚日起爲「初伏」，第四庚日起是「中伏」，立秋後是「末伏」。請參見劉兆祐，《認識古籍版刻與藏書家》（台北：中山學術文化基金會，一九九七年六月初版），頁一七九。

〔註 228〕《中國藏書樓》，頁二一六。

〔註 229〕清・魏際瑞，《讀書法》（《古今説部叢書》一，上海：上海文藝出版社，一九九一年五月第一版，據中國圖書公司和記一九一五年再版本影印），頁一下。

於保護書籍不受損害的作用。如杭州藏書家馮夢禎，便非常重視定期性的曝書活動。他曾經告訴友人曰：「拙園藏經如故，三年內曾晒一次。」〔註 230〕可見他的藏書都有定期曝曬。他對於曝書的高度重視，可從他還曾經因爲家中要曝書而邀請其門人嘉興藏書家李日華一同參與的行爲得到印證。他在信中要求李日華：「即日往拙園，有晒書之役，計初秋可發也。」〔註 231〕可見夢禎等人將曬書視爲藏書活動當中一種非常重要的護書工作，必須經常爲之。

至於在防止蠹蟲蛀蝕的保護措施上，明代的藏書家更吸取了前人的經驗與教訓，針對藏書的自然條件進行研究，並付諸實行，使得許多藏書因此得到了很好的保護。〔註 232〕而明代江南五府的藏書家在自身的經驗上也頗有心得，並且總結了前人防蠹的方法。如在防蠹的藥物上，藏書家也有一些古法秘方。華亭藏書家陳繼儒指出：

> 古人藏書辟蠹用芸。芸，香草也，今人謂之七里香是也。葉類碗豆，作小叢生，南人採置席下，能去蚤虱。予判昭文館時，得數株于潞公家，移植秘閣，今不復存。香草多異名，所謂蘭蓀。蓀，即菖蒲也。〔註 233〕

陳繼儒又說：「隴州有魚石子，置書籍中能辟蠹」，〔註 234〕這是陳繼儒在書籍防蠹上的新發現。又如嘉善藏書家陳山毓，他認爲勤讀也是防止藏書蠹蝕的有效方法之一，他指出書籍蠹壞的原因有二，他說：

> 概而論之，有物蠹，有人蠹。物之蠹，浥腐也，蟲蝕也。人之蠹不一，大都弊由不讀生，則雖浥腐蟲蝕，不得爲物蠹，蠹獨人焉。而已不讀，故蠹；不蠹，而已抑未可謂讀也。〔註 235〕

正所謂滾石不生苔，只要勤於讀書，不時翻閱，蠹蟲自然不生，陳山毓的防蠹之法，實在很有道理。諸如以上這些辦法，都是在前人防蠹知識的基礎上，益之以本身的經驗融合而成的護書辦法。可見江南五府藏書家在避蠹方面付出的努力，以及對於後代藏書所做的貢獻。

藏書的數量到達某種程度以上之後，爲了便於藏書家隨時取閱以及方便管理，

〔註 230〕《快雪堂集》，卷三九，〈報淨源師兄〉，頁一下。

〔註 231〕《快雪堂集》，卷三七，〈報李君實〉，頁三上。

〔註 232〕《中國藏書樓》，頁九一〇。

〔註 233〕明・陳繼儒，《珍珠船》（《四庫全書存目叢書》子部・一四八冊，台南：莊嚴文化事業有限公司，一九九五年九月初版，據清華大學圖書館藏明萬曆繡水沈氏刻寶顏堂祕笈本影印），卷一，頁九下。

〔註 234〕《珍珠船》，卷四，頁三一下。

〔註 235〕《陳靖質居士文集》，卷五，〈陳氏藏書總序〉，頁九下～一〇上。

並且可以做爲進行圖書徵集與流通時的參考，藏書家們通常都會針對自己的藏書整理羅列出一本藏書目錄，以便隨時翻閱參稽。而這一份工作在明代的江南五府地區，藏書家們也都相當重視，並且在分類技巧上，對於傳統的四部分類法往往勇於突破，尋找一種眞正適合自家藏書的分類方式，而這些方式也常常爲後世的目錄學家所參考延用。如上海藏書家陸深，編有《江東藏書目錄》一書，從這本目錄當中，可以得知陸深將藏書依序分爲：經、理性、史、古書、諸子、文集、詩集、類書、雜史、諸志、韻書、小學醫藥、雜流、制書等十四類。〔註236〕依照這種分類方式，再按類將各種藏書歸類置妥。由於陸深在京任職東閣大學士，他曾致書其子陸楫，交代家中藏書之事，信中愛書護書之情，也充溢於字裡行間。他在家書中說道：

> 朝廷每有大事，必令與議，但乏書考校。此間亦復置買數部，兼抄得奇書，亦有數種。四川板《禮記纂言》便寄一部來。家內藏書可曬晾收束，再做數廚櫃亦不難，此傳子孫至寶也。可倩山立輩併桂魁等識字人逐一清楚，作一書目寄來。殘闕查卷數，明注其下。只作經史子集分類，標出宋元板并近刻，分作三四等。有重本者，亦注出，此間可損益也。畫卷字冊亦須架閣，古人重收藏也。〔註237〕

由陸深的家書，可以看出陸深對自家藏書的管理方法，的確相當得體，足爲此地藏書家對於家藏圖書管理上的典範。此外，海鹽藏書家胡彭述，家有「好古堂」藏書，爲了便於查找與管裡，「嘗論次所藏書，名《好古堂書目》，自立序。」〔註238〕又有歸安藏書家茅坤，家有「白華樓」，其中藏書連櫝充棟，爲了方便管理與隨時取閱，據《吳興藏書錄》載：

> 其孫大將軍止生（茅元儀，1594～1640）編爲《九學十部目》，自述云：「九學者，一曰：『經學』，二曰：『史學』，三曰：『文學』，四曰：『說學』，五曰：『小學』，六曰：『兵學』，七曰：『類學』，八曰：『數學』，九曰：『外學』。十部者，即見學之部，而加以世學，世學不可以示來世，然時王之制，吾先人以茲名于世，吾敢忽諸？」〔註239〕

茅氏於書之分類竟然如此之精密，足見其家藏書種類之多，以及茅氏國學基礎之深厚，眞不愧爲藏書名家。

杭州藏書家馮夢禎，他雖然沒有編製藏書目錄，但是他的藏書排架也頗具規模，

〔註236〕《少室山房筆叢》，卷二，〈甲部・經籍會通二〉，頁二五～二六。
〔註237〕《儼山集・續集》，卷九七，〈京中家書二十二首〉，頁九上～下。
〔註238〕《天啓・海鹽縣圖經》，卷一四，〈人物・文苑〉，頁二〇上。
〔註239〕《吳興藏書錄》，〈茅坤白華樓書目〉，頁一二。

是按照天、地、玄、黃等分架爲號，依號上架。據馮夢禎《日記》所載，萬曆十六年（1588）十二月二十八日，「檢括藏書天、地、玄三號。」〔註 240〕可見其藏書排架的方式。然天、地、玄、黃等各自代表何類書籍，則不得而知。不過，馮夢禎對於這樣的分類方式，倒是顯得相當習慣與熟悉，只要藏書稍有排錯，他便能馬上發現。如萬曆十六年（1588）六月二十四日，他的《日記》又載：「大風雨卒至，震雷亦入。……家人避漏，移置架上書，頗有顚倒。」〔註 241〕雖然，我們對於馮夢禎的排架方式不甚瞭解，但私家藏書的分類方式是針對藏書主人而量身訂做的，只要主人合用便可。嘉善藏書家陳山毓，家富藏書，爲了方便使用，他也進行分類與編製目錄，而「所次目錄，以經史子集爲部，四者之中，又以類分，可得善藏者之苦心，亦可砭漫藏者之錮疾。」〔註 242〕陳山毓的分類方式，在當時算是相當進步的方法。江陰藏書家李如一，家有「得月樓」，藏書亦甚富，爲了方便管理與使用，遂「倣宋晁氏、尤氏目錄，自爲詮次，發凡起例，井如也。」〔註 243〕李氏藏書經過李如一的分類以後，變得更加井然有序，在管理與使用上，的確也便利了很多。又如秀水藏書家姚澣，其家「有書四十笥，部分類聚」，〔註 244〕他也對於其家藏書進行分類規畫，以利查找使用與管理。總而言之，上述諸家對於家藏書籍的分類管理，都頗得其法，足見江南五府地區的藏書家在藏書的分類與編目上的進步。

至於在藏書日常使用上的管理，明代江南五府的藏書家也是相當注重的。譬如說當藏書家年老之時，最爲擔心的事，可能是他一生的心血將如何處置。如宜興藏書家萬士和，他因爲感覺到自己的年事漸高，藏書必須傳給兒子，擔心如此一來將會逐漸散佚，於是將它們做一番整理規劃與安排。他說：

> 今年秋，余年六旬有三，神疲氣索，髮短目耗，業已捐書不用，若不著落，致使遺逸，不無可惜。故品搭前書，分作五分，令五子各管其一。如遇有疑難，查考某書在某房者，即速送看，看畢即還原所藏者，無得閉錮，看者無得狼籍。如是，則雖分猶合也。嗟乎！嗟乎！後世爲蠹魚、爲馬牛，吾不能保其無，然所戒在是。爲好學多聞，爲聰明智慮，吾不敢必其有，然所願在是。〔註 245〕

藏書家愛書之心，竟然於身後亦有所安排與計畫，惟恐畢生心血所集一旦散去，古

〔註 240〕《快雪堂集》，卷四八，〈戊子〉，頁四〇上。
〔註 241〕《快雪堂集》，卷四八，〈戊子〉，頁二二下。
〔註 242〕《陳靖質居士文集》，卷五，〈陳氏藏書總序〉，頁一〇上。
〔註 243〕《江陰李氏得月樓書目摘錄》，書前，繆荃孫〈李如一傳〉，頁二上。
〔註 244〕《浙江通志》，卷一七九，〈人物六·文苑二〉，頁三一一八。
〔註 245〕《萬文恭公摘集》，卷一〇，〈分諸子書目〉，頁四八下～四九上。

代藏書家的苦心孤詣，如非今日有所聞見，實在令人不敢相信世間竟然有如此癡情於典籍而篤於癖好之人，其至情至性，足令今世之人讚嘆不已！

關於藏書樓的出入與使用管理，藏書家也必須善加計畫，費盡巧思。如仁和藏書家張瀚的藏書，至清初仍然多數完好，其鄉人便歸功於張氏書樓的出入管理相當得體。據《武林藏書錄》載：

> 張氏藏書甚富，造樓水中，度置甲乙，悉有次第，以小舟通之，晡後即禁往來。一日，忽有煙氣出樓窗，大驚，往視之，則門扃如故，比登樓，煙亦不見，如是者三。最後細檢視，煙自書櫥中出，開櫥則凡天文奇遁之書悉爲燼，惟空函在焉，餘書無恙。〔註246〕

這段記載雖流於神怪，但我們從中可以判定，張氏對於出入的管理甚嚴。如造樓水中，以小舟通之，出入以時，有煙氣立刻發現往視，平時門扃如故，這些都是在書樓管理上的進步，已經是邁入制度化的層面。

此外，在書籍的流通管理上，藏書家基於聚書不易以及護書心態，對於借閱流通大都抱持謹愼的態度。如杭州藏書家馮夢禎，對於藏書出借的管理相當愼重，並且有其特殊的作法。例如友人欲借《高僧傳》，馮夢禎的做法是：

> 《高僧傳》架上偶缺《縉紳一覽》，是舊歲春季故不進。但有《宗鏡錄》，帙重，先往其半，計八帙，連夾板付使者，閱完以易後半。〔註247〕

這種先借一半，等對方歸還以後再借另外一半的惜借作法，可以使那些抱持「還書一癡」的「雅賊」稍事收斂，而即使不獲見返，夢禎也只損失一半。致於那些存心不還的人，拿了一半也沒意思，爲了看完全書，也都願意盡速歸還後再借另一半。馮夢禎護書之巧思，於此可見一斑，而其管理之得法，更値得讓人效法。

總之，明代江南五府藏書家在藏書的典藏與管理上，做出了個人最大的貢獻，並且給予後世喜好藏書者參考鑑誡。也因爲如此，明代的私家藏書損壞較小，且保管得當，遠遠地超過了官府藏書。〔註248〕而他們在管理辦法上的復古與創新，更爲明代私家藏書的管理上帶來了更多的方便，有利於提高藏書的質量，並延長藏書的壽命。此外，在藏書活動當中的防蠹、曝曬與防潮的工作上，都有了局部或全面的推廣。〔註249〕

〔註246〕《武林藏書錄》，卷中，〈張氏藏書〉，頁四三。
〔註247〕《快雪堂集》，卷四三，〈報鄒汝翼〉，頁二一下～二二上。
〔註248〕陳曙，〈論私家藏書〉，頁七〇。
〔註249〕王國強，〈明代藏書事業歷史背景探討〉，頁一六。

第三節　藏書整治

一、校讎補訂

藏書家對於圖書從形式到內容的完美追求，主要表現在對於圖書的愛護、針對圖書內容的校勘補正，以及對殘缺圖書的搜訪補齊等方面。〔註 250〕而整理研究古籍，大致有：章句、校勘、訓詁、今譯、輯佚、編纂、補缺等形式。不論任何一種形式的整理，都是一種學術活動，也都需要參考幾倍、幾十倍，乃至幾百倍於它的參考書籍。〔註 251〕古時從事校讎工作者，不只要對照不同版本的字句訛異，還要旁徵博引，考據其典故來源，多方引證之後，才能定其正誤。〔註 252〕因此，一般認爲校書有五難：一、不謁不漏之難；二、資料不備之難；三、資料太多之難；四、無資料可憑之難；五、資料是否可信之難。〔註 253〕

校書之人必須嚴謹而博學，若不得其人，則不如不校。上海藏書家陸深提及：「邢子才有書甚多，而不甚讎校，見人校書常笑曰：『何愚之甚！天下書至死讀不可遍，焉能始復校此，且誤書思之，更是一適。』」〔註 254〕正因如此，由於藏書家擁有豐富的知識以及充棟的藏書，並且具有專業的經驗，所以在從事這一方面的工作時，自然較之一般人更爲得心應手。如仁和藏書家吳任臣，以薦舉授翰林院檢討一職，據《武林藏書錄》載：

> 既入翰林，十年不遷，會詞臣奉命校書，多謬誤，每奉詰責。眾懼，競以書致，乞代校，迫於情，竭四十晝夜乃終卷，而心疾作。迨中允之命下，而託園（吳任臣）以先一日死，年六十二。〔註 255〕

其他詞臣皆因校書被責，只有吳任臣因而升遷，任臣雖因此而過勞至死，但亦可見藏書家在校讎工作上優於一般文人之處。

特別是在明代文人學風空疏的情況下，就校勘而言，往往讀書未廣，而自以爲是，妄改古書幾成一時時尚，一直受到自顧炎武以下的清代和近代學者的批評。雖

〔註 250〕蕭東發等，〈中國古代的官府藏書與私家藏書〉，頁五一～五三。

〔註 251〕嚴佐之，〈目錄學對古籍整理的功用〉（《圖書館雜誌》，一九八二年第四期），頁二〇。

〔註 252〕李家駒，〈我國古代藏書樓的典藏管理與利用（下）〉（《教育資料與圖書館學》，第二五卷第二期，一九八八年），頁二二一。

〔註 253〕王叔岷，〈論校書之難〉（收入《文史論叢》，九龍：中華書局香港分局，一九七四年三月港版），頁二四七～二五四。

〔註 254〕明・陸深，《春風堂隨筆》（《筆記小說大觀》一三編五冊，台北：新興書局，一九七六年七月版），頁一下。

〔註 255〕《武林藏書錄》，卷下，〈吳託園先生〉，頁五六。

說明代書業的惡風大半在南宋已經存在，「刻書而書亡」的指責，似不應專對明人而發。〔註256〕但這並非厚誣明人，而是經過勘正查驗而確有實據的，在《四庫全書總目提要》中，這類揭發亦往往而有。如明人葉盛（1420～1474）云：

> 近代雜書著述，考據多不精。如《翰墨全書》，以彭思永爲明道母舅、《事文類聚》以「閒門要路一時生」爲「侯門要路一時生」之類，至傳寫刊刻皆然，所謂《氏族大全》尤甚。湯公讓指揮以博學強記自許，一日，劉草窗家偶及趙明誠，湯以爲趙抃之子。予偶記抃之子屼、岏，明誠則宰相挺之子也。湯大以爲不然。徐元玉（徐有貞）在座，亦不能決，曰：「明日當考書，負者作東道耳。」湯退，既詳考得實，乃携《氏族大全》叫呼而來，曰：「本子誤我矣。」近考廣州十賢，李朝隱一作李尚隱，因訛而爲李商隱，亦出《氏族大全》。〔註257〕

又如著名的《蘇東坡集》，時下刻本也有訛誤，杭州藏書家馮夢禎曾經指出其錯誤之處云：

> 此日呼驥兒校坡集，至〈趙清獻神道碑〉，公二子，長曰：「岏」，次亦曰：「岏」，當有一誤，所畜二本俱然。會同年黃端甫侍御按嶺南，問至函中得《監懲錄》一帙，載循吏二十人事，而清獻與焉。亟檢之，子二人，長「屼」次「岏」，遂呼驥兒改正。以此知校書之難，而事亦有適然者。〔註258〕

凡此種種，皆是明代刻本濫惡之例，也可見當時藏書家校讐之不易。除了刪改字句外，並有刪改古書書名、卷次之例，所謂明人刻古書而古書亡，雖語涉誇張，卻也道出了問題的嚴重性。〔註259〕藏書家在面對時下書業濫刪濫改的嚴重情況下，在古籍的整理上必須付出加倍的心思與勞力。而明代江浙地區的藏書家在古籍的整理與校讐上，主要的工作有校注、辨僞、輯佚，並且相當注重版本的良窳。藏書家需要弄清所依據版本之優劣，並通過各種辦法來對原刻本比較和參照審核。古典文獻都是手工勞動的產品，在傳抄與傳刻的過程中，時常會出現脫文、訛字、倒字、重文、疊字、缺頁、誤改，甚至妄刪等弊病，惟有經過校勘與更正補訂，才能稱爲善本。

〔註256〕潘銘燊，〈書業惡風始於南宋考〉（《香港中文大學中國文化研究所學報》，第一二期，一九八一年），頁二七六。

〔註257〕明・葉盛，《水東日記》（《元明史料筆記叢刊》，北京：中華書局，一九九七年十二月第一版第二刷），卷五，〈氏族大全多誤〉，頁五三～五四。

〔註258〕《快雪堂集》，卷三一，〈書監懲錄後〉，頁一下～二上。

〔註259〕傅杰，〈明代以前的古籍校勘述略〉（《福州大學學報》哲學社會科學版，第一四卷第三期，二〇〇〇年七月），頁八九。

由於藏書家的努力，使得這些古籍能夠被人讀懂與利用，並且差錯極少。〔註 260〕且與明代的官府藏書做比較，經過校勘精審的善本書，也以私家所藏爲多，〔註 261〕此則因藏書家校讎之力，才足以致之。

校讎與補訂，雖然常常合併在一起進行，然而實爲兩項工作。先論校讎，校讎爲「治書」之學，與文人之「治學」有別，所謂治書之對象爲書本，其目的在校理訛亂書籍，使各還其眞。而治學之對象爲學科，其目的在發揮某科學術，使之光大。然治學必以書本爲根據，若書本不眞，所治之學必敷淺誤繆，故治書乃治學之基本功夫，此不可不判。〔註 262〕若要眞懂得讀書，必由校讎之學問途，方得其門而入。校讎之學對於藏書家而言，更是一種基本學問，並且也是崇高人格的顯示。華亭藏書家陳繼儒說：「校書能闕疑者，其平生口無誑語可知也。」〔註 263〕便是對善於校書者的尊重。而大凡私家藏書，都是注意校勘的，但是這些校勘又有兩種情況：一種是把校勘作爲藏書整理的一個重要環節，大多數藏書家爲了提高自己藏書的質量，就要勤勉校書；而另一種是校勘家兼藏書家的校勘，他們以藏書服務於校勘。〔註 264〕但不論是那一種校勘，校勘工作對於藏書家而言，都是必要的藏書活動，因爲校勘是文獻整理的重要方法之一。藏書家爲了提高自家藏書的質與量，稍有空閒，便對藏書進行整治工作，而校讎便爲其一，其功用約略爲便利讀書治學、有裨文獻整理、疏通文字詞義等。〔註 265〕至於藏書家之所以樂於從事校讎工作，往往是因爲對藏書感覺未盡完善，欲求其全，乃爲之校訂，並視此爲自己之職責。如上海藏書家陸深便曾說：

> 身在史館日，嘗於同年崔君子鍾（崔銑，1478～1541）家獲見《史通》寫本訛誤，當時苦於難讀也。年力既往，善本未忘。嘉靖甲午（十三年，1534）之歲參政江西，時同鄉王君舜典以左轄來自西蜀，惠之刻本，讀而終篇，已乃采爲會要，頗亦恨蜀本之未盡善也。明年乙未（十四年，1535），承乏於蜀，得因舊刻校之，補殘刓謬凡若干言。乃又訂其錯簡，還其闕文，於是《史通》始可讀。〔註 266〕

〔註 260〕韓文寧，〈明清江浙藏書家的主要功績和歷史局限〉，頁一四三。
〔註 261〕《中國古代藏書史話》，頁一二二。
〔註 262〕胡樸安等，《校讎學》（台北：台灣商務印書館，一九九〇年七月台二版），頁二。
〔註 263〕《岩棲幽事》，頁二一上。
〔註 264〕周少川，〈論古代私家藏書的類型〉，頁一五二。
〔註 265〕洪湛侯，《中國文獻學新編》（杭州：杭州大學出版社，一九九七年九月第一版第三刷），頁一六一～一六五。
〔註 266〕《儼山集・續集》，卷八六，〈題蜀本史通〉，頁一下～二上。

藏書家之所以自得於一般人認爲枯燥無趣的校讐工作當中，就是源自於愛護書籍的天性使然，即使這本書的所有權並非屬於自己，他們也樂此不疲。書籍之佳窳與否，全賴校者之功力，一書若經多位名家反覆校勘，便稱善本。例如杭州藏書家馮夢禎與德清藏書家的姚士粦爲文友，姚士粦既以善於讐校知名於時，馮夢禎遂敦請姚士粦幫忙校書，藉由透過兩大名家的反覆校讐，讓書籍成爲善本。馮夢禎提及：

休文《宋書》畢工三年矣！余初閱數篇，猶有錯誤。會友人布衣姚叔祥（姚士粦）自檇李見訪，叔祥故博雅，即以委之。乃手對舊本，參以《南北史》、《通典》、《通志》等諸書，猾猾三月，始得竣事。凡補舊闕七十字，增一百九十餘字，正一千一百餘字，餘點畫差訛而改正者，約數千字。已余又從叔祥所更定處覆加校刊，而所爲是正者尚多有之。以此信校讐之難，古人諭之掃塵，愈掃愈有，果然！然《宋書》至是，亦可以稱善本矣！〔註 267〕

其實，古籍雖然已經通過歷代名家的不斷校讐，但是仍然會有錯誤存在。江陰藏書家李如一指出：

宋宣獻博學，喜藏異書，皆手自校讎。嘗謂校書如掃塵，一面掃，一面生。故有一書，每三四校，猶有脱繆。〔註 268〕

書籍唯有經過藏書家的再三校改，才足以逐步趨向完善之途。藉著藏書家的耐心與熱誠，中國的古籍便在他們屢次的辛勤校訂之下，經過一校再校，終於漸趨完備而成爲善本。其中藏書家居間之力，實在功不可沒。

明代江南五府的藏書家們對於藏書的校讐與補訂工作，也都頗爲重視。以校讐工作來看，此地的許多藏書家一生自少至老，都在從事校讐的工作而樂此不疲。以下，舉證明代江南五府藏書家當中一些喜好校讐的典型，概略敘述之，以瞭解到此地藏書家對於校讐工作的執著與重視。

元末明初無錫藏書家倪瓚，「所居有閣，名『清閟』，藏書數千卷，手自勘定。」〔註 269〕他喜好校書，不假於他人之手。而倪瓚爲明初的風流典型，書籍經其一校，價値頓增很多。上海藏書家黃標，「字良玉。藏書甚富，必手自校閱。」〔註 270〕藏書之餘，也喜歡校書。同縣的藏書家董宜陽，對於校書更是沉迷陶醉，「生平嗜好惟

〔註 267〕《見只編》，卷中，頁一二六。

〔註 268〕明・李如一，《水南翰記》（《筆記小説大觀》三八編四冊，台北：新興書局，一九八五年一月版），頁一上。

〔註 269〕《列朝詩集小傳》，甲前集，〈雲林先生倪瓚〉，頁二八。

〔註 270〕《光緒・川沙廳志》，卷一〇，〈人物・統傳〉，頁八上。

書史、古石刻名帖，日坐一室，手丹鉛，校勘至丙夜不休。」〔註 271〕華亭藏書家何良俊，家藏圖籍甚富，非常喜歡校書。他認爲校書乃藏書家之「宿業」，校讎工作了無止盡，至死方休。他說：

古人云：「校書如拂几上塵。」言旋拂旋有也。余前身或是雕蟲所化，每至長夏，置棐几於前榮，橫陳一冊，朱白不去手，則是日不知有暑，不然則煩悶欲死，乃知此固其宿業也。又古人言誤書，思之亦是一適，苟適其適，又何憚焉！故見者雖或嗤誚之，不置也。……今世書籍訛舛甚多，偶有所見，則書於冊。〔註 272〕

何良俊的校讎癖嗜，可謂至篤。據其言中所指，可知明代所刻書籍之濫惡，亦可見藏書家於校讎上之辛勤更倍於以往。杭州藏書家馮夢禎，家富藏書，也喜好校勘書籍。居官時，並不因公務纏身而廢止校讎之業，反而常常利用公餘之暇，查勘書籍。他在任職國子監祭酒時曾經告訴友人說：

監務希少，得校閱史書謬譌，授之剞劂。端陽前後，《三國志》成；涉秋，《史記》亦成矣！此國子先生日課也，一笑。〔註 273〕

馮夢禎篤好藏書，把校書當成是日常的課程之一，眞不愧其藏書之名。而校書雖然一般人看似無聊，但是對於藏書家來說，卻是相當有趣的工作。正如華亭藏書家莫是龍所言：「蓄一古書，須攷校譌謬，及耳目所不及見者，眞似益一良友。」〔註 274〕校書之樂，只有藏書家能銘心體會，其中滋味絕非外人所能探窺。

無錫藏書家秦汴，雅意恬淡，辭官歸里後，篤好藏書，而對校書之嗜癖，也相當自得其樂，「顏其所居樓曰：『萬卷』，校讎披閱，朱墨狼籍痕，胸臮爲滿。」〔註 275〕秦汴子秦柱，藏書亦富，對於校讎之篤好，也一如其父。他將其家所藏，「手自朱墨校讎者半。」〔註 276〕類似秦氏這種家庭之間以校讎活動相取尚的家風，在明代江南五府地區的藏書家庭當中，不乏其例。如嘉興藏書家高承埏，家富藏書，喜好校讎。據《國朝耆獻類徵初編》所載：

天才卓絕，筆墨妙天下，藏古人遺蹟自娛。公亦好聚書，多至數萬卷，寢處其中，校勘不倦，時復卒卷，掩抑曰：「先人有知，魂魄猶應眷此也。」

〔註 271〕《皇明詞林人物考》，卷一一，〈董子元〉，頁五三上。
〔註 272〕《四友齋叢說》，卷三六，〈考文〉，頁三二五。
〔註 273〕《快雪堂集》，卷四四，〈與朱修吾〉，頁一一下。
〔註 274〕《藏書紀事詩》，卷三，〈莫雲卿廷韓〉，頁一五四。
〔註 275〕《賜餘堂集》，卷一一，〈中憲大夫雲南姚安軍民府知府次山秦公墓表〉，頁一二上。
〔註 276〕《賜餘堂集》，卷一二，〈徵仕郎中書舍人餘山秦君墓志銘〉，頁三三下。

〔註 277〕
他們視校讐爲善守先世藏書的孝道表現之一，因此，爲人子孫者對於校讐工作，絲毫不敢鬆懈。而藏書家若因年老力衰而無法校書，往往會頗爲自責。如嘉興藏書家周履靖，因爲年老而體邁眼花，以致無力審校藏書。他無奈地愧嘆道：

因歎年已及衰，嬾慢日甚，不以時刊定之，俾公□（原文闕）嗜，徒度帳中飽蠹魚腹耳！〔註 278〕

又無錫藏書家周子義，篤好藏書，對於家中所藏，「咸手自校讐。」〔註 279〕崇德藏書家呂留良，則至臨終之前，仍不忘校書之事。他在寫給友人的信中道：

某衰病日深，支骨待死，……醫事久已謝絕，惟點勘文字則猶不能廢，平生所知解，惟有此事。即微聞程朱之墜緒，亦從此得之，故至今嗜好不衰，病中賴此，摩挲開卷，有會時一欣然覺。〔註 280〕

以上諸家，都是明代江南五府地區當中藏書家喜好校書的典型。其實此地區所有的藏書家都喜歡從事校讐活動，因爲人數眾多，不便一一列舉。

有些藏書家，則是爲了刻書而校書。無錫藏書家華燧，以銅字版刊印書籍聞名於世，自「少於經史多涉獵，中歲好校閱同異，輒爲辨證，手錄成帙，遇老儒先生即持以質焉！或廣坐通衢，高誦不輟。」〔註 281〕年既長，「乃範銅板錫字，凡奇書難得者悉訂正以行。」〔註 282〕爲了保證所印書籍的品質，華燧特別勤於校讐。又如華亭藏書家陳繼儒，也是如此。他喜好刻書，也擔心因爲校讐不夠精審即交付梓人刻印流通，將爲害學人，因此，對於校讐之事特別重視。他曾說：

余得古書，校過復抄，抄後復校，校過付刻，刻後復校，校過即印，印後復校，然魯魚帝虎，百有二、三。夫眼眼相對尚然，況以耳傳耳，其是非毀譽，寧有眞乎？〔註 283〕

此外，崇德藏書家呂留良也曾與友人浙東藏書家黃宗羲合作刊刻《念臺先生遺集》，他相當注重校讐的作用，因而說道：

嘗讀朱子〈與張南軒往復論刻書〉，一字一句必考存原本，其精愼如此，此所謂校讐之功也。今此書未曾一見原稿，直太沖（黃宗羲）傳本耳！

〔註 277〕《國朝耆獻類徵初編》，卷四六一，〈隱逸一．高承埏〉，頁二四上～下。
〔註 278〕《梅顛稿選》，卷一八，〈夷門廣牘序〉，頁一下～二上。
〔註 279〕《弇州山人續稿碑傳》，卷六七，〈周文恪公傳〉，頁二〇上。
〔註 280〕《呂晚邨文集》，卷一，〈答葉靜遠書〉，頁二八上。
〔註 281〕《容春堂集》，卷七，〈會通君傳〉，頁四〇下。
〔註 282〕《書林清話》，卷八，〈明華堅之世家〉，頁八下。
〔註 283〕《岩棲幽事》，頁二三上。

未知其于原稿無一字一句之誤否？〔註 284〕

由於古書在流傳過程中，久經傳抄刊刻，不可避免地都會出現衍文誤字，所以，校書就成了藏書家們經常從事的工作。特別是喜好刻書以廣流通的藏書家，若未經嚴格的把關，不但容易以訛傳訛，荼毒藝林，甚至偏離正道，變成僞書。關於這點，明代江南五府地區藏書家的刻書，則與時下的出版商所爲，兩者之間有著非常明顯的不同。他們除了注重校讎工作以外，並且相當強調保留原本的重要性，絕不任意刪改，我們從以上呂留良之所言便可得到印證。此外，他們一則自己有豐富的藏書可以廣泛參考，再則他們大都學識淵博，經過他們校勘而出版的書，大都質量很高。〔註 285〕

藏書家的確必須博學，如此才利於校讎之事的進行。古書流傳既久，又屢經鈔刻，異文錯舛，所在多有。爲了獲得正確的閱讀資料，古人讀書特別強調校勘工作。而豐富的藏書可爲校勘者創造一些條件，所以許多藏書家都盡量購求善本與異本，〔註 286〕以便於校讎之時，俾供參考。另外，校讎時往往必須發現並改正書中的內容與其他刻本間的差異，若非胸藏富於萬卷的飽學之士，則又力不足以爲之。嘉善藏書家支如玉曾舉例說：

會丙戌（萬曆十四年，1586）歸里中，暇繙故籍，而間欲有所雌黃，出邑内購他本，無論不得，即不能舉其名。邑人士自經學數種外，間語典墳百子、玉笈貝葉之文，則大齚舌以爲欺我，即諸頂進賢而韋帶者，迄白首憒憒如面墻也。倘有輶軒觀風者至，吾何以應之？〔註 287〕

爲了校書，除博學之外，對於時下版刻的精善良窳又必須瞭若指掌，以利校讎時底本之選擇。如嘉興藏書家周履靖，據〈夷門廣牘序〉載：

日惟閉門兀坐，專精嗜書，無間寒暑。或分晷燃膏讀之，或捉紙提筆寫之，或字有疑誤，必覓善本，手自校讎之。〔註 288〕

校書時所用的底本，往往不止一種而已，校書者必須參考時下的所有刻本與抄本，相互比較同異之後，再將比較完善的版本選用爲底本，間或雜考其他的書籍，以之相互對照，然後再一字一句地從當中發現錯誤並加以改正，使之成爲善本。凡此種種工夫，歸根究底，還是得靠博學爲基礎。而明代江南五府地區藏書家與文士之間，

〔註 284〕《呂晚邨文集》，卷二，〈復姜汝高書〉，頁七下。

〔註 285〕楊柏榕等，〈關於中國古代藏書家評價問題〉，頁六二。

〔註 286〕程千帆等，《校讎廣義・典藏編》（《中國傳統文化研究叢書》，濟南：齊魯書社，一九九八年四月第一版），頁一八。

〔註 287〕《半衲庵筆語》，文集卷三，〈題孫終和藏書記〉，頁一八上～下。

〔註 288〕《明刊本夷門廣牘》，卷一，何三畏〈刻夷門廣牘序〉，頁二二上。

當時籠罩在一片崇尚博學的氣氛之下，這點爲當時書籍的校讐工作，提供了相當有利的條件。此外，藏書家終日浮沉於書城文海當中，對於校讐工作，也培養出一些基本的訓練方法。如崇德藏書家吳爾箎，其家富藏書，本身也喜好博覽群籍，與同學鈎考古人掌故逸事，可以直接指出某事出於某書第幾頁第幾行，俱能訂正譌舛之處，此於前文已述。由於他們也會寓專業於平時的文戲當中，對於將來校書時的比較異同、訂正僞誤能力的提升，起著相當重要的作用。

在校讐書籍時對於錯僞之處的改正上，明代江南五府的藏書家由於經驗的累積，也產生了一些特殊的技巧和方法。如同眾人所知，以往書籍若有錯字必須改正，由於紙墨材質的關係，在技術上是相當困難的。但是明代江南五府藏書家在校讐的經驗累積之下，也發現了一些小祕方。如華亭藏書家陳繼儒，喜好校書，以其臨床的經驗，指出：

> 粉研，令極細，以楮樹汁調之，如校書時有誤字，以此塗抹，則與紙無異。粉當用畫家蒸粉，若無楮汁，止當用膠和麵糊亦可。〔註 289〕

利用這樣的方法，不但美觀，又不會破壞原書的材質，可說相當便利。又如江陰藏書家李如一，基於本身長期的校讐經驗，對於校書時改正誤字的方法，也曾經提出個人的小技巧。他說：

> 館閣新書淨本，有誤書處，以雌黃塗之。嘗校改字之法，刮洗則傷紙，紙貼之又易脫，粉塗則字不沒，塗數遍方能漫滅。惟雌黃一漫則滅，仍久而不脫，古人謂之鈆黃，蓋用之有素矣！〔註 290〕

以上這些方法，都是明代江南五府地區藏書家在其自身的校讐生涯裡所發現的一些既有效又便利的方法，相信對於當時的藏書界，在提升校讐技巧上所做出的貢獻，必然不小。

二、補綴完書

除校讐工作以外，若要維護圖書內容的完整以及外觀的整潔耐用，便須加以補訂。圖書幾經轉手，加上日常的使用頻繁，久而久之，便會產生破損以及缺冊缺頁等問題，藏書家若不及時加以補綴，時日一久，輕則魯魚亥豕，難以閱讀，重則缺冊斷頁，漸趨散亡。所以，藏書家在日常的校讐工作以外，也相當注重補訂的工作。

對此，明代江南五府地區的藏書家當然也不例外，在他們當中，不乏有隨缺隨補的愛書人士，對於日常的補訂工作，非常的重視。如上海藏書家陸深說：

〔註 289〕《岩棲幽事》，頁二上。
〔註 290〕《水南翰記》，頁一上。

余家學時喜收書，然靦靦屑屑不能舉群有也。壯遊兩都，多見載籍，然限於力不能舉群聚也。間有殘本不售者，往往廉取之，故余之書多斷闕。闕少者，或手自補綴；多者，幸他日之偶完，而未可知也。正德戊辰（三年，1508）夏六月寓安福里，宿痾新起，命僮出曝，既乃次第于寓樓，數年之積與一時長老朋舊所遺，歷歷在目，顧而樂焉。〔註291〕

按陸深言下之意，補訂之樂在於見到毀損殘缺之書因己之力得以完整而煥然一新，見到這些「得獲重生」的古籍，正是藏書家在補訂工作上的最大安慰。而藏書家對於殘損圖書所從事的補訂工作，有時不是立竿見影，必須經過長時間的耐心綴補，才可以完成的。陸深又舉例說：

余家窮鄉，又故農也，素無遺書。迨余又力薄，故其致書比於他難也。十五、六時喜讀蘇氏書，側聞先儒悉謂蘇實原於戰國，因訪諸友人，得一斷簡，蓋〈齊策〉至〈楚策〉凡十卷，受而讀之，其事至不足道，而其文則至奇，時恨未睹其全也。壬戌（弘治十五年，1502）之春會試南宮始購得之，猶非善本。下第南還，避谷亭者幾兩月，始伏讀之，然殘闕者多，未免遺恨。……正德改元，余第進士之明年始於同館徐子容（徐縉）借得善本，手自補較，而余之所有《戰國策》者乃僅可讀。於是竊嘆夫學欲及時，而淵源不可少云。〔註292〕

《戰國策》在陸深手裡，從斷簡殘編到乃僅可讀，其間歷經十餘年的光陰，始知補正圖書之不易，於此可證；且此又當爲極端愛書護書之人，才能有此恆心毅力，終底於成。而藏書家一心要將藏書補全，必須得到善本以供爲補全的依據，間或求之不得，心中焦慮往往形於顏色，其苦心孤詣，實在令人同情。

藏書家基於愛護圖書之心，即使是別人的書，只要在自己的手裡見到破損，都必須立刻加以補訂。如華亭藏書家陳繼儒便曾呼籲：

借人典籍皆須愛護，先有缺壞就爲補治，此亦士大夫百行之一也。濟陽江祿讀書未竟，雖有急速，必待整齊，然後得起，人不厭其求假。或有狼藉几案、分散部帙，多爲童幼婢妾所點污、風雨犬鼠所毀傷，實爲失德。〔註293〕

要求愛護典籍之心，絕不可分彼此，尤其是借來的書，更是必須加以愛惜，不可任意毀損，這是做人的一種基本道德，凡是愛書人皆必須遵守。

〔註291〕《儼山外集》，卷二八，〈附江東藏書目錄小序〉，頁五上。
〔註292〕《陸文裕公行遠集》，卷一二，〈書戰國策後〉，頁三一下～三二上。
〔註293〕《珍珠船》，卷四，頁二九下～三〇上。

除上述諸家外，明代江南五府地區的藏書家們普遍都存有愛書護書之心，對於斷簡殘編，往往都能盡全力予以補全，並且樂此不疲，習以爲常。今再舉數家，如前述烏程藏書家沈節甫，好藏書，基於愛書之心，凡書有殘破之處，必親手補綴以成完帙。海鹽藏書家胡震亨，家富藏書，對於圖書破損遺缺之內容，盡力加以補全。「藏書萬卷，日夕搜討，凡秘冊僻本、舊典佚事，遺誤魯魚漫漶不可句讀者，無不補掇揚搉，稱博物君子。」〔註 294〕秀水藏書家曹溶曾憂心古人詩文集日漸亡佚，便在藏書之餘，力加以補綴完全。他說：

> 予又念古人詩文集甚夥，其原本首尾完善、通行至今者不過十二三，自宋迄元，其名著集帙者，及今不爲搜羅，將遂滅沒可惜。故每從他書中隨所見剔出，補綴成編，以存大概。如孫明復、劉原父、范蜀公等，頗可觀。……使人盡此心，古籍不亡，斷自今日始矣！〔註 295〕

許多古籍，便是在藏書家如此不厭其煩地從其他典籍當中，一字一句地加以挑出補綴，才成爲今日所見之善本。而明代江南五府地區，藏書家之樂於補全藏書者，幾乎所在皆同。

明代江南五府地區藏書家在補訂藏書的同時，也累積了一些經驗。如華亭藏書家陳繼儒在裝治碑刻舊帖上，提出了自己的看法。他認爲「裝潢舊碑、石刻、法帖，篆額斷不可去，不然却似賢人不著冠耳。」〔註 296〕對於綴補破損書籍的技術上，江陰藏書家李如一也提出其專業之見地：「凡接紙縫如一線，日久不脫，用楮樹汁，白麵、白芨末，調和爲糊。」〔註 297〕凡此種種，都是此地藏書家在平日從事補綴圖書時累積的個人經驗，相信對藏書的補訂，有相當份量的貢獻。而藏書家於補綴書籍上所下的苦心，在明代江南五府地區，也是隨處可見的，對於中國古代文化事業的傳承，確實提供了相當重要的助益。

第四節　藏書賞鑒

書籍是一種既普通又特殊的文化產品，除了內部蘊含著無窮無盡的文化內涵以外，其外觀也是豐富多采的，如書籍的板式、紙張、字體、用墨、色彩、套印、裝幀等等，自古以來，這些都是藏書家們所共同賞識的地方，所以，書籍本身也是一

〔註 294〕《光緒・海鹽縣志》，卷一五，〈人物一〉，頁六〇上。
〔註 295〕《絳雲樓書目題詞》，頁二下～三上。
〔註 296〕《岩棲幽事》，頁一三下。
〔註 297〕《水南翰記》，頁一上。

件藝術品。〔註 298〕因此，鑒賞圖書，是讀書、藏書和賞書人所以共同感興趣的事。在古代，就有鑒賞圖書的標準，當時稱之爲「書品」。〔註 299〕書品包含對於法書字帖的賞鑒，以及對於典籍的鑑別，歷來便是風流名士與藏書家們所講究的文藝閒賞趣味，也是古代文人崇尚的一種審美觀念。

到了明朝，由於僞造文物的大量出現，文人對於書品，便由本來的審美品味，進而突顯成爲辨別書籍眞僞的專業鑑定能力，而收藏家對古物的鑑賞也由金石考證的興趣轉爲文物的辨僞。〔註 300〕當時古物作僞的技巧，較之前代，又更爲高明。至於圖書的鑑別眞僞，與校讎一樣，都爲求學之第一緊要事，時人至稱：「造僞書者，古今代出其人，故僞書滋多于世。學者於此，眞僞莫辨，而尙可謂之讀書乎！是必取而明辨之，此讀書第一義也。」〔註 301〕對於圖書的鑒賞，文士們也是相當地重視。

而明代的收藏家除了自我欣賞藏品以外，也常互相觀賞藏品，有時還眾人相約一起到某處觀賞，或者是各人携帶藏品，聚在某處一起觀賞。當然，也有些人是登門拜訪求觀藏品，或是持著藏品登門求教者。〔註 302〕在明代鑑賞之風的盛行之下，藏書活動也受到了感染。凡是藏書家具有高深的鑑賞品味與能力者，被時人視爲是一種「博雅」的表現，爲人所敬重，在集團裡也會獲得很高的地位。因爲「雅」，是中國古代重要的審美範疇之一，用以品評人物風度或鑒賞作品風格，成爲一種藝術審美理想和文學批評標準。〔註 303〕通常品評「雅」之人，都是學識廣博的人，所以人們便以「博雅」來稱呼這些滿肚子學問又品味高尙的文學之士。當然，賞鑒也有品味高下之分。十六、七世紀江南一些著名的書籍賞鑒家，就絕非清人洪亮吉氏所說的那種只懂書籍版本，而對書籍旨意一知半解的「半調子」。〔註 304〕由於明代文物與書籍的鑑賞之風非常盛行，鑑賞家的成群出現，連帶也使得有關鑒賞方面的書籍，顯得大爲興盛並充斥於市面上。〔註 305〕

特別是明代的書肆，雖說爲讀書人購買書籍提供了便利，但是因爲書賈爲了賺錢，卻往往弄來一些贗籍充當正品，使得不少藏書家因而上當受騙。尤其是明代正

〔註 298〕周少川，〈論古代私家藏書的類型〉，頁一六二。

〔註 299〕《圖書收藏及鑒賞》，頁三三九。

〔註 300〕徐文琴，〈玩物思古——由杜堇「玩古圖」看古代的文物收藏與賞鑑〉（《故宮文物月刊》，第九卷第八期，一九九一年十一月），頁二四。

〔註 301〕清・姚際恆，《古今僞書考》（《姚際恆著作集》五，台北：中央研究院中國文哲研究所，一九九四年六月初版），書前，〈古今僞書考序〉，頁一。

〔註 302〕沈振輝，〈明人的收藏活動〉，頁八八。

〔註 303〕孫克強，〈論「雅」〉（《復旦學報》社會科學版，一九九一年第六期），頁八七。

〔註 304〕《十七世紀江南社會生活》，頁一八五。

〔註 305〕張鐵弦，〈明代的文物鑒賞書《格古要論》〉（《文物》，一九六二年第一期），頁四三。

德、嘉靖以後的書坊，當時書賈們爲了方便大量銷售以謀取厚利，對於刻本不但不精加校讐，還往往成段成卷的刪削，更是造成許多書籍的殘缺不全。〔註 306〕當時的這種書業惡風在明代江南五府地區，也是頗爲囂張。秀水藏書家項元汴云：

近日作假宋板書者種種若舊初，非今書彷彿，或令人先聲指爲故家某姓所遺，百計瞽惑。售者莫可窺測，多混名家，收藏者當具法眼辨證。〔註 307〕

諸如此類劣行歪風，便須端賴明代江南五府的藏書家身具慧眼而加以辨正，才能扼止奸商的不法行爲。尤其當時對於許多官宦商賈來說，收藏成爲他們身份的裝飾和追逐名利的手段。他們大多不懂古董，更不對其進行探究，只是一味地以重金購買他人所無之物爲樂，因而導致市面上大量的贋品充斥。而古籍也在這一類人的收藏之列，情況當然也是如此。爲了讓這些附庸風雅又沒有專業知識的藏書愛好者能夠安心的收藏，進而又引出社會上一種新興職業的出現，那就是鑒賞家，又稱爲賞鑒家。

要成爲賞鑒家，必須多讀書，方有足夠的聞見，可供鑒賞之參考與助力。從事賞鑒活動必須是飽學之士，這是很有道理的。文人於文會之間，出示之古器物或書畫、古籍，在鑑定之時，往往必須考之載籍。而賞鑑者最好能學問滿腹，可供隨時備詢。也正因爲如此，所以不少當時有名的學者、藝術家、收藏家以及藏書家，都充當了這一個角色。如華亭藏書家董其昌，以善於賞鑒聞名於世，官京師時，「輦轂收藏家又時時願得公賞鑒，一品題爲重。」〔註 308〕由於這種身份受到文士們的推崇，所以吸引了不少人來潛心研究，〔註 309〕包括江南五府地區的藏書家，也是如此。而辨別眞贋，也正是明代江南五府地區某些藏書家的專業技能之一，由於他們本身過眼圖籍眾多，往往在賞鑒上也慧眼獨具。不過，此地一些藏書家雖擁有數十年的圖書鑒賞經驗，仍難逃書賈以殘本充當足本以售的欺騙伎倆。例如崇德藏書家呂留良，曾經透過書商購買《朱子類語》一書，便爲書賈所欺，他非常生氣的控訴奸商之不仁不義，並藉此告訴子孫們他日買書，必須以此爲戒，以及傳授買書時在鑑定上的竅門，莫讓奸商再次得逞。他說：

壬辰（順治九年，1652）夏買此書，爲書船所欺，自三十一卷至六十

〔註 306〕吳平，〈古代書商的經營作風——宋明清諸朝代淺析〉，頁七二。

〔註 307〕《蕉窗九錄》，〈書錄・論書〉，頁一七下。

〔註 308〕《容臺集》，書前，陳繼儒〈太子太保禮部尚書思白董公暨元配誥封一品夫人龔氏合葬行狀〉，頁二上。

〔註 309〕羅筠筠，〈明人審美風尚概觀〉，頁一七八。

六卷俱闕，而自此本至末凡十本又重出，全書中又多爲庸妄人所批抹，侮聖人之言，小人而無忌憚至此，每展閱時，恨怒無已。書此示兒輩讀書無論聖言，當加敬畏，即古人文字亦不得輕肆動筆；也以戒與書客買書，當細對卷葉，翻看污損，勿輕信而怠忽焉也。〔註310〕

雖然時下作僞之風如此惡質，然而也有藏書家對此處之淡如，即使羅致的是僞品，不但不覺得氣憤，反而對於當時僞作善本之巧技，給予高度的肯定。例如嘉興藏書家李日華便曾說過：

今天下逸書未盡出，因稍知好之，復即有僞作以應者，水乳鍮金，不復可辨。雖然，搜抉隱伏，摹肖逼眞，自是一時佳事。〔註311〕

李日華之論，自然也當是對贋本的一種賞鑒，以當時的環境來看，的確是頗爲另類。

至於藏書家對於書籍品隲賞鑒的內容，除鑑別眞僞外，也包含對於書籍外觀型式、內容或整體上的評論。藏書家有鑑於自己對書籍之專業，常常會對於書籍之良窳提出意見或評論。如海鹽藏書家王文祿，便曾經同時對於多種書籍發表自己的看法。他說：

類書若杜佑《通典》、鄭樵《通志略》、馬端臨《文獻通考》、王應麟《玉海》甚便考索，但《通典》止天寶，《通志》不及宋，《通考》至宋末，《玉海》繁瑣爾。樵譏班固博雅不足，且自爲史，絕司馬遷《史記》之續見高矣！眼學耳學言甚新，貶後儒著作，法魯論空言爲書，不悟孔子修《易》、《詩》、《書》、《禮》、《樂》、《春秋》存歷代之制。樵泥渡數名物，昧性命之微也，太博而未約云，端臨譏之，見《通考》中，後無續編，惜也。若《北堂書抄》、《藝文類聚》、《初學記》失之碎，《太平御覽》、《太平廣記》、《冊府元龜》失之雜。呂東萊《十七史詳節》分《三國志》，魏前人入漢宜矣，〈呂布傳〉分亂之非也；又入宋儒議論，削〈藝文志〉目錄尤非也。孰增定之，若一全史爲佳也。〔註312〕

類似王文祿這樣的言論，當然也是品隲賞鑒的一種方式。此外，鑒賞活動在當時也是藏書家日常生活中的一部份，甚至是藏書家與藏書家之間文會過從的主要內容。因此，本節就以明代江南五府地區藏書家在日常的藏書活動裡，對於書籍的「品隲賞鑒」部份爲題，做一番研究與探討。

誠如前述，明初仁和藏書家王羽，因其家富藏書，以是鑒別最精。當時與王羽

〔註310〕《呂晚邨文集》，卷六，〈書舊本朱子語類〉，頁三二上。
〔註311〕《恬致堂集》，卷一二，〈稽瑞錄序〉，頁七下。
〔註312〕《文脈》，卷二，〈文脈雜論〉，頁二上～下。

一樣以善鑒而聞名的藏書家不乏其人，他們不但在日常生活裡以鑒賞文物與書籍爲樂，時人亦慕名而來，攜帶所藏至其居所要求鑑定，而經過他們的鑑定以後，該文物或書籍的眞僞立刻可以辨別出來。如錢塘藏書家賀榮，「家藏古書畫彝器之屬，且善鑒賞，經目輒定眞贋。」〔註 313〕而無錫藏書家華珵，「平生好品論古圖書器玩，以賞鑒自負，或持至君所，眞贋立辨。」〔註 314〕尤其「善別法書名畫，一時鑒古之名，亞於長洲沈周（1427～1509）。」〔註 315〕「時吳有沈周先生，號能鑒古，時時載小舟從游，互出所藏，相與評騭，或累旬不返。成化、弘治間東南好古博雅，稱兩先生焉。錫山華氏，履德植義固多有之，要不若珵之篤意古人也。」〔註 316〕由於華珵獨到的賞鑒能力，「能推別眞贋美惡，故所畜皆不下乙品。」〔註 317〕而長興藏書家臧懋循，喜歡收藏小說與戲曲，因此對於這類書籍，平居也多爲賞鑒。他說：

還從麻城，於錦衣劉延伯家得抄本雜劇三百餘種，世所稱元人詞盡是矣！其去取出湯義仍（湯顯祖，1550～1617）手，然止二十餘種稍佳，餘甚鄙俚不足觀，反不如坊間諸刻皆其最工者也。比來衰懶日甚，戲取諸雜劇爲刪抹繁蕪，其不合作者，即以己意改之，自謂頗得元人三昧。仙遊、夢遊而外，復得《俠遊錄》四種，較前二錄稍優。〔註 318〕

對於小說與戲曲的品評與比較，也是藏書家鑒賞生活的一種。嘉善藏書家陳山毓，家富藏書，平居生活裡也喜歡品味書籍，區分良窳。他曾經指出當時世間所存古籍當中，「最完善稱近古者，諸子一種是也；其最殘缺，幾無孑遺者，別集一種是也。」〔註 319〕陳山毓對於江南五府地區藏書家的賞鑒生活，也相當重視。

上海藏書家陸深除喜好藏書外，本身多才多藝，也喜歡品騭書籍。與人文會時，「品騭古今，商確事義，辯識書畫古器，談鋒傾一座。」〔註 320〕平生於「聲色貨利無所嬰情，唯法書名畫、商彝周鼎，則時供鑒賞，用爲博古之助。」〔註 321〕藏書家在鑒賞生活當中對於鑒賞能力的培養與訓練，可說是相當重要的一件事情。秀水藏

〔註 313〕《浙江通志》，卷一七八，〈人物六・文苑一〉，頁三一〇四。
〔註 314〕《容春堂集》，卷四，〈明故光祿寺署丞進階文林郎華君墓誌銘〉，頁一二下。
〔註 315〕《光緒・無錫金匱縣志》，卷二五，〈行義〉，頁七上。
〔註 316〕《明分省人物考》，卷二八，〈華珵〉，頁五二上。
〔註 317〕《甫田集》，卷二七，〈華尚古小傳〉，頁四下。
〔註 318〕《負苞堂詩選文選》，文選卷四，〈答曹能始書〉，頁三六下。
〔註 319〕《陳靖質居士文集》，卷五，〈別集序〉，頁二〇下～二一上。
〔註 320〕《名山藏》，無卷數，〈臣林記・嘉靖臣四〉，頁一一上。
〔註 321〕明・唐錦，《龍江集》（《續修四庫全書》集部・一三三四冊，上海：上海古籍出版社，二〇〇二年三月第一版，據上海圖書館藏明隆慶三年唐氏聽雨山房刻本影印），卷一二，〈詹事府詹事兼翰林院學士儼山陸公行狀〉，頁二二下～二三上。

書家項元汴，更是以善於賞鑒而馳名天下，時人至稱：「天下稱收藏賞鑑者，以項氏（項元汴）爲第一家。」〔註 322〕「博雅好古，善鑑別古人翰墨，不爽毫髮。所藏多圖書、鼎彝，欣賞得意，輒臨摹題詠。」〔註 323〕「同時，婁東王世貞蒐羅名品亦不遺餘力，然不逮遠甚，嘉、隆以還，宇內稱鑒賞家第一。」〔註 324〕項元汴鑒賞文物與書籍的功力之深厚，天下第一。

歸安藏書家茅坤，藏書之富甲於海內，也嗜好賞鑒書籍，曾因爲閱覽當時坊間流通的宋人文集《隆平集》，評曰：「書多訛字，不可讀，不知江南諸文獻家，倘有故本可得參訂而別刻之否？亦後之竄修《宋史》者之助也。」〔註 325〕茅坤指出《隆平集》的缺失，也是對書籍的評賞方式之一。由於茅坤精於賞鑒，時人公認「其品較古人書甚精當，古今文皆足名世，誠一代人豪也。」〔註 326〕又如長興藏書家姚紹科之博雅尙鑒，至清初仍爲人稱羨。時人讚美紹科云：

> 嘗構白雪齋、臨雲閣，貯漢唐以來敦彝史書繪其中，三吳名士携以賞覽者舳艫相接也。博古家至今尤能道伯道氏（姚紹科）。〔註 327〕

姚紹科對於書籍賞鑒活動的喜愛，以及在鑒賞方面的專業能力，都是令人相當稱許的。而杭州藏書家馮夢禎善於品隲賞鑒，他的鑒賞功力，也是令人相當激賞。「于鑒定圖史，則張彥遠之記；摩挲鼎彝，則薛尙功之錄，以古況今，未知孰勝。」〔註 328〕馮夢禎在鑒賞方面的能力，直逼古人，程度可謂相當高深。

海鹽藏書家胡夏客，也精賞鑒，「博綜古今，凡七略九流，無不瀏覽。好模周籀秦篆，雖竹書漆簡，郉敦鼎彝，一見輒辨其年月。」〔註 329〕華亭藏書家陳繼儒也喜好品隲書籍，曾經對自己的藏書加以細細品味。他說：

> 余藏宋紹興所刻書冊《華嚴經》八十一卷，後又得《法華》七卷，又得《楞嚴》十卷，《圓覺》二卷，皆宋板也。惜無宋刻《金剛》配之。後得俞仲蔚（俞允文，1513～1579）手寫《金剛》一卷，蠅頭細書而結法嚴密，眞光明寶藏也。〔註 330〕

〔註 322〕清・王弘撰，《山志》（《清代史料筆記叢刊》，北京：中華書局，一九九九年九月第一版），初集卷二，〈淳化閣帖〉，頁五二。

〔註 323〕《蕉窗九錄》，〈本傳略〉，頁七七上。

〔註 324〕《光緒・嘉興府志》，卷五三，〈秀水文苑〉，頁三五下。

〔註 325〕《茅鹿門先生文集》，卷五，〈與沈鐵山書〉，頁一四上。

〔註 326〕《皇明詞林人物考》，卷九，〈茅順甫〉，頁一五上。

〔註 327〕《湖錄經籍考》，卷四，〈施紹科白雪齋詩稿〉，頁二四下。

〔註 328〕《快雪堂集》，書前，顧起元〈具區先生快雪堂集序〉，頁五上～下。

〔註 329〕《光緒・嘉興府志》，卷五七，〈海鹽文苑〉，頁五二上。

〔註 330〕《妮古錄》，卷三，頁七上。

華亭藏書家董其昌，也以精於賞鑒名重一時。他特別「精於品題，收藏家得片語隻字以為重。」〔註331〕只要是經過董其昌賞玩過的書籍或書畫，他便會在上面加以品題，以為紀念，而這樣也是賞鑒的方式之一。

其實，明代的出版界有一個特殊的現象，只要書籍一經名家校勘或評點，立即暢銷，而小說更是如此。對於書商來說，擴大書籍影響的重要途徑，是要求名人或高手作序，把書的作者及作品，吹得天花亂墜；或者延請賞鑒名家加以評點賞鑑，利用名家的高知名度來吸引買氣。諸如此類手法，皆欲使讀者們觀之愛不釋手，立即掏腰包購買。〔註332〕特別是小說類的通俗書籍，在書賈們鋪天蓋地的廣告詞下，通俗小說因此全面走向商品化與通俗化。〔註333〕當時一些不肖的書坊業者，為了提升小說的銷售量，便使用一些欺騙的手段。這些欺騙的手法通常有二種：一種是托名的評點，即假托名公文士進行評點，利用名人效應造聲勢以促銷；另一種是書名上以評本相號召，但實際上卻無評點或是評點極少。〔註334〕如華亭藏書家陳繼儒，因為名氣響亮，成為出版業爭相掛名的對象，而一些不肖的商人，更是假藉陳繼儒之名以謀取姦利。他因此而不勝其擾，便告訴友人說：

> 書坊所刻秘笈之類，皆偽以弟名冒之，念此曹病貧，賈不能救正，聽其自行，多有極可嘆可厭者。〔註335〕

他又曾因書賈出書假託其名，並累及其友，只好又寫信向該名友人解釋說：

> 秘笈非弟書，書賈贗托以行，中無二、三眞者。此曹貧，不忍督付丙丁，終當整頓。〔註336〕

賞鑒名家，反為盛名所累，若因而涉入欺詐的惡行當中，實在是相當無辜。有鑑於此，明代江南五府地區有的藏書家便認為賞鑒時的品題，必須抱持謹慎客觀的態度，切莫淪為商人們的廣告工具而違背良心，並且指出此舉事關重大，不得不慎。如秀水藏書家曹溶便是這麼認為，他呼籲當時的賞鑒名家：「往哲題跋，語必矜貴，論有確據，非意為去取，漫加褒貶也。」〔註337〕的確，名家於賞鑑品題之時，必須心懷

〔註331〕《明史稿列傳》，卷一六四，〈董其昌〉，頁七下。
〔註332〕王春瑜，〈明代商業文化初探〉（《中國史研究》，一九九二年第四期），頁一四五。
〔註333〕李舜華，〈明代書賈與通俗小說的繁興〉，頁二七。
〔註334〕宋莉華，〈明清小說評點的廣告意識及其傳播功能〉（《北方論叢》，二○○○年第二期），頁六三。
〔註335〕《白石樵眞稿》，卷一，〈與戴悟軒〉，頁三三下。
〔註336〕《白石樵眞稿》，卷一，〈答費無學〉，頁三四上。
〔註337〕《書畫題跋記》，書前，〈汪森序〉，頁二上。

畏戒，所謂「書畫受俗子品題，三生大劫；鼎彝與市人賞鑒，千古異冤。」〔註 338〕若稍有不慎，一旦筆誤，近則貽羞於當世，遠則傳笑於千古！

此外，華亭藏書家何良俊，家富藏書，也以精於賞鑒而知名明代的江南五府地區，「于今古金石、法書、名画、詞曲，精於賞鑒，乞言問字之客，闐委無虛日。」〔註 339〕他的鑑賞能力在當時的藝林當中，廣受方家之肯定。而嘉興藏書家周履靖，也篤好鑒賞生活。於「生平無他，嗜之書，書法精辨，奄格畫理，吳中士大夫爭致之，相與評賞。」〔註 340〕因好爲評隲，以是凡「客有持古玩器眞蹟售於諸貴人及好事者，必求先生品騭之，舉數百載以上無爽也。」〔註 341〕周履靖之鑒賞眼光，確有獨到之處。而嘉興藏書家李日華，更是陶醉於古籍之鑒賞，每當展玩所藏珍本時，心情充滿愉悅，其樂融融。他在品鑑其家所藏的宋板《後漢書》時，說道：

> 此本是南宋士大夫家所鏤者，精好如此，定與弇山（王世貞）所收相伯仲也。崇禎己巳（二年，1629），秋杪猶暖，蘭桂藭俱芳，疎簾清簞，展此心開目明，亦一時之快。〔註 342〕

明代江南五府藏書家對於藏書鑒賞生活的熱愛，在日常生活中對其所藏古籍的賞玩，也是一種高尙的文人休閒活動，而李日華就是一個最佳的例證。

有些藏書家不僅喜歡個人的鑒賞活動，且更加喜歡聚集同好一起賞玩品藻，以增添書籍鑒賞生活的樂趣。他們在這類同好之間的文會過從當中，交流了彼此的知識、資訊與經驗，如此一來，對於大家鑑賞功力的提升，頗不失爲一種良策。如華亭藏書家何良俊，除喜好獨自賞鑒文物與書籍以外，也樂意「與二三博雅同志，品騭千古。」〔註 343〕他曾說：

> 夫宇宙間物，流傳亦自不少，豈必盡藏篋笥耶？但得常遇賞鑒之家，掃閣焚香，盡出所有相與評校眞贋。得遇精品，則摩挲愛翫，眞若神遊其間；苟未必佳，亦須隨處指擿出其疵纇，不矜長，不匿短，則意見常新，而藻鑒亦觸處皆長此意。〔註 344〕

蓋何良俊之意，天下之物不可能盡爲己有，只要能與喜好賞鑒的藏書家們相互交流

〔註 338〕《醉古堂劍掃》，卷一，頁一〇。

〔註 339〕《崇禎・松江府志》，卷四二，〈文學〉，頁二三下～二四上。

〔註 340〕明・汪顯節，《繪林題識》（《明代傳記叢刊》七三冊，台北：明文書局，一九九一年十月初版），〈陳隱君繼儒〉，頁六一下～六二上。

〔註 341〕《梅墟先生別錄》，卷上，〈梅墟先生別錄有序〉，頁四四下。

〔註 342〕《恬致堂集》，卷三六，〈書後漢書後〉，頁六上。

〔註 343〕《寶日堂初集》，卷二三，頁二七上～下。

〔註 344〕《何翰林集》，卷二八，〈題書畫銘心錄後〉，頁一〇下～一一上。

一己之所藏，便可得其眞趣。嘉興藏書家郁伯承，也曾提供私藏的書籍借給同縣藏書家李日華品隲賞鑒。日華閱後，讚嘆地說：

> 郁伯承假余范石湖《攬轡錄》、《驂鸞錄》、《吳船錄》三種，皆紀游之語。覽之一過，東西南北數千里山川古迹，如指諸掌。而一時寒暑晦明，亦若開斂其間。奇書也。〔註345〕

經過李日華的鑑定以後，想必這些書籍在市場上定會相當引人注目，價值也自當因此而向上攀升。

由以上諸位藏書家對於書籍品隲活動的喜好程度來看，可以清楚得知明代江南五府地區的藏書家對於賞鑒生活是非常注重的。他們或者獨自欣賞，或是聚眾同鑒，對於賞鑒書籍的鍾愛，都不約而同。可見對於藏書的鑒賞活動，已經蔚成此地藏書家在藏書生活上的一種特色。

於此，也必須說明一下明代的作僞之風。由於明代文士階層與一些城市新貴對於「奇祕」與「好古」風氣的崇尚，而這些人又是文化性產品的最主要消費者，文物市場爲了投其所好，便費盡千辛萬苦的將一些古代文物收集起來供應市場的需求。但是古物有限，供不應求，在社會上各階層的競相追逐之下，使得古物的價格水漲船高。爲了趁機謀取豐厚的利潤，商人們只好以作僞的方式來欺騙顧客，而時日一久，作僞的技術也因經驗的豐富而越來越高明，後來所造贋品幾可亂眞。這種現象在明代末期已經遍及全國，特別是東南沿海與江南一帶，由於身爲古物與收藏家們的主要集散地，因此作僞之風特別盛行，而技巧也稱爲全國第一。當時因爲藏書的風氣很盛，因此圖書也是商賈們僞作的大宗。由於明代江南地區僞作之風甚盛，藏家稍一不愼，便爲贋品所欺。此外，書賈所賣之書，品質良莠不齊，甚至以假冒眞，全賴賞鑑家慧眼辨正。三吳地區古稱才藪，加以經濟雄厚，畫品與書品日豐且精。富賈家藏書畫圖籍，賞鑑之風相當盛行。其時雖然僞作猖獗，古籍、古畫常僞託名家鑒賞以求速售，若非江南地區精於賞鑒的專家所在多有，實在不易辨其眞僞。〔註346〕

以書籍的鑑別而言，從內容一直到外觀，都是品隲賞鑑的範圍。一般說來，明代藏書家對於書籍的鑒賞，大致可分五個方面。明人云：

> 夫藏書之要在識鑒，而識鑒所用者在審輕重、辯眞僞、覈名實、權緩急而別品類，如此而已。〔註347〕

所謂審輕重，即是判定書籍的價值；辯眞僞，指辨別書籍是否爲僞作或贋本；覈名

〔註345〕《味水軒日記》，卷三，頁一九三。
〔註346〕黃桂蘭，〈晚明文士風尚〉（《東南學報》，第一五期，一九九二年十二月），頁一五三。
〔註347〕《澹生堂藏書約》，〈藏書訓略・鑒書〉，頁二二上。

實，乃將名異實同之書加以結合；權緩急，是品第書籍對經世致用之幫助程度；別品類，是要求藏書家必須有能力區分書籍之類，按經、史、子、集四部或其他中國傳統的圖書分類法加以分門別類，甚至作出藏書目錄。當中別品類是以上五則識鑒法當中最爲困難的專業技能。

綜合以上五鑑，書籍的賞鑒乃是針對書籍的內容與外觀來加以品隲賞玩。關於內容的品隲，比較屬於學術的領域，而一般藏書家與書賈們大致偏重在版本的賞鑒。簡單而言，所謂版本，原來只是指雕板印行的書，以之區別於寫本或碑刻。自從印刷術發達之後，刻書例用木板，這板或那板之間，互有異同，於是版本的含義也隨著擴大，索性把抄的、拓的、印的都包括在內，時日一久加上經驗累積，鑒別審定，便成爲一種專門的學問。這種學問的特點是要根據書籍的紙張、墨色、字體、版式等等，區分時代，辨明地域，從而研究何者是原刻，何者是翻刻，何者是舊抄，何者是新抄，借以判斷其內容如何，是否爲善本………等等。〔註348〕這種書籍版本的鑒賞方式，在明代江南五府地區非常盛行。舉例來說，如上海藏書家陸深曾說：

> 石林（葉夢得）時印書以杭州爲上，蜀本次之，福建最下。京師比歲印板殆不減杭州，但紙不佳，蜀與福建多以柔木刻之，取其易成而速售，故不能工。福建本幾遍天下，然則建本之濫惡自宋已然矣！今杭絕無刻，國初蜀尚有板，差勝建刻。今建益下，去永樂、宣德間又不逮矣！唯近日蘇州工匠，稍追古作可觀。〔註349〕

陸深針對書籍外部的賞鑒，也就是版本的鑑別。一般而言，明代江南五府的藏書家對於書籍內容的鑑賞程度，往往也都是非常地深入，並以此顯示出其專業的鑑賞能力。如陸深對於書籍內部的品隲，也同樣非常喜好。他曾閱覽蘇州藏書家都穆所藏之《水經》一書，評曰：

> 予覽之有三疑：桑欽著書，能成一家言，後漢文苑何不爲立傳？欽之名姓又別無考見，一疑也。《水經》所具，至道源委，徧及夷夏，非一人一生所可窮極，一疑也。所稱酈道元注，道元後魏時人，其書該洽浩博，後來引用者但稱出《水經注》而已，不知經注復何所出，又一疑也。偶覽《通典》，亦載《水經》郭璞注三卷，酈道元注四十卷，皆不詳撰者名氏，亦不知何代之書，但謂是順帝以後纂序也。且云所作詭誕，全無憑據，疑於《吳越春秋》、《越絕》之流，亦不知有桑欽。君卿博洽之儒，其論當可信，與《漢書》〈孔安國傳〉載徐敖以《毛詩》傳惲子眞，子眞傳桑欽君

〔註348〕《唐弢書話》，頁三〇六。總頁三六六。
〔註349〕《金臺紀聞》，頁四上。

長，此當是西漢末人與《水經》同乎否？〔註350〕

陸深所論，處處見其用心與專業特性，較諸於其他的專家所鑒，往往只是比較何者更爲博學而已，故此非藏書破數萬卷，且又用心勤讀的藏書大家，實不足以爲之。諸如以上陸深所有的言論，的確可說是藏書家對於書籍版刻的賞鑒典型。

明代中期，不僅三吳地區作僞之風盛行，福建地區雖號稱刻書重地，卻是版惡斥濫，頗爲時人所詬病。仁和藏書家郎瑛便曾針對福建書籍的版本做一評鑒，提出當時閩刻版本之濫惡：

> 我朝太平日久，舊書多出，此大幸也，亦惜爲福建書坊所壞。蓋閩專以貨利爲計，但遇各省所刻好書，聞價高即便翻刊，卷數目錄相同，而于篇中多所減去，使人不知。故一部止貨半部之價，人爭購之。近如徽州刻《山海經》，亦效閩之書坊，只爲省工本耳。嗚呼！秦火燔而六經不全，勢也；今爲利而使古書不全。爲斯文者寧不奏立一職以主其事，如上古之有學官，或當道于閩者，深曉而懲之可也。〔註351〕

郎瑛一語道出閩刻本之濫惡缺失，而這也正是藏書家對於版刻所發之專業評鑑，也就是藏書家的品隲賞鑒活動。藏書家對書籍版本之良窳，自當如探囊取物，得心應手；而此必歸因於平日所見書籍眾多，以故累積相當可觀的專業知識與經驗。也正因如此，才得以進入書籍鑑賞生活的美感與趣味當中。

特別是明代中期以後，藏書界出現了一股崇尚宋元版本的風潮，由於宋版書年代較久，存世日少，所以文物價值增高。同時文字上差錯較少，因此也備受藏書家的青睞，爭相收藏，而這就使得宋版書的價格不斷地上揚。然而社會上的宋元版書畢竟有限，於是書賈們便想盡種種卑劣的方法製造假宋版書，欺騙顧客。這種古籍作僞的風氣，在江南五府地區也相當盛行，必須仰賴藏書家的細心鑑別，才不致爲僞書所欺。仁和藏書家高濂認爲：

> 近日作假宋板書者，神妙莫測。將新刻模宋板書，特抄微黃厚實竹紙，或用川中繭紙，或用糊扇方簾綿紙，或用孩兒白鹿紙；筒捲，用槌細細敲過，名之曰刮，以墨浸去臭味印成。或將新刻板中殘缺一二要處；或濕黴三五張，破碎重補。或改刻開卷一二序文年號；或貼過今人注刻名氏留空，另刻小印，將宋人姓氏扣填兩頭角處。或妝茅損，用砂石磨去一角；或作一二缺痕，以燈火燎去紙毛，仍用草烟熏黃，儼狀古人傷殘舊迹。或置蛀

〔註350〕明・陸深，《傳疑錄》（《筆記小說大觀》四編六冊，台北：新興書局，一九七四年七月版），頁四上～下。

〔註351〕《七修類稿》，卷四五，〈書冊〉，頁五五四～五五五。

米櫃中，令虫蝕作透漏蛀孔；或以鐵線燒紅錘書本子，委曲成眼，一二轉折，種種與新不同。用紙裝襯綾錦套殼，入手重實，光膩可觀，初非今書，仿佛以惑售者；或扎夥囤，令人先聲指爲故家某姓所遺。百計瞽人，莫可窺測，多混名家，收藏者當具眞眼辨證。〔註 352〕

當時藏書家要收藏宋版書，必須具有識破書賈造僞的能力，也必須掌握版本鑒定的方法。正是由於藏書家們專力研究版本，促進了版本學的發展，進而使得明代中期以後的版本學發展到一個新的階段。〔註 353〕總之，中國自古以來，許多文人便喜好收藏典籍，並以鑑賞典籍作爲日常生活之一部份。到了明代，這種文人生活方式也越形發展，逐漸成爲流行於社會上的一種眞實面向，同時典籍賞鑑的功夫也更爲文人講究，性質更趨專業，成爲一門高深的學問。〔註 354〕

第五節　藏書流通

一、借　書

藏書家在徵集圖書之時，有時會因某些因素而無法購得書籍，爲了獲得，只好向人求借。不同於有些人僅是爲了閱讀書中的內容而已，幾乎所有藏書家都會加以抄錄或仿製。而借書現象的產生應有兩個必要的前提，以宏觀而論，乃是社會上對於書籍的需求超出了書籍的供給，而書籍的購買方面又受到諸多因素的制約無以暢達。再以微觀而言，社會上諸多知識個體對書籍抱有強烈的需求，而因各種主客觀原因無力或無法獲得某些特定書籍。〔註 355〕在這樣的前提之下，藏書家只好以借書的途徑來滿足自己求書的需要。

無可否認，區域性藏書事業的發展，與一地的經濟、文化等因素密切相關，但同時也應看到借書活動對此所起的特殊作用。也就是說，那裡有書可借，那裡借書便利，那裡便會形成產生藏書家集群的良好小氣候，以及那裡便會湧現且聚集大量的藏書家，〔註 356〕這是一個必然的道理。因爲在藏書事業較爲發達，以至藏書家相

〔註 352〕《遵生八牋校注》，卷一四，〈燕閑清賞牋・論藏書〉，頁五三七。

〔註 353〕《中國藏書樓》，頁九一二～九一三。

〔註 354〕金炫廷，《明人的鑑賞生活——江南文人的鑑賞活動與鑑賞自娛》（台北：中國文化大學史學研究所博士論文，二〇〇四年六月），頁二二四。

〔註 355〕袁逸，〈試論中國古代民間借書活動〉（收入《中國古代藏書樓研究》，北京：中華書局，一九九九年七月第一版），頁三六一。

〔註 356〕袁逸，〈試論中國古代民間借書活動〉，頁三八四。

對較爲集中的地區，藏書家們彼此之間相互的借書活動，將會更爲頻繁普遍。〔註357〕借書活動促進文獻的利用、傳播與複製，對於文獻質量的提高，促進藏書家數量的增加，以及擴大藏書樓的規模等作用，都很有助益，而對於歷代藏書事業的推進，也的確功不可沒。〔註358〕

平心而論，藏書之名既稱爲「藏」，自然是不以示人，所以歷史上的藏書之家，大都是扃鑰深鎖，守之惟祕惟謹。其間或必借出與人，在實行上卻也不是一件容易的事；更何況自古以來流行於文士之間認爲「還書一癡」的傳統觀念，因此借書不還者，往往所在多有。而實際上，借書與還書的問題，大概自從有了私人藏書以來，也的確是藏書家們所面臨的一個重要課題。〔註359〕而借閱，包括借閱官書和借閱私藏兩種，特別是在明代，想要通過這一個途徑流通書籍，有時是比較困難的。〔註360〕以借閱官書而言，官方規定頗多，又有身份限制，不是一般人能夠隨便借閱的。且在官藏的內容上，地方上大都是與科舉有關之書；而中央所藏，又非一般人可以借閱，這和崇尚隱居與追逐奇祕的明代文人的身份以及性格上頗不相合，這便是官府藏書在流通方面的困難度，在此暫且不論。

至於向私家藏書借閱，因爲主人的護書惜書心切，以及中國自古以來藏書之家用以訓誡子孫的「鬻及借人爲不孝」的傳統觀念，更讓私家藏書在流通上顯得滯礙難行。由於明代商品經濟的發達與成熟，加上舊有士商觀念的薄弱與互易，社會上商業意識的抬頭，以及藏書風氣的特盛、藏書家心態的轉變等種種因素，促使明代圖書的流通，較之前代，呈現出逐步活絡的景象。特別重要的是藏書家封閉心態的轉趨開放，明代有一部份藏書家意識到藏書流通的必要性，一反以往私人藏書祕不示人的特性，在社會上提倡藏書共讀的思想。〔註361〕他們反對以往「借書一癡，還書一癡」的說法，對此加以駁斥。時人謂：

> 積書不能盡讀，而不吝人借觀，亦推己及人之一端。若其人素無行，當謹始慮終，勿與可也。世有借書一癡，還書一癡之說，此小人謬言也。癡本作瓻，貯酒器，言借時以一瓻爲贄，還時以一瓻爲謝耳。以書借人，是仁賢之德，借書不還，是盜賊之行，豈可但以癡目之哉！〔註362〕

〔註357〕袁逸，〈試論中國古代民間借書活動〉，頁三六三。

〔註358〕《中國藏書樓》，頁一四八。

〔註359〕范景中，〈「借書還書」與抄書——兼談《此君軒漫筆》〉（《藏書家》，第二輯，二〇〇〇年六月），頁一一五。

〔註360〕王偉凱，〈明代圖書的國內流通〉，頁一〇六。

〔註361〕王美英，〈試論明代的私人藏書〉，頁一一八。

〔註362〕明・陸容，《菽園雜記》（《元明史料筆記叢刊》，北京：中華書局，一九九七年十二

尤其是在明代江南五府地區，隨著地域藏書風氣的濃厚瀰漫，以致流通藏書的觀念與活動都相當熾盛，藏書家有時雖囿於識交有限，求借無門，但他們往往也會攀附社會上種種的人際關係，最常見的辦法便是托人轉借，舉凡親朋摯友、師生熟客，千方百計，輾轉委託，期以借得爲要。〔註363〕筆者於前文業已論述，明代江南五府的抄書活動透過一些特殊的集團網絡，在藏書家之間非常的盛行。

本節是以江南五府藏書家之間藏書的流通作爲命題，除前文所論之買賣、抄書、訪書等流通方式以外，基於藏書的流通活動還包括借書以及贈送與交換等方式，以此做爲本節探究的內容，而購書、抄書、訪書等活動，由於前文已述，不贅。一部中國藏書史，倘若忽略歷代藏書家多姿多彩、各顯個性的借書活動，其成果必將是不完整的。〔註364〕以下，我們將再透過史料記載之整理與羅列的方式，來還原明代江南五府地區藏書家之間借書的情形，藉以瞭解這個地區在明代圖書借閱與借抄活動的興盛程度。

明代江南五府地區的藏書家，從明初開始，對於借書活動便已相當熱衷，只要是家藏所缺，而聞人有異書，都會想盡辦法加以借閱並抄錄複製。即使出門在外，也是如此。明初華亭藏書家顧清，入京應考，於甫中進士授職翰林之初，耳聞京師藏書之家頗多異書，因爲清暇之日甚多，便曾寫信向京城裏某位藏書家求借圖書。信中說：

> 凡今所竊知，太半非家之有，其聞而未識者，固闕然也。入京師則聞有吾子者，家多書。而方竊第，未及於政務，欲稍假其副而讀之，則又以交淺，恐不察其所以來而靳焉！蓋忸怩趦趄，不敢進而請者累月。既而喟曰：「以某之聚書如此，而不知其可借與可以借人而無傷，豈理也哉！」踵門有期，先此道意，足下其裁察之。〔註365〕

顧清因爲不認識對方，又無關係可攀，只好以剛剛獲得的進士功名爲拉近關係的攀緣媒介，或許對方會賣他一個面子！進而再以聚書之癡情感動對方，並保證會善加愛護所借書籍，這種借書作法，說明此地藏書家在借抄書籍上，的確相當積極。至於上海藏書家陸深，宦遊在外，也是抓緊時機借書。他曾說：「壬辰（嘉靖十一年，1532）春，寓榆關久，間從諸生借書消日。」〔註366〕陸深以官員身份向諸生借書，

月第一版第二刷），卷九，頁一一六。

〔註363〕袁逸，〈試論中國古代民間借書活動〉，頁三七九。

〔註364〕袁逸，〈試論中國古代民間借書活動〉，頁三六一。

〔註365〕《東江家藏集》，卷二五，〈與友人借書書〉，頁二下～三上。

〔註366〕《儼山集・續集》，卷五一，〈爲己方序〉，頁五上。

想必左右逢源，無書而不得。武進藏書家徐常吉，宦遊之餘，暇時也以向人借書爲樂。他說：

> 嘗欲類敍一書以爲備忘之資，時方事舉業，不能以隙駒餘暇爲掇拾計，遂中止。及爲博士海上，尚有背水之思，又無以探宛委之藏。及歲癸未（萬曆十一年，1583）得通仕籍在散局，乃思竟前志。時京邸無書，假書於許座師（許維楨）及孫太史所。〔註 367〕

江南五府藏書家對借書活動的積極喜好，絕不會因爲身在旅途而宣告終止，以上諸人，皆爲最佳例證。

華亭藏書家何良俊，也喜歡向人借書，他曾舉例說：「王荊公有《唐人百家詩選》。余舊無此書，常思一見之。近聞朱象和有抄本，曾一借閱。」〔註 368〕何良俊對於家中所無之書，借閱之企圖，也很旺盛。歸安藏書家茅坤，也向人借書，並且頗有古人重然諾之風，閱畢奉還，並以專函道謝。其信中有云：「承借《商子》及曾子固《隆平集》二冊，謹以返上。」〔註 369〕而對於那些已經答應借書給自己的藏書之家，江南五府的藏書家也都會積極的催告對方履行承諾，直到書交到自己手上爲止。如杭州藏書家馮夢禎，曾寫信給錢塘藏書家田汝成之子田藝蘅，提醒對方不要忘記曾經答應借書之事。信中說：

> 委致意何民部，已知《路史》在檇李，展祭時當取來求足下改正。改正《越絕》許借錄，何忘之耶？〔註 370〕

馮夢禎若向人借書，也是有借有還。如他曾向友人借書，同時歸還上次所借。信中說：「江陰本阮集，借錄《四言詩紀》所無者，即奉歸；黃清甫《碧雞集》，檢得乞并付。」〔註 371〕明代江南五府藏書家對於借書活動的熱衷，以及因此表現出來的積極性，的確讓這個地區藏書家之間的借書風氣更顯興盛。

上海藏書家王熠，購書傾囊無所惜，「即不可得，必借以歸，口誦手鈔，汲汲若不足。」〔註 372〕而長興藏書家臧懋循，以偏好收藏雜劇著名於時，也喜歡向人借閱，嘗自謂：「頃過黃，從劉延伯，借得二百五十種云，錄之。」〔註 373〕可見其家所藏，以借閱而抄錄以得的方式者，自當不少。而嘉興藏書家周履靖，也是如此，性好聚

〔註 367〕《新纂事詞類奇》，書前，〈事詞類奇敍語〉，頁八上～九上。
〔註 368〕《四友齋叢說》，卷二四，〈詩一〉，頁二一七。
〔註 369〕《茅鹿門先生文集》，卷五，〈與沈鐵山書〉，頁一三下。
〔註 370〕《快雪堂集》，卷三五，〈與田子藝先生〉，頁七下～八上。
〔註 371〕《快雪堂集》，卷三六，〈與徐茂吳〉，頁二六下～二七上。
〔註 372〕《南湖舊話錄》，卷下，〈人物考〉，頁二四下。
〔註 373〕《負苞堂詩選文選》，文選卷三，〈元曲選序〉，頁四二上。

書。據〈夷門廣牘序〉載：

或從人假貸，不惜百里千里致之。得一書，喜曰：「可以永日矣！」既而得一書，復喜曰：「可以卒歲矣！」既而得一書，又復喜曰：「可以娛老矣！」是庶幾乎婆娑術秇之場，休息篇藉之圃者。彼其車饒惠子，架逼鄴侯，軼北海而凌東平。〔註374〕

周履靖以藏書之富稱勝，可知其所藏，以借閱再複製而得的方式，必定佔有相當大的部份，其對借書的熱衷，也可見一斑。崇德藏書家呂留良，與南京的藏書家黃虞稷、周在浚等人過從甚密，私交亦篤，而呂留良也屢向二人借書，對於所借之書，留良也甚爲護惜。留良在寫給黃虞稷的信中曾交代其所借之書籍狀況：

得手札知近履安勝，不減探討較讐之樂，甚慰！甚慰！……前所寄拙稿乃舊刻，非新作也。小題今始印就，以一冊送正。……所借書郵寄恐遺失誤，謹收貯俟他日政呈，弟書知爲愛護，不煩囑也。昨雪客（周在浚）字來，云《劉雲莊集》二本爲程子介所浮沉。度子介爲吾兄所厚，不應有此憾事，況此係弟借兄委，不可不力索還之。知兄惜書之心，在彼猶在此也。〔註375〕

他又曾向浙東大藏書家黃宗羲求借圖書：「《明人選本》及宋元明文集、《易象》廿本、《詹氏小辨》一本、《攻媿集》三本，又《韓信同集》、《金華先民傳》，俱望簡發。」〔註376〕呂留良的借書活動相當頻繁，尤其是留良護惜所借書籍之心，一如書籍的主人，足爲古今借書者之表率，而這也正是江南五府藏書家在借書活動上的基本道德表現。

受到明代中後期藏書家崇尚宋元版刻，以及奇書祕典的風氣影響，明代江南五府地區的藏書家在借書活動之上也崇尚奇祕及宋元版刻。如上海藏書家陸深提及：

都少卿玄敬南濠先生（都穆）嘗云家有宋抄《京房易經傳》，許借未償。比於鄱陽余少宰子積（余祐，1465～1528）家錄之，於《易》無所發明。〔註377〕

蓋陸深抱著好奇之心，對於宋抄《京房易經傳》滿心期待，詎料與他版無異，遂大失所望。而江陰藏書家李詡，曾於友人處見過《朝鮮國王咨》，他興奮地在自己的筆記當中記下：「《朝鮮國王咨》，借觀於常熟趙吏侍定宇（趙用賢，1535～1596）

〔註374〕《明刊本夷門廣牘》，卷一，何三畏〈刻夷門廣牘序〉，頁二二上～二三上。
〔註375〕《呂晚邨文集》，卷三，〈與黃俞邰書〉，頁四上～下。
〔註376〕《呂晚邨文集》，卷二，〈與黃太沖書〉，頁六上。
〔註377〕《儼山外集》，卷二一，〈豫章漫抄四〉，頁七下。

家者。」〔註378〕他之所以標榜這種特殊的經歷，乃是爲了炫耀於世人。而嘉興藏書家李日華，也曾向人借觀祕本，特別記云：

> 假得沈景倩（沈德符，1578～1642）所藏唐張浮休名鷟《朝野僉載》，明莆陽林嵩原仲成《掃塵集》，俱抄本，精好，與世行本詳略迥異，蓋伯遠尊人超宗（沈鳳）厚貲購得者。〔註379〕

藏書家借得祕本，自得之情，溢於言表，所記之言，也意在標榜這段特別的經驗。至於此地藏書家不吝以書籍借人者，還有江陰藏書家李如一。他對於圖書的訪求，費力甚勤，「凡諸懸之國門，藏之名山者，靡不殫力羅致，即鄉邦文獻與夫古刻法書，斷碑遺碣，有一字繫先代者，皆搜羅，恐後至。吳越藏書家不遠千百里求之，一時賈人射利者，亦奔集如鶩。」〔註380〕他不吝將藏書與人共享，「其與人共也，遇秘冊，必貽書相問，有求假必朝發夕至。」〔註381〕李如一對於書籍的出借與流通，觀念是相當開放的。

此外，有時向人借書，也必須看好對象，否則有傷風雅且不說，甚者因而衍生謗議，不可不愼。如上海藏書家陸深，便曾經想要向主持抄沒嚴嵩家產的官員借錄嚴氏家藏書籍，但卻又擔心惹出風波而作罷。他說：

> 嘉靖中籍沒分宜（嚴嵩），有《晏元獻集》一部，二十餘帙，鈔本也。主其事者，亦博雅之士，當時深欲借鈔，慮生謗議遂止。〔註382〕

嚴嵩父子權傾一時，所藏之書足以上埒天府，當其落沒而遭整肅之時，時人避之惟恐不及，陸深竟然還有借其所藏以觀的想法，江南五府藏書家對於借書活動的熱衷，甚至超越政治考量之外，也著實讓人爲這一位愛書成癡的藏書家捏了一把冷汗。

二、贈送與交換

以贈送與交換的方式，也是藏書家之間流通圖書的行爲。贈送，包含朝廷的賜書以及私人之間的贈送。此外，私人藏書家除了相互流通借鈔以外，也有置放圖書於家塾、義塾，或是以圖書捐贈各地書院，以供子弟或學生閱讀者，〔註383〕這些也都算是一種贈送的行爲。一般而言，接受親朋好友的贈予確實是藏書補充的一種常

〔註378〕明・李詡，《戒庵老人漫筆》（《元明史料筆記叢刊》，北京：中華書局，一九九七年十二月第一版第二刷），卷八，〈朝鮮國王咨〉，頁三五一。

〔註379〕《味水軒日記》，卷六，頁四一四。

〔註380〕《戒庵老人漫筆》，卷尾，〈李成之重刻漫筆跋〉，頁三五七。

〔註381〕《江陰李氏得月樓書目摘錄》，書前，繆荃孫〈李如一傳〉，頁二上。

〔註382〕《少室山房筆叢》，卷三，〈甲部・經籍會通三〉，頁五一。

〔註383〕李家駒，〈我國古代藏書樓的典藏管理與利用（下）〉，頁二二三～二二四。

見的途徑。在許多藏書家的藏書生涯中，既有受惠於他人所贈者，也多有持贈同好者，彼此之間以書互贈，共悅書香，所以在藏書家之間的禮尚往來當中，書籍往往是首選的禮品。如明代很多藏書家都喜歡刻書，他們刻書目的，一則是爲了增加自己的藏書數量，另外一個原因則是可以拿所刻之書充當贈送、出售或交流的物品，這樣不但可以豐富自己的收藏，〔註 384〕也是藏書家社交的一種手段。通常來講，書籍的贈與受大致有兩種狀況：一種是大宗贈予，一種是零星饋贈。〔註 385〕而交換，則是藏書家以圖書交換的方式來流通彼此的藏書，或是以錢財之外的物品來換取書籍，以增加自家之所藏。透過交換的方式以獲得所需圖書的主要形式約有兩種：一種是以書易書，是較爲常見的形式；另一種方式，是以其他形式的物品如土地、器物乃至奴婢、官爵等，做爲交換書籍的籌碼，這樣的形式也時有發生。對於嗜書成癖的一些藏書家來說，世間萬物皆可輕，惟獨鍾愛的書籍卻絕不可少，必千方百計以得之而後快。〔註 386〕若以明代江南五府地區的藏書家來看，政府的賜書只有少數典籍收藏家可以獲得，而大部份的人只能通過其他的途徑以獲得典籍；〔註 387〕而交換這種方式，也不是明代江南五府藏書家獲得圖書的主要方式。只是就整體的書籍流通來說，贈送與交換，也不啻爲明代江南五府藏書家流通書籍的方法之一而已。

就賜書而言，明代江南五府地區的藏書家，凡立身於顯宦之家者，間或有之。錢塘藏書家吳太沖，官拜右春坊右中允，鼎貴之後，益有賜書，軸帶帙籤，燦然美備於一室之中，藏書之富，竟與山陰祁氏、海虞錢氏等藏書大家媲美，此於前文已述。吳太沖家裡的藏書，因爲朝廷的賜書而使得所藏數量大增，乃至於成爲藏書大家，因此朝廷的贈賜，的確也是藏書家增加所藏的一種方式，亦爲書籍流通的一個管道。

除朝廷的賜書以外，在明代的宦途當中，還有一種互贈書籍的習慣，也就是官員與官員之間，習慣以書籍充做禮品而互贈，不過通常藉由這種方式而流通的書籍，素質都不佳。據《蕉窗九錄》載：

> 今宦塗率以書爲贄，惟上之人好焉，則諸經史類書卷帙叢重者，不逾時集矣！朝貴達官，多有數萬以上者，往往猥複相揉，芟之不能萬餘。精綾錦標，連窗委棟，朝夕以享群鼠。而異書祕本，百無二、三，蓋殘篇短帙，筐篚所遺，羔雁弗列。位高責冗者，又無暇綴拾之，名常有餘而實遠

〔註 384〕《中國藏書通史》，頁六七九。
〔註 385〕《中國藏書樓》，頁九四。
〔註 386〕《中國藏書樓》，頁九二。
〔註 387〕張木早，〈中國古代私藏典籍的收集〉，頁四五。

不副也。〔註 388〕

由於朝中流行這種習俗，即使品質差，但是透過這種贈送的習俗，對於當時書籍的流通，的確幫助很大。而那些身在官場的藏書家，對於收到這類禮物也頗感興趣。如官拜翰林學士的上海藏書家陸深，便曾因其友蘇州知府贈與新刻《臨川集》，喜而賦詩云：

憶昔家住東海濱，世務耕農寡文墨；勉勤誦習起家門，每事收藏節衣食。一從觀國上皇都，十載具官充史職；長安朋輩心多同，古典探搜事尤力。……蘇州太守古鄴侯，貽我遠勝黃金億；樓船風雨滿章江，把玩新編坐相憶。〔註 389〕

官場的贈書習俗，正投合明代江南五府的藏書家之好。而由陸深之詩，見其收到這種禮物的興奮之情，更甚於獲贈黃金等財物。

至於在私人的饋贈方面，藏書家之間以藏書做為禮物的贈送行為，在明代江南五府地區，也是非常活絡，正如所謂：「寶劍贈名士」，一般文人都喜歡成全這種風雅行徑。而明代收藏家之間藏品的易手，除買賣一途以外，還有因交友而做為贈送者。〔註 390〕書籍即是如此，許多藏書家都不吝送書，以為藏書家集團之間的社交媒介。如無錫藏書家姚咨的朋友，便曾以所抄書籍相贈，姚咨高興的記載：「友人石東居士唐以言（唐詩）詩，鈔以遺余。」〔註 391〕肯以辛苦得來的手抄本送人，必是交情相當不錯的好友。至於嘉興藏書家李日華，更是廣泛地接受了朋友的贈書，如他記載：「山人俞羨長安期，以自著《翏翏集》見餉。」〔註 392〕「客貽《濂溪遺集》，讀之。」〔註 393〕其中也有他接受同縣的藏書家郁伯承贈書的紀錄，據《味水軒日記》載：

過郁伯承。伯承貽我張橫浦（張無垢）、鄭西塘（鄭俠）二先生遺集。〔註 394〕

凡此種種，可以從其大作《味水軒日記》當中，發現竟然有多達二十餘筆有關他接受友人贈書的記載，以上僅舉其中幾種為例，以見其受贈書籍之情形。

還有一種情形，即是藏書家因託人代為訪書，便以家中所藏書籍為贈，以慰其

〔註 388〕《蕉窗九錄》，〈書錄・獻售〉，頁一八上。
〔註 389〕《陸文裕公行遠集》，卷一七，〈吳中新刻臨川集甚佳雙江聶文蔚持以見贈攜之舟中開帙感懷寄詩為謝〉，頁六上～下。
〔註 390〕沈振輝，〈明人的收藏活動〉，頁八九。
〔註 391〕《藏書紀事詩》，卷三，〈唐詩以言〉，頁一四〇。
〔註 392〕《味水軒日記》，卷三，頁一九二。
〔註 393〕《味水軒日記》，卷六，頁四二四。
〔註 394〕《味水軒日記》，卷七，頁四三七。

勞。如杭州藏書家馮夢禎，曾請友人代爲覓書，並且以書籍酬贈之，以爲流通。他於該信中道：「須郡志，幸爲致一部。佛書數種將意，幸存之。」〔註395〕這種贈送方式在文人之間頗爲雅事，試想若酬之以錢，不但俗氣，且有損兩人之間的情誼。而馮夢禎的朋友，也曾經有人以書籍作爲延請馮夢禎充任其家塾師館穀之資。他在回給該友的信中言道：

> 足下貧士，豈堪購奇書爲餉？館穀之托，敢不盡心，但隱淪之人，恐無以取重於時流耳！《稗編》一部，雖不足珍，少助批閱，惟存之「茱萸」。〔註396〕

而崇德藏書家呂留良，也曾委託友人代爲覓書，並且致贈所刻新書以表達心中謝意。他在信中拜託該友人：

> 惟唐荊川先生（唐順之）未得全本，先生久處毘陵，必熟習其子孫故舊，能爲弟一蒐索否？……新刻《金稿》一冊，奉爲消寒破睡之具。〔註397〕

明代江南五府藏書家視書更重於金銀錢財，不論是贈人或受贈，以書籍作爲酬傭的方式，藏書家們也都是相當樂於接受的。

以上所述，都是屬於零星的饋贈方式，而在明代江南五府地區，尙有藏書家以全部家藏書籍舉以贈人的例子，且縱觀有明一代，還不僅只有一位而已。如華亭藏書家莫是龍，其藏書大部份來自於他的外祖父常熟楊儀。楊儀家富藏書，一朝因搆禍而抄家，其「外孫雲間莫是龍，能讀外王父書，盡發所貯以歸。」〔註398〕又平湖藏書家李延昰，因爲沒有子嗣，晚年「疾革，以玩好分贈友朋，而儲書二千五百卷則贈秀水朱彝尊。」〔註399〕朱彝尊罷官之後，建「曝書亭」以藏書，過著退隱的藏書生活。而在接受平湖藏書家李延昰的大舉贈書之後，「所藏幾八萬卷。」〔註400〕

藏書之贈送，有時雖名爲「送」，事實上卻是仍須酬以金錢的，這要視情形而定。因爲書籍在文人眼中是神聖無價的，而金錢卻是俗不可耐。大部份藏書家肯將藏書全數舉以贈人，受贈者多半是藏書家心中認可之人，至於其衡量標準，通常是在學術資質或是愛書程度，而不在於金錢多寡之上。然獲贈之人若家貲豐厚，自然也當酬以金錢，給予回饋，以免落人有爲富不仁之譏。如明末秀水藏書家蔣之翹，家多

〔註395〕《快雪堂集》，卷四一，〈報李友龍書〉，頁八下。

〔註396〕《快雪堂集》，卷三九，〈與王叔駿〉，頁四上。此外，夢禎有書齋名「茱萸軒」，此書便是藏之於該處。

〔註397〕《呂晚邨文集》，卷一，〈與錢湘靈書〉，頁七下～八上。

〔註398〕《明常熟先賢事略》，卷一三，〈文苑〉，頁一五三。

〔註399〕《小腆紀傳》，卷五六，〈列傳四九・遺臣一・李延昰〉，頁六〇九。

〔註400〕《文獻徵存錄》，卷二，〈朱彝尊〉，頁五八上～下。

藏書，然晚年無子，家境又貧。其友同縣藏書家曹溶，仕至顯宦又家境富裕，與蔣之翹興味相投，論調洽合。蔣之翹「隨以所藏書歸於曹，曹得書，報以兼金，得免於困。之翹既受金，即閉關不與世往還。」〔註 401〕由上述諸人之受贈事實，證明贈送行爲對於藏書數量之影響，亦可謂貧兒暴富。

至於在圖書的交換上，明代江南五府地區的藏書家也有此例。如前文已述之華亭藏書家朱大韶，因性好藏書，又特別偏愛宋版書，曾因訪得宋槧袁宏《後漢紀》，應主人之要求，竟以一美婢易之。而嘉興藏書家李日華，也曾因別人所贈之書其家已有，遂與書賈交換所欲書籍。他記云：

> 屠賓暘以新刻《荊川史纂》十函見貽，余有舊刻二部，適湖賈操舫至，余以易松刻《稗史類編》等書。〔註 402〕

在明代江南五府地區的書籍市場上，是允許顧客以書易書的交易方式的。李日華曾以書籍和別人交換書籍，他又記：「至休寧公署報謁。張令君又來謁，以乃考《張陽和先生集》一部見貽。余以《游白岳詩》一章答之。」〔註 403〕這種交換的方式，也類似上述宦途當中的互贈行爲。

第六節　藏書散佚

中國自古以來，藏書家將一生心血投入他們熱愛的藏書活動當中，然而個人的生命有限，抑且以一人或一家之力來維護保存圖書非常不易，加上古來凡物聚久必散的哲理，幾乎所有的藏書之家，不論其藏書規模有多大，或是名氣有多響亮，最終都將逃不了散佚的命運，他們當中能夠保存至今而不致散佚殆盡的私家藏書實在非常少數。

雖然如此，古代的藏書家對其藏書的保存而不至散亡仍然懷抱著一絲的希望，明代江南五府地區的藏書家，也多是抱持如此心態。他們把圖書視爲私有財產，秘不示人，在他們的藏書印當中往往可見「子孫永寶」之類的字樣。如明代仁和藏書家呂坤有印云：「呂氏典籍，傳家讀書，子孫共守，不許損失借讀，違者塋祠除名。萬曆七年（1579）坤記。」〔註 404〕前述之嘉善藏書家姚綬，也是如此，積書萬卷，宣稱願以此遺其子孫。而武康藏書家唐堯臣，藏書萬卷，於所藏書籍皆印上「借書

〔註 401〕《明遺民錄》，卷一八，〈蔣之翹〉，頁七下。
〔註 402〕《味水軒日記》，卷三，頁一九〇～一九一。
〔註 403〕《味水軒日記》，卷六，頁三八五。
〔註 404〕曹之，〈古籍的藏書印〉（《貴圖學刊》，一九八七年第四期），頁四二。

不孝」四字，並且親自鈔寫書目以貽子孫，此亦見於前文。諸如此類藏書家，對其藏書在家庭之內的傳承的重視，都是對後代子孫們充滿著期待，殷切盼望子孫能夠善守其一生的心血，甚至還包括書籍以外的收藏品。如江陰藏書家孫作，藏書淵源於其父之好古博雅，時值「至正兵起，挈家入吳，盡棄他物，惟載先代藏書兩敝簏。」〔註405〕嘗自謂：

> 余先君靜安公以好古博雅聞於當時，而尤甚愛古錢，遇所得，輟衣食求之不倦，或時有憂色，玩弄嬉笑，輒至解顏。作以先君雅好，莫此之若，故雖出於童兒，見必思有以戲。嘗戒曰：「設有水火，他物棄之可也，惟書畫、古錢，決不可遺。」後先君沒三年，壬辰（至正十二年，1352）盜警，作以所藏竊負而逃，獲免於難。又四年兵起，復以所藏載之吳，於是書畫、古錢，稍有存者，余方自幸不廢先君之命。〔註406〕

藏書家的後代，若是能夠珍守先輩的圖書遺產，往往也可以在士林鄉邦之中得到人們極高的讚揚。〔註407〕誠如前文所述之元末明初仁和藏書家凌雲翰，其子凌鵠，孫凌文顯，以及凌文顯之子凌昱，凌昱子凌暹，歷代皆善守祖父藏書且光大之，以是其家所藏共傳五世，而家風不曾稍墜，一時也傳爲地方佳話。明代江南五府地區藏書之家的子孫當中，對於護惜先人遺留的藏書，盡心盡力者所在多有，他們以善於守藏並加以傳承爲職志，其中留下許多感人的故事，以下是本地區藏書家子孫善於守護先世藏書的一些例證。

海鹽藏書家朱同生的藏書，即是因其祖父朱祚之所藏，傳至其孫朱同生，對於保存先世遺書，甚至不惜犧牲自己的性命。據《光緒・海鹽縣志》所載：

> 朱祚有孫同生，家多書，即祚所世積也。別有繭紙宋板杜註《左氏春秋》，爲朱晦翁手硃筆旁注釋者，裝爲八冊，裹以宋錦，方四尺許，如一幅帊，最世珍重。好事者啖以重值，同生不許。忽有借抄，給一冊去，并欲圖七而賫值以償者，同生怒，索不應，至忿縊其門幾斃，始懼而還之。此可作藏書家一段故實。〔註408〕

朱同生守護先祖遺書之心，頗令人同情與感動。從朱同生不惜以死護書的故事可以看出，藏書家子孫若能善守家中藏書，將會受到鄉人之重視，得以在地方文獻上記錄而流傳後世，蔚爲鄉梓美談。海鹽藏書家胡彭述，其家藏書自曾祖父胡誠齋至胡

〔註405〕《明分省人物考》，卷二五，〈孫作〉，頁一下。
〔註406〕《滄螺集》，卷六，〈錢譜序〉，頁九上～下。
〔註407〕徐雁，《滄桑書城》（長沙：岳麓書社，一九九九年四月第一版），頁二一。
〔註408〕《光緒・海鹽縣志》，卷末，〈雜記〉，頁二一下。

彭述，已歷五世，代代皆以藏書之富而知名鄉里，胡彭述也以善守先世所藏爲志。他說：

> 予不幸禰祳失怙，乃今讀先世遺書，豈不痛哉？茲懼卷目煩多，易以散佚，敬分爲四類，曰：「經」、「史」、「子」、「集」，而貯之「好古堂」中，冀時取一二玩之，以開此心茅塞，期無負祖父相傳之意。〔註409〕

胡彭述爲避免家中藏書日後漸遭散佚，便加以分類整理，時時展玩，如此一來，對於家中所藏典籍便能瞭若指掌，而不致減損。這種以時時展閱爲善守先世藏書的方法，在明代的江南五府地區當中也還有旁證，如嘉興藏書家高承埏，「亦好聚書，多至數萬卷，寢處其中，校勘不倦。時復卒卷，掩抑曰：『先人有知，魂魄猶應眷此也。』」〔註410〕

然而，不論藏書再怎麼保護，若是遇上一些人力無法抗拒的事情，諸如天災與戰爭等因素的破壞，還是會遭遇散亡的命運。於此，藏書家或其子孫們若能於事後再加以聚亡補散，恢復舊觀，便成地方美事，而這類事蹟在明代江南五府地區也頗不乏其例。如前述之上海藏書家李可教，其先世儲書萬餘卷，因遭倭寇之禍而全數散佚。李可教力謀興復，乃多方購訪，四處借閱鈔錄，終於恢復其家舊有規模的十之五六，李可教之行爲，亦爲恢宏家業的一種表現，足稱孝子賢孫。無錫藏書家安紹芳，更以無法全面復興家中已經散亡的藏書而感到羞愧不已，他曾致書友人說：

> 不佞先世所藏，罹倭夷之變，悉成煨燼。近所自搆者，不過十之二三，不足以當汝立（秦柱），又何敢頡頏於明公耶？汗愧！汗愧！〔註411〕

上海藏書家董宜陽，對於守護先世藏書也甘冒生命危險，並且力圖恢復其家所藏舊觀。其家自祖父輩起即已藏書於「西齋」，在地方上也頗爲知名，不料於嘉靖年間，「寇起海上，廬毀於烈焰，書亡於餘燼，董子不避鋒刃，夜半身犯賊中，取其先世恩誥遺像及書數篋馳出，賊壯而釋之。亂定，稍稍理其殘缺，每從友人處借而手錄之，乃刊定舛誤，然較昔十僅得其二三耳！并新其齋。」〔註412〕董宜陽雖未能完全恢復其家舊藏，不過對於善守先世遺書，也的確已經盡心盡力。以上諸例，皆爲明代江南五府地區藏書家子孫恪遵先人遺訓，繼志述事的最佳楷模，此即所謂「藏書積世，便爲美談；守視得宜，都成佳話。」〔註413〕

〔註409〕《光緒・海鹽縣志》，卷一八，〈人物四・孝義〉，頁七上。
〔註410〕《藏書紀事詩》，卷三，〈高承埏寓公〉，頁一七六。
〔註411〕《西林全集》，卷一六，〈報王胤昌〉，頁一五上～下。
〔註412〕《皇甫司勳集》，卷四九，〈董氏西齋藏書記〉，頁一六上。
〔註413〕《江浙藏書家史略》，頁二。

雖然藏書家及其子孫們的努力守藏，但無情而現實的歷史卻告訴我們，以私人之力進行藏書而欲傳之久遠，幾乎是不可能的事。明代江南五府地區的私家藏書流傳至今，已經全遭散佚，茲舉數例，以略窺其散亡之情形以及原因。

其一是燬於天災人禍，也就是水災、火災與戰爭等因素。無錫藏書家邵寶，家有「容春精舍」，藏書萬卷，且本身著述又富，「所著《學史》、《簡端》二錄。……他如《定性書說》、《漕政舉要錄》、《容春堂》、《勿藥》諸集，各若干卷，其厄于火者，莫得而詳也。」〔註 414〕至於「容春精舍」的萬卷藏書，極有可能也是燬於火災。而前述海鹽藏書家王文祿，藏書也是燬於火災。他於失火之時，狂呼其家人只要力救其書即可，他不必救。又餘杭藏書家嚴沆，藏書萬卷於「清校閣」，後分給諸子，據《武林藏書錄》所載：

諸子分居省城，康熙中，同日被焚，圖書遺集遂無孑遺。……有句云：「清校樓遺書，散失不可復，僅存目十二，棖觸酸心腹。」可以知當日之所藏矣！〔註 415〕

又如在明末藏書界大名鼎鼎的秀水藏書家項元汴，其家藏書之富，甲於東南，也是因為戰亂而一旦盡燬。據《韻石齋筆談》載：

乙酉（1644）歲，大兵至嘉禾，項氏累世之藏，盡為千夫長汪六水所掠，蕩然無遺，詎非枉作千年計乎！物之尤者，應如烟雲過眼觀可也。〔註 416〕

戰爭對於一些著名藏書家的傷害可謂相當慘重，往往累世可觀的收藏，皆因而毀損殆盡，可稱為藏書之厄。江陰藏書家李如一，也是如此。如一藏書萬卷，傳至其子李孫之，正逢明清易代之亂，「不意乙酉（1645）秋，里中趁易代之變，盜賊四起，烽煙滿目，……而數世藏書，悉歸烏有。」〔註 417〕華亭藏書家何良俊，藏書四萬卷，燬於倭亂，日後有人向他借書，何良俊因無書而深以為恨。他說：

余家舊藏書幾四萬卷，後皆燬於倭夷。近日西亭殿下（朱睦㮮，1517～1586）以為余家藏書尚存，託蔡州守以書目寄來，假索抄錄，皆是諸經各家傳註。……恨無以應其求矣。〔註 418〕

〔註 414〕《國朝獻徵錄》，卷三六，楊一清〈資善大夫南京禮部尚書贈太子少保謚文莊邵公寶神道碑銘〉，頁四五上。

〔註 415〕《武林藏書錄》，卷下，〈皋園清校閣〉，頁五六。

〔註 416〕明・姜紹書，《韻石齋筆談》（《筆記小說大觀》七，揚州：江蘇廣陵古籍刻印社，一九九五年五月第二版），卷下，〈項墨林收藏〉，頁七下。

〔註 417〕《戒庵老人漫筆》，卷尾，〈李成之重刻漫筆跋〉，頁三五七。

〔註 418〕《四友齋叢說》，卷三，〈經三〉，頁二九。

又如前述之烏程藏書家潘曾紘，藏書亦是燬於兵火。其家所藏縹緗甚富，然於明清鼎革之時慘遭寇劫，土兵至以其書放在溪中疊橋為渡，用來搬運雜物。杭州藏書家張岱，其家藏書的命運也類似潘曾紘，鼎革之際，為方兵所據，裂以吹烟，或擋箭彈，四十年所積亦一日盡失，此亦見於前述。此外，還有前述之仁和藏書家張芬，藏書亦燬於明末之戰火。

一般而言，戰亂的確會讓藏書家畢生或累世的心血盡毀，倒是有些藏書家對此卻顯得處之泰然，誠如上述所謂「物之尤者，應如烟雲過眼觀可也」之心態。如武進藏書家薛應旂的藏書燬於盜寇，但有異於其他藏書者，他對自己的藏書之存燬卻顯得相當達觀。他寫信告訴友人：

> 家中積書，昨為寇毀，已遺書近魯（薛應旂之子），此等業障，正不足惜，蓋前十年吾已意其有此矣！此皆吾友所嘗聞者，非今日為此過激之言也。其諸可以類推，統不必計。唯此身雖是幻形，還當保重，須要脱然，勿為外物連累可也。〔註419〕

其實，明代江南五府地區諸如此類心胸豁達，而對於自家藏書散盡卻能夠看得開的藏書家並不多見，絕大多數的藏書家都是耿耿於懷，甚至會因藏書毀散而痛不欲生。如前述之餘杭藏書家俞珄，家居多蓄書史以為樂，不料後來盡燬於火，於是抑鬱而卒，便是如此。

其次，還有因為藏書家本身或子孫力不能守，以致於流落他人之手，甚至因而消失於人間者。如前述海鹽藏書家胡震亨，藏書萬卷，稱博雅第一。其家藏書最遲至清初，即已散佚殆盡。又如前文所述之海寧藏書家祝以豳與武康藏書家駱駸曾，也是非流散則灰燼。而前述秀水沈氏藏書之始末，自沈謐開始，歷沈啓原、沈自邠、沈鳳數世之積累，不下八萬餘卷，然後來也不幸散落浥爛十之四五。嘉興藏書家李于然，藏書亦頗為勤奮，所積甚多，最終也是漫漶散落，此亦見於前述。而秀水藏書家姚澣，「有書四十笥，部分類聚，惜皆散佚不傳。」〔註420〕又如秀水藏書家曹溶，藏書既精且富，未幾即散佚殆盡。據錢陳群（1686～1774）所言：

> 予嘗惜吾鄉曹倦圃（曹溶）先生聚法書數十年，自《大禹岣嶁碑》以下，凡八百七十餘卷，自為表示。後今散佚，不傳一字。〔註421〕

此外，前述之明末仁和藏書家翁汝遇與翁汝進兄弟，其家雖以藏書聞名當地，然亦傳之未久，至清初即已零落散毀殆盡。

〔註419〕《方山薛先生全集》，卷七，〈答李汝正〉，頁一四上。
〔註420〕《浙江通志》，卷一七九，〈人物六・文苑二〉，頁三一一八。
〔註421〕《漁洋山人感舊錄》，小傳拾遺卷一，〈曹溶〉，頁二下。

其三，沒有子嗣也是藏書散出的主要原因之一。藏書家最怕沒有子孫繼承其藏書志向，如明末秀水藏書家蔣之翹，好藏書，然卻因「晚年無子，書籍散佚無餘，詩乘亦亡，可嘆也。」〔註422〕又平湖藏書家李延昰，也因沒有子嗣可以繼志述事，而將畢生心力所聚的典籍全數贈送他人。據《光緒．平湖縣志》所載：

> 先後生子九人，皆夭，遂無嗣。年七十，疾革，適秀水朱彝尊至湖，乃出所著《南吳舊話錄》暨《放鷴亭詩文集》屬之，并以所儲書二千五百卷畀焉。其餘平居玩好，一瓢一笠，一琴一硯，悉分贈友朋，越二日而卒。〔註423〕

這些沒有子嗣的藏書家，他們的藏書不是散佚或流入他姓，便是全數舉贈與人，亦徒可悲。也有因與地方人士不睦，因而結怨，導致藏書盡毀者。如華亭藏書家董其昌，藏書甚富，致仕後，「有回祿之變，緣與青矜及居民有小忿，因致結黨肆毒。所藏書畫，盡爲灰燼，亦奇禍也。」〔註424〕還有一些無法確定散佚原因或者具有多種說法者。如前述上海藏書家徐光啓，其藏書處燬於明末，清初先做爲演武之地，後又改爲軍工廠。又如明末無錫藏書家顧宸，其藏書之結局有三說：一曰：顧宸「好藏書，插架充棟，後厄於火。」〔註425〕一曰：「梁溪顧氏書，至孝廉修遠宸尤富，後書歸吳中丞伯成興祚（1632～1698）。」〔註426〕一曰：「晚歲頹唐，縹緗盡矣！」〔註427〕藏書之難與散佚之速，常令人感歎不已！

〔註422〕《明人詩品》，卷二，頁三二下。

〔註423〕《光緒．平湖縣志》，卷一八，〈人物四．僑寓〉，頁七八下。

〔註424〕《游居柿錄》，卷一一，頁二五八。

〔註425〕《光緒．無錫金匱縣志》，卷二二，〈文苑〉，頁一七上。

〔註426〕《池北偶談》，卷一六，〈談藝六．蜀鑑〉，頁三九五。

〔註427〕《藏書紀事詩》，卷三，〈顧宸修遠〉，頁一四〇。

第六章　江南五府藏書家的藏書生活

古代藏書家皆是文人，藏書、讀書、著書、抄書雖皆爲文化事業，然而不論四面縹緗、悠然翻閱、晝抄夜校、讀之殆遍，都是天性偏勝，居家自娛的行爲，且並不以此名山之業而改變其休閒的本色。〔註 1〕明代江南五府地區的藏書生活在明代文人生活文化當中，也的確扮演著一個非常重要的角色，因爲藏書活動正是大多數的文人讀書生活與書齋文化裡面的必然活動。與上一章藏書家的專業活動不同，本章是以文人生活文化的角度，來觀察文人生活領域當中與藏書事業有關的生活文化。而這些生活，就明代江南五府地區的藏書家而言，大致上有兩大重點：一是藏書家的讀書、著述生活，而另一方面是藏書家的文會過從活動。當然，即使專業性的藏書「活動」，也包含在藏書「生活」當中，但是爲了突顯「藏書」在文人生活文化當中的區別，將屬於專業領域的「藏書活動」放在上一章，並以專題論述之，本章則以藏書家專業領域之外有關的生活做爲研究取向，分別論述，並以此搭配前一章的藏書專業性活動。最後，再以藏書家「生活舉隅」一節，來綜觀有明一代江南五府地區部份藏書家的具體生活方式，做爲明代江南五府藏書生活文化的補充。

第一節　讀書生活

如果說藏書的目的是希望子孫能讀，那麼家族讀書，從來不是單純出於一種求知的需要。也就是說，知識教育，或接受知識，從來不是讀書的唯一目的。在許多家族中，常將倫理教育提升到相當重要的地位，通過讀書來達到儒化教育的目的。讀書是如此，藏書的目的往往也是如此。〔註 2〕因爲藏書家風的遺韻流澤，許多人

〔註 1〕吳智和，〈明人文集中的生活史料——以居家休閒生活爲例〉，頁一五四。

〔註 2〕江慶柏，〈清代蘇南望族與家族藏書〉（《中國典籍與文化》，一九九八年第三期），頁

自幼即養成愛好讀書的習慣。而祖上所遺留下來的藏書，正好爲他們的讀書提供必要的條件。一般的家族或個人，藏書的目的是爲了自己閱讀使用方便，他們也同樣十分強調讀書的重要性。〔註 3〕的確，藏書本身也是一門學問，但藏書家顯然希望能充份利用自己的藏書之便，多讀些書。因此許多學者而兼藏書家，都特別強調藏書一定要與讀書結合起來。〔註4〕

明代一般文人讀書的目的都在迎合科舉事業，特別是明代的江南文人，他們努力勤學，目標十分的明確，他們讀書的用意，就是以科舉爲首業，以登第入仕爲最高目標。雖然如此，這又與其他地區家 不蓄書、有書不讀的情況形成鮮明的對照。〔註 5〕但是到了明代中晚期，士大夫讀書雖然沒有廢除實用性和功利性，不過讀書取樂的意識卻是大大地增強。當時曾有人明白指出士子爲了舉業而讀書，與一些文人爲了休閒而讀書的意義大爲不同；因爲舉子之讀書，僅爲科名，而崇尚風雅的文人讀書，才是眞讀書。據《太室山人集》載：

> 今世以文程士，士抱咫尺之蓺以希尊顯，其程試之文，流傳海內，轉相誦讀，剽其字句以爲己有，用之無誤，問之不知其所從，一獲登進，視之如遺迹焉！日夕皝皝，非爲顯名，即爲厚實。其間學古求道，知重書者，百不獲一。〔註6〕

這一類的文人，在明代中晚期風靡於江南五府地區。如華亭藏書家陳繼儒，便曾經指出藏書家之讀書與舉子讀書，在立意上有所不同，他認爲「舉子獵其辭，吾獨覈其意；舉子志科名，吾獨志道德。」〔註 7〕他又指出藏書家之讀書與舉子之讀書也有差別，據〈甲秀園集序〉載：

> 大抵文章大業與經生不同，齒欲少，游欲遠，藏書欲博，取材欲精，交道欲廣，應酬欲簡，起居欲適，興欲豪，神欲淡，而著述欲富，闕一則名不附。〔註8〕

當學子們奉家長之命，爲博取功名而攻讀《四書》、《五經》的時候，他們感到非常

三五。

〔註 3〕江慶柏，〈圖書與明清蘇南社會〉（《中國典籍與文化》，一九九九年第三期），頁四九～五〇。

〔註 4〕江慶柏，〈圖書與明清蘇南社會〉，頁五一。

〔註 5〕范金民，〈明代江南進士甲天下及其原因〉，頁一六七～一六八。

〔註 6〕明・韓應嵩，《太室山人集》（台北：中央研究院藏明萬曆三十二年韓光祐昆陵刊本），卷七，〈李太史藏書記〉，頁一上。

〔註 7〕明・陳繼儒，《陳眉公先生全集》，卷二三，〈聚書樓記〉，頁二四上。

〔註 8〕《甲秀園集》，書前，陳繼儒〈甲秀園集序〉，頁一下～二上。

地苦惱厭倦；而當爲了取樂而自由閱讀的時候，他們才眞正體會到讀書的樂趣。明代文人們關於讀書樂趣的論述，包含著深刻的美學思想。他們認爲審美快感的本質是情感上、精神上的愉悅和提高，而不是藉著刺激官能所獲得的那種低級快樂能夠比擬，而審美快感的機制，在於審美主體與審美對象的心神交會。正因爲如此，明代文人們也很注意美化生活，使得衣食住行各方面都講究藝術化。讀書也是文人休閒活動的一種，他們也要求要有一個合適優美的環境，以保持心情的和暢，獲得美感的享受。〔註9〕

藏書是爲了讀書，而不論藏書或是讀書，都必須有閒暇時光可供利用。明代江南五府地區的藏書家當中，尤其是一些曾經身居廟堂之上的官員，政事的煩擾常常壓得他們抽不出時間來讀書，往往因而萌生退隱之念。他們常常計畫自己一旦失去祿位以後，該如何重拾舊業，並調適自己的心態，以便再度回到書生時代，將一生想讀而未竟的書籍讀完，甚至進而發爲著述，以成風雨名山之業。一般而言，藏書主人通常必須家境殷實富有，頗有風雅志趣和閒情逸致，〔註10〕也就是除了有錢、有興趣以外，還必須有時間。特別是藏書家往往因爲身在朝堂而事務繁忙，感歎自己不得爲閒人而無暇讀書，以致避世之念頓時萌生。尤其在藏書家之間，互約將來湖山同隱共讀，更爲蟫林佳話。如前述之馮夢禎，官至南京國子監祭酒，每嘆無暇讀書，曾在一封寫給友人信中述及自己藏書未讀的情形：

> 弟往歲置得梵書一大藏，積書亦不下萬卷，日杜門焚香，隨意披閱，自喜不減南面王。方憂一官爲贅，一旦爲我決而去之，德不貲矣！〔註11〕

而嘉興藏書家李日華，官至太僕寺少卿，也曾興如此之嘆！他告訴他的書友，也是同縣的藏書家陳良卿：「僕非久於游宦者，終當買湖田與足下同隱，飲澹酒，看閑書，樹陰竹蔭，潦倒無拘，其樂寧可量耶？」〔註12〕又說：「造化於閒甚所吝惜，不佞何時得作一閒人，與足下共坐竹林之下，嘯詠終日也？足下性嗜異書，而細君頗同趣味，焚香鼓瑟閨閣中，已自有古人風致矣！即稍稱清寒！何煩皺眉耶？」〔註13〕這些退隱讀書的邀約，都是藏書家在世務煩忙之下，因爲憾於無暇讀書而生出的美麗幻想，殷切期盼有朝一日終能實現的願望。此外，錢塘藏書家江元祚，生逢明末之亂，著意隱居而不仕，乃建「擁書樓」以廣儲圖史，竟日嘯傲其中，讀書吟詠。

〔註9〕《晚明士風與文學》，頁八五～八六。
〔註10〕陳曙，〈論私家藏書〉，頁七〇。
〔註11〕《快雪堂集》，卷三八，〈報甘子開年兄〉，頁一四下。
〔註12〕《恬致堂集》，卷三一，〈與陳良卿〉，頁四二上。
〔註13〕《恬致堂集》，卷三一，〈與陳良卿〉，頁四一下。

他曾宣告不仕，就是深怕將來無暇閱讀他的藏書，所以「年三十八，即高揖博士，不願備弟子員，將盡讀樓中書，以自樂其樂。」〔註14〕

由於明代文人的興趣廣泛，讀書已經不限於經史子集，在崇尚奇祕的文化氛圍之下，也喜歡泛覽各種奇書、閒書、雜書，這對活潑思想，擴大知識層面，頗爲有益。〔註15〕特別是晚明的文人，在古典文獻的閱讀與重整當中，按照「細究物名」、「瞭解物性」、「辨名物用」等幾個角度，建立了一個紙上認知的名物世界。文人們將文字的世界在日常中消融，對古典名物的纖細感知，轉化於閒適玩賞的審美生活裡。〔註16〕不論是蘇州文苑，或是嘉興、杭州、閩粵、湖廣等處文人，他們的生活文化，重心是安置於詩文書畫、讀書商略的藝文活動上。詩文書畫，則可以博取名利，可以吟詠娛悅，兼有入世與超俗品味的文化作用。而文人集團的成員們，又擅於將四藝與讀書的文化涵養與生活日課相結合，形成一個時代的性靈生活特色。由此延伸其生活文化的領域，而涵蓋居家、山水、器物、交遊等休閒、攬勝、鑑賞、過從等活動。〔註17〕所以，晚明文人讀書，乃生活中之享受，其態度不同於訓詁學者窮研搜討，考辨名物制度；亦不同於道學家以德性修養爲宗旨，求證哲理；也更不同於士子的應付科考，名利橫膺。他們讀書講求怡情適性，記誦可供談助，是以讀書至爲從容而不受束縛。讀書既成享受，因此展閱之時，茗香相伴自是常有的事，甚至把酒擊磬，舟亭野讀，種種文人休閒方式，都與讀書生活相互搭配。他們除了注意讀書的環境以外，對於書籍，也講究書籍物質性部份之優劣，書本變成爲賞玩之物，是文人燕閒清供不可或缺的東西。他們也在乎書籍之紙張、字體、墨色、裝訂等等細部，對此頗爲費心；又善於保藏圖書，深怕損毀。〔註18〕

藏書家辛勤聚書，除了自己勤讀以外，也期盼子孫們能夠繼續先人的志業，都能勤奮向學，但往往得到的結果，卻是身後藏書散佚，或爲子孫們鬻換財物去了。明人感嘆那些家富典籍而不知勤讀的藏書之家：

> 博洽必資記誦，記誦必藉詩書，然率有富於青緗，而貧於問學；勤於訪輯，而怠於鑽研者。……至家無尺楮，藉他人書史成名者甚眾。挾累世

〔註14〕《武林藏書錄》，卷中，〈江邦玉〉，頁五四。

〔註15〕李明宗，〈晚明文人的休閒生活及其反映的時代意義〉（《台灣師大體育研究》，第四期，一九九七年），頁一八。

〔註16〕毛文芳，〈晚明文人纖細感知的名物世界〉（《大陸雜誌》，第九五卷第二期，一九九七年八月），頁四九。

〔註17〕見吳智和，〈明代蘇州社區鄉土生活史舉隅——以文人集團爲例〉，頁三九～四〇。

〔註18〕黃明理，〈「晚明文人」型態之研究〉（《國立台灣師範大學國文研究所集刊》，第三四號，一九九〇年六月），頁九〇。

之藏而弗能讀，散爲烏有者，又比比皆然，可嘆也。〔註19〕

私人藏書既難以「久傳後世，津逮子孫」，那麼對於藏書家而言，其意義和價值又何在？保守一點來看，惟有藏書家自己讀過了，才能體現出私人藏書的眞正價值和意義。換句話說，也就是絕不能去做「爲藏書而藏書」的藏書家，而是要做一個「爲讀書而藏書」的讀書人。其實，身後之事峰迴縹緲，難以預測，只有讀書，才是藏書家本人可以把握的事。〔註20〕的確，明代文人認爲藏書必須能讀能用，藏書才有意義。時人云：

夫書之能藏者不難，能讀者難；能讀者不難，能用者難也。書藏而不讀，與無書等；而不用與不讀等。張茂先藏書至世乘，而茂不善厥終；李贊華載書數萬卷，亦無捄於僇身，非有書而不善讀，讀而不善用者與？代之衣冠家有積書如秘府，至再世、三世，懵與書隔甚，至售爲聲伎資。吁！可悼也已。〔註21〕

明代文人對於藏書必須閱讀的道理，講得格外透徹。有鑑於當時「士或徒矜充棟，目不及窺；或記誦雖勤，身心無得」〔註22〕的崇尚虛名作風，大表不以爲然。他們大多認爲藏書的目的便是爲了閱讀，若不能讀，則所藏何爲？藏書家必須讀過自己所藏之書，才能算是一個眞正的藏書家，否則，雖「有儲書充棟盈室，然終歲手不一披閱，雖有藏書之名，而無其實。」〔註23〕

關於明代藏書家只愛藏書而不好讀書的情況，時人指出當時的藏書家普遍犯了三個毛病，據《五雜俎》載：

好書之人有三病：其一，浮慕時名，徒爲架上觀美，牙籤錦軸，裝潢衒曜，驪牝之外一切不知，謂之無書可也；其一，廣收遠括，畢盡心力，但圖多蓄，不事討論，徒涴灰塵，半束高閣，謂之書肆可也；其一，博學多識，矻矻窮年，而慧根短淺，難以自運，記誦如流，寸觚莫展，視之肉食面墻誠有間矣，其於沒世無聞均也。夫知而能好，好而能運，古人猶難

〔註19〕《少室山房筆叢》，卷四，〈甲部・經籍會通四〉，頁六一～六二。

〔註20〕《滄桑書城》，頁二五。

〔註21〕《東維子集》，卷二一，〈讀書堆記〉，頁七上～下。

〔註22〕明・曹于汴，《仰節堂集》（《景印文淵閣四庫全書》集部・二三二冊，台北：台灣商務印書館，一九八六年三月初版），卷四，〈婺源朱氏藏書樓記〉，頁二下。

〔註23〕明・胡廣，《胡文穆公文集》（《四庫全書存目叢書》集部・二八冊，台南：莊嚴文化事業有限公司，一九九七年六月初版，據復旦大學圖書館藏清乾隆十五年刻本影印），卷一〇，〈崇書樓記〉，頁三七上。

之，況今日乎。〔註 24〕

綜合上述明代藏書家的三個毛病，其病因不外乎只有一個，就是不讀書。如武進藏書家薛應旂，藏書雖富，然並不甚讀書，其後便爲文人所詬病。清代的秀水藏書家朱彝尊，便曾經不客氣地批評他說：

方山（薛應旂）以帖括擅長，既負時名，遂專著述。所續通鑑，孤陋寡聞，如王偁、李燾、楊仲良、徐夢莘、劉時舉、彭百川、李心傳、葉紹翁、陳均、徐自明諸家之書，多未寓目，并遼、金二史，亦削而不書，惟道學宗派特詳爾。《憲章錄》一編，似未覩實錄而成者；若《浙江通志》，簡略太甚，俾後之欲知前事者，漫無考稽。文獻不足徵，是誰之過？與昔劉仲原父謂可惜歐九不讀書，覽方山遺編，頗同此恨。詩其餘藝，不必論也。〔註 25〕

爲了勸導愛書、護書的藏書家們也必須讀書，時人有作〈書架銘〉，以勉勵天下所有的藏書家，必須勤於閱讀所藏，才算是眞的愛書。銘曰：

書架，架乎其書者也。架乎其書者何？絕夫塵也。書之有塵，其害也小，絕之也易；心之有塵，其害也大，絕之也難。余每顧架，輒嘆愛心之不及愛書也。故銘書架以自警，其辭曰：書何有乎？曰：「經」，曰：「史」。書而有塵，害殼而止。心何有乎？曰：「義」，曰：「理」。心而有塵，能使心死。絕書之塵法用數紙，野馬其風，卒難過此。絕心之塵法用克己，己如大寇，克不易矣！克不易矣，不可不克，不克小人，克之爲君子。一惡一美，一臧一否，孰不知愛？孰不知鄙？夫何差之毫釐，失之千里？嗚呼！爾昔朝思夕思，思絕萬卷之塵；今乃朝嬉夕嬉，嬉嬉然縱一念之塵。起著書萬卷，猶有今日，爾獨不視耶？顏何人哉？希之，則是敬齋有箴，其爾用功之始。〔註 26〕

認爲藏書家必須切實閱讀自己所藏，才算眞正擁有這些藏書，「惟天祿石渠之藏，其書至繁，苟勤而有之，則在我而不在書也，不然，其中枵然而餒，雖富如天祿石渠，亦奚爲哉！」〔註 27〕由於當時書籍獲得的管道，較之前代，已經可謂相當便利，一般文人也是認爲當時藏書不難，難在於「守」與「讀」。時人曾謂：

〔註 24〕《五雜俎》，卷一三，〈事部一〉，頁二六三。

〔註 25〕《靜志居詩話》，卷一二，〈薛應旂〉，頁二八上～下。

〔註 26〕明・黃訓，《黃潭先生文集》（台北：中央研究院藏明嘉靖三十八年新安黃氏刊本），卷七，〈書架銘〉，頁一一下～一二上。

〔註 27〕《清江貝先生集》，卷一八，〈勤有堂記〉，頁七八。

> 夫古之積書也難，今之積書也易。假借難也，抄錄之費，校讎之勞，又難也。今則不然，板行日富，價甚廉，藏甚便，不亦易乎！雖然，積之非難，守之爲難，讀之尤難。〔註28〕

古代藏書之不易，在於圖書徵集上的困難，而到了明代，當圖書在徵集上較之前代稍易的同時，文人們卻又因爲書籍易得而不知愛護，更不加以閱讀。當時有人又曾指出文人們僅知專力科舉而不事藏書，而藏書家們卻只知藏書而不讀書的弊病。據《蕭林初集》載：

> 士生末代，何其幸與！然趙宋以前得書不甚易，名儒老師，日事手抄，故士兢實學。末代流行浸廣，卷帙徧天下，宜家握隋珠，人游積玉矣！乃鄉儌寒畯之士，末繇窺見典墳，而科舉之學，又復束書不覩，游談無根，如子瞻所詑歎，良可羞也。即一二藏書家，籤軸塡委，亦徒美觀耳。嗟乎！聖人之言，乃與玩好同實哉？〔註29〕

的確，藏書與讀書在理論上，乃是一體兩面、相輔相成的。藏書不讀，又何必勞神以聚？而治學當然更離不開藏書，因爲許多著作就是利用公私豐富的藏書寫成的。〔註30〕以下來觀察明代江南五府地區藏書家，在讀書方面的喜好程度。

大體來說，明代江南五府地區的藏書家大都喜歡讀書生活，他們喜好隱居讀書以明志，讀書在他們的生活裡，也確實扮演著重要的角色。即使當官，他們也都嚮往著讀書生活，其嗜好之篤，不減未仕之時。如海鹽藏書家吳昂，性好讀書，「及歸老，誦讀不廢，如書生然。」〔註31〕平湖藏書家沈懋孝，一生非常喜歡讀書，「里居三十年，戶外事絕不與聞，朝夕苦吟，不減諸生時。」〔註32〕他們在歷經官門的磨鍊之後，對於書中的道理，想必與業舉之時，必定有兩番滋味，體會將完全不同。

歸安藏書家茅坤，藏書充棟連櫝，蔚爲一時藏書名家。他非常喜好讀書，「於書無所不讀，於文特嗜班馬歐蘇，人爲詮次品藻。」〔註33〕同縣的藏書家姚翼，爲茅坤的內弟，不但喜好藏書，也喜歡讀書。致仕後，據《國朝獻徵錄》載：

〔註28〕明・方鵬，《矯亭存稿・續稿》（《四庫全書存目叢書》集部・六一冊，台南：莊嚴文化事業有限公司，一九九七年六月初版，據南京圖書館藏明嘉靖十四年刻十八年續刻本影印），卷三，〈家藏書目序〉，頁二一上～下。

〔註29〕明・錢棻，《蕭林初集》（《四庫未收書輯刊》陸輯・二八冊，北京：北京出版社，二〇〇〇年一月第一版，據明崇禎刻本影印），卷七，〈蕭林藏書記〉，頁八上～下。

〔註30〕《校讎廣義・典藏編》，頁一九。

〔註31〕明・唐樞，《國琛集》（《明代傳記叢刊》一一五冊，台北：明文書局，一九九一年十月初版），下卷，〈吳昂〉，頁三二上。

〔註32〕《明分省人物考》，卷四五，〈沈懋孝〉，頁三二下。

〔註33〕《明分省人物考》，卷四六，〈茅坤〉，頁二五下。

> 家雖落，其所好讀古先秦以來百氏之書不置，間手錄《左氏春秋》、《國語》，下逮漢、魏、晉、宋、齊、梁、陳、周、隋、唐、五代、宋、元迄我朝之文而鐫評之，凡若干卷。〔註34〕

他的尚博與好讀，最爲本地藏書家的特色，又嘗自稱：「余藏書千卷，朝夕偃仰其中，非疾不入內寢，非傳經於人未嘗出遊外境。」〔註35〕姚翼對於讀書生活的篤好，更勝於茅坤。

杭州藏書家馮夢禎，以得閒能閱其所藏圖書爲生活至樂。他曾說：「獻歲雨雪，談藝諸生多休沐未至，又不能出遊。日坐竹窗焚香瀹茗，擁萬卷爲樂，古人所謂不減南面百城，眞不虛也。」〔註36〕嘉善藏書家陳于王，善於藏書且好讀書，雖居官亦不減其嗜。其子陳山毓謂：

> 藏書抑何易言也，吾先君律己廉，字民惠，所至不負其職。晚年巴蜀之行，奔命萬里，拂衣一辭而素位居易，正己勿求，六十年如一日，非善讀書者不逮是。〔註37〕

蓋陳山毓言下之意，乃是稱讚其父之所以善於爲官，便是因爲善於讀書才有以致之，孺慕之情，充溢於言詞之間。由於父親的影響，陳山毓也喜歡藏書與讀書，認爲：

> 竊謂古藏書難，今易。古經籍不易得，有宋之盛，昔人猶云非手錄不得，蓋用力如此其難也。邇來子母相摹，捐價才數銖，而裒纍纍矣！然昔難，非其好弗藏，好則讀。今之藏，藏焉而已，久之腐蠹相仍，淆亂敗鈌，雖欲藏焉不得。……即此數千卷者，皆寓目焉，難矣！成誦焉，又難矣！夫讀之云者，又非寓目焉、成誦焉止也，藏之者其知之。〔註38〕

蓋其意之所指，乃勸誡世上藏書家之讀書，非僅看過或能背誦而已，必須心領神會，能夠學以致用，方爲眞讀書。所謂「藏書滿閣，古人糟粕；積書滿箱，今人鼠蠹。誦言忘味，萬卷奚貴？一字有得，行之不息。小子愼乎！盍涵泳體驗以求日進乎！」〔註39〕

嘉興藏書家李日華，對於讀書的喜好，也是令人相當佩服。他爲了看完《宋史》，竟然花費二年的光陰，其讀書之仔細，可見一斑。他說：「余看《宋史》，自（萬曆）

〔註34〕《國朝獻徵錄》，卷八九，茅坤〈廣濟令海屋姚君翼傳〉，頁八九下。

〔註35〕《玩畫齋雜著編》，卷一，〈玩畫齋記〉，頁一八下。

〔註36〕《快雪堂集》，卷四〇，〈答李生憲可〉，頁二四下。

〔註37〕《陳靖質居士文集》，卷五，〈陳氏藏書總序〉，頁九下。

〔註38〕《陳靖質居士文集》，卷五，〈陳氏藏書總序〉，頁九上～一〇上。

〔註39〕《李氏居室記》，卷四，〈書架箴〉，頁三下。

壬子（四十年，1612）三月二十三日始，今歲（萬曆四十二年，1614）三月二十八日止，凡二年而後訖功。以余泛涉他書頗多，而雜應亦較前歲頗繁故也。」〔註 40〕一種書可以看到如此之久，也可見其閒賞意味之濃厚，有別於爲了應付考試的讀書。

到了明末，藏書家喜好讀書者尚不乏其人。海鹽藏書家湯紹祖，除喜好藏書，也好讀書。「紹祖郊居讀書，謝絕人事，猶恐客相溷。每日以舫載書，杙著水中央讀之，薄暮歸以爲常，其勤如此。」〔註 41〕湯紹祖這樣特殊的讀書方式，爲其藏書生活增色不少。

一般而言，藏書家讀書都有其方法，如前述之邊讀邊抄，在每日閱讀範圍的計算上，明代江南五府地區的藏書家有一套特別的辦法。如華亭藏書家何良俊，在每日的讀書計畫上，規定自己「尺璧之陰，常以三分之一治公家，以其一讀書，以其一爲棊酒，公私皆辦矣。」〔註 42〕這是何良俊爲自己設計的每日讀書方法，也兼顧了生活上的其他休閒部份，可見讀書生活，的確是明代江南五府藏書家的藏書生活當中之一部份。而仁和藏書家王晫，讀書生活的規劃當中，也有其特殊的作法。據《清史列傳》載：

> 每讀一書，必首尾貫穿始放去。……晚辟「牆東草堂」，吟獻其中。堂內設量書尺，每歲積四方投贈詩文，於除夕量之，準以六尺上下。〔註 43〕

王晫除要求自己讀書必須從頭至尾皆熟讀以外，對於與他人的詩文往來，在份量上也有所規定。此外，餘杭藏書家嚴沆，不以居官而廢讀。他在任職倉場侍郎時，「正己率屬，人不敢犯。旦起治事畢，下關危坐，日閱一寸書以爲常。」〔註 44〕每天一寸厚度的讀書計畫，是嚴沆生活的一部份。此外，上海藏書家陸深對於讀書的方法，也曾提出自己的意見，認爲「其中若有關係朝廷典故，及可備郡乘闕遺者，另錄以藏，此看書要法也。」〔註 45〕以上數家，不但喜好讀書，並且對於自己的讀書方法各自做出一些不同的計畫，對於他們來說，讀書生活確實是藏書生活裡面一個相當重要的活動。

第二節　著述生活

〔註 40〕《味水軒日記》，卷六，頁三八〇。
〔註 41〕《天啓・海鹽縣圖經》，卷一四，〈文苑〉，頁一四上。
〔註 42〕《四友齋叢説》，卷三〇，〈求志〉，頁二七九。
〔註 43〕《清史列傳》，卷七〇，〈文苑傳一・王晫〉，頁一一上～下。
〔註 44〕《國朝耆獻類徵初編》，卷四九，〈補錄・卿貳九・嚴沆〉，頁三上。
〔註 45〕《儼山集・續集》，卷九五，〈與黃甥良式十二首〉，頁一七上。

中國自古的私家藏書往往將編纂、刻印、收藏和利用融爲一體，它在傳播文化和培養人材方面有很大的促進作用。就明代而言，沒有明代的私家藏書，就不可能有聞名中外的《永樂大典》之編纂；而沒有明末清初的「天一閣」藏書，也就沒有中國叢書之最《四庫全書》的誕生。從經世致用的角度來看，一旦藏書失去其學術性，這種私家藏書就會蛻變成古玩或不值錢的廢紙。〔註46〕所以，以往的藏書學者往往將藏書家分爲數類，〔註47〕若以古代私家藏書對圖書的利用而論，可分爲著述、校勘、博采、販賈等數種類型。〔註48〕江慶柏針對明清時期蘇南地區藏書文化的研究指出，藏書家的藏書目的大致有三種：一種主要是出於收藏的需要，是藏書家的藏書；一種主要是爲了滿足自己閱讀和做學問的需要，是學者型的藏書；一種主要是爲了家族文化建設的需要。而以上三者往往也是互相交叉兼有的。〔註49〕其中特別是屬於學者型的藏書家是藏書家群的主體，歷史上眾多的學者正是利用自己豐富的藏書，才結出了一顆顆豐碩的學術成果。〔註50〕然而不論藏書家的藏書動機是屬於何種目的，讀書與著述的生活都是他們生活文化上的主體模式之一。歷史上無論皇室依靠內府藏書，學者依靠自家藏書，其所編纂的類書、詩文總集之類，無不依靠豐富的藏書做爲必備的條件。〔註51〕所以藏書家的著述活動，是藏書生活當中相當有意義且值得探究的課題。

中國歷史上的藏書家往往喜歡利用自家的豐富所藏，以爲著書立說的基礎與背景，特別是以著述爲藏書的主要動機之類型的藏書家，更是如此。如明末福建著名的大藏書家謝肇淛云：

> 少時讀書，能記憶而苦於無用；中年讀書，知有用而患於遺忘。故惟有著書一事，不惟經自己手筆可以不忘，亦且因之搜閱簡編，遍及幽僻，向所忽略今盡留心，敗笥蠹簡皆爲我用。始知藏書之有益，而悔向來用功之蹉跎也！〔註52〕

如同中國自古以來的藏書家一般，明代江南五府地區的藏書家們也往往利用藏書做

〔註46〕陳曙，〈論私家藏書〉，頁七〇。

〔註47〕如清代學者洪亮吉便曾經將藏書家分爲考訂家、校讎家、收藏家、賞鑒家、掠販家等五種類型，見清・洪亮吉，《北江詩話》（北京：人民文學出版社，一九九八年五月第一版），卷三，頁四六。

〔註48〕周少川，〈論古代私家藏書的類型〉，頁一五〇。

〔註49〕江慶柏，〈圖書與明清蘇南社會〉，頁四五。

〔註50〕《中國私家藏書史》，頁八。

〔註51〕劉尚恒，〈略論中國藏書文化〉，頁二七。

〔註52〕《五雜俎》，卷一三，〈事部一〉，頁二七一。

爲治學探索的基礎，以著述、匯編等形式創造出新的典籍，爲民族文化增添新的內容、新的財富，提供了更多知識與典籍的累積。〔註 53〕其中有些藏書家甚至以著述爲生涯當中的一項重大事件，因此而立下了著書宏願，如明末秀水藏書家沈嗣選，「生平破產聚書，嘗謂自昭明後代各有選，而南宋缺焉，乃輯南宋文選百卷，未梓。」〔註 54〕非常明顯地，沈嗣選便是一位以著書爲其藏書之主要動機的藏書家，即使所著之書未獲出版，仍不改其藏書與著書的志向。

在明代江南五府地區當中，喜歡充份利用自家藏書，甚至利用別家的藏書以著書立說的藏書家還有很多，主要有如海鹽藏書家徐廷泰，好藏書，「箋釋《性理》、《大學衍義》、陽明諸書。」〔註 55〕仁和藏書家郎瑛，家富藏書，日惟「攬要獵華，刺抉眇細，摘瑕指類，辨同異得失。而著爲書，凡數種數十百篇。」〔註 56〕無錫藏書家周子義，家多典籍，也非常喜好著述生活，據〈周文恪公傳〉載：

> 所訂正書則有《周禮》、《史記》、《五代史》；所自編輯則有《子彙》，有《綱目纂要》、《史漢類纂》；所評選則有左、國、諸子、韓非、唐詩；所撰著自《殼語》、《日錄》外，有《中書直閣記》，祕不傳；《國朝故實》草創未就。俱藏于家。〔註 57〕

又如無錫藏書家秦柱，也是如此，家中藏書既富，也勤於著書，「所緝《國朝大臣傳志》，幾數千卷。」〔註 58〕而武進藏書家唐順之，是明代「唐宋派」文學復古運動的健將，也是當時著名的藏書家，他曾利用家中所藏的古今大量典籍，編著了《左編》、《右編》、《文編》、《武編》、《儒編》、《稗編》等《六編》。又如歸安藏書家茅坤，在「唐宋派」中的最大貢獻，便是他利用了家中的豐富藏書，編選《唐宋八大家文鈔》一書。此書一出，盛行海內，以致唐宋八大家之說無人不曉，且自此成爲定論，對後代的影響可謂至深且鉅。〔註 59〕而江陰藏書家李如一，以藏書之富享譽天下，也雅好著述。嘗「集邑人說部，刊《藏說小萃》、湯大理沐（1460～1532）之《公餘日錄》、張司訓誼之《宦遊紀聞》、張學士袞（1487～1564）之《水南翰記》、朱太學承爵之《存餘堂詩話》、徐山人充之《暖姝由筆》、《汴游集》、唐貢士震龍之《延州

〔註 53〕蕭東發等，〈中國古代的官府藏書與私家藏書〉，頁五三。
〔註 54〕《光緒・嘉興府志》，卷五一，〈嘉興文苑〉，頁四四上。
〔註 55〕《光緒・嘉興府志》，卷五七，〈海鹽孝義〉，頁一三下。
〔註 56〕明・張萱，《西園聞見錄》（《明代傳記叢刊》一一六冊，台北：明文書局，一九九一年一月初版），卷二二，〈畸人・郎瑛〉，頁三四下。
〔註 57〕《朱文懿公文集》，卷六，〈周文恪公傳〉，頁四上～下。
〔註 58〕《松石齋集》，卷一二，〈中書舍人秦君汝立墓表〉，頁二三上。
〔註 59〕《中國藏書通史》，頁七一二。

筆記》，而其祖《戒庵漫筆》附焉。」〔註 60〕華亭藏書家陳繼儒對於李如一善於利用自家藏書以從事著述的功績更是讚不絕口，給予相當高的評價。他說：

> 李貫之（李如一），有道士也，孝友忠信，沉深讀書，獨能收合先輩之遺編，補殘訂訛，不惜餘力，頓使延陵諸君子之風流標格傳之君手，其亦有功于一鄉之文獻矣！當今好古者，若不見嘉則、蓬山、三館四庫之藏；而訪書之使，如漢之謁者、各道御史，皆無專命，則搜求隱籍，不得不屬之二、三弘覽博物君子，貫之非其人哉？〔註 61〕

長興藏書家吳琉，也喜歡著書。篤好藏書，著作亦甚富，「所著有《元元集》、《皇極經世鈐解》、《太乙統宗》、《太乙陶金》、《六壬金鎖匙》、《天文要義》等書，有《三十廣志》三百卷、《史類》六百卷、《環山集》六卷。」〔註 62〕海鹽藏書家湯紹祖，喜好藏書以外，對於著述生活，也樂此不疲。「善爲駢麗之文，訂定《續文選》三十二卷行世。」〔註 63〕其自序言：

> 余束髮臨文，雅有茲志，時復網羅眾籍，蒐獵群言，取例往編，甄擷今選。但緣制科窘縛，卒業未皇。邇年上書屢棄彌傷，弓治之亡，抱恤幽居，獨軫風木之憾，優游寡托，寂寞無驩，乃發陳編，重加銓次。〔註 64〕

可見立言著書，是湯紹祖懷蓄已久的憧憬與心願。而海鹽藏書家吳昂，藏書萬卷，「尤好《周禮》，以後儒亂經，參訂諸說，附己見，爲書凡四易稿而成。」〔註 65〕

與吳昂同縣的藏書家胡震亨，藏書之名遍東南，庋藏既多，發爲著述者也是相當可觀。「嘗裒輯唐人詩集，旁鈔法苑雲笈及名山之志，而臚列爲《唐音統籤》一千卷。又有《祕冊彙函》、《海鹽圖經》、《續文選》、《文獻通考纂》、《靖康盜鑒錄》。震亨才識奧博，家多藏書。」〔註 66〕平湖藏書家李延昰，本身業醫，因此好藏醫書，並發爲纂著，嘗「撰《藥品化義》、《醫學口訣》、《脈訣》、《彙辨痘疹全書》四部刊行之。」〔註 67〕而嘉興藏書家周履靖，藏書既富，「鑒別日精，悉索所藏書，擷菁

〔註 60〕《江陰李氏得月樓書目摘錄》，書前，繆荃孫〈李如一傳〉，頁二下～三上。
〔註 61〕《晚香堂集》，卷二，〈藏説小萃序〉，頁四八上。
〔註 62〕《浙江通志》，卷一七九，〈人物六・文苑二〉，頁三一二五。
〔註 63〕《光緒・嘉興府志》，卷五七，〈海鹽文苑〉，頁四七下。
〔註 64〕明・湯紹祖，《續文選》（《四庫全書存目叢書》集部・三三四冊，台南：莊嚴文化事業有限公司，一九九七年六月初版，據浙江圖書館藏明萬曆三十年希貴堂刻本影印），書前，〈續文選序〉，頁一下。
〔註 65〕《天啓・海鹽縣圖經》，卷一三，〈人物〉，頁七下。
〔註 66〕《明詩紀事》，卷一八，〈庚籤・胡震亨〉，頁一五八～一五九。
〔註 67〕《同治・上海縣志》，卷二二，〈藝術〉，頁九下。

茹蕁，都彙一百餘篇，芓裒諸生噲咏暨諸名家投贈之作，題曰：《夷門廣牘》。」〔註68〕上述數家，都是明代江南五府地區喜好從事著述生活的藏書家，而諸如此類的例子於史料記載當中還有很多，無法一一列舉。

其實，不但藏書生活需要有錢有閒，藏書家的著述生活更是必須具備充份的閒暇光陰可供利用，否則公務纏擾，或是為俗事而汲汲營營，又將如何得以進入著述生活的領域？如杭州藏書家馮夢禎，官任南京國子監祭酒，雖在學術機構，卻仍無暇著書。其實，他有志編纂一套類書，限於官職在身，加上南京國子監中現有可供參考的典籍相當有限，他曾向朋友說：

> 類書事須得博採群書，祕閣中有《永樂大典》，卷帙最鉅，此可採也。即經史正書中儘有，僻事、豔語為御覽諸書所遺者，須得山林清暇，一意搜羅數年而成，或可無憾，非官中應酬日月所能辦也。僕即歸，足可任此，得時以奇書助發，耳目乃有興耳！監中藏板並無他類書，故無以進。〔註69〕

蓋馮夢禎言下之意，乃寄希望於將來退隱歸里之後，得有空閒時間蒐集資料，也可以利用自家所藏豐富的典籍，來完成多年以來無法實現的願望。秀水藏書家曹溶，也是如此。居官之時，便頗有著述之志，卻因礙於公務冗煩，無法成事。直到致仕以後，遂家居「杜門著述，手輯《學海類編》，蓋唐、宋、元、明以來祕鈔之本，先生盡得之，綜三百餘種，誠龍威之祕寶也。」〔註70〕武進藏書家徐常吉，為簿書所擾，無暇從事撰述，一直到調任中書以後，舍人本為冗職，暇日頗多，加上有秘閣藏書可供參覽，於是開始著書。他曾說：

> 吉少有書淫傳癖，以困博士家弗克遂。今幸濫竽散署，吏散鴉啼，了無事事，得借觀中秘，旁及稗野，附以居恆簾窺壁聽，不忍自棄，稍稍輯錄成帙，題曰：《事詞類奇》。〔註71〕

徐常吉《事詞類奇》一書，使得多數無法獲觀秘閣書籍的學子，得以管窺一斑，造福士林，可謂不小。秀水藏書家蔣之翹，家富藏書，並且有志從事地方文獻之著述。然因友朋過往甚密，家中終日坐客常滿，蔣之翹酬應尚且不暇，更遑論得閒著述。於是「樾戶二年，蒐葺携李一郡諸名集，自洪、永訖啓、禎，采定詩歌若干卷，題曰：《携李詩乘》，郡之高賢大良，貞夫隱士，得藉以表見，其有功於携李人物為甚

〔註68〕《明刊本夷門廣牘》，卷一，黃漢憲〈夷門廣牘敘〉，頁一四上～一五上。
〔註69〕《快雪堂集》，卷四四，〈與周叔宗〉，頁六下。
〔註70〕《鶴徵前錄》，頁三四上。
〔註71〕《新纂事詞類奇》，書前，許維楨〈新纂事詞類奇序〉，頁二下～三上。

大也。自詩乘告成，始啓關延客，繕寫副本藏於家。」〔註 72〕

此外，有些藏書家也喜歡與他人合作，一起著述，或是將自家的藏書提供給他人做爲著述之需。如德清藏書家姚士粦，「與里人胡震亨同學，以奧博相尙，蒐討秦漢以來遺文相簡，撰《祕冊彙函》若干卷，跋尾各爲考據，具有原委。」〔註 73〕兩人「又嘗同輯《海鹽圖經》，時稱博雅。」〔註 74〕姚士粦又與其友海鹽藏書家呂兆禧相互合作，從藏書當中將已經佚傳的古代文籍加以萃錄出來，甚至加以刊刻，其保存古籍之績，眞可謂功不可沒。姚士粦說：

> 往余友呂錫侯（呂兆禧）與余，欲從史傳、文選及諸類書、地記、子襍盡錄古人文集，所就者有東方朔、潘岳、潘尼、傅玄、傅咸、孫楚、孫綽、夏侯湛、顏延之、任昉、梁簡文、梁元帝十一種。先刻于漢魏名家者，爲東方朔、潘岳、任昉，後刻于顏氏傳書者爲顏延之《惟簡文集》，尚存齋頭。〔註 75〕

上海藏書家黃標與陸楫等人，共爲講習之會，翻繹經傳，考證子史。而「探索暇餘，則又相與劇談泛論，旁采冥搜。凡古今野史、外記、叢說、脞語、藝書、怪錄、虞初、稗官之流，其間有可以裨名教，資政理，備法制，廣見聞，考同異，昭勸戒者，靡不品騭抉擇，區別匯分，勒成一書，列爲四部，總而名之曰：《古今說海》。計一百四十二卷，凡一百三十五種，斯亦可以謂之博矣！……陸子乃集梓鳩工，刻置家塾，俾永爲士林之公器云。」〔註 76〕通常一部叢書或類書之匯刻，往往也需要多位文人之鼎力相助，方能玉成。如上海藏書家陸楫所刻之《古今說海》，書前附有校書及助書者名氏，而從他的記載當中，可以得見明代江南五府地區的藏書家以藏書助人撰述的情形：

> 東川顧定芳世安；太學生，授太醫院御醫。出藏書二十卷。……雲谷黃標良玉；太學生，出藏書三十卷，總校勘編次。……西霞董宜陽子元；太學生。出藏書五卷。王屋張之象月鹿；太學生。出藏書一卷。〔註 77〕

陸楫《古今說海》，可以佐證明代江南五府地區部份藏書家通力合作下的著述成果。而秀水藏書家曹溶，則是渴望能夠獲得其他藏書家的幫助，以完成編纂《學海類編》

〔註 72〕《明遺民錄》，卷一八，〈蔣之翹〉，頁七下。
〔註 73〕《浙江通志》，卷一七九，〈人物六・文苑二〉，頁三一一八。
〔註 74〕《光緒・平湖縣志》，卷一八，〈人物四・僑寓〉，頁七七上。
〔註 75〕《見只編》，卷上，頁六七～六八。
〔註 76〕明・陸楫等，《古今說海》（成都：巴蜀書社，一九九六年十二月第一版），書前，唐錦〈古今說海引〉，頁三。
〔註 77〕《古今說海》，書前，〈古今說海校書名氏〉，頁五。

之志願。他自稱：

藏書之富，易於選擇。然滄海遺珠，正恐不免，至當代才賢著作之盛，自媿貧而寡交，收藏絕少，尚祈同志爲鄙人多方覓購以續成巨帙，直令古今祕籍隱而未顯者從此留傳，詎不心快？〔註 78〕

其實，明代的叢書刊刻相當繁榮，如嘉興藏書家周履靖編纂的《夷門廣牘》與烏程藏書家沈節甫的《紀錄匯編》，兩者皆堪稱個中翹楚，名動天下，直至今日，仍爲書林盛事。而明代叢書的出現，在中國古代文獻學史上至少具有兩方面的大貢獻：其一，中國古代大量的、特別是那些部頭不大的圖籍文獻，在刊入叢書之後，才得以完好保存。值得注意的是，在保存古代文獻的功能上面，叢書和類書是有所不同的，如果說類書保存的文獻還只是片斷或是隻字片語的話，那麼叢書保存的文獻，一般都是內容較爲完整，並且可以反映出文獻的版本系統之面貌，具有較高的校勘價值。其二，有些叢書，特別是專題性叢書，它集中某一專題的大量的有關文獻，無疑爲研究這一專題提供了方便，從這一意義上說，明代叢書編纂事業的發達，顯然促進學術研究的深入和發展，這絕對是勿庸置疑的。〔註 79〕此外，明代一些著名的藏書家往往是不爲藏書而藏書，他們將圖書的收藏與學術研究、刻書活動相結合，透過閱讀藏書以促進自己學識的提高，再透過刻書來擴大書籍的流傳範圍。〔註 80〕而明代江浙地區的藏書家，充份利用有利的條件，刻苦鑽研，寫出一批具有很高價值的學術專著，並推動整個學術研究的發展。〔註 81〕所以，在探究明代江南五府地區藏書家的著述生活的同時，對於他們從事著述行爲而保存古代文獻與文化，以及推動學術研究等方面的深遠作用，都是必須一併加以褒揚的。

不過，明末有一部份藏書家的著述生活，與以往一般的藏書家們有些不同的意涵與目的。如華亭藏書家陳繼儒，藏書頗多，也喜好著述生活。他特別喜歡收集地方遺文軼事，彙而成書，並且出版流通，常常「延招吳越間窮儒老宿隱約饑寒者，使之尋章摘句，族分部居，刺取其瑣言僻事，薈萃成書，流傳遠邇，款啓寡聞者，爭購爲枕中之祕，於是眉公（陳繼儒）之名，傾動寰宇。」〔註 82〕但是，有別於一般藏書家的著述活動，陳繼儒的著述生活還包含著一層看不見的利益存在。他身處明末山人流行之世，本身也是一位非常有名的山人。值得注意的是，當時的大眾傳

〔註 78〕《學海類編》，第一冊，書前，〈輯書大意〉，頁七下～八上。
〔註 79〕崔文印，〈明代叢書的繁榮〉（《史學史研究》，一九九六年第三期），頁六二。
〔註 80〕《中國藏書樓》，頁九〇八。
〔註 81〕韓文寧，〈明清江浙藏書家的主要功績和歷史局限〉，頁一四三。
〔註 82〕《明詩紀事》，卷七下，〈庚籤・陳繼儒〉，頁九二七。

播便倚賴出版業的發展，而山人與出版業的關係非常密切，兩者互為利用，以互取其利。更進一步地說，明末的山人們為了打響自己的名氣，往往是利用出版書籍為武器而活躍於世上；而出版業界亦樂見如此，他們也利用明末山人的流行之火，扮演著點燃的角色，其中陳繼儒便是這樣而聲譽日上、名動公卿的。〔註 83〕

最後，明末清初文人姜紹書曾以著述之富寡來論列明代的藏書家，他認為著述多而徵引廣者，便可稱為藏書家，因為他們書中所引既博，或者著述等身，其家蒐羅便富，積聚便多，因此不需旁證，便可得知彼等皆為藏書之家。他說：

> 昭代藏書之家，亦時聚時散，不能悉攷，就其著述之富者，可以類推。……學海詞源，博綜有自，亦可見其插架之多矣！〔註 84〕

其實，以文人著述之多寡來論列藏書家，也是有其道理的。如明末清初的仁和藏書家吳任臣，家富藏書，所著《十國春秋》，人稱：「所采古今書籍，無慮數百種，即石刻亦所不遺，故絕鮮臆說杜撰。」〔註 85〕特別是「當兵燹之餘，留心經籍，生平著作等身，觀其引徵之多，即可見其收藏之富矣！」〔註 86〕從橫向方面來考察，凡是某一地方文人多，著述多，該地之藏書必然也多。而從縱向方面考察，也可以說歷史上無論哪一個朝代，亦無論是經學家或是史學家，凡是有著述以傳世者，無不有數量相當可觀的書籍之藏。〔註 87〕總之，明代許多的文學家、史學家耽於藏書，他們既是文學家、史學家，又是藏書家，兩者確實相得益彰。而豐富的藏書，的確也為他們的文學創作、史學著述發揮了作用。〔註 88〕

第三節　文會過從

文人、學士之間的交遊，是古代人讀書治學的一種風氣。〔註 89〕到了明代，文人們非常害怕獨學而無友，他們大都熱衷於結伴共學，所以在當時治學訂盟的風氣非常盛行。而一些喜好藝文的隱士，他們優游林下，吟風弄月，也喜歡結伴成群，

〔註 83〕日・大木康，〈山人陳繼儒とその出版活動〉（收入《山根幸夫教授退休記念明代史論叢》下冊，京都：汲古書院，一九九〇年三月初版），頁一二三六。

〔註 84〕《韻石齋筆談》，卷上，〈名賢著述〉，頁一下～二上。

〔註 85〕支偉成，《清代樸學大師列傳》（《清代傳記叢刊》一二冊，台北：明文書局，一九八五年五月初版），〈作史學家列傳第十四・吳任臣〉，頁三七九。

〔註 86〕《武林藏書錄》，卷下，〈吳託園先生〉，頁五七。

〔註 87〕劉尚恒，〈略論中國藏書文化〉，頁二七～二八。

〔註 88〕《藏書與文化——古代私家藏書文化研究》，頁七四。

〔註 89〕都樾，〈明代宗室的文化成就及其影響〉（《學術論壇》，一九九七年第三期），頁九三。

〔註 90〕共同尋找生活上的樂趣。明代文人結社的風氣便是在文人的普遍崇尚之下，迅速地在社會上風行起來。文人結社既以明代爲最盛，社團類型亦以明代爲最備，〔註 91〕舉凡詩社、文社、吟社、雅集、蟹會、荔枝社、葡萄社、讀書社、抄書社……等，各式各樣不同性質的會與社，都呈現這個時代裡文人對於文會過從的熱衷，乃至志趣相投之人，每假湖山勝地，十日一會，月一尋盟。〔註 92〕特別是從嘉靖年間開始，大明王朝已經邁入中後期，經濟上雖然還保持著表面的繁榮，但各種社會矛盾卻早已逐漸顯露出來。當時社會上的種種憂患，使得一些文人在思想方面顯得消極，且無意於仕進，藉著詩酒唱和以尋求人生的樂趣，以及逃避現實的矛盾。正是在這種社會背景下，西湖地區湧現了眾多的詩社。〔註 93〕而明代江南士人獨立自足，藉著經濟能力的提高，使他們在經濟上以及政治上擺脫了對專制皇權的依附，爲其講學游走，交友結客，置酒高會等活動提供較爲寬裕的經濟背景，進而有效地推動和保障了儒士的群體凝聚。〔註 94〕從南宋以來，蘇、浙地區，社會安定，經濟繁榮，加上水上交通發達暢通，爲士人的交往提供良好的社會基本條件。〔註 95〕所以，明代江南五府地區文人的文會過從活動也因此而顯得非常熱絡。如華亭藏書家宋懋澄身處萬曆時期詩社與山人充斥的社會風氣當中，交游相當廣闊。〔註 96〕在文會結社方面，從明代中葉開始，文士們常常集合起來研習舉業與吟詠之事，他們或十日一會，或半月一旬。這種讀書集會以江南之蘇松、浙江之杭嘉湖爲甚，反映出江南文風之鼎盛，爲書籍最大的銷售市場。〔註 97〕以下，我們就以明代江南五府的藏書家爲對象，來探索他們藏書生活裡的文會過從活動內容。

一、宴飲遊樂

江南五府的藏書家集團內，凡是經濟條件比較寬裕的藏書家，從元末開始一直

〔註 90〕陳寶良，《中國的社與會》（杭州：浙江人民出版社，一九九六年三月第一版），頁二七九～二八〇。

〔註 91〕郭英德，《中國古代文人集團與文學風貌》（北京：北京師範大學出版社，一九九八年十一月第一版），頁一五五。

〔註 92〕黃桂蘭，〈晚明文士風尚〉，頁一五三。

〔註 93〕何宗美，〈明代杭州西湖的詩社〉（《中國典籍與文化》，二〇〇二年第三期），頁九〇。

〔註 94〕周學軍，〈明清江南儒士群體的歷史變動〉（《歷史研究（北京）》，一九九三年第一期），頁八〇。

〔註 95〕葉忠海等，〈南宋以來蘇浙兩省成爲中國文人學者最大源地的綜合研究〉（《華東師範大學學報》哲學社會科學版，一九九四年第一期），頁六六。

〔註 96〕有關宋懋澄友人之整理與論述，可參見日・岡崎由美，〈宋楙澄交友錄——萬曆文人社會の一畫で〉（《中國文學研究》，一九八六年第一二期），頁三四～四九。

〔註 97〕《明代書籍出版研究》，頁六七。

到清初，喜歡以終日高宴賓朋、尋歡作樂的方式，做爲生活的重心者，爲數不少。他們透過宴會飲酒來做爲聚集朋友的途徑，藉由聚會讓彼此的知識相互交流，並因此樹立一種特殊的文人風格以及培養自己的聲望。如松江府藏書家夏庭芝，喜好呼朋結友，置酒高宴，「遍交士大夫之賢者，慕孔北海座客常滿，尊酒不空，終日高會開宴，諸伶畢至。以故聞見博有，聲譽日彰。」〔註98〕夏庭芝憑藉家境富裕，整日與朋友高會，藉此流通彼此之間的資訊與知識，以故時人稱其見聞廣博。同樣是松江府的藏書家，任豫齋也相當好客。據《松江府志》載：

> 四檐之外，樹以梅竹，障以松檜，鬱然若在林壑深邃之處。亭中虛明宏敞，於琴書畫卷，詩酒棋槊，凡賓坐客臥燕游之事，無所不備。〔註99〕

藏書家如此篤好交友，其實正是爲了流通書訊，透過賓朋之燕會，可以在無形當中充實自己。此外，與同志結會社集，也可互相勉勵，互相幫助，讓彼此的藏書事業都能更進一步。

上海藏書家朱察卿，也相當喜好交友，以及居家燕遊。他的藏書處名「舊雨軒」，「時或賓朋蒞止，秩禮修容，延三益而開徑，肅問奇而啓扉，縱浮白以吸波，醒酡顏於對石，辨猶賢於秋奕，思覯聖於襄琴。」〔註100〕朱察卿將其書樓布置成會客之所，一應遊樂雜具俱全，以此爲社交之助。仁和藏書家郎瑛，也是如此。其家「書室之外，有燕樂堂，朋類講學宴飲則于此焉！」〔註101〕而無錫藏書家安紹芳，除藏書外，也是性喜文會結客。在所居之西林，羅置圖書彝鼎以招待四方名流。客至則置酒刻燭，歌吹並起，不論日夜，此於前文已述。明代江南五府地區的藏書家，頗好將藏書室與會客室相結合，做爲招待友人居家燕遊的場所，也正是因爲如此，他們可以隨時和客人談論書事，寓藏書於娛樂當中。

至於拜訪遊宴的內容，華亭藏書家何良俊曾經相當生動地記載下來。他與蘇州藏書家文徵明爲友，何良俊每至蘇州，必往文家拜訪，而文徵明亦在書室中熱誠招待何良俊。據何良俊記載：

> 余造衡山（文徵明），常徑至其書室中，亦每坐必竟日。常以早飯後即往，先生問：「曾吃早飯未？」余對以：「雖曾吃過，老先生未吃，當陪老先生再吃些。」上午必用點心，乃餅餌之類，亦旋做者。午飯必設酒，先生不甚飲，初上坐即連啜二杯，若坐久，客飲數酌之後，復連飲二杯，

〔註98〕《青樓集》，書前，張鳴善〈青樓集序〉，頁三。
〔註99〕《崇禎・松江府志》，卷四六，〈第宅園林〉，頁二七上。
〔註100〕《潘笠江先生集》，近稿卷九，〈舊雨軒銘〉，頁二一上。
〔註101〕《西園聞見錄》，卷一四，〈謙抑・郎瑛〉，頁六一下。

若更久亦復如是。最喜童子唱曲，有曲則竟日亦不厭倦。至晡復進一麵飯，余即告退。聞點燈時尚喫粥二甌。余在蘇州住，數日必三、四往，往必竟日，每日如此，不失尺寸。〔註 102〕

藏書家在與友人的宴飲遊樂上，是非常講究內容的。以何良俊受文徵明的招待來看，一日五餐，間又須以童子唱曲為餘興節目，如此一日之花費，恐怕也是一般尋常百姓家裡無法負擔的。

有時藏書家拜訪友人，主要是為了參觀友人的書齋或其周遭的風景。杭州藏書家馮夢禎與長興藏書家姚紹科為文友，馮夢禎曾經前往姚紹科齋中拜訪，據馮夢禎《日記》載，萬曆二十三年（1595）三月二十一日早：

入城訪姚氏三兄弟，長伯道（姚紹科），……登伯道齋閣，南、西、北三面見山，西面尤勝。〔註 103〕

由於姚紹科的書室風景秀麗，讓馮夢禎回味無窮，雖無醇酒豐餐，馮夢禎歸家後也是忍不住地記下這段美好經歷。而馮夢禎也曾經邀請平湖藏書家沈懋孝到其書齋拜訪，並於書齋內設飲以餉沈懋孝。馮夢禎《日記》又載，萬曆十六年（1588）八月二十日：

請沈晴峰（沈懋孝），明日飲齋中。……二十三，……沈晴峰來，二客避去。〔註 104〕

馮夢禎也是喜歡以書齋做為與客人社交的場所，這似乎是此地藏書家的一種時尚與喜好。

一如上述諸人，嘉興藏書家吳惟貞也非常好客，並喜好與友人一同燕樂過從。其友馮夢禎提及：

吳伯度（吳惟貞）生於貴侈，不染世紛，自讀書博古外，無他嗜好。暇則進二、三清修淡泊之友，揮麈命觴，繼日夜不倦，而余間與焉。〔註 105〕

文人好酒，往往在文會過從時，以酒為彼此之間促進交情的催化劑。而明代江南五府地區有的藏書家，好客的熱情令人咋舌。藏書家喜好招待客人遊樂宴飲，在明代江南五府當中，頗不乏其例。間亦有至典書鬻衣、舉債以餉客人者，其生活崇尚，直逼古人，可說是地方上藏書家的一大特色。

〔註 102〕《四友齋叢說》，卷一八，〈雜紀〉，頁一五七。
〔註 103〕《快雪堂集》，卷五三，〈乙未〉，頁一六上～下。
〔註 104〕《快雪堂集》，卷四八，〈戊子〉，頁二六上～下。
〔註 105〕《快雪堂集》，卷三，〈序吳伯度刻尚書程文〉，頁一上。

二、品味所藏

（一）品味典籍

收藏金石書畫等古代或當代藝術作品，並且加以整理研究或與朋友共同欣賞，是一種很優雅高尚的嗜好，同時也是一門學問。這種習慣很早就在中國古代文人學士之間流行。〔註 106〕而藏書家以豐富的藏書，延請招納四方學者共同檢討，或者一面授徒課子，一面共同探討，這種風氣打從宋元時期便已經開始。〔註 107〕到了明代，藏書家以所蓄與同志或友人之間的共賞行爲，除了可以增廣見聞、聯絡同好以及滿足炫耀心態以外，對於藏書家的聲望，也有很大的助益。明代藏書家之好客，有時能以雅好藏書又好結客析賞，爲自己或子孫製造一些好的名聲。如明末清初的仁和藏書家龔佳育，「雅好延禮名士，幸舍常滿。聚書至萬餘卷，以故公子翔麟，弱冠即有聞於士大夫閒。」〔註 108〕以藏書共賞的方式來做爲藏書家文會生活的主要內容，對於藏書家而言，的確有其特殊的文化作用。

元末明初華亭藏書家孫道明，喜好藏書活動以及呼友讌集，然而他的文會過從顯得比較單純，一以藏書活動爲集會主題，較之上述宴飲遊樂之徒，孫道明的朋友應以嗜好書籍的文人爲主。據《松江府志》載：

> 孫道明，字明叔，華亭泗濱里人。好古，不習舉子業，藏書幾萬卷，或遇秘本，手自抄錄，至老彌篤。嘗築「映雪齋」，延接四方名士，閱其藏書爲樂。〔註 109〕

孫道明不吝以藏書示人，喜好引伴以閱其所藏，乃是藉著文會過從的方式糾集同志，彼此交換經驗，以收相輔相成之效。烏程藏書家王濟，也類如此，博物崇古，引「四方儒彥臨眺往來，觀其雕梁藻槅，錦衾繡茵，多上世所遺，益以法書名墨、朋從贈和之詞，閱之信宿，不可窮盡，意興悠然，非尋常可及。」〔註 110〕王濟以所藏示友，相與爲樂，品題玩古之餘，也對自己的藏書有了更進一步的認識。

明末錢塘藏書家江元祚，藏書於「擁書樓」，也好呼朋引友至「擁書樓」參觀自己的藏書。曾經拜訪其家的友人，記下當時文會的盛況云：

> （江元祚）略出先世所藏，及生平所購，多余所未見古本。又出一時

〔註 106〕徐文琴，〈玩物思古——由杜堇「玩古圖」看古代的文物收藏與賞鑑〉，頁二三。

〔註 107〕劉尚恒，〈樂宜偕眾，書不藏家——再論我國古代私家藏書的流通〉，頁七四。

〔註 108〕《國朝耆獻類徵初編》，卷四三，〈卿貳三・龔佳育〉，頁四○上。

〔註 109〕《崇禎・松江府志》，卷四二，〈隱逸〉，頁八下。

〔註 110〕《國朝獻徵錄》，卷一○一，劉麟〈廣西橫州判官王君濟墓志銘〉，頁一一七下～一一八上。

> 四方名人高士往來贈答詩篇及文章、圖畫，竟日不能盡。後乃示余自所爲文，俱有超然自得之妙。〔註 111〕

可以想見江元祚之友至其家，歸後必然大開眼界，見聞增益不少。凡此數家，皆好以藏書共覽招友爲會，明代江南五府地區的藏書家，不吝示人，甚且好以所藏炫耀於世，更爲此間藏書家之特色，也是一度流行於此地藏書家集團間的一種時尚。

此外，對於外地藏書家的書事需求，明代江南五府藏書家鼎力相助者，間亦有之。如江陰藏書家李如一，與外地藏書家多相過從，互通書事。他與蘇州藏書家錢謙益爲多年好友，兩人之間便有相助之例。錢謙益說：

> 君晚與余定交，束書飾贄，用士相見禮。十五年間，書筒奚囊，百里參錯。遺文掌故，取次弋獲。宿舂相聞，若傳遞焉。余有事正史，以謂如君者，長編討論，可援爲助。君嘗詒書姚叔祥（姚士粦），訪求鄭端簡《后妃》、《權倖》等十二傳，其意亦以余爲可助也。君沒，無相余者矣！〔註 112〕

李如一與錢謙益的書友關係，促成兩人相得益彰。對於江南五府藏書家之以書事拜訪，其他地區的藏書家往往也因爲對方與自己的興趣相同，面對這類文會，他們大都樂於接受。

江南五府藏書家與藏書家之間，相互以藏書相示的文會過從方式，也是顯得非常地活絡。如上海藏書家董宜陽與同縣的藏書家陸深爲文友，兩人之間多有書事過從，陸深曾寫信邀請董宜陽過府談論書事與共閱藏書，信中載：

> 《臨川集》脱落，當覓一全本奉觀。……祝枝山（祝允明，1461～1527）所著《蘇材小纂》在文府，亦望發來一目。山居臥病，殊苦春寒，有文話商量，不識扁舟肯北下否？拂榻以俟。〔註 113〕

此外，董宜陽又與他的老師華亭藏書家徐獻忠相互探研典籍，徐獻忠在跋董宜陽所藏之《彭孔嘉詩》一書時，說道：「董君子元（董宜陽）持示此卷，不覺讀之終卷，歆慕其人，惜未接其蘊藉之容光也。因書其末歸之。」〔註 114〕董宜陽非常喜歡和本地的藏書家相與賞書，並且在書籍的流通上心胸開闊，不惜借人觀賞。他與華亭藏書家何良俊也有書事過從之跡，何良俊在一封寄給宜陽的信中，透露出董宜陽曾借書給何良俊欣賞，信中道：「《西玄集》敬歸鄴架，新秋二日，良俊再拜。」〔註 115〕

〔註 111〕《武林藏書錄》，卷中，〈江邦玉〉，頁五四。
〔註 112〕《牧齋有學集》，卷三二，〈李貫之先生墓誌銘〉，頁一一五七。
〔註 113〕《儼山集・續集》，續集卷一〇，〈與董子元二首〉，頁一五下～一六上。
〔註 114〕《長谷集》，卷九，〈跋彭孔嘉詩〉，頁一下。
〔註 115〕《何翰林集》，卷一八，〈復董子元書〉，頁一八下。

何良俊在跋宜陽所藏之《顧東江詩文雜草》時，也曾說：「吾友董子元（董宜陽），出以見示。」〔註116〕觀此，則又可見此地藏書家之間的書事過從，也是藏書生活裡一個很重要的部份，董宜陽可說是一個最佳的代言人。而何良俊與同縣的藏書家朱大韶亦爲書友，兩家藏書共賞互通，過從甚密。何良俊曾說：

> 宋人說經，始於劉原甫。劉有《七經小傳》，言簡理暢，尚不失漢儒之意。余始得抄本，甚珍重之。後以與朱文石司成（朱大韶），已刻板於南太學。劉原甫又有《春秋權衡》一書，甚好，余有一冊乃宋板，今亦在文石處。〔註117〕

由兩人之間密切的書事過從來看，江南五府藏書家與藏書家之間以書會友的習性，的確也是此地藏書生活當中的一種主要類型。

明代江南五府的藏書家喜好與本地其他藏書家以書事集會者，例子很多。海鹽藏書家呂兆禧與德清藏書家姚士粦爲書友，兩人雅志藏書，志同道合，間亦多有過從。姚士粦記載：

> 余與呂錫侯（呂兆禧）有好書癖。嘗從武林徐肆得書三種，曰：《異苑》，爲六朝劉敬叔撰，多引據古初以及晉宋時事。然其中有宋武帝裕及其小字寄奴一段，似非本朝人臣所宜，恐亦他書誤入此本也。因相與校訂，更從類書諸注，少有補綴，曰：《靖康日記》，乃宋臣見虜而北逐，日記二帝行道艱難也。曰：《天興墨淚》，乃託名亡金舊臣，志宋元破金之事，其記汙辱宮闈，至不忍讀，蓋必宋人借此吐氣耳！〔註118〕

呂兆禧與姚士粦兩人爲志同道合的書友，兩人過從甚繁，相知相惜，以互相發展彼此的藏書事業爲共舉文會之目標。

明代江南五府地區藏書家以藏書事業而交往的藏書家，還有海鹽藏書家胡震亨、德清藏書家姚士粦、海鹽藏書家呂兆禧等。他們三人結爲書友，相互之間，頗有書事過從，還曾相約一起去買書。胡震亨曾說：

> 戊子歲（萬曆十六年，1588），余就試臨安，同友人姚叔祥（姚士粦）、呂錫侯（呂兆禧）詣徐賈檢書，廢冊山積，每抽一編則飛塵嚏人，最後得劉敬叔《異苑》，是宋紙所抄。三人目顧色飛，即罄酒貲易歸，各錄一通，隨各證定訛漏，互錄簡端。未幾，錫侯物故，叔祥遊塞，余亦兀兀諸生間，此書遂置爲蠹叢。又十年爲戊戌（萬曆二十六年，1598），下第南歸，與

〔註116〕《何翰林集》，卷二八，〈跋董子元所藏顧東江詩文雜草後〉，頁七上。
〔註117〕《四友齋叢說》，卷三，〈經三〉，頁二五。
〔註118〕《見只編》，卷中，頁一三一～一三二。

友人沈汝納同舟，出示之，復共證定百許字，遂稱善本。余間語叔祥，何當令錫侯見之，不更快耶？相與泫然。〔註 119〕

這一段關於三人之間交往情況的記載，相當生動。藏書家們有志一同，皆以好書而聚，彌篤之情，令人爲之欽羨與動容！

此外，又有錢塘藏書家虞淳貞，與杭州藏書家馮夢禎因書結緣，互爲文友。馮夢禎曾至虞淳貞之藏書處「八角團瓢」參觀，而虞淳貞也曾往馮夢禎齋中拜訪，兩家過從甚密。據馮夢禎《日記》所載：萬曆二十六年（1598）十月二十五日，「晴微陰。虞僧孺（虞淳貞）來。……約余入山，出伊蒲爲供，敬須其期。」〔註 120〕可見兩人之交往情形。

與周履靖同縣的藏書家李日華，喜好藏書之外，更以結友互賞藏書爲明代江南五府地區藏書家的表率。他與本地的許多藏書家都有交情，常常與他們交流藏書，增加彼此的見聞。杭州藏書家馮夢禎曾經造訪嘉興藏書家李日華藏書處，馮夢禎《日記》載於萬曆十六年（1588）三月初六日，「晤李君實（李日華）書舍。」〔註 121〕又李日華與同縣的藏書家陳良卿互通書訊，兩人之間，過從也甚親密。李日華曾指出陳良卿「一日寄示余《月泉吟社》一編，皆故宋遺老，以此耗磨雄心，而呴濡慰藉，良非淺者。」〔註 122〕兩人除共賞藏書外，還常常一起從事藏書活動，並彼此交換意見，以藏書事業相期勉。李日華說：

余昔與良卿同學，日購隱文奇牒，對案讐校研摩爲樂，即與時趣忤，弗之恤。……余不自堅，中歲折而之今，以薄技售而終與時趣不洽，年來得請侍家文林七箸，益得以其間追昔年之嗜。居恒栩栩作蠹魚青編綠字中，然終不若良卿之廣也。〔註 123〕

這類的文會過從，最能直接呈現明代江南五府藏書家之間的書事往來情況，雖然沒有歌舞喧囂的熱鬧場面，但是對於藏書家而言，能夠沉醉書海之間，才是人間至樂。李日華又與同縣的藏書家郁伯承交往，並從郁伯承處得知一些書訊。李日華曾說：

招伯承（郁伯承）夜坐。伯承云於金陵曲巷購得宋《張安道文集》抄本，今留焦漪園（焦竑）先生處。〔註 124〕

藏書家之間以文會爲資訊交流之管道，在李日華與郁伯承兩人身上，可以得到證實。

〔註 119〕《見只編》，卷中，頁一三二～一三三。
〔註 120〕《快雪堂集》，卷五六，〈戊戌〉，頁一九上。
〔註 121〕《快雪堂集》，卷四八，〈戊子〉，頁一〇下。
〔註 122〕《藏書紀事詩》，卷三，〈陳良卿〉，頁一七〇。
〔註 123〕《恬致堂集》，卷一二，〈陳良卿廣諧史序〉，頁一五下～一六上。
〔註 124〕《味水軒日記》，卷七，頁四四四。

明亡以後，清初時期江南五府地區的藏書家，對於以藏書互閱的文會過從生活方式，仍是不乏其例。崇德藏書家呂留良與同里藏書家吳之振之間因書事而過從之跡，亦屢屢可見，如他在寫給吳之振的信中道：「前札中云梁姓者者多藏書許借，《楊大年集》今錄上；《宋集目》一紙幸細問之有可假者？亦快事也。」〔註 125〕兩人且一同訪書、買書，以及從事一些其他的藏書活動。而呂留良深知藏書家交友過從的重要性，也曾抱怨自己書友不多，乏人共論藏書之事。他說：

> 僕迂病日甚，即邑里紛紛，俱不欲相近，看此世中眞無一足把翫者。惟殘書數種未了，思後來歲月無幾，將屏棄一切，汲汲了此，此僧家之打包者也。但恨同志稀少，無處商量。〔註 126〕

江南五府地區的藏書家們對於能夠結交可以共覽藏書，同論書事，並相期以藏書志業的書友，視爲生活當中非常重要的一件事情。

（二）品味珍藏

明代的藏書家往往也是書畫器物的收藏家，品味典藏時，已不能僅以藏書爲限，甚至有些藏書家書畫器物的收藏興致已超越典籍的嗜好。如無錫藏書家華夏，所藏甚富，也崇尙呼友共賞，並不吝示人。其友文徵明曾至其家參與賞會，對其藏品之奇祕與數量之多，大表讚嘆。據《書畫題跋記》載：

> 徵明雅同所好，歲輒過之。室廬靚深，庋閣精好。讌談之餘，焚香設茗，手發所藏，玉軸錦幖，爛然溢目。捲舒品隲，喜見眉睫。法書之珍，有鍾太傅《薦季直表》、王右軍《袁生帖》、虞永興《汝南公主墓銘起草》、王方慶《通天進帖》、顏魯公《劉中使帖》、徐季海書《絹道經》，皆魏、晉、唐賢劇蹟，宋、元以下不論也。金石有周穆王《壇山古刻》、蔡中郎《石經殘本》、《淳化帖》初刻，《定武》、《蘭亭》，下至《黃庭》、《樂毅》、《洛神》、《東方畫贊》諸刻，則其次也。圖畫器物，抑又次焉，然皆不下百數。於戲！富矣！〔註 127〕

華夏以收藏名家，聲噪一時，以至連文徵明這樣名震天下的文人，都肯親臨其家，且以參觀藏書爲樂，進而發此欽慕之嘆！可見華夏收藏與好客之名，當爲明代江南五府地區之表率。而長興藏書家姚紹科，也喜好引客文會品鑑，他「嘗構白雪齋、

〔註 125〕《呂晚邨文集》，卷三，〈寄吳孟舉書〉，頁二二下。

〔註 126〕《呂晚邨文集》，卷四，〈與董方白書〉，頁一一上。

〔註 127〕《書畫題跋記》，卷五，〈眞賞齋銘〉，頁一下～二上。有關華夏收藏，可參見蔡淑芳，《華夏眞賞齋收藏與《眞賞齋帖》研究》（台北：中國文化大學史學研究所碩士論文，二〇〇四年六月）。

凌雲閣，貯漢唐以來敦彝圖史書繪於其中，三吳韻士，賞鑒者舳艫相啣也。」〔註 128〕嘉興藏書家周履靖，也好結客交友，並往往以所藏相招，邀請四方名士至其書樓「閒雲館」觀賞他的收藏。據《梅塢貽瓊》所載：

醇朴清眞，雅有幽人之志，屛居郊落，有屋數椽，生平慕孤山處士風格，繞宅種梅數百本，冬春之交著花甚盛，清芬撲人，殘雪在稍。……宅有一軒，顏曰：「閒雲館」，左圖右史，茗碗薰爐雜貯，犧尊寶鼎、雲罍龍蜼諸古玩。……而遍交吳越高人文士相與參考訂正。〔註 129〕

又華亭藏書家孫克宏，喜好交友會文，共享收藏。「居東郭草堂，列名蹟于秋琳閣，槃礴觴咏，客至如歸。」〔註 130〕

至於有關明代藏書家喜好以藏品炫耀於同志間，當時的確非常盛行，特別是在文會過從之時，主人往往期待獲得客人的讚賞。於其時還曾經發生一則笑話，以懲誡藏書家之好以所藏炫人者。明末清初秀水藏書家曹溶，喜好與人文會，曾經在一次文會當中，捉弄一位以所藏炫人的收藏家。據《新世說》載：

順治甲午（十年，1654），張爾唯（張學曾）自京曹出守吳郡，同官龔芝麓（龔鼎孳，1615～1673）、孫北海（孫承澤）、曹秋岳（曹溶）三人設宴爲別，各攜所蓄名蹟相玩賞。張因出江貫道《長江萬里圖》誇客，相與贊羨不已，欲各裂二千五百里而分之。張大窘，孫集古句戲之云：「翦取吳淞半江水，惱亂蘇州刺史腸。」眾乃大笑。〔註 131〕

這則笑話相當生動有趣，然對於當時的收藏界崇尚以奇祕炫人之風，不啻爲一大諷刺，而之於當時這個習氣的描繪，也可謂相當的寫實。

五府地區的藏書家拜訪外地的藏書家，以求觀主人珍藏的情形，也是一種文會過從的類型。如華亭藏書家何良俊與蘇州藏書家文徵明爲好友，良俊經常至蘇州拜訪徵明，以共覽兩家所藏書畫圖籍爲樂。據《西園聞見錄》載：

文衡山（文徵明）最喜評較書畫，每客至，輒入書房中捧卷出展，過復捧入，數反不倦。一日何元朗（何良俊）來訪，衡山書一掛幅贈之……後題云：「元朗自雲間來訪，兼載所藏古圖書見示，淹留竟日，奉贈短句。〔註 132〕

〔註 128〕《浙江通志》，卷一七九，〈人物六・文苑二〉，頁三一二六。

〔註 129〕《梅塢貽瓊》，卷五，屠隆〈梅花菴記〉，頁二〇上～下。

〔註 130〕《明畫錄》，卷六，〈孫克宏〉，頁八三上。

〔註 131〕易宗夔，《新世說》（《清代傳記叢刊》一八冊，台北：明文書局，一九八五年五月初版），卷七，〈排調二五〉，頁一上。

〔註 132〕《西園聞見錄》，卷八，〈著述〉，頁七八九～七九〇。

何良俊對於他與文徵明之間的書畫過從也印象深刻，他說：「衡山最喜評校書畫，余每見，必挾所藏以往，先生披覽盡日，先生亦盡出所蓄。常自書房中捧四卷而出，展過復捧而入更換四卷，雖數反不倦。」〔註 133〕拜訪收藏之家求觀珍藏，似乎是何良俊藏書生活裡的一個很大的興趣，他只要稍有空閒，便以拜訪收藏之家求觀書畫爲樂。他說：

> 余以考滿南歸，凡士大夫收藏書畫之家，皆往借觀，雖眞僞雜出，然不無一二佳品。張明厓（張景賢）都憲出觀《趙模行草》、《初唐人詩》十三紙，神采煥發，乃宇宙間神物也。他如華補菴（華雲，1488～1560）家所藏《僧巨然畫卷》，亦是鳳毛麟角，世豈多見？余思之終不能去心。〔註 134〕

在如此密集的拜訪當中，往往有見到主人奇祕收藏的時候，對於求訪的江南五府藏書家而言，不但可以藉此增廣見聞，而其中所得的樂趣，也讓藏書家的生活增添許多色彩。

秀水藏書家項元汴，家雄於貲，而藏書既嗜，收藏又勤，以至其家所藏足埒天府，聲名遠播天下，便吸引當時許多知名的文人與藏書家至其家中觀賞所藏書畫。如杭州藏書家馮夢禎，便慕其收藏之名而親往其家參觀，並將他親自閱過的項氏所藏統統抄錄下來，以便日後查考之需。據馮夢禎《日記》載，萬曆二十七年（1599）四月二十九日：

> 飯後小輿入城看墨林（項元汴）所藏法書、名畫，于四、五兩郎宅有晉、唐名蹟及宋、元諸公甚多，所觀僅四之一，已三十卷矣！觀過者細錄一通附焉：褚模《蘭亭》、盧鴻《草堂十景》，後楊凝式跋、褚模王大令《飛鳥帖》、《保母帖》、獻之榻義之《清和帖》墨跡、桓宣武早燥手跡、唐宋元名畫十冊、王右軍《曹娥碑》、王摩詰《山陰圖》、顏魯公《湖州帖》、楊凝式《韮花帖》、王大令《鵝群帖》、李北海跋趙松雪《二羊卷》、孫過庭《景福殿賦》、倪雲林《獅子林圖》、文與可《盤古圖》、趙千里《丹青三昧圖》、鍾元常《戎輅帖》、懷素《苦筍帖》、張疇齋收藏《定武蘭亭》、馬和之《毛詩十二段》、虞永興《夫子廟堂碑》、唐模《神龍蘭亭》、蘇長公手簡一卷、趙松雪《淨土詩》一卷、沈石田《畫記》一卷、周東邨寫人物。〔註 135〕

〔註 133〕《四友齋叢說》，卷二六，〈詩三〉，頁二三八。
〔註 134〕《何翰林集》，卷二八，〈題書畫銘心錄前〉，頁一〇上～下。
〔註 135〕《快雪堂集》，卷五七，〈己亥〉，頁一八下～一九下。

由馮夢禎所記，可見項元汴所藏書畫之盛，且又不吝將所藏與其他的藏書家共同欣賞，眞不愧爲江南第一收藏家與賞鑒家。而嘉興藏書家吳惟貞，與同縣的藏書家李日華爲書友，兩人文會過從非常頻繁，交往甚密。李日華說：「伯度（吳惟貞）之重余以氣誼，又妄以余爲通博，每得鼎彝奇器，屬余摩挲；名卉怪石，屬余評賞；鉛墨祕奥，屬余搜抉；子史疑義，屬余剖析。」〔註 136〕兩人之交往，絕口不言遊樂狗馬之事，一以書畫器物、典籍之業相激賞，表現出明代江南五府地區的藏書家專注於收藏之本色。

而仁和藏書家高濂，以富於收藏聞名。他與馮夢禎也有過從之跡，馮夢禎且曾經多次到高濂齋中拜訪。據馮夢禎《日記》所載，萬曆二十三年（1595）二月初七日：

> 同方次卿諸君高深甫（高濂）齋中閱諸古玩，惟郭恕先臨王右丞《網川圖》，馬和之《魯頌》、《商頌》二卷最佳。初到「登高閣」眺群山積雪，遂見此物，尤可快也。後閱諸帖，有泉州舊本閣帖最佳，深甫以爲閣本非也。諸窰器亦多有佳者。留飲至昏黑而別。〔註 137〕

馮夢禎又載：萬曆二十三年（1595）二月二十七日，「既午，同諸君再詣高深甫（高濂）齋中索觀諸玩，再見《輞川》、《三頌》二圖及《開皇搨本》、《蘭亭畫冊》百紙。」〔註 138〕高濂與馮夢禎之會，也是一以論書品古爲主要的活動內容。

嘉興藏書家周履靖，除家富藏書外，並且與本地的藏書家互通聲氣，喜歡招友共相文會，同賞其家所藏。如他與杭州藏書家馮夢禎也有過從，相與品騭圖籍。他曾經帶著《石刻大士三十二相》向夢禎請益，夢禎指稱：「一日，逸之周君（周履靖）持以謁余，兼欲勒之石。」〔註 139〕同時，履靖又與同縣的藏書家吳惟貞爲書友，過從也甚爲密切，履靖曾向惟貞借所藏《壺天勝集卷》臨摹刻石，事成後並見示惟貞，惟貞亦對之讚嘆有加。吳惟貞說：

> 卷蓄「嘉樹堂」中，偶爲周君逸之（周履靖）出玩，逸之嘆羨不已，遂乞歸細摹併鐫之石，宛然盡肖，不失硎範。逸之固好奇，此尤奇之奇者。〔註 140〕

本地藏書家與藏書家之間的交往，互相出示所藏以觀，偶而也能滿足藏書家追逐奇祕的欲望。

〔註 136〕《恬致堂集》，卷三三，〈祭吳伯度文〉，頁二一上。
〔註 137〕《快雪堂集》，卷五三，〈乙未〉，頁四上～下。
〔註 138〕《快雪堂集》，卷五三，〈乙未〉，頁八上。
〔註 139〕《梅墟貽瓊》，卷五，馮夢禎〈石刻大士三十二相〉，頁二四下。
〔註 140〕《梅墟貽瓊》，卷六，吳惟貞〈壺天勝集卷〉，頁五六上。

此外，李日華與他的老師華亭藏書家陳繼儒之間的過從情形，更是無日不聚，或往李日華書樓，或赴陳繼儒齋室，兩人交遊非常頻繁，互出收藏以觀。陳繼儒曾造訪李日華的書樓「清樾堂」參觀，對於李日華所藏讚不絕口，而李日華也非常得意地將其記載下來：「陳眉公先生（陳繼儒）顧余清樾堂，出觀終日，贊嘆。」〔註141〕陳繼儒也曾攜帶所藏至李日華住所出示以觀，相互品隲。李日華又云：

> 陳眉公先生（陳繼儒）携王文肅公（王錫爵，1534～1610）所藏《淳化祖帖》見示，每卷有臣王著摹及汪俊、陳知古等名，紙墨極新好，較吾禾項氏所藏，又出一頭地。每段行間，亦多有異。〔註142〕

兩人以珍藏共賞，互為賞鑒，藉以增益彼此的見識。綜上所述，亦足見李日華在明代江南五府藏書家集團間的地位，即使稱其為一時執收藏界之牛耳，也不為過。

陳繼儒除與李日華相為文會外，和本地的其他藏書家也多所過從，交遊遍佈江南。如藏書家董其昌，甚至以書畫船形式携載書畫於水上鑑賞，乃至於舟中創作；又「與同縣陳仲醇（陳繼儒）為老友，凡有奇文，輒出示欣賞。」〔註143〕兩人相與會文，以書相期。而陳繼儒與同縣藏書家孫克宏亦為文友，相為過從以閱彼此所藏。陳繼儒載：

> 許尚書《論藏水》卷，自〈禹門三汲〉以至〈秋風漾陂〉，凡十三種。……余所見王弇州（王世貞，1526～1590）《馬遠水》十二幅極奇絕，同伯（王士騏）携至余齋，孫漢陽（孫克宏）借臨之，又演為二十四幅。〔註144〕

明代的藏書家所集藏品種類不同，除互相觀賞外，還以互相借抄與複製的方式來相互交流，而這也是藏書家之間交友的一種形式。將自己的收藏無償地提供給朋友借抄與複製，這樣既可以豐富彼此的收藏，也可以增進彼此的友情。〔註145〕而杭州藏書家馮夢禎與陳繼儒也有過從之跡，馮夢禎且曾至陳繼儒家中閱覽圖籍。據馮夢禎《日記》載，於萬曆三十年（1602）九月二十一日，「早入城晤陳仲淳（陳繼儒），謝生騰蛟來會。仲淳出著述《元隱逸傳補》、《建文史待》二書，甚有益於世；又觀倪雲林（倪瓚）畫一幅，佳甚。」〔註146〕馮夢禎與陳繼儒，兩人之交遊，也以互覽

〔註141〕《六研齋筆記・二筆・三筆》，二筆卷三，頁一一下～一二上。
〔註142〕《六研齋筆記・二筆・三筆》，二筆卷三，頁一三下。
〔註143〕《無聲詩史》，卷四，〈董其昌〉，頁五九上。有關董其昌載書畫於舟中的活動研究，請參閱傅申，〈董其昌書畫船——水上行旅與鑑賞、創作關係研究〉（《美術史研究集刊》，第十五期，二〇〇三年），頁二〇五～二九七。
〔註144〕《妮古錄》，卷三，頁三上。
〔註145〕沈振輝，〈明人的收藏活動〉，頁九〇。
〔註146〕《快雪堂集》，卷五九，〈壬寅〉，頁二四上。

所藏為樂。

至於家庭之間，兄弟親友間之以收藏共賞、自為文會者，在明代江南五府地區的藏書家族裡，也是不乏其例的。如上海藏書家陸深，與其表弟且為同縣的藏書家顧定芳，以及陸深的外甥，也是同縣的藏書家黃標，三個人曾經一起品鷺陸深所藏的《西湖圖》。陸深說：

> 嘉靖戊戌（十七年，1538）臘日，邂逅此幅，恍如再到。時適有山陵扈從之行，表弟顧世安（顧定芳）、黃甥標從旁贊賞，以為人世等鴻雪，爾正可臥遊神往，橐中自合貯湖山也。予笑曰：「吾老矣！不復能有登臨之興，儻遂歸休，得從二三子於江海之上，左右圖書，以樂餘年。」〔註147〕

透過親友關係，藏書家在家族之內彼此自相文會，也是一種文會過從的類型，對於藏書家而言，較之與朋友之間的文會過從，此法也有同樣的趣味。

三、談藝論文

明代江南五府地區藏書之間的文會過從，在內容上，有時是以談藝論文為主要方式。舉凡書籍的內容、讀書的心得，研究的發現，以及一切有關學理、養生、宗教、休閒與學藝等各方面的事，都是談論的範圍。而這樣的活動，在明代江南五府藏書家的生活取向上，也是一種活動類型，並且喜好這種活動的藏書家，也頗不乏其人。特別是在晚明時期，文士普遍在精神文化活動方面，寓文友之互娛，如題畫、序書、鑑賞、談禪、刺世等等，既以表達對奇文佳繪共賞之意，又用以抒發對現實的郁勃之情。〔註148〕所以，中晚明的藏書家在如此的文化氛圍裡頭，對於談藝論文活動，也將其融入藏書生活當中，成為相當重要的一部份。

上海藏書家陸深，喜好藏書，也好談論。與人文會時，「喜談國朝典故及前輩風烈，至商確事理，品隲古今，談鋒灑然，聽者傾服。」〔註149〕他的外甥同縣的藏書家黃標，由於精於藏書專業，以是其「舅陸文裕公深臨文有疑義，必屬標攷核。與人談經濟，鑿鑿可行。」〔註150〕而華亭藏書家朱大韶，與同縣的藏書家何良俊二人為友，兩人相與會文，也同樣都相當喜好文士間的談論活動。朱大韶曾述說他與何良俊之間的過從情形：

〔註147〕《儼山集·續集》，卷八八，〈跋李嵩西湖圖〉，頁二上～下。

〔註148〕吳調公，〈晚明文人的「自娛」心態與其時代折光〉，頁二五六。

〔註149〕《夏桂洲先生文集》，卷一六，〈通議大夫詹事府事兼翰林院學士贈禮部右侍郎謚文裕陸公墓誌銘〉，頁八九下。

〔註150〕《崇禎·松江府志》，卷四二，〈文學〉，頁一八下。

> 公家多藏書。……近始卜城南一區，築「香嚴精舍」以老。……余時過從扣所未聞。……余學術荒落，少爲公賞識，留都時志業共期，有皮鮑之知；閒居以書史授受，有王蔡之好。室邇芝蘭，炊汲在望，晚歲所賴於公者多矣。〔註151〕

朱大韶從與何良俊的談藝論文生活當中，增益學問。華亭藏書家沈耀，與同縣藏書家徐獻忠、何良俊交歡，亦好文會過從。沈耀「嘗築室郡城，結小亭，四植花竹，唐六如（唐寅，1470～1523）題曰：『雨興』。日與數子偃仰其中，討論經史，陳說古今，遇所知有不平事，輒決眥奮髯欲起。」〔註152〕沈耀之好於招友同論共學，於此可見一斑。

靖江藏書家朱家栯，則是與家庭成員之間自相過從。前文曾述，朱家栯自少年時即與其兄朱家棟、弟朱家模、朱家栻等四人相互師友，兄弟間各以清節彼此砥礪。而一家之內兄弟皆好藏書，自成談會，一以論學，其和樂融融之象，也是藏書家庭之福徵。而明代江南五府地區的藏書家庭裡，卻也有兄弟本來和睦相以論學，其兄因故而卒後，弟因無人談論，悒鬱而繼之以卒者。無錫藏書家秦柄與秦柱兄弟倆感情相當友愛和睦，家庭之內，自相師友，相與論文談藝。萬曆十一年（1583），秦柱「及伯兄柄省墓汎湖歸，舟覆，伯溺死，君幸免。伯故名士，善考古，君所與晨夕上下論議者，及沒，君恒邑邑不得，竟以此卒。」〔註153〕兄弟之間的相與談論，對於明代江南的藏書家而言，其重要性也不減朋友之間的相與會談。而秦氏兄弟的故事，又當爲藏書家兄弟之間友愛之情的一段佳話。

杭州藏書家馮夢禎，與嘉興藏書家陳良卿有過從之跡，兩人每當講藝論學，至夜分而不倦。據馮夢禎《日記》所載，萬曆十六年（1588）四月初一：

> 禮祠堂。陳生良卿來、盧思仁（盧洪春）年丈來，留敘至夜別去。〔註154〕

馮夢禎也是喜好談會活動的藏書家，而上海藏書家俞汝楫，也好文會交遊，論學講道，亹亹不倦。「文史利弊以外，屏絕交關，卓然自矢。好接引四方三教，賓至如歸，或爲之授館授餐。薄田僅資饘粥，傾產殉之，室人交讁勿顧也。」〔註155〕俞汝楫篤好與客論學，即便喪盡家財亦在所不惜。平湖藏書家沈懋孝，亦尚文會，每當「與客談古今事及品評子史，則議論風生，抵掌不倦。」〔註156〕

〔註151〕《四友齋叢說》，書前，〈初刻本序〉，頁七～八。
〔註152〕《崇禎・松江府志》，卷四二，〈隱逸〉，頁二一上。
〔註153〕《松石齋集》，卷一二，〈中書舍人秦君汝立墓表〉，頁二三上。
〔註154〕《快雪堂集》，卷四八，〈戊子〉，頁一三上。
〔註155〕《崇禎・松江府志》，卷四一，〈篤行〉，頁五四下。
〔註156〕《明分省人物考》，卷四五，〈沈懋孝〉，頁三二下。

綜上所述，以上諸位藏書家都是明代江南五府地區藏書家之喜好與友談藝論學的典範，藉由這種活動，以釐清藏書生活上的種種疑問，並且交換彼此的意見，而這也是此地藏書家喜愛的生活方式之一。

四、文會結社

明代的士人，頗喜結社，或相會課文，或詩酒酬唱，正所謂朝士分朋，秀才結社，足見當時文人風氣。〔註157〕明代實行八股取士的制度，當時的文人爲應付考試以博取功名，有必要聚集於一處學習舉業，以揣摩當時的文章風氣。如果不揣摩文章的時代風尚，那麼在科舉考試當中，就很有可能因爲不合時尚而落選。例如：

> 松江呂巷有呂璜溪，家開「應奎文會」，走金帛聘四方能詩之士，請鐵崖（楊維楨）爲主考，試畢，鐵崖爲第甲乙，一時文士畢至，傾動三吳。〔註158〕

明朝士子結社的風氣不始於明末，早在元末明初便已經如此。除科舉目標，他們也提倡以文會友，詩酒唱和，嚮往風雅。〔註159〕另一方面，明代嘉靖以後，江南地區商品經濟比較發達，水陸交通也較便利，明代中後期江南文人結社之風甚盛。士子們或者十日一會，或者半月一會，或者一月一會，他們以文會友，詩酒唱和，品詩論文，提倡風雅與休閒。〔註160〕

尤其是在嘉靖時期以後，由於江南地區的社會經濟極爲繁榮，水陸交通也更爲便利，文人的社集到了明代末期最爲興盛，〔註161〕「於時，雲間有幾社，浙西有聞社，江北有南社，江西有則社，又有歷亭席社、崑陽雲簪社，而吳門別有羽朋社、匡社，武林有讀書社，山左有大社」〔註162〕等等，社事之興盛，名目之繁多，實前古之未有。而且此時會社的發達，在各種方面都已經顯得非常成熟。以支持社團運作的經濟條件來看，萬曆以後出現以坊養社、以社興坊、文社和書坊一體化的傾向。

〔註157〕黃志民，〈明人詩社淵源考〉（《中華學苑》，第一一期，一九七三年三月），頁三三。

〔註158〕明・蔣一葵，《堯山堂外紀》（《四庫全書存目叢書》子部・一四八冊，台南：莊嚴文化事業有限公司，一九九五年九月初版，據北京大學圖書館藏明萬曆刻本影印），卷七七，〈元・楊維楨〉，頁六下～七上。

〔註159〕謝國楨，《明末清初的學風》（上海：上海書店出版社，二〇〇四年一月第一版），頁六。

〔註160〕《明清江南望族與社會經濟文化》，頁二九六。

〔註161〕謝國楨，《明清之際黨社運動考》（上海：上海書店出版社，二〇〇四年一月第一版），頁六。

〔註162〕《光緒・嘉興府志》，卷八七，〈叢談〉，頁二九下。

書坊也大多揣摩風氣，刻書上市，以此營利，此風直至清初，仍盛極一時。〔註163〕而這一段時期，也是明代社團最爲混亂的時期，據《呂晚邨文集》載：

自萬歷中卿大夫以門户聲氣爲事，天下化之士爭爲社，而以復社爲東林之宗，子咸以其社屬焉。自江淮訖於浙一大淵藪也，浙之社不一，皆郡邑自爲，其合十餘郡爲徵會者，莫盛吾兄季臣（呂願良）與諸子所主之澄社。……凡社必選刻文字以爲囮媒，……選與社例相爲表裏。……始之社也以氣節、以文字、以門第世講，互爲標榜，然猶脩名檢畏，清議案驗阜白，故社多而不分。及是，則士習益浮薄傾險，一社之中，旋自搏軋鏃頭，相當曲直無所坐，於是郡邑，必有數社，每社又必有異同，細如絲髮之不可理，磨牙吮血，至使兄弟姻戚不復相顧，塗遇宴會引避不揖拜者，咸起於爭牛耳、奪選席；販夫牧豬，皆結伴刊文，清晝爭道而不避，社與選至是一變而大亂。〔註164〕

當時的江南文人，爲爭奪社盟與選文的權力，彼此之間不惜相互傾軋，同室操戈，而明代文人間的文藝會社至此也已經與當初成立的宗旨與目標完全變調，淪爲政治與社會上爭權奪利的工具。明代民間結社風氣之興盛，與經濟發展、文化普及以及科舉興盛有密切關係。社員的身份大都爲應試子弟、落第書生、失意官宦與閒情士大夫等諸類文人。明代文人的結社，最初都是屬於消閒性文化團體，與政治黨派尚無直接關係。至於文人社團之出現專門名目，大致是爲天啓以後的事，並且與前、後七子而尤其是後七子的復古運動有關。〔註165〕

明代江南地區文人結社，特別是到了晚明時期，當時江南的詩文社團名目繁多，然成立宗旨不一，有的是爲了風流雅集，有的是爲了求取功名，有的是爲了怡老娛興，也有的是爲了謀取政治的利益，各種目標，不能備舉。而其中也有不爲求取科舉功名，卻專以讀書作文爲務的文社，如明末杭州的讀書社，便是當地文人爲了交換讀書意見而成立的文人社團，這在當時是別具一格的。〔註166〕的確，明代江南五府地區藏書家參與的會社，大都是與休閒和藝文等有關，並且是以啓發與藏書相關的活動爲主要目標的。他們當中幾乎少有參與政治會社，只是篤好藝文之事，聚集一些同志，標榜某種藝文活動，並且規定社約、會期與宗旨等必須成員們來共同遵

〔註163〕何宗美，《明末清初文人結社研究》（天津：南開大學出版社，二〇〇三年一月第一版），頁三六。

〔註164〕《呂晚邨文集》，卷五，〈東皐遺選序〉，頁一七上～一八上。

〔註165〕任昉，〈明代的民間結社〉（《文史知識（北京）》，一九九六年第九期），頁一二～一三。

〔註166〕郭英德，〈明代文人結社說略〉，頁三〇。

守的事項，而這也與一般文人之間毫無約束力的文會過從不太一樣。以下，便以江南五府地區藏書家之間的結社情形，來看這種活動方式在此地藏書生活當中所扮演的角色。

上海藏書家李煥然，「同弟貢士復科，與周思兼（1519～1565）結社。」〔註167〕他參與會社，做爲藏書生活之一部份。上海藏書家黃標，與他的表弟陸楫，也就是同縣藏書家陸深之子陸楫等人結爲文會，以講習藝文爲主要目標。據〈古今說海引〉載：

> 黃子良玉（黃標）、姚子如晦（姚昭）、顧子應夫、陸子思豫（陸楫），皆海士之英也，與予季子贇（唐贇）共爲講習之會，日聚一齋，翻繹經傳，考質子史，闡發微奧，究極指歸，不但求合場屋繩尺而已。〔註168〕

他們的文會，已經跳脫科舉束縛，而是以綜論藝文爲主要內容；參與會社活動，也成爲黃標的藏書生活當中的一部份。而華亭藏書家徐獻忠與上海藏書家董宜陽，兩人糾集同好，以文藝題詠而相與結社。據《寶日堂初集》載：

> 徐長谷先生獻忠，字伯臣。學博才高，日讀書盈寸。以鄉舉爲奉化令，解經歸，沈酣賦詩。……又有董紫岡宜陽，好學工古文詞，丹鉛校勘，老而不倦。……數公皆一時才人，聯社唱和，每集會，則竟日品題金石，揚搉古今，按拍雅歌，陶然觴咏。至今風物流韻，想見當日鄴下名也。〔註169〕

兩人的生活方式，是以文會結社、題詠唱和來充實他們的藏書生活，以至其風流遺韻，竟成爲當地文人與藏書家的嚮往偶像。社事活動，在他們的藏書生活當中，確實扮演相當重要的角色。

明代江南五府地區的藏書家因爲普遍崇尚隱居生活，對於交友結社之事顯得相當熱衷。他們參與會社，討論藝文與閒賞之事，不喜與政治有所關聯。如華亭藏書家何良俊，據《何翰林集》載：

> 嘗與今奉化令徐長谷獻忠、浙江按察知事張王屋之象及余四人者，買地一區，欲搆精廬數間，相與結社讀書，盡取古人文章，研窮祕奧，朝夕觀摩討論，以幾造作者堂室。……後有出仕者，會遂廢。〔註170〕

本來三五好友共結讀書終老之社，不料有人出仕而作罷，實在徒增遺憾。藏書家的結社，一旦與政治相涉，想要結社便有困難。反之，如長興藏書家吳琉，「勵志讀書，

〔註167〕《崇禎・松江府志》，卷四二，〈隱逸〉，頁二四上。

〔註168〕《古今說海》，書前，唐錦〈古今說海引〉，頁三。

〔註169〕《寶日堂初集》，卷二三，頁二九下～三〇上。

〔註170〕《何翰林集》，卷二五，〈弟南京禮部祠祭郎中大壑何君行狀〉，頁六上。

不屑科舉業。築室董塢山，號太古居。與尚書劉元瑞（劉麟，1474～1561）、山人孫太初（孫一元，1484～1520）結社，屛居幽息，窮邵子皇極數。」〔註 171〕吳琉文社成員共有五人，號爲「苕溪五隱」，〔註 172〕此五人結社主要是以談論道學與玄學爲主。又如烏程藏書家王濟，也喜好隱士間的文會結社。致仕「歸，與龍霓、孫一元輩觴咏，其詩題曰：《浙西倡和》。」〔註 173〕又「與劉南坦（劉麟）、孫太初（孫一元）、張允清結峴山社。」〔註 174〕由上可見，明代江南五府的藏書家大都喜歡隱居論文式的會社活動，而與明末充滿政治目的與朋黨傾軋的社團截然不同。

杭州藏書家馮夢禎，喜好文會過從，與江南五府地區許多位藏書家結社題詠，其社名爲「放生社」。據《錢塘縣志》載：

> 亦時與僧蓮池、邵重生、虞淳熙兄弟、朱大復諸公結放生社，……是時司理徐桂，字茂吳，餘杭人。博雅工詩，尤長咏物，喜畜樽彝書畫，稱賞鑒家；祠部屠隆，字長卿，四明人，歲歲來湖上，入放生社賦咏甚富，皆夢禎同年，一歲俱卒。〔註 175〕

這幾位藏書家生時齊聚論詩，終日以品題爲事，竟然一歲俱卒，可見文社活動在本地藏書家的生活當中，所佔有的地位是相當的重要，對某些藏書家而言，是日常生活當中引以爲樂最爲重要的休閒藝文活動之一。此外，還有長興藏書家臧懋循，也喜好文會結社，曾經「在留都，與名士結白門新社，倡和爲多。」〔註 176〕

到了明清之際，江南五府地區的許多藏書家對於文人結社、共約興文的社團活動仍然相當崇好。仁和藏書家張芬，與當時一些喜好讀書的同志，共同組成了讀書社，用以提倡讀書問學之風。據《杭州府志》載：

> （張芬）博綜墳典，有質疑者，應之如數家珍。與江浩、虞宗瑤（虞淳熙之次子）、鄭鉉爲讀書社，約數人共讀一書，數日務了一義。〔註 177〕

這個讀書社是當地文人的爲了讀書與藝文之事而組成的，與稍早之前併入復社的武林讀書社宗旨不同。他們彼此約定數日務了一義，對於社員的學業提升有很大的幫助。無錫藏書家顧宸，也好文會社集，他結合了當地許多知名的文人，同「諸人結

〔註 171〕明·張鐸等，《嘉靖·湖州府志》（台北：中央研究院藏明嘉靖二十一年刻本），卷一六，〈隱士列傳〉，頁一一上。
〔註 172〕《名山藏》，無卷數，〈高道記〉，頁一〇下。
〔註 173〕《同治·湖州府志》，卷七二，〈人物·政蹟二〉，頁二六下。
〔註 174〕《浙江通志》，卷一七九，〈人物六·文苑二〉，頁三一二六。
〔註 175〕《錢塘縣志》，〈流寓〉，頁三四上。
〔註 176〕《湖錄經籍考》，卷四，〈吳夢暘射堂詩鈔〉，頁二一下。
〔註 177〕《杭州府志》，卷一四五，〈人物·文苑二〉，頁二上。

聽社，名日益高。」〔註 178〕同縣又有藏書家秦寅保，家富於貲，藏書萬卷，也好爲社事活動。「與嚴繩孫（1623～1702）、蔣遵路輩結詩社，爲諸子之冠。」〔註 179〕

稍後，由於清廷的禁令，文人於社事活動才不得不多加收斂，逐漸退却。總而言之，明代江南五府地區藏書家集團間的文人會社活動，大多是爲了讀書問學，或者是爲了交流書籍以及與書籍內容有關的意見。他們大多不喜歡從事政治活動，或可謂其避之惟恐不及。其實，一個時代的社區鄉土史的建構，往往就是當代人士好事造勢的結果，特別是有集團性質的文人結社活動。而明代文人若有企圖在社會、藝文上立有一足之地，就必然加入一個集團之中，以立名於當時，並取得其他文人的認同，因此文人集團結社於焉成立。〔註 180〕

第四節　生活舉隅

有關江南五府藏書家在藏書生活裡所做的一些活動之外，本節再以藏書家具體的生活紀實，來做爲藏書家們藏書生活的補充。元末明初的無錫藏書家倪瓚，喜好藏書生活，家饒於貲，更足以營造其藏書生活的經濟背景。據〈故元處士雲林先生墓誌銘〉載：

> 未嘗爲紈綺子弟態，談辯絕人，亹亹不倦，好客之名聞於四方，名傅碩師、方外大老，咸知愛重。所居有閣名「清閟」，幽迥絕塵。中有書數千卷，悉手所較定，經史、諸子、釋老、岐黃、紀勝之書，盡日成誦；古鼎彝、名琴，陳列左右，松、桂、蘭、竹、香、菊之屬，敷紆繚繞。而其外則喬木修篁，蔚然深秀，故自號雲林。每雨止風收，杖屨自隨，逍遙容與，詠歌以娛，望之者識其爲世外人。客至輒笑語留連，竟夕乃已。〔註 181〕

倪瓚的藏書生活裡，包含與客文會過從、校讐、讀書、家居休閒等活動，倪瓚藏書生活的多采多姿，讓人對於古代隱居的生活內容，印象深刻。

江陰藏書家孫作，曾經自述其藏書生活之樂：「吾室左圖右書，暇則與聖賢相對；汙尊抔飲，則與華胥同適。又有琴焉，撫而弄之，爲太古之音，歌南風之曲，皞皞

〔註 178〕《初月樓續聞見錄》，卷九，頁一下。

〔註 179〕《漁洋山人感舊錄》，卷一六，〈秦寅保〉，頁一九上。

〔註 180〕見吳智和，〈明代蘇州社區鄉土生活史舉隅——以文人集團爲例〉，頁二五。

〔註 181〕《倪雲林先生詩集》，附錄，周南老〈故元處士雲林先生墓誌銘〉，頁二上～下。

焉！吾不知誰之子也，象帝之先如是，而庶幾太古之民歟！」〔註182〕孫作的藏書生活當中，除藏書外，還包含撫琴高歌、舉杯獨飲，以此自適。而無錫藏書家張復，藏書以外，喜好園居。「既老而傳，即後圃搆一亭，植竹數竿，獨坐自適。間與客坐，竟日不及酒。署曰：『玉亭』，蓋謂竹也。」〔註183〕張復以藏書生活與園居生活搭配，間亦有客過從靜坐，爲其藏書生活增添一份隱逸的韻味。與張復同縣的藏書家華珵，據《容春堂集》載：

> 既有樓閣園亭之勝，而古物充貯其間，所過賓客，又多清人逸士。君古衣冠，從容日夕，城府俗事，不惟不屑，亦不暇，論者謂尚古之號，於是爲稱。君老多疾，日焚香靜坐，間以製藥治書自適。〔註184〕

華珵的藏書生活，還包含與客品味所藏的文會過從生活，以及不問世事的隱居、習靜等活動，雜之以讀書與製藥，使得他的藏書生活，竟至無暇過問俗事。

武進藏書家鄒柷藏書以外，好結客交友。「晚謝家事，始就逸暇。所居西爲蓉溪，東爲蠡溪，各選勝爲亭館，時與賓客遊之；有懷故舊，無遠近必貽問焉！」〔註185〕鄒柷爲自己的藏書生活，參之以園居招友的活動，在內容上，也讓他過得頗爲充實。海鹽藏書家吳昂，官至福建右布政使，然爲官本非其意，非常嚮往致仕後的藏書生活，其後終於如願以償。他致仕以後的生活，據〈南溪先生傳〉載：

> 搆「萬卷樓」積古今書，日坐樓中，遠覽旁搜，贊幽詮課，契悟既深，率履尤篤，若乃國朝文獻、時政緩急，修轍更絃，咸有條理。既老而傳，時時扁舟訪舊，道古規今尤然。終日或徒步市井，混迹漁農，怡色坦懷，賢愚欣附。〔註186〕

吳昂對於藏書生活的營造，除搆樓貯書外，益以讀書論學，舟遊訪古等休閒生活。〔註187〕烏程藏書家王濟，致仕以後，一意以藏書爲事，「暇日游心篇翰，寄興山水，……登臨觴詠，高風自持。」〔註188〕華亭藏書家顧中立，也是崇尚退隱後的文人藏書生活。他以五十之齡告歸，「所居有別院，幽然靜寄以養其神，若不與人間事

〔註182〕《滄螺集》，補遺，〈太古軒記〉，頁二上。
〔註183〕《容春堂集》，卷七，〈玉亭處士張公墓誌銘〉，頁二一下。
〔註184〕《容春堂集》，卷四，〈明故光祿寺署丞進階文林郎華君墓誌銘〉，頁一三上。
〔註185〕《容春堂集》，卷四，〈明故承事郎鄒君墓誌銘〉，頁二二下。
〔註186〕《端簡鄭公文集》，卷五，〈南溪先生傳〉，頁八下。
〔註187〕有關舟遊生活，參見林利隆，《明人的舟遊生活——南方文人水上生活文化的開展》（宜蘭：明史研究小組，二〇〇五年八月初版）。
〔註188〕《國朝獻徵錄》，卷一〇一，張寰〈廣西橫州別駕王君濟行狀〉，頁一一八下～一一九上。

者。性好客，客至其廬，即置酒相樂，竟日夕不去，亦未嘗厭客多少。」〔註 189〕顧中立一意藏書，還將獨居習靜、與客飲酒等活動融入他的藏書生活當中。

上海藏書家朱察卿，藏書於其家「舊雨軒」，「若夫子衿環侍，疊疊居業，寶尺璧於分陰，焚蘭膏以繼晷，訂同異於縹緗，鉤玄微於鉛槧，業就則青紫可拾，器成而瑚璉斯貴，雨軒之燕貽也。」〔註 190〕在朱察卿的藏書生活當中，主要的活動還有讀書與校讐之事。至於海鹽藏書家鄭曉，其退隱後的藏書生活，據《西園聞見錄》載：

> 鄭端簡公曉既落職歸，角巾布衣徒步郊野，時時共老農論桑麻晴雨，泊如也。居家與子履淳，各一書室相對，日探討經史，方其意有所得，即呼其子詔之，父子間自爲師友會。〔註 191〕

鄭曉在藏書生活裡面，又兼以散步訪舊、居家讀書的活動爲搭配，使得生活更加充實。而上海藏書家董宜陽，在其藏書生活當中，惟「日坐一室，校勘摩研不休，詩人衲子過從，僅一掩卷。」〔註 192〕校讐與讀書活動，以及談藝論文的文會過從生活，也是董宜陽藏書生活的一部份。

華亭藏書家徐獻忠，以奉化知縣致仕，歸家後，「五柳雙桐，偃蹇技門，踈欞淨几，奇書古文，間以金石三代之器，葛巾羽氅，徜徉其間。客至，則留小飲，聽去。春容寂寥，隨取而足。時命單舫漁童，樵青於苕霅菰蘆間，不復可蹤迹也。」〔註 193〕徐獻忠的藏書生活，可謂多采多姿，絕無冷僻。包含郊居、與客品味所藏的文會過從、家居小飲，以及舟遊訪古等不同品味的休閒生活。與徐獻忠同縣的藏書家何良俊，對於收藏生活的營造，非常用心。自稱：

> 家畜周秦彝鼎數種，法書數籤，古今名畫百餘軸。屋後有佳木千章，好鳥千羣，既力任負鋤，每親灌治。又不忮之心孚於異類，故樹既敷榮，鳥亦馴狎。每晨起盥櫛了當，輒散帙讀道書一二卷，自瀹鼎煮陽羨鬬品，連啜三四甌。有時撫弄彝鼎，展玩卷冊。勌則暫起行散林中，既而群鳥畢集，相和數百許語，雖不能如昔人就掌取食，亦庶幾入羣不亂行矣。逡巡如此，便了一日，自以爲有生之樂，過此不復有須。倘有方外之賓，略區中之事，便當披襟散髮，把臂入林，形跡既忘，主賓俱暢。苟或責其苛禮，

〔註 189〕《長谷集》，卷七，〈顧左山六十壽序〉，頁七下。
〔註 190〕《潘笠江先生集》，近稿卷九，〈舊雨軒銘〉，頁二一下。
〔註 191〕《西園聞見錄》，卷八，〈好學・鄭曉〉，頁三〇下～三一上。
〔註 192〕《朱邦憲集》，卷一〇，〈董子元先生行狀〉，頁一〇下。
〔註 193〕《明書列傳》，卷一四八，〈徐獻忠〉，頁四四七～四四八。

猶復刖蹶不休，則豈但於諸君鮮懽，亦乃違余本性。〔註 194〕

何良俊身爲江南五府地區的一個藏書家，對於文人休閒生活的品味，直可稱爲五府地區藏書家的表率。他的園居生活，不忘與讀書相互揉合。又自稱：「何子性放曠，每日挾一冊，命童子提胡牀，坐樹下，視蒼頭鋤地種蔬，則一日快暢。」〔註 195〕他的生活美感細膩而寫意，包含與客過從品味所藏、園居植藝、讀書展玩、品茗鬬茶、山林餵鳥、參禪問道等等休閒活動，從早晨起床盥洗一直到日落西山，他的閒賞品味將整個藏書生活點綴的非常精彩，毫無寂寥之處，堪爲明代文人休閒生活的典範之一。

華亭藏書家朱大韶，藏書生活寫意與悠閒，不減於何良俊。致仕後家居的藏書生活，據〈朱司成文石公傳〉載：

> 公晨起即科頭，坐「快閣」上，用五色筆批點古書數葉，侍兒進清茶一甌，點心一二品，即下樓梳洗。梳洗畢，進早膳，小菜亦多佳味，所盛碟皆宣窰、成化窰。膳畢，始出「燕超堂」見賓客，凡四方遊士挾薦牘而來，及以古玩綺幣諸物求售者，公一一應之，各厭所欲而去。至午，中飯後即把翫古彝鼎，展名畫法書，或臨帖，或賦詩，或書扇，或遊覽後園，視兒童澆花灌竹，如是者率以爲常。至下午，則設席欵客，盛陳犀玉酒具于筵前，令家樂演戲登場，艷舞嬌歌，無所不備。雖性不能飲，而喜人飲，流連徹夜，終不見其倦色惰容也。即是日偶不設客，而清士騷人至，亦未嘗不爲欵留，眞所謂座上客常滿，尊中酒不空者矣！〔註 196〕

朱大韶從早到晚，其生活品味無一不讓人崇拜嚮往，他的藏書生活從一日起床的校書、早餐與梳洗開始，一直到徹夜的家樂酒會，都是充滿著文人閒逸的美感，藏書活動在其間也佔了絕大部份。觀此，朱大韶的藏書生活，也足稱明代江南五府地區藏書家的標竿。

無錫藏書家秦汴，雅好藏書，也愛讀書，雖「晚歲病痺，手足奇廢，猶列諸經史牀下，時引手探卷縱觀，當其會心，率口占賦咏，一童子疾書之，往往成帙。公蓋自少至老未嘗一日去書，迨其病且十餘年，亦不以晏寢自廢，其於書固天性然也。」〔註 197〕秦汴的藏書生活，是以讀書與著述爲主軸的。上海藏書家潘恩，喜好藏書，一如秦汴，他也喜好讀書，至老不倦。雖位高宦顯，然致仕後「家居杜門養重，而性雅嗜

〔註 194〕《何翰林集》，卷一六，〈書屏示客〉，頁一二上～下。
〔註 195〕《何翰林集》，卷一五，〈四友齋記〉，頁七下。
〔註 196〕《雲間志略》，卷一五，〈朱司成文石公傳〉，頁一八上～下。
〔註 197〕《松石齋集》，卷一二，〈秦太守墓碑〉，頁一八下～一九上。

書，一日未嘗手釋卷，若經生然。」〔註198〕讀書是潘恩藏書生活裡的主要活動。

上海藏書顧斗英，「負雋才，磊落不羈。喜賓客，選勝宴游無虛日。」〔註199〕顧斗英的藏書生活當中，與客遊宴爲主要內容。華亭藏書家莫是龍，藏書生活以外，特別鍾愛讀書，而他的讀書意境也相當幽雅，曾告訴友人說：「古梅花放時，以磐石置彝鼎器，焚香點茶，開內典素書讀之，正似共百歲老人，捉麈談霞外事。」〔註200〕又說：「讀書夜坐，鐘聲遠聞，梵響相和從林端來，洒洒窗几上，化作天籟虛無矣！」〔註201〕他還特別提出他讀書之法：

> 讀書須凝神定思，勿以俗事關其肺腑，則所得一行半字皆爲吾益。不然，縱盡日端然危坐，隨得隨失，譬若盲道人聽禪僧作棒喝語，全不相關，何由入道？昔人言晚而好學，如秉燭之光，雖未能揚日于中天，其視終日坐暗室之中不見光景者，則大異矣！故讀書者眞所謂昏衢之巨燭，幽壑之玄珠也。第讀書時不求解悟，澄理得心，而徒留意章句，便成俗學。從此悟入有得，則一字勝人萬卷，一日勝人三冬者，吾黨不可不知也。〔註202〕

讀書是莫是龍藏書生活裡的崇好，而他的讀書心得，也讓當時與後世的許多喜好讀書的學者與藏書家們，多了一種足以參考的方式，而這也是明代江南五府的藏書家在讀書經驗上提出的一種專業觀點。

秀水藏書家項元汴，喜好收藏，「年甫三十五，自以體弱善病，旋棄舉子業，日惟酬花賞月，問水尋山，萃集法書、名畫、鼎彝、琴劍之屬，與好事者品騭古今，評論眞贗，情酣而性適。」〔註203〕項元汴爲江南著名的收藏家，他的生活，還搭配了遊山訪藝、與客品味所藏等活動。而秀水藏書家沈啓原，喜好品味園居的閒賞生活。他致仕後，據《陸學士先生遺稿》載：

> 遂一切屏絕外事，惟日疏理先世園亭，位置花石林麓，窈窕逍遙其間。間與諸騷人墨客扁舟載酒，嘯咏長溪之上以爲常。性儉素，服御食飲，不事華腆。酷嗜墳籍，若古法書名畫及先代金石之遺，不惜重資畢購之，日事披閱，以此忘老。〔註204〕

〔註198〕《雲間志略》，卷一二，〈潘恭定笠江公傳〉，頁九上。
〔註199〕《嘉慶・松江府志》，卷五四，〈古今人傳六〉，頁三四上。
〔註200〕《藏書紀事詩》，卷三，〈莫雲卿廷韓〉，頁一五四。
〔註201〕明・李紹文，《皇明世說新語》（《明代傳記叢刊》二二冊，台北：明文書局，一九九一年十月初版），卷五，頁二九下。
〔註202〕《南湖舊話錄》，卷上，〈人物考〉，頁一四下～一五上。
〔註203〕《蕉窗九錄》，〈序〉，不注頁數。
〔註204〕《陸學士先生遺稿》，卷一二，〈明故中憲大夫陝西按察司副使霓川沈公墓誌銘〉，頁

藏書活動以外，園林山水、舟遊品酒、集友題詩、品味所藏等休閒活動，都是沈啓原生活閒賞品味的內涵。此外，他還非常喜好自適，「平居不耐酬應，或談經史，評法書，而閽人持刺以進，蓋未啓緘，眉為之攢矣。即當路諸公多門生故吏，先生絕跡不入城，不投謁。然當路推轂人才，必引以為重，先生視之泊如也。」〔註 205〕

杭州藏書家馮夢禎，喜好藏書，並且對其藏書生活頗有規劃。他居家有常課，自稱家常之事有五：包括教子、弄孫、對老婦；宴語；娛小姬；對客；飲食。除了這五件事，則居於書室。他對於書齋生活，有也有規劃，自謂：

> 書室十三事：隨意散帙；焚香瀹茗；品泉；鳴琴；揮麈習靜；臨摹法書；觀圖畫；弄筆墨；看池中魚戲；或聽鳥聲；闢卉木；識奇字；玩文石。數日一行者四事：登眺山水；尋僧；訪知舊；有花時看花。起居外，毋經月必行者一事：范村虎跑展墓。經時或半歲必行者四事：祀先拙園；了故鄉諸緣；省墳墓；隨宜收買奇書或法書、名畫。五十前必勾當者三事：遊天台、鴈蕩諸名山；置湖莊；定山中隱居所。〔註 206〕

馮夢禎的家居五事、書室十三事、數日一行者四事、經月必行者一事、半歲必行者四事，甚至五十歲前必做者三事，都是他對藏書生活之規劃，包括：居家、藏書、旅遊、齋居、訪僧、園居、隱居……等等活動。所以詩文學藝、與客品味所藏、焚香啜茶等文人休閒活動，都是江南五府地區藏書生活的內涵，也是本地藏書家崇尚的文人休閒生活方式。

烏程藏書家沈節甫，喜好藏書，致仕後，「清眞澹素，食不兼味，衣不華綺，動止尺寸森然。擁書一室，累歲月不厭，朝章國典，鉅細精研，眞有得于寧靜淡泊之旨。」〔註 207〕沈節甫的藏書生活當中，一以讀書為主要活動，對於其他的休閒活動則甚少涉獵。如同沈節甫，上海藏書家王熠，亦好藏書生活，終日「燕處一室，焚香展卷，怡然自娛」，〔註 208〕讀書成為其藏書生活當中的唯一所好。同縣的藏書家王圻，以陝西參議致仕，「圻既歸，築室吳松之濱，種梅千樹，目曰：『梅花源』。以著書為事，年耄耋，猶篝燈帳中，丙夜不輟。卒年八十五。」〔註 209〕藝植以及讀書著述，是王圻用以點綴其藏書生活的休閒活動。而江陰藏書家李如一，藏書甚富，

一五下。

〔註 205〕《澹園集》，卷三三，〈陝西按察司副使霓川沈先生行狀〉，頁五四〇。

〔註 206〕《快雪堂集》，卷四五，〈眞實齋常課記〉，頁七下～八上。

〔註 207〕《國朝獻徵錄》，卷五一，曾朝節〈嘉議大夫工部左侍郎贈都察院右都御史沈公節甫神道碑〉，頁八〇下。

〔註 208〕《雲間志略》，卷一二，〈王封公海槎公傳〉，頁三四下。

〔註 209〕《同治・上海縣志》，卷一九，〈人物二〉，頁一一下。

又好讀書。據錢謙益所撰〈江陰李貫之七十序〉載：

至其讀書好學，老而益堅，則有如尤延之之所謂饑以當肉，寒以當裘，孤寂以當友朋，而幽憂以當金石琴瑟者。〔註 210〕

一如上述諸家，李如一的讀書生活，也是他藏書生涯裡頭的主要內容。海鹽藏書家劉憬，前文曾述及他富於藏書，又喜好與客飲酒論文，以是其家名流滿座，日無虛席。嘉興藏書家李日華，除喜好藏書與交友外，飲酒與讀書，也是他最喜愛的休閒活動。他自稱：

余里居杜門，日挾一鴟酒、一編書，且讀且飲且置，當其酣肆自快，不知目前種種爲何物，更不知余爲何人，今日爲何世界。〔註 211〕

這種藏書生活之樂，讓李日華感到樂此不疲。平湖藏書家李延昰，藏書三十櫝，亦好客，「客過，無分出處貴賤，怡顏相接。暇則坐輕舟，載花郭外藝庭前；飲客，酒必自遠致，山肴海錯，饌必豐，與君游者，不知庖爨何地，而君意所嚮何者爲踈密也。」〔註 212〕藏書結客、文會過從、舟遊樹藝、飲酒宴會等休閒活動，都是構成李延昰整體藏書生活的主要內容。

華亭藏書家孫克宏，喜好家居式的生活。他官至漢陽知府，致仕後，絕意仕進，一意以居家休閒活動爲務。據〈孫漢陽雪居公傳〉所載：

所居有「聽雨軒」、「敦復堂」、「東皐雪堂」、「赤霞閣」，一米一瓦，一榱一桷，與俗人營造迥然不同。而室中列鼎彝金石、名畫法書，陳設位置，日異月更，種種令人可愛。而屏案几榻，亦皆時時拂拭，如朗鑑然。親知朋舊至，輒肆筵張具，聲歌雜陳，鼓吹遞作，令童子按院本新聲，間舞狻猊及角觝之戲。而所陳饌必鮮美豐腴，皆珍奇之味，人以爲安陵食、廬山殺不是過也。而四方之騷人墨士、劍客酒徒，亦嘗輻輳而集，漢陽（孫克弘）無問識不識，一一應之，爲之假館授餐，使飽所欲而去。暇則就明窗淨几間，抄異書，臨古畫。有語以俗事者，掩耳不願聞，若將浼焉。〔註 213〕

孫克宏的生活裡，包含：園林生活、招友品味所藏的文會過從生活、家居的宴樂活動、抄書臨畫等學藝生活。凡此種種，皆爲孫克宏於藏書生活裡，用以點綴的文人休閒活動內容。

〔註 210〕《牧齋初學集》，卷三七，〈江陰李貫之七十序〉，頁一○二六。
〔註 211〕《恬致堂集》，卷一五，〈錢而介稿序〉，頁一一下。
〔註 212〕《國朝耆獻類徵初編》，卷四七九，〈隱逸一九・李延昰〉，頁三下。
〔註 213〕《雲間志略》，卷二一，〈孫漢陽雪居公傳〉，頁二上～下。

嘉興藏書家周履靖，對其生活之設計也是以家居習靜爲主。他曾經自述其生活云：

築舍鴛湖之濱，前引清渠，後薙畦圃，週遭種梅百餘株，玉鱗點砌，鐵虬怒撐，時引二鶴咿吾其下，或臨古帖，或吟小詩，或展名玩，左圖右書，甝花碩果，倦則剪園蔬沃酒以自供，人謂興不減柴。乘嬾拙成癖念，與世人隔絕久矣！而好事者艸木臭味，謬有題贈，久之遂盈篋笥。〔註 214〕

周履靖在生活上，除了藏書活動以外，凡樹藝臨帖、賦詩賞玩、園居灌木、飲酒取樂等文人慣見的休閒方式，都是他生活上的餘興活動。

華亭藏書家陳繼儒，自幼便無意仕途，喜好退隱的生活。他的生活方式，在當時是爲明代江南五府地區文人們的普遍崇尚典範。據《南雷學案》載：

先生城外有精廬二，曰：「頑仙廬」，曰：「來儀堂」，相距甚邇。……。侵晨，來見先生者，河干泊舟幾里許，先生櫛沐畢，次第見之。午設十餘席，以款相知者。飯後，畫扇亦不下數十柄。〔註 215〕

陳繼儒的生活，包括郊居、談藝論文的文會過從，以及宴會等活動。此外，陳繼儒也是明末有名的山人，他對於明代江南五府地區山人生活方式也有所建議。他說：

住山須以小舟，朱欄碧幄，明槁短帆，舟中雜置圖史、鼎彝、酒漿、荈脯。近則峰泖而止，遠則北至京口，南至錢塘而止。風利道便，移訪故人，有見留者不妨一夜話、十日飲。遇佳山水處或高僧野人之廬，竹樹蒙茸，草花映帶，幅巾杖履，相對夷然。至於風光淡爽，水月空清，鐵笛一聲，素鷗欲舞，斯亦避喧謝客之一策也。〔註 216〕

陳繼儒的生活方式，是明代江南五府地區知名藏書家的樣版模式之一。而其山人身份，更是知名當世，使得有關他的生活方式，更爲當時江南地區許多文人競相模仿的對象。

到了明清之際，江南五府藏書家的生活方式依舊充滿情趣，然較之稍前，已經顯得單調了許多。如嘉興藏書家高承埏，在明時官至工部主事，歸里後，建「稽古堂」以藏書。而「嘉興高氏稽古堂，藏書八十櫝，與項氏萬卷樓爭富。寓公先生諱承埏，解組歸田，雖當干戈俶擾，不輟吟哦。」〔註 217〕高承埏經歷明亡世亂，對於世事早不留意，惟獨讀書，在其藏書生活當中，扮演著主要的角色。而無錫藏書家

〔註 214〕《梅顛稿選》，卷一九，〈螺冠子自敘〉，頁一下～二上。
〔註 215〕《南雷學案》，卷四，〈先正・徵君陳仲醇先生〉，頁二三七。
〔註 216〕《岩棲幽事》，頁一七下～一八上。
〔註 217〕《光緒・嘉興府志》，卷八七，〈叢談〉，頁三一上。

安璿，也一以藏書與讀書爲務，此外之事則未有所聞。明清鼎革之後，便退隱不仕，日惟「坐臥『罨畫樓』，藏書萬卷，略皆穿穴。詩衝口贍逸，所至皆有留題。」〔註218〕讀書與吟詩，是其藏書生活的崇尚。而崇德藏書家呂留良，他的生活也不孤寂。據《南雷學案》載：

禾中呂氏，嚮爲望族。先生晚年靜住小齋，在林木中，有傳呼則擊磬，諸生有所稟問，則書小帖投進，早晚一出接晤諸生而已。〔註219〕

呂留良於藏書以外，以齋居習靜、教授諸生爲主要活動。又仁和藏書家王晫，建「丹樓」以讀書，並於每日吟嘯其中，若「値好友譚論移日，或至信宿不厭。……性不耐飲酒，恆喜人飲。若玩好珍異之物，摴蒱博弈之具，一無所好蓄。」〔註220〕王晫的生活，是以談藝論文的居家文會過從方式爲主，除此之外，別無所好。

明代江南五府藏書家的藏書生活當中，除藏書的專業活動如圖書徵集、藏書的管理、藏書的整治與賞鑒，以及藏書的流通等之外，還包括時下文人所喜好的各式各樣家居與旅遊上的休閒活動，譬如文會過從、讀書著述、園居灌木、齋居習靜、舟遊訪舊、郊居植藝、漫步林間、餵鳥賞花、訪道參禪、文房四藝、飲酒宴會………等等。凡此種種，都是明代江南五府地區藏書家生活文化的一部份，可謂絕無冷僻，充滿眞趣，而綜之以藏書事業，進而構成一幅令人嚮往的時代文人休閒生活的眞實面向。

〔註218〕清・馮金柏，《國朝畫識》(《清代傳記叢刊》七一冊，台北：明文書局，一九八五年五月初版)，卷六，〈安璿〉，頁三上。

〔註219〕《南雷學案》，卷六，〈同調下・呂晚村先生〉，頁四三八。

〔註220〕《國朝耆獻類徵初編》，卷四七五，〈隱逸一五・王晫〉，頁六上～下。

第七章　結　論

中國歷代的私家藏書，其中江浙地區，自宋代以來已成人文淵藪，以故藏書家自昔稱盛，〔註 1〕而明代更是其發展至鼎盛局面，相當重要的一段起飛與過渡時期，它承襲宋代以來的苦心經營，並開創清代中後期的全盛狀態。王美英指出，明代私家藏書興盛的原因有：一、明代是中國印刷術普遍發展的時代；二、明中葉以後南方省份經濟發達，出現多樣的藝文著作，加之江浙一帶為出版中心，具藏書傳統；三、官府藏書趨於衰落，私人藏書家遍及各個階層，各有目的。〔註 2〕在這多元因素的交互影響之下，明代私人藏書事業蓬勃興盛，文化與生活都為之一振。

明代江南五府的藏書家在數量上，根據筆者針對正史、文集、筆記、方志、書目題跋等史料的蒐集，其間確有藏書事蹟可考者，一共獲得了 229 位，當中剔除不少清末以來學者所蒐集的藏書家，因查無有關這些人的藏書具體實證，為避免以訛傳訛，便將其從明代江南五府地區的藏書家之列中加以去除。近來中國大陸學者范鳳書針對正史及其他史籍、歷代文集、筆記雜撰、地方志書、叢刊匯編以及主要報刊等文獻所進行的統計，蒐集到歷朝以來至民國結束在大陸的政權為止，確有藏書事實的藏書家共計 4715 人，而明代計有 896 人。〔註 3〕若以這個數據來看，明代江南五府地區的 229 位，加上蘇州府的 185 位，則明代江南六府的藏書家至少有 414 人，約佔明代藏書家總數的 46.21％，這個數據，正足以讓明代的江南六府成為以藏書風氣見勝的文化首善地區。若僅以江南六府地區來做比較，蘇州府有 185 位藏書家，藏書風氣為江南六府之最，遠遠超過其他五府之任何一府。若以五府地區來看，由盛至衰的順序依次為嘉興府、松江府、杭州府、常州府、湖州府。至於州縣之比

〔註 1〕蔣復璁，〈兩浙藏書家印章考〉，頁一七二一。

〔註 2〕王美英，〈試論明代的私人藏書〉，頁一一七。

〔註 3〕范鳳書，〈中國古代私家藏書簡述〉（《書與人》，一九九七年第四期），頁一四四。

較，詳見本文第四章第一節。

在藏書家集團的研究上，透過對於藏書家之間的地緣、家族、姻親、師承與友朋等五大文人關係紐帶，將江南五府地區藏書家們經由這五種人際關係而織繪成的集團網絡，清楚地呈現出來，揭開明代江南五府地區藏書家集團的神秘面紗，對於當地藏書風氣興盛的情形與藏書家集團性質之間的牽連關係，有了更爲清楚的認知，並且對於地域文人集團的研究，做了一些幫助。

明代江南五府地區藏書家的藏書活動，透過史料的分析、整理與舉證，使得我們對於明代江南五府地區藏書家進行的各項專業性活動，包含：藏書的徵集、藏書的管理、藏書的整治與賞鑒，以及藏書的流通與散佚等，都有了具體而切實的成果，藏書家對於這些專業活動的普遍喜好、實際的做法和各種不同的類型，都著實讓人印象深刻。

在明代江南五府藏書家生活文化的研究上，透過對其藏書專業活動以外的休閒方式的探究，顯示出他們對於這些休閒活動的喜好程度之濃烈，成爲他們生活上的一種崇尚與寄託。他們當中雖然不乏只有單純喜好藏書專業活動者，但更多的是將藏書活動與其他類型的休閒生活方式相互融合，成爲一種具有多樣休閒功能的文人生活文化，並且引領著此地藏書家的生活品味，成爲當地文人生活的主要特色。最後，再藉由史料當中對藏書家具體藏書生活的記載，加以列舉，讓文人最眞實的藏書生活與時代面向，完整而寫實的呈顯出來。茲將本文研究所得重點綜述如下：

一、明代江南五府地區的私人藏書事業，在社會、經濟與學術、文化各種背景的配合之下，的確可謂非常地風行與熱絡。其實，民間收藏是一種文化活動，但從另一個角度來看，它也是一種經濟活動，藏品市場對於收藏活動的發展具有重要的促進作用。〔註 4〕例如圖書在明清時期的蘇南社會中具有舉足輕重的作用，蘇南社會積聚了空前數量的圖書，以圖書爲重要標誌的文化消費，促進整個蘇南地區文化事業的發達。〔註 5〕藏書事業在經濟、社會與文化的支持之下熱烈地擴展開來，卻也在時機成熟之後，又增進地區的經濟與社會的發達，並且揚搉了文化的品質，以故兩者是相輔相成，缺一不可的。

二、以明代江南城市的發展與藏書風氣的關係來看，在明代，浙江的杭、嘉、湖三府與南直隸的蘇、松、常三府相比，市鎮分布的密度，前者明顯高於後者。〔註 6〕在市鎮的發展上，杭、嘉、湖三府勝過蘇、松、常三府。但是，若是以藏書家人

〔註 4〕沈振輝，〈明代藏品市場略論〉，頁八三。
〔註 5〕江慶柏，〈圖書與明清蘇南社會〉，頁四五。
〔註 6〕王家範，〈明清江南市鎮結構及歷史價值初探〉，頁七七。

數多寡來衡量藏書氣之興盛與否，經過筆者的考察，結果明顯是蘇、松、常三府，遠遠地勝過杭、嘉、湖三府，可見市鎮的發展與藏書風氣，兩者之間並沒有絕對的關係。地域風俗文化各具特色，是毋庸置疑的，但是我們應當看到，地域間的風俗文化也是相對的、變化的。即使是在同一地域，不同民族與不同的環境，其生活方式、行為方式，也都是會互相滲透，並且相互影響的。〔註 7〕

三、經濟條件與交通因素，對於藏書風氣的擅揚，則是起著非常大的作用。項士元研究指出，浙省文化，弁冕東南，藏書之家，碁布林立。以地域而言，杭、嘉、湖、寧、紹五府為最盛，台、溫次之，金、衢、嚴、處殿焉。而杭、嘉、湖、寧、紹五府，交通便利，物力殷富，金、衢、嚴、處則遠不如，台、溫適得其中，是以藏書家之盛衰，亦隨而判焉。〔註 8〕明代江南五府在交通上都非常的便利，而對於藏書家經濟背景的調查，將近一半的藏書家都是家境小康以上的經濟狀況，而更多數的藏書家本身有職業收入以支持其藏書活動的進行，因此，經濟條件對於藏書事業的影響，絕對是很大的。

四、私家藏書，是指私人針對典籍進行收藏、整理、研究以及傳播的一種文化活動。在中國的藏書史上，它也是源遠流長、影響巨大的一個類型。〔註 9〕而私家藏書活動對於社會風氣的改善，也大有助益。明代江南五府地區便是在這些喜好藏書的讀書人之引導下，創造出一個相當優質的生活文化。明代文人在生活上的癖好既多且奇，這與他們的審美趣味有關。所謂審美趣味或審美情趣，是主體對各種現象相對穩定的主觀審美興味、愛好、態度與鑒賞力的總合，也是審美意識的組成部份，為審美情感與審美理想的一種表現。審美趣味是人的思想、情感與能力在審美上的體現，並且反映了人們在審美中的自我發現與自我實現的需要。〔註 10〕以明人的審美觀為例，明代生活的日益多樣化和豐富化，使得人們在生活的各個領域都追求一種「味外味」，追求一種不是庸庸碌碌的生活所能給予的，而是只有藝術化的生活才能提供的「韻外之致」。〔註 11〕明代文人們在藏書活動的品味與美感，都表現在他們對於藏書生活方式的細膩感受之上，譬如他們將藏書活動與其他的休閒活動加以配合，舟遊可以讀書，宦遊亦正足以購書、訪書，而訪舊參禪，也可以與品隲校讐、文會過從的文人生活方式結合在一起。對於明代文人們這種高尚的審美情感，

〔註 7〕韓養民，〈中國風俗文化與地域視野〉，頁一〇一～一〇二。

〔註 8〕項士元，〈浙江藏書家攷略〉，頁一六八九。

〔註 9〕《現代家庭藏書文化》，頁二一。

〔註 10〕《逝去的啓蒙——明清之際啓蒙學者的文化心態》，頁二五八。

〔註 11〕羅筠筠，〈雅俗互補趣味多元——明代審美文化的特點〉（《北京社會科學》，一九九七年第二期），頁三九。

即使是在今日學人對於當時的文人生活方式毀譽參半的情況之下，但是只要一提到文人的藏書生活文化，今日學人們則是有口皆碑，都給予相當高的評價。

五、在保存人類知識與文化傳承的功蹟之上，明代江南五府地區的藏書家對其藏書普遍盡心盡力，並且透過各種方法加以保護。他們總結前人保護書籍的技術，並加上自己的實際經驗，提出一些非常有效的辦法。特別是明代中葉以後，宋槧元刊與奇書祕本的價值形同古玩，〔註 12〕江南五府的藏書家在崇敬愛書如奉神明的情況之下，對於中國古籍的保存，也盡了畢生的心力。而在明清鼎革與清初的明書之禁當中，江南五府藏書家也冒著觸犯禁令的危險，保存相當數量的古籍。此外，有明一代，著名的私家藏書極多，藏書總量大大超過國家的收藏，且在校勘、編目、刊刻的工作表現上，均爲政府機構所不及。又明代的江南五府地區，宋、元古本普遍成爲藏書家的「室中秘寶」，而鈔本的價值也開始受到重視，藏書遺產傳世的思想已經根深蒂固。在另一方面，明代江南五府的藏書家，也開始以專文與專著的形式，來表達他們對於古書流通的要求，其觀點和思想，均對清代的藏書活動和文化風氣，產生廣泛而深遠的影響。〔註 13〕儘管中國歷史上有許多禁書活動和書厄，但是至今仍然保留十萬種左右的珍貴文獻，並未因禁書和書厄而失傳，這確實不能不歸功於私家藏書的貢獻。〔註 14〕簡單的說，藏書家的歷史作爲，是一種客觀存在，不同的考驗角度，得到的會是不同的結果。我們將視角固定在圖書典籍上，不難發現，藏書家的貢獻，集中體現在對中國歷代典籍的保存、傳播、完善與生產之上。〔註 15〕

六、私人藏書做爲社會文化的一角，直接影響和推動當代學術文化的發展，也影響著中國學術文化的繁榮與興盛。在古代社會裡，私人藏書在歷史上的貢獻，的確是相當巨大的。〔註 16〕而從文化視角來研究中國的私家藏書文化，也可以有更廣闊的視野和更深入的路徑，來認識私家藏書的豐富內容及其深刻意義，而不僅僅是停留在對於私家藏書基本史實的闡述和考訂上。私家藏書做爲一種文化現象，可以將它放到社會歷史環境的總體面向當中進行考察，以便分析社會歷史環境與這一文化現象相關的諸因素，和它們彼此間的互相關聯，以及介於兩者之間的作用與反作用之具體情況。〔註 17〕總之，明代江南五府地區藏書相關事業的興盛，加強並擴大各地間的聯繫，的確有利於文化的傳播。藏書家們的活動，還對搜集、整理與保存

〔註 12〕沈振輝，〈元明時期的收藏學〉（《中國典籍與文化》，一九九九年第一期），頁六一。
〔註 13〕徐雁，〈我國古代藏書實踐和藏書思想的歷史總結〉，頁五八。
〔註 14〕陳曙，〈論私家藏書〉，頁七○。
〔註 15〕蕭東發等，〈中國古代的官府藏書與私家藏書〉，頁五○。
〔註 16〕謝灼華，〈私藏的功績——中國封建社會藏書制度的歷史特點之二〉，頁二六。
〔註 17〕周少川，《藏書與文化——古代私家藏書文化研究》，頁一三。

中國古代和明代的優質文化起了重要的作用，使得許多的重要古籍文獻，得以流傳下來。他們確實爲今日的學術研究和文化交流，做出可貴的貢獻。〔註 18〕

七、私人藏書帶動私家著述的昌盛與出版事業的繁榮。明代江南五府地區的藏書家在其讀書與著述生活當中，不僅充實了自己的學識，也往往喜歡利用自家的豐富收藏，以爲著書立說的基礎與背景。因此，他們當中很多人的確著作等身，不但爲民族文化增添了新的內容與財富，並且對於推動學術研究風氣的貢獻很大。而更爲難能可貴的是，藉由藏書流通觀念的普及，多數明代江南五府地區藏書家所具備的開闊胸懷，使得當時一些無力藏書的文人，也能夠利用他們的豐富收藏而從事著述活動，這在中國古代藏書家普遍存在「秘不示人」的傳統觀念裡，成爲一項重大的突破。這個特點對於明代圖書文化事業的發展幫助很大，一些本來無法從事著書立說的文人因此而得償所願。此外，明代江南五府地區的藏書家又勤於搜集一些孤本秘笈，利用藏書家博學而專業的知識進行補綴與校勘工作以後，將其付梓出版而流通於世，並且在印刷技巧上加以改良運用，對於保存中國文獻與文化，以及推動地區出版事業的繁榮，居功厥偉。總之，明代江南五府地區的藏書家們，他們當中不乏的是一些大文學家、大著述家以及大出版家，在中國的藏書史、出版史與文化史上，確實做出了非凡且意義深遠的貢獻。

邇來社會上休閒娛樂之多樣與腐化，已引起有識之士的憂心。他們認爲今日大眾的審美文化，越來越朝著感觀性、消閒性、平面性、娛樂性、流行性與速食性的方向發展。本來，娛樂與休閒是把人們從以往「工作機器」的形態之下解放出來，使人們認識到人並非只是生活的「工具」，而是生活的目的，然而這是需要透過審美教育所要達到的最終目標。但是，當前大眾文化的發展給人的導向卻是，人當然不是「工作機器」，卻是「享樂機器」。〔註 19〕在這樣的審美觀念之下，使得一些低俗的休閒娛樂活動，讓我們的生活充滿著污煙瘴氣。如何從當前社會文化的轉型期當中，透過新架構的審美觀念，來推演出正確的休閒文化，當是全民迫切而急待解決的問題。在傳統固有的文化裡面尋回遺失已久的正確方向，以建構出切實合適的新審美觀念，進而推廣理想的休閒文化，以便在今日眾多的休閒娛樂當中，提供給人們許多由復古而創新的選擇，而藏書生活文化，正是筆者首先推薦給讀者們的首要之選。

〔註 18〕張民服，〈明清時期的私人刻書、販書及藏書活動〉（《鄭州大學學報》哲學社會科學版，一九九三年第五期），頁一〇三。

〔註 19〕羅筠筠，〈休閒娛樂與審美文化〉（《文藝理論》，一九九六年第八期），頁九二。

附錄一：江南五府藏書家知見表

說明：

一、本表是爲了方便第二章「江南五府的藏書家」之參照互見而製。

二、本表按藏書家之卒年，依序由遠至近排列。

三、若藏書家之卒年不詳，則依生年由遠至近排列。

四、若藏書家之生卒年皆不詳，則依其科舉年代（以進士優先，而後舉人、監生、貢生、生員、薦舉等）由遠至近排列。

五、若生卒年、科舉年代皆無，則依其人活動之年代，或其親友、同時代人之生存年代約略加以判定，由遠至近排列。

六、其生卒年、生存年代皆無法判定者，則列於最後。

編號	姓 名	生 卒 年	籍 貫	藏書規模	資料出處（僅舉一種爲例）
1	章弼	不詳	華亭	聚古經史書，潛心篤志，亹亹忘倦	明・方岳貢等，《崇禎・松江府志》，卷四二，〈文學〉，頁六下。
2	夏庭芝	不詳	松江府？縣	煨燼之餘，尚存殘書數百卷	清・葉昌熾，《藏書紀事詩》，卷二，〈夏庭芝伯和〉，頁六七。
3	杜元芳	不詳	上海	貯書萬卷	清・宋如林等，《嘉慶・松江府志》，卷五〇，〈古今人傳二〉，頁三三上。
4	戴光遠	不詳	華亭	作堂室四十五間，貯圖史	清・宋如林等，《嘉慶・松江府志》，卷五〇，〈古今人傳二〉，頁四七上。
5	陶中	不詳	上海	藏書充屋棟	清・應寶時等，《同治・上海縣志》，卷二八，〈名蹟・第宅園林〉，頁一二上。

6	夏士文	不詳	華亭	六籍子史，下及百氏之書，凡數千卷	明・方岳貢等，《崇禎・松江府志》，卷四六，〈第宅園林〉，頁三二上～下。
7	釋慧	不詳	上海	蓄古今書數千百卷	元・楊維楨，《東維子集》，卷二一，〈讀書堆記〉，頁七上～下。
8	顧友實	不詳	上海	藏書數千卷	清・應寶時等，《同治・上海縣志》，卷二八，〈古蹟・第宅園林〉，頁二五上。
9	馬宣教	不詳	海寧	聚書萬卷	許傳霈等，《海寧州志稿》，卷三一，〈人物・義行〉，頁一下。
10	阿魯翬公	不詳	錢塘	家多藏書	清・丁申，《武林藏書錄》，卷末，〈阿魯翬公〉，頁八九。
11	倪瓚	1301～1374	無錫	藏書萬卷	清・查繼佐，《罪惟錄列傳》，卷二七，〈倪瓚〉，頁二五三〇。
12	鄭澤	不詳	海鹽	積書萬卷	明・鄭曉，《端簡鄭公文集》，卷四，〈虹橋鄭氏譜略〉，頁五〇下。
13	胡誠齋（誠齋應爲其號）	不詳	海鹽	藏書幾至萬卷	清・王彬等，《光緒・海鹽縣志》，卷一八，〈人物四・孝義〉，頁七上。
14	孫作	？～1375	江陰	藏書數百卷	明・趙錦等，《嘉靖・江陰縣志》，卷一七，〈列傳十二・鄉賢・國朝〉，頁二三下。
15	孫道明	1297～約 1376	華亭	藏書萬卷	清・宋如林等，《嘉慶・松江府志》，卷五〇，〈古今人傳二〉，頁四四上。
16	凌雲翰	1323～？	仁和	典籍甚富	清・丁申，《武林藏書錄》，卷中，〈尊德堂〉，頁四一。
17	胡禎	不詳	錢塘	藏書數千卷	明・不詳，《萬曆・錢塘縣志》，紀獻，〈名臣〉，頁一二上。
18	車昭	不詳	德清	結樓置書數百卷	清・宗源瀚等，《同治・湖州府志》，卷七五，〈人物・文學二〉，頁五下。
19	王羽	不詳	仁和	家富藏書	清・丁申，《武林藏書錄》，卷中，〈王儀之〉，頁四二。
20	許德彰	1316～1395	長興	藏書數百卷	清・宗源瀚等，《同治・湖州府志》，卷八〇，〈人物・隱逸〉，頁一三上。

21	賀榮	不詳	錢塘	家藏古書畫彝器甚多	清・龔嘉儁等，《杭州府志》，卷一四四，〈人物・文苑一〉，頁二二下。
22	凌鵠	不詳	仁和	自經史及諸子百家以至稗官小說，兼收並蓄	清・丁申，《武林藏書錄》，卷中，〈尊德堂〉，頁四一。
23	凌文顯	不詳	仁和	自經史及諸子百家以至稗官小說，兼收並蓄	清・丁申，《武林藏書錄》，卷中，〈尊德堂〉，頁四一。
24	張源	不詳	華亭	置書以教諸孫	明・方岳貢等，《崇禎・松江府志》，卷四二，〈藝術〉，頁一〇下。
25	邵文博	不詳	華亭	所藏經史子集及古琴、鼎彝、法書名畫	明・貝瓊，《清江貝先生集》，卷四，〈拱翠堂記〉，頁二七。
26	陳濟	1364～1424	武進	聞人有異書，輒假手錄成帙	明・徐紘，《皇明名臣琬琰錄》，卷二一，金長史〈春坊贊善陳先生行狀〉，頁一上。
27	鄒濟	1358～1425	餘杭	藏書數千卷	明・薛應旂等，《嘉靖・浙江通志》，卷四六，〈人物志六之十一・皇明〉，頁二一下。
28	徐觀	不詳	華亭	家多藏書	清・宋如林等，《嘉慶・松江府志》，卷五二，〈古今人傳四〉，頁七上。
29	郁文博（文博應爲其字）	不詳	上海	歸居萬卷樓	清・應寶時等，《同治・上海縣志》，卷一八，〈人物一〉，頁二九上。
30	凌昱	不詳	仁和	自經史及諸子百家以至稗官小說，兼收並蓄	清・丁申，《武林藏書錄》，卷中，〈尊德堂〉，頁四一。
31	凌暹	不詳	仁和	自經史及諸子百家以至稗官小說，兼收並蓄	清・丁申，《武林藏書錄》，卷中，〈尊德堂〉，頁四一。
32	楊謨	1448～1475	無錫	購古書史圖畫，庋閣一堂	明・邵寶，《容春堂集》，卷六，〈故楊秋林配陳氏墓前石表銘有序〉，頁五下。

33	唐廣	？～1481	安吉州	手抄奇書異傳，不惜示人	清・錢謙益，《列朝詩集小傳》，乙集，〈唐廣〉，頁一九四。
34	戴經	不詳	嘉興	藏書千餘卷	清・許瑤光等，《光緒・嘉興府志》，卷五三，〈秀水文苑〉，頁三三下。
35	姚綬	1423～1495	嘉善	積書萬卷	明・姚惟芹，《東齋稿略》，附錄，范言〈家傳〉，頁五下。
36	張復	1434～1510	無錫	家藏書畫最多，醫方倍焉	明・邵寶，《容春堂集》，卷七，〈玉亭處士張公墓誌銘〉，頁二一上。
37	華燧	1439～1513	無錫	環列四庫書	清・葉德輝，《書林清話》，卷八，〈明華堅之世家〉，頁九上。
38	華珵	1438～1514	無錫	多聚書	清・葉德輝，《書林清話》，卷八，〈明華堅之世家〉，頁一〇上。
39	鄒柷	1432～1514	武進	先世及君所自得者，刻而藏焉	明・邵寶，《容春堂集》，卷四，〈明故承事郎鄒君墓誌銘〉，頁二二上。
40	吳琉	不詳	長興	藏書數屋	清・宗源瀚等，《同治・湖州府志》，卷七五，〈人物・文學二〉，頁一〇上。
41	洪鍾	1443～1523	錢塘	好積書	清・丁申，《武林藏書錄》，卷中，〈洪氏列代藏書〉，頁四四。
42	洪楩	不詳	錢塘	縹緗積益	清・丁申，《武林藏書錄》，卷中，〈洪氏列代藏書〉，頁四四。
43	邵寶	1460～1527	無錫	庋古今書籍萬餘卷	清・葉昌熾，《藏書紀事詩》，卷二，〈邵文莊寶〉，頁九〇。
44	朱祚	不詳	海鹽	獨嗜聚書，縹緗至萬軸	清・王彬等，《光緒・海鹽縣志》，卷一五，〈人物一〉，頁五九下。
45	朱同生	不詳	海鹽	家多書	清・王彬等，《光緒・海鹽縣志》，卷末，〈雜記〉，頁二一下。
46	顧清	1460～1528	華亭	聞人有古書，必百方求之	明・顧清，《東江家藏集》，卷二五，〈與友人借書書〉，頁二下。

47	吳昂	1470～？	海鹽	積書萬卷	明・樊維城等，《天啓・海鹽縣圖經》，卷一三，〈人物〉，頁七下。
48	安國	1481～1534	無錫	好蓄古圖書	清・葉德輝，《書林清話》，卷八，〈明安國之世家〉，頁一一下。
49	朱恩	1452～1536	華亭	圖書數千卷	明・徐獻忠，《長谷集》，卷一三，〈禮部尚書朱公行狀〉，頁一九上。
50	趙彰	不詳	平湖	藏書萬卷	清・彭潤章等，《光緒・平湖縣志》卷一八，〈人物四・行誼〉，頁一六下～一七上。
51	趙漢	不詳	平湖	有書萬卷	明・鄭曉，《端簡鄭公文集》，卷七，〈當湖里居記〉，頁一三下。
52	王文祿	不詳	海鹽	縹緗萬軸	清・許瑤光等，《光緒・嘉興府志》，卷五七，〈海鹽文苑〉，頁四八上。
53	方九敘	？～1540	錢塘	聚書至數萬卷	清・丁申，《武林藏書錄》，卷中，〈方承天〉，頁四八。
54	王濟	？～1540	烏程	圖史鼎彝，奪目充棟	清・李衛等，《浙江通志》，卷一七九，〈人物六・文苑二〉，頁三一二六。
55	陸深	1477～1544	上海	藏書三千卷	明・陸深，《陸文裕公行遠集》，卷四，〈綠雨樓記〉，頁八下。
56	陸楫	1515～1552	上海	其父抄錄得一二事，便令熟讀而藏之	明・陸楫，《蒹葭堂雜著摘抄》，頁一二。
57	顧定芳	1489～1554	上海	收蓄古書甚富	明・陸深，《儼山集・續集》，卷四八，〈重刊豆疹論序〉，頁一下。
58	黃標	不詳	上海	藏書甚富	明・顏洪範等，《萬曆・上海縣志》，卷九，〈人物・文學〉，頁三〇下。
59	沈謐	1501～1553	秀水	有萬卷書樓三楹	明・張萱，《西園聞見錄》，卷八，〈好學・沈啓原〉，頁二四下。
60	胡憲仲	1514～1553	海鹽	藏書幾至萬卷	清・王彬等，《光緒・海鹽縣志》，卷一八，〈人物四・孝義〉，頁七上。

61	胡彭述	不詳	海鹽	藏書幾至萬卷	清・王彬等，《光緒・海鹽縣志》，卷一八，〈人物四・孝義〉，頁七上。
62	朱察卿	不詳	上海	六籍咸萃，百代靡遺	明・潘恩，《潘笠江先生集》，近稿卷九，〈舊雨軒銘〉，頁二一上。
63	唐順之	1507～1560	武進	汗牛充棟	明・萬士和，《萬文恭公摘集》，卷一〇，〈分諸子書目〉，頁四八上。
64	施峻	1505～1561	歸安	典籍甚具	明・過庭訓，《明分省人物考》，卷四六，〈施峻〉，頁二一下。
65	顧中立	1495～1562	華亭	廣貯書籍	清・楊開第等，《光緒・重修華亭縣志》，卷一四，〈人物三・列傳上〉，頁三四上。
66	華夏	1490～1563	無錫	每併金懸購	明・郁逢慶，《書畫題跋記》，卷五，〈眞賞齋銘〉，頁一上。
67	姚咨	1495～？	無錫	架富五車	明・邵寶等，《春秋諸名臣傳》，書前，皇甫汸〈姚氏春秋諸名臣傳補序〉，頁三上。
68	朱大中	不詳	靖江	購異書數千卷	清・鄭重等，《康熙・靖江縣志》，卷一四，〈理學〉，頁二四上。
69	朱家楫	不詳	靖江	殘書數千卷	清・鄭重等，《康熙・靖江縣志》，卷一四，〈名臣〉，頁七上。
70	朱家模	不詳	靖江	取藏書晝夜讀之一年	清・鄭重等，《康熙・靖江縣志》，卷一四，〈儒林〉，頁一六下。
71	朱家栻	不詳	靖江	藏書數千卷	清・鄭重等，《康熙・靖江縣志》，卷一四，〈儒林〉，頁一八下。
72	郎瑛	1487～1566	仁和	所藏經籍諸史、文章、雜家言甚盛	明・陳善等，《萬曆・杭州府志》，卷八九，〈人物・義行〉，頁二二上～下。
73	鄭曉	1499～1566	海鹽	與胡震亨略同，藏書萬卷	清・葉昌熾，《藏書紀事詩》，卷三，〈胡震亨孝轅〉，頁一六一。

74	談愷	1503～1568	無錫	多積圖書	明・李春芳，《李文定公貽安堂集》，卷七，〈都察院右都御史十山談公墓誌銘〉，頁二四下。
75	徐獻忠	1493～1569	華亭	所藏奇書古文，間以金石三代之器	清・宗源瀚等，《同治・湖州府志》，卷九〇，〈人物・寓賢〉，頁三〇下。
76	李煥然	不詳	上海	富藏書	明・方岳貢等，《崇禎・松江府志》，卷四二，〈隱逸〉，頁二四上。
77	李可教	不詳	上海	先世儲書萬餘卷	清・宋如林等，《嘉慶・松江府志》，卷五四，〈古今人傳六〉，頁三六下。
78	吳稷	不詳	松江府？縣	書史滿架	明・方岳貢等，《崇禎・松江府志》，卷四六，〈第宅園林〉，頁四九上。
79	袁福徵	不詳	華亭	殘書萬卷	清・李延昰，《南湖舊話錄》，卷上，〈人物考〉，頁一三上。
80	沈維鏡	不詳	平湖	積書十餘楝	清・彭潤章等，《光緒・平湖縣志》，卷一八，〈人物四・行誼〉，頁二一下。
81	董綸	不詳	上海	購古書籍至千餘卷	明・皇甫汸，《皇甫司勳集》，卷四九，〈董氏西齋藏書記〉，頁一五下。
82	董恬	不詳	上海	購古書籍至千餘卷	明・皇甫汸，《皇甫司勳集》，卷四九，〈董氏西齋藏書記〉，頁一五下。
83	董宜陽	1510～1572	上海	藏書餘五車	明・朱察卿，《朱邦憲集》，卷六，〈提鼠記〉，頁一五上。
84	何良俊	1506～1573	華亭	藏書四萬卷	清・王鴻緒等，《明史稿列傳》，卷一三六，〈何良俊〉，頁一八下。
85	沈耀	不詳	華亭	日購月求，手抄靡間寒暑；家素貧薄，大半爲收書費	明・方岳貢等，《崇禎・松江府志》，卷四二，〈隱逸〉，頁二一上。
86	顧起經	1521～1575	無錫	好書，出必五車自隨	明・王世貞，《弇州山人續稿碑傳》，卷一一六，〈大寧都指揮使司都事九霞顧君暨配盛孺人合葬誌銘〉，頁二一上。

87	薛應旂	1500～約 1576	武進	有書千卷	明・薛應旂，《方山薛先生全集》，卷七，〈答張水南光祿〉，頁一五下。
88	朱大韶	1517～1577	華亭	性好藏書	清・潘介祉，《明詩人小傳稿》，卷六，頁二一三。
89	秦汴	1511～1581	無錫	雅好書，購市繕錄，未嘗一日廢	明・吳中行，《賜餘堂集》，卷一一，〈中憲大夫雲南姚安軍民府知府次山秦公墓表〉，頁一二上。
90	潘恩	1496～1582	上海	一室蕭然，唯圖書自環而已	明・潘恩，《潘笠江先生集》，附集，王世貞〈行狀〉，頁二六上。
91	秦柄	1528～1583	無錫	家藏經史古金石言	明・吳中行，《賜餘堂集》，卷一二，〈貢士邗塘秦公墓誌銘〉，頁二八上。
92	田汝成	1530～？	錢塘	嘗得宋善本	明・田汝成，《田叔禾小集》，卷一，〈漢文選序〉，頁三下。
93	秦柱	1536～1585	無錫	積至充棟	明・趙用賢，《松石齋集》，卷一二，〈中書舍人秦君汝立墓表〉，頁二三上。
91	萬士和	1516～1586	宜興	有一、二千卷	明・萬士和，《萬文恭公摘集》，卷一〇，〈分諸子書目〉，頁四八下。
95	沈懋孝	不詳	平湖	擁書萬卷	清・彭潤章等，《光緒・平湖縣志》，卷一五，〈人物一〉，頁三八上。
96	項篤壽	1521～1586	秀水	性好藏書	清・朱彝尊，《曝書亭集》，卷五三，〈書萬歲通天帖舊事〉，頁六二五。
97	周子義	1529～1586	無錫	書積萬餘卷	明・張萱，《西園聞見錄》，卷八，〈著述・周子義〉，頁六五下。
98	徐常吉	不詳	武進	薪水之餘，輒以攻鐫刻	明・毛憲，《毘陵人品記》，卷一〇，頁八下。
99	祝以豳	不詳	海寧	藏書遭厄，非流散則灰燼	清・葉昌熾，《藏書紀事詩》，卷三，〈祝以豳耳劉〉，頁一五七。
100	駱騣曾	不詳	武康	藏書遭厄，非流散則灰燼	清・葉昌熾，《藏書紀事詩》，卷三，〈祝以豳耳劉〉，頁一五七。

101	安紹芳	不詳	無錫	羅置圖書彝鼎	清．裴大中等，《光緒．無錫金匱縣志》，卷二二，〈文苑〉，頁一三下。
102	顧斗英	不詳	上海	圖書罍洗，畢具左右	清．宋如林等，《嘉慶．松江府志》，卷五四，〈古今人傳六〉，頁三四下。
103	莫是龍	？～1587	華亭	能讀外祖父藏書，盡發所貯以歸	明．馮復京，《明常熟先賢事略》，卷一三，〈文苑〉，頁一五三。
104	張之象	1507～1587	華亭	家藏萬卷	明．張鼐，《寶日堂初集》，卷二三，頁二九上。
105	秦嘉楫	不詳	上海	手鈔書甚多	清．應寶時等，《同治．上海縣志》，卷三二，〈雜記三．遺事〉，頁一五下。
106	曹志尹	不詳	青浦	晚年好收圖書，邑中推博雅家第一	清．宋如林等，《嘉慶．松江府志》，卷五三，〈古今人傳五〉，頁三〇上。
107	沈自邠	1554～1589	秀水	不下八萬餘卷	明．李日華，《味水軒日記》，卷一，頁四〇。
108	項元汴	1525～1590	秀水	牙籤之富，埒於清閟	明．姜紹書，《無聲詩史》，卷三，〈項元汴〉，頁五一上。
109	呂兆禧	1573～1590	海鹽	買書萬餘卷	明．樊維城等，《天啓．海鹽縣圖經》，卷一四，〈文苑〉，頁一五上。
110	沈啓原	1526～1591	秀水	藏經籍甚富	清．許瑤光等，《光緒．嘉興府志》，卷五二，〈秀水列傳〉，頁二〇上。
111	沈鳳	不詳	秀水	不下八萬餘卷	明．李日華，《味水軒日記》，卷一，頁四〇。
112	李詡	1505～1593	江陰	晚謝應舉，發藏書手披口誦	清．盧思誠等，《光緒．江陰縣志》，卷一七，〈人物．文苑〉，頁一一下。
113	張瀚	1511～1593	仁和	儲藏之富，爲武林諸藏書家之冠	清．丁申，《武林藏書錄》，卷中，〈張氏藏書〉，頁四三。
114	包檉芳	1534～1596	嘉興	左右圖書，日娛其中	明．馮夢禎，《快雪堂集》，卷一八，〈貴州按察司副使提督學校包瑞溪先生洎配曹宜人行狀〉，頁三三下。

115	項德棻	不詳	嘉興	藏書處曰宛委堂	清・葉昌熾，《藏書紀事詩》，卷三，〈項德棻〉，頁一四八～一四九。
116	唐白野（白野應爲其號）	不詳	歸安	無他嗜好，惟三代以來圖書典籍之僻	明・茅坤，《玉芝山房稿》，卷一二，〈祭姑夫唐白野先生文〉，頁三下。
117	茅坤	1512～1601	歸安	書樓凡數十間，至於充棟不能容	清・鄭元慶，《吳興藏書錄》，〈茅坤白華樓書目〉，頁一二。
118	沈節甫	1532～1601	烏程	擁書一室	明・焦竑，《國朝獻徵錄》，卷五一，曾朝節〈嘉議大夫工部左侍郎贈都察院右都御史沈公節甫神道碑〉，頁八〇下。
119	姚翼	不詳	歸安	貯圖書萬卷	清・鄭元慶，《吳興藏書錄》，頁二〇。
120	陸樹聲	1509～1605	華亭	藏書爲鼠囓，殘存者蓋十之五六，苴藉浥腐敗脫者過半焉	明・陸樹聲，《陸文定公集》，卷一二，〈逸鼠記〉，頁二四下。
121	徐桂	？～1605	餘杭	列圖史、金石遺文與彝鼎法書名畫，婆娑其中	清・李衛等，《浙江通志》，卷一七八，〈人物六・文苑一〉，頁三一〇五。
122	吳惟貞	不詳	嘉興	搆蓄極廣	明・馮夢禎，《快雪堂集》，卷三九，〈答王逸李〉，頁二七下。
123	姚紹科	不詳	長興	貯漢唐以來敦彝圖史書繪	清・李衛等，《浙江通志》，卷一七九，〈人物六・文苑二〉，頁三一二六。
124	馮夢禎	1548～1605	秀水僑杭州府	置得梵書一大藏，積書亦不下萬卷	明・馮夢禎，《快雪堂集》，卷三八，〈報甘子開年兄〉，頁一四下。
125	高應鵬	不詳	仁和	築藏書室貯古圖書	明・汪道昆，《太函集》，卷四七，〈明故徵仕郎判忻州事高季公墓志銘〉，頁一六下。
126	高濂	不詳	仁和	藏書甚多	清・葉昌熾，《藏書紀事詩》，卷三，〈高濂深父〉，頁一三四。

127	孫克宏	1533～1611	華亭	環列鼎彝金石、法書名畫，摩娑其中	明·陳繼儒，《晚香堂集》，卷九，〈孫漢陽太守傳〉，頁六上。
128	俞汝楫	不詳	上海	萬曆間郡中藏書之富者	清·應寶時等，《同治·上海縣志》，卷三二，〈雜記三·遺事〉，頁一五下。
129	施大經	不詳	上海	萬曆間郡中藏書之富者	清·應寶時等，《同治·上海縣志》，卷三二，〈雜記三·遺事〉，頁一五下。
130	施沛	不詳	上海	施大經歿後，沛復購益之	清·應寶時等，《同治·上海縣志》，卷三二，〈雜記三·遺事〉，頁一五下。
131	王熠	不詳	上海	藏書萬七千卷	清·李延昰，《南湖舊話錄》，卷下，〈人物考〉，頁二四上。
132	王圻	不詳	上海	擁書萬卷	明·王圻，《王侍御類稿》，書前，陸應陽〈續刻王侍御先生類稿序〉，頁三上。
133	宋懋澄	不詳	華亭	萬曆間郡中藏書之富者	清·應寶時等，《同治·上海縣志》，卷三二，〈雜記三·遺事〉，頁一五下。
134	蔣一葵	不詳	武進	得知人有蓄異書，乃徒步數十里外，求必得之	明·蔣一葵，《堯山堂外紀》，書前，〈堯山堂外紀顛末〉，頁一上～下。
135	江惟清	不詳	武進	家藏書至萬卷	清·董似穀等，《光緒·武進陽湖縣志》，卷二三，〈人物·文學〉，頁二〇下。
136	袁黃	不詳	嘉善	所得書稱富	明·陳山毓，《陳靖質居士文集》，卷五，〈陳氏藏書總序〉，頁九上。
137	陳于王	1554～1615	嘉善	裒聚萬卷	明·陳山毓，《陳靖質居士文集》，卷五，〈陳氏藏書總序〉，頁九上。
138	姚士粦	1561～？	海鹽僑寓德清	蒐討秦漢以來遺文相簡	清·李衛等，《浙江通志》，卷一七九，〈人物六·文苑二〉，頁三一一八。
139	胡震亨	不詳	海鹽	藏書萬卷	清·李衛等，《浙江通志》，卷一七九，〈人物六·文苑二〉，頁三一一七。
140	胡夏客	不詳	海鹽	家多異書	清·胡夏客，《谷水集》，書前，陳光綷〈序〉，頁二上。

141	臧懋循	？～1621	長興	家藏雜劇，多秘本	明・臧懋循，《負苞堂詩選文選》，文選卷三，〈元曲選序〉，頁四二上。
142	陳山毓	1584～1621	嘉善	所居左右圖書數千卷	明・陳山毓，《陳靖質居士文集》，書前，高攀龍〈明孝廉賁聞陳公墓誌銘〉，頁一上～下。
143	虞淳熙	？～1621	錢塘	建八角團瓢，於每角藏書	清・丁申，《武林藏書錄》，卷中，〈虞長孺僧孺兩先生〉，頁四九。
144	虞淳貞	不詳	錢塘	建八角團瓢，每角可以藏書	明・馮夢禎，《快雪堂集》，卷五六，〈戊戌〉，頁一九上。
145	沈德先	不詳	秀水	以傳布爲藏，眞能藏書者矣	清・葉昌熾，《藏書紀事詩》，卷三，〈姚士粦叔祥〉，頁一六一。
146	沈孚先	1579～？	秀水	以傳布爲藏，眞能藏書者矣	清・葉昌熾，《藏書紀事詩》，卷三，〈姚士粦叔祥〉，頁一六一。
147	翁汝遇	不詳	仁和	有書閣，後藏書零落	清・丁申，《武林藏書錄》，卷中，〈翁氏書閣〉，頁五〇。
148	翁汝進	不詳	仁和	有書閣，後藏書零落	清・丁申，《武林藏書錄》，卷中，〈翁氏書閣〉，頁五〇。
149	鍾心隱（心隱應爲其號）	不詳	秀水	家多藏書	明・李日華，《恬致堂集》，卷一四，〈鍾羽修寄雲堂詩稿序〉，頁三九上。
150	鍾鶴齡	不詳	秀水	家多藏書	明・李日華，《恬致堂集》，卷一四，〈鍾羽修寄雲堂詩稿序〉，頁三九上。
151	胡文煥	不詳	仁和	構文會堂藏書	清・丁申，《武林藏書錄》，卷中，〈文會堂〉，頁四九。
152	汪繼美	？～約 1626	秀水	雜置滿樓	明・李日華，《恬致堂集》，卷二五，〈汪愛荊居士傳〉，頁一九上。
153	李如一	1557～1630	江陰	藏書萬卷	清・錢謙益，《牧齋有學集》，卷一八，〈李貫之先生存餘稿序〉，頁七八五。
154	周履靖	1542～1632	嘉興	經史書畫萬餘卷	明・李日華、鄭琰，《梅墟別錄》，卷下，劉鳳〈螺冠子傳〉，頁一〇五下。

155	劉世教	不詳	海鹽	飾容止服御，斥買書籍、古鼎彝	明・樊維城等，《天啓・海鹽縣圖經》，卷一三，〈人物〉，頁四〇下。
156	劉憬	不詳	海鹽	家多藏書	清・王彬等，《光緒・海鹽縣志》，卷一七，〈人物三・文苑〉，頁一三下。
157	徐光啓	1562～1633	上海	其家有徐文定公藏書處	清・應寶時等，《同治・上海縣志》，卷二八，〈古蹟・第宅園林〉，頁二一下。
158	李日華	1565～1635	嘉興	有嗜書之癖	明・李日華，《恬致堂集》，卷三二，〈答年家俞企延茂才〉，頁四四上。
159	陸元厚	不詳	嘉興	喜蓄異書，學俸多爲書盡	明・姜紹書，《無聲詩史》，卷六，〈陸元厚〉，頁一〇七上。
160	陳良卿	不詳	嘉興	江南故家，遺帙搜抉殆徧	清・葉昌熾，《藏書紀事詩》，卷三，〈陳良卿〉，頁一七〇。
161	陳宏策	不詳	嘉興	嗜書，遇即抄撮，無間寒暑	明・李日華，《恬致堂集》，卷一三，〈陳四可非業序〉，頁三四上。
162	李于然	不詳	嘉興	遇新異即爲撮抄	明・李日華，《恬致堂集》，卷一八，〈李于然辨鳥餘摭題辭〉，頁二六上。
163	郁伯承	不詳	嘉興	家饒藏書	明・姚士粦，《吳少君遺事》，頁六上。
164	錢懋穀	不詳	嘉興	家饒藏書	明・姚士粦，《吳少君遺事》，頁六上。
165	沈大詹	不詳	秀水	不下八萬餘卷	明・李日華，《味水軒日記》，卷一，頁四〇。
166	沈師昌	不詳	秀水	日擁百城爲南面樂	明・陳繼儒，《讀書鏡》，卷末，〈跋〉，頁一上。
167	殷仲春	不詳	秀水	擁書萬卷	明・殷仲春，《醫藏書目》，書前，洪邦基〈醫藏書目序〉，頁一九六三。
168	陳懿典	不詳	秀水	擁書萬卷	清・李衛等，《浙江通志》，卷一七九，〈人物六・文苑二〉，頁三一一七。
169	姚瀞	不詳	秀水	積書四十櫝	清・許瑤光等，《光緒・嘉興府志》，卷五三，〈秀水文苑〉，頁三六下。

170	董其昌	1555～1636	華亭	家藏古圖籍甚備	清・查繼佐，《罪惟錄列傳》，卷一八，〈董其昌〉，頁二三四二。
171	潘曾紘	1589～1637	烏程	廣儲縹緗	清・鄭元慶，《湖錄經籍考》，卷六，〈後林潘氏書目〉，頁二八下。
172	徐孝直	1566～1638	仁和	積書千卷	清・丁申，《武林藏書錄》，卷下，〈徐孝先先生〉，頁五五。
173	陳繼儒	1558～1639	華亭	四方稱多異書	明・李日華，《恬致堂集》，卷一一，〈陳眉公先生續祕笈序〉，頁二二上。
174	呂坤	不詳	仁和	棲鎮藏書之富	清・丁申，《武林藏書錄》，卷中，〈呂氏樾館〉，頁四八。
175	沈嗣選	不詳	秀水	生平破產聚書	清・吳山嘉，《復社姓氏傳略》，卷五，〈浙江・嘉興府・沈嗣選〉，頁一六下。
176	吳繼志	不詳	錢塘	祕閣之鈔逾萬卷	清・丁申，《武林藏書錄》，卷中，〈寶名樓〉，頁五〇。
177	吳太沖	不詳	錢塘	與山陰祁氏、海虞錢氏埒	清・李桓，《國朝耆獻類徵初編》，卷四三一，〈文藝九・吳農祥〉，頁一下。
178	卓爾康	1570～1644	仁和僑寓德清	日擁萬卷	清・侯元棐等，《康熙・德清縣志》，卷七，〈人物・儒行〉，頁二〇下～二一上。
179	吳中秀	？～1645	華亭	貯書萬卷	清・楊開第等，《光緒・重修華亭縣志》，卷一五，〈人物四・列傳中〉，頁三六上。
180	陳龍正	1585～1645	嘉善	有〈評家藏書總序〉	明・陳龍正，《幾亭外書》，卷三，〈家載・評家藏書總序〉，頁四三上。
181	支如玉	不詳	嘉善	挾冊幾千卷	明・支如玉，《半衲庵筆語》，文集卷三，〈題孫終和藏書記〉，頁一八上。
182	孫終和	不詳	嘉善	經史百家若干卷，墨跡名畫稱是	明・支如玉，《半衲庵筆語》，文集卷三，〈題孫終和藏書記〉，頁一八下～一九上。
183	潘炳孚	不詳	嘉善	家多藏書	清・江峰青等，《光緒・嘉善縣志》，卷二四，〈人物六・文苑〉，頁一〇下。

184	吳爾篪	不詳	崇德	家有藏書	清・李衛等，《浙江通志》，卷一七九，〈人物六・文苑二〉，頁三一一八。
185	王之獻	不詳	富陽	家藏書卷甚富	清・李衛等，《浙江通志》，卷一七八，〈人物六・文苑一〉，頁三一〇六。
186	王昌會	不詳	上海	廣堂宏敞，前列圖書	清・宋如林等，《嘉慶・松江府志》，卷五五，〈古今人傳七〉，頁一〇上。
187	王昌紀	不詳	上海	藏書萬餘卷	李放，《皇清書史》，卷一六，〈王昌紀〉，頁一下。
188	鄭端允	不詳	海鹽	藏書甚富	清・王彬等，《光緒・海鹽縣志》，卷一八，〈人物四・孝義〉，頁一九上。
189	卓擄	不詳	仁和	藏書數萬卷	清・丁申，《武林藏書錄》，卷中，〈卓氏傳經堂〉，頁五一。
190	卓發之	不詳	仁和	有傳經堂、橋西草堂等貯遺書	清・丁申，《武林藏書錄》，卷中，〈卓氏傳經堂〉，頁五一。
191	卓人月	不詳	仁和	有傳經堂、橋西草堂等貯遺書	清・丁申，《武林藏書錄》，卷中，〈卓氏傳經堂〉，頁五一。
192	惲日初	不詳	武進	攜書三千卷隱天台山中	張其淦，《明代千遺民詩詠》，初編卷一，〈惲遜菴〉，頁一三下。
193	唐宇昭	不詳	武進	家富藏書	清・葉昌熾，《藏書紀事詩》，卷二，〈唐宇昭孔明〉，頁一一二。
194	顧宸	不詳	無錫	蓄書尤富	清・顏光敏，《顏氏家藏尺牘》，附錄，〈姓氏考〉，頁二九一。
195	江元祚	不詳	錢塘	即堂爲樓，眉題擁書，果睹萬卷	清・丁申，《武林藏書錄》，卷中，〈江邦玉〉，頁五三。
196	高承埏	1602～1647	嘉興	聚書八十櫝，多至七萬餘卷	清・李桓，《國朝耆獻類徵初編》，卷四六一，〈隱逸一・高承埏〉，頁二一下～二二上。
197	安璿	不詳	無錫	藏書萬卷	鄧之誠，《清詩紀事初編》，卷一，〈安璿〉，頁三七。

198	陳元玺	不詳	德清	購書盈架	清・宗源瀚等，《同治・湖州府志》，卷七六，〈人物・文學三〉，頁四下。
199	卓天寅	不詳	仁和	藏書數萬卷	清・龔嘉儁等，《杭州府志》，卷一四五，〈人物・文苑二〉，頁六下。
200	田茂遇	不詳	青浦	藏書萬卷	清・李集等，《鶴徵前錄》，頁五〇上。
201	張芬	不詳	仁和	兵後，藏書盡亡	清・龔嘉儁等，《杭州府志》，卷一四五，〈人物・文苑二〉，頁二上。
202	秦寅保	不詳	無錫	藏書萬卷	清・吳德旋，《初月樓聞見錄》，卷一〇，頁四下。
203	嚴沆	1617～1678	餘杭	藏書萬卷	清・張維屏，《國朝詩人徵略》，卷四，〈嚴沆〉，頁七上。
204	陸雯若	不詳	崇德	架精舍於東皐，積書其中	明・呂留良，《呂晚邨文集》，卷五，〈東皐遺選序〉，頁一八下。
205	呂留良	1629～1683	崇德	於宋人書積有卷帙	明・呂留良，《呂晚邨文集》，卷一，〈答張菊人書〉，頁三一上～下。
206	蔣之翹	不詳	秀水	家多藏書	孫靜菴，《明遺民錄》，卷一八，〈蔣之翹〉，頁七上。
207	曹溶	1613～1685	秀水	家多藏書	徐世昌，《清儒學案小傳》，卷四，〈曹先生溶〉，頁五三七。
208	龔佳育	1622～1685	仁和	聚書至萬餘卷	清・李桓，《國朝耆獻類徵初編》，卷四三，〈卿貳三・龔佳育〉，頁四〇上。
209	董說	1620～1686	烏程	生前萬卷託高樓	清・張維屏，《國朝詩人徵略二編》，卷四，〈董說〉，頁八上。
210	周篔	1623～1687	嘉興	購故家遺書一船	清・徐鼒，《小腆紀傳》，補遺卷四，〈列傳・文苑・周篔〉，頁七九九。
211	張岱	1597～1689	山陰僑杭州府	不下三萬卷	明・張岱，《陶庵夢憶》，卷二，〈三世藏書〉，頁三七。
212	李延昰	1628～1697	上海僑寓平湖	積至四、五十櫃	清・彭潤章等，《光緒・平湖縣志》，卷一八，〈人物四・僑寓〉，頁七八上。

213	趙昕	不詳	餘杭	藏書甚富	清・張吉安等，《餘杭縣志》，卷二七，〈文藝傳〉，頁一九下。
214	俞珄	不詳	餘杭	築小樓，多蓄書史	清・張吉安等，《餘杭縣志》，卷二七，〈文藝傳〉，頁二〇上。
215	李孫之	1618～？	江陰	家多殘本	明・黃宗羲，《思舊錄》，頁四上。
216	王晫	1637～？	仁和	所藏經史子集數萬卷	清國史館，《清史列傳》，卷七〇，〈文苑傳一・王晫〉，頁一一上。
217	吳任臣	不詳	仁和	兵亂，吳中書悉歸之	清・丁申，《武林藏書錄》，卷下，〈吳託園先生〉，頁五六。
218	張恆	不詳	華亭	儲書萬卷	清・朱彝尊，《曝書亭集》，卷三五，〈道傳錄序〉，頁四三五。
219	任豫齋（豫齋或爲字號）	明人生存年代無法確定	松江府？縣	圖書文獻，抗于封君	明・方岳貢等，《崇禎・松江府志》，卷四六，〈第宅園林〉，頁二七上。
220	張夢臣（夢臣或爲字號）	明人生存年代無法確定	不詳，僑寓松江府？縣	建讀書莊以藏書	明・方岳貢等，《崇禎・松江府志》，卷四六，〈第宅園林〉，頁三九下。
221	徐誠	明人生存年代無法確定	上海	日轉法華經，積至萬卷	明・方岳貢等，《崇禎・松江府志》，卷四一，〈篤行〉，頁一五下。
222	黃銘書	明人生存年代無法確定	上海	藏書萬卷	清・應寶時等，《同治・上海縣志》，卷二八，〈古蹟・第宅園林〉，頁二七下。
223	章仁正	明人生存年代無法確定	華亭	構樓溪濱以藏群書	明・方岳貢等，《崇禎・松江府志》，卷四六，〈第宅園林〉，頁三四上。
224	徐尚德	明人生存年代無法確定	江陰	聚書萬卷	清・盧思誠等，《光緒・江陰縣志》，卷一七，〈人物・文苑〉，頁一〇上。
225	湯紹祖	明人生存年代無法確定	海鹽	聞有異書，必百計購求，藏帙獨富	明・樊維城等，《天啓・海鹽縣圖經》，卷一四，〈文苑〉，頁一三下。
226	徐廷泰	明人生存年代無法確定	海鹽	好購書	清・許瑤光等，《光緒・嘉興府志》，卷五七，〈海鹽孝義〉，頁一三下。

227	朱觀	明人生存年代無法確定	海鹽	藏書數千卷	明・樊維城等,《天啓・海鹽縣圖經》,卷一三,〈人物・文苑〉,頁四八下。
228	陸鯤	明人生存年代無法確定	海鹽	好購異書,入其室繞榻皆書	清・王彬等,《光緒・海鹽縣志》,卷一七,〈人物三・文苑〉,頁四上。
229	唐堯臣	明人生存年代無法確定	武康	藏書萬卷	清・鄭元慶,《湖錄經籍考》,卷六,〈萬卷樓書目〉,頁二八下。

附錄二：江南五府藏書家功名與仕途表

說明：本表是為了方便與第三章第四節「仕途多舛」之參照互見而製。

編號	姓　名	功　名	仕至最高官	資料出處（僅舉一種爲例）
1	杜元芳	不詳	德清主簿	清・宋如林等，《嘉慶・松江府志》，卷五〇，〈古今人傳二〉，頁三三上。
2	阿魯翬公	不詳	翰林侍講學士	清・丁申，《武林藏書錄》，卷末，〈阿魯翬公〉，頁八九。
3	孫作	薦舉	國子司業	明・趙錦等，《嘉靖・江陰縣志》，卷一七，〈列傳十二・鄉賢・國朝〉，頁二四上。
4	凌雲翰	舉人	成都府學教授	明・過庭訓，《明分省人物考》，卷四二，〈凌雲翰〉，頁二下。
5	胡禎	吏員	刑部尚書	明・雷禮，《國朝列卿紀》，卷五五，〈胡禎〉，頁一六上～下。
6	車昭	薦舉	德清縣學訓導	清・宗源瀚等，《同治・湖州府志》，卷七五，〈人物・文學二〉，頁五下。
7	王羽	進士	太常少卿	明・沈朝宣，《嘉靖・仁和縣志》，卷九，〈人物・宦蹟〉，頁五下。
8	張源	薦舉	太醫院院判	明・方岳貢等，《崇禎・松江府志》，卷四二，〈藝術〉，頁一〇上。
9	陳濟	薦舉	右春坊右贊善	明・聞人詮等，《嘉靖・南畿志》，卷二二，〈人物〉，頁二四下。
10	鄒濟	薦舉	詹事府少詹事	明・薛應旂等，《嘉靖・浙江通志》，卷四六，〈人物志六之十一・皇明〉，頁二一下。

11	徐觀	舉人	武選司主事	清・宋如林等,《嘉慶・松江府志》,卷五一,〈古今人傳三〉,頁三〇下。
12	郁文博	進士	湖廣副使	清・應寶時等,《同治・上海縣志》,卷一八,〈人物一〉,頁二八下。
13	楊譔	生員	未仕	明・邵寶,《容春堂集》,卷六,〈故楊秋林配陳氏墓前石表銘有序〉,頁五下。
14	唐廣	不詳	安吉醫官	清・宗源瀚等,《同治・湖州府志》,卷七五,〈人物・文學二〉,頁七上。
15	戴經	舉人	泰安知州	明・李培等,《萬曆・秀水縣志》,卷六,〈人物・文苑〉,頁二二下。
16	姚綬	進士	監察御史	清・朱彝尊,《靜志居詩話》,卷八,〈姚綬〉,頁二上。
17	華珵	貢生	光祿寺大官署丞	明・過庭訓,《明分省人物考》,卷二八,〈華珵〉,頁五一下。
18	洪鍾	進士	刑部尚書兼左都御史	清・張廷玉等,《新校本明史》,卷一八七,〈列傳七五・洪鍾〉,頁四九五七。
19	洪楩	蔭子	詹事府主簿	清・丁申,《武林藏書錄》,卷中,〈洪氏列代藏書〉,頁四四。
20	邵寶	進士	南京禮部尚書	明・汪國楠,《皇明名臣言行錄新編》,卷二四,〈邵寶〉,頁一上。
21	朱祚	舉人	靖安知縣	清・王彬等,《光緒・海鹽縣志》,卷一五,〈人物一〉,頁五九下。
22	顧清	進士	南京禮部尚書	明・焦竑,《國朝獻徵錄》,卷三六,孫承恩〈南京禮部尚書謚文僖顧公清墓誌銘〉,頁四九下~五〇上。
23	吳昂	進士	福建右布政使	明・張萱,《西園聞見錄》,卷六,〈師弟・吳昂〉,頁七上。
24	朱恩	進士	禮部尚書	明・徐獻忠,《長谷集》,卷一三,〈禮部尚書朱公行狀〉,頁一五下~一八上。
25	趙彰	貢生	未仕	清・彭潤章等,《光緒・平湖縣志》,卷一八,〈人物四・行誼〉,頁一六下~一七上。
26	趙漢	進士	陝西右參政	清・張廷玉等,《新校本明史》,卷二〇六,〈列傳九四・趙漢〉,頁五四五四。
27	王文祿	舉人	未仕	明・過庭訓,《明分省人物考》,卷四四,〈王文祿〉,頁四六下。

28	方九敘	進士	承天府知府	清・錢謙益，《列朝詩集小傳》，丁集上，〈方承天九敘〉，頁三九四。
29	王濟	監生	廣西橫州判官	明・焦竑，《國朝獻徵錄》，卷一〇一，劉麟〈廣西橫州判官王君濟墓志銘〉，頁一一六上。
30	陸深	進士	詹事府詹事 翰林院學士	明・陸深，《陸文裕公行遠集》，書前，文徵明〈陸文裕公全集原序〉，頁一上。
31	陸楫	蔭子	國子監生	明・顏洪範等，《萬曆・上海縣志》，卷九，〈人物・文學〉，頁三一上。
32	顧定芳	不詳	太醫院御醫	明・陸深，《儼山集・續集》，卷四八，〈重刊豆疹論序〉，頁二上。
33	沈謐	進士	湖廣參議	明・焦竑，《澹園集》，卷三三，〈陝西按察司副使霓川沈先生行狀〉，頁五三五。
34	胡憲仲	進士	南刑部主事	明・焦竑，《國朝獻徵錄》，卷四七，馮皐謨〈胡主事憲仲傳〉，頁九〇上～下。
35	胡彭述	監生	未仕	明・王兆雲，《皇明詞林人物考》，卷一一，〈朱邦憲〉，頁四六上。
36	唐順之	進士	右僉都御史	清・張廷玉等，《新校本明史》，卷二〇五，〈列傳九三・唐順之〉，頁五四二四。
37	施峻	進士	山東清州府知府	清・朱彝尊，《靜志居詩話》，卷一二，〈施峻〉，頁二八下。
38	顧中立	進士	廣西參議	明・方岳貢等，《崇禎・松江府志》，卷三九，〈賢達四〉，頁六〇下～六一上。
39	朱大中	生員	未仕	清・鄭重等，《康熙・靖江縣志》，卷一四，〈理學〉，頁二四上。
40	朱家楫	舉人	永豐知縣	清・鄭重等，《康熙・靖江縣志》，卷一四，〈名臣〉，頁六下。
41	朱家模	生員	未仕	清・鄭重等，《康熙・靖江縣志》，卷一四，〈儒林〉，頁一六下。
42	朱家栻	生員	未仕	清・鄭重等，《康熙・靖江縣志》，卷一四，〈儒林〉，頁一八下。
43	郎瑛	生員	未仕	明・朱曰藩，《山帶閣集》，卷二八，〈七脩類稿後序〉，頁一六上。
44	鄭曉	進士	刑部尚書	明・唐詰等，《萬曆・和州志》，卷三，〈名宦列傳〉，頁九二下～九三上。

45	談愷	進士	兵部右侍郎兼都御史	明・過庭訓，《明分省人物考》，卷二八，〈談愷〉，頁二四下～二五上。
46	徐獻忠	舉人	奉化知縣	清・錢謙益，《列朝詩集小傳》，丁集上，〈徐奉化獻忠〉，頁四〇五。
47	薛應旂	進士	陝西提學副使	清・朱彝尊，《靜志居詩話》，卷一二，〈薛應旂〉，頁二七下～二八上。
48	李煥然	生員	未仕	清・宋如林等，《嘉慶・松江府志》，卷五四，〈古今人傳六〉，頁三六下。
49	袁福徵	進士	刑部主事	清・李延昰，《南湖舊話錄》，卷上，〈人物考〉，頁一三上。
50	沈維鏡	生員	未仕	清・彭潤章等，《光緒・平湖縣志》，卷一八，〈人物四・行誼〉，頁二一下。
51	董綸	進士	監察御史	明・皇甫汸，《皇甫司勳集》，卷四九，〈董氏西齋藏書記〉，頁一五下。
52	董恬	進士	大理寺少卿	明・徐獻忠，《長谷集》，卷八，〈紫岡草堂記〉，頁一八上～下。
53	董宜陽	監生	未仕	明・皇甫汸，《皇甫司勳集》，卷四九，〈董氏西齋藏書記〉，頁一七上。
54	何良俊	監生	南京翰林院孔目	明・何三畏，《雲間志略》，卷一三，〈何翰林兄弟傳〉，頁二六上。
55	沈耀	生員	未仕	明・方岳貢等，《崇禎・松江府志》，卷四二，〈隱逸〉，頁二一上。
56	顧起經	貢生	大寧都指揮使司都事	明・王世貞，《弇州山人續稿碑傳》，卷一一六，〈大寧都指揮使司都事九霞顧君暨配盛孺人合葬誌銘〉，頁一八下～一九上。
57	朱大韶	進士	南國子監司業	明・方岳貢等，《崇禎・松江府志》，卷四〇，〈賢達五〉，頁一四下。
58	秦汴	蔭子	姚安知府	明・吳中行，《賜餘堂集》，卷一一，〈中憲大夫雲南姚安軍民府知府次山秦公墓表〉，頁一一上～下。
59	潘恩	進士	左都御史	明・張萱，《西園聞見錄》，卷二一，〈投閒・潘恩〉，頁二九上。
60	秦柄	貢生	未仕	明・吳中行，《賜餘堂集》，卷一二，〈貢士邗塘秦公墓誌銘〉，頁二七下。
61	田汝成	進士	福建提學副使	清・張廷玉等，《新校本明史》，卷二八七，〈列傳一七五・文苑三・田汝成〉，頁七三七二。

62	秦柱	監生	中書舍人	明・毛憲，《毘陵人品記》，卷一〇，頁一三下。
63	萬士和	進士	禮部尚書	明・萬士和，《萬文恭公摘集》，卷一〇，〈分諸子書目〉，頁四八上～下。
64	沈懋孝	進士	南京國子監司業	明・過庭訓，《明分省人物考》，卷四五，〈沈懋孝〉，頁三二上。
65	項篤壽	進士	廣東參議	明・過庭訓，《明分省人物考》，卷四五，〈項篤壽〉，頁五〇上～下。
66	周子義	進士	吏部左侍郎	明・張萱，《西園聞見錄》，卷一二，〈狷介・周子義〉，頁四五下。
67	徐常吉	進士	浙江按察司僉事	明・方岳貢等，《崇禎・松江府志》，卷三三，〈宦蹟三〉，頁二一上。
68	祝以豳	進士	工部左侍郎	清・葉昌熾，《藏書紀事詩》，卷三，〈祝以豳耳劉〉，頁一五七。
69	駱駸曾	進士	侍郎	清・葉昌熾，《藏書紀事詩》，卷三，〈祝以豳耳劉〉，頁一五七。
70	安紹芳	監生	未仕	清・陳田，《明詩紀事》，卷二七，〈庚籤・安紹芳〉，頁三二四。
71	莫是龍	貢生	未仕	明・姜紹書，《無聲詩史》，卷三，〈莫是龍〉，頁四七上。
72	張之象	監生	浙江布政司經歷	清・錢謙益，《列朝詩集小傳》，丁集上，〈張經歷之象〉，頁四五一。
73	秦嘉楫	進士	南京工部主事	清・陳方瀛等，《光緒・川沙廳志》，卷一〇，〈人物・統傳〉，頁四上。
74	曹志尹	監生	未仕	清・宋如林等，《嘉慶・松江府志》，卷五三，〈古今人傳五〉，頁三〇上。
75	沈自邠	進士	翰林院修撰	明・劉應鈳等，《萬曆・嘉興府志》，卷一八，〈鄉賢・秀水縣〉，頁三〇上。
76	項元汴	監生	未仕	清・徐沁，《明畫錄》，卷四，〈項元汴〉，頁五一上
77	呂兆禧	生員	未仕	明・姚士粦，《見只編》，卷上，頁五四。
78	沈啓原	進士	陝西按察司副使	明・陸可教，《陸學士先生遺稿》，卷一二，〈明故中憲大夫陝西按察司副使霓川沈公墓誌銘〉，頁一四下。
79	沈鳳	監生	未仕	明・李日華，《味水軒日記》，卷一，頁四〇。

80	李詡	生員	未仕	清・盧思誠等，《光緒・江陰縣志》，卷一七，〈人物・文苑〉，頁一一下。
81	張瀚	進士	吏部尚書	清・丁申，《武林藏書錄》，卷中，〈張氏藏書〉，頁四三。
82	包檉芳	進士	貴州按察司副使	明・馮夢禎，《快雪堂集》，卷一八，〈貴州按察司副使提督學校包瑞溪先生洎配曹宜人行狀〉，頁二八上。
83	項德棻	生員	未仕	明・馮夢禎，《快雪堂集》，卷一八，〈貴州按察司副使提督學校包瑞溪先生洎配曹宜人行狀〉，頁三六下。
84	唐白野	貢生	青陽縣學諭	明・茅坤，《玉芝山房稿》，卷一二，〈祭姑夫唐白野先生文〉，頁三下。
85	茅坤	進士	大名兵備副使	清・朱彝尊，《靜志居詩話》，卷一二，〈茅坤〉，頁三一上～下。
86	沈節甫	進士	工部左侍郎	清・張廷玉等，《新校本明史》，卷二一八，〈列傳一〇六・沈節甫〉，頁五七六六。
87	姚翼	貢生	廣濟知縣	清・宗源瀚等，《同治・湖州府志》，卷七五，〈人物・文學二〉，頁一六下。
88	陸樹聲	進士	禮部尚書	明・方岳貢等，《崇禎・松江府志》，卷四〇，〈賢達五〉，頁一上～下。
89	徐桂	進士	袁州推官	清・李衛等，《浙江通志》，卷一七八，〈人物六・文苑一〉，頁三一〇五。
90	吳惟貞	生員	未仕	明・馮夢禎，《快雪堂集》，卷三，〈序吳伯度刻尚書程文〉，頁一上～下。
91	馮夢禎	進士	南京國子監祭酒	明・黃佐，《南雍志列傳》，卷一九，〈馮夢禎〉，頁四七上～下。
92	高應鵬	輸粟	忻州判官	明・汪道昆，《太函集》，卷四七，〈明故徵仕郎判忻州事高季公墓志銘〉，頁一六下。
93	高濂	監生	任職於鴻臚寺	明・汪道昆，《太函集》卷四七，〈明故徵仕郎判忻州事高季公墓志銘〉，頁一五下。
94	孫克宏	蔭子	湖北漢陽知府	清・李玉棻，《甌鉢羅室書畫過目考》，卷一，〈孫克宏〉，頁六下。
95	俞汝楫	生員	未仕	明・方岳貢等，《崇禎・松江府志》，卷四一，〈篤行〉，頁五四下。

96	施大經	舉人	崇府審理	清・應寶時等，《同治・上海縣志》，卷一九，〈人物二〉，頁二三下。
97	施沛	貢生	南康同知	清・應寶時等，《同治・上海縣志》，卷一九，〈人物二〉，頁二三下。
98	王熠	醫生	醫學正科	明・何三畏，《雲間志略》，卷一二，〈王封公海槎公傳〉，頁三四下。
99	王圻	進士	陝西參議	清・應寶時等，《同治・上海縣志》，卷一九，〈人物二〉，頁一一上～下。
100	宋懋澄	舉人	未仕	清・楊開第等，《光緒・重修華亭縣志》，卷一五，〈人物四・列傳中〉，頁一八上。
101	蔣一葵	生員	未仕	明・蔣一葵，《堯山堂外紀》，書前，〈堯山堂外紀顛末〉，頁一上。
102	江惟清	舉人	未仕	清・董似穀等，《光緒・武進陽湖縣志》，卷二三，〈人物・文學〉，頁二〇下。
103	袁黃	進士	兵部主事	清・朱鶴齡，《愚菴小集》，卷一五，〈贈尚寶少卿袁公傳〉，頁一三下。
104	陳于王	進士	四川按察使	明・陳山毓，《陳靖質居士文集》，卷六，〈廉憲公家傳〉，頁一三上。
105	姚士粦	生員	未仕	清・王彬等，《光緒・海鹽縣志》，卷一七，〈人物三・文苑〉，頁一二上。
106	胡震亨	舉人	兵部職方司員外郎	清・李衛等，《浙江通志》，卷一七九，〈人物六・文苑二〉，頁三一一七。
107	胡夏客	監生	未仕	清・胡夏客，《谷水集》，書前，陳光綍〈胡宣子先生傳〉，頁一上～下。
108	臧懋循	進士	南京國子監博士	清・錢謙益，《列朝詩集小傳》，丁集上，〈臧博士懋循〉，頁四六五。
109	陳山毓	舉人	未仕	清・江峰青等，《光緒・嘉善縣志》，卷二四，〈人物六・文苑〉，頁六下。
110	虞淳熙	進士	吏部稽勳司郎中	清・李衛等，《浙江通志》，卷一七八，〈人物六・文苑一〉，頁三一〇五。
111	沈德先	進士	任職工部	明・羅炌等，《崇禎・嘉興縣志》，卷一三，〈鄉賢〉，頁六二下。
112	沈孚先	進士	任職戶部	明・羅炌等，《崇禎・嘉興縣志》，卷一三，〈鄉賢〉，頁六二下。
113	翁汝遇	進士	衛輝府知府	清・丁申，《武林藏書錄》，卷中，〈翁氏書閣〉，頁五〇。

114	翁汝進	進士	山東參議	清・丁申，《武林藏書錄》，卷中，〈翁氏書閣〉，頁五〇。
115	汪繼美	生員	未仕	明・李日華，《恬致堂集》，卷二五，〈汪愛荊居士傳〉，頁一八下。
116	李如一	生員	未仕	清・錢謙益，《牧齋有學集》，卷三二，〈李貫之先生墓誌銘〉，頁一一五六。
117	周履靖	生員	未仕	明・李培等，《萬曆・秀水縣志》，卷六，〈人物・隱逸〉，頁三五上。
118	劉世教	舉人	閩清知縣	明・樊維城等，《天啓・海鹽縣圖經》，卷一三，〈人物〉，頁四〇下。
119	劉憬	生員	未仕	清・王彬等，《光緒・海鹽縣志》，卷一七，〈人物三・文苑〉，頁一三下。
120	徐光啓	進士	禮部尚書兼東閣大學士	清・張廷玉等，《新校本明史》，卷二五一，〈列傳一三九・徐光啓〉，頁六四九三。
121	李日華	進士	太僕寺少卿	清・徐沁，《明畫錄》，卷四，〈李日華〉，頁五二下。
122	陳良卿	生員	未仕	清・葉昌熾，《藏書紀事詩》，卷三，〈陳良卿〉，頁一六九。
123	陳宏策	生員	未仕	明・李日華，《恬致堂集》，卷一三，〈陳四可非業序〉，頁三四上。
124	殷仲春	生員	未仕	明・殷仲春，《醫藏書目》，書前，陳懿典〈醫藏書目序〉，頁一九六一。
125	陳懿典	進士	詹事府少詹事	清・李衛等，《浙江通志》，卷一七九，〈人物六・文苑二〉，頁三一一七。
126	姚澣	蔭子	國子監生	清・吳山嘉，《復社姓氏傳略》，頁一七下～一八上。
127	董其昌	進士	南京禮部尚書掌詹事府事	清・張廷玉等，《新校本明史》，卷二八八，〈列傳一七六・文苑四・董其昌〉，頁七三九五。
128	潘曾紘	進士	僉都御史	清・鄭元慶，《吳興藏書錄》，頁二〇～二一。
129	徐孝直	生員	未仕	清・丁申，《武林藏書錄》，卷下，〈徐孝先先生〉，頁五五。
130	陳繼儒	生員	未仕	清・徐沁，《明畫錄》，卷四，〈陳繼儒〉，頁五一上。

131	呂坤	不詳	都事	清・丁申，《武林藏書錄》，卷中，〈呂氏樾館〉，頁四八。
132	沈嗣選	貢生	未仕	清・許瑤光等，《光緒・嘉興府志》，卷五一，〈嘉興文苑〉，頁四四上。
133	吳繼志	不詳	雲南越州衛經歷	清・丁申，《武林藏書錄》，卷中，〈寶名樓〉，頁五〇。
134	吳太沖	進士	右春坊右中允	清・丁申，《武林藏書錄》，卷中，〈寶名樓〉，頁五〇。
135	卓爾康	舉人	工部屯田司員外郎	清・侯元棐等，《康熙・德清縣志》，卷七，〈人物・儒行〉，頁二〇下。
136	陳龍正	舉人	未仕	明・陳龍正，《幾亭全書》，附錄卷一，〈陳祠部公家傳〉，頁二上。
137	潘炳孚	生員	未仕	清・江峰青等，《光緒・嘉善縣志》，卷二四，〈人物六・文苑〉，頁一〇下～一一上。
138	吳爾篪	生員	未仕	清・李衛等，《浙江通志》，卷一七九，〈人物六・文苑二〉，頁三一一八。
139	王之獻	監生	未仕	清・李衛等，《浙江通志》，卷一七八，〈人物六・文苑一〉，頁三一〇六。
140	王昌會	舉人	未仕	清・宋如林等，《嘉慶・松江府志》，卷五五，〈古今人傳七〉，頁一〇上。
141	王昌紀	生員	未仕	李放，《皇清書史》，卷一六，〈王昌紀〉，頁一下。
142	鄭端允	貢生	未仕	清・王彬等，《光緒・海鹽縣志》，卷一八，〈人物四・孝義〉，頁一九上。
143	卓發之	舉人	未仕	張其淦，《明代千遺民詩詠》，二編卷八，〈卓蓮旬〉，頁一一上。
144	卓人月	貢生	未仕	清・李衛等，《浙江通志》，卷一七八，〈人物六・文苑一〉，頁三一〇六。
145	惲日初	舉人	未仕	張其淦，《明代千遺民詩詠》，初編卷一，〈惲遜菴〉，頁一三下。
146	唐宇昭	舉人	未仕	李放，《皇清書史》，卷一八，〈唐宇昭〉，頁一九上。
147	顧宸	舉人	未仕	清・裴大中等，《光緒・無錫金匱縣志》，卷二二，〈文苑〉，頁一七上。

148	江元祚	生員	未仕	清．丁申，《武林藏書錄》，卷中，〈江邦玉〉，頁五四。
149	高承埏	進士	工部虞衡司主事	清．陳田，《明詩紀事》，卷二一，〈辛籤．高承鋋〉，頁八七一。
150	安璿	諸生	未仕	李濬之，《清畫家詩史》，卷甲下，〈安璿〉，頁四九下。
151	陳元璺	貢生	未仕	清．宗源瀚等，《同治．湖州府志》，卷七六，〈人物．文學三〉，頁四下。
152	卓天寅	舉人	未仕	清．龔嘉儁等，《杭州府志》，卷一四五，〈人物．文苑二〉，頁六下。
153	田茂遇	舉人	山東新城知縣	清．秦瀛，《己未詞科錄》，卷七，頁五上。
154	秦寅保	生員	未仕	清．裴大中等，《光緒．無錫金匱縣志》，卷二二，〈文苑〉，頁二〇下。
155	嚴沆	進士	戶部侍郎	清．顏光敏，《顏氏家藏尺牘》，附錄，〈姓氏考〉，頁二六四。
156	呂留良	生員	未仕	黃嗣艾，《南雷學案》，卷六，〈同調下．呂晚村先生〉，頁四三七。
157	曹溶	進士	廣東布政使	清．秦瀛，《己未詞科錄》，卷四，頁九上。
158	龔佳育	吏員	光祿卿	清．李桓，《國朝耆獻類徵初編》，卷四三，〈卿貳三．龔佳育〉，頁三九下。
159	董說	生員	未仕	清．竇鎮，《國朝書畫家筆錄》，卷一，〈董說〉，頁二下。
160	周篔	生員	未仕	清．杜蔭棠，《明人詩品》，卷二，頁三三上。
161	趙昕	進士	嘉定知縣	清．張吉安等，《餘杭縣志》，卷二七，〈文藝傳〉，頁一九上。
162	俞珄	進士	長沙知縣	清．張吉安等，《餘杭縣志》，卷二七，〈文藝傳〉，頁一九下。
163	李孫之	蔭子	國子監生	清．吳偉業，《吳梅村全集》，卷四一．文集一九，〈福建道御史忠毅李公神道碑〉，頁八六四。
164	王晫	生員	未仕	張其淦，《明代千遺民詩詠》，初編卷九，〈王丹麓〉，頁五上。

165	吳任臣	薦舉	翰林院檢討	清・諸可寶，《清代疇人傳》，三編卷一，〈吳任臣〉，頁二七三。
166	任豫齋	吏員	江浙行省幕府	明・方岳貢等，《崇禎・松江府志》，卷四六，〈第宅園林〉，頁二七上。
167	徐尚德	生員	未仕	清・盧思誠等，《光緒・江陰縣志》，卷一七，〈人物・文苑〉，頁一〇上。
168	湯紹祖	生員	未仕	明・湯紹祖，《續文選》，書前，〈續文選序〉，頁一下。
169	徐廷泰	生員	未仕	清・許瑤光等，《光緒・嘉興府志》，卷五七，〈海鹽孝義〉，頁一三下。
170	朱觀	貢生	國子監生	明・樊維城等，《天啓・海鹽縣圖經》，卷一三，〈人物・文苑〉，頁四八下。
171	陸鯤	生員	未仕	清・王彬等，《光緒・海鹽縣志》，卷一七，〈人物三・文苑〉，頁四上。
172	唐堯臣	不詳	開建尹	清・鄭元慶，《湖錄經籍考》，卷六，〈萬卷樓書目〉，頁二八下。

附錄三：江南五府藏書家家世與職業表

說明：本表是為了方便與第三章第六節「經濟無虞」之參照互見而製。

編號	姓名	家世背景	本身職業	資料出處（僅舉一種為例）
1	夏庭芝	文獻故家 素富貴	不詳	元・夏庭芝，《青樓集》，書前，張鳴善〈青樓集序〉，頁三。
2	杜元芳	地主	官員	清・宋如林等，《嘉慶・松江府志》，卷五〇，〈古今人傳二〉，頁三三上。
3	戴光遠	地主	不詳	清・宋如林等，《嘉慶・松江府志》，卷五〇，〈古今人傳二〉，頁四七上。
4	陶中	地主	不詳	清・應寶時等，《同治・上海縣志》，卷二八，〈名蹟・第宅園林〉，頁一二上。
5	釋慧	不詳	僧人	元・楊維楨，《東維子集》，卷二一，〈讀書堆記〉，頁七上。
6	馬宣教	以貲甲一郡	鹽商	許傳霈等，《海寧州志稿》，卷三一，〈人物・義行〉，頁一下。
7	阿魯翬公	不詳	官員	清・丁申，《武林藏書錄》，卷末，〈阿魯翬公〉，頁八九。
8	倪瓚	其父雄于貲	田廬生產	明・朱國禎，《皇明開國臣傳》，卷一〇，〈雲林倪公〉，頁三〇上。
9	鄭澤	田連阡陌	城中邸租 歲數百金	明・鄭曉，《端簡鄭公文集》，卷四，〈虹橋鄭氏譜略〉，頁五〇上～下。
10	胡誠齋	世爲塾師	塾師	清・王彬等，《光緒・海鹽縣志》，卷一八，〈人物四・孝義〉，頁七上。

11	孫作	地主 世以儒名	官員	明・趙錦等，《嘉靖・江陰縣志》，卷一七，〈列傳十二・鄉賢・國朝〉，頁二三下～二四上。
12	孫道明	其父爲屠夫	不詳	明・郎瑛，《七脩類稿》，卷四〇，〈寫字誦經〉，頁四八九。
13	凌雲翰	不詳	官員	明・過庭訓，《明分省人物考》，卷四二，〈凌雲翰〉，頁二下。
14	胡禎	不詳	官員	明・雷禮，《國朝列卿紀》，卷五五，〈胡禎〉，頁一六下。
15	車昭	不詳	官員	清・宗源瀚等，《同治・湖州府志》，卷七五，〈人物・文學二〉，頁五下。
16	王羽	不詳	官員	明・沈朝宣，《嘉靖・仁和縣志》，卷九，〈人物・宦蹟〉，頁五下。
17	賀榮	世以醫名	不詳	清・李衛等，《浙江通志》，卷一七八，〈人物六・文苑一〉，頁三一〇四。
18	張源	不詳	官員	明・方岳貢等，《崇禎・松江府志》，卷四二，〈藝術〉，頁一〇上。
19	陳濟	不詳	官員	明・聞人詮等，《嘉靖・南畿志》，卷二二，〈人物〉，頁二四下。
20	鄒濟	不詳	官員	明・薛應旂等，《嘉靖・浙江通志》，卷四六，〈人物志六之十一・皇明〉，頁二一下。
21	徐觀	不詳	官員	清・宋如林等，《嘉慶・松江府志》，卷五一，〈古今人傳三〉，頁三〇下。
22	郁文博	不詳	官員	清・應寶時等，《同治・上海縣志》，卷一八，〈人物一〉，頁二八下。
23	楊謨	世爲無錫望族	生員	明・邵寶，《容春堂集》，卷六，〈故楊秋林配陳氏墓前石表銘有序〉，頁五下～六上。
24	唐廣	不詳	官員	清・錢謙益，《列朝詩集小傳》，乙集，〈唐廣〉，頁一九四。
25	戴經	不詳	官員	明・李培等，《萬曆・秀水縣志》，卷六，〈人物・文苑〉，頁二二下。
26	姚綬	不詳	官員	清・朱彝尊，《靜志居詩話》，卷八，〈姚綬〉，頁二上。

27	張復	地主 其父業醫 家故有田	業醫	明・邵寶，《容春堂集》，卷七，〈玉亭處士張公墓誌銘〉，頁二〇下～二一上。
28	華燧	有世業田若干頃，鄉稱本富	不詳	明・邵寶，《容春堂集》，卷七，〈會通君傳〉，頁四一上～下。
29	華珵	不詳	官員	明・過庭訓，《明分省人物考》，卷二八，〈華珵〉，頁五一下。
30	鄒柷	地主	業農	明・邵寶，《容春堂集》，卷四，〈明故承事郎鄒君墓誌銘〉，頁二〇下。
31	吳琉	世以貲雄于里	不詳	明・何喬遠，《名山藏列傳》，〈本土記・吳琉〉，頁七上。
32	洪鍾	不詳	官員	明・焦竑，《國朝獻徵錄》，卷四四，王守仁〈光祿大夫柱國太子太保刑部尚書諡襄惠洪公鐘墓誌銘〉，頁七九上。
33	洪楩	不詳	官員	清・丁申，《武林藏書錄》，卷中，〈洪氏列代藏書〉，頁四四。
34	邵寶	不詳	官員	明・汪國楠，《皇明名臣言行錄新編》，卷二四，〈邵寶〉，頁一上。
35	朱祚	不詳	官員	清・王彬等，《光緒・海鹽縣志》，卷一五，〈人物一〉，頁五九下。
36	顧清	不詳	官員	明・焦竑，《國朝獻徵錄》，卷三六，孫承恩〈南京禮部尚書諡文僖顧公清墓誌銘〉，頁五〇上。
37	吳昂	不詳	官員	明・張萱，《西園聞見錄》，卷六，〈師弟・吳昂〉，頁七上。
38	安國	世業甚裕	力承家業	明・王廷相，《內臺集》，卷五，〈明故桂坡安徵君墓碑銘〉，頁一七上～下。
39	朱恩	地主	官員	明・徐獻忠，《長谷集》，卷一三，〈禮部尚書朱公行狀〉，頁一八上；一九上。
40	趙彰	地主 家有薄田 足供伏臘	貢生	清・彭潤章等，《光緒・平湖縣志》，卷一八，〈人物四・行誼〉，頁一六下～一七上。

41	趙漢	不詳	官員	清・張廷玉等，《新校本明史》，卷二〇六，〈列傳九四・趙漢〉，頁五四五四。
42	王文祿	不詳	舉人	清・王彬等，《光緒・海鹽縣志》，卷一七，〈人物三・文苑〉，頁三下。
43	方九敘	不詳	官員	明・聶心湯，《錢塘縣志》，〈紀獻〉，頁二二上。
44	王濟	官宦故家 富饒有歲蓄	官員	明・焦竑，《國朝獻徵錄》，卷一〇一，劉麟〈廣西橫州判官王君濟墓志銘〉，頁一一六上；張寰〈廣西橫州別駕王君濟行狀〉，頁一一九上。
45	陸深	地主	官員	明・陸深，《陸文裕公行遠集》，書前，文徵明〈陸文裕公全集原序〉，頁一上。
46	陸楫	其父爲陸深	監生	明・顏洪範等，《萬曆・上海縣志》，卷九，〈人物・文學〉，頁三一上。
47	顧定芳	不詳	官員	明・陸深，《儼山集・續集》，卷四八，〈重刊豆疹論序〉，頁二上。
48	沈謐	不詳	官員	明・焦竑，《澹園集》，卷三三，〈陝西按察司副使霓川沈先生行狀〉，頁五三五。
49	胡憲仲	不詳	官員	明・焦竑，《國朝獻徵錄》，卷四七，馮皋謨〈胡主事憲仲傳〉，頁九〇上。
50	胡彭述	其父爲胡憲仲	不詳	清・王彬等，《光緒・海鹽縣志》，卷一八，〈人物四・孝義〉，頁六下。
51	朱察卿	其父爲官員	監生	明・王兆雲，《皇明詞林人物考》，卷一一，〈朱邦憲〉，頁四六上。
52	華夏	家本溫厚	賴祖業菑畬所入，足以裕欲	明・郁逢慶，《書畫題跋記》，卷五，〈眞賞齋銘〉，頁一上。
53	唐順之	累世官宦	官員	清・張廷玉等，《新校本明史》，卷二〇五，〈列傳九三・唐順之〉，頁五四二四。
54	施峻	不詳	官員	清・朱彝尊，《靜志居詩話》，卷一二，〈施峻〉，頁二八下。

55	顧中立	不詳	官員	明・方岳貢等，《崇禎・松江府志》，卷三九，〈賢達四〉，頁六〇下～六一上。
56	姚咨	不詳	塾師	清・錢謙益，《列朝詩集小傳》，丁集上，〈王山人懋明〉，頁四〇〇。
57	朱大中	家有恆產	地主	清・鄭重等，《康熙・靖江縣志》，卷一四，〈理學〉，頁二四上。
58	朱家楫	家有恆產 其父為朱大中	官員	清・鄭重等，《康熙・靖江縣志》，卷一四，〈名臣〉，頁六下。
59	朱家模	家有恆產 其父為朱大中	不詳	清・鄭重等，《康熙・靖江縣志》，卷一四，〈理學〉，頁二四上。
60	朱家栻	家有恆產 其父為朱大中	不詳	清・鄭重等，《康熙・靖江縣志》，卷一四，〈理學〉，頁二四上。
61	郎瑛	家故餘財	不詳	明・張萱，《西園聞見錄》，卷二二，〈畸人・郎瑛〉，頁三四下。
62	鄭曉	先世有遺貲	官員	明・唐誥等，《萬曆・和州志》，卷三，〈名宦列傳〉，頁九三上。
63	談愷	不詳	官員	明・過庭訓，《明分省人物考》，卷二八，〈談愷〉，頁二四下～二五上。
64	徐獻忠	不詳	官員	清・錢謙益，《列朝詩集小傳》，丁集上，〈徐奉化獻忠〉，頁四〇五。
65	薛應旂	不詳	官員	清・朱彝尊，《靜志居詩話》，卷一二，〈薛應旂〉，頁二八上。
66	李煥然	不詳	塾師	明・方岳貢等，《崇禎・松江府志》，卷四二，〈隱逸〉，頁二四上。
67	袁福徵	不詳	官員	清・李延昰，《南湖舊話錄》，卷上，〈人物考〉，頁一三上。
68	沈維鏡	其父為官員	地主	清・彭潤章等，《光緒・平湖縣志》，卷一八，〈人物四・行誼〉，頁二一下。
69	董綸	不詳	官員	明・皇甫汸，《皇甫司勳集》，卷四九，〈董氏西齋藏書記〉，頁一五下。
70	董恬	不詳	官員	明・皇甫汸，《皇甫司勳集》，卷四九，〈董氏西齋藏書記〉，頁一五下。
71	董宜陽	地主 家世仕宦	國子監生 不善治生 賣文以給	明・朱察卿，《朱邦憲集》，卷一〇，〈董子元先生行狀〉，頁七上～八下；一一上。

72	何良俊	其家田產豐美	官員	明·何三畏,《雲間志略》,卷一三,〈何翰林兄弟傳〉,頁二六上。
73	沈耀	不詳	生員	明・方岳貢等,《崇禎・松江府志》,卷四二,〈隱逸〉,頁二一上。
74	顧起經	不詳	官員	明・王世貞,《弇州山人續稿碑傳》,卷一一六,〈大寧都指揮使司都事九霞顧君暨配盛孺人合葬誌銘〉,頁一八下～一九上。
75	朱大韶	不詳	官員	明・方岳貢等,《崇禎・松江府志》,卷四〇,〈賢達五〉,頁一四下。
76	秦汴	其父爲官員	官員	明·吳中行,《賜餘堂集》,卷一一,〈中憲大夫雲南姚安軍民府知府次山秦公墓表〉,頁一一上～下。
77	潘恩	不詳	官員	明·張萱,《西園聞見錄》,卷二一,〈投閒・潘恩〉,頁二九上。
78	秦柄	家世仕宦	監生	明·吳中行,《賜餘堂集》,卷一二,〈貢士邗塘秦公墓誌銘〉,頁二六下。
79	田汝成	不詳	官員	清・張廷玉等,《新校本明史》,卷二八七,〈列傳一七五・文苑三・田汝成〉,頁七三七二。
80	秦柱	官宦之家 產頗饒厚	官員	明・毛憲,《毘陵人品記》,卷一〇,頁一三下。
81	萬士和	不詳	官員	明・萬士和,《萬文恭公摘集》,卷一〇,〈分諸子書目〉,頁四八下。
82	沈懋孝	不詳	官員	明・過庭訓,《明分省人物考》,卷四五,〈沈懋孝〉,頁三二上。
83	項篤壽	不詳	官員	明・過庭訓,《明分省人物考》,卷四五,〈項篤壽〉,頁五〇上。
84	周子義	不詳	官員	明·張萱,《西園聞見錄》,卷一二,〈狷介・周子義〉,頁四五下。
85	徐常吉	不詳	官員	明・方岳貢等,《崇禎・松江府志》,卷三三,〈宦蹟三〉,頁二一上。
86	祝以豳	不詳	官員	清·葉昌熾,《藏書紀事詩》,卷三,〈祝以豳耳劉〉,頁一五七。
87	駱駸曾	不詳	官員	清·葉昌熾,《藏書紀事詩》,卷三,〈祝以豳耳劉〉,頁一五七。

88	安紹芳	家席厚貲	監生	清・陳田，《明詩紀事》，卷二七，〈庚籤・安紹芳〉，頁三二四。
89	顧斗英	其父爲官員	不詳	清・宋如林等，《嘉慶・松江府志》，卷五四，〈古今人傳六〉，頁三四上。
90	莫是龍	其父爲官員	監生	清・葉昌熾，《藏書紀事詩》，卷三，〈莫雲卿廷韓〉，頁一五三。
91	張之象	家世仕宦	官員	清・錢謙益，《列朝詩集小傳》，丁集上，〈張經歷之象〉，頁四五一。
92	秦嘉楫	不詳	官員	清・陳方瀛等，《光緒・川沙廳志》，卷一〇，〈人物・統傳〉，頁四上。
93	曹志尹	家故有腴田 爲縣中富姓	監生	清・宋如林等，《嘉慶・松江府志》，卷五三，〈古今人傳五〉，頁三〇上。
94	沈自邠	家世仕宦	官員	明・劉應鈳等，《萬曆・嘉興府志》，卷一八，〈鄉賢・秀水縣〉，頁三〇上。
95	項元汴	公蒙世業 富貴利達	監生	明・董其昌，《容臺集》，卷八，〈墨林項公墓誌銘〉，頁三〇上。
96	呂兆禧	不詳	生員	明・姚士粦，《見只編》，卷上，頁五四。
97	沈啓原	其家世仕宦 以貲雄里中	官員	明・李培等，《萬曆・秀水縣志》，卷六，〈人物・賢達〉，頁一二下。
98	沈鳳	家世仕宦	監生	明・李日華，《味水軒日記》，卷一，頁四〇。
99	李詡	不詳	生員	清・盧思誠等，《光緒・江陰縣志》，卷一七，〈人物・文苑〉，頁一一下。
100	張瀚	不詳	官員	清・丁申，《武林藏書錄》，卷中，〈張氏藏書〉，頁四三。
101	包檉芳	家世仕宦	官員	明・何三畏，《雲間志略》，卷一五，〈包少參父子傳〉，頁二七上。
102	項德棻	不詳	生員	明・馮夢禎，《快雪堂集》，卷一八，〈貴州按察司副使提督學校包瑞溪先生洎配曹宜人行狀〉，頁三六下。
103	唐白野	不詳	官員	明・茅坤，《玉芝山房稿》，卷一二，〈祭姑夫唐白野先生文〉，頁三下。
104	茅坤	地主	官員，罷官後，用心治生計，家業遂大起	清・張廷玉等，《新校本明史》，卷二八七，〈列傳一七五・文苑三・茅坤〉，頁七三七四。

105	沈節甫	不詳	官員	清・張廷玉等，《新校本明史》，卷二一八，〈列傳一〇六・沈節甫〉，頁五七六六。
106	姚翼	其父爲官員	官員	清・鄭元慶，《吳興藏書錄》，頁二〇。
107	陸樹聲	地主	官員	清・楊開第等，《光緒・重修華亭縣志》，卷一四，〈人物三・列傳上〉，頁三九上。
108	徐桂	不詳	官員	清・李衛等，《浙江通志》，卷一七八，〈人物六・文苑一〉，頁三一〇五。
109	吳惟貞	其祖父爲官員	生員	明・馮夢禎，《快雪堂集》，卷三，〈序吳伯度刻尚書程文〉，頁一上～二上。
110	姚紹科	其父爲官員	不詳	清・趙定邦等，《光緒・長興縣志》，卷二三上，〈人物〉，頁五六上。
111	馮夢禎	先世以漚麻 起富至鉅萬	官員	清・錢謙益，《牧齋初學集》，卷五一，〈南京國子監祭酒馮公墓誌銘〉，頁一二九九～一三〇〇。
112	高應鵬	家爲富賈	輸粟爲官	明・汪道昆，《太函集》，卷四七，〈明故徵仕郎判忻州事高季公墓志銘〉，頁一六上～下。
113	高濂	其父爲高應鵬	官員	明・汪道昆，《太函集》，卷四七，〈明故徵仕郎判忻州事高季公墓志銘〉，頁一五下。
114	孫克宏	其父爲官員	官員	明・陳繼儒，《晚香堂集》，卷九，〈孫漢陽太守傳〉，頁五上。
115	俞汝楫	地主	生員	明・方岳貢等，《崇禎・松江府志》，卷四一，〈篤行〉，頁五四下。
116	施大經	不詳	官員	清・應寶時等，《同治・上海縣志》，卷一九，〈人物二〉，頁二三下。
117	施沛	其父爲官員	官員，罷 官後業醫	清・應寶時等，《同治・上海縣志》，卷一九，〈人物二〉，頁二三下。
118	王熠	地主 家世業醫	官員，罷 官後業醫	明・何三畏，《雲間志略》，卷一二，〈王封公海槎公傳〉，頁三四上～下。
119	王圻	其父爲王熠	官員	清・應寶時等，《同治・上海縣志》，卷一九，〈人物二〉，頁一一上～下。
120	宋懋澄	其父爲塾師	國子監生 中舉而卒	清・楊開第等，《光緒・重修華亭縣志》，卷一五，〈人物四・列傳中〉，頁一八上。

121	蔣一葵	不詳	塾師	明·蔣一葵,《堯山堂外紀》,書前,〈堯山堂外紀顛末〉,頁二上～下。
122	江惟清	不詳	書院講學	清·董似穀等,《光緒·武進陽湖縣志》,卷二三,〈人物·文學〉,頁二〇下。
123	袁黃	不詳	官員	清·朱鶴齡,《愚菴小集》,卷一五,〈贈尚寶少卿袁公傳〉,頁一三下。
124	陳于王	地主	官員	明·陳山毓,《陳靖質居士文集》,卷六,〈廉憲公家傳〉,頁一三上;二九下。
125	姚士粦	不詳	生員 曾寫照爲業	明·姚士粦,《見只編》,卷上,頁三八。
126	胡震亨	不詳	官員	清·陳田,《明詩紀事》,卷一八,〈庚籤·胡震亨〉,頁一五八。
127	胡夏客	地主 其父爲胡震亨	監生	清·胡夏客,《谷水集》,書前,陳光緈〈胡宣子先生傳〉,頁一上～下;卷二〇,〈貧居自述〉,頁二下。
128	臧懋循	不詳	官員	清·趙定邦等,《光緒·長興縣志》,卷二三上,〈人物〉,頁四九上。
129	陳山毓	其父爲陳于王	舉人	明·陳山毓,《陳靖質居士文集》,書前,高攀龍〈明孝廉賁聞陳公墓誌銘〉,頁五上。
130	虞淳熙	不詳	官員	清·鄒漪,《啓禎野乘》,一集卷三,〈虞稽勳傳〉,頁一〇下。
131	虞淳貞	地主 其兄爲虞淳熙	不詳	清·丁申,《武林藏書錄》,卷中,〈虞長孺僧孺兩先生〉,頁四九。
132	沈德先	不詳	官員	清·葉昌熾,《藏書紀事詩》,卷三,〈姚士粦叔祥〉,頁一六一。
133	沈孚先	其兄爲沈德先	官員	清·葉昌熾,《藏書紀事詩》,卷三,〈姚士粦叔祥〉,頁一六一。
134	翁汝遇	不詳	官員	清·丁申,《武林藏書錄》,卷中,〈翁氏書閣〉,頁五〇。
135	翁汝進	其兄爲翁汝遇	官員	清·丁申,《武林藏書錄》,卷中,〈翁氏書閣〉,頁五〇。
136	鍾心隱	地主 爲吳文獻著族	不詳	明·李日華,《恬致堂集》,卷一四,〈鍾羽修寄雲堂詩稿序〉,頁三九下。

137	鍾鶴齡	其祖爲鍾心隱 其父爲官員	不詳	明‧李日華,《恬致堂集》,卷一四,〈鍾羽修寄雲堂詩稿序〉,頁三九上。
138	胡文煥	家擁素封之富	書商	清‧丁申,《武林藏書錄》,卷中,〈文會堂〉,頁四九。
139	汪繼美	不詳	生員	明‧李日華,《恬致堂集》,卷二五,〈汪愛荊居士傳〉,頁一八下。
140	李如一	地主	爲生員,後棄去改業農	清‧錢謙益,《牧齋有學集》,卷三二,〈李貫之先生墓誌銘〉,頁一一五六。
141	周履靖	地主	本爲生員 棄去後賴 祖業爲生	明‧李日華等,《梅墟先生別錄》,卷上,〈梅墟先生別錄有序〉,頁四四下。
142	劉世教	地主 其父爲官員	官員	明‧樊維城等,《天啓‧海鹽縣圖經》,卷一三,〈人物〉,頁四〇上~下。
143	劉憬	其父爲劉世教	生員	清‧王彬等,《光緒‧海鹽縣志》,卷一七,〈人物三‧文苑〉,頁一三下。
144	徐光啓	不詳	官員	清‧鄒漪,《啓禎野乘》,一集卷六,〈徐文定傳〉,頁七下。
145	李日華	不詳	官員	清‧徐沁,《明畫錄》,卷四,〈李日華〉,頁五二下。
146	陸元厚	不詳	塾師	明‧姜紹書,《無聲詩史》,卷六,〈陸元厚〉,頁一〇七上。
147	陳良卿	地主	爲生員,後棄去爲書商	明‧李日華,《恬致堂集》,卷三一,〈與陳良卿〉,頁四一上。
148	陳宏策	不詳	生員	明‧李日華,《恬致堂集》,卷一三,〈陳四可非業序〉,頁三四上。
149	李于然	地主	賴祖業爲生	明‧李日華,《恬致堂集》,卷一八,〈李于然辨鳥餘摭題辭〉,頁二六上。
150	沈大詹	家世仕宦	不詳	明‧李日華,《味水軒日記》,卷一,頁四〇。
151	殷仲春	不詳	塾師	明‧殷仲春,《醫藏書目》,書前,陳懿典〈醫藏書目序〉,頁一九六一。
152	陳懿典	不詳	官員	清‧李衛等,《浙江通志》,卷一七九,〈人物六‧文苑二〉,頁三一一七。
153	姚澣	其祖父爲官員	監生	清‧許瑤光等,《光緒‧嘉興府志》,卷五三,〈秀水文苑〉,頁三六下。

154	董其昌	其父爲塾師	官員	明・董其昌，《容臺集》，書前，陳繼儒〈太子太保禮部尚書思白董公暨元配誥封一品夫人龔氏合葬行狀〉，頁一下～二上。
155	潘曾紘	家世仕宦	官員	清・鄭元慶，《吳興藏書錄》，頁二〇。
156	徐孝直	地主 其父爲官員	爲生員，復以塾師爲業	清・丁申，《武林藏書錄》，卷下，〈徐孝先先生〉，頁五五。
157	陳繼儒	地主	生員，棄去後嘗爲塾師	明・李日華，《味水軒日記》，卷四，頁二二八。
158	呂坤	第宅之侈 甲於杭郡	官員	清・丁申，《武林藏書錄》，卷中，〈呂氏樾館〉，頁四八。
159	沈嗣選	地主	貢生	清・吳山嘉，《復社姓氏傳略》，卷五，〈浙江・嘉興府・沈嗣選〉，頁一六下。
160	吳繼志	不詳	官員	清・丁申，《武林藏書錄》，卷中，〈寶名樓〉，頁五〇。
161	吳太沖	其父爲吳繼志	官員	清・丁申，《武林藏書錄》，卷中，〈寶名樓〉，頁五〇。
162	卓爾康	其父爲官員	官員	清・錢謙益，《牧齋有學集》，卷三二，〈卓去病先生墓誌銘〉，頁一一五〇。
163	陳龍正	其父爲陳于王	監生	明・陳龍正，《幾亭全書》，附錄卷一，〈陳祠部公家傳〉，頁一下～二上。
164	潘炳孚	其父爲官	生員	清・江峰青等，《光緒・嘉善縣志》，卷二四，〈人物六・文苑〉，頁一〇下～一一上。
165	吳爾篪	其兄爲官員	生員	清・李衛等，《浙江通志》，卷一七九，〈人物六・文苑二〉，頁三一一八。
166	王之獻	不詳	監生	清・李衛等，《浙江通志》，卷一七八，〈人物六・文苑一〉，頁三一〇六。
167	王昌會	家貲富厚 其祖父爲官員	舉人	清・宋如林等，《嘉慶・松江府志》，卷五五，〈古今人傳七〉，頁一〇上。
168	王昌紀	其兄爲王昌會	生員	李放，《皇清書史》，卷一六，〈王昌紀〉，頁一下。
169	鄭端允	不詳	貢生	清・王彬等，《光緒・海鹽縣志》，卷一八，〈人物四・孝義〉，頁一九上。
170	卓發之	不詳	舉人	張其淦，《明代千遺民詩詠》，二編卷八，〈卓蓮旬〉，頁一一上。

171	卓人月	其父爲卓發之	貢生，明亡以塾師爲業	黃嗣艾，《南雷學案》，卷六，〈同調下・卓珂月先生〉，頁三六〇。
172	惲日初	不詳	舉人 明亡爲僧	張其淦，《明代千遺民詩詠》，初編卷一，〈惲遜菴〉，頁一三下。
173	唐宇昭	自曾祖唐順之始，累世仕宦	舉人	張惟驤等，《清代毗陵名人小傳》，卷一，〈唐宇昭〉，頁七上。
174	顧宸	不詳	舉人 以著書爲業	清・裴大中等，《光緒・無錫金匱縣志》，卷二二，〈文苑〉，頁一七上。
175	江元祚	地主	生員	清・丁申，《武林藏書錄》，卷中，〈江邦玉〉，頁五四。
176	高承埏	家世仕宦	官員	清・陳鼎，《留溪外傳》，卷六，〈高主事傳〉，頁一八上。
177	安璿	家世仕宦 理學世族	生員	鄧之誠，《清詩紀事初編》，卷一，〈安璿〉，頁三七。
178	陳元埅	不詳	貢生	清・宗源瀚等，《同治・湖州府志》，卷七六，〈人物・文學三〉，頁四下。
179	卓天寅	地主 其父爲卓人月	舉人	清・龔嘉儁等，《杭州府志》，卷一四五，〈人物・文苑二〉，頁六下。
180	田茂遇	不詳	官員	清・秦瀛，《己未詞科錄》，卷七，頁五上。
181	秦寅保	家本饒富	生員	清・王士禎等，《漁洋山人感舊錄》，卷一六，〈秦寅保〉，頁一九上。
182	嚴沆	其祖父爲官員	官員	清・李桓，《國朝耆獻類徵初編》，卷四九，〈補錄・卿貳九・嚴沆〉，頁一上～下。
183	呂留良	家有富名	生員，後以塾師爲業	鄧之誠，《清詩紀事初編》，卷二，〈呂留良〉，頁二四三。
184	蔣之翹	不詳	以出版爲業 明亡改塾師	孫靜菴，《明遺民錄》，卷一八，〈蔣之翹〉，頁七上。
185	曹溶	不詳	官員	鄧之誠，《清詩紀事初編》，卷七，〈曹溶〉，頁七四一。
186	龔佳育	不詳	官員	清・李桓，《國朝耆獻類徵初編》，卷四三，〈卿貳三・龔佳育〉，頁三九下。
187	董說	其祖父爲官員	生員 明亡爲僧	清・徐鼒，《小腆紀傳》，補遺卷四，〈列傳・文苑・董說〉，頁七九九。

188	周賀	不詳	生員，明亡後賣米爲生	清・杜蔭棠，《明人詩品》，卷二，頁三三上。
189	李延昰	其父爲官員	業醫	清・應寶時等，《同治・上海縣志》，卷二二，〈藝術〉，頁九下。
190	趙昕	其兄爲官員	官員	清・張吉安等，《餘杭縣志》，卷二七，〈文藝傳〉，頁一九上。
191	俞珄	不詳	官員	清・張吉安等，《餘杭縣志》，卷二七，〈文藝傳〉，頁一九下。
192	李孫之	其父爲官員	監生	清・吳偉業，《吳梅村全集》，卷四一・文集一九，〈福建道御史忠毅李公神道碑〉，頁八六四。
193	王晫	不詳	生員	張其淦，《明代千遺民詩詠》，初編卷九，〈王丹麓〉，頁五上。
194	吳任臣	不詳	官員，未仕前曾爲塾師	清・秦瀛，《己未詞科錄》，卷三，頁二二下；二五上。
195	任豫齋	家本素封	吏員	明・方岳貢等，《崇禎・松江府志》，卷四六，〈第宅園林〉，頁二七上。
196	徐誠	其父爲吏員 有田二萬畝 以貲雄一鄉	治家業爲生	明・方岳貢等，《崇禎・松江府志》，卷四一，〈篤行〉，頁一五上～下。
197	徐尚德	不詳	生員	清・盧思誠等，《光緒・江陰縣志》，卷一七，〈人物・文苑〉，頁一〇上。
198	湯紹祖	不詳	生員	明・湯紹祖，《續文選》，書前，〈續文選序〉，頁一下。
199	徐廷泰	不詳	生員	清・王彬等，《光緒・海鹽縣志》，卷一七，〈人物三・文苑〉，頁一四上。
200	朱觀	不詳	監生	明・樊維城等，《天啓・海鹽縣圖經》，卷一三，〈人物・文苑〉，頁四八下。
201	陸鯤	不詳	生員	清・王彬等，《光緒・海鹽縣志》，卷一七，〈人物三・文苑〉，頁四上。
202	唐堯臣	不詳	官員	清・鄭元慶，《湖錄經籍考》，卷六，〈萬卷樓書目〉，頁二八下。

附錄四：江南五府藏書家地域分布狀況表

說明：本表是為了方便與第四章第一節「地緣關係」之參照互見而製。

編號	姓　　名	生卒年代
松江府		
1	夏庭芝	生卒年不詳
2	任豫齋	生存年代無法確定
3	張夢臣	生存年代無法確定
華亭縣		
1	章　弼	生卒年不詳
2	戴光遠	生卒年不詳
3	夏士文	生卒年不詳
4	孫道明	1297～約 1376
5	張　源	生卒年不詳
6	邵文博	生卒年不詳
7	徐　觀	生卒年不詳
8	顧　清	1460～1528
9	朱　恩	1452～1536
10	顧中立	1495～1562
11	徐獻忠	1493～1569
12	袁福徵	生卒年不詳
13	何良俊	1506～1573

14	沈　耀	生卒年不詳
15	朱大韶	1517～1577
16	莫是龍	？～1587
17	張之象	1507～1587
18	陸樹聲	1509～1605
19	孫克宏	1533～1611
20	宋懋澄	生卒年不詳
21	董其昌	1555～1636
22	陳繼儒	1558～1639
23	吳中秀	？～1645
24	張　恆	生卒年不詳
25	章仁正	生存年代無法確定
	上海縣	
1	杜元芳	生卒年不詳
2	陶　中	生卒年不詳
3	釋　慧	生卒年不詳
4	顧友實	生卒年不詳
5	郁文博	生卒年不詳
6	陸　深	1477～1544
7	陸　楫	1515～1552
8	顧定芳	1489～1554
9	黃　標	生卒年不詳
10	朱察卿	生卒年不詳
11	李煥然	生卒年不詳
12	李可教	生卒年不詳
13	吳　稷	生卒年不詳
14	董　綸	生卒年不詳
15	董　恬	生卒年不詳
16	董宜陽	1510～1572
17	潘　恩	1496～1582

18	顧斗英	生卒年不詳
19	秦嘉楫	生卒年不詳
20	俞汝楫	生卒年不詳
21	施大經	生卒年不詳
22	施　沛	生卒年不詳
23	王　熠	生卒年不詳
24	王　圻	生卒年不詳
25	徐光啓	1562～1633
26	王昌會	生卒年不詳
27	王昌紀	生卒年不詳
28	徐　誠	生存年代無法確定
29	黃銘書	生存年代無法確定
青浦縣		
1	曹志尹	生卒年不詳
2	田茂遇	生卒年不詳
常州府		
武進縣		
1	陳　濟	1364～1424
2	鄒　柷	1432～1514
3	唐順之	1507～1560
4	薛應旂	1500～約 1576
5	徐常吉	生卒年不詳
6	蔣一葵	生卒年不詳
7	江惟清	生卒年不詳
8	惲日初	生卒年不詳
9	唐宇昭	生卒年不詳
無錫縣		
1	倪　瓚	1301～1374
2	楊　謨	1448～1475
3	張　復	1434～1510

4	華　燧	1439～1513
5	華　珵	1438～1514
6	邵　寶	1460～1527
7	安　國	1481～1534
8	華　夏	1490～1563
9	姚　咨	1495～？
10	談　愷	1503～1568
11	顧起經	1521～1575
12	秦　汴	1511～1581
13	秦　柄	1528～1583
14	秦　柱	1536～1585
15	周子義	1529～1586
16	安紹芳	生卒年不詳
17	顧　宸	生卒年不詳
18	安　璿	生卒年不詳
19	秦寅保	生卒年不詳
宜興縣		
1	萬士和	1516～1586
江陰縣		
1	孫　作	？～1375
2	李　詡	1505～1593
3	李如一	1557～1630
4	李孫之	1618～？
5	徐尚德	生存年代無法確定
靖江縣		
1	朱大中	生卒年不詳
2	朱家楫	生卒年不詳
3	朱家模	生卒年不詳
4	朱家栻	生卒年不詳

杭州府		
1	馮夢禎	1548～1605
2	張　岱	1597～1689
錢塘縣		
1	阿魯翬公	生卒年不詳
2	胡　禎	生卒年不詳
3	賀　榮	生卒年不詳
4	洪　鍾	1443～1523
5	洪　楩	生卒年不詳
6	方九敘	？～1540
7	田汝成	1530～？
8	虞淳熙	？～1621
9	虞淳貞	生卒年不詳
10	江元祚	生卒年不詳
11	吳繼志	生卒年不詳
12	吳太沖	生卒年不詳
仁和縣		
1	凌雲翰	1323～？
2	王　羽	生卒年不詳
3	凌　鵠	生卒年不詳
4	凌文顯	生卒年不詳
5	凌　昱	生卒年不詳
6	凌　暹	生卒年不詳
7	郎　瑛	1487～1566
8	張　瀚	1511～1593
9	高應鵬	生卒年不詳
10	高　濂	生卒年不詳
11	翁汝遇	生卒年不詳
12	翁汝進	生卒年不詳

13	胡文煥	生卒年不詳
14	徐孝直	1566～1638
15	呂　坤	生卒年不詳
16	卓　擄	生卒年不詳
17	卓發之	生卒年不詳
18	卓人月	生卒年不詳
19	卓天寅	生卒年不詳
20	張　芬	生卒年不詳
21	王　晫	1637～？
22	吳任臣	生卒年不詳
23	龔佳育	1622～1685
海寧縣		
1	馬宣教	生卒年不詳
2	祝以豳	生卒年不詳
富陽縣		
1	王之獻	生卒年不詳
餘杭縣		
1	鄒　濟	1358～1425
2	徐　桂	？～1605
3	嚴　沆	1617～1678
4	趙　昕	生卒年不詳
5	俞　玨	生卒年不詳
嘉興府		
嘉興縣		
1	吳惟貞	生卒年不詳
2	包檉芳	1534～1596
3	周履靖	1542～1632
4	李日華	1565～1635
5	陸元厚	生卒年不詳

6	陳良卿	生卒年不詳
7	陳宏策	生卒年不詳
8	李于然	生卒年不詳
9	郁伯承	生卒年不詳
10	錢懋穀	生卒年不詳
11	高承埏	1602～1647
12	周　篔	1623～1687
秀水縣		
1	戴　經	生卒年不詳
2	沈　謐	1501～1553
3	沈啓原	1526～1591
4	沈自邠	1554～1589
5	沈　鳳	生卒年不詳
6	沈大詹	生卒年不詳
7	項篤壽	1521～1586
8	項元汴	1525～1590
9	項德棻	生卒年不詳
10	沈德先	生卒年不詳
11	沈孚先	1579～？
12	鍾心隱	生卒年不詳
13	鍾鶴齡	生卒年不詳
14	汪繼美	？～約 1626
15	沈師昌	生卒年不詳
16	殷仲春	生卒年不詳
17	陳懿典	生卒年不詳
18	姚　澣	生卒年不詳
19	沈嗣選	生卒年不詳
20	蔣之翹	生卒年不詳
21	曹　溶	1613～1685

嘉善縣		
1	姚　綬	1423～1495
2	袁　黄	生卒年不詳
3	陳于王	1554～1615
4	陳山毓	1584～1621
5	陳龍正	1585～1645
6	支如玉	生卒年不詳
7	孫終和	生卒年不詳
8	潘炳孚	生卒年不詳
崇德縣		
1	吳爾篪	生卒年不詳
2	陸雯若	生卒年不詳
3	呂留良	1629～1683
平湖縣		
1	趙　彰	生卒年不詳
2	趙　漢	生卒年不詳
3	沈維鏡	生卒年不詳
4	沈懋孝	生卒年不詳
5	李延昰	1628～1697
海鹽縣		
1	鄭　澤	生卒年不詳
2	胡誠齋	生卒年不詳
3	朱　祚	生卒年不詳
4	朱同生	生卒年不詳
5	吳　昂	1470～？
6	胡憲仲	1514～1553
7	胡彭述	生卒年不詳
8	鄭　曉	1499～1566
9	王文祿	生卒年不詳
10	呂兆禧	1573～1590

11	胡震亨	生卒年不詳
12	胡夏客	生卒年不詳
13	劉世教	生卒年不詳
14	劉　憬	生卒年不詳
15	鄭端允	生卒年不詳
16	湯紹祖	生存年代無法確定
17	徐廷泰	生存年代無法確定
18	朱　觀	生存年代無法確定
19	陸　鯤	生存年代無法確定
湖州府		
烏程縣		
1	王　濟	？～1540
2	沈節甫	1532～1601
3	潘曾紘	1589～1637
4	董　說	1620～1686
歸安縣		
1	施　峻	1505～1561
2	唐白野	生卒年不詳
3	茅　坤	1512～1601
4	姚　翼	生卒年不詳
長興縣		
1	許德彰	1316～1395
2	吳　琉	生卒年不詳
3	姚紹科	生卒年不詳
4	臧懋循	？～1621
德清縣		
1	車　昭	生卒年不詳
2	姚士粦	1561～？
3	卓爾康	1570～1644
4	陳元堃	生卒年不詳

武康縣		
1	駱駸曾	生卒年不詳
2	唐堯臣	生存年代無法確定
安吉州		
1	唐　廣	？～1481

附錄五：江南五府地區藏書樓表

說明：本表是為了方便與第五章第二節第一小節「營建書樓」之參照互見而製。

編號	藏書家姓名	藏書樓名 或建樓事蹟	資料出處（僅舉一種爲例）
1	杜元芳	翡翠碧雲樓	明・方岳貢等，《崇禎・松江府志》，卷四六，〈第宅園林〉，頁二三上。
2	陶中	榆溪草堂	清・應寶時等，《同治・上海縣志》，卷二八，〈名蹟・第宅園林〉，頁一二上。
3	夏士文	書聲齋	明・方岳貢等，《崇禎・松江府志》，卷四六，〈第宅園林〉，頁三二下。
4	釋慧	讀書堆	元・楊維楨，《東維子集》，卷二一，〈讀書堆記〉，頁七上。
5	顧友實	芸閣	清・應寶時等，《同治・上海縣志》，卷二八，〈古蹟・第宅園林〉，頁二五上。
6	馬宣教	起樓聚書萬卷	許傅霈等，《海寧州志稿》，卷三一，〈人物・義行〉，頁一下。
7	倪瓚	清閟閣	清・裴大中等，《光緒・無錫金匱縣志》，卷二六，〈隱逸〉，頁二上。
8	孫道明	映雪齋	明・方岳貢等，《崇禎・松江府志》，卷四六，〈第宅園林〉，頁二一上～下。
9	車昭	結樓置書數百卷	清・宗源瀚等，《同治・湖州府志》，卷七五，〈人物・文學二〉，頁五下。
10	許德彰	置別業於弁山 藏書數百卷	清・宗源瀚等，《同治・湖州府志》，卷八〇，〈人物・隱逸〉，頁一三上。

11	邵文博	拱翠堂	明・貝瓊，《清江貝先生集》，卷四，〈拱翠堂記〉，頁二七。
12	郁文博	萬卷樓	清・應寶時等，《同治・上海縣志》，卷一八，〈人物一〉，頁二九上。
13	凌暹	於所居作堂 崇奉其父所藏書	清・丁申，《武林藏書錄》，卷中，〈尊德堂〉，頁四一。
14	楊謨	博購古書史圖畫 庋閣一堂	明・邵寶，《容春堂集》，卷六，〈故楊秋林配陳氏墓前石表銘有序〉，頁五上～下。
15	華燧	會通館	明・邵寶，《容春堂集》，卷七，〈會通君傳〉，頁四〇下～四一上。
16	華珵	尚古齋	清・葉德輝，《書林清話》，卷八，〈明華堅之世家〉，頁一〇上。
17	吳琉	環山樓	清・宗源瀚等，《同治・湖州府志》，卷七五，〈人物・文學二〉，頁一〇上。
18	邵寶	泉齋	清・葉昌熾，《藏書紀事詩》，卷二，〈邵文莊寶〉，頁九〇。
19	吳昂	萬卷樓	明・鄭曉，《端簡鄭公文集》，卷五，〈南溪先生傳〉，頁八下。
20	趙漢	序芳亭	明・鄭曉，《端簡鄭公文集》，卷七，〈當湖里居記〉，頁一三下。
21	王文祿	縹緗萬軸 置之一樓	清・李衛等，《浙江通志》，卷一七九，〈人物六・文苑二〉，頁三一一六。
22	王濟	長吟閣、寶峴樓	清・李衛等，《浙江通志》，卷一七九，〈人物六・文苑二〉，頁三一二六。
23	陸深	靜勝	明・陸深，《儼山集・續集》，卷九三，〈答張君玉〉，頁三下。
24	沈謐	萬卷書樓	明・張萱，《西園聞見錄》，卷八，〈好學・沈啓原〉，頁二四下。
25	胡彭述	好古堂	清・王彬等，《光緒・海鹽縣志》，卷一八，〈人物四・孝義〉，頁七上。
26	朱察卿	舊雨軒	明・潘恩，《潘笠江先生集》，近稿卷九，〈舊雨軒銘〉，頁二〇下。
27	華夏	眞賞齋	明・郁逢慶，《書畫題跋記》，卷五，〈眞賞齋銘〉，頁一上。

28	施峻	甲秀閣	明・施峻，《璉川詩集》，卷八，〈予城居小構藏書之所在縣治東隅蒼弁諸峰端入窗戶苕霅勝覽頗當其會雲間徐長谷題為甲秀閣群公時集其中予亦漫賦見意〉，頁二六上～下。
29	顧中立	熙園	清・楊開第等，《光緒・重修華亭縣志》，卷一四，〈人物三・列傳上〉，頁三四上。
30	談愷	築圃九龍山麓多積圖書其中	明・李春芳，《李文定公貽安堂集》，卷七，〈都察院右都御史十山談公墓誌銘〉，頁二四下。
31	吳稷	養浩樓	明・方岳貢等，《崇禎・松江府志》，卷四六，〈第宅園林〉，頁四九上。
32	董綸	西齋	明・皇甫汸，《皇甫司勳集》，卷四九，〈董氏西齋藏書記〉，頁一五下。
33	董恬	西齋	明・皇甫汸，《皇甫司勳集》，卷四九，〈董氏西齋藏書記〉，頁一五下。
34	董宜陽	詠風堂	明・袁尊尼，《袁魯望集》，卷七，〈詠風堂賦〉，頁二上。
35	何良俊	四友齋	明・何良俊，《何翰林集》，卷一五，〈四友齋記〉，頁六下。
36	朱大韶	快閣	明・過庭訓，《明分省人物考》，卷二六，〈朱大韶〉，頁四一上。
37	秦汴	萬卷樓	明・吳中行，《賜餘堂集》，卷一一，〈中憲大夫雲南姚安軍民府知府次山秦公墓表〉，頁一二上。
38	秦柄	雁里草堂	清・葉昌熾，《藏書紀事詩》，卷三，〈秦柄汝操〉，頁一一七。
39	萬士和	蓋一小樓悉貯其中	明・萬士和，《萬文恭公摘集》，卷一〇，〈分諸子書目〉，頁四八下。
40	項篤壽	萬卷樓	清・朱彝尊，《曝書亭集》，卷五三，〈書萬歲通天帖舊事〉，頁六二五。
41	祝以豳	萬古樓	清・葉昌熾，《藏書紀事詩》，卷三，〈祝以豳耳劉〉，頁一五七。
42	安紹芳	西林	清・裴大中等，《光緒・無錫金匱縣志》，卷二二，〈文苑〉，頁一三下。
43	秦嘉楫	鶡適園	明・徐學謨，《歸有園稿》，卷五，〈鶡適園記〉，頁七上。
44	項元汴	天籟閣	清・許瑤光等，《光緒・嘉興府志》，卷五三，〈秀水文苑〉，頁三五上。

45	沈啓原	芳潤樓	明・焦竑，《澹園集》，卷三三，〈陝西按察司副使霓川沈先生行狀〉，頁五四〇。
46	張瀚	造樓水中	清・丁申，《武林藏書錄》，卷中，〈張氏藏書〉，頁四三。
47	項德棻	宛委堂	清・葉昌熾，《藏書紀事詩》，卷三，〈項德棻〉，頁一四八～一四九。
48	茅坤	白華樓	明・茅坤，《茅鹿門先生文集》，卷三五，吳夢暘〈鹿門茅公傳〉，頁一〇下。
49	沈節甫	玩易樓	清・鄭元慶，《湖錄經籍考》，卷六，〈玩易樓藏書目錄〉，頁二七上～下。
50	姚翼	玩畫齋	明・姚翼，《玩畫齋雜著編》，卷一，〈玩畫齋記〉，頁一八下。
51	姚紹科	白雲齋、凌雲閣	清・宗源瀚等，《同治・湖州府志》，卷七五，〈人物・文學二〉，頁二一下。
52	馮夢禎	快雪堂	清・許瑤光等，《光緒・嘉興府志》，卷八七，〈叢談〉，頁三一上。
53	高應鵬	築藏書室 貯古圖書	明・汪道昆，《太函集》，卷四七，〈明故徵仕郎判忻州事高季公墓志銘〉，頁一六下。
54	高濂	山滿樓	清・丁申，《武林藏書錄》，卷中，〈高瑞南〉，頁四五。
55	孫克宏	秋琳閣	清・徐沁，《明畫錄》，卷六，〈孫克宏〉，頁八二下。
56	施大經	獲閣	清・應寶時等，《同治・上海縣志》，卷三二，〈雜記三・遺事〉，頁一五下。
57	施沛	獲閣	清・應寶時等，《同治・上海縣志》，卷三二，〈雜記三・遺事〉，頁一五下。
58	蔣一葵	堯山堂	明・蔣一葵，《堯山堂外紀》，書前，〈堯山堂外紀顛末〉，頁一下～二下。
59	虞淳熙	讀書林	清・丁申，《武林藏書錄》，卷中，〈虞長孺僧孺兩先生〉，頁四九。
60	虞淳貞	八角團瓢	明・馮夢禎，《快雪堂集》，卷五六，〈戊戌〉，頁二〇上。
61	翁汝遇	翁氏書閣	清・丁申，《武林藏書錄》，卷中，〈翁氏書閣〉，頁四九～五〇。
62	翁汝進	翁氏書閣	清・丁申，《武林藏書錄》，卷中，〈翁氏書閣〉，頁四九～五〇。

63	胡文煥	文會堂	清・丁申，《武林藏書錄》，卷中，〈文會堂〉，頁四九。
64	李如一	得月樓	明・李鶚翀，《江陰李氏得月樓書目摘錄》，書後，頁一三下。
65	周履靖	梅墟書屋	明・周履靖，《梅塢貽瓊》，卷五，嚴從簡〈梅墟書屋記〉，頁二一下～二二下。
66	徐光啓	徐文定公藏書處	清・應寶時等，《同治・上海縣志》，卷二八，〈古蹟・第宅園林〉，頁二一下。
67	董其昌	寶鼎齋	明・李日華，《味水軒日記》，卷二，頁一三九。
68	呂坤	樾館	清・丁申，《武林藏書錄》，卷中，〈呂氏樾館〉，頁四八。
69	沈嗣選	法宋樓	清・葉昌熾，《藏書紀事詩》，卷三，〈沈嗣選仁舉〉，頁一七四。
70	吳繼志	寶名樓	清・丁申，《武林藏書錄》，卷中，〈寶名樓〉，頁五〇。
71	吳太沖	寶名樓	清・丁申，《武林藏書錄》，卷中，〈寶名樓〉，頁五〇。
72	吳中秀	天香閣	清・楊開第等，《光緒・重修華亭縣志》，卷一五，〈人物四・列傳中〉，頁三六上。
73	卓擕	月波樓、芳杜洲	清・丁申，《武林藏書錄》，卷中，〈卓氏傳經堂〉，頁五一。
74	江元祚	擁書樓	清・丁申，《武林藏書錄》，卷中，〈江邦玉〉，頁五三。
75	高承埏	稽古堂	清・許瑤光等，《光緒・嘉興府志》，卷八七，〈叢談〉，頁三一上。
76	安璿	罨畫樓	鄧之誠，《清詩紀事初編》，卷一，〈安璿〉，頁三七。
77	卓天寅	傳經堂、月波樓、杜若舟	清・陳鼎，《留溪外傳》，卷八，〈卓亮菴傳〉，頁六上。
78	田茂遇	水西草堂	清・李集等，《鶴徵前錄》，頁五○上。
79	嚴沆	清校閣	清・丁申，《武林藏書錄》，卷下，〈皐園清校閣〉，頁五六。
80	陸雯若	架精舍于東皐積書其中	明・呂留良，《呂晚邨文集》，卷五，〈東皐遺選序〉，頁一八下。
81	曹溶	倦圃	清・秦瀛，《己未詞科錄》，卷四，頁九下。

82	董說	萬卷託高樓	清・張維屏，《國朝詩人徵略二編》，卷四，〈董說〉，頁八上。
83	趙昕	永和樓	清・張吉安等，《餘杭縣志》，卷二七，〈文藝傳〉，頁一九下。
84	俞珄	築小樓 多蓄書史	清・張吉安等，《餘杭縣志》，卷二七，〈文藝傳〉，頁二〇上。
85	王暭	牆東草堂	清・王暭，《紀草堂十六宜》，頁一上。
86	任豫齋	素節亭	明・方岳貢等，《崇禎・松江府志》，卷四六，〈第宅園林〉，頁二七上。
87	張夢臣	讀書莊	明・方岳貢等，《崇禎・松江府志》，卷四六，〈第宅園林〉，頁三九下。
88	黃銘書	墨華樓	清・應寶時等，《同治・上海縣志》，卷二八，〈古蹟・第宅園林〉，頁二七下。
89	章仁正	澄懷樓	明・方岳貢等，《崇禎・松江府志》，卷四六，〈第宅園林〉，頁三四上。
90	徐尚德	黃庭	清・盧思誠等，《光緒・江陰縣志》，卷一七，〈人物・文苑〉，頁一〇上。
91	唐堯臣	萬卷樓	清・鄭元慶，《湖錄經籍考》，卷六，〈萬卷樓書目〉，頁二八下。

徵引書目

一、古籍史料

（一）一　般

1. 明．支如玉，《半衲庵筆語》，一二卷，台北：國家圖書館藏明崇禎間刻本。
2. 明．毛晉，《增補津逮秘書》第一集，京都：中文出版社，一九八〇年二月初版。
3. 明．毛憲，《毘陵人品記》，一〇卷，《四庫全書存目叢書》史部．一一〇冊，台南：莊嚴文化事業有限公司，一九九六年八月初版，據常州市圖書館藏明萬曆刻本影印。
4. 明．王世貞，《弇州山人續稿碑傳》，八〇卷，《明代傳記叢刊》一五〇冊，台北：明文書局，一九九一年十月初版。
5. 明．王兆雲，《皇明詞林人物考》，一二卷，《明代傳記叢刊》一七冊，台北：明文書局，一九九一年十月初版。
6. 明．王圻，《續文獻通考》，二五四卷，北京：現代出版社，一九八六年十一月第一版，據北京師範大學圖書館藏明萬曆年間刻本影印。
7. 明．朱國禎，《皇明開國臣傳》，一三卷，《明代傳記叢刊》二六冊，台北：明文書局，一九九一年十月初版。
8. 明．朱國禎，《湧幢小品》，北京：文化藝術出版社，一九九八年八月第一版。
9. 明．何良俊，《何氏語林》，三〇卷，《筆記小說大觀》三七編二冊，台北：新興書局，一九八四年六月版。
10. 明．何良俊，《四友齋叢說》，三八卷，《元明史料筆記叢刊》，北京：中華書局，一九九七年十一月第一版三刷。
11. 明．何喬遠，《名山藏列傳》，不分卷，《明代傳記叢刊》七八冊，台北：明文書局，一九九一年十月初版。
12. 明．何喬遠，《名山藏》，一〇九卷，《福建叢書》一，揚州：江蘇廣陵古籍刻印社，一九九三年十一月第一版，據明崇禎十三年福建刻本影印。

13. 明・李日華，《六研齋筆記・二筆・三筆》，一二卷，《景印文淵閣四庫全書》子部・一七三冊，台北：台灣商務印書館，一九八六年三月初版。

14. 明・李日華等，《梅墟先生別錄》，二卷，《四庫全書存目叢書》史部・八五冊，台南：莊嚴文化事業有限公司，一九九六年八月初版，據涵芬樓影印明萬曆刻夷門廣牘本影印。

15. 明・李日華，《味水軒日記》，八卷，上海：上海遠東出版社，一九九六年十二月第一版。

16. 明・李如一，《水南翰記》，一卷，《筆記小說大觀》三八編四冊，台北：新興書局，一九八五年一月版。

17. 明・李紹文，《皇明世說新語》，八卷，《明代傳記叢刊》二二冊，台北：明文書局，一九九一年十月初版。

18. 明・李詡，《戒庵老人漫筆》，八卷，《元明史料筆記叢刊》，北京：中華書局，一九九七年十二月第一版第二刷。

19. 明・汪國楠，《皇明名臣言行錄新編》，四四卷，《明代傳記叢刊》四七冊，台北：明文書局，一九九一年十月初版。

20. 明・汪顯節，《繪林題識》，一卷，《明代傳記叢刊》七三冊，台北：明文書局，一九九一年十月初版。

21. 明・周履靖，《明刊本夷門廣牘》，台北：台灣商務印書館，一九六九年四月台一版。

22. 明・周履靖，《梅塢貽瓊》，六卷，《夷門廣牘》下冊，北京：書目文獻出版社，一九九〇年四月第一版，據明萬曆刻本影印。

23. 明・祁承㸁，《澹生堂藏書約》，收入《知不足齋叢書》二冊，台北：興中書局，不注出版年。

24. 明・邵寶等，《春秋諸名臣傳》，一三卷，《四庫全書存目叢書》史部・九八冊，台南：莊嚴文化事業有限公司，一九九六年八月初版，據北京圖書館藏明隆慶五年安紹芳刻本影印。

25. 明・姜紹書，《無聲詩史》，七卷，《明代傳記叢刊》七二冊，台北：明文書局，一九九一年十月初版。

26. 明・姜紹書，《韻石齋筆談》，二卷，《筆記小說大觀》七，揚州：江蘇廣陵古籍刻印社，一九九五年五月第二版。

27. 明・姚士粦，《吳少君遺事》，一卷，《叢書集成新編》一〇三，台北：新文豐出版股份有限公司，一九八五年元月初版。

28. 明・姚士粦，《見只編》，三卷，《叢書集成新編》一一九，台北：新文豐出版股份有限公司，一九八五年元月初版。

29. 明・胡應麟，《少室山房筆叢》，四八卷，《讀書劄記叢刊》第二集，台北：世界書局，一九八〇年五月再版。

30. 明・郎瑛，《七脩類稿》，五八卷，北京：文化藝術出版社，一九九八年八月第一版。

31. 明・郁逢慶，《書畫題跋記》，一二卷，《景印文淵閣四庫全書》子部・八一六冊，台北：台灣商務印書館，一九八六年三月初版。

32. 明・唐樞，《國琛集》，二卷，《明代傳記叢刊》一一五冊，台北：明文書局，一九九一年十月初版。

33. 明・徐紘，《皇明名臣琬琰錄》，二四卷，《明代傳記叢刊》四三冊，台北：明文書局，一九九一年十月初版。

34. 明・徐常吉，《新纂事詞類奇》，三〇卷，《四庫全書存目叢書》子部・一九八冊，台南：莊嚴文化事業有限公司，一九九五年九月初版，據北京大學圖書館藏明萬曆周曰校刻本影印。

35. 明・袁中道，《游居杮錄》，一三卷，上海：上海遠東出版社，一九九六年十二月第一版。

36. 明・高濂，《遵生八牋校注》，一九卷，北京：人民衛生出版社，一九九四年六月第一版。

37. 明・張岱，《史闕》，一四卷，台北：華世出版社，一九七七年九月台一版。

38. 明・張岱，《陶庵夢憶》，九卷，上海：上海古籍出版社，二〇〇一年五月第一版。

39. 明・張萱，《西園聞見錄》，一〇七卷，《明代傳記叢刊》一一七冊，台北：明文書局，一九九一年十月初版。

40. 明・陳龍正，《幾亭外書》，九卷，《續修四庫全書》子部・一一三三冊，上海：上海古籍出版社，二〇〇二年三月第一版，據北京大學圖書館藏明崇禎刻本影印。

41. 明・陳繼儒，《妮古錄》，四卷，《筆記小說大觀》一四編四冊，台北：新興書局，一九七六年八月版。

42. 明・陳繼儒，《岩棲幽事》，一卷，《四庫全書存目叢書》子部・一一八冊，台南：莊嚴文化事業有限公司，一九九五年九月初版，據清華大學圖書館藏明萬曆繡水沈氏刻寶顏堂祕笈本影印。

43. 明・陳繼儒，《珍珠船》，四卷，《四庫全書存目叢書》子部・一四八冊，台南：莊嚴文化事業有限公司，一九九五年九月初版，據清華大學圖書館藏明萬曆繡水沈氏刻寶顏堂祕笈本影印。

44. 明・陳繼儒，《讀書鏡》，一〇卷，《四庫全書存目叢書》史部・二八八冊，台南：莊嚴文化事業有限公司，一九九六年八月初版，據山西省祁縣圖書館藏明萬曆繡水沈氏刻寶顏堂祕笈本影印。

45. 明・陸深，《玉堂漫筆摘抄》，一卷，《明刊本紀錄彙編》四二冊，台北：台灣商務印書館，一九六九年五月台一版，據上海涵芬樓影印明萬曆刻本影印。

46. 明・陸深，《金臺紀聞》，二卷，《筆記小說大觀》四編五冊，台北：新興書局，一九七四年七月版。

47. 明・陸深，《傳疑錄》，一卷，《筆記小說大觀》四編六冊，台北：新興書局，一九七四年七月版。

48. 明・陸深，《春風堂隨筆》，一卷，《筆記小說大觀》一三編五冊，台北：新興書局，一九七六年七月版。

49. 明・陸深，《儼山外集》，三四卷，《景印文淵閣四庫全書》子部・八八五冊，台北：台灣商務印書館，一九八六年三月初版。

50. 明・陸容，《菽園雜記》，一五卷，《元明史料筆記叢刊》，北京：中華書局，一九九七年十二月第一版第二刷。

51. 明・陸紹珩，《醉古堂劍掃》，一二卷，台北：老古文化事業股份有限公司，一九九五年五月台一版三刷。

52. 明・陸楫，《蒹葭堂雜著摘抄》，一卷，《叢書集成初編》二九二〇，上海：商務印書館，一九三六年六月初版。

53. 明・陸楫等，《古今說海》，一四二卷，成都：巴蜀書社，一九九六年十二月第一版。

54. 明・焦竑，《焦氏筆乘正續》，一四卷，《人人文庫》特一二〇，台北：台灣商務印書館，一九八三年六月台二版。

55. 明・焦竑，《國朝獻徵錄》，一二〇卷，《中國史學叢書》，台北：台灣學生書局，一九八四年十二月再版，據國家圖書館藏善本影印。

56. 明・項元汴，《蕉窗九錄》，一〇卷，《四庫全書存目叢書》子部・一一八冊，台南：莊嚴文化事業有限公司，一九九五年九月初版，據江西省圖書館藏涵芬樓影印清道光十一年六安晁氏木活字學海類編本影印。

57. 明・馮復京，《明常熟先賢事略》，一六卷，《明代傳記叢刊》一五〇冊，台北：明文書局，一九九一年十月初版。

58. 明・黃佐，《南雍志列傳》，六卷，《明代傳記叢刊》二一冊，台北：明文書局，一九九一年十月初版。

59. 明・黃宗羲，《思舊錄》，一卷，《梨洲遺著彙刊》，台北：隆言出版社，一九六九年十月台一版。

60. 明・黃瑜，《雙槐歲鈔》，一〇卷，《元明史料筆記叢刊》，北京：中華書局，一九九九年十二月第一版。

61. 明・葉盛，《水東日記》，四〇卷，《元明史料筆記叢刊》，北京：中華書局，一九九七年十二月第一版第二刷。

62. 明・過庭訓，《明分省人物考》，一一五卷，《明代傳記叢刊》一三一冊，台北：明文書局，一九九一年十月初版。

63. 明・雷禮，《國朝列卿紀》，一六五卷，《明代傳記叢刊》三六冊，台北：明文書局，一九九一年十月初版。

64. 明・蔣一葵，《堯山堂外紀》，一〇〇卷，《四庫全書存目叢書》子部・一四七冊，台南：莊嚴文化事業有限公司，一九九五年九月初版，據北京大學圖書館藏明萬曆刻本影印。

65. 明・鄧球，《皇明泳化類編列傳》，二六卷，《明代傳記叢刊》八〇冊，台北：明文書局，一九九一年十月初版。

66. 明・薛應旂，《憲章錄》，四七卷，《四庫全書存目叢書》史部・一一冊，台南：莊嚴文化事業有限公司，一九九六年八月初版，據陝西省圖書館藏明萬曆二年陸光宅刻本影印。

67. 明・謝肇淛，《五雜俎》，一六卷，上海：上海書店出版社，二〇〇一年八月第一版。

68. 明・羅鶴，《應菴隨錄》，一四卷，《四庫全書存目叢書》子部・一〇四冊，台南：莊嚴文化事業有限公司，一九九五年九月初版，據中山大學圖書館藏明萬曆刻本影印。

69. 明・顧起元，《客座贅語》，一〇卷，《元明史料筆記叢刊》，北京：中華書局，一九九七年十一月第一版第二刷。

70. 清・丁申，《武林藏書錄》，四卷，《中國目錄學名著》第一集，台北：世界書局，一九八〇年十月四版。

71. 清・王士禎等，《漁洋山人感舊錄》，一六卷，《清代傳記叢刊》二七冊，台北：明文書局，一九八五年五月初版。

72. 清・王士禎，《池北偶談》，二六卷，《清代史料筆記叢刊》，北京：中華書局，一九九七年十二月第一版第三刷。

73. 清・王弘撰，《山志》，《清代史料筆記叢刊》，北京：中華書局，一九九九年九月第一版。

74. 清・王鴻緒等，《明史稿列傳》，一八五卷，《明代傳記叢刊》九七冊，台北：明文書局，一九九一年十月初版。

75. 清・王晫，《今世說》，八卷，《清代傳記叢刊》一八冊，台北：明文書局，一九八五年五月初版。

76. 清・王晫，《紀草堂十六宜》，一卷，《古今說部叢書》一，上海：上海文藝出版社，一九九一年五月第一版，據中國圖書公司和記一九一五年再版本影印。

77. 清・朱彝尊，《靜志居詩話》，二四卷，《明代傳記叢刊》九冊，台北：明文書局，一九九一年十月初版。

78. 清・吳山嘉，《復社姓氏傳略》，一〇卷，《明代傳記叢刊》七冊，台北：明文書局，一九九一年十月初版。

79. 清・吳修，《昭代名人尺牘小傳》，二四卷，《清代傳記叢刊》三〇冊，台北：明文書局，一九八五年五月初版。

80. 清・吳德旋，《初月樓聞見錄》，一〇卷，《清代傳記叢刊》一九冊，台北：明文書局，一九八五年五月初版。

81. 清．吳德旋，《初月樓續聞見錄》，一○卷，《清代傳記叢刊》一九冊，台北：明文書局，一九八五年五月初版。

82. 清．李玉棻，《甌鉢羅室書畫過目考》，五卷，《清代傳記叢刊》七四冊，台北：明文書局，一九八五年五月初版。

83. 清．李延昰，《南湖舊話錄》，六卷，《筆記小說大觀》四三編六冊，台北：新興書局，一九八六年九月版。

84. 清．李桓，《國朝耆獻類徵初編》，七三○卷，《清代傳記叢刊》一九○冊，台北：明文書局，一九八五年五月初版。

85. 清．李集等，《鶴徵前錄》，一卷，《清代傳記叢刊》一三冊，台北：明文書局，一九八五年五月初版。

86. 清．杜蔭棠，《明人詩品》，二卷，《明代傳記叢刊》一六冊，台北：明文書局，一九九一年十月初版。

87. 清．姚際恆，《古今僞書考》，一卷，《姚際恆著作集》五，台北：中央研究院中國文哲研究所，一九九四年六月初版。

88. 清．查繼佐，《罪惟錄列傳》，三三卷，《明代傳記叢刊》八六冊，台北：明文書局，一九九一年十月初版。

89. 清．段玉裁，《說文解字注》，三二卷，《增補樸學叢書》一，台北：世界書局，一九八九年十一月四版。

90. 清．洪亮吉，《北江詩話》，六卷，北京：人民文學出版社，一九九八年五月第一版。

91. 清．孫從添，《藏書紀要》，一卷，台北：新文豐出版股份有限公司，一九八四年六月初版。

92. 清．徐沁，《明畫錄》，八卷，《明代傳記叢刊》七二冊，台北：明文書局，一九九一年十月初版。

93. 清．徐鼒，《小腆紀傳》，七○卷，《清代傳記叢刊》六九冊，台北：明文書局，一九八五年五月初版。

94. 清．秦瀛，《己未詞科錄》，一三卷，《清代傳記叢刊》一四冊，台北：明文書局，一九八五年五月初版。

95. 清．張廷玉等，《新校本明史》，三三二卷，《中國學術類編》，台北：鼎文書局，一九九八年八月九版。

96. 清．張維屏，《國朝詩人徵略》，六○卷，《清代傳記叢刊》二一冊，台北：明文書局，一九八五年五月初版。

97. 清．張維屏，《國朝詩人徵略二編》，六四卷，《清代傳記叢刊》二三冊，台北：明文書局，一九八五年五月初版。

98. 清．曹溶，《流通古書約》，一卷，收入《知不足齋叢書》二冊，台北：興中書局，不注出版年。

99. 清・曹溶，《學海類編》，第一冊，台北：文海出版社，不注出版年。

100. 清・陳田，《明詩紀事》，一八七卷，《明代傳記叢刊》一三冊，台北：明文書局，一九九一年十月初版。

101. 清・陳鼎，《留溪外傳》，一八卷，《明代傳記叢刊》一二八冊，台北：明文書局，一九九一年十月初版。

102. 清・傅維鱗，《明書列傳》，七八卷，《明代傳記叢刊》八八冊，台北：明文書局，一九九一年十月初版。

103. 清・馮金柏，《國朝畫識》，一七卷，《清代傳記叢刊》七一冊，台北：明文書局，一九八五年五月初版。

104. 清・葉昌熾，《藏書紀事詩》，七卷，《中國目錄學名著》第一集，台北：世界書局，一九八〇年十月四版。

105. 清・葉德輝，《書林清話》，一〇卷，台北：文史哲出版社，一九七三年十二月初版。

106. 清・鄒漪，《啓禎野乘》，一六卷，《明代傳記叢刊》一二七冊，台北：明文書局，一九九一年十月初版。

107. 清・潘介祉，《明詩人小傳稿》，一四卷，台北：國家圖書館，一九八六年版。

108. 清・諸可寶，《清代疇人傳》，三卷，《清代傳記叢刊》三四冊，台北：明文書局，一九八五年五月初版。

109. 清・鄭元慶，《吳興藏書錄》，一卷，《書目三編》，台北：廣文書局，一九六九年二月初版。

110. 清・鄭元慶，《湖錄經籍考》，六卷，《書目三編》，台北：廣文書局，一九六九年二月初版。

111. 清・鄭德懋，《汲古閣主人小傳》，《明代書目題跋叢刊》下冊，北京：書目文獻出版社，一九九四年元月第一版。

112. 清・錢林等，《文獻徵存錄》，一〇卷，《清代傳記叢刊》一〇冊，台北：明文書局，一九八五年五月初版。

113. 清・錢謙益，《列朝詩集小傳》，八三卷，《中國文學名著》三，台北：世界書局，一九八五年二月三版。

114. 清・顏光敏，《顏氏家藏尺牘》，四卷，《清代傳記叢刊》二九冊，台北：明文書局，一九八五年五月初版。

115. 清・魏際瑞，《讀書法》，一卷，《古今說部叢書》一，上海：上海文藝出版社，一九九一年五月第一版，據中國圖書公司和記一九一五年再版本影印。

116. 清・竇鎮，《國朝書畫家筆錄》，四卷，《清代傳記叢刊》八二冊，台北：明文書局，一九八五年五月初版。

117. 支偉成，《清代樸學大師列傳》，不分卷，《清代傳記叢刊》一二冊，台北：明文書局，一九八五年五月初版。

118. 李放，《皇清書史》，三三卷，《清代傳記叢刊》八三冊，台北：明文書局，一九八五年五月初版。

119. 李放，《畫家知希錄》，九卷，《清代傳記叢刊》八一冊，台北：明文書局，一九八五年五月初版。

120. 李濬之，《清畫家詩史》，二○卷，《清代傳記叢刊》七五冊，台北：明文書局，一九八五年五月初版。

121. 易宗夔，《新世説》，八卷，《清代傳記叢刊》一八冊，台北：明文書局，一九八五年五月初版。

122. 孫靜菴，《明遺民錄》，四八卷，《清代傳記叢刊》六八冊，台北：明文書局，一九八五年五月初版。

123. 徐世昌，《清儒學案小傳》，二一卷，《清代傳記叢刊》五冊，台北：明文書局，一九八五年五月初版。

124. 張其淦，《明代千遺民詩詠》，三○卷，《清代傳記叢刊》六七冊，台北：明文書局，一九八五年五月初版。

125. 張惟驤等，《清代毗陵名人小傳》，一一卷，《清代傳記叢刊》一九七冊，台北：明文書局，一九八五年五月初版。

126. 清國史館，《清史列傳》，八○卷，《清代傳記叢刊》一○四冊，台北：明文書局，一九八五年五月初版。

127. 黄嗣艾，《南雷學案》，九卷，《清代傳記叢刊》二六冊，台北：明文書局，一九八五年五月初版。

128. 鄧之誠，《清詩紀事初編》，八卷，《清代傳記叢刊》二○冊，台北：明文書局，一九八五年五月初版。

（二）文集

1. 元・倪瓚，《倪雲林先生詩集》，七卷，《四庫全書存目叢書》集部・二三冊，台南：莊嚴文化事業有限公司，一九九七年六月初版，據天津圖書館藏明萬曆十九年倪理刻本影印。

2. 元・夏庭芝，《青樓集》，二卷，《增補筆記小説名著》第一集，台北：世界書局，一九六二年二月初版。

3. 元・楊維楨，《東維子集》，三一卷，《景印文淵閣四庫全書》集部・一六○冊，台北：台灣商務印書館，一九八六年三月初版。

4. 明・文徵明，《甫田集》，三五卷，《景印摛藻堂四庫全書薈要》集部・七二冊，台北：世界書局，一九八八年二月初版。

5. 明・方鵬，《矯亭存稿・續稿》，二六卷，《四庫全書存目叢書》集部・六一冊，台南：莊嚴文化事業有限公司，一九九七年六月初版，據南京圖書館藏明嘉靖十四年刻十八年續刻本影印。

6. 明・王文祿，《文脈》，三卷，《四庫全書存目叢書》集部・四一七冊，台南：莊嚴文化事業有限公司，一九九七年六月初版，據涵芬樓影印明萬曆刻百陵學山本影印。
7. 明・王圻，《王侍御類稿》，一六卷，《四庫全書存目叢書》集部・一四〇冊，台南：莊嚴文化事業有限公司，一九九七年六月初版，據原北平圖書館藏明萬曆四十八年王思義刻本影印。
8. 明・王廷相，《内臺集》，七卷，《四庫全書存目叢書》集部・五三冊，台南：莊嚴文化事業有限公司，一九九七年六月初版，據天津圖書館藏明嘉靖刻本影印。
9. 明・王褒，《三山王養靜先生集》，一〇卷，《續修四庫全書》集部・一三二六冊，上海：上海古籍出版社，二〇〇二年三月第一版，據北京圖書館藏明成化十年謝光刻本影印。
10. 明・王錫爵，《王文肅公全集》，五五卷，《四庫全書存目叢書》集部・一三六冊，台南：莊嚴文化事業有限公司，一九九七年六月初版，據首都圖書館藏明萬曆王時敏刻本影印。
11. 明・丘濬，《瓊台詩文會稿》，二四卷，《叢書集成三編》三九，台北：新文豐出版公司，一九九七年三月台一版。
12. 明・田汝成，《田叔禾小集》，一二卷，《四庫全書存目叢書》集部・八八冊，台南：莊嚴文化事業有限公司，一九九七年六月初版，據吉林省圖書館藏明嘉靖四十二年田藝衡刻本影印。
13. 明・安紹芳，《西林全集》，二〇卷，台北：中央研究院藏明萬曆四十七年句吳安氏墨顛齋刊清康熙十一年補刊序文本。
14. 明・朱曰藩，《山帶閣集》，三三卷，《四庫全書存目叢書》集部・一一〇冊，台南：莊嚴文化事業有限公司，一九九七年六月初版，據中國社會科學院文學研究所藏明萬曆刻本影印。
15. 明・朱察卿，《朱邦憲集》，一六卷，《四庫全書存目叢書》集部・一四五冊，台南：莊嚴文化事業有限公司，一九九七年六月初版，據北京大學圖書館藏明萬曆六年朱家法刻增修本影印。
16. 明・朱賡，《朱文懿公文集》，一二卷，《四庫全書存目叢書》集部・一四九冊，台南：莊嚴文化事業有限公司，一九九七年六月初版，據湖北省圖書館藏明天啓刻本影印。
17. 明・江盈科，《江盈科集》，二五卷，長沙：岳麓書社，一九九七年四月第一版。
18. 明・何良俊，《何翰林集》，二八卷，《四庫全書存目叢書》集部・一四二冊，台南：莊嚴文化事業有限公司，一九九七年六月初版，據中國社會科學院文學研究所藏明嘉靖四十四年何氏香嚴精舍刻本影印。
19. 明・吳中行，《賜餘堂集》，一四卷，《四庫全書存目叢書》集部・一五七冊，台南：莊嚴文化事業有限公司，一九九七年六月初版，據陝西省圖書館藏明萬曆二十八年吳亮吳奕等刻本影印。

20. 明．呂留良，《呂晚邨文集》，九卷，台北：台灣商務印書館，一九七七年三月初版。
21. 明．呂柟，《涇野先生文集》，三八卷，《續修四庫全書》集部．一三三八冊，上海：上海古籍出版社，二○○二年三月第一版，據華東師範大學圖書館藏明萬曆二十年刻本影印。
22. 明．宋濂，《龍門子凝道記》，三卷，《宋濂全集》，杭州：杭州古籍出版社，一九九九年十二月第一版。
23. 明．李日華，《恬致堂集》，四○卷，《明代藝術家集彙刊續集》，台北：國立中央圖書館，一九七一年十月初版，據國家圖書館藏明末刻本影印。
24. 明．李廷機，《李文節集》，二八卷，台北：文海出版社，一九七○年三月初版。
25. 明．李春芳，《李文定公貽安堂集》，一一卷，《四庫全書存目叢書》集部．一一三冊，台南：莊嚴文化事業有限公司，一九九七年六月初版，據北京大學圖書館藏明萬曆十七年李戴刻本影印。
26. 明．李開先，《李中麓閒居集》，一二卷，《四庫全書存目叢書》集部．九三冊，台南：莊嚴文化事業有限公司，一九九七年六月初版，據南京圖書館藏明嘉靖至隆慶刻本影印。
27. 明．李維楨，《大泌山房集》，一三六卷，《四庫全書存目叢書》集部．一五○、一五二冊，台南：莊嚴文化事業有限公司，一九九七年六月初版，據北京師範大學圖書館藏明萬曆三十九年刻本影印。
28. 明．李濂，《李氏居室記》，五卷，《四庫全書存目叢書補編》九五冊，濟南：齊魯書社，二○○一年九月第一版，據漢學研究中心藏明嘉靖十二年李氏家刻本影印。
29. 明．李贄，《李溫陵集》，二○卷，《四庫全書存目叢書》集部．一二六冊，台南：莊嚴文化事業有限公司，一九九七年六月初版，據北京大學圖書館藏明刻本影印。
30. 明．汪道昆，《太函集》，一二六卷，《四庫全書存目叢書》集部．一一七冊，台南：莊嚴文化事業有限公司，一九九七年六月初版，據北京大學圖書館藏明萬曆刻本影印。
31. 明．貝瓊，《清江貝先生集》，四○卷，《四庫叢刊初編》集部．八一冊，台北：台灣商務印書館，一九六五年八月台一版，上海商務印書館據烏程許氏藏明洪武本縮印。
32. 明．周履靖，《梅顛稿選》，二○卷，《四庫全書存目叢書》集部．一八七冊，台南：莊嚴文化事業有限公司，一九九七年六月初版，據北京大學圖書館藏明刻本影印。
33. 明．邵寶，《容春堂集》，六一卷，《景印文淵閣四庫全書》集部．一九七冊，台北：台灣商務印書館，一九八六年三月初版。

34. 明‧姚惟芹，《東齋稿略》，一卷，台北：中央研究院藏明嘉靖三十六年嘉興姚氏家刊本。

35. 明‧姚翼，《玩畫齋雜著編》，八卷，《四庫全書存目叢書》集部‧一八八冊，台南：莊嚴文化事業有限公司，一九九七年六月初版，據北京圖書館藏明隆慶萬曆間自刻本影印。

36. 明‧施峻，《璉川詩集》，八卷，《四庫全書存目叢書》集部‧一○一冊，台南：莊嚴文化事業有限公司，一九九七年六月初版，據杭州大學圖書館藏明嘉靖三十八年刻本影印。

37. 明‧皇甫汸，《皇甫司勳集》，六○卷，《景印文淵閣四庫全書》集部‧二一四冊，台北：台灣商務印書館，一九八六年三月初版。

38. 明‧胡廣，《胡文穆公文集》，二○卷，《四庫全書存目叢書》集部‧二八冊，台南：莊嚴文化事業有限公司，一九九七年六月初版，據復旦大學圖書館藏清乾隆十五年刻本影印。

39. 明‧茅坤，《玉芝山房稿》，二二卷，《四庫全書存目叢書》集部‧一○六冊，台南：莊嚴文化事業有限公司，一九九七年六月初版，據華東師範大學圖書館藏明萬曆十六年刻本影印。

40. 明‧茅坤，《耄年錄》，九卷，《四庫全書存目叢書》集部‧一○六冊，台南：莊嚴文化事業有限公司，一九九七年六月初版，據上海圖書館藏明萬曆刻本影印。

41. 明‧茅坤，《茅鹿門先生文集》，三六卷，《續修四庫全書》集部‧一三四四、一三四五冊，上海：上海古籍出版社，二○○二年三月第一版，據中國科學院圖書館藏明萬曆刻本影印。

42. 明‧唐錦，《龍江集》，一四卷，《續修四庫全書》集部‧一三三四冊，上海：上海古籍出版社，二○○二年三月第一版，據上海圖書館藏明隆慶三年唐氏聽雨山房刻本影印。

43. 明‧夏言，《夏桂洲先生文集》，一八卷，《四庫全書存目叢書》集部‧七五冊，台南：莊嚴文化事業有限公司，一九九七年六月初版，據北京大學圖書館藏明崇禎十一年吳一璘刻本影印。

44. 明‧孫作，《滄螺集》，六卷，《常州先哲遺書》一四，台北：藝文印書館，一九七一年十月初版，據光緒盛氏刻本影印。

45. 明‧徐中行，《天目先生集》，二一卷，《續修四庫全書》集部‧一三四九冊，上海：上海古籍出版社，二○○二年三月第一版，據明刻本影印。

46. 明‧徐階，《世經堂集》，二六卷，《四庫全書存目叢書》集部‧七九冊，台南：莊嚴文化事業有限公司，一九九七年六月初版，據北京大學圖書館藏明萬曆徐氏刻本影印。

47. 明‧徐學謨，《歸有園稿》，二九卷，《四庫全書存目叢書》集部‧一二五冊，台南：莊嚴文化事業有限公司，一九九七年六月初版，據天津圖書館藏明萬曆二十一年張汝濟刻四十年徐元嘏重修本影印。

48. 明・徐獻忠，《長谷集》，一五卷，《四庫全書存目叢書》集部・八六冊，台南：莊嚴文化事業有限公司，一九九七年六月初版，據北京大學圖書館藏明嘉靖刻本影印。
49. 明・徐顯卿，《天遠樓集》，二七卷，《四庫全書存目叢書補編》九八冊，濟南：齊魯書社，二〇〇一年九月第一版，據漢學研究中心藏明萬曆刻本影印。
50. 明・袁尊尼，《袁魯望集》，一二卷，《四庫全書存目叢書》集部・一三七冊，台南：莊嚴文化事業有限公司，一九九七年六月初版，據中國社會科學院文學研究所藏明萬曆十二年袁年刻本影印。
51. 明・張鼐，《寶日堂初集》，三二卷，《四庫禁燬書叢刊》集部・七六冊，北京：北京出版社，二〇〇〇年一月第一版，據中國科學院圖書館藏明崇禎二年刻本影印。
52. 明・曹于汴，《仰節堂集》，一四卷，《景印文淵閣四庫全書》集部・二三二冊，台北：台灣商務印書館，一九八六年三月初版。
53. 明・陳山毓，《陳靖質居士文集》，六卷，《四庫禁燬書叢刊》集部・一四冊，北京：北京出版社，二〇〇〇年一月第一版，據北京大學圖書館藏明天啓刻本影印。
54. 明・陳龍正，《幾亭全書》，六四卷，《四庫禁燬書叢刊》集部・一二冊，北京：北京出版社，二〇〇〇年一月第一版，據中國社會科學院文學研究所圖書館藏清康熙雲書閣刻本影印。
55. 明・陳繼儒，《陳眉公先生全集》，六〇卷，台北：中央研究院藏明崇禎間華亭陳氏家刊本。
56. 明・陳繼儒，《筆記》，二卷，《四庫全書存目叢書》集部・一四八冊，台南：莊嚴文化事業有限公司，一九九五年九月初版，據復旦大學圖書館藏明萬曆繡水沈氏刻寶顏堂祕笈本影印。
57. 明・陳繼儒，《白石樵眞稿》，二九卷，《四庫禁燬書叢刊》集部・六六冊，北京：北京出版社，二〇〇〇年一月第一版，據北京大學圖書館藏明崇禎刻本影印。
58. 明・陳繼儒，《晚香堂集》，一〇卷，《四庫禁燬書叢刊》集部・六六冊，北京：北京出版社，二〇〇〇年一月第一版，據北京大學圖書館藏明崇禎刻本影印。
59. 明・陸可教，《陸學士先生遺稿》，一六卷，《四庫禁燬書叢刊》集部・一六〇冊，北京：北京出版社，二〇〇〇年一月第一版，據上海圖書館藏明萬曆刻本影印。
60. 明・陸深，《儼山集・續集》，一一〇卷，《景印文淵閣四庫全書》集部・二〇七冊，台北：台灣商務印書館，一九八六年三月初版。
61. 明・陸深，《陸文裕公行遠集》，二四卷，《四庫全書存目叢書》集部・五九冊，台南：莊嚴文化事業有限公司，一九九七年六月初版，據復旦大學圖書館藏明陸起龍刻清康熙六十一年陸瀛齡補修本影印。
62. 明・陸樹聲，《陸文定公集》，二六卷，台北：中央研究院藏明萬曆四十四年華亭陸氏家刊本。

63. 明・湯紹祖，《續文選》，三二卷，《四庫全書存目叢書》集部・三三四冊，台南：莊嚴文化事業有限公司，一九九七年六月初版，據浙江圖書館藏明萬曆三十年希貴堂刻本影印。

64. 明・焦竑，《澹園集》，七六卷，《理學叢書》，北京：中華書局，一九九九年五月第一版。

65. 明・費元祿，《甲秀園集》，四七卷，《四庫禁燬書叢刊》集部・六二冊，北京：北京出版社，二〇〇〇年一月第一版，據北京大學圖書館藏明萬曆刻本影印。

66. 明・馮夢禎，《快雪堂集》，六四卷，《四庫全書存目叢書》集部・一六五冊，台南：莊嚴文化事業有限公司，一九九七年六月初版，據北京大學圖書館藏明萬曆四十四年黃汝亨朱之蕃等刻本影印。

67. 明・黃訓，《黃潭先生文集》，一〇卷，台北：中央研究院藏明嘉靖三十八年新安黃氏刊本。

68. 明・黃體仁，《四然齋藏稿》，一〇卷，《四庫全書存目叢書》集部・一八二冊，台南：莊嚴文化事業有限公司，一九九七年六月初版，據湖北省圖書館藏明萬曆刻本影印。

69. 明・楊士奇，《東里續集》，六二卷，《景印文淵閣四庫全書》集部・一七七冊，台北：台灣商務印書館，一九八六年三月初版。

70. 明・萬士和，《萬文恭公摘集》，一二卷，《四庫全書存目叢書》集部・一〇九冊，台南：莊嚴文化事業有限公司，一九九七年六月初版，據中央民族大學圖書館藏明萬曆二十年萬氏素履齋刻本影印。

71. 明・董其昌，《容臺集》，一九卷，《明代藝術家集彙刊》，台北：國立中央圖書館，一九六八年六月初版。

72. 明・臧懋循，《負苞堂詩選文選》，九卷，《四庫全書存目叢書》集部・一六八冊，台南：莊嚴文化事業有限公司，一九九七年六月初版，據北京大學圖書館藏明天啓元年刻本影印。

73. 明・趙用賢，《松石齋集》，三六卷，《四庫禁燬書叢刊》集部・四一冊，北京：北京出版社，二〇〇〇年一月第一版，據北京大學圖書館藏明萬曆刻本影印。

74. 明・潘恩，《潘笠江先生集》，二四卷，《四庫全書存目叢書》集部・八一冊，台南：莊嚴文化事業有限公司，一九九七年六月初版，據蘇州市圖書館南京圖書館藏明嘉靖至萬曆刻本影印。

75. 明・鄭曉，《端簡鄭公文集》，一二卷，《四庫全書存目叢書》集部・八五冊，台南：莊嚴文化事業有限公司，一九九七年六月初版，據北京大學圖書館藏明萬曆二十八年鄭心材刻本影印。

76. 明・錢棻，《蕭林初集》，八卷，《四庫未收書輯刊》陸輯・二八冊，北京：北京出版社，二〇〇〇年一月第一版，據明崇禎刻本影印。

77. 明・薛應旂，《方山薛先生全集》，六八卷，《續修四庫全書》集部・一三四三冊，上海：上海古籍出版社，二〇〇二年三月第一版，據上海圖書館藏明嘉靖刻本影印。
78. 明・韓應嵩，《太室山人集》，一七卷，台北：中央研究院藏明萬曆三十二年韓光祐昆陵刊本。
79. 明・魏禧，《魏叔子文集》，三三卷，《中國古典文學基本叢書》，北京：中華書局，二〇〇三年六月第一版。
80. 明・顧清，《東江家藏集》，四二卷，台北：中央研究院藏明嘉靖間華亭顧氏家刊本。
81. 清・朱彝尊，《曝書亭集》，八一卷，台北：世界書局，一九八九年四月再版。
82. 清・朱鶴齡，《愚菴小集》，一七卷，台北：中央研究院藏民國二十九年燕京大學圖書館排印本。
83. 清・吳偉業，《吳梅村全集》，六四卷，《中國古典文學叢書》，上海：上海古籍出版社，一九九九年十二月第一版第二刷。
84. 清・胡夏客，《谷水集》，二二卷，《四庫全書存目叢書》集部・二三四冊，台南：莊嚴文化事業有限公司，一九九七年六月初版，據上海圖書館藏清康熙刻本影印。
85. 清・盧世漼，《尊水園集略》，一四卷，《續修四庫全書》集部・一三九二冊，上海：上海古籍出版社，二〇〇二年三月第一版，據復旦大學圖書館藏清順治刻十七年盧孝餘增修本影印。
86. 清・錢謙益，《牧齋初學集》，一一〇卷，《錢牧齋全集》，上海：上海古籍出版社，二〇〇三年八月第一版。
87. 清・錢謙益，《牧齋有學集》，五〇卷，《錢牧齋全集》，上海：上海古籍出版社，二〇〇三年八月第一版。

（三）方志

1. 明・不著撰者，《萬曆・錢塘縣志》，不分卷，《中國方志叢書》華中・一九二號，台北：成文出版社有限公司，一九七五年台一版，據明萬曆三十七年修清光緒十九年刻本影印。
2. 明・方岳貢等，《崇禎・松江府志》，五八卷，《日本藏中國罕見地方志叢刊》，北京：書目文獻出版社，一九九一年十月第一版，據日本藏明崇禎三年刻本影印。
3. 明・何三畏，《雲間志略》，二四卷，《明代傳記叢刊》一四七冊，台北：明文書局，一九九一年十月初版。
4. 明・李培等，《萬曆・秀水縣志》，一〇卷，《中國方志叢書》華中・五七號，台北：成文出版社有限公司，一九七〇年八月台一版，據明萬曆二十四年修民國十四年鉛字重刻本影印。
5. 明・沈朝宣，《嘉靖・仁和縣志》，一四卷，《四庫全書存目叢書》史部・一九四冊，台南：莊嚴文化事業有限公司，一九九六年八月初版，據清華大學圖書館藏清光緒錢塘丁氏嘉惠堂刻武林掌故叢編本影印。
6. 明・姚宗儀，《常熟縣志》，二八卷，台北：中央研究院藏明萬曆間刊本。
7. 明・唐誥等，《萬曆・和州志》，八卷，《中國方志叢書》華中・六四一號，台北：成文出版社有限公司，一九八五年三月台一版，據明萬曆三年刻本影印。
8. 明・張鐸等，《嘉靖・湖州府志》，一六卷，台北：中央研究院藏明嘉靖二十一年刻本。
9. 明・陳善等，《萬曆・杭州府志》，一〇一卷，《中國方志叢書》華中・五二四號，台北：成文出版社有限公司，一九八三年三月台一版，據明萬曆七年刻本影印。
10. 明・聞人詮等，《嘉靖・南畿志》，六四卷，《四庫全書存目叢書》史部・一九〇冊，台南：莊嚴文化事業有限公司，一九九六年八月初版，據天津圖書館藏明嘉靖刻本影印。
11. 明・趙錦等，《嘉靖・江陰縣志》，二一卷，《天一閣藏明代方志選刊》五冊，台北：新文豐出版股份有限公司，一九八五年七月初版，據明嘉靖刻本影印。
12. 明・劉應鈳等，《萬曆・嘉興府志》，三三卷，《中國方志叢書》華中・五〇五號，台北：成文出版社有限公司，一九八三年三月台一版，據明萬曆二十八年刻本影印。
13. 明・樊維城等，《天啓・海鹽縣圖經》，一六卷，《四庫全書存目叢書》史部・二〇八冊，台南：莊嚴文化事業有限公司，一九九六年八月初版，據復旦大學圖書館藏明天啓刻本影印。
14. 明・蕭良幹等，《萬曆・紹興府志》，五一卷，《中國方志叢書》華中・五二〇號，台北：成文出版社有限公司，一九八三年三月台一版，據明萬曆十五年刻本影印。
15. 明・薛應旂等，《嘉靖・浙江通志》，七二卷，《天一閣藏明代方志選刊續編》二六冊，上海：上海書店，一九九〇年十二月第一版，據明嘉靖刻本影印。
16. 明・聶心湯，《錢塘縣志》，一〇卷，《叢書集成續編》史部・四八冊，台北：新文豐出版公司，一九八九年七月台一版，據武林叢書本影印。
17. 明・顏洪範等，《萬曆・上海縣志》，存五卷，台北：中央研究院藏明萬曆十六年刻本。
18. 明・羅炌等，《崇禎・嘉興縣志》，二四卷，《日本藏中國罕見地方志叢刊》，北京：書目文獻出版社，一九九一年十月第一版，據日本宮內省圖書寮藏明崇禎十年刻本影印。
19. 清・王彬等，《光緒・海鹽縣志》，二四卷，《中國方志叢書》華中・二〇七號，台北：成文出版社有限公司，一九七五年台一版，據清光緒二年刻本影印。
20. 清・江峰青等，《光緒・嘉善縣志》，三七卷，《中國方志叢書》華中・五九號，台北：成文出版社有限公司，一九七〇年十一月台一版，據清光緒十八年刻本影印。
21. 清・宋如林等，《嘉慶・松江府志》，八七卷，《續修四庫全書》史部・六八八冊，上海：上海古籍出版社，二○○二年三月第一版，據華東師範大學圖書館藏清嘉慶二十三年松江府學刻本影印。

22. 清・李衛等，《浙江通志》，二八三卷，上海：商務印書館，一九三四年十月再版，據清光緒二十五年重刻本影印。
23. 清・宗源瀚等，《同治・湖州府志》，九七卷，《中國方志叢書》華中・五四號，台北：成文出版社有限公司，一九七○年十一月台一版，據清同治十三年刻本影印。
24. 清・侯元棐等，《康熙・德清縣志》，一一卷，《中國方志叢書》華中・四九一號，台北：成文出版社有限公司，一九八三年三月台一版，據清康熙十二年鈔本影印。
25. 清・張吉安等，《餘杭縣志》，四○卷，《中國方志叢書》華中・五六號，台北：成文出版社有限公司，一九七○年十月台一版，據民國八年重刻本影印。
26. 清・許瑤光等，《光緒・嘉興府志》，九○卷，《中國方志叢書》華中・五三號，台北：成文出版社有限公司，一九七○年八月台一版，據清光緒五年刻本影印。
27. 清・陳方瀛等，《光緒・川沙廳志》，一六卷，《中國方志叢書》華中・一七四號，台北：成文出版社有限公司，一九七五年台一版，據清光緒五年刻本影印。
28. 清・彭潤章等，《光緒・平湖縣志》，二七卷，《中國方志叢書》華中・一八九號，台北：成文出版社有限公司，一九七五年台一版，據清光緒十二年刻本影印。
29. 清・楊開第等，《光緒・重修華亭縣志》，二五卷，《中國方志叢書》華中・四五號，台北：成文出版社有限公司，一九七○年台一版，據清光緒四年刻本影印。
30. 清・董似穀等，《光緒・武進陽湖縣志》，三一卷，《新修方志叢刊》江蘇・五，台北：台灣學生書局，一九六八年五月初版，據清光緒五年重修清光緒三十二年重印本影印。
31. 清・裴大中等，《光緒・無錫金匱縣志》，四六卷，台北：台北市無錫同鄉會，一九六八年二月台一版，據中央研究院藏清光緒七年刻本影印。
32. 清・趙定邦等，《光緒・長興縣志》，三三卷，《中國方志叢書》華中・五八六號，台北：成文出版社有限公司，一九八三年三月台一版，據清光緒十八年增補刻本影印。
33. 清・鄭重等，《康熙・靖江縣志》，一八卷，《稀見中國地方志匯刊》一四冊，北京：中國書店，一九九二年十二月第一版，據日本內閣文庫藏清康熙刻本影印。
34. 清・盧思誠等，《光緒・江陰縣志》，三一卷，《中國方志叢書》華中・四五七號，台北：成文出版社有限公司，一九八三年三月台一版，據清光緒四年刻本影印。
35. 清・應寶時等，《同治・上海縣志》，三四卷，《中國方志叢書》華中・一六九號，台北：成文出版社有限公司，一九七五年台一版，據清同治十一年刻本影印。
36. 清・龔嘉儁等，《杭州府志》，一九四卷，《中國方志叢書》華中・一九九號，台北：成文出版社有限公司，一九七四年十二月台一版，據民國十一年鉛印本影印。

37. 許傅霈等，《海寧州志稿》，四四卷，《中國方志叢書》華中・五六二號，台北：成文出版社有限公司，一九八三年三月台一版，據民國十一年排印本影印。

二、近人論著

（一）專　書

1. 毛文芳，《晚明閒賞美學》，台北：台灣學生書局，二○○○年四月初版，五二六頁。
2. 王余光，《藏書四記》，武漢：湖北辭書出版社，一九九八年六月第一版，四一八頁。
3. 石洪運等，《圖書收藏及鑒賞》，武漢：湖北人民出版社，一九九八年十月第一版，總頁五三五。
4. 任繼愈，《中國藏書樓》，沈陽：遼寧人民出版社，二○○一年一月第一版，二二二五頁。
5. 朱義祿，《逝去的啓蒙——明清之際啓蒙學者的文化心態》，鄭州：河南人民出版社，一九九五年四月第一版，三六一頁。
6. 何宗美，《明末清初文人結社研究》，天津：南開大學出版社，二○○三年一月第一版，四四五頁。
7. 吳仁安，《明清江南望族與社會經濟文化》，上海：上海人民出版社，二○○一年十二月第一版，三三四頁。
8. 吳唅，《江浙藏書家史略》，台北：文史哲出版社，一九八二年五月初版，二三四頁。
9. 吳晞，《從藏書樓到圖書館》，北京：書目文獻出版社，一九九六年十一月第一版，一六○頁。
10. 李伯重，《江南的早期工業化一五五○～一八五○年》，北京：社會科學文獻出版社，二○○○年十二月第一版，五八九頁。
11. 李伯重，《發展與制約：明清江南生產力研究》，台北：聯經出版事業股份有限公司，二○○二年十二月初版，五○○頁。
12. 李清志，《古書版本鑑定研究》，台北：文史哲出版社，一九八六年九月初版，三五九頁。
13. 李雪梅，《中國近代藏書文化》，北京：現代出版社，一九九九年一月第一版，三七七頁。
14. 李瑞良，《中國古代圖書流通史》，上海：上海人民出版社，二○○○年五月第一版，四三五頁。
15. 汪誾，《明清蟫林輯傳》，九龍：中山圖書公司，一九七二年十二月港初版，二○○頁。

16. 周少川，《藏書與文化——古代私家藏書文化研究》，北京：北京師範大學出版社，一九九九年四月第一版，三七八頁。
17. 周明初，《晚明士人心態及文學個案》，北京：東方出版社，一九九七年八月第一版，二六九頁。
18. 林利隆，《明人的舟遊生活——南方文人水上生活文化的開展》，宜蘭：明史研究小組，二○○五年八月初版，二九八頁。
19. 林崗，《明清之際小説評點學之研究》，北京：北京大學出版社，一九九九年十一月第一版，二二五頁。
20. 林慶彰，《明代考據學研究》，台北：台灣學生書局，一九八六年十月再版，六二○頁。
21. 洪湛侯，《中國文獻學新編》，杭州：杭州大學出版社，一九九七年九月第一版第三刷，四六二頁。
22. 胡楪安等，《校讎學》，台北：台灣商務印書館，一九九○年七月台二版，八四頁。
23. 范鳳書，《中國私家藏書史》，鄭州：大象出版社，二○○一年七月第一版，七三六頁。
24. 唐弢，《唐弢書話》，北京：北京出版社，一九九六年十月第一版，三六六頁。
25. 夏咸淳，《晚明士風與文學》，北京：中國社會科學出版社，一九九四年七月第一版，二九八頁。
26. 徐雁，《滄桑書城》，長沙：岳麓書社，一九九九年四月第一版，三四四頁。
27. 張德建，《明代山人文學研究》，長沙：湖南人民出版社，二○○五年一月第一版，四一○頁。
28. 張懋鎔，《書畫與文人風尚》，台北：文津出版社，一九八九年八月台一版，一九六頁。
29. 曹之，《中國古籍版本學》，台北：洪葉文化事業有限公司，一九九四年十一月初版，六三二頁。
30. 郭英德，《中國古代文人集團與文學風貌》，北京：北京師範大學出版社，一九九八年十一月第一版，二三八頁。
31. 陳力，《中國圖書史》，《中國文化史叢書》四一，台北：文津出版社，一九九六年四月初版，三六三頁。
32. 陳宏天，《古籍版本概要》，台北：洪葉文化事業有限公司，一九九二年十月初版，一五二頁。
33. 陳冠至，《明代的蘇州藏書——藏書家的藏書活動與藏書生活》，宜蘭：明史研究小組，二○○二年二月初版，二九四頁。
34. 陳寶良，《中國的社與會》，杭州：浙江人民出版社，一九九六年三月第一版，四七八頁。
35. 傅衣凌，《明代江南市民經濟試探》，台北：谷風出版社，一九八六年九月初版，一五八頁。

36. 傅璇琮等，《中國藏書通史》，寧波：寧波出版社，二○○一年二月第一版，一三八四頁。

37. 焦樹安，《中國古代藏書史話》，《中國文化史知識叢書》六○，台北：台灣商務印書館，一九九五年八月初版二刷，一五四頁。

38. 程千帆等，《校讎廣義·典藏編》，《中國傳統文化研究叢書》，濟南：齊魯書社，一九九八年四月第一版，五○三頁。

39. 費振鍾，《江南士風與江蘇文學》，湖南：湖南教育出版社，一九九五年八月第一版，三六二頁。

40. 黃燕生，《天祿琳瑯——古代藏書和藏書樓》，《中華文化寶庫·學術思想類》三二，台北：萬卷樓圖書有限公司，二○○○年六月初版，二一三頁。

41. 黃顯功等，《現代家庭藏書文化》，上海：上海科學技術文獻出版社，二○○二年七月第一版，二三六頁。

42. 楊立誠等，《中國藏書家考略》，台北：文海出版社，一九七一年十月初版，三二六頁。

43. 葉樹聲等，《明清江南私人刻書史略》，合肥：安徽大學出版社，二○○○年五月第一版，頁二二五頁。

44. 廖可斌，《明代文學復古運動研究》，上海：上海古籍出版社，一九九四年十二月第一版，四三一頁。

45. 鄭偉章，《文獻家通考清——現代》，北京：中華書局，一九九九年六月第一版，一七八七頁。

46. 鄭銀淑，《項元汴之書畫收藏與藝術》，台北：文史哲出版社，一九八四年十月初版，三○○頁。

47. 錢杭等，《十七世紀江南社會生活》，杭州：浙江人民出版社，一九九六年三月第一版，三一九頁。

48. 錢茂偉，《國家、科舉與社會——以明代爲中心的考察》，北京：北京圖書館出版社，二○○四年十一月第一版，三四二頁。

49. 劉兆祐，《認識古籍版刻與藏書家》，台北：中山學術文化基金會，一九九七年六月初版，三三二頁。

50. 謝國楨，《明末清初的學風》，上海：上海書店出版社，二○○四年一月第一版，二六四頁。

51. 謝國楨，《明清之際黨社運動考》，上海：上海書店出版社，二○○四年一月第一版，二四一頁。

52. 顧志興，《浙江藏書家藏書樓》，杭州：浙江人民出版社，一九八七年十一月第一版，三二八頁。

53. 龔鵬程，《晚明思潮》，宜蘭：佛光人文社會學院編譯出版中心，二○○一年十月初版，五四五頁。

（二）一般論文

1. 毛文芳，〈晚明文人纖細感知的名物世界〉，《大陸雜誌》，第九五卷第二期，一九九七年八月，頁四九～五六。
2. 毛文芳，〈花、美女、癖人與遊舫——晚明文人之美感境界與美感經營〉，《中國學術年刊》，第一九期，一九九八年三月，頁三八一～四一六。
3. 毛昭晰，〈浙江藏書家之精神〉，收入《中國古代藏書樓研究》，北京：中華書局，一九九九年七月第一版，頁一～四。
4. 牛建強，〈明代江南地區的早期社會變遷〉，《東北師大學報》哲學社會科學版，一九九六年第三期，頁一三～一九。
5. 王叔岷，〈論校書之難〉，收入《文史論叢》，九龍：中華書局香港分局，一九七四年三月港版，頁二四六～二五六。
6. 王建光，〈明代學子的心態及其價值取向的歸宿〉，《史學月刊》，一九九四年第二期，頁三七～四〇。
7. 王春瑜，〈明代商業文化初探〉，《中國史研究》，一九九二年第四期，頁一四一～一五四。
8. 王美英，〈試論明代的私人藏書〉，《武漢大學學報》哲學社會科學版，一九九四年第四期，頁一一五～一一九。
9. 王家範，〈明清江南市鎮結構及歷史價值初探〉，《華東師範大學學報》哲學社會科學版，一九八四年第一期，頁七四～八四。
10. 王偉凱，〈明代圖書的國內流通〉，《社會科學輯刊》，一九九六年第二期，頁一〇五～一〇九。
11. 王國強，〈明代藏書事業歷史背景探討〉，《山東圖書館季刊》，一九九三年第三期，頁一三～一七。
12. 王增清，〈湖州藏書的聚散及其史鑒意義〉，收入《中國古代藏書樓研究》，北京：中華書局，一九九九年七月第一版，頁一五四～一六四。
13. 任昉，〈明代的民間結社〉，《文史知識北京》，一九九六年第九期，頁一一～一八。
14. 江慶柏，〈清代蘇南望族與家族藏書〉，《中國典籍與文化》，一九九八年第三期，頁三一～三六。
15. 江慶柏，〈圖書與明清蘇南社會〉，《中國典籍與文化》，一九九九年第三期，頁四五～五一。
16. 何宗美，〈明代杭州西湖的詩社〉，《中國典籍與文化》，二〇〇二年第三期，頁八九～九六。
17. 何冠彪，〈張岱別名、字號與籍貫新考〉，《書目季刊》，第二三卷第一期，一九八九年六月，頁四六～六〇。

18. 吳仁安，〈明代江南地區的商人和社會風尚〉，《歷史教學問題》，一九八八年第五期，頁一六～二〇。
19. 吳平，〈古代書商的經營作風——宋明清諸朝代淺析〉，《圖書情報知識》，一九八四年第四期，頁七〇～七二。
20. 吳哲夫，〈古代藏書家的胸襟〉，《故宮文物月刊》，第六卷第一期，一九八八年四月，頁三八～四五。
21. 吳智和，〈明代蘇州社區鄉土生活史舉隅——以文人集團爲例〉，收入《方志學與社區鄉土史學術研討會論文集》，台北：臺灣學生書局，一九九八年五月初版，頁二三～四七。
22. 吳智和，〈明人居室生活流變〉，《華岡文科學報》，第二四期，二〇〇一年三月，頁二二一～二五六。
23. 吳智和，〈明人文集中的生活史料——以居家休閒生活爲例〉，收入《明人文集與明代研究》，台北：中國明代研究學會，二〇〇一年十二月初版，頁一三五～一六六。
24. 吳調公，〈晚明文人的「自娛」心態與其時代折光〉，《社會科學戰線》，一九九一年第二期，頁二五〇～二六〇。
25. 宋莉華，〈明清小說評點的廣告意識及其傳播功能〉，《北方論叢》，二〇〇〇年第二期，頁六三～六七。
26. 李孝悌，〈上層文化與民間文化——兼論中國史在這方面的研究〉，《近代中國史研究通訊》，第八期，一九八九年九月，頁九五～一〇四。
27. 李明宗，〈晚明文人的休閒生活及其反映的時代意義〉，《台灣師大體育研究》，第四期，一九九七年，頁一三～二四。
28. 李家駒，〈我國古代藏書樓的典藏管理與利用上〉，《教育資料與圖書館學》，第二五卷第一期，一九八七年，頁九六～一一〇。
29. 李家駒，〈我國古代藏書樓的典藏管理與利用下〉，《教育資料與圖書館學》，第二五卷第二期，一九八八年，頁二一九～二三五。
30. 李清志，〈明代中葉以後版刻特徵〉，收入《古籍鑑定與維護研習會專集》，台北：中國圖書館學會，一九八五年九月初版，頁九六～一〇七。
31. 李婷，〈評析中國古代私人藏書家的文化心理特徵——「秘而不宣」〉，《圖書情報知識》，一九八八年第一期，頁二三～二五；一九。
32. 李舜華，〈明代書賈與通俗小說的繁興〉，《中國典籍與文化》，一九九九年第四期，頁二五～二八。
33. 李慶濤，〈關於明代中葉的翻宋仿宋刻書——兼談我省有關藏本及其著錄問題〉，《青海圖書館》，一九八一年第一期，頁二一～二六。
34. 李咏梅，〈試論明代私人刻書業與思想文化的關係〉，《四川圖書館學報》，一九九七年第二期，頁七六～八〇。

35. 沈津，〈明代坊刻圖書之流通與價格〉，《國家圖書館館刊》，第一期，一九九六年六月，頁一〇一～一一八。
36. 沈振輝，〈明人的收藏活動〉，《文博》，一九九八年第一期，頁八七～九〇；五五。
37. 沈振輝，〈明代藏品市場略論〉，《文博》，一九九八年第六期，頁八三～八六。
38. 沈振輝，〈元明時期的收藏學〉，《中國典籍與文化》，一九九九年第一期，頁五五～六一。
39. 肖東發，〈印刷術發明後的抄寫本書〉，《贛圖通訊》，一九八三年第三期，頁五二～五七。
40. 周少川，〈元代的私家藏書〉，《中國典籍與文化》，一九九六年第二期，頁六五～六九。
41. 周少川，〈古代私家藏書措理之術管窺〉，《中國典籍與文化》，一九九八年第三期，頁二一～二六。
42. 周少川，〈論古代私家藏書的類型〉，《文獻》，一九九八年第四期，頁一四八～一六二。
43. 周少川等，〈古代私家藏書樓的構建與命名〉，《中國典籍與文化》，二〇〇〇年第一期，頁三七～四三。
44. 周學軍，〈明清江南儒士群體的歷史變動〉，《歷史研究北京》，一九九三年第一期，頁七五～八七。
45. 昌彼得，〈談善本書〉，收入《版本目錄學論叢》一，台北：學海出版社，一九七七年八月初版，頁一～二〇。
46. 封思毅，〈歷代寫本概述〉，收入《古籍鑑定與維護研習會專集》，台北：中國圖書館學會，一九八五年九月初版，頁二八六～三〇〇。
47. 胡先媛，〈中國古代私人藏書的文化地理狀況研究〉，《圖書情報知識》，一九九七年第二期，頁二六～二九。
48. 范金民等，〈明清江南社會經濟史研究十年綜述〉，收入《長江三角洲地區社會經濟史研究》，南京：南京大學出版社，一九八九年十月第一版，頁三六六～三九四。
49. 范金民，〈明代江南進士甲天下及其原因〉，《明史研究》，第五輯，一九九七年五月，頁一六三～一七〇。
50. 范景中，〈「借書還書」與抄書——兼談《此君軒漫筆》〉，《藏書家》，第二輯，二〇〇〇年六月，頁一一五～一二〇。
51. 范鳳書，〈中國古代私家藏書簡述〉，《書與人》，一九九七年第四期，頁一四二～一四四。
52. 唐逸，〈文化研究方法論〉，《學術月刊》，一九九八年第二期，頁八〇～八三。
53. 夏金華，〈明末封建士大夫逃禪原因初探〉，《學術月刊》，一九九八年第二期，頁六九～七四。

54. 孫克強，〈論「雅」〉，《復旦學報》社會科學版，一九九一年第六期，頁八七～九二。

55. 徐文琴，〈玩物思古——由杜堇「玩古圖」看古代的文物收藏與賞鑑〉，《故宮文物月刊》，第九卷第八期，一九九一年十一月，頁二二～二九。

56. 徐茂明，〈明清江南社會的生動畫卷〉，《蘇州大學學報》哲學社會科學版，二〇〇〇年第三期，頁九六～一〇〇。

57. 徐雁，〈我國古代藏書實踐和藏書思想的歷史總結〉，《四川圖書館學報》，一九八六年第一期，頁五五～六〇。

58. 徐雁，〈八〇年代以來中國歷史藏書的研究成果概述〉，《中國史研究動態》，一九九九年第四期，頁一〇～一八。

59. 殷登國，〈藏書癖〉，《新書月刊》，第三期，一九八三年十二月，頁二六～二八。

60. 袁同禮，〈明代私家藏書概略〉，收入《清代藏書家考》，九龍：中山圖書公司，一九七三年一月初版，頁七三～八〇。

61. 袁逸，〈中國古代的書價〉，《圖書館雜誌》，一九九一年第四期，頁五三。

62. 袁逸，〈試論中國古代民間借書活動〉，收入《中國古代藏書樓研究》，北京：中華書局，一九九九年七月第一版，頁三六〇～三八五。

63. 高小康，〈精神分裂的時代——明代文人社會形象分析〉，《天津社會科學》，一九九二年第三期，頁五九～六四。

64. 商傳，〈晚明文化商品化與社會縱慾思潮〉，《明史研究》，第四輯，一九九四年十二月，頁二〇七～二一一。

65. 崔文印，〈明代叢書的繁榮〉，《史學史研究》，一九九六年第三期，頁五五～六二。

66. 張木早，〈中國古代私藏典籍的收集〉，《中國圖書館學報》，一九九六年第四期，頁四三～四八。

67. 張民服，〈明清時期的私人刻書、販書及藏書活動〉，《鄭州大學學報》哲學社會科學版，一九九三年第五期，頁一〇〇～一〇三。

68. 張列軍，〈中國古代私家藏書現象的文化背景剖析〉，收入《中國古代藏書樓研究》，北京：中華書局，一九九九年七月第一版，頁三九五～四〇一。

69. 張秀民，〈明代南京的印書〉，《文物》，一九八〇年第一一期，頁七八～八三。

70. 張樹華，〈中國古代藏書的管理制度和管理方法〉，《圖書館雜誌》，一九九一年第五期，頁一七～一九。

71. 張鐵弦，〈明代的文物鑒賞書《格古要論》〉，《文物》，一九六二年第一期，頁四三～四八。

72. 曹之，〈古籍的藏書印〉，《貴圖學刊》，一九八七年第四期，頁四〇～四三。

73. 曹之，〈古代抄撰著作小考〉，《河南圖書館學報》，第一九卷第二期，一九九九年六月，頁二五～二六。

74. 梁知，〈古人書業經營之道〉，《世界圖書》，一九八八年第二期，頁三八～三九。
75. 莎日娜，〈元代圖書出版事業述略〉，《內蒙古大學學報》哲學社會科學版，一九九五年第二期，頁四三～四九。
76. 郭英德，〈明代文人結社說略〉，《北京師範大學學報》社會科學版，一九九二年第四期，頁二八～三四；二七。
77. 郭英德，〈中國古代文人集團論綱〉，《中國文化研究》，一九九六年夏之卷，頁九～一五。
78. 郭紹虞，〈明代的文人集團〉，收入《照隅室古典文學論集·上編》，上海：上海古籍出版社，一九八三年九月第一版，頁五一八～五二六。
79. 都樾，〈明代宗室的文化成就及其影響〉，《學術論壇》，一九九七年第三期，頁八八～九三。
80. 陳茂山，〈試論明代中後期的社會風氣〉，《史學集刊》，一九八九年第四期，頁三一～四〇。
81. 陳益君，〈淺論中國藏書樓的歷史變遷與文化價值〉，收入《中國古代藏書樓研究》，北京：中華書局，一九九九年七月第一版，頁三八六～三九四。
82. 陳學文，〈明代中葉民情風尚習俗及一些社會意識的變化〉，收入《山根幸夫教授退休記念明代史論叢》下冊，京都：汲古書院，一九九〇年三月初版，頁一二〇七～一二三一。
83. 陳學文，〈論明清江南流動圖書市場〉，《浙江學刊》，一九九八年第六期，頁一〇七～一一一。
85. 陳曙，〈論私家藏書〉，《四川圖書館學報》，一九九二年第一期，頁六七～七〇；四四。
86. 陳寶良，〈明代文化縱談〉，《光明日報》，一九八七年十一月十一日，第三版。
87. 陳寶良，〈論晚明的士大夫〉，《齊魯學刊》，一九九一年第二期，頁五八～六二；八六。
88. 陳寶良，〈明代皇帝與明代文化〉，《史學集刊》，一九九二年第三期，頁二〇～二七。
89. 陸宗城等，〈傳統藏書樓及其虛擬再現〉，收入《中國古代藏書樓研究》，北京：中華書局，一九九九年七月第一版，頁三四三～三五二。
90. 傅申，〈董其昌書畫船——水上行旅與鑑賞、創作關係研究〉，《美術史研究集刊》，第十五期，二〇〇三年，頁二〇五～二九七。
91. 傅承洲，〈明代話本小說的勃興及其原因〉，《中國文學研究》，一九九六年第一期，頁五七～六三。
92. 傅杰，〈明代以前的古籍校勘述略〉，《福州大學學報》哲學社會科學版，第一四卷第三期，二〇〇〇年七月，頁八五～九〇。
93. 嵇文甫，〈晚明考證學風的興起〉，《鄭州大學學報》人文科學版，一九六三年第三期，頁一～八。

94. 程煥文，〈中國圖書文化的演變及其意義〉，收入《中國圖書論集》，北京：商務印書館，一九九四年八月第一版，頁一～二五。

95. 項士元，〈浙江藏書家攷略〉，《文瀾學報》，第三卷第一期，一九三七年三月，頁一六八九～一七二〇。

96. 黃志民，〈明人詩社淵源考〉，《中華學苑》，第一一期，一九七三年三月，頁三三～五五。

97. 黃明理，〈「晚明文人」型態之研究〉，《國立台灣師範大學國文研究所集刊》，第三四號，一九九〇年六月，頁九四三～一〇五九。

98. 黃桂蘭，〈晚明文士風尚〉，《東南學報》，第一五期，一九九二年十二月，頁一三九～一五八。

99. 黃繼持，〈明代中葉文人型態〉，《明清史集刊》，第一期，一九八五年，頁三七～六一。

100. 楊柏榕等，〈關於中國古代藏書家評價問題〉，《四川圖書館學報》，一九九一年第二期，頁六〇～六四。

101. 葉乃靜，〈我國古今圖書流通思想演變之研究〉，《大學圖書館》，第四卷第一期，二〇〇〇年三月，頁二九～四三。

102. 葉忠海等，〈南宋以來蘇浙兩省成爲中國文人學者最大源地的綜合研究〉，《華東師範大學學報》哲學社會科學版，一九九四年第一期，頁六三～六八。

103. 趙令揚，〈論明太祖政權下之知識份子〉，收入《壽羅香林教授論文集》，香港：萬有圖書公司，一九七〇年版，頁一九一～二〇三。

104. 趙映林，〈中國古代的隱士與隱逸文化〉，《歷史月刊》，第九九期，一九九六年四月，頁三〇～三六。

105. 劉大軍等，〈明清時期的圖書發行概覽〉，《中國典籍與文化》，一九九六年第一期，頁一一五～一二〇；一二五。

106. 劉子健，〈明代在文化史上的估價〉，《食貨月刊》，復刊第一五卷第九、一〇期，一九八六年四月，頁三七五～三七八。

107. 劉文剛，〈隱就是逃〉，《中國典籍與文化》，一九九四年第一期，頁四七～五四。

108. 劉文剛，〈隱士的生活〉，《中國典籍與文化》，一九九四年第三期，頁一一二～一一六。

109. 劉文剛，〈隱士的心態〉，《中國典籍與文化》，一九九五年第一期，頁一〇九～一一四。

110. 劉兆祐，〈藏書章的故事〉，《國文天地》，第二卷第一〇期，一九八七年三月，頁五二～五五。

111. 劉尚恒，〈「以傳布爲藏，眞能藏書者矣」——論我國古代私家藏書的流通〉，《四川圖書館學報》，一九九一年第六期，頁七七～八〇。

112. 劉尚恒，〈樂宜偕眾，書不藏家——再論我國古代私家藏書的流通〉，《四川圖書館學報》，一九九二年第四期，頁七一～七六。

113. 劉尚恒，〈略論中國藏書文化〉，收入《中國古代藏書樓研究》，北京：中華書局，一九九九年七月第一版，頁二三～三一。

114. 劉意成，〈私人藏書與古籍保存〉，《圖書館雜誌》，一九八三年第三期，頁六○～六一；四七。

115. 劉意成，〈古代私人藏書家對保存圖書文獻的貢獻〉，《贛圖通訊》，一九八三年第四期，頁三二～三五。

116. 暴鴻昌，〈明清時代書齋文化散論〉，《齊魯學刊》，一九九二年第二期，頁九八～一○二。

117. 潘銘燊，〈書業惡風始於南宋考〉，《香港中文大學中國文化研究所學報》，第一二期，一九八一年，頁二七一～二八一。

118. 滕新才等，〈明朝中後期居室文化初識〉，《西南民族學院學報》哲學社會科學版，一九九九年第一期，頁一五三～一五八。

119. 蔣復璁，〈兩浙藏書家印章考〉，《文瀾學報》，第三卷第一期，一九三七年三月，頁一七二一～一七四五。

120. 蕭東發等，〈中國古代的官府藏書與私家藏書〉，《圖書與資訊學刊》，第三二期，二○○○年二月，頁四五～五四。

121. 蕭東發等，〈中國古代書商與藏書家〉，《圖書與資訊學刊》，第三七期，二○○一年五月，頁二七～三六。

122. 謝灼華，〈私藏的功績——中國封建社會藏書制度的歷史特點之二〉，《圖書情報知識》，一九八四年第四期，頁二五～二八。

123. 謝景芳，〈明人士、商互識論〉，《明史研究專刊》，第十一期，一九九四年十二月，頁一八七～二○○。

124. 謝景芳，〈理論的崩潰與理想的幻滅——明代中後期的仕風與士風〉，《學習與探索》，一九九八年第一期，頁一二四～一三一。

125. 韓文寧，〈明清江浙藏書家的主要功績和歷史局限〉，《東南文化》，一九九七年第二期，頁一四一～一四四。

126. 韓淑舉，〈古代書坊的經營銷售〉，《圖書館研究與工作》，一九九七年第一期，頁五八～六一。

127. 韓養民，〈中國風俗文化與地域視野〉，《歷史研究》，一九九一年第五期，頁九一～一○五。

128. 簡恩定，〈明代文學何以走上復古之路？〉，《古典文學》，第十集，一九八八年十二月，頁一六九～一八九。

129. 羅筠筠，〈明人審美風尚概觀〉，《明史研究》，第四輯，一九九四年十二月，頁一六七～一七八。

130. 羅筠筠，〈休閒娛樂與審美文化〉，《文藝理論》，一九九六年第八期，頁九一～九四。
131. 羅筠筠，〈雅俗互補趣味多元——明代審美文化的特點〉，《北京社會科學》，一九九七年第二期，頁三六～三九。
132. 嚴佐之，〈目錄學對古籍整理的功用〉，《圖書館雜誌》，一九八二年第四期，頁一九～二一。
133. 嚴迪昌，〈文化氏族與吳中文苑〉，《文史知識》，一九九○年第十一期，頁一四～一七。
134. 顧志興等，〈宋代以來浙江藏書史管窺〉，《浙江學刊》，一九八三年第一期，頁一○九～一一一；一六。
135. 龔鵬程，〈中國傳統社會中的文人階層〉，《淡江人文社會學刊》，五十週年校慶特刊，二○○○年十月，頁二七一～三○七。
136. 日・大木康，〈山人陳繼儒とその出版活動〉，收入《山根幸夫教授退休記念明代史論叢》下冊，京都：汲古書院，一九九○年三月初版，頁一二三三～一二五二。
137. 日・岡崎由美，〈宋楙澄交友錄——萬曆文人社會の一畫で〉，《中國文學研究》，一九八六年第一二期，頁三四～四九。
138. 日・宮內美智子，〈明代私家藏書考〉，《青葉学園短期大学紀要》，第四號，一九七九年十一月，頁一二一～一二六。

（三）學位論文

1. 何秀娟，《晚明文人對小說性質的認識》，高雄：國立高雄師範大學國文研究所碩士論文，一九九○年五月，一六三頁。
2. 汪栢年，《元明之際江南的隱逸士人》，台北：國立台灣師範大學歷史研究所碩士論文，一九九八年六月，一七五頁。
3. 金炫廷，《明人的鑑賞生活——江南文人的鑑賞活動與鑑賞自娛》，台北：中國文化大學史學研究所博士論文，二○○四年六月，三五八頁。
4. 施纓姿，《元末明初太湖地區文人畫家群之研究》，台北：中國文化大學藝術研究所碩士論文，一九九六年六月，三○四頁。
5. 許媛婷，《明代藏書文化研究》，台北：中國文化大學中國文學研究所博士論文，二○○三年六月，四一四頁。
6. 郭姿吟，《明代書籍出版研究》，台南：國立成功大學歷史研究所碩士論文，二○○二年六月，一六○頁。
7. 陳昭珍，《明代書坊之研究》，台北：國立台灣大學圖書館學研究所碩士論文，一九八四年七月，二四三頁。
8. 麥杰安，《明代蘇常地區出版事業之研究》，台北：國立台灣大學圖書館學研究所碩士論文，一九九六年五月，二○四頁。

9. 蔡淑芳，《華夏眞賞齋收藏與《眞賞齋帖》研究》，台北：中國文化大學史學研究所碩士論文，二○○四年六月。

三、書目題跋

1. 明・李鶚翀，《江陰李氏得月樓書目摘錄》，一卷，《明代書目題跋叢刊》下冊，北京：書目文獻出版社，一九九四年元月第一版。
2. 明・殷仲春，《醫藏書目》，一卷，《明代書目題跋叢刊》下冊，北京：書目文獻出版社，一九九四年元月第一版，據舊鈔本影印。
3. 明・曹溶，《絳雲樓書目題詞》，一卷，台北：國家圖書館藏清咸豐三年刻本。
4. 明・曹溶，《靜惕堂宋元人集書目》，二卷，《觀古堂彙刻書》，台北：文海出版社，一九七一年七月初版。
5. 清・黃丕烈，《黃丕烈書目題跋・蕘圃藏書題識》，一○卷，《清人書目題跋叢刊》六，北京：中華書局，一九九三年元月第一版。
6. 清・瞿鏞，《鐵琴銅劍樓藏書目錄》，二四卷，《書目叢編》，台北：廣文書局有限公司，一九八九年七月再版，據清原刻本影印。

四、參考工具書

1. 清・錢保塘，《歷代名人生卒錄》，北京：北京圖書館出版社，二○○二年十月第一版，九八八頁。
2. 不注編者，《中日現藏三百種明代地方志傳記索引》，台北：大化書局，一九八九年六月再版，一五二二頁。
3. 中文大辭典編纂委員會，《中文大辭典》，台北：中國文化大學出版部，一九八五年五月七版。
4. 中國社會科學院歷史研究所明史研究室編，《中國近八十年明史論著目錄》，鎮江：江蘇人民出版社，一九八一年二月第一版，四四九頁。
5. 王余光等，《中國讀書大辭典》，南京：南京大學出版社，一九九七年九月第一版第四刷，一四七四頁。
6. 王德毅，《中華民國臺灣地區公藏方志目錄》，台北：漢學研究資料及服務中心，一九八五年三月版，三一五頁。
7. 王德毅，《明人別名字號索引》，台北：新文豐出版股份有限公司，二○○○年三月台一版，一○一一頁。
8. 池秀雲，《歷代名人室名別號辭典》，太原：山西古籍出版社，一九九八年元月第一版，一二三一頁。
9. 吳智和，《明史研究中文報刊論文專著分類索引》，不注出版地：不注出版社，一九七九年六月，一四○頁。
10. 吳智和等，《戰後台灣的歷史學研究 1945～2000・明清史》，第五冊，台北：行政院國家科學委員會，二〇〇四年初版，四五九頁。
11. 李小林等，《明史研究備覽》，天津：天津教育出版社，一九八八年二月第一版，四九五頁。
12. 李玉安等，《中國藏書家辭典》，武漢：湖北教育出版社，一九八九年九月第一版，三七三頁。
13. 周駿富，《清代傳記叢刊索引》，台北：明文書局，一九八六年元月版，二三六八頁。
14. 周駿富，《明代傳記叢刊索引》，台北：明文書局，一九九一年十月初版，一二四九頁。
15. 明史編纂委員會，《中國歷史大辭典・明史卷》，上海：上海辭書出版社，一九九五年十二月第一版，五四五頁。
16. 姜亮夫，《歷代名人年里碑傳總表》，台北：臺灣商務印書館，一九九三年十一月台一版四刷，五八九頁。
17. 孫轁，《中國畫家大辭典》，西安：中國書店，一九九〇年八月第一版第二刷，七五二頁。
18. 國立中央圖書館，《中華民國期刊論文索引》，台北：國立中央圖書館，一九七〇年一月迄今。
19. 國立中央圖書館，《明人傳記資料索引》，台北：國立中央圖書館，一九七八年元月再版，一一七一頁。
20. 國立中央圖書館特藏組，《臺灣公藏方志聯合目錄增訂本》，台北：國立中央圖書館，一九八一年十月初版，二四八頁。
21. 國立中央圖書館特藏組，《國立中央圖書館善本書目》，台北：國立中央圖書館，一九八六年十二月增訂二版，一八八七頁。
22. 國立中央圖書館，《四庫經籍提要索引》，台北：國立中央圖書館，一九九四年六月版，一一五九頁。
23. 張慧劍，《明清江蘇文人年表》，上海：上海古籍出版社，一九八六年十二月第一版，一七九一頁。
24. 梁戰等，《歷代藏書家辭典》，西安：陝西人民出版社，一九九一年十月第一版，四六三頁。
25. 陳德芸，《古今人物別名索引》，台北：新文豐出版股份有限公司，一九七八年九月初版，六三〇頁。
26. 楊廷福等，《清人室名別稱字號索引》，台北：文史哲出版社，一九八九年十一月台一版，一八一三頁。
27. 楊廷福等，《明人室名別稱字號索引》，上海：上海古籍出版社，二〇〇二年十二月第一版，七二六頁。
28. 漢學研究中心資料組，《漢學研究中心景照海外佚存古籍書目初編》，台北：漢學研究中心，一九九○年三月初版，六二頁。
29. 漢學研究中心，《台灣地區漢學論著選目彙編本・民國七十一年～七十五年》，台北：漢學研究中心，一九九○年六月再版，五五二頁。
30. 漢學研究中心，《台灣地區漢學論著選目彙編本・民國七十六年～八十年》，台北：漢學研究中心，一九九二年六月初版，六一九頁。
31. 趙毅等，《二十世紀明史研究綜述》，長春：東北師範大學出版社，二○○二年十一月第一版，三五二頁。
32. 蔡金重，《清代書畫家字號引得》，台北：成文出版社，一九六八年版，一七九頁。
33. 盧震京，《圖書學大辭典》，台北：台灣商務印書館，一九八四年十二月修訂台三版，二三七頁。
34. 薛仲三等，《兩千年中西曆對照表》，台北：學海出版社，一九九三年十一月再版。
35. 謝國楨，《增訂晚明史籍考》，二○卷，上海：上海古籍出版社，一九八一年二月第一版，一一五四頁。
36. 瞿冕良，《中國古籍版刻辭典》，濟南：齊魯書社，一九九九年二月第一版，六六四頁。
37. 譚正壁，《中國文學家大辭典》，北京：北京圖書館出版社，一九九八年九月第一版，一七九七頁。
38. 譚其驤，《中國歷史地圖集・元明時期》，第七冊，北京：中國地圖出版社，一九九六年六月第一版第二刷，一四四頁。
39. 日・山根幸夫，《新編明代史研究文獻目錄》，東京：汲古書院，一九九三年十一月，三一三頁。
40. L. Carrington Goodrich & Chaoying Fang, Dictionary of Ming biography, 1368－1644 = 明代名人傳, New York : Columbia University Press, 1976, 1751 p.
41. Wolfgang Franke, An introduction to the sources of Ming history, Singapore : Kuala Lumpur University of Malaya Press, 1968, 347 p.